제4판

Theory & Practices

GIS

저자 한승희

머리말

우리가 사는 세계는 끊임없이 변화하고 있습니다. 자연적인 원인에 의해 발생하고 인간에 의한 원인으로 발생하기도 합니다. 그런가 하면 어떤 변화는 원인불명의 범 지구적 변화도 있습니다. 우리는 우리세계에서 어떤 일이 일어나는지 이해해야 합니다. 대부분의 경우 우리는 이러한 현상을 더 깊이 이해함으로써 원인을 좀 더 명확히 파악하고, 이를 바탕으로 해결할 수 있는 방안을 제시하고 대책을 마련해야 합니다. 이러한 이유로 GIS가 탄생하고 발전되어 왔다고 생각합니다.

GIS는 공간정보의 발전과 함께 그 영역을 확장하고 있는데, 최근에 눈부시게 발전하고 있는 전자, 컴퓨터기술 및 무선통신기술에 힘입어 GNSS를 이용한 위치기반서비스와 산업이 다양한 분야에 폭넓게 적용되고 있으며 지형도제작의 비용과 시간을 절감하기 위해 고해상 디지털사진기와 GNSS, INS를 장착한 Airborne GPS를 사용하고 있습니다. MMS(Mobile mapping System)의 출현은 자율주행을 위한 정밀도로지도를 가능케 하였으며 드론사진측량의 확산은 효율적으로 공간정보를 획득할 수 있는 시대를 열어주었습니다. 국가적인 GIS 구축이 필요하다고 느낀 정부는 1995년에 1차 국가GIS(NGIS)사업을 시작하여 2022년까지 스마트코리아를 슬로건으로 6차 국가공간정보정책사업을 완료하였으며 현재 7차 국가공간정보정책사업(2023년 ~2027년)을 계획 중에 있습니다. 특히, 7차 사업은 "모든 데이터가 연결된 디지털트윈 KOREA실현"을 목표로 하고 있습니다. 여기에 GIS의 역할은 핵심적인 요소로 자리매김하고 있습니다.

2013년 GIS이론 및 실습교재의 초판을 출간한 이후 수년 간 선배제후들의 지적과 고견을 반영하고 강의경험을 바탕으로 2020년 2차 개정판을 출판하였으며 급변하는 기술의 발전으로 인해 2년만에 3차 개정판을 내게 된 것을 매우 기쁘게 생각합니다.

이론부분은 각 장 마다 최신의 기술 및 정책에 관한 내용을 추가하거나 수정하였습니다. 4장 데이터베이스에서는 이해하기 어려운 내용을 가능한 이해하기 쉽도록 내용을 대폭수정하였으며 속성데이터 테이블의 특성과 분석에 대해 보다 상세하게 설명하였습니다. 6장에서는 외부자료입력부분에 국가공간정보포털 및 각 지자체의 데이터센터에서 얻을 수 있는 공간데이터와 속성데이터를 활용하는 내용을 추가하였습니다. 8장 공간분석에서는 중첩분석부분과 근접계산법에 대한 풍부한 내용으로 보완하였으며 자원의 배분 등을 새롭게 꾸몄습니다. 9장의 지형분석은 기존의 3차원 지형분석과 래스터 DEM, 가시권분석, 스카이라인 분석, 일조량분석등에 대한 원리 및 내용을 보강하였습니다.

실습부분에서는 기존에 사용했던 GIS툴을 ArcGIS Desktop 10.xx에서 ArcGIS Pro로 업그레이드하여 설명하였습니다. 아시는 바와 같이 2D와 3D가 별도로 운용되던 툴이 ArcGIS Pro로 오면서 하나의 툴로 통합되었습니다. 또한 반복되는 작업에 대해 Model Builder를 이용하여 손쉽게 할 수 있는 방법을 추가 설명하였습니다. 최근 폭넓게 활용되고 있는 QGIS도 업그레이드 하였는데 3.10에서 3.22(Long Term Release Version)버전으로 변경하여 사용방법을 설명하였습니다.

2013년 출판했던 책이 10년의 세월이 흐른 지금 새로이 내용을 정리했다고는 하나 부족한 면이 많을 것으로 생각됩니다. 본 교재를 직 · 간접적으로 접하면서 부족하거나 수정사항이 있다면 언제든지 의견제시하면 수용하겠습니다. 모쪼록 본 교재가 GIS를 공부하고 가르치는 모든 분들께 조금이나마 도움이 된다면 보람있겠습니다.

끝으로, 실습내용을 검토하고 수정해준 제자 김재명, 유상현, 박지수 그리고 최준석박사에게 고마움을 전합니다. 또한 개정판을 위해 애써주신 구미서관 사장님과 편집부 관계자 여러분께 진심으로 감사드립니다.

2023년 2월

저자 **한승희**

CONTENTS

GIS이론

제1편 GIS 일반

제1장 GIS의 이해

제2장 GIS 데이터

제4장 데이터베이스와 속성테이블

제2편 GIS 데이터수집과 입력

제5장 데이터수집

제3편 GIS분석

제8장 2차원 공간분석

제4편 GIS의 현황 및 미래

GIS실습

PART 1

ArcGIS Pro를 이용한 적지분석

PART 2

QGIS 실습

GIS이론

제1편 GIS 일반

제1장 GIS의 이해

1.1 GIS의 정의

우리가 사는 세계는 끊임없이 변화하고 있다. 그러나, 모든 변화가 바람직한 방향으로 일어나는 것은 아니다. 어떤 변화는 자연적인 원인(화산폭발, 태풍, 홍수, 산사태, 운석충돌)으로 발생하기도 한다. 또한 사람에 의한 원인(토지이용변화, 해안간척사업, 신도시개발 등)으로 발생하기도 한다. 또한 원인불명의 범 지구적 변화도 여러 가지 있다. 이상기후, 온실효과, 지구의 온난화 엘리뇨/라니냐 등이다.

우리는 우리세계에서 어떤 일이 일어나는지 이해해야 한다. 이것이 우리가 지리적 변화를 연구하는 이유이다. 대부분의 경우 우리는 이러한 현상을 더 깊이 이해함으로써 원인을 좀 더 명확히 파악하고, 이를 바탕으로 해결할 수 있는 방안을 제시하고 행동에 옮기고자 한다.

이러한 이유로 GIS가 탄생하고 발전되어 왔다고 볼 수 있다. (Otto Huisman and Rolf A. de By, Principles of Geographic Information Systems, ITC Text Book, 2001)

GIS(Geographic Information System)란 넓은 의미로 인간의 의사결정 능력의 지원을 위해 공간상 위치를 나타내는 도형자료(graphic data)와 이에 관련된 속성자료(attribute data)를 연결하여 처리하는 정보시스템으로서 다양한 형태의 지리정보를 효율적으로 수집, 저장, 갱신, 처리, 분석, 출력하기 위해 이용되는 하드웨어, 소프트웨어, 지리자료, 인적자원의 통합적 시스템으로 정의할 수 있다.

GISGeography

Burrough(1986)와 Clarke(1995)는 GIS란 "실세계의 다양한 형상들에 대한 공간자료를 수집, 생성, 갱신, 검색, 저장, 변환, 분석, 표현을 위해 필요한 다양한 도구들이 모여진 도구상자이다" 라고 했으며 "공간자료는 실세계의 형상을 반영하는 것이다"라고 정의하였다. Star와 Estes(1990)은 GIS란 의사결정지원 등과 같은 특정한 목적을 위하여 공간정보와 다른 유형의 정보를 하나의 데이터베이스 시스템으로 통합하여 데이터를 분류, 선정하고 주어진 특정 질문에 대한 해답을 찾아 정보를 추출하는 시스템이라고 정의한바 있다.

GIS에서 "geographic"이라는 단어는 지구 (Earth)와 "지리적 공간"을 포함한다. 여기서 "지구"는 시스템의 모든 자료가 지구의 지형지세와 자원 그리고 이들과 관련이 있는 인간활동을 포함한 의미이다. "지리적공간"은 시스템이 해결하기 위하여 개발되어야 할 자료와 문제의 공통점으로써 특정한 지리적 기준틀(geographic reference framework)내에서의 위치(location), 분포(distribution), 패턴(pattern), 그리고 상호관계를 의미한다. 특히, GIS는 지리자료와 공간문제의 해결을 위한 자료의 활용에 중점을 두고 있다(GIS의 개념과 기법, 2007).

GIS는 어느 한 분야의 소유도 아니며 공간정보의 체계화, 분석, 의사결정을 위하여 필요한 분야라면 모두 공유할 수 있다는 것이다. 이러한 해석을 뒷받침하듯이 각 분야에서는 GIS를 해당 분야에 맞는 정보시스템으로 발전시켜 나가고 있다.

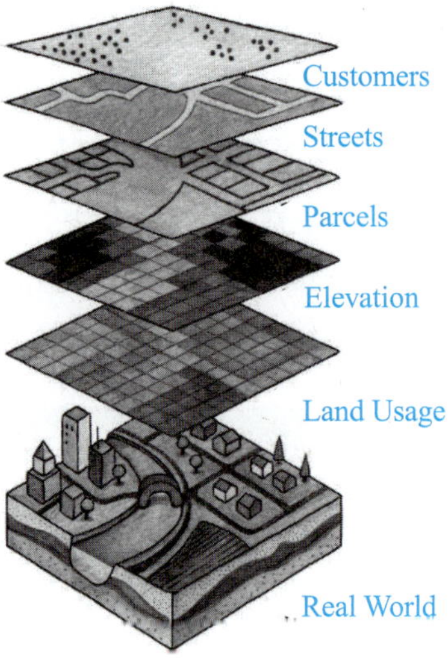

그림 1.1 GIS레이어(ESRI)

그림 1.2는 GIS 작업의 일반적인 흐름을 설명한 것으로 데이터수집, DB의 저장 및 관리, 데이터 분석, 데이터 계통화, 출력 등의 순서로 이루어진다. 데이터수집 및 저장에서는 데이터의 실시간 갱신이 가장 중요한 이슈이다. 이는 사용자 입장에서 시간이 지나 신뢰도가 떨어지는 데이터를 사용하려 하겠는가? 라고 생각하면 이해가 갈 것이다. GIS작업과정 중 데이터의 변환이 빈번히 요구된다. 파일의 형식변환이라든지 좌표계의 변환 등은 중요한 것 중의 하나이다. 공통적인 점은 일관성 있는 형식으로 작업을 해나가야 한다는 것이다.

데이터 수집(Data Acquisition) ↓	→ 일반측량, 사진측량, Remote sensing, GPS
데이터 저장 및 관리(Data storage & Manage) ↓	→ Data Base
데이터 갱신(Data update) ↓	→ Real-time Data Update
데이터 변환(Data Transformation) ↓	→ 좌표계 변환, 포멧변환
데이터 분석(Data analysis) ↓	→ 특정목적을 위한 분석
데이터 계통화(Data modeling) ↓	→ 분석방법의 시스템화
결과출력(Output)	→ 결과출력 : 도면, 도표, 멀티미디어 → user

그림 1.2 GIS작업의 일반적 흐름

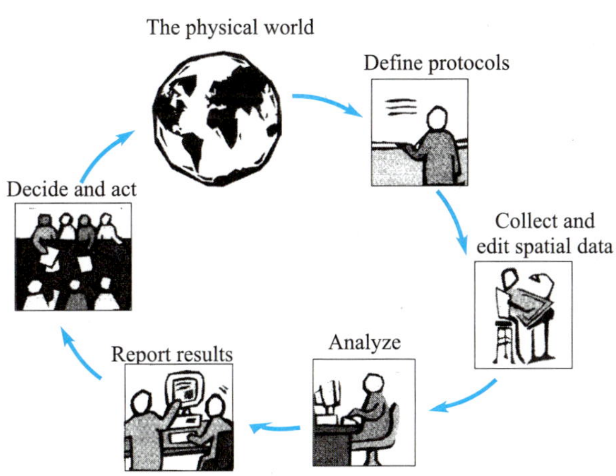

그림 1.3 GIS의 작업공정(GIS Fundermentals, 4thed. 2012)

그림 1.3에서 실세계를 수치데이터화하여 다양하게 분석한 결과는 사용자로 하여금 효율적이고 합리적인 의사결정을 가능케 한다.

1.2 GIS의 구성요소

GIS를 구성하는 요소는 다섯가지 즉, 하드웨어, 소프트웨어, 데이터, 조직 및 인력, 처리절차로 구성된다. 최근 OpenGIS와 협업이 활발해져 네트워크(Network)가 추가 구성요소가 되었다.

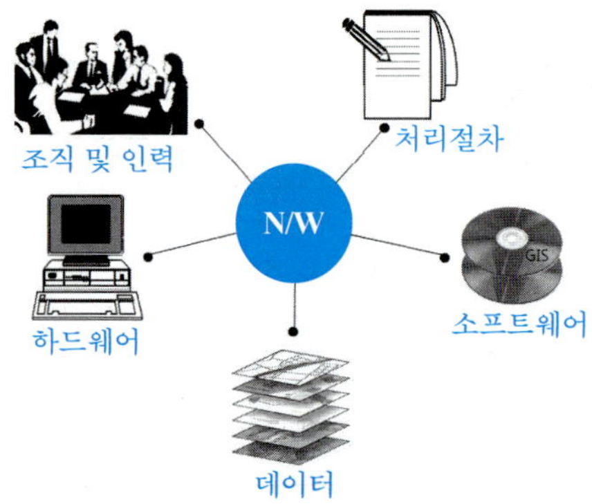

그림 1.4 GIS의 구성요소(http://www.scribd.com)

1.2.1 조직 및 인력(People)

GIS를 구성하는 가장 중요한 요소로서 단순히 보는 사람과 GIS를 구축하는 전문가, 그리고 실제 업무에 활용하는 일반사용자로 나눌 수 있다. 단순히 보는 사람은 지리정보데이터베이스를 공식적으로 열람하는 집단으로 가장 많은 비중을 차지하고 있다. 일반 사용자는 의사결정을 위해 GIS를 활용하는 집단으로 GIS를 사용하여 업무의 생산성 향상을 위해 특별서비스의 제공, 의사결정을 위해 활용하는 집단이다. 여기에는 시설물관리자, 자원관리자, 플래너, 과학자, 엔지니어, 법률가, 기업컨설턴트 등이 이에 속한다. 전문가는 시스템에 데이터를 입력하고 저장하며 분석하여 궁극적으로 결과를 도출하는 역할을 한다. GIS관리자, 데이터베이스 관리자, 응용전문가, 프로그래머 등이 이에 속한다. 전문가 집단은 단순히 보는 사람과 일반사용자 그룹을 지원하기 위한 기술적인 책임이 있다(Lo, 2002).

1.2.2 하드웨어(hardware)

GIS를 운용하는데 필요한 각종 입·출력, 연산, 저장 등을 위한 컴퓨터 시스템을 총칭한다.

1) **입력장치** : 종이지도나 도면 또는 문자정보를 컴퓨터에서 이용할 수 있도록 디지털화 하는 장

비로써 디지타이저, 스캐너, 키보드 등이 이에 해당된다.

2) **저장장치** : 디지털 데이터를 저장하기 위한 장비로써 자기테이프, 자기디스크, 광디스크 등이 있다.

3) **데이터 분석 및 연산장치** : PC와 워크스테이션 등의 컴퓨터를 말한다.

4) **출력장치** : 분석결과를 출력하기 위한 장치로써 모니터, 프린터, 플로터 등을 말한다.

1.2.3 소프트웨어(software)

각종 정보의 분석, 출력, 저장을 지원하는 컴퓨터 프로그램을 말하며, 정보의 입력(input) 및 중첩(overlap), 데이터베이스 관리, 질의분석(query & analysis), 시각화(visualization) 등의 기능을 담당한다.

1) **운영체제** : GIS를 운용하기 위하여 필요한 컴퓨터를 구동할 수 있도록 하는 운영시스템으로 MS-DOS, Windows, NT, UNIX 등이 있다.

2) **GIS 소프트웨어** : 공간분석, 편집, 그래픽 처리 등의 기능을 수행하는 GIS의 핵심 프로그램으로서 활용도 및 기능면에서 구분하여 보면 비즈니스 GIS, 데스크탑 도화, 데스크탑 GIS, 엔터프라이즈 GIS, 컴포넌트 GIS, 인터넷 GIS, 데이터베이스 warehouse, 가상(virtual) GIS 등으로 구분해 볼 수 있다.

3) **데이터베이스 관리시스템** : 구축된 자료의 검색, 수정, 보완 등 모든 관리작업을 하는 보조적인 프로그램을 말한다.

1.2.4 데이터(Data)

GIS의 시작단계에서 데이터베이스를 만드는 것으로 가장 많은 시간과 비용이 소요된다.

지도나 항공사진 등에서 추출한 지형 등의 도형자료와 각종 문서, 대장, 통계자료 등에서 추출한 속성자료를 모두 포함하며, 최근에는 평면상의 기존 지도나 항공사진이 아닌 인공위성을 이용하는 방법으로 많은 지형정보를 얻고 있다. 데이터베이스의 구축은 GIS의 핵심적인 요소로써 많은 시간과 노력이 필요한 방대한 작업이다.

지형정보데이터를 획득하기 전에 고려해야 할 몇가지 사항이 있다. 이는 획득이전에 데이터의 질을 검토하기 위한 중요한 일이다. 데이터내의 오차는 GIS를 수행하는데 많은 불편을 초래하며 비용과 시간이 추가될 수 있으며 GIS분석 결과가 잘못될 수 있다. 따라서, 데이터의 이력, 위치정확도, 속성정확도, 논리적 일관성, 완벽성을 갖추어야 한다.

1.2.5 처리절차(Method & procedures)

데이터를 어떻게 추출할 것인지, 시스템에 입력, 저장, 변환, 분석 그리고 최종적으로 결과를 도출하는 모든 과정을 포함한다. 과정은 질문에 대한 해결을 위한 단계이다. 이들 질문에 대한 답변과 공간분석을 수행하기 위한 GIS의 능력은 다른 어떤 정보시스템들과는 다른 것이다. 변환에 대한 작업은 좌표계의 조정, 투영법의 결정, 디지타이징 과정에서 발생하는 오차의 보정, 벡터와 래스터 간의 변환 작업을 포함한다(Carver, 1998).

1.2.6 네트워크(Network)

최근에 GIS의 구성요소로써 네트워크가 추가되었다. 개인이나 특정기관이 GIS를 구축하고 활용하던 시대는 인터넷이 등장하면서 더 이상 의미가 없어졌다. 강력한 GIS서버가 등장하면서 다양한 사용자들이 클라이언트로 연결되고 있다. 간단한 공간분석이나 쿼리를 인터넷 상에서 수행할 수 있으며 포털사이트에서는 이를 비지니스 모델로 연결시키고 있다. 더구나 다양한 모바일기기(스마트폰, 모바일 패드 등)가 폭발적으로 증가하면서 이제는 무선 네크워크를 통한 GIS서비스가 대세이다. 이제 GIS를 기반으로 하여 언제 어디서나 원하는 정보와 공간분석이 가능한 유비쿼터스 GIS시대가 올 것으로 예상하고 있다.

1.3 GIS 관련 학문분야

GIS 기술은 공간정보를 다루는 많은 학문과의 밀접한 연관성을 가지고 있으며 각 분야의 기술들은 GIS를 완성하는데 중요한 원천 기술을 제공한다. GIS에서 지리정보의 통합, 모델링, 분석기법을 통한 다른 응용 분야의 적용은 GIS의 지속적인 학문적 확산을 의미한다.

일반적으로 GIS의 구현을 크게 데이테베이스 구축단계와 데이터베이스 관리단계, 정보분석단계 그리고 정보를 제공하는 단계로 나누어 볼 수 있다.

그림 1.5 GIS의 구축단계

GIS 구축의 첫 단계인 데이터베이스 구축단계는 다양한 공간데이터와 속성데이터를 수집하여 컴퓨터의 DB에 저장하는 것이 주된 작업이다. 따라서 이 단계에서는 지리자료 수집을 위해 현장조사나 사진측량, 인공위성 영상을 이용한 공간데이터의 구축과 이와 관련된 속성데이터를 수집한다. 이러한 자료의 수집 및 생성단계에서 필요한 지식과 기술분야는 측지학, 측량학, 사진측량학, 지리학 및 원격탐사분야가 관련된다.

두 번째 단계는 컴퓨터에 입력된 공간데이터와 속성데이터의 데이터베이스를 관리하는 것으로 데이터의 검색과 수정, 보완 등의 관리가 주된 작업이다. 또한 공간데이터와 속성데이터를 연계시키는 작업도 이루어지게 된다. 이 단계에서 데이터베이스 관리작업은 전적으로 전산학관련지식을 필요로 하게 된다.

세 번째 단계는 구축된 데이터베이스로부터 GIS 사용목적에 부합되는 정보나 또는 필요한 정보를 추출하기 위하여 관련데이터 들을 선택한 후 각종 수학적 분석, 통계적 처리, 공간적 분석이 이루어지는 정보분석 단계이다. 이 단계에서는 토목공학, 지리학, 통계학, 수학 기법들이 필요하게 된다.

마지막 단계인 정보제공 단계는 이전 단계에서 추출한 고부가 가치의 정보들을 사용자에게 제공하게 된다. 이 단계에서 정보의 효율적 표현과 적정한 매체의 선정을 위하여 컴퓨터 지도학과 멀티미디어 분야의 지식을 필요로 하게 된다. 각 분야의 관련성을 좀 더 자세히 살펴보면 다음과 같다.

그림 1.6 GIS 구축을 위한 관련영역

1.4 정보시스템과 공간정보시스템의 차이

단적으로 얘기해서 비공간적데이터를 다루느냐 아니면 공간적인 데이터를 다루느냐에 따라 정보시스템과 공간정보시스템으로 구분할 수 있다. 공간데이터는 기존의 비공간데이터와는 다르다. 공간데이터는 서로 간의 연관성을 가지고 있다는 것이다. "우리 집에서는 학교보다 마트가 더 가깝다"와 같은 것이다. 이러한 공간정보시스템의 특징은 통계학에서 전통적으로 가정하고 있는 독립성의 원칙에서 벗어난다. 정보시스템은 정부수집, 저장, 분석, 표현하는 시스템으로 이루어져 있다. 구조적인 면에서 볼 때 정보시스템은 데이터, 기술자원과 인력자원으로 구성되어 있으며 상호연관성을 가지고 있는 입력, 처리, 결과의 하위 시스템과 결속되어 있다. 통계덕인 측면에서 볼 때 시스템에서 이루어지는 일련의 처리과정을 관리하고 또한 개개의 정보시스템은 독립적으로 작동되는 동시에, 다른 정보시스템들과 표준화된 통신규약을 통해 서로 연결되는 정보시스템 네트워크를 형성하고 있다.

우리가 일반적으로 사용하고 있는 CAD와 CAM은 공간적 정보시스템이지만 공간정보시스템(GIS)과는 또 다르다. 좌표계를 기반으로 도형데이터를 다룬다는 것은 동일하나 형상들 간의 위상관계(Topology)는 CAD에서 가지고 있지 않다. GIS는 측량좌표체계를 통해 위치정보가 주어지는 형상(Feature)들의 입지, 분포, 패턴, 상호관계 등을 다룬다는 것이다. 다시 말해 공간상에서 야기되는 문제를 해결하기 위해 개발되었기 때문에 공간데이터를 다루고 그 응용에 초점을 맞추고 있으며 지리적 위치관계를 가지고 있는 공간자료와 속성자료를 서로 연관시켜 데이터로부터 보다 부가가치가 높은 정보, 그리고 나아가서 지식을 창출시킬 수 있는 시스템이라는 특성을 가지고 있다. (참고문헌 이희연, 지리정보학, 2005)

그림 1.7에 공간정보시스템의 범위를 보였다.

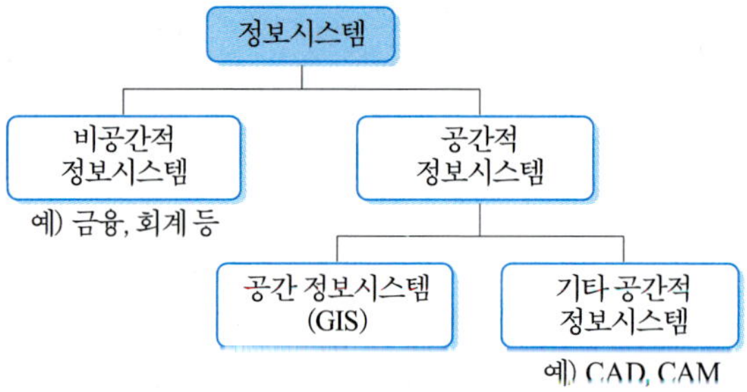

그림 1.7 비공간적 정보시스템과 공간적 정보시스템(C.P.Lo, Yeung, Albert, K.W., 2007)

1.5 GIS의 역사

GIS의 태동은 18C중반 주제도(Thematic Map)의 제작으로부터 시작되었다고 볼 수 있다. 지도학의 발달과 더불어 기본도위에 특정주제의 지도화로 Coverage를 표현하였다. 뉴욕타운의 공격을 위해 프랑스 Louis Alexander가 지도위에 군대의 이동경로 중첩활용한데 이어 1811년 파리지역의 지질도를 완성하였으며 1815년에는 런던지역의 지질도를 완성하였다. 1854년에는 영국의 Snow교수가 콜레라 사망지역을 지도위에 표시하였다. 이들은 지도의 기본적인 역할에 특정정보를 표시함으로써 보다 직관적으로 활용하였다.

1960년대 GIS의 개척기
↓
1970년대 GIS 성 GIS 성장기
↓
1980년대 GIS의 저변확대기
↓
1990년대 GIS의 성숙기
↓
2000-현재 GIS의 서비스시대

그림 1.8 GIS의 발전

많은 사람들은 그 질병이 공기를 통해 전파되고 있다고 생각했다. 존 스노우 박사는 지도위에 발병장소, 도로, 행정경계, 그리고 수도파이프 라인을 그리기 시작했다. 이 특징들을 지도에 추가했을 때 콜레라 환자가 수로를 따라 흔하게 발견된다는 것을 발견하였다. 그것도 특정한 물펌프 중심으로 집중되어 나타난다는 점을 확인할 수 있었다. 존 스노우의 콜레라 지도는 지리학과 공중 보건 안전을 연결하는 주요 사건이었으며 공간 분석의 시작일 뿐만 아니라, 질병의 확산에 대한 연구인 역학 연구의 전체 분야의 시작을 알렸다. 오늘날까지 존 스노우는 역학의 아버지로 알려져 있다. 존 스노우의 연구는 GIS가 문제 해결 도구라는 것을 입증했다. 그는 종이 지도에 지리적 레이어를 두었고 태초의 GIS원리를 이용하여 많은 생명을 구하였다.

그림 1.9 Dr. John Snow

그림 1.10 Dr. John Snow의 런던 콜레라지도(환자수를 막대그래프로 표시)

1950년에는 영국의 Tyrwhitt에 의해 만들어진 "도시와 국토기본서"에서 지도중첩기술을 고안하였고 1969년 펜실베니아 대학의 Mcharg 교수가 투명종이를 사용함으로써 중첩기술을 발전시켰다.

20C에 들어서 컴퓨터 기술에서는 발달하자 통계기법, 모델링기법, 공간분석기법이 발달하게 되었다. 1955년 미국의 디트로이트 시에서는 "교통량증가에 따른 고속도로건설과 입지선정", 활용하였으며 Armour연구재단의 cartographatron기계를 이용 교통량을 그래프로 표현 지도화함으로써 교통분야 최초의 GIS활용이 되었다. 1950~1960 대학을 중심으로 공간분석에 관한 연구가 활발하였는데 시애틀의 워싱턴대학 Garrison교수는 컴퓨터프로그래밍, 교통분석을 위한 모델링을 개발하였으며 Tobler MIMO(Map-in-Map Out)개발 지도학에서 최초의 컴퓨터 활용이 시도되었다.

1960년 이후 GIS의 발달과정은 크게 5단계로 나누어 볼 수 있다. 1960년대(GIS 개척기), 1970년대(GIS 성장기), 1980년대(GIS의 저변확대기), 1990년대(GIS의 성숙기), 2000-현재 GIS의 서비스시대이다.

1.5.1 GIS의 개척기(1960-1970)

이 시대는 주로 개개인에 의해 독자적으로 GIS가 태동되었다. 이시기에 GIS를 주도한 사람들로는 미국의 하버드연구소를 이끌어온 Fisher, 1963년에 세계에서 최초로 캐나다 지리정보시스템CGIS(Canada Geographic Information System)을 구축한 Tomlinson, ESRI(Environmental Systems Research Institute)의 창업자인 Dangermond, 영국의 ECU(Experimental Cartography Unit)의 Bickmore 등을 손꼽을 수 있다. 주로 래스터식 자료처리가 전부였으며 60년대 후반 DIME(미 상무성)에서 위상관계(TOPOLOGY)를 갖춘 데이터모델을 개발하였다. 뉴욕주의 LUNR(Land Use & Natural Resource inventory), SYMAP(Harvard), MIADS, GEOMAP 등이 발달하였다.

그림 1.11 Howard Fisher교수 (1903~1979)

그림 1.12 Roger Tomlinson (1933~2014)

그림 1.13 Jack Dangermond (1945~)

Tomlinson의 제안에 의해 만들어진 최초의 GIS는 캐나다 전역의 토지특성자료수집 및 지도화 과업(1:50000, 3000장)으로 토양의 질을 부호화하여 1-7등급으로 분류하여 지도를 제작하였다. 종이지도의 수치화를 위한 H/W, S/W의 개발에 기여하였으며 스캐닝기법과 드럼스캐너의 사용, 레스터이미지를 벡터로 변환하는 기법, 인접도엽의 Merge방법, 체인코드방식의 선형형상의 표현기법, 폴리곤형상의 코딩방법들이 시도되었다. 1964년 Harvard 컴퓨터그래픽 및 공간분석 실험실을 이끌어온 Fisher교수는 1965년 SYSMAP을 탄생시켰다.

DIME System은 TIGER(Topographically Integrated Geographic Encoding and Referencing)의 전신으로 도로망에 대한 데이터베이스 구축함으로써 후에 각종 교통부문에서 GIS활용에너지대한 기여를 하였다.

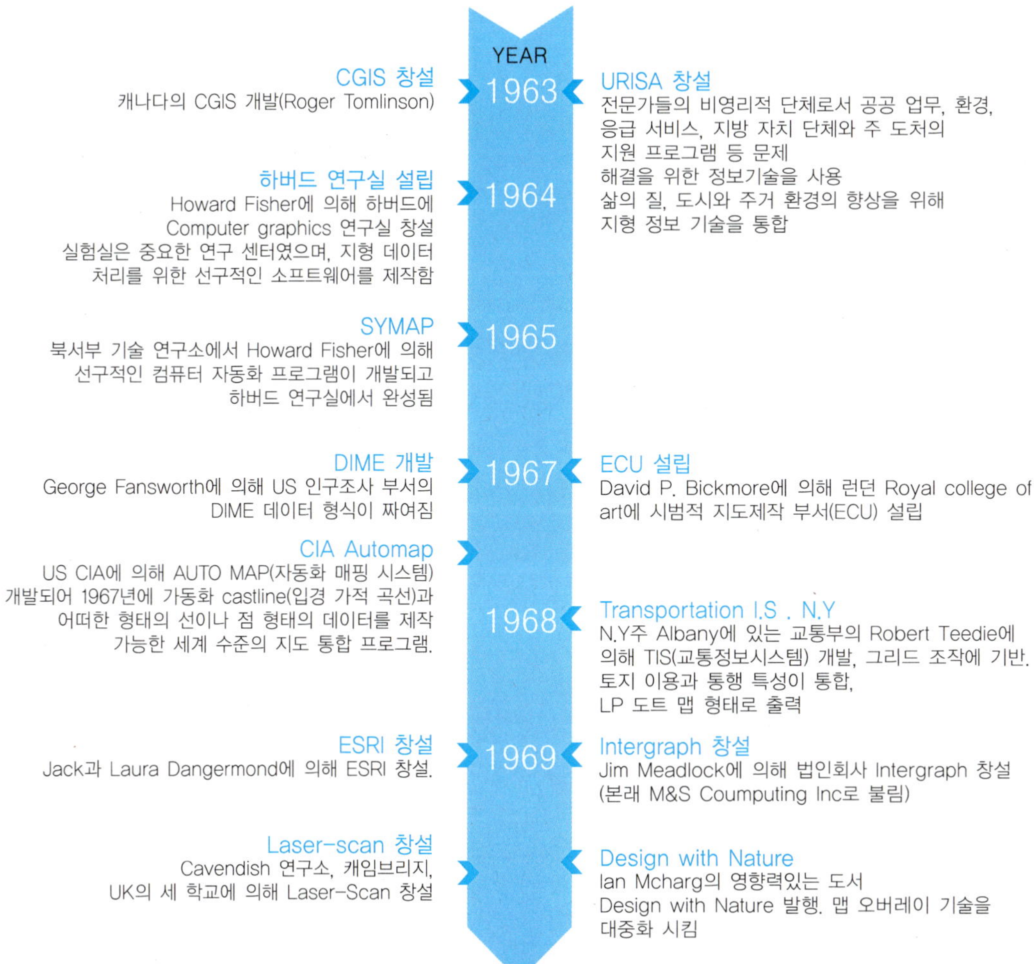

그림 1.14 GIS time line 1960-1970

1.5.2 GIS의 성장기(1970~1980)

컴퓨터가 본격적 등장하면서 3세대 마이크로프로세서, 4세대 Desktop PC, 장비의 저가화의 실현으로 대학에서의 GIS Lab.이 가능해졌다. 급격한 사회환경변화에 대한 자료처리 도구의 필요성이 대두됨에 따라 CADD(Computer Aided Design & Drafting)가 등장하였으며 1970년 IGU(세계지리학대회), 1974년 Auto-CARTO, AM/FM이 창성되는 등 GIS의 성장을 가져왔다. 급격한 환경오염과 자원고갈에 따른 전문 GIS 관련 산업의 등장하게 되었으며 자원, 환경관리 및 공공시설 관리에 주로 활용 되었다.

특히, 1972년 최초의 다목적위성인 LANDSAT(ERTS-1)이 발사되었으며 이는 이후 GIS의 데이터획득에 지대한 공헌을 하게 된다. 1979년 ODYSSEY 프로그램이 하버드 실험실에서 개발되

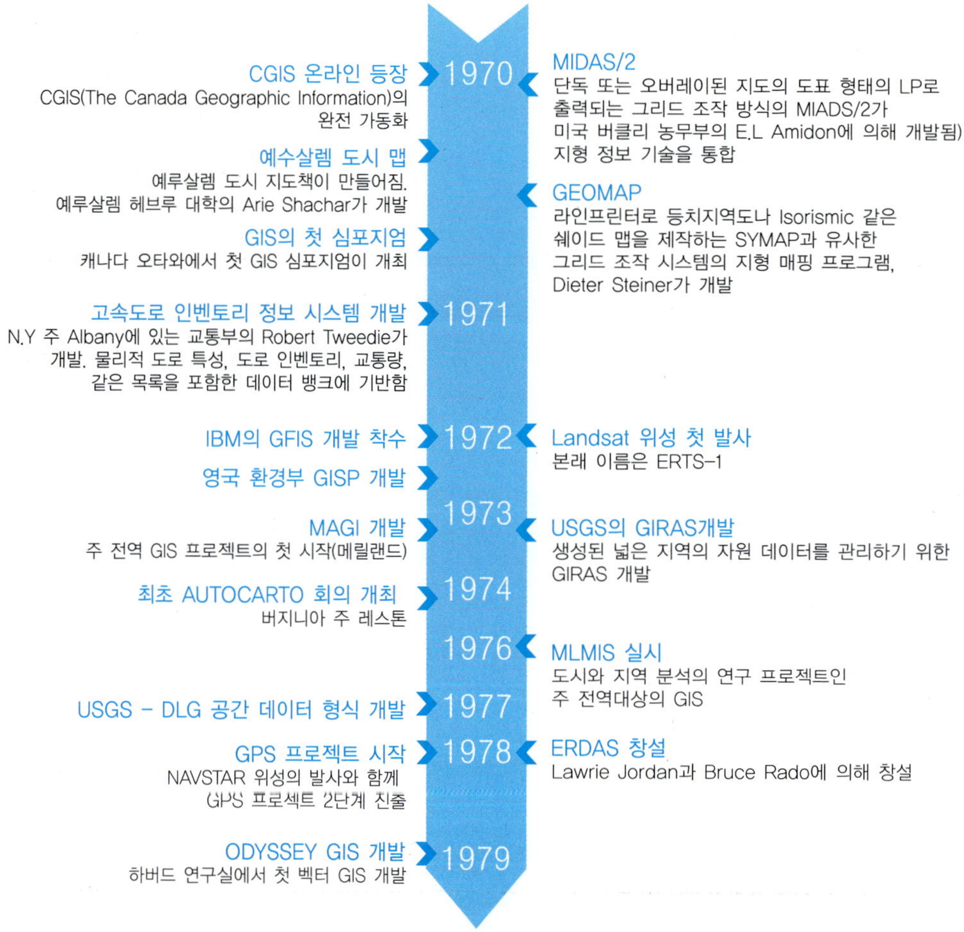

그림 1.15 GIS time line 1970-1980

었으며 이를 바탕으로 한 ArcInfo가 1981년 ESRI사에서 개발되었다.

이 시대는 전문소프트웨어 개발업체들에 의해 다양한 소프트웨어들이 개발되었는데 선두주자들은 ESRI, GIMMS, Synercom, Intergraph, Calma 등이며 ERDAS도 1978년에 설립되었다.

1.5.3 GIS의 저변확대기(1980~1990)

선진국으로부터 개발도상국으로 GIS가 확산된 시기라고 할 수 있다. 세계경제의 침체는 효율적인 식량과 자원관리의 필요성을 알게 하였고 국제적 차원의 연구가 세계식량기구(FAO)로부터 시작되었다. 벡터(Vector) 및 위상구조(Topology)가 GIS에 본격적으로 수용되었으며 인공위성데이터의 효과적인 활용방법에 대한 연구가 활발하였다. 미국의 NCGIA(National Center for Geographic Information and Analysis)가 설립되었으며 위상관계의 공간데이터와 관계형 데이터베이스가 등장하였다. 또한 워크스테이션의 등장으로 입력, 처리, 출력 H/W의 안정, 인공지능, 지식기반의 기술들이 발전하였다.

1980년대 초반에는 지방자체단체, 국가, 다국적, 그리고 세계적인 차원에서 GIS에 대한 수요가 증가하였으며 이에 따른 기술적 진보와 다양한 학술회의가 개최되면서 GIS의 확산이 이루어진 시기라고 할 수 있다.

1985년 미국국방건설공학연구소에서 GRASS개발이 시작되었고 1986년 Mapinfo 회사설립, 1987년 Idrisi 개발시작, 80년대 말 Intergraph사에서 MGE를 개발 출시하였다.

1.5.4 GIS의 성숙기(1990~2000)

컴퓨터의 발달로 인해 개인용 컴퓨터 시대를 맞이하게 되므로써 GIS가 광범위한 운용체계로 일반화되고 대중화되는 발전을 하게 되었다. 또한 GPS의 도입으로 실시간 자료의 입력이 가능해 졌으며 데이터의 위치정확도를 획기적으로 높임은 물론 GIS를 위치기반 환경으로 방향을 잡게 하였다. 사용자 인터페이스(GUI; Graphic User Interface), 멀티미디어, 인터넷 등의 최신 기술의 발달로 GIS의 운용체계에서도 획기적인 발전을 가져왔다. GPS, 측량장비의 첨단화, 위성영상처리 등 H/W, S/W의 발전 90년대 중반이후 독립적이고 중앙집중형이던 GIS가 인터넷을 통해 다중의 사용자가 사용하게 되자 데이터의 통합화, 표준화가 필요하였으며 저장매체 및 통신기술의 발달로 Open GIS(Internet GIS), 분산형 Networking이 가능하게 되었다. 공간데이터에 대한 표준화 기술이 필요하게 되었으며 1994년대에는 100개 이상의 기업과 공공기관, 대학들이 개방형 GIS 컨소시엄(OGC; Open GIS Consortium)을 형성하게 되었다.

이제 국가기관이나 전사적인 시스템과 같이 더 이상 특정조직을 위한 GIS가 아닌 생활화가 되는 시기로 의의가 크다.

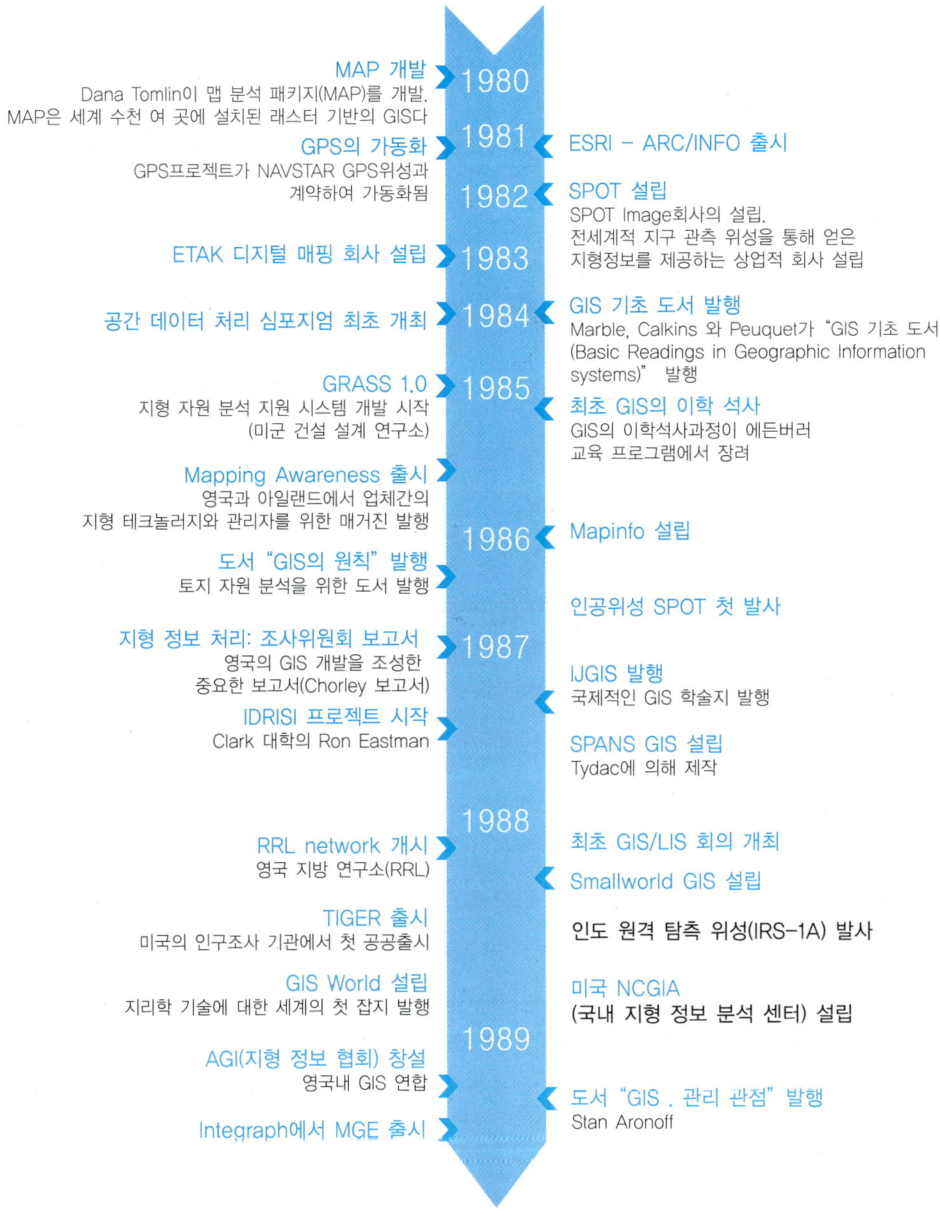

그림 1.16 GIS time line 1980-1990

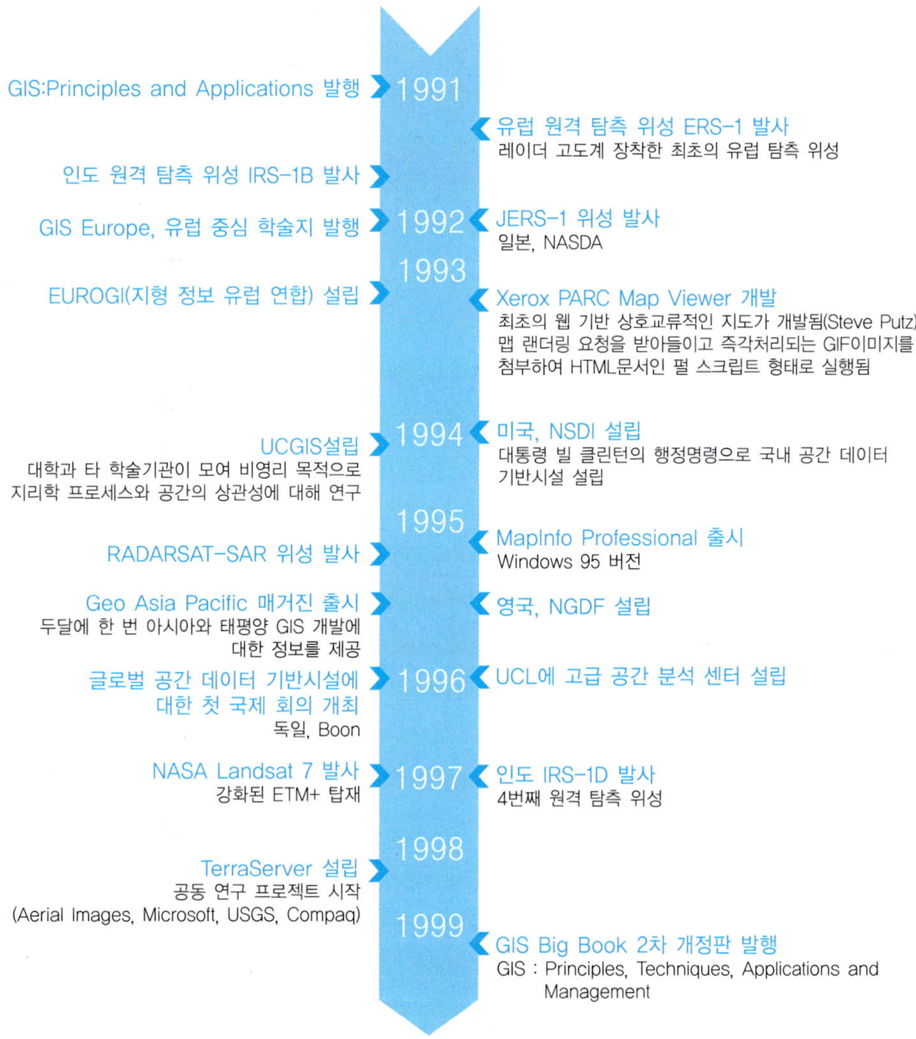

그림 1.17 GIS time line 1990-2000

1.5.5 GIS의 서비스 시기(2000~현재)

이 시기에는 몇 가지의 큰 조류로 GIS의 발전을 정리할 수 있다. 첫 번째는 GIS플렛폼과 컴퓨터 환경의 변화이다. 클라이언트-서버의 분산화된 컴퓨팅환경과 인터넷 GIS로 인한 데이터의 다양화(비디오, 오디오, 지도, 텍스트, 방송 등 다양한 형태의 자료)가 이루어 졌다. 두 번째는 GIS소프트웨어의 패러다임변화이다. 고가의 전체 패키기 형태에서 저비용, 고효율의 개방형 컴포넌트 소프트웨어로 개발되었으며 하드웨어나 운영체제에 구애 받지 않고 개별적으로 동작 가능한 조작단위로 프로그램 개발이 이루어 졌다. 응용프로그램 개발 기간단축, 소프트웨어 개발 및 유지 비용 최소화를 달성하였다. 셋째는 GIS의 대중화와 서비스 기능의 확대이다. GIS 초기에는 데이터베이스 구축이 중심이었다. 자료 입출력, 처리, 분석하는 일종의 툴박스(Tool Box) 개념이었으나 현재 에는 인터넷 GIS의 발달로 응용적이고 서비스 제공하는 관점으로 전환되었다. 소프트웨어, 데이터, 이용자가 동시에 같은 장소에 있을 필요가 없어졌으며 GUI로 비전문가도 단시간에 학습 가능하게 되었고 GIS 서버의 등장으로, 인터넷 이용자들이 GIS 소프트웨어 구입할 필요 없이 인터넷 브라우저를 이용하여 GIS 응용과 분석기능을 사용하게 되었다.

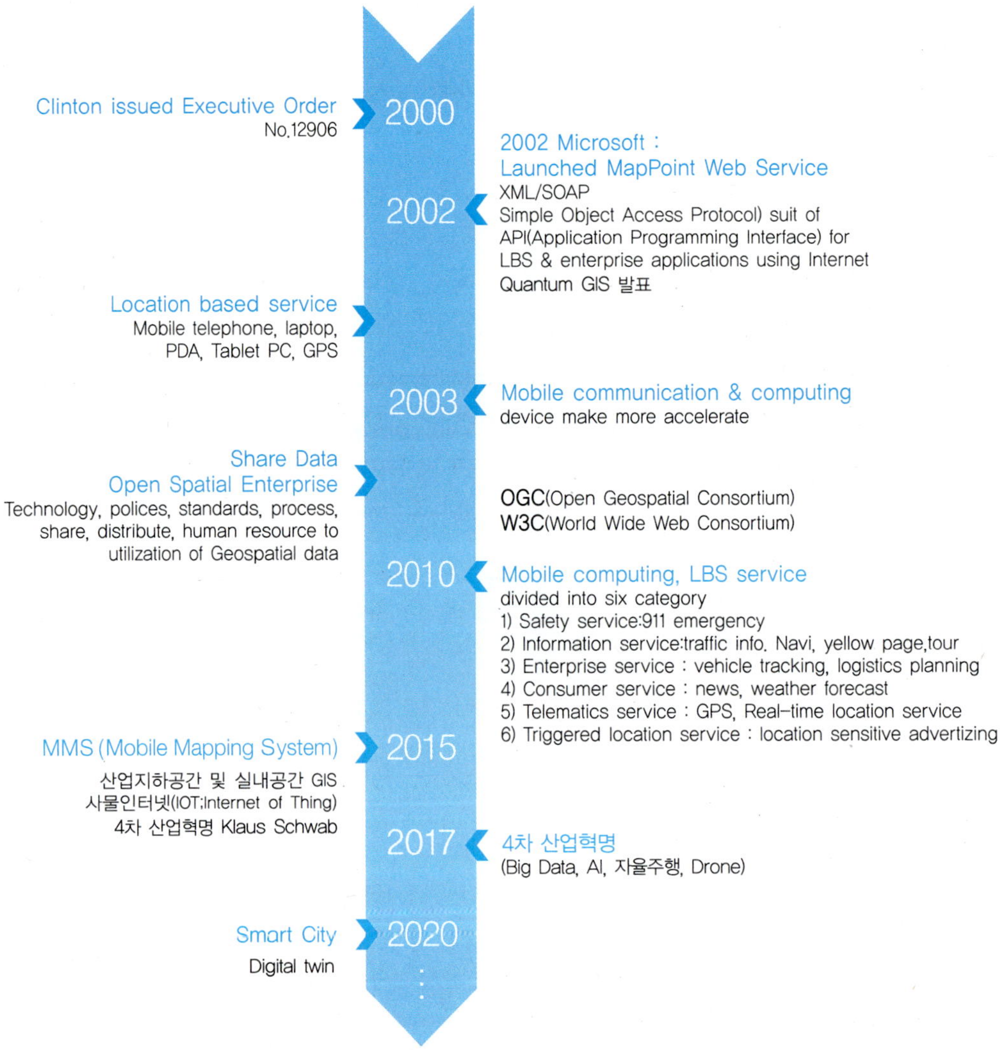

그림 1.18 GIS time line 2000–현재

특히, 2002년에 발표된 opensource기반 Quantum GIS(2014년부터 QGIS로 명명)는 GIS의 저변확대에 기여하였다.

2010년도 이후에 공간정보분야의 화두는 공간정보자동획득시스템, 사물인터넷 그리고 지하 및 실내공간정보 구축이다. 공간정보자동획득시스템은 각종센서와 영상기반 위치결정기술을 이동플랫폼 상에 조합한 시스템으로 MMS(Mobile Mapping System)이라고 한다. 또한 통신기술의 발달로 인간과 사물, 사물과 사물 간에 정보를 교환하며 이러한 체계가 사회적체적으로 연결될 날도 멀지 않았다. 기본적인 필수사항은 위치기반이며 Wi-Fi기반기술, 센서기반기술, 비콘기반기술, Opportunistic signal 기반기술 등이 활발히 사용되거나 연구되고 있다. 관련기술들은 OMA Location WG, 노키아와 퀄컴사를 중심으로 한 ILA(In-Location Alliance)에서 표준화를 진행하고 있다. 실내공간정보획득기술에는 Blueprint 기반, 영상 기반,3D 모델링 프로그램 기반, BIM(Building Information Modeling) 기반, 레이저장비 기반, Crowd Sourcing 기반기술 등이 사용되고 있으며 자세한 내용은 5장 데이터수집에서 기술하였다.

21세기에는 도시, 환경, 자원 등의 문제가 더욱 심각해질 것이라는 분석이 지배적이다. 향후 40~60년이면 현재 지구를 움직이고 있는 에너지(화석연료)가 거의 고갈 될 것이다. 현재 지구의 인구는 100억 명에 달하며 지구환경의 수용력이 한계에 다다른다고 한다. 기후변화에 의해 해수면이 상승하고 있으며 연안거주지의 침식과 함께 농경지가 줄어들고 있다. 또한 이상기후의 발발, 수인성전염병의 확산 등 실로 지구와 인류의 미래가 그리 밝지 못한 면이 있는 것은 사실이다.

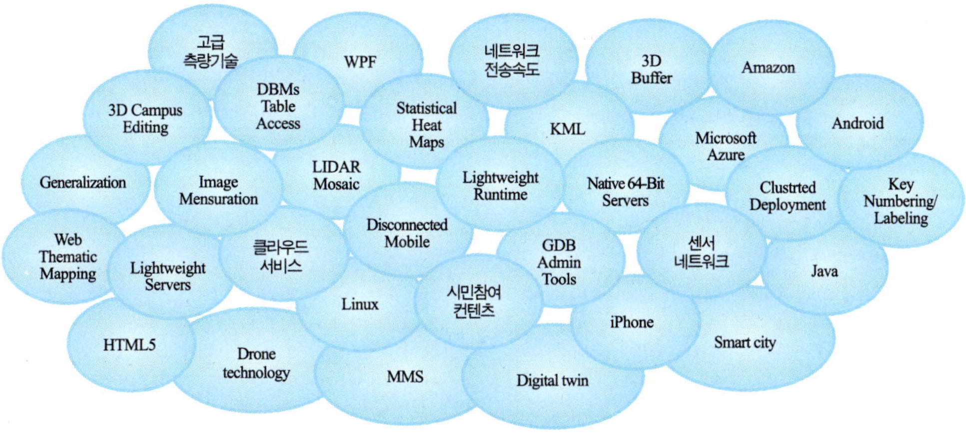

그림 1.19 미래의 GIS발전에 영향을 주는 요소들

지리정보시스템의 개발과 활용은 이러한 인류의 한계를 보다 합리적으로 효율적으로 규명하고 대책을 수립하게 할 수 있는 고차원적인 수단이며 과학기술이다. GIS기술의 발전은 인류의 밝지만은 않은 미래에 작은 희망이 될 수도 있을 것으로 생각된다. 미래의 GIS는 기존의 개념만으로는 넓은 영역을 포함할 수 없을 것이다. 보다 넓은 영역으로 확장해가야 한다. 궁극적인 목표는 실세계를 완벽하게 재현하고 실시간 정보의 업데이트로 유지관리되며 그 안에서 일어나는 모든 일들을 통제하고 분석하고 예측하는 기술로 발전해나갈 것이다.

최근에 흔히 거론되고 있는 3D GIS, AR(Augmented Reality) GIS, Mobile GIS, MMS(Mobile Mapping System) 등이 이를 대변해 주고 있다. 또한 Digital twin은 공간정보가 핵심이 될 것이다. 서비스 면에서는 GIS가 스마트 모바일, 웹 2.0, 소셜 네트워크와 접목되면서 스마트 GIS와 소셜 GIS로 발전할 것이다.

Essay

1. GIS의 일반적인 작업절차와 구성요소를 기술하시오.
2. GIS의 발달과정을 기술적인 도약을 기준으로 설명하시오.
3. 미래의 GIS는 어떤 기술이 중요시 되는지 요약하시오.
4. Dr. Snow의 콜레라 지도가 왜 GIS의 시초가 되었는지 설명하시오.

제2장 GIS 데이터

GIS에서는 다양한 데이터가 구축된다. 인간이 활동하는 범위가 지상과 지하를 포함한 3차원 공간이고 GIS기법에 의해 얻어진 정보 또한 동일한 공간에 적용되므로 위치정보가 없는 데이터는 무의미하다. 공간데이터처럼 태생부터 위치기반 데이터가 있는가 하면 지번과 같이 단순한 속성데이터가 있다. 대부분의 속성데이터는 위치를 부여하기 위해 공간데이터와 연결되게 된다. 따라서, GIS구축시 가장 기본이 되는 공간데이터는 수치지도이다. 이번 장에서는 데이터를 표현하는 방법인 데이터의 유형, 모델과 데이터 구축, 데이터 분류와 체계에 대해 알아보기로 한다.

2.1 GIS데이터의 유형

지리정보는 공간상에 있는 객체나 현상의 공간적인 위치를 나타내는 공간데이터(Spatial Data)와 이와 관련된 속성데이터(Attribute Data)로 구분된다. 공간데이터는 도형데이터(점, 선, 면)와 래스터데이터로 표현되며 공간데이터에 대한 속성데이터가 부여된다. 속성데이터란, 지적도를 예를 들면 어떤 필지의 면적이 얼마이고 소유주가 누구이며 지목(地目)이 무엇인지 하는 것들이다.

공간데이터는 다시 벡터데이터와 래스터데이터로 나뉘며 특정한 좌표계를 기준으로 한 좌표를 가지고 있다. 벡터데이터는 점, 선, 면으로 표현한다. 래스터데이터는 셀로 이루어진 그리드형태로 각 셀의 수치값(DN ; Digital Number)으로 정보를 표시한다. 흔히 사용하는 항공사진영상 또는 인공위성영상 등이 이에 속한다. 그림 2.2와 같이 GIS는 도형자료와 이에 연결된 속성데이터로 구성되어 있다. 본 장에서는 주로 공간데이터 모델에 대해 설명하였다.

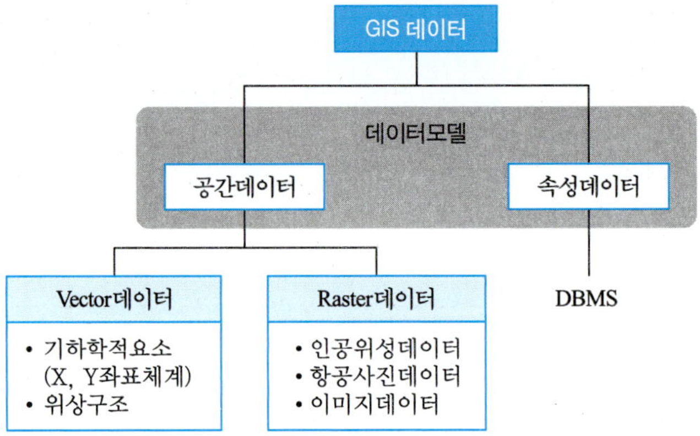

그림 2.1 GIS 데이터의 유형(이희열, 심재헌, 2012, GIS 지리정보학)

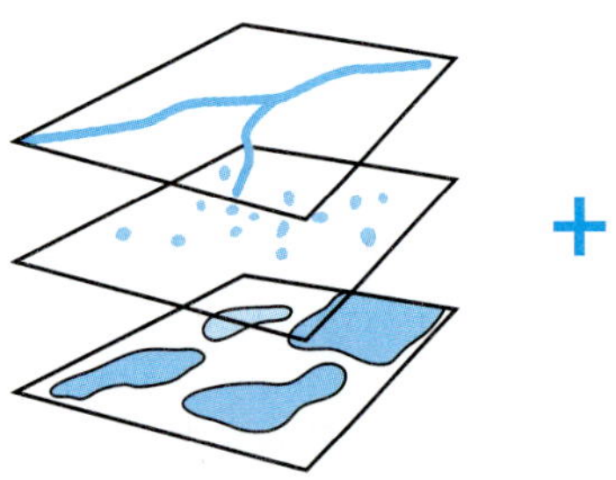

도형자료(Graphic Data)

지번	면적	소유주	토질	…
1	100,500	김민석	상	…
2	2,000	한수희	중	…
3	500	한동엽	하	…
4	3,000	이정호	상	…
5	35,000	조영욱	중	…
⋮	⋮	⋮	⋮	⋮

속성자료(Attribute data)

그림 2.2 속성자료와 도형자료(2005, 이희연)

그림 2.3에서 산림자원 지도를 GIS데이터로 구축한다고 하자. 이 정보시스템에서 필요한 사항들은 (a)와 같이 수목의 위치, 우점종, 평균수고, 평균DBH[1] 등이다. 이는 데이터베이스의 필드항목(b)으로 만들어 지며 (c)와 같이 해당 공간영역에 대한 데이터가 입력된다.

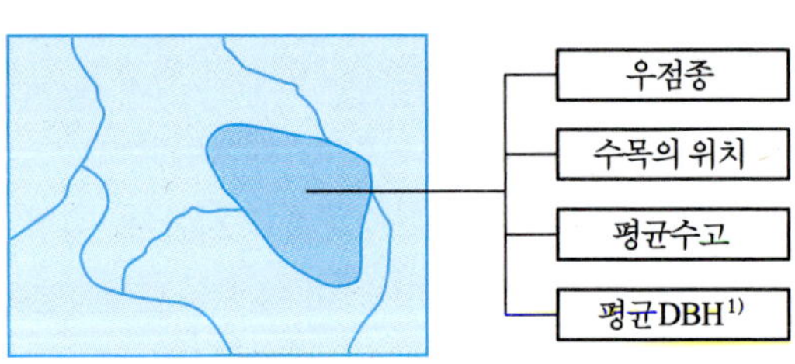

산림자원 목록 지도

(a) 수목에 대한 데이터 항목

1) 흉고직경(B)(胸高直徑, diameter at breast height)은 가슴 높이(지표면에서 1.2m)에서 잰 지름을 뜻하며, DBH로도 표시한다.

수목식별자	우점종	평균수고	평균DBH

(b) 수목에 대한 데이터 항목의 기록

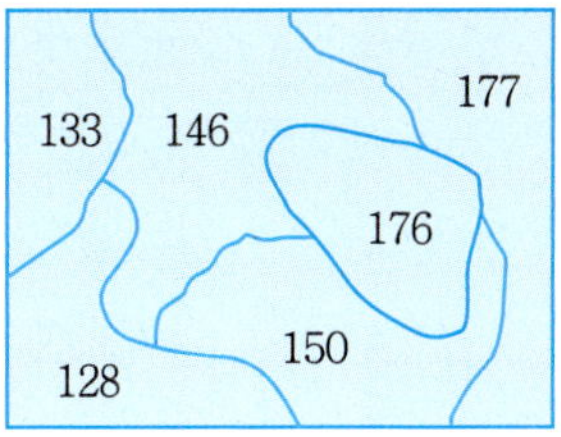

128	가문비나무	5.0	0.25
133	발삼나무	4.5	0.35
146	소나무	6.2	0.40
150	삼나무	3.8	0.15
176	소나무	4.5	0.30
177	가문비나무	3.5	0.15

(c) 관련레코드의 flat file 또는 테이블

그림 2.3 컴퓨터에서의 수치데이터의 구성

2.2 공간데이터 모델

실세계의 형상(Features)들은 객체(Object)와 현상(Phenomena)의 두 가지 기본형태로 존재

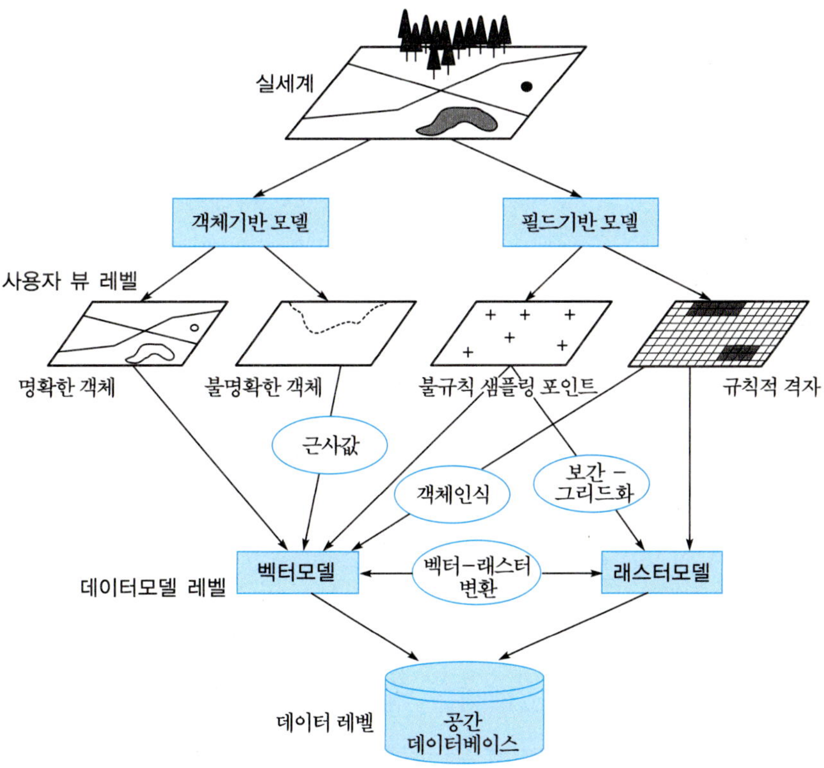

그림 2.4 실세계의 데이터 모델(C.P.Lo, K.W. Yenng 2007, Concepts & Techniques of GIS)

한다. 객체는 도시, 건물, 고속도로와 같이 불연속적(이산적)이고 명확한 것이며 현상은 지형, 온도, 강우, 소음 그리도 환경지표와 같이 넓은 면적에 연속적으로 분포하며 불명확하다. 지리데이터는 이들을 객체기반 모델(Objected-based Model)과 필드기반모델(Field-based Model)로 표현한다(Goodchild, 1992; Wang and Howarth, 1994).

2.2.1 객체기반모델

객체기반모델은 이산적(離散的)이고 인식할 수 있는 객체들로 구성된 지리적 공간을 다룬다. 정의상 객체는 다음과 같은 조건을 만족하는 공간적 현상이다.

1) 확인할 수 있는 경계나 공간적인 범위를 가져야 한다.
2) 목적하고자 하는 응용분야에 적절해야 한다.
3) 속성(Attribute)으로써 참조되는 하나 이상의 특성으로 묘사될 수 있어야 한다.

객체기반모델은 건물, 필지와 같이 공간객체가 명확한 경계에 의해 분리된 형상의 명확한 객체(Exact Object)와 토양형태, 야생동물의 서식지, 토질경계, 지형형태와 같이 경계에 따라 변하는 명확히 정의하기 힘든 불명확한 객체(Inexact Object)로 나눌 수 있다. 객체기반 모델에서의 데이터획득방법은 현장측량이나 실험적인 방법에 의한다. 객체의 특성과 기록될 축척에 따라 공간객체는 점, 선, 면이라는 공간적 요소로 표현된다. 객체기반 공간데이터베이스는 데이터가 연속적인 좌표형태로 대부분 표현되기 때문에 이러한 형태의 공간데이터베이스를 벡터데이터모델(Vector Data Model)이라 한다.

2.2.2 필드기반모델

필드기반모델의 공간적 현상은 불명확하고 특정한 범위가 없는 공간에서 연속적으로 변화하는 실세계 형상이다. 규칙적인 정규망형태나 불규칙적인 점데이터로 표면을 표현한다. 데이터의 획득은 직접적인 방법과 간접적인 방법에 의한다. 직접적인 데이터 획득방법으로는 항공사진, 원격탐사영상, 지도스케닝, 현장실측(예; TIN) 등이 있으며 간접적인 방법에는 표본데이터로 부터의 내삽법, 재분류, 재배열과 같은 수학적인 함수를 적용하는 방법(예; 등고선, DEM)이 있다.

공간데이터베이스가 필드기반 모델로 구축되었을 때 기본적인 공간단위는 공간적 현상을 묘사한 격자형태이다. 가장 일반적으로 사용되는 격자형태는 정사각형 혹은 직사각형셀 격자이므로 필드기반데이터베이스를 래스터모델(Raster Model)이라 한다.

대부분의 공간은 벡터, 래스터, 표면(surface)에 의해 표현된다. 위에서 얘기한 대로 대부분의 표면데이터는 일반적으로 격자모델로 표현되지만 예외가 있다. 예를 들어 지형은 래스터형태인 DEM에 의해서도, 벡터형태인 TIN에 의해서도 표현될 수 있다. 온도분포나 강우와 같은 경우에도 등온선(Isotherms) 또는 등우선(Isohyets)과 같은 벡터데이터를 이용하기도 한다.

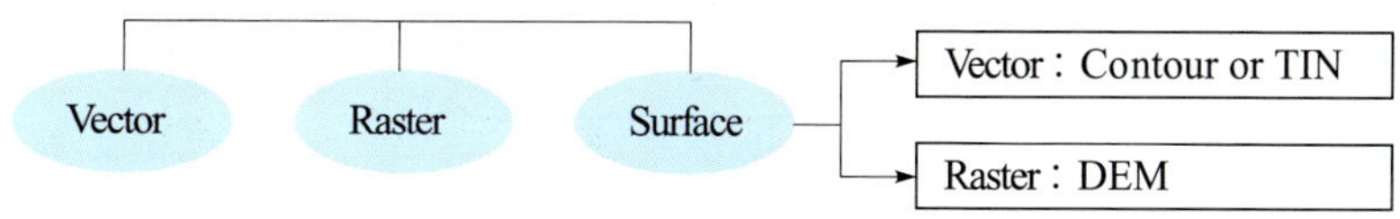

그림 2.5 공간데이터의 형식

(a) Vector (b) Raster (c) Surface

그림 2.6 공간의 표현방법

2.3 공간데이터의 정밀도

공간데이터의 수치적표현에 대한 정밀도는 좌표와 속성이 컴퓨터에 저장되는 데이터의 비트수에 달려있다. 하나의 비트는 0 또는 1로 되어 있으며, 컴퓨터데이터의 기본단위이다. 저장된 데이터비트는 하나의 단어(word)로 그룹된다. 비트들이 모여 단어를 형성하는 것을 word length라 하며 보통 16-64비트 범위이다. 그러나 컴퓨터에서 어드레스[2)]할 수 있는 단위는 단어가 아니라 바이트이다.

예를 들어 좌표의 경우 정수형을 쓸 수도 있고 실수형을 쓸 수도 있다. 정수형은 소숫점이 없으므로 실수형이 정밀도가 좋다고 할 수 있다. 32비트 정수형이면 −2147483648에서 +2147483648까지의 범위를 가지며 실수형의 경우 32비트에서 7자리, 64비트에서 15자리, 128비트에서 33자

2) 컴퓨터 용어로 "지시할 수 있다"는 의미이다.

리의 부동 소수점 자리수를 사용할 수 있다. 실제적으로 GIS작업에서 좌표 계산중의 반올림 오차를 줄이기 위해 배정밀도로 사용한다. 그러나 이러한 방법은 데이터의 양을 증가시킨다. 수치지리데이터베이스에서 데이터의 양에 영향을 주는 다른 요인으로써는 선을 구성하는 점의 간격, 저장될 개체의 수, 저장될 속성데이터의 양 등이 있다. 데이터 모델링의 목적은 저장공간과 데이터 전송시간의 최소화를 통하여 최적의 해결책을 찾는 것이다(C.P.Lo, 2007).

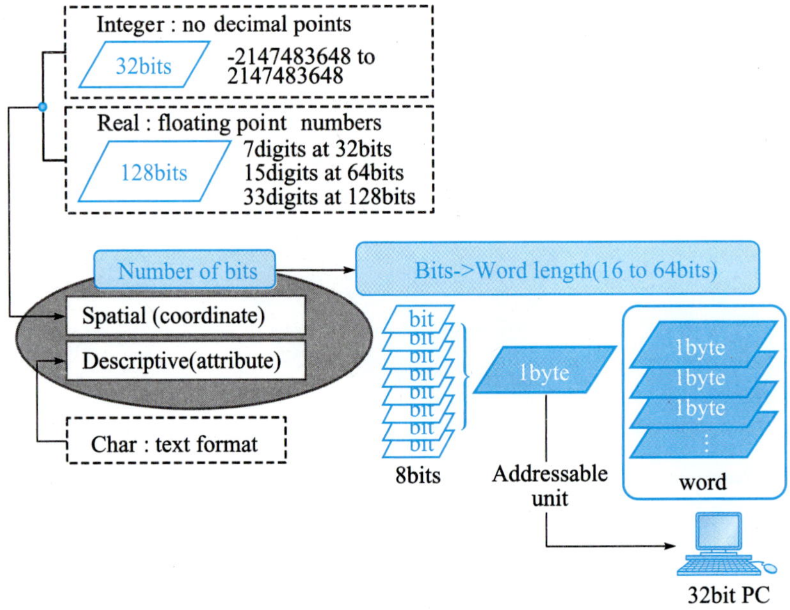

그림 2.7 컴퓨터 처리 데이터의 개념

2.4 공간데이터 모델

앞 절에서 공간데이터는 벡터데이터와 래스터데이터로 나뉜다고 하였다. 예를 들어 스키장 일대의 공간데이터를 구축한다고 생각해 보자. 우선 (4.1.1)로는 스키장까지 접근할 수 있는 도로, 인근 산림분포, 스키리프트, 호텔의 위치, 주변 지형들이 있을 것이다. 논리적 모델(4.1.2)은 벡터와 래스터데이터 형태로 그림 2.8과 같이 각각 구축 할 수 있다.

호텔의 위치는 벡터로는 점과 좌표로 표현할 수 있을 것이며 래스터로는 해당위치의 픽셀로 표현할 수 있을 것이다. 벡터는 정확한 좌표로 표현이 가능하나 래스터의 위치정확도는 한 픽셀이 실제 지상에서 차지하는 해상도(셀의 크기)에 한정된다. 등고선과 같은 표면데이터는 래스터에서 동일표고에 대한 픽셀의 DN값을 이용하여 표현할 수 있다. 벡터데이터는 설명한 바와 같이 지상의 객체를 점, 선 또는 면으로 표현할 수 있다.

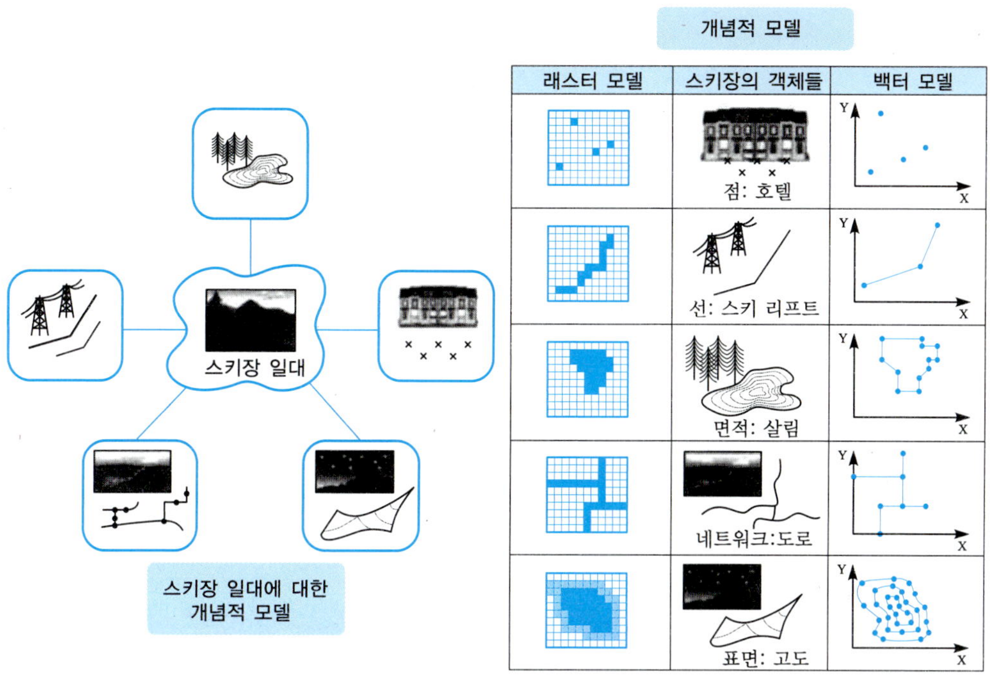

그림 2.8 실세계 객체들에 대한 래스터와 벡터 데이터모델
(Heywood, 1998, An Introduction to GIS)

2.5 벡터데이터 모델

벡터데이터 모델은 실세계를 표현하는데 객체기반의 방법이다. 이산적객체를 표현하는데 사용하는 방법이며 도형요소인 점, 선, 면으로 대상물을 표현하며 이들은 모두 좌표를 가진 위치기반 데이터이다. 구조자체가 래스터데이터보다 훨씬 복잡하다. 벡터모델을 사용하는 소프트웨어가 다른 알고리즘으로 많이 개발되었으나 다음 두 가지의 공통적이고 상호관련된 개념으로 구성되어 있다.

1) 기본적인 도형요소(점, 선, 면)로 공간객체의 분할

2) 공간객체를 표현하고 분석하기 위해 기하학과 위상관계(Topology)의 사용

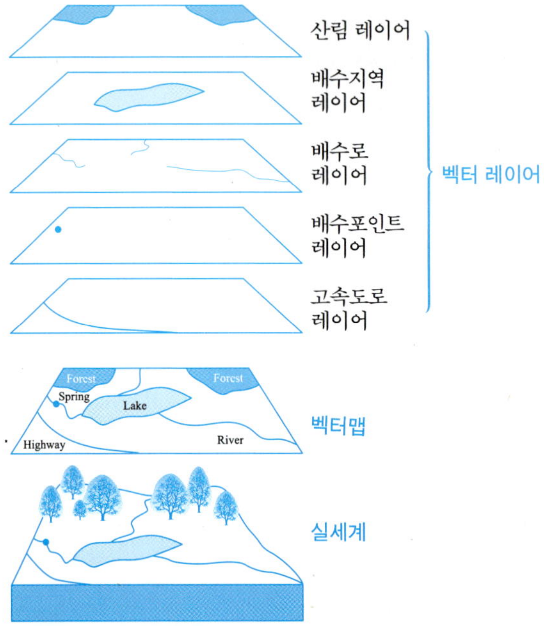

그림 2.9 벡터데이터 모델로 표현한 실세계(C.P.Lo, 2007)

2.5.1 벡터데이터 모델의 구성요소

벡터데이터 파일형식에 따라 구성요소를 다르게 하는 경우도 있으나 공통적인 요소는 점, 선, 면이라 할 수 있다.

(1) 점

1) 공간객체의 가장 단순화된 표현으로 0차원의 공간객체, 즉 점사상(Point Feature)은 거리와 폭의 개념이 존재하지 않는다.
2) 차원은 없으나 심볼을 사용하여 지도나 컴퓨터 화면상에 표현되는 객체이다.
3) 축척에 따라 다양한 공간객체가 점사상으로 표현될 수 있다.
4) X, Y 수평위치를 통해 특정 객체의 공간위치(Spatial Location)를 나타낸다.
5) 객체의 공간적 위치정보를 나타내는 X, Y 좌표이외에도 속성정보를 포함한다.
6) 점사상은 다른 점사상에 대해 독립적이고, 데이터베이스 모델에서 서로 다른 행에 위치정보와 속성정보가 저장된다.

(2) 선

1) 두 개 이상의 점사상으로 구성되어 있는 선형으로 1차원의 객체를 표현, 즉 길이를 갖는 공간객체로 표현된다.
2) 지표상의 선형실체는 축척에 따라 선형 또는 면형객체로 표현될 수 있으며, 예를 들어 도로의 경우 대축척 지도에서는 면사상(Polygon Feature)으로 표현될 수 있고, 소축척 지도에서는 선사상으로 표현될 수 있다.
3) 연속적인 복잡한 선을 묘사하는 다수의 X, Y 좌표의 집합은 아크(Arc), 체인(Chain), 스트링(String) 등의 다양한 용어로서 표현된다.
4) 단순한 선이나 체인 등은 하계망 분석이나 도로, 교통입지 등에서 요구하는 연결성에 관한 공간정보를 가지고 있지 않는다.
5) 선과 선을 연결하고 추적할 수 있는 선형 네트워크(도로망 등)를 생성하기 위해서 자료구조에 포인터(Pointer)를 삽입해야 한다.
6) 선형 네트워크는 선이 교차하는 지점인 노드(Node), 노드와 노드를 잇는 선형 공간객체인 링크(Link) 등으로 구성된다.

(3) 면

1) 최소 3개 이상의 선으로 폐합되는 2차원 객체의 표현으로 폭과 길이의 개념이 존재한다.
2) 호수, 삼림, 도시 등은 대표적인 면사상의 하나이다.
3) 지표상의 면형 실체는 축척에 따라 면 또는 점사상으로 표현이 가능하다.
4) GIS에서 대부분의 주제도는 다각형을 사용하여 제작되기 때문에 면사상을 다루고 표현하는 방법에 관심이 집중된다.

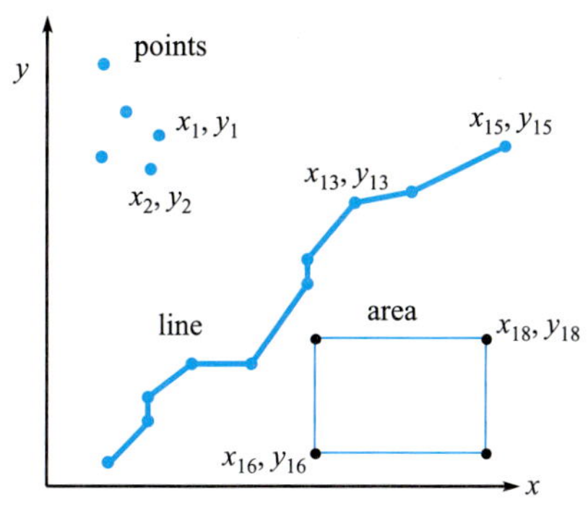

그림 2.10 벡터데이터 모델의 요소

그림 2.10은 점, 선, 면 등 기본형 벡터자료를 보여주고 있으며, 각각의 벡터자료에는 위치좌표가 포함되어 있다.

① 점 : 하나의 노드로 구성되어 있고, 노드의 위치값으로 점사상의 위치좌표를 표현

② 선 : 두 개의 노드와 수 개의 버텍스(Vertex)로 구성되어 있고, 노드 혹은 버텍스는 링크로 연결

③ 면 : 하나의 노드와 수 개의 버텍스로 구성되어 있고, 노드 혹은 버텍스는 링크로 연결

2.5.2 벡터데이터 모델의 특성

(1) 벡터데이터 구조

1) 실 세계에서 나타나는 다양한 대상물이나 현상을 점,선,면(다각형)으로 표현하는 것
2) 연속적인 복잡한 선의 경우 : Node(폐합)와 vertex로 표현 교차점에 대한 정보
3) 더욱 굴곡이 심한 객체 : string, chain, arc
4) 폴리곤의 데이터 구조화 : 인접, 포함 등의 규명

단순히 점, 선, 면은 도형요소이며 이들 도형요소가 합쳐져 실세계형상을 나타낼 때 도형개체라 한다. 수집되었으나 구조화되지 않은 데이터를 스파게티 데이터모델이라 한다. CAD시스템의 데이터가 흔히 이러한 데이터 모델로 저장된다.

(2) 벡터자료의 파일형식

수치화된 벡터자료는 자료의 출력과 분석을 위해 컴퓨터에 저장되며 이때 각 벡터자료는 특정 파일형식에 의해 저장되는데, 이는 다양한 소프트웨어에 따라 다른 형식으로 나타난다.

1) Shape 파일형식

ESRI사의 ArcView에서 사용되는 자료형식으로 비위상적 위치정보와 속성정보를 포함한다. 위상구조가 아니므로 컴퓨터 화면상에 출력되는 속도와 편집속도가 빠른 장점이 있다. Shape 파일형식의 dBase 파일에는 각 사상의 위치정보와 속성정보가 행과 열로 구성된 표의 형태로 구축다. ArcView 상에서 공간사상의 속성정보를 수정하고 편집하는 것이 가능하다.

2) Coverage 파일형식

ESRI사의 Arc/Info에서 사용되는 자료형식으로 다음과 같은 몇 개의 공통된 공간객체 클래

스로 구성된다.

① 커버리지 파일 전체의 지리적 참조점(Geographical Reference Point)
② Point : 선이나 면 등 형태가 없는 공간객체의 표현
③ Arc : 선형객체나 면형객체의 경계를 표현
④ Node : Arc의 시작점과 끝점 또는 Arc간 교차점을 표현, Node를 제외한 Arc상의 점은 버텍스로 표현
⑤ Annotation : 커버리지에 포함된 공간객체를 설명하기 위한 문자로 분석의 대상이 아닌 화면상에 표현하려는 목적으로만 사용
⑥ Polygon : 다수의 아크에 의해 닫혀진 공간객체
⑦ Label Point : 면형 공간객체의 Feature-ID가 Label Point에 할당커버리지 파일은 위상모델을 적용하여 각 사상간 관계를 정립하는 구조임

3) CAD 파일형식

Autodesk사의 AutoCAD 소프트웨어에서는 DWG와 DXF 등의 파일형식을 사용하며 DXF 파일형식은 수많은 GIS 관련 소프트웨어 뿐만 아니라 원격탐사(Remote Sensing) 소프트웨어에서도 사용할 수 있다. DXF 파일은 단순한 아스키파일(ASCII File)로서 공간객체의 위상관계를 지원하지 않는다. 국내에서 수행했던 NGIS 사업을 통해 대부분의 종이지도는 DXF 파일형식의 수치지도로 변환되었다.

4) DLG 파일형식

Digital Line Graph의 약자로 USGS(U.S. Geological Survey)에서 지도학적 정보를 표현하기 위해 고안한 디지털 벡터 파일형식이다. DLG는 세 가지 유형의 축척으로 1:20,000 / 1:24,000 / 1:25,000제공되며 아스키 문자형식으로 구성된다. 축척에 따라 다르기는 하지만, 일반적으로 다음과 같은 레이어를 포함한다.

Public Land Survey System, 경계(Boundary), 교통(Transportation), 수문(Hydrology), 지형(Hypsography), 비식생 공간 사상(Non-vegetative Features), 기준점(Survey Control and Marker), 인공구조물(Manmade Feature), 식생(Vegetative Feature Cover)

5) VPF 파일형식

Vector Product Format의 약자로서 미국방성의 NIMA(National Imagery and Mapping

Agency)에서 개발한 군사적 목적의 벡터형 파일형식이다. 지리관계 모델에 기초한 대단위 지리 데이터베이스를 위한 표준 파일 형식을 기본으로 하고 있다.

표와 색인(Index)을 통해서 사상의 공간적 위치와 주제 항목에 직접적 접근이 가능하며 노드, 에지, 페이스로 표현되는 벡터형식으로 다양한 유형의 수치 지리 데이터와도 함께 사용할 수 있다. VPF의 자료구조는 디렉토리, 표, 색인 등으로 구성되어 있으며 표에는 사상, 속성, 위치, 기하학적 형태, 위상 등에 관한 정보가 아스키 또는 바이너리 형태로 저장된다.

6) TIGER

Topologically Integrated Geographic Encoding and Referencing System의 약자로서 U.S. Census Bureau에서 인구조사를 위해 개발한 벡터형 파일형식이다. 미국의 가구단위와 그룹쿼터를 위해 주소 목록을 편집, 확인하고, 코드화한다. 이 TIGER 파일형식은 위상구조를 포함하고 있다.

7) Pan GIS 컨소시엄(OGC)

공간자료와 자료처리의 개방성과 상호운용성을 목적으로 1994년 결성되었다. Open GIS 컨소시엄은 산업체, 공공기관, 대학이 연계한 조직으로서 OpenGIS 명세서(Specification)에서 정의한 개방형 인터페이스와 프로토콜을 개발하는 것이 주된 목적이다.

산업계 입장에서, 상호운용성을 지닌 GIS 도구의 시장 확대를 위해 GIS 소프트웨어 공급자 중심의 국제표준 마련이 요구되게 되었다.

표준화 작업으로 각 GIS 소프트웨어들과 지형공간 데이터 형식 및 구조의 상이성이 해결되면 단일 네트워크 환경에서 데이터 처리가 가능한 효율적인 작업환경이 기대된다. 실질적으로, 상호운영성을 목적으로 워크스테이션 기반의 GIS가 윈도우 기반으로 변화되고 있다.

2.6 래스터데이터 모델

실 세계면을 일정단위의 셀(grid, pixel)로 분할하고 각각의 셀에 속성값을 입력하는 방식으로 스캐닝자료, 항공/위성영상이 여기에 해당한다.

우리가 흔히 촬영하는 디지털 사진영상이 이에 해당한다. 여러분들이 촬영한 사진을 확대하게 되면 각각의 셀로 형성되어 있는 것을 알 수 있는데 이 각각의 셀은 수치값(DN; Digital Number)을 가지고 있다. 8비트 흑백영상의 경우에는 0-255단계로 흑백계조를 표현한다. 칼라영상의 경우에는 R(red), G(green), B(blue) 각각의 0-255단계의 값을 가지고 있으며 이들이 합성되어 1024개의 컬러를 표현한다.

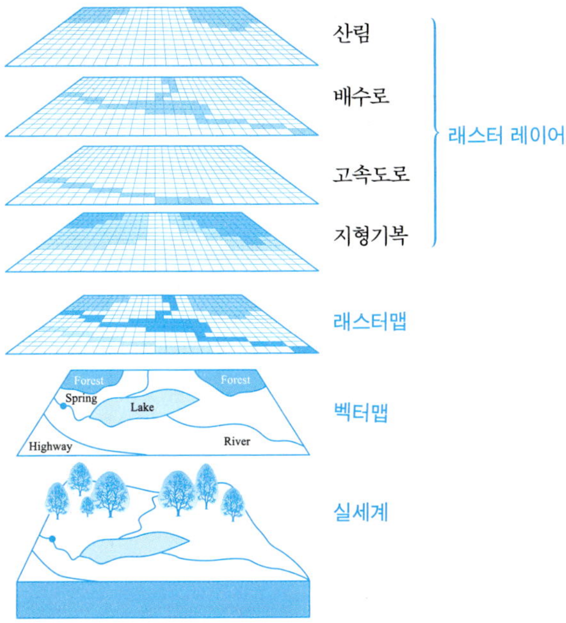

그림 2.11 래스터적인 방법으로 표현한 실세계(C.P.Lo, 2007)

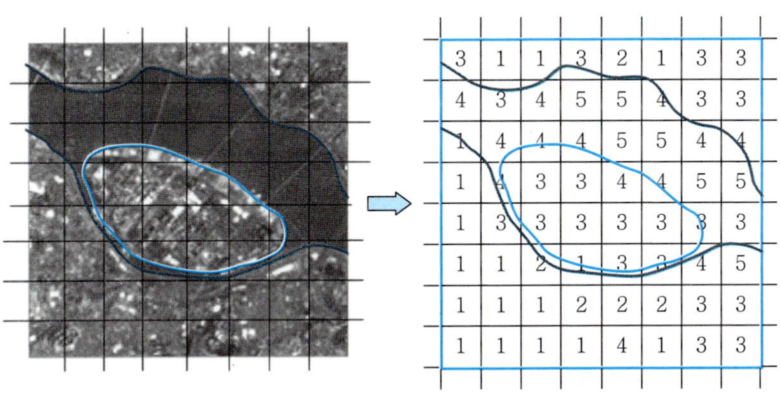

그림 2.12 실세계(위성영상-여의도)를 래스터데이터 모델로 표현한 예(국토연구원)

2.6.1 래스터데이터 모델의 특징

자료구조가 간단하며 지도중첩이나 원격 탐사 자료와의 연결이 용이하다. 셀 단위의 연산으로 다양한 공간분석을 쉽게 할 수 있으며 공간단위가 같은 크기와 형태를 갖기 때문에 시뮬레이션이 용이하다. 처리기술 자체가 비싸지 않으며 발달 속도가 빠르다는 장점이 있다.

반면에 자료의 양이 크다는 단점이 있다. 예를 들어 하나의 도면에 한 점의 정보가 있다고 하면 이 정보를 저장하기 위해 일정한 X, Y방향의 셀 수가 필요하다(예: 1024×1024). 그렇다고 해서 셀 수를 줄이면 대상물의 인식이 어려우며 셀수를 무조건 증대시키게 되면 데이터의 용량이 기하급수적으로 증가하게 되어 처리가 어렵다. 그러므로 적절한 해상도[3]를 정하여 사용하는 것이 바람직하다. 데이터의 저장을 용이하게 하기 위해 래스터데이터를 압축[4]하여 사용하게 되는데 정보를 잃어버릴 수도 있다. 셀단위로 되어 있다보니 출력의 질이 저하되며 네트워크 연계를 구축하기가 어렵고 특수한 알고리즘이나 하드웨어를 사용하지 않으면 투영변환에 많은 시간이 소요된다. 정적성(equal-area)으로 인하여 경위선이 직각으로 교차하지 않을 수도 있으며 정형성(conformal)으로 인하여 소축척의 경우보다 대축척의 경우에 왜곡이 심하게 나타날 수 있다.

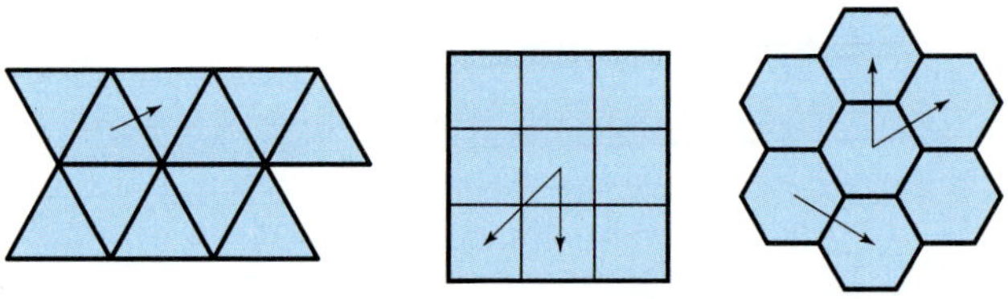

그림 2.13 래스터데이터의 공간분할 방법

셀의 모양에는 정사각형, 삼각형, 육각형 모양을 이용한다. 사각형은 데이터의 저장형태, 행렬식, 좌표체계의 정의가 용이하나 인접픽셀간의 대각선길이와 수평거리가 다르다는 단점이 있다. 삼각형이나 육각형은 인접픽셀 중심 간의 거리가 동일한 장점은 있으나 각 픽셀세분 시 크기가 달라지며 좌표계의 정의가 어려워 데이터 구조가 복잡해지는 단점이 있다.

벡터데이터를 래스터데이터로 변환하게 되면 객체의 형상이 다소 일반화되고 공간적 부정확성과 분류의 부정확성이 증대된다. 이러한 공간적 부정확성을 줄이기 위해서는 공간해상도를 높이는 방법이 있으나 데이터 용량의 대형화를 감수해야 한다.

3) 래스터데이터에서 해상도라 함은 하나의 셀이 표현하는 지상의 크기를 말한다. KOMPSAT2의 해상도가 1m라 함은 하나의 셀이 지상에서 1m×1m에 해당한다는 의미이다.

4) 래스터의 압축방법은 Run length codes, Quadtree, Chain codes, Block codes 방법을 이용한다.

그림 2.14(a)에서 폴리곤데이터를 래스터 데이터로 변환 시에는 셀에 대한 대표값만이 표현되므로 경계의 곡선은 없어지고 정형화된 형태로 변환된다. (b)에서는 불규칙한 하천의 형상이 래스터로 변환될 때 왜곡의 극명함을 보여준다. 코드화된 셀에서 본래의 곡선의 형태는 온데간데없다. 그러나 이를 보완하기 위해 해상도를 두 배 높이게 되면 훨씬 더 원 데이터에 충실함을 볼 수 있다.

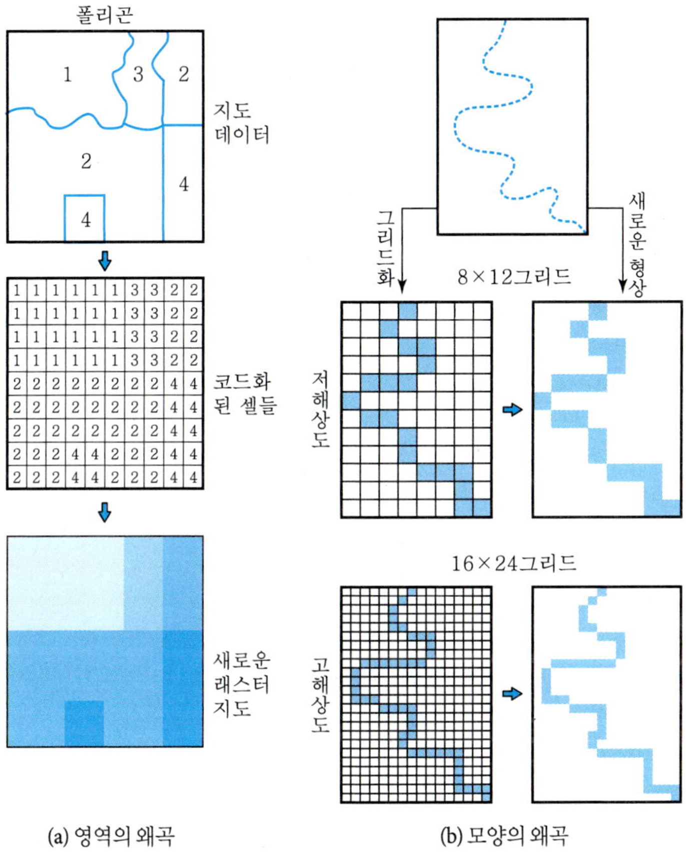

그림 2.14 자료의 래스터 변환

2.6.2 래스터파일 저장형식과 파일형식

최근의 래스터 자료는 고해상도 센서의 영향으로 매우 용량이 크다. 위성영상의 경우 수십 기가에 달하는 영상을 처리할 때도 있다. 컴퓨터사양도 좋아졌고 그래픽카드의 성능도 좋아졌지만 대용량의 영상을 빠른 시간 내에 디스플레이하거나 처리하는 것은 나름대로 부담이 아닐 수 없다.

영상처리 소프트웨어를 개발하는 개발자들은 영상을 빨리 디스플레이하고 처리를 위해 나름대로의 독특한 방법으로 데이터를 저장한다. 즉, 고유포멧으로 저장하는 것이다. 일반적으로 래스터데이터의 저장형식은 BSQ(Band Sequential format), BIL(Band Interleaved by Line format), BIP(Band Interleaved by Pixel format)가 주로 쓰인다. BSQ방식은 밴드 별로 저장한 형식으로 한 개의 밴드가 모두 저장되어야 다른 밴드를 저장한다. BIL은 그림 2.15(b)와 같이 행(row)마다 밴드를 번갈아가며 저장하는 방식이다.

래스터파일의 종류는 다음과 같다.

1) BMP : 마이크로소프트 윈도우에서 비트맵그래픽에 사용되는 포멧임.

2) PCX : 대부분의 이미지스캐너에서 지원되는 ZSoft의 독점 비트맵 포멧

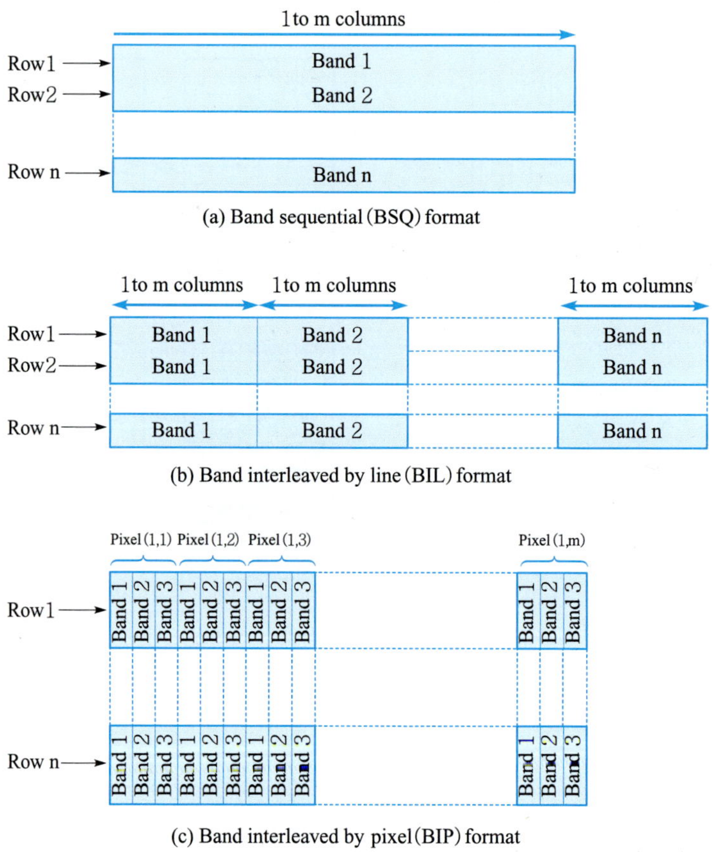

그림 2.15 래스터파일 저장형식

3) TIFF(Tagged Image File Format) : 스캔된 이이지의 저장과 그래픽패키지사이의 데이터 교환을 위해 설계 된 비독점시스템의 독립적인 포맷(Tiff/Jpeg, Tiff6.0 포맷은 Tiff 포맷의 확장 포맷).
4) GeoTiff : 파일헤더에 거리참조를 가지고 있는 TIFF 파일의 확장포멧이다. GeoTiff는 TIFF의 래스터지리데이터를 플랫폼 공동이용 표준과 공동이용을 제공하기 위해 데이터사용자, 상업용데이터 공급자, GIS 소프트웨어 개발자가 합의하여 개발되고 유지됨.
5) GIF(Graphic Interchange Format) : WWW에서 이미지 전송을 위해 널리 사용되는 컴퓨터서브 독점의 교차플랫폼 포맷
6) JPEG(Joint Photographic Expert Group) : 주로 사진이미지의 저장을 위해 개발된 교차플렛폼 포맷으로 www에서 그래픽으로 널리 사용됨.
7) PNG(Portable Network Graphic) : 독립적인 GIF 포맷을 대치할 목적의 특허가 없는 자유로운 래스터 포맷
8) MrSID(Multi-resolution Seamless Image Database) : Los Alamos 국립연구소의 컴퓨터 연구 및 응용그룹에서 개발된 압축기술을 사용한 래스터 포맷, 시애틀의 LizardTech사가 상업적 권리를 가지고 있음.
9) GRID : ArcInfo나 ArcView GIS와 같은 ESRI의 소프트웨어에서 사용되는 독점 래스터 포맷

2.6.3 래스터데이터의 압축

래스터데이터의 특성에서 살펴본 바와 같이 단점 중의 하나는 데이터의 양이 크다는 것이다. 많은 자료의 중복[5]으로 많은 저장 공간이 요구된다. 따라서 래스터데이터를 압축함으로써 저 용량으로 사용하는 방법에 대한 요구가 지속됐으며 이에 대한 연구가 지속돼 왔다. 그러나 압축하면 할수록 원래의 데이터의 본질이 왜곡되므로 어떻게 하면 데이터 본질을 유지하면서 압축할 수 있을 것인가에 연구의 초점이 모아졌다. 다음에 설명할 데이터 압축방법은 가장 원리적인 내용이다.

(1) Run length codes

처음 셀부터 동일한 수치값을 갖는 마지막 셀까지를 카운팅하여 소유 셀들을 압축하는 기법이다. "Run"의 의미는 같은 값을 갖는 것이며 "length"의 의미는 같은 셀값을 가진 셀의 수이다. 방대한 래스터 데이터베이스 구축 시 유리하며 각 셀마다 매우 다양한 값을 가지고 있다면

5) 각 셀마다 고유의 DN(Digital Number) 값이 있는데 인접 픽셀들의 값이 모두 같아도 중복해서 저장하므로 데이터의 양이 증가한다.

압축율이 낮다. 예를 들어 여러분들이 디지털 사진기로 사진을 촬영할 때 정해진 CCD의 크기임에도 불구하고 다운로드한 사진의 데이터 용량이 사진마다 다른 것을 보고 의아해 했을 것이다. 대부분의 사진파일은 JPG형식으로 저장되며 사진내의 색상이나 패턴의 변화가 다양하다면 단순한 사진보다 압축률이 떨어지는 이유이다.

그림 2.16(a)에서 A영역을 표현하기 위해 각 열 별로 해당픽셀의 행 번호를 코드화 하고 있다. 9열 (2,3), (6,6), (8,10)의 의미는 9열에서 A영역에 해당하는 셀이 2,3번째, 6번째, 8-10번째라는 의미이다. 10열의 경우 10개의 셀이 A영역에 해당되는데 1,10으로 표현함으로써 매우 많은 데이터양을 줄일 수 있다. 그림 2.15(b)는 반복되는 횟수를 앞에 적고 수치를 뒤에 적음으로써 6*6=36byte가 필요한 데이터를 19byte로 줄일 수 있음을 보여준다.

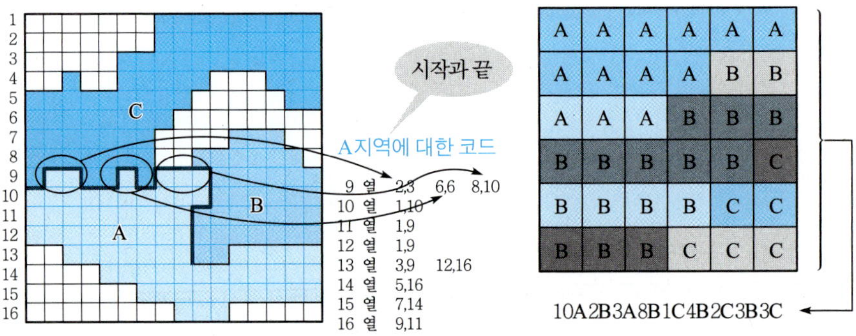

(a) (b)

그림 2.16 Run length code 압축방법

(2) Quadtree

공간을 4개의 정사각형으로 계층적으로 분할해 나가는 방법이다. 4분면이 유일한 값을 가질 때까지 분할해 나가는 방법으로 단순한 지역은 개략적으로, 복잡한 지역은 보다 세밀하게 표현한다. 객체의 형상을 인식하는데 부적합하며 시기적으로 다른 데이터(Temporal difference data)의 구축이 용이치 않다(그림 2.17 참조).

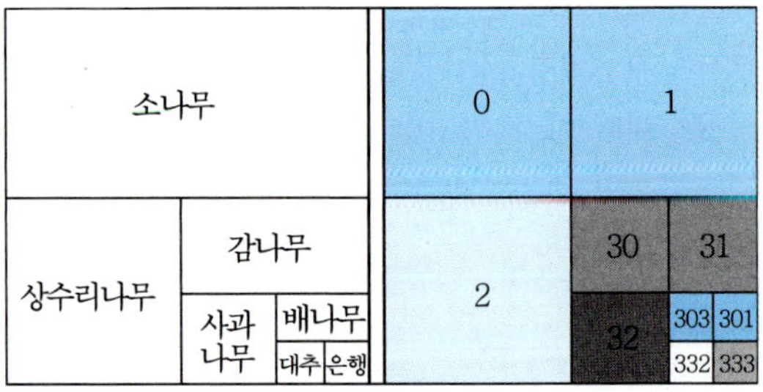

그림 2.17 Quadtree데이터 압축방법

(3) Chain Codes

셀의 연속적인 연결상태를 파악하여 압축하는 기법이다. 셀이 어느 방향으로 연결되는지가 중요하므로 일정한 방향(예를 들어 동쪽은 0으로 하여 반시계방향으로 1,2,3번으로 방향을 부여)을 정하여 연속되는 셀의 개수를 멱승으로 표시한다. 8방향(0,1,2,3,4,5,6,7), 16방향(0-15)으로 표현하는 방법도 있다. 지역의 면적과 둘레,곡선의 변곡점 등 탐색과 연산이 가능하나 인접폴리곤의 경계가 두 번씩 중복된다는 단점이 있다. 그림 2.18에서 0,1,,3의 의미는 동쪽으로 1셀, 북쪽으로 1셀, 다시 동쪽으로 2셀, 남쪽으로 1셀을 뜻한다.

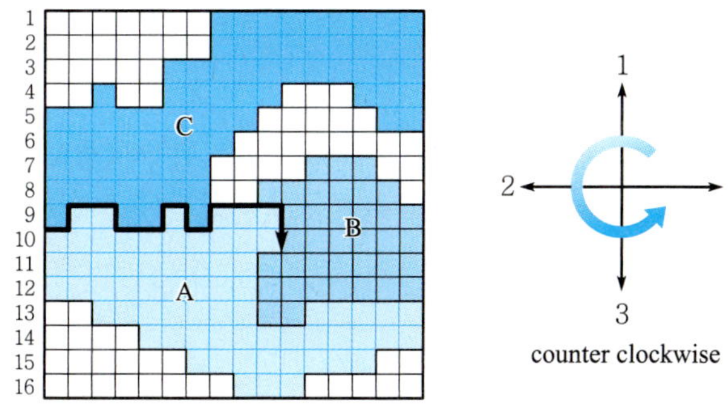

A 영역의 경계표시

$0, 1, 0^2, 3, 0^2, 1, 0, 3, 0, 1, 0^3, 3^2$

그림 2.18 Chain code

(4) Block Codes

2차원 차원 정방형블럭으로 분할하여 객체데이터를 구축하는 방법으로 정방형으로 표현하기 좋은 형상(경지정리된 논, 도시블럭단위의 토지이용계획 등)블록화된 객체에 적합하다.

그림 2.19에서 69개의 셀의 DN값을 표현해야 하는 반면에 블록코드 방법으로 압축하면 26개 픽셀로 압축되는 효과가 있다.

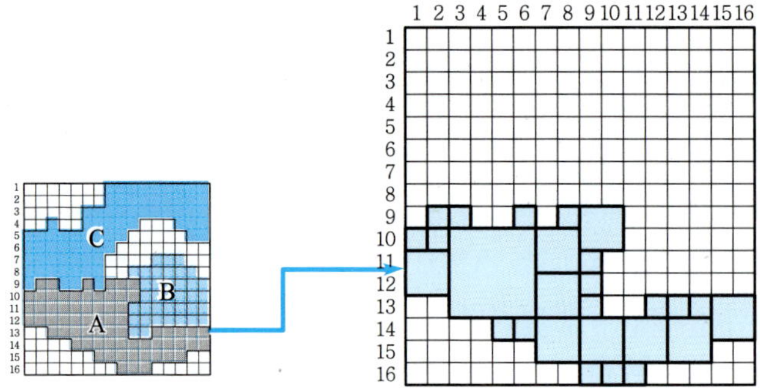

그림 2.19 Block code

2.7 벡터데이터와 래스터데이터의 비교

벡터데이터의 특징과 래스터데이터의 특징을 살펴보았다. 무엇이 좋다 나쁘다 할 수 없는 데이터 형식이다. 우리는 이에 대한 장단점을 잘 이해하고 적합한 데이터 모델을 선택할 수 있어야 할 것이다. 따라서 이절에서는 종합적으로 장단점을 비교해보고 상호 간의 바람직한 활용방안을 생각해 보기로 한다.

표 2.1 벡터와 래스터데이터의 장단점

	장점	단점
벡터데이터	• 실 세계에 접근 • 고해상력 제공 → 높은 공간적 정확성 • 위상관계정의 및 분석이 가능 • 저장공간이 작다 • 속성정보의 추출, 일반화, 갱신이 용이하다	• 데이터의 구조가 복잡하며 관리가 어렵다 • 수정의 경우 좌표와 노드를 다루어야 하므로 전문기술 필요 • H/W & S/W의 비용이 고가
래스터데이터	• 자료구조가 간단 • 각 셀의 고유값을 가지므로 공간분석을 쉽고 빠르게 할 수 있다 • 원격탐사 영상자료와 연계 용이, GIS로 쉽게 통합 • 여러 레이어의 중첩이 용이하고, 다양한 모델링 가능(스프레드쉬트와 같이 연산 용이) • 기술 자체가 비싸지 않기 때문에 발달 속도가 빠름	• 해상도에 따른 공간적 부정확성 • 벡터에 비해서 많은 자료량 필요 • 격자의 크기를 늘이면 자료의 양은 줄일 수 있으나 정보의 손실 초래 • 벡터에 비해서 격자구조로 구성되므로 출력의 질 저하, 벡터의 네트워크 구현에 한계 • 좌표변환에 많은 시간 소요

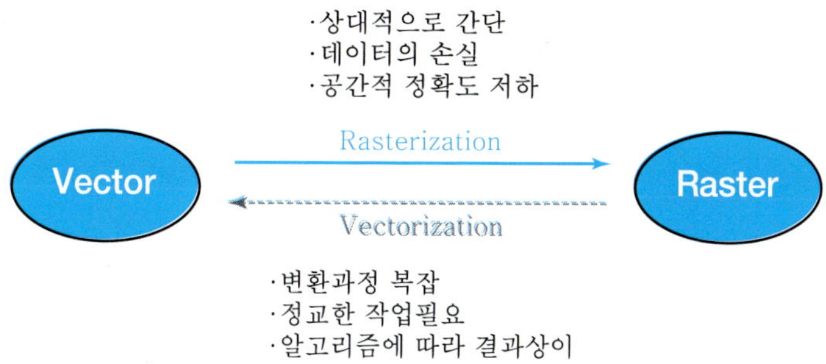

그림 2.20 벡터와 래스터 변환

공간정보를 구축 또는 처리하는 과정에서 벡터와 래스터 자료 간의 변환은 빈번하게 이루어 진다. 그림 2.20에서 벡터에서 래스터데이터의 변환은 Rasterization이라 하며 변환과정은 상대적으로 간단하나 데이터의 정보손실이 다소 발생하며 공간적 정확도도 저하되는 특징이 있다. 반대로 래스터에서 벡터로의 변환은 Vectorization이라 하며 변환과정이 복잡하고 정교한 작업이 필요하다. 어떠한 알고리즘을 사용하느냐에 따라 상이한 결과가 도출될 수 있다. 따라서 바람직한 래스터와 벡터데이터의 조합사용이 필요하며 예로서 래스터데이터인 위성영상과 벡터데이터인 토지이용도의 사용이다.

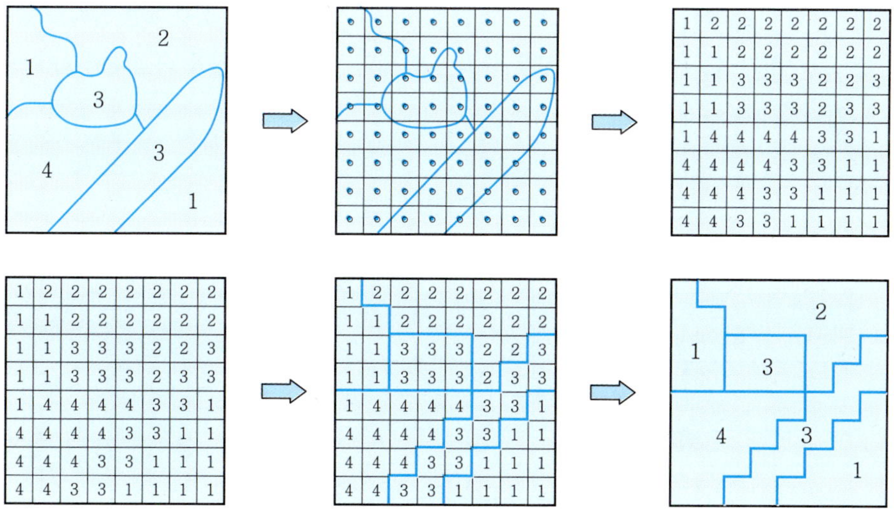

그림 2.21 벡터↔래스터 간 변환

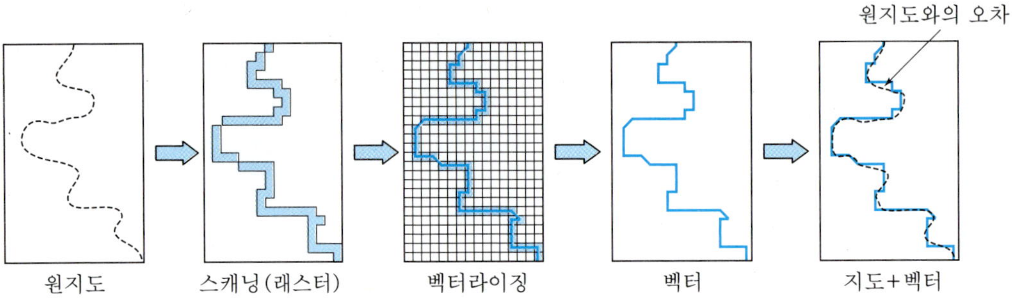

그림 2.22 원지도→래스터→벡터 변환에 따른 오차(2005, 이희연)

원지도를 스캐닝하여 래스터 데이터로 변환하였다. 그림 2.22에서 보인 것처럼 원래의 지도가 왜곡되어 얻어졌다. 이를 다시 벡터라이징하여 벡터맵으로 변환하였다. 이렇게 변환된 백터데이터를 원지도와 중복하여보면 일치하지 않은 오차가 발생하게 된다. 이처럼 변환 과정을 거치면서 데이터의 오차가 발생한다.

2.8 공간데이터의 위상관계

도형자료와 속성자료를 상호연계하여 도형자료에서 속성자료에 대한 검색이 가능하며 속성자료로부터 도형자료를 분석할 수도 있다. 즉, 자료 검색, 도형자료 및 속성자료의 상호검색이 가능한 것이다. 그림 2.23에서 조영욱씨의 땅은 5번 필지이며 이정호씨의 땅은 4번 필지가 된다. 반대로, 도형자료(수치지적도)에서 5번 필지를 클릭하게 되면 이에 대한 왼쪽 속성테이블이 뜨면서 조영욱씨 데이터를 보여주게 된다.

속성자료와 도형자료에 의한 상호 검색

예) 선택한 도형 속성자료에 공통적으로 해당되는 자료는?

지번	면적	소유주	토질	…
1	100,500	김민석	상	…
2	2,000	한수희	중	…
3	500	한동엽	하	…
4	3,000	이정호	상	…
5	35,000	조영욱	중	…
⋮	⋮	⋮	⋮	⋮

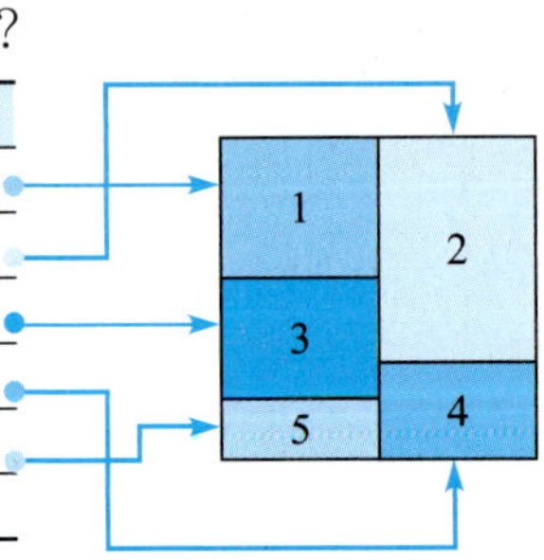

데이터베이스나 테이블형태의 속성자료 도형자료

그림 2.23 속성자료와 도형자료에 의한 상호 검색(2005, 이희연)

공간정보 데이터의 또 한 가지 특징은 도형자료에서 지리적 객체 간에 존재하는 공간적 상호관계로 객체간의 상호 인접성, 연결성, 근접성 등의 특성을 바탕으로 일정조건을 만족하는 지역이나 조건을 검색, 분석이 가능하다는 것이다. 일반적인 정보시스템은 이러한 도형자료의 공간적관계를 다루지 못한다. 네비게이션에서 최적노선 또는 최단거리의 검색이 가능한 것은 도형과 도형 간의 위치관계에 대한 데이터베이스가 있기 때문이다.

도형데이터 형태로 수집이 되었으나 구조화되지 않은 벡터데이터를 스파게티모델(spaghetti model)이라한다. 예를 들어 디지타이징에 의해 취득된 데이터는 아직 구조화되지 않았기 때문에 스파게티모델에 해당한다. CAD 시스템의 데이터가 흔히 이러한 모델로 저장된다. 스파게티 모델은 도형개체가 아닌 단순한 좌표열에 의해 정의되는 도형요소를 저장한다.

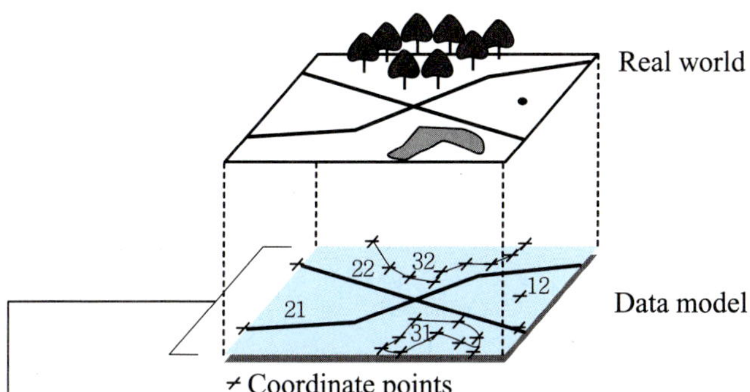

Stored data

Feature ID	Feature type	Location
10	Point	xy
21 22	Line Line	$x_1y_1, x_2y_2, x_3y_3 \cdots x_ny_n$ (string) $x_1y_1, x_2y_2, x_3y_3 \cdots x_ny_n$ (string)
31 32	Polygon Polygon	$x_1y_1, x_2y_2, x_3y_3 \cdots x_1y_1$ (closed loop) $x_1y_1, x_2y_2, x_3y_3 \cdots x_1y_1$ (closed loop)

그림 2.24 스파게티 데이터모델

스파게티 데이터모델은 그림 2.24에서와 같이 단순히 지상의 객체를 점과 선으로 연결된 형식으로 취득되고 저장되게 된다. 여기에는 선분이 무엇을 의미하는지 어디에서 어떻게 교차되는지를 모르는 단지 순수한 도형요소의 집합일 뿐이다. 필지의 경우 폴리곤으로 표현하는데 인접한 폴리곤사이의 경계가 각 폴리곤에 하나씩 두 번 저장되므로 중복이 된다. 스파게티 데이터 모델의 벡터데이터는 일반적으로 GIS에서 사용되지 않으며 이를 GIS에서 사용하기 위해서는 GIS의 특정포멧으로 적절히 구조화되어야 한다. 구조화된 데이터모델은 위상관계 개념을 토대로 구축되기 때문에 때로는 위상데이터모델(topological data model)이라고도 한다.

위상데이터모델은 여러 가지가 있는데 가장 흔히 사용하는 것이 아크-노드데이터모델이다(arc-node data model). 아크는 선분이며 노드는 선분의 끝점이다. 이 모델은 아크와 각 노드 사이의 관계를 명확하게 저장한다. 저장된 위상관계는 도형개체가 기본 도형요소로부터 구축되게 한다. 즉, 위상관계는 도형 간의 인접성, 연결성, 포함성, 교차성 등에 대한 데이터이다.

표 2.2에서 공간정보는 A필지와 B필지가 서로 인접하고 있다는 위상관계를 규정할 수 있으며 노드(node)1는 A,B,C와 연결되어 있으며 체인 A는 체인 B,C와 연결되어 있고, 폴리곤 1은 폴리곤 2에 포함되어 있다는 위상관계를 규정할 수 있다.

또한 일정기간에 대한 지형 정보가 수집된 시간을 파악, 저장함으로써 시간과 관련된 지형공간의 분석이 가능한데 이와 같은 자료를 동적인 공간자료라 한다.

표 2.2 공간데이터의 위상관계

인접성	연결성	포함성
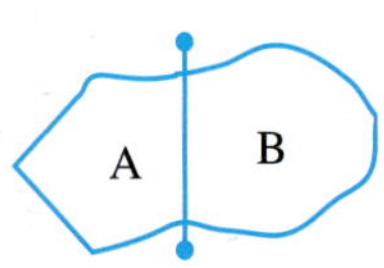	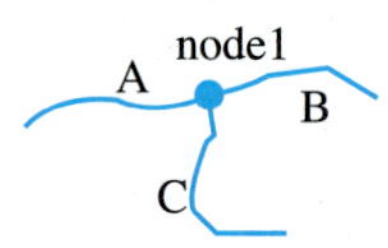	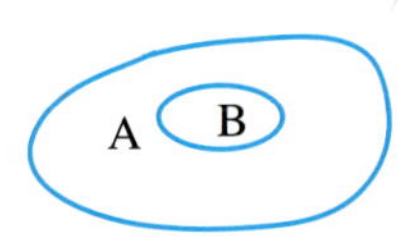
• 폴리곤 A, B는 인접관계 B폴리곤은 A폴리곤의 오른쪽에 위치	• 노드 1 : 체인 A, B, C와 연결 • 체인 A : 체인 B, C와 연결	• 폴리곤 A는 폴리곤 B를 포함

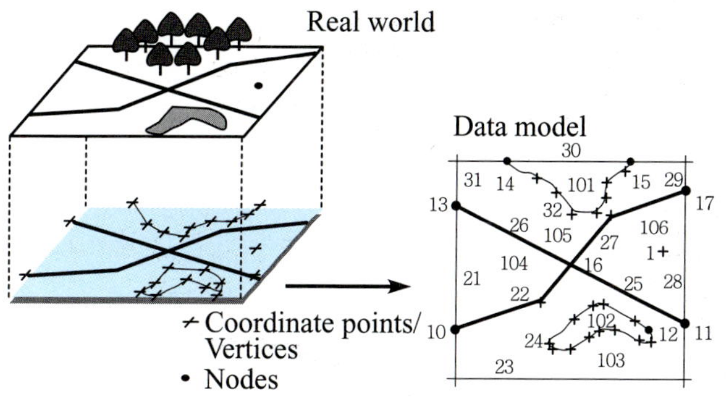

Pt ID	F. Code
1	10001

Pt ID	Coord
1	xy

Pt ID	F. Code
21	20001
22	20300
23	20001
24	20400
…	

Arc ID	FNode	TNode
21	13	10
22	10	16
23	10	11
24	12	12
…		

Arc ID	Start	Intermediate	End
21	xy	xy, xy, xy…	xy
22	xy	xy, xy, xy…	xy
…	xy	xy, xy, xy…	xy
…			

ID	F. Code
101	30200
102	10500
…	

Poly ID	Ares List
101	30,32
102	24

Arc ID	FNode	TNode	L.Poly	R.Poly
24	12	12	103	102
30	14	15	World	101
32	14	15	101	105

Arc ID	Start	Intermediate	End
24	xy	xy, xy, xy…	xy
30	xy	xy, xy, xy…	xy
32	xy	xy, xy, xy…	xy

그림 2.25 Arc-node 위상데이터모델(C.P.Lo, 2007, Concepts and Techniques of GIS)

Essay

1. 공간데이터와 속성데이터를 비교하여 설명하시오.
2. 객체기반데이터 모델과 필드기반 데이터 모델의 차이점은 무엇인가?
3. GIS공간데이터 요소에 대해 설명하시오.
4. 래스터데이터와 벡터데이터의 장단점을 비교 설명하시오.
5. 벡터데이터 모델의 형식에는 어떤 것들이 있는가?
6. 래스터데이터의 저장형식에 대해 설명하시오.
7. 래스터데이터의 압축방법에 대해 설명하시오.
8. 공간데이터의 위상관계란?

제3장 지도와 좌표계

3.1 GIS에서 지도의 의미

GIS의 기본적인 특성은 공간정보, 즉 지리적 공간(geographic space)상에서 객체들의 위치와 관련된 속성정보를 다룰 수 있다는 것이다. 일반적으로 지리적 공간이란 말은 우리가 살고 있는 지표면을 의미한다. 그리고 지도는 속성과 공간적으로 분포하는 객체들의 위치를 나타내는 가장 효율적인 방법이다. 이러한 객체들은 물리적, 문화적일 수도 있으므로 지도는 물리적이고 문화적 환경의 공간구조를 그래픽으로 표현한다. 근본적으로 지도의 제작은 실세계의 대상물들을 측정하고 문서화하고 종이와 같은 매개체에 저장하는 추상화과정이라 할 수 있다. 이로 인해 지도의 제작에서 축척, 분류, 기호화, 일반화의 개념이 강조된다(Robinson 등, 1995). 따라서 GIS는 지도에서부터 출발한다고 할 수 있다.

과거에는 종이지도(아날로그)에서 GIS 베이스맵을 만들기 위해 스캐닝하고 이를 다시 벡터형식으로 변환해야 만 하였으나 최근에는 수치지형도가 모두 구축이 되어 있으므로 직접 GIS의 공간 데이터로 활용이 가능하다.

3.2 지형도제작 과정

지형도를 작성하기 위해서는 평판측량과 같은 도해적 측량에 의한 방법, 사진측량 및 위성측량에 의한 방법 등 몇 가지 방법이 있으나 여기서는 가장 일반적인 항공사진측량에 의한 수치지도 제작 방법을 설명한다. 지형도 작성 대상지역을 입체시가 가능하도록 중복촬영한 사진으로부터 표정단계를 거쳐 등고선과 지형지물을 도화하게 된다. 최근에는 수치사진측량(Digital photogrammetry)의 발달로 고해상 항공측량용 디지털 사진기로 수치영상을 얻어 자동 매칭을 통해 등고선을 자동으로 제작하는 기술이 상용화 되고 있다. 다음 흐름도는 항공사진측량에 의한 일반적인 수치지도 제작방법을 설명한 것이다.

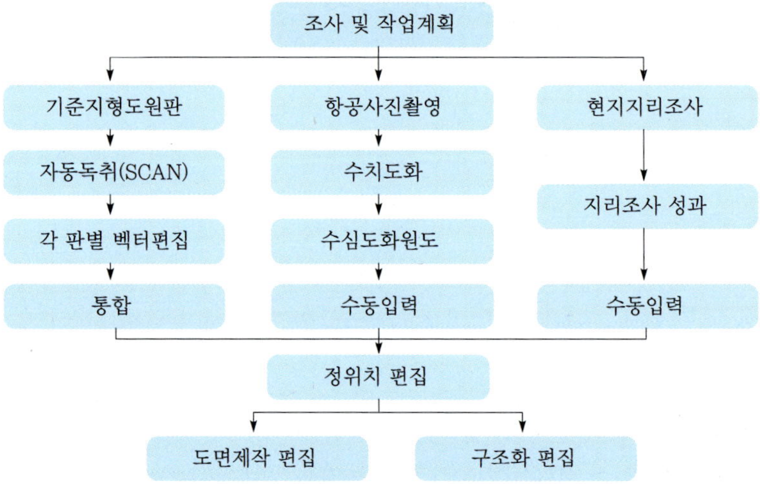

그림 3.1 사진측량에 의한 지도제작 흐름도

(1) 촬영계획 수립

수치지형도의 사용목적에 적절한 축척을 결정한다. 이에 따라 촬영고도, 중복도, 카메라의 종류, 필름의 크기 또는 해상도 등을 결정한다. 촬영대상지역 내에 충분한 지상기준점(GCP; Ground Control Point)을 설치하고 측량하여 성과를 얻는다. 또한 촬영대상지역의 지형도상에 촬영점을 표시한 계획도를 작성하여 재촬영이 없도록 만전을 기한다. 우리나라는 보안상 비행이 금지되어 있으므로 사전에 관련기관 및 정부부처에 인허가를 받도록 한다.

(2) 사진촬영

계획된 중복도를 만족하며 광축이 연직방향과 일치하도록 촬영해야 한다. 최근에는 디지털 항공카메라가 사용되기 시작하므로 현상 후 스캐닝하는 번거로움을 생략할 수 있게 되었다.

(3) 영상의 표정

촬영한 영상의 초점거리, 렌즈의 왜곡, 대기굴절 등의 인자 및 촬영당시 카메라의 자세(X, Y, Z, ω, φ, κ)를 초기값으로 촬영기하학을 재현한다. 영상의 기하학적 보정, 기복변위 등을 보정하여 만들어진 영상을 정사영상이라 하는데 이 영상을 모자이크 하게 되면 지도와 동일한 영상지도를 만들 수 있다.

(4) 수치도화

소프트와 하드웨어적으로 중복촬영된 지역을 모니터 상에 입체시 할 수 있으며 전용마우스를 이용하여 지형 및 지물을 표고정보와 함께 작도할 수 있다.

(5) 정위치 편집

지리조사 및 현지 보완측량에서 얻어진 성과 및 자료를 이용하여 도화성과 또는 지도데이터 입력 성과를 수정, 보완하는 작업을 수행한다.

(6) 구조화 편집

데이터간의 지리적 상관관계를 파악하기 위하여 정위치 편집된 지형지물을 기하학적 형태로 구성하는 작업을 거친다.

(7) 도면제작 편집

지도형식의 도면으로 출력하기 위하여 정위치 편집된 성과를 지도도식 규칙 및 표준도식에 의하여 편집하는 작업이다. 도면을 출력 또는 인쇄하기 위한 작업과정이다. 단계 별 자세한 방법은 사진측량 부분을 참조하기 바란다.

우리나라는 NGIS사업에 의해 남한 전역에 대해 1:5000 수치지도 작성을 완료하고 인터넷 유통을 통해 배포하고 있다. 1:1000 대축척 지형도는 지역에 따라 제작되고 있다. 수치지형도의 배포는 국가지리정보유통망(www.nsdi.go.kr)에서 구할 수 있다. 좁은지역에서는 지구의 곡률을 고려하지 않고 지도를 제작할 수 있으나 넓은지역의 경우에는 지구의 곡률을 고려해야 한다. 곡률을 고려한다는 의미는 곡면상에 있는 지형지물은 평면에 투영한다는 것이며 이를 위해서는 기준이 되는 타원체가 있어야 한다. 또한 어떻게 2차원 평면에 투영시키는가는 목적에 맞는 방법으로 투영을 해야 한다. 이와 같은 지구모양을 표현하는 타원체와 투영방법에 대해서는 다음 절에서 알아본다.

3.3 지구의 형상과 데이텀

인류는 지구의 모양을 정의하기 위해 꾸준히 노력을 해왔다. 이는 지구의 모양규명이 지도작성을 위해 필수적이기 때문이다. 실세계의 물리적인 지표면은 매우 형상이 복잡하여 수치적으로는 정의할 수 없다.

(1) 지오이드(Geoid)

해수를 제외한 지구의 형상은 매우 불규칙하며 복잡하다. 해양의 조석은 항상 변하고 있지만 장기간의 평균적인 면을 고려해 보면 정지수면으로 취급할 수 있을 것이다. 평균해수면을 육지까지 연장했다고 가정하면 다소굴곡을 가지나 지표면보다 매끄러운 면이 형성되는데 이를 지오이드라고 한다. 지오이드는 어느 지점에서나 중력방향과 수직하며 수준측량의 기준면이 된다. 측지학에서는 지구의 형상을 지오이드로 정의한다.

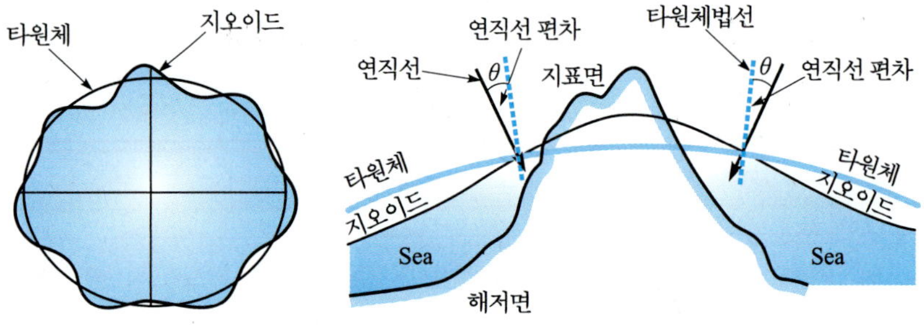

그림 3.2 지구의 형상

위치에너지를 $E = m \cdot g \cdot h$로 볼 때 h=0이므로 에너지가 0인 면을 의미한다. 지오이드는 지구의 중력장과 밀접한 관계가 있으며 이는 지하에 어떤 비중을 가진 물질이 있는가에 따라 달라진다. 그림 3.3은 지구를 중력장모양으로 표현한 것으로 매우 울퉁불퉁하다. 지도에서 수직 위치를 표현하는 등고선의 기준은 지오이드이며 지구상 나라마다 다르다. 즉, 표고는 그 지역의 평균해수면(MSL; Mean Sea Level)을 기준으로 한다.

전 세계적으로 볼 때 평균해수면을 결정하는 방법은 여러 가지가 있으며 이를 지역수직데이텀(local Vertical Datum)이라고 한다. 모든 수직데이텀은 지오이드와 평행하지만 수 m까지의 차이가 있다. 이러한 차이가 나타나는 이유는 조위관측소 주변의 조류, 해류, 해풍, 해수온도, 염도 등이 다르기 때문이다. 우리나라에서는 인천 앞바다의 평균 해수면을 기준으로 표고(elevation)를 결정하고 있다.

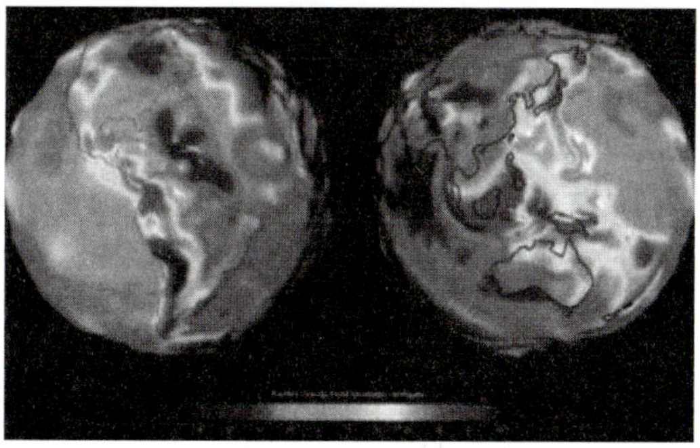

그림 3.3 지오이드로 본 지구의 모습

(2) 지구타원체(earth ellipsoid)

그러면 수학적으로 지구의 형상을 표현하는 방법은 무엇일까? 지구의 모양은 지구중심으로부터 적도까지의 거리가 극까지의 거리에 비해 조금 긴 타원형상이다. 따라서 지구모양에 가장 가까운 타원체로 표현할 수 있다.

하나의 타원체 축을 주축으로 서쪽에서 동쪽으로 회전하여 형성한 타원체를 회전타원체라고 하고 지구의 형상과 가장 근접한 회전 타원체를 지구타원체라고 한다. 회전타원체는 수학적으로 정의되는 타원체로써 기복(굴곡)이 없으며 좁은 지역을 대상으로 할 경우에는 구로 간주될 수 있어 측지학적 계산과정을 간편하게 한다. 타원체를 정의하는 요소는 장반경(a), 단반경(b), 이심률(e), 편평률(f)이며 보통 장반경과 편평률로 타원체의 모양이 결정된다.

물리적인 지표면이 지역에 따라 모양이 다르므로 지역에 가장 잘 맞는 지구타원체가 있을 수 있는데 이를 준거타원체(local ellipsoid)라고 한다.

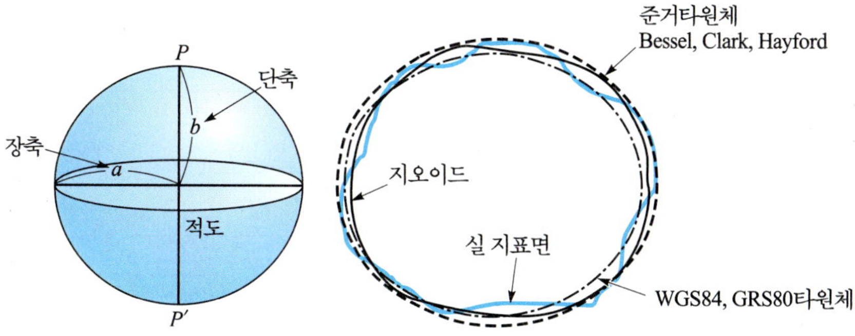

그림 3.4 지구타원체

회전타원체의 매개변수 a와 b, e, f 중 1개가 정의되면 회전타원체의 크기를 정할 수 있다. 그림

3.5에서 이심률 e(eccentricity)은 초점으로부터 중심까지의 거리를 a로 나눈 것 즉, $\frac{OF}{OE}$ 이다. 삼각형 OFP에서 초점의 성질로부터 $FP = a$이므로 ($OE = a,\ OF = a^2-b^2$)

$$\text{이심율 } e = \frac{OF}{OE} = \frac{\sqrt{(a^2-b^2)}}{a} \tag{3.1}$$

$$\text{편평율 } f = \frac{a-b}{a} = 1 - \frac{a}{b} = 1 - \sqrt{1-e^2} \tag{3.2}$$

f를 타원율(ellipticity), 또는 편평율(plattening)이라 한다.

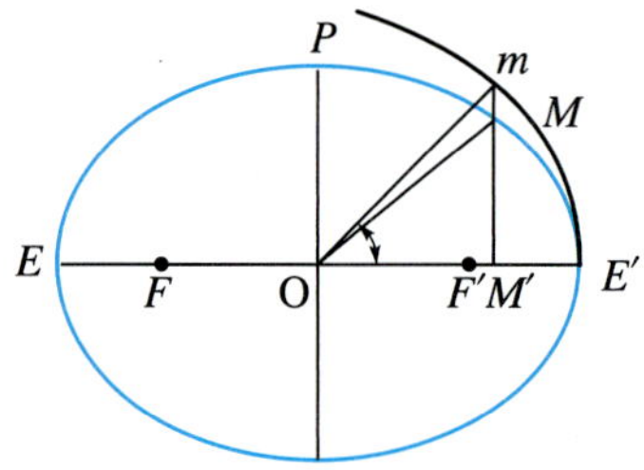

그림 3.5 타원체(측지학 서설)

1924년 국제지구물리학 연합(IUGG)총회에서 지구타원체로 헤이포드 타원체를 채택하여 수십년 동안 측지학 분야에서 활용하였으나 1957년 인공위성이 출현함에 따라 새로운 호장*주)측량으로 기존의 측지정수의 모순을 발견하게 되었다. 이로서, 1967년 GRS67(Geodetic Reference System)이라 불리는 측지정수계를 체택하고 1979년 17차 총회에서 측지기준계로 GRS80 타원체를 선정하게 되었다. 우리나라는 2005년경까지 준거타원체로 Bessel 타원체를 이용하였으나 현재는 GRS80 타원체로 지도를 제작하고 있다.

표 3.1 준거타원체

명칭	발표 연도	사용국	장반경(a) km	단반경(b) km	편평율 f=(a-b)/a	비고
Bessel	1841	한국, 일본, 동남아, 소련, 독일	6,377.397	6,356.079	1/299.15	표면적 : 509950714km^2 이심률 : 0.0816968312
Clark	1866	북미, 캐나다	6,378.06	6,356.584	1/294.98	
Hayford	1909	남미, 영국, 호주, 서유럽	6,378.388	6,356.912	1/293.47	1924년 I.U.G.G 추천 국제타원체
GRS80	1980	인공위성의 궤도해석을 통해 범세계적인 측정값으로 결정	6,378.137	6,356.752	1/298.26	1979년 I.U.G.G 17차 국제타원체 채택

*주) 자오선의 길이

3.4 좌표계

3.4.1 지리좌표계(Geographic coordinate system)

구면좌표계로 지구타원체 상의 모든 위치를 표현할 수 있다. 그리니치 천문대를 통과하는 본초자오선[1)]을 기준으로 하여 임의의 지점을 지나는 자오선까지의 적도면상의 각거리를 경도(longitude ; λ)라고 한다. 본초자오선을 기준으로 우측을 동경, 좌측을 서경으로 하여 0°~180°로 표기한다. 그리고 위도(latutude ; ϕ)는 자오선을 따라 적도에서 어느 점까지 관측한 각거리를 말한다. 이는 자오선에 내린 수선의 연장이 적도면과 이루는 각으로써 남위, 북위로 하여 0°~90°로 표기한다.

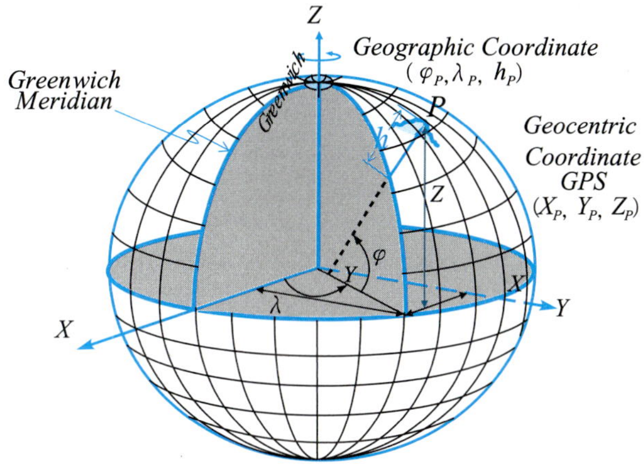

그림 3.6 경위도좌표계와 GPS좌표계

3.4.2 UTM 좌표계(Universal Transverse Mercator Coordinate system)

적도를 횡축으로 하고 자오선을 종축으로 하는 국제평면직각좌표이다. 본 좌표계를 이용한 지도투영의 적용범위는 남위 80도, 북위 84도까지이며 그 이상의 위도지역은 UPS 좌표계를 이용한다. UTM좌표는 180°W(서경 180°) 자오선에서 동쪽으로 경도 6°간격으로 1부터 60까지 번호를 붙여 종대를 표시한다. 각 종대의 중앙 자오선과 적도의 교점을 경도원점 으로하여 자오선에 대하여 원통도법으로 등각투영한다. 횡대는 남위 80도, 북위 84도까지만 포함시키며 적도에서 남북으로 8°간격 20구역으로 분할한다. C(80°S~72°S)부터 X(72°N~84°N)까지 20개의 알파벳(A, B,

1) 자오선 : 양극을 지나는 대원, 지축을 포함한 평면과 지표면과의 교선으로 적도와는 교차한다. 본초자오선이라함은 그리니치 천문대를 지나는 자오선을 말한다.

I, O, Y, Z 제외)을 사용하여 표기하며 위도원점은 적도상에 있다. 따라서 각 종대와 횡대는 경도 6°×위도 8°의 사각형 망상조직으로 구성되며 거리좌표의 단위는 m를 사용하고 종좌표에는 N, 횡좌표에는 E를 붙인다.

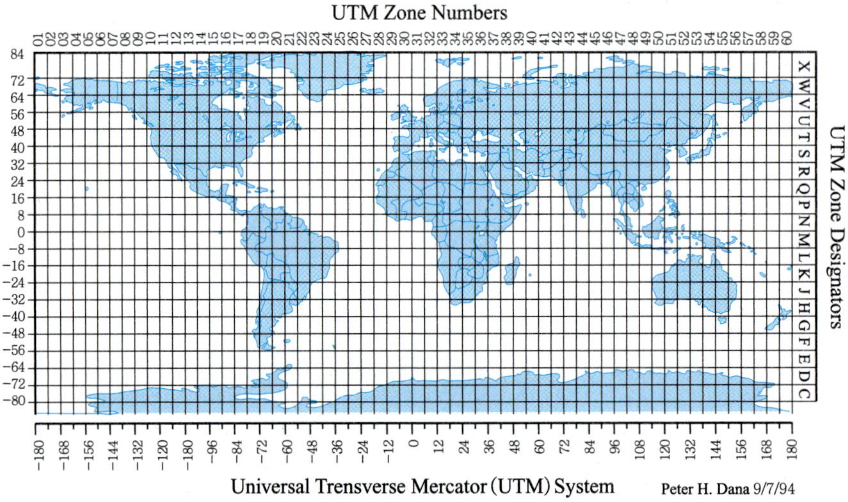

그림 3.7 UTM 좌표 및 원점

UTM좌표계는 그리니치 천문대를 지나는 자오선으로부터 서쪽으로 180도지점에서 6도씩 분할한다. 우리나라의 경우 180도 + 124도 = 304도부터 시작하므로 51, 52종대에 속한다. 횡대는 우리나라가 북위 33°06′40″부터 시작하므로(국토지리정보원) 남위80° + 33° = 113° 즉, 15, 16 번째 (S, T)횡대에 속한다.

3.4.3 지심좌표계

지구 질량중심을 좌표의 원점으로 하는 3차원 직교좌표체계이며 인공위성이나 관측용 천체를 이용한 측량에서 널리 이용한다. 3차원 직교좌표의 X축은 원점에서 그리니치 본초자오선과 적도면이 만나는 지점을 통과하는 방향이며 Z축은 지구의 자전축(CTP : Conventional Terrestrial Pole)방향이다. 그리고 Y축은 X축으로부터 적도면을 따라 동쪽으로 90°방향으로 형성된다. 그림 3.5에서 (X_P, Y_P, Z_P)를 말한다.

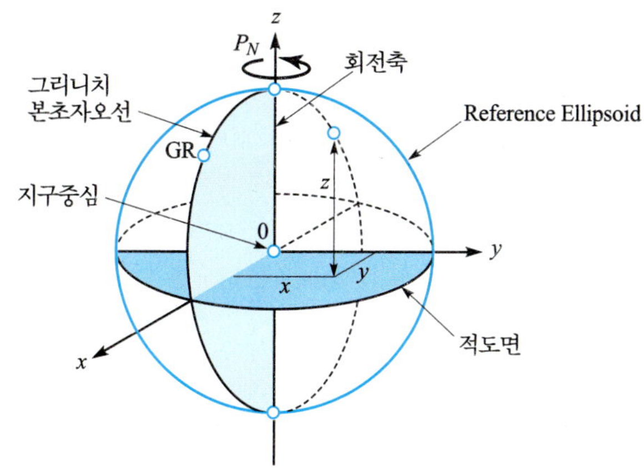

그림 3.8 지심좌표계

이러한 3차원 직교좌표계의 하나인 WGS좌표계는 전 세계에 대하여 하나의 통일된 좌표계를 사용하므로써 세계적인 정보의 이용과 응용을 목적으로 미국방성에서 1950년대 말에 개발하기 시작(WGS60 → WGS66 → WGS72 → WGS84)하여 사용되고 있다. 이는 지구의 질량중심을 원점으로 하는 3차원 직교좌표체계를 이루며 국제시보국(BIH)에서 정의한 지구의 자전축(CTP)에 평행한 축을 Z축으로 하고 기준자오면과 평행한 WGS84 기준자오면이 자전축의 적도면과 교차하는 축을 X축으로 한다. Y축은 적도면에서 X축으로부터 동쪽으로 90°방향으로 형성된다. 최근에는 지도제작 및 위치의 전 세계적 통일을 위해 GRS80 기준계가 결정되었으며 우리나라에서도 현재 GRS80타원체를 기준으로 모든 성과를 변환하여 사용하고 있다.

3.5 지도투영법

수학적으로 정의할 수 있는 지구타원체라 하더라도 타원체 표면에 있는 위치를 2차원 평면좌표로 투영한다는 것은 상당히 복잡한 작업이다. 지형도 작성의 대상이 되는 지표는 곡률을 가지고 있으므로 넓은 지역의 경우 평면에 투영시켜야 하는데 이것은 3차원의 공간을 2차원의 지도로 변환하는 것을 말한다. 구 또는 회전타원체상의 지리적인 위치(경도와 위도)에 대한 데이터를 평면 상의 대표적인 위치로 변환하는 수학적 표현으로, 이 과정에서 경, 위선의 좌표체계가 변화되고 최소한 형태, 면적, 거리, 방향 등과 같은 특성 중의 일부가 손

그림 3.9 지도투영의 개념

실된다. 지도투영법은 간단히 도법이라고도 부르는데 종류가 많으며 분류기준에도 여러 가지가 있는데 투영특성에 따른 분류는 다음과 같다.

1) **등적도법**(Equivalent 또는 Equal-Area Projection)
2) **등각도법**(Conformal Projection)
3) **등거도법**(Equi-distance Projection)

투영면(형태)에 따른 분류는 다음과 같다.

1) **방위도법 또는 평면도법**(Azimuthal Projection)
2) **원추도법**(Conic Projection)
3) **원통도법**(Cylindrical Projection)

그림 3.10과 같은 수박이 있다고 하자 수박표면의 무늬를 어떻게 평면에 투영시킬 것인가에 대해 생각해 보자. 어떤 사람은 눈에 보이는 대로 즉, 같은 면적이 되도록 스케치할 수 있을 것이다. 또 어느 사람은 수박표면에서 잰 거리나 평면에 투영시킨 거리를 같게 그릴 수도 있을 것이다. 그렇게 되면 축척계수를 고려해야할 것이다. 어찌 되었든 평면위에 수박을 짓눌러 평평하게 펴는 결과가 되므로 구형(球形)의 지구가 가지는 특성은 상실될 것이다. 지구투영에 고려할 속성은 (1)면적, (2)형태, (3)거리 그리고 (방향) 네 가지이다. 평면으로 투영된다면 이들 몇몇은 상실하게 될 것이다. 따라서 사용목적에 맞는 투영법을 선택해야 한다.

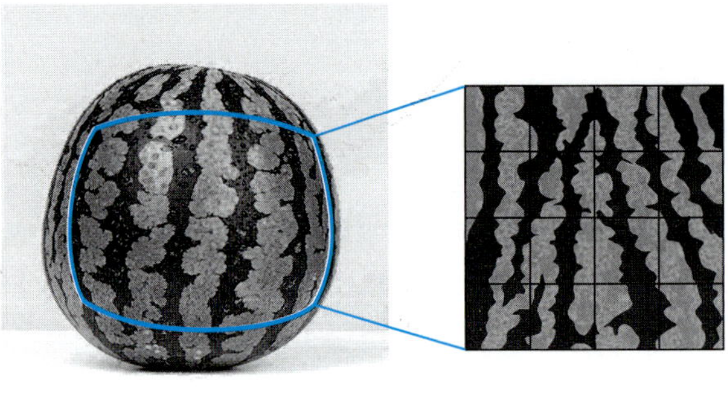

그림 3.10 지도투영의 개념

(1) 면적(Area)

지도투영은 지도상에서 일정한 간격의 경위도선으로 둘러싸인 부분은 어디서나 지구상에서의 해당부분과 비교할 때 면적의 비율이 동일해야 한다. 이러한 지도투영법을 정적(Equal area) 또는 등적(equivalent)투영법이라고 한다. 이는 경위선망을 왜곡하면 얻어질 수 있으며 반면에 형태, 거리, 방향이 왜곡된다. 등적투영법은 행정단위인구, 토지이용과 토지피복, 토양, 습지대, 야생동식물의 서식지 그리고 자연자원과 같이 공간요소들의 공간적인 분포패턴과 상대적인 크기를 나타내는데 적절하게 이용하고 있으며 주로 좁은 지역이나 나라의 지도제작에 쓰인다.

예 : Albers Equal-area conic projection[표 3.2]
Lambert Azimuthal Equal-area projection
Sinusoidal Equal-area Projection[표 3-1(h)]

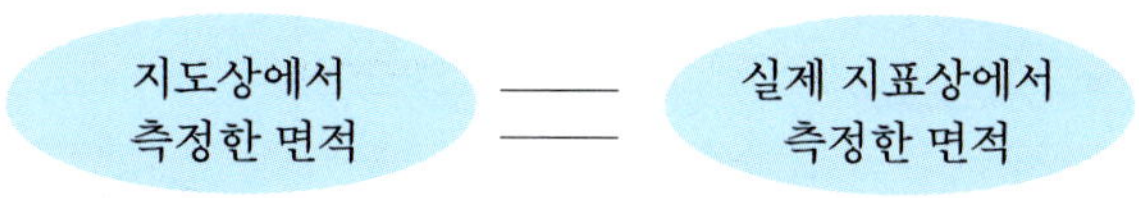

그림 3.11 등적도법의 원리

(2) 모양(Shape)

자오선과 위도선에 따라 양방향으로 축척이 동일한 경우에 정확한 형태를 유지시킬 수 있다. 자오선은 투영 후에도 위도선과 직각으로 교차한다. 이를 정각(conformal) 또는 정사(Orthomorphic)도법으로써 지형도 제작과 항법용목적에서 중요하다. 형태를 유지하기 위해서는 면적과 거리가 왜곡된다. 예로써 원통도법인 메르카토르 도법, 원추도법인 람베르트 정각도법(Lambert Conformal Conic Projection)이 있다. 메르카토르 도법에는 횡축메르카토르(Transverse Mercator), 사축메르카토르(Oblique Mercator) 그리고 공간사축메르카토르도법(space oblique Mercator)이 있다.

(3) 거리(Distance)

지표상 두 점간의 거리와 지도상 거리를 같게 할 수는 있으나 정거성(正距性)을 나타내는 경선이나 위선을 따라서만 축척이 동일하므로 가능하다. 이러한 정확한 축척의 선들은 원통도법의 중앙자오선(central meridians), 원추도법의 표준위선(standard parallel)을 포함한다. 이와 같은 지도투영법을 정거도법이라 한다. 지도책에 주로 사용되며 예로써 정거방위도법(Azimuthal Equidistance Projection), 정각 원추도법(Equidistance Conic Projection)이 있다.

표 3.2 지도투영법에 따른 특성 및 용도

Projection/ Construction	Appearance	Properties	Major Uses
Albers equal-area/conical		Equal area; conformal along standard parallels	Small regional and national maps
Azimuth equidistant/planar		Equidistant; true directions from map center	Air and sea navigation charts; equatorial and polar area large-scale maps
Equidistant conic/ conical		Equidistant along standard parallel and central meridian	Region mapping of midlatitude areas with east-west extent; atlas maps for small countries
Lambert conformal conic/conical	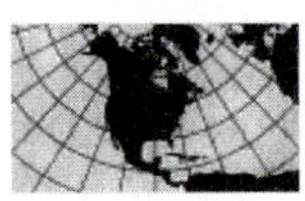	Conformal; true local directions	Navigation charts; U.S. State Plan Coordinate System (SPCS) for all east-west State Plane Zones; continental U.S. maps; Canadian maps
Mercator/ cylindrical	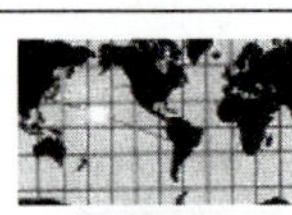	Conformal; true direction	Navigation charts; conformal world maps
Polyconic/ conical		Equidistant along each standard parallel and central meridian	Topographic maps; USGS 7.5-and 15-min quadrangles
Robinson/ pseudocylindrical		Compromise between propertise	Thematic world maps
Sinusoidal/ pseudocylindrical		Equal area; local directions correct along central meridian and equator	World maps and continental maps
Stereographic/ planar	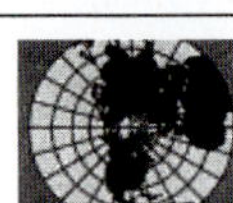	Conformal; true directions from map center	Navigation charts; polar region maps Transverse
Mercator/ cylindrical	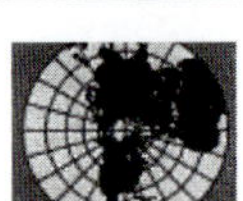	Conformal; true local directions	Topographic mapping for areas with north-south extent; U.S. State Plan Coordinate System (SPCS) for all north-south State Plane Zones

(4) 방향(Direction)

지도상에서 잰 방향이 지상에서의 방향과 일치해야 한다. 이러한 투영을 정방향 지도투영(true direction map projection)이라 한다. 정확한 방향은 지도투영의 방위분류에 영향을 받는데 이는 모든 경도선이 극점을 지나가기 때문이다. 정각도법(conformal map projection)은 형태를 유지시키기 때문에 당연히 정확한 방향을 가져야 한다. 모든 방향과 지도의 모든 부분에서도 정확한 방향을 유지할 수 있는 방법이 메르카토르 도법이다. 정확한 방향은 항공 및 해양항법도를 작성하는데 유리하다.

3.5.1 지도의 투영의 분류

지도의 투영법은 다양하게 분류될 수 있는데 경위도선망이 투영되어 형성되게 되는 전개가능면(developable surface)[2)]의 형태에 따라 분류하는 것이 합리적이다.

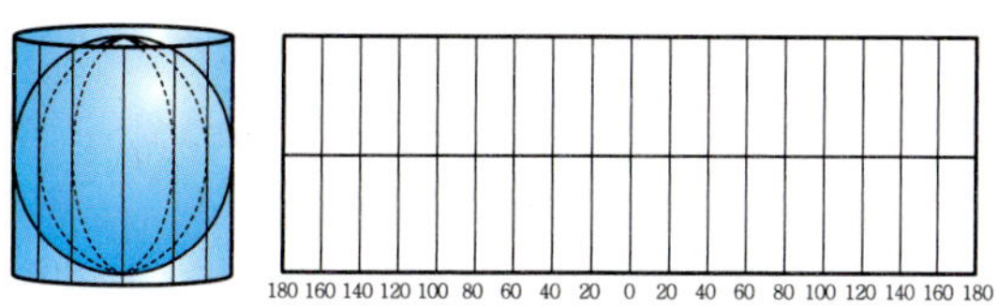

(a) 원통도법(Cylindrical projection)

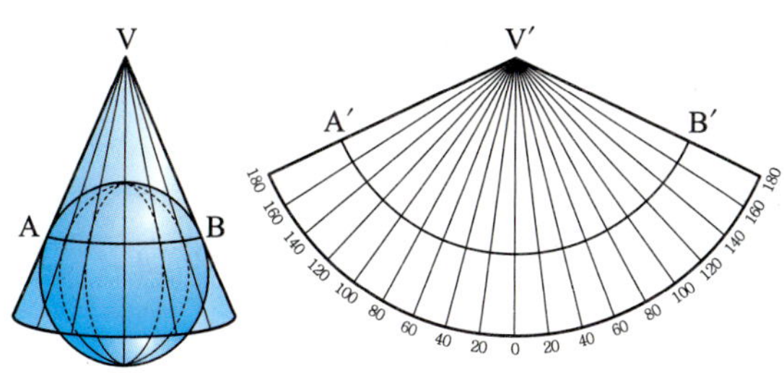

(b) 원추도법(Conic projection)

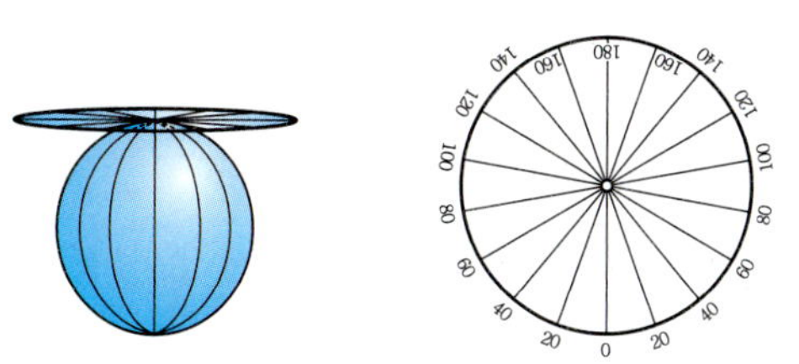

(c) 평면 또는 방위도법(Planar or Azimuthal projection)

그림 3.12 지도투영의 기본적인 세 가지 투영법(Mainwaring, 1960)

2) 왜곡없이 평평하게 펼칠 수 있는 면

(1) 원통도법(Cylindrical projection)

지구의 적도 경선이 원통에 접하게 하여 투영시키는 방법으로 원통의 중심에 전구가 있다고 하면 지구의 경선이 원통면에 투영되고 이를 전개하면 직사각형의 투영도면을 얻을 수 있다. 투영된 경도선은 수직의 평행선들이 되고 위도선은 이들과 수직으로 만나는 수평선이 될 것이다(그림 3.12(a)).

(2) 원추도법(Conic projection)

원추의 정점이 지구의 극축선과 일치하도록 고깔을 씌워 투영하는 방법이다. 이때 원추가 접하는 위도선은 지도제작취지에 맞는 표준 위도선과 일치해야 한다. 따라서 접하는 표준위선상(standard parallel)의 축척은 왜곡이 없이 정확하다. 투영된 원추를 전개하게 되면 그림 3.16(b)와 같이 부채꼴 모양의 경선이 나타나며 위도선은 원추의 꼭지점을 동심원으로 하는 원호로 나타난다(그림 3.13).

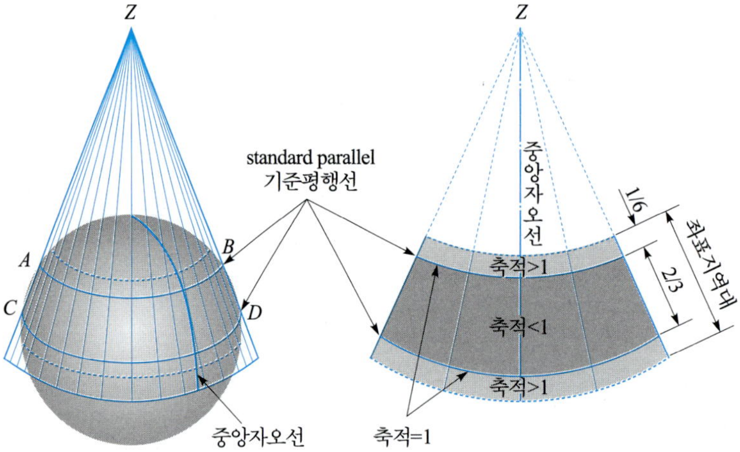

그림 3.13 원추도법

(3) 평면 또는 방위도법(Planar or Azimuthal projection)

지구의 북극이나 남극점에 평평한 원반을 올려놓고 투영한다고 가정하는 것이다. 투영결과는 극점을 중심으로 방사형으로 경선이 나타나고 위선은 동심원을 이루는 극방위도법(Polar Azimuthal Projection)이 된다. 흡사 원추도법의 고깔을 편평하게 편 것과 같다. 투영시점을 투영면의 반대쪽에 두고 투영하는 평사도법(Stereographic Projection)과 중심에 두고 투영하는

심사도법(Gnomonic Projection)이 있다.

수학적으로 투영면 들을 지구에 접하게 하는 것이 아니라 일정부분을 분할하게 할 수도 있는데 이 목적은 극점 주위에 왜곡이 다소 발생하지만 극점에서 떨어진 부분들의 왜곡을 줄일 수 있기 때문이다(그림 3.12(c)).

3.5.2 원통도법의 투영시점

지도투영은 세 가지의 시점 즉, 중심, 무한대, 전개가능면 반대쪽으로부터 투영할 수 있다.

(1) 심사도법(Gnomonic projection)

지구의 중심에 투영점을 두어 투영시키는 것이다. 대원(great circle) 즉, 경도선은 직선으로 나타난다. 대원 상에 있는 두 점간의 거리가 가장 짧다. 이 투영법은 항해지도제작에 사용된다.

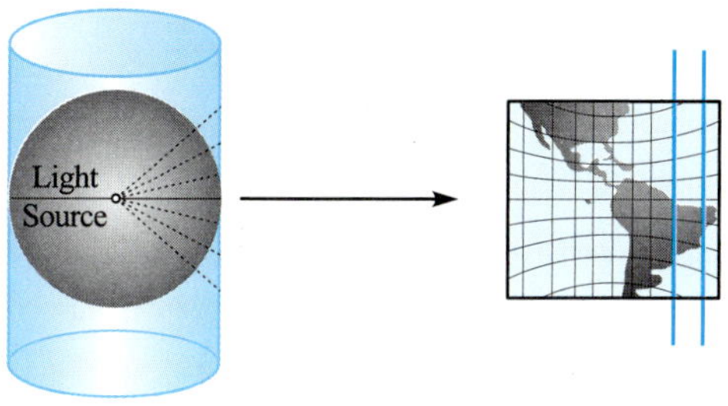

그림 3.14 심사도법

(2) 정사도법(Orthographic projection)

무한대 평행광선으로 투영시키는 방법이다. 경도선은 평행을 유지하나 극지방으로 갈수록 지구의 곡률로 인해 간격이 좁아진다. 그러므로 지역적으로 면적을 유지할 수 있다.

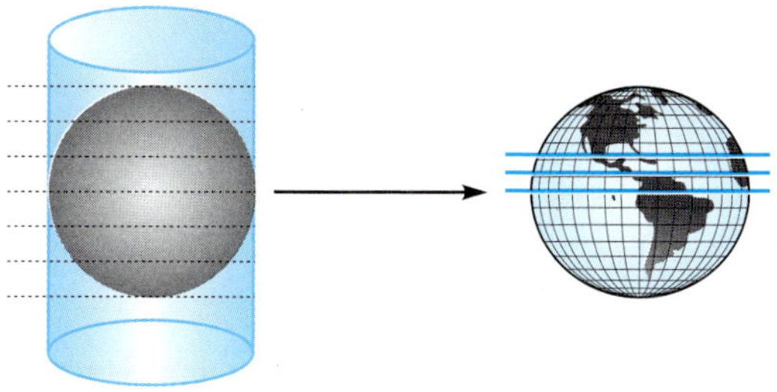

그림 3.15 정사도법

(3) 평사도법(Stereographic Projection)

투영지점을 전개가능면 반대쪽에 두고 투영하는 방법이다. 적도와 투영방향과 일치하는 경선을 제외하고는 모두 곡선으로 나타난다. 그러나 경도선과 위선은 항상 직각으로 만나므로 정각도법(conformal projection)이라 할 수 있다.

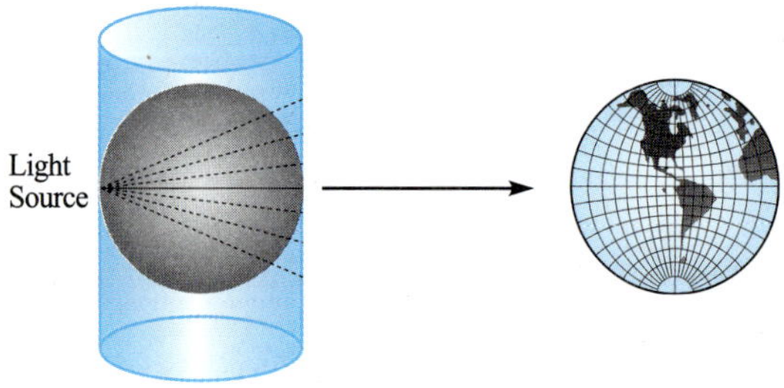

그림 3.16 평사도법

우리나라는 현재 GRS80 타원체를 기준으로 횡메르카토르 투영법(TM projection; Transverse Mercator Projection)으로 지도를 제작하고 있다. 수학적 투영기법은 가우스-크뤼거 투영법을 사용하고 있다.

3.6 우리나라의 평면직교좌표계

3.6.1 대한민국 경위도원점

우리나라의 경위도 결정을 위한 기준으로서 모든 측량의 출발점인 대한민국경위도 원점이다. 한국측지계에 의한 원점은 1981부터 1985년까지 정밀천문측량을 실시하여 국립지리원 고시 제57호(1985.12.27)로 그 값을 결정하였으며 2001년 12월 19일 측량법 개정(법률 제6532호)되어 측량의 기준으로서 세계측지계를 채용하고 2002년 6월 29일 측량법 시행령 개정(대통령령 제17660호)에 따라 최신의 우주측지기술을 이용하여 원점의 새로운 경도, 위도 및 방위각을 아래와 같이 정하였다.

원점수치경도 동경 127도 03분 14.8913초위도 북위 37도 16도 33.3659 원방위각 3도 17분 32.195초(서울산업대학교 위성측지기준점)

3.6.2 평면직교좌표원점

지도 작성의 기준원점으로 지도상에 있어 지점들 간의 위치관계를 용이하게 결정하도록 가정한 기준점으로 도원점이라고도 하며 모든 삼각점의 X, Y좌표 성과의 기준이 된다. 그림 3.17은 중부도원점을 기준으로 하는 경우를 보여주고 있다.

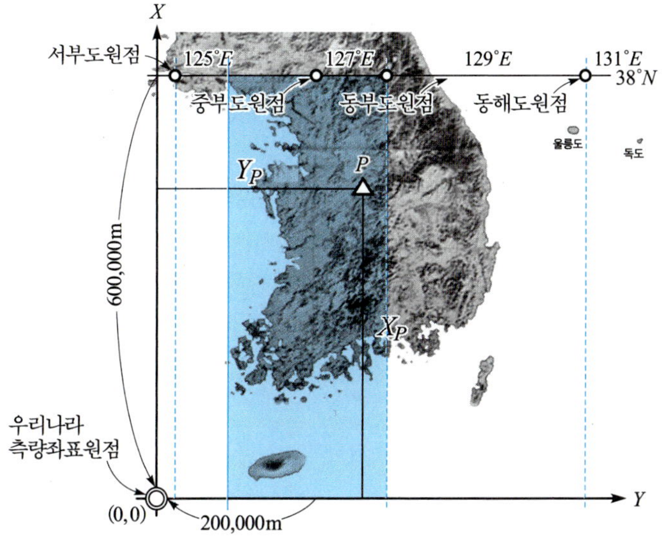

그림 3.17 평면직교좌표계의 원점(중부도원점 기준)

표 3.3 도원점의 위치

경도	경도	위도	적용범위
서부도원점	동경 125°0000	북위 38°	124°~126°
중부도원점	동경 127°0000	북위 38°	126°~128°
동부도원점	동경 129°0000	북위 38°	128°~130
동해도원점	동경 131°0000	북위 38°	130°~132°

대한민국의 좌표 성과는 음(−)의 부호가 나타나는 것을 방지하기 위하여 가상의 수치를 더하여 표기한다. 즉, 각 도원점을 원점으로 한 좌표성과에(600,000mN, 200,000mE)를 더하여 양수로 표기한다(측량 · 수로조사 및 지적에 관한 법률 제9774호).

우리나라에서 측량을 행하고 지도를 제작하는 좌표계는 2차원 평면직교좌표계를 사용한다. 과거에는 기준타원체를 Bessel로 하여 가우스크뤼거(Gauss-Kr˙üger) 투영법으로 지도를 제작하였으나 현재에는 세계측지좌표계(ITRF ; International Terrestrial Reference Frame)를 채택하고 있다. 이 세계측지좌표계의 기준타원체는 GRS80(Geodetic Reference System 80)이며 이는 위성측지의 기준인 WGS84(World Geodetic System 84)와 거의 동일하다.

표 3.4 GRS80타원체와 WGS84타원체의 비교

타원체	GRS80	WGS84
장반경	6,378,137.0m	6,378,137.0m
편평률	1/298.257222101	1/298.257223563

3.6.3 수준원점

수준원점은 육지 표고의 기준은 다년간의 조석을 관측하여 그 결과를 평균한 평균해수면을 사용하며 평균해수면은 가상면이므로 수준원점을 정하여 사용한다.

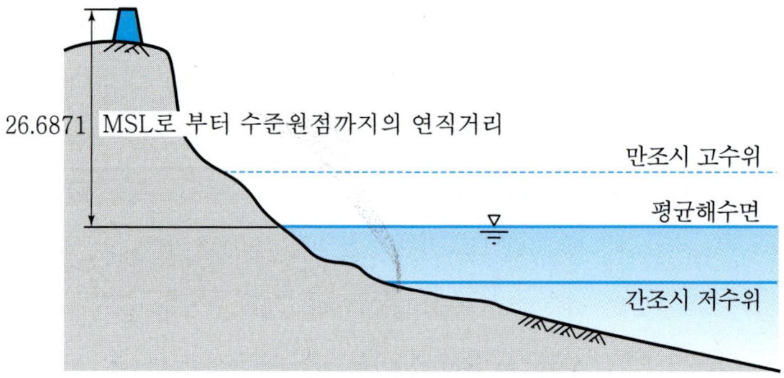

그림 3.18 수준원점과 평균해수면

현재의 수준원점은 인하공업전문대학 구내에 설치되어 있으며 그 표고는 인천만의 평균해수면으로부터 26.6871m이다. 인천의 기점의 기준은 1914년부터 1916년까지 인천항의 검조자기곡선으로부터 평균수위를 얻어 이를 중등조위(中等朝位)로 삼았다. 과거에는 전국 수준망의 5개 기점(청진, 원산, 목포, 인천, 진남포)을 설치하고 1911년 7월부터 3년간 평균해수면을 측정하였다. 한때 원산의 기점을 수준원점으로 정하여 사용한 적도 있었다.

3.7 GIS데이터구축 에서의 좌표계사용

경험해본 독자들은 실감했겠지만 GIS데이터구축 시 가장 민감하고 중요한 문제 중 하나가 좌표계에 대한 것이다. 수집한 데이터가 어떤 좌표계로 만들어 졌는지?, 메타데이터에 자세히 설명되어 있다면 문제가 없을 것이지만 그렇지 않은 경우가 대부분이다.

최근의 수치지도는 GRS80 세계측지계로 제작되었으므로 문제가 되지 않지만 예전의 수치지도는 명확하지 않다. Bessel타원체를 기준으로 경도 +10.405″를 보정한 좌표계인지?, 도원점은 무엇을 사용했는지?. 이러한 경우는 명확히 좌표계를 알고 있는 타 데이터와 동일점을 비교해 보는 것이 좋다.

3.7.1 Bessel타원체 기준 TM좌표계

GIS데이터로 가져올 경우 우선 좌표계(투영)정의(Define projection)을 해야 하며 프로젝트에서 공통적으로 사용할 좌표계로 투영변환(Project)해야 한다. 예를 들어 중부도원점을 기준으로한 수정된 Bessel좌표계로 제작된 수치지도의 경우, ArcGIS의 경우를 예를 들어보면 그림 3.19와 같이 정의해야 한다. 이 좌표계의 관련인자들은 X,Y축에 대한 가수, 동경127°+10.405″보정, 기타 타원체의 장반경, 단반경, 편평률 등이다.

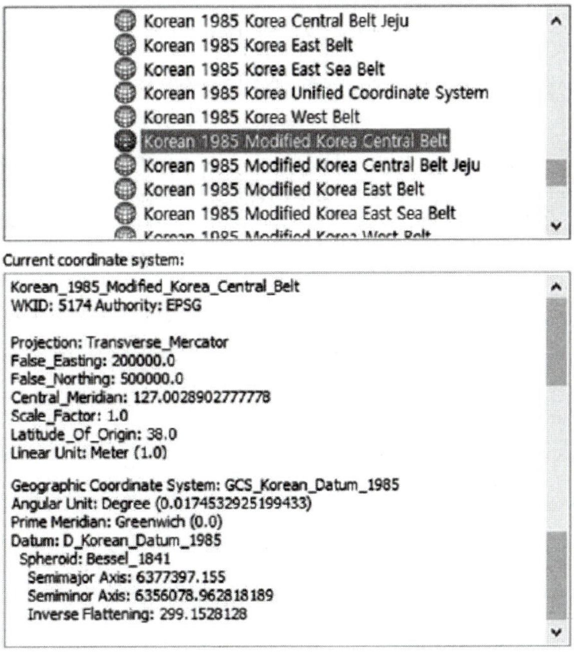

그림 3.19 중부도원점 벳셀좌표계 1985(ArcGIS)

3.7.2 세계측지좌표계

국토지리정보원은 측량법을 개정하여 2007.1월부터 GRS80타원체를 기준으로 한 ITRF2000좌표계를 사용하기로 하였다. GRS80타원체는 GPS가 사용하는 WGS80타원체와 거의 같다고 보면 된다. 우리나라 수치지도는 세계측지좌표계의 의해 제작하고 있다. 그 후, 2009년 12월 10일 「측량 · 수로조사 및 지적에 관한 법률」 법률 제9774호가 제정 공포됨에 따라 투영원점 가산값이 각각 X(N) :600,000m, Y(E) : 200,000m로 전국에 대해 단일값으로 통합되었다.

표 3.5 GRS80 타원체를 기준으로 한 세계 측지좌표계의 요소값

```
Projection: Transverse_Mercator
False_Easting: 200000.0
False_Northing: 600000.0
Central_Meridian: 127.0
Scale_Factor: 1.0
Latitude_Of_Origin: 38.0
Linear Unit: Meter (1.0)

Geographic Coordinate System: GCS_Korea_2000
Angular Unit: Degree (0.0174532925199433)
Prime Meridian: Greenwich (0.0)
Datum: D_Korea_2000
Spheroid: GRS_1980
Semimajor Axis: 6378137.0
Semiminor Axis: 6356752.314140356
Inverse Flattening: 298.257222101
```

3.8 수치지도의 도엽 번호체계

지도는 구조화편집을 통하여 일정한 범위를 도엽단위로 제작하고 있다. 지도를 활용하기 위해서는 도엽번호를 알아야 하며 일련의 표기체계를 가지고 있다. 기존의 도엽번호는 UTM좌표체계에 근거한 만국색인 번호를 사용하였으나 수치지도로 발전함에 따라 숫자만으로 이루어진 별도의 도엽번호체계를 사용하고 있다. 이번 절에서는 수치지도 인덱싱에 대해 간단히 살펴보기로 한다.

그림 3.20에서 경위도 1°범위 좌측하단의 경위도좌표는 34°N, 127°E이므로 도엽번호가 347-

로 시작한다. 이를 4*4=16으로 분할하여 그 중 하나를 1:50,000도엽으로 한다(예:34706). 만국색인번호와는 다소 다른 것을 알 수 있다. 결국, 1:50,000도엽 한 장은 경위도 15′범위를 포함한다. 우리나라 남한을 1:50,000도엽으로 덮는다면 대략 250매 내외가 된다.

1:50,000도엽을 기준으로 2*2=4등분하여 1:25,000(예347063), 5*5=25등분하여 1:10,000(예:3470618), 10*10=100등분하여 1:5,000(예:34706076)을 만들고 고유번호를 부여한다. 또 1:10,000도엽을 10*10=100등분하여 1:1,000(예:347061876), 마지막으로 1:10,000도엽을 2*2=4등분하여 1:500 (예:3470618764)을 만든다.

수치지도 도엽번호체계는 번호의 자리 수만으로도 축척을 알아볼 수 있다. 1:50,000 → 1:25,000 → 1:5,000 → 1:1,000 → 1:500으로 대축척으로 갈수록 자리수는 5 → 6 → 7 → 8 → 9 → 10자리수로 증가한다.

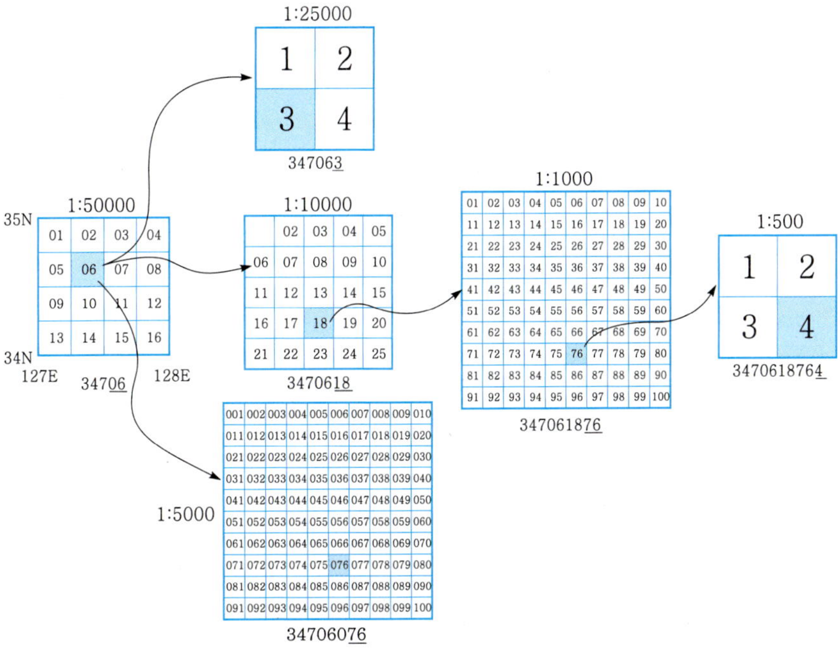

그림 3.20 우리나라 수치지도 인덱싱

Essay

1. GIS에서 지도의 의미는 무엇인가?
2. 지구의 형상에 대해 설명하시오.
3. 지리좌표계와 GPS좌표계를 설명하시오.
4. 각 지도투영법의 특징에 대해 설명하시오.
5. Geo-referencing란?
6. ITRF좌표계는 어떻게 마련되었나?
7. 우리나라의 평면직교좌표계에 대해 설명하시오.
8. 우리나라 지도의 만국색인 번호체계와 수치지도 인덱스 부여방법에 대해 설명하시오.

제4장 데이터베이스와 속성테이블

컴퓨터로 구조화된 대량의 자료집합을 데이터베이스(database;DB)라 한다. 비공간자료에 대한 데이터베이스는 1960녀대부터 다양하게 사용되어 왔지만 공간데이터를 위한 데이터베이스는 1970년대 초에 와서야 개발되고 이용할 수 있게 되었다. 데이터베이스 관리시스템(database managemant system;DBMS)은 데이터를 설치하고 사용하며 유지관리하는데 사용되는 소프트웨어 팩기지이다(principles of geographic information system), 데이터베이스는 자동화되어 있고 형식에 맞게 정의되어 관련데이터 중심으로 조정된 집합이며 조직 내에서 서로 다른 사용자들에 의해 사용되고 공유되어진다(Date, 1995; Elmasri and Navathe, 1994). 4장에서는 데이터베이스의 종류 및 특성, 데이터베이스의 구축, 데이터베이스와 관리시스템에 대해 알아보고자 한다. 또한 속성데이터 테이블의 특성과 분석에 대해서도 설명하였다.

4.1 데이터베이스의 구축

DB구축은 실세계에 대한 일반적인 관찰로 시작하여 추상적이고 사용자지향적인 데이터 구성을 통하여 컴퓨터상에서 구체적이고 시스템 의존적인 데이터 저장소를 구축하는 과정으로 진행된다. 실세계는 복잡한 공간객체와 현상으로 이루어져 있기 때문에 추상화 과정이 필요하며 일반적으로 개념적 모델링, 논리적 모델링, 물리적 모델링의 과정으로 이루어진다. 그림 4.1에서와 같이 물리적 모델로 내려 갈수록 추상화 개념이 강해지며 개념적 모델로 올라 올수록 인지적인 수준이 증가한다.

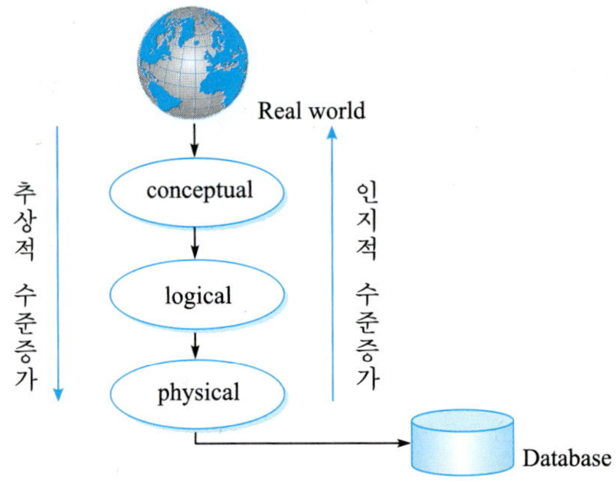

그림 4.1 데이터의 추상화단계

결론적으로 그림 4.2에서와 같이 실세계를 특정한 시각을 가지고 데이터 모델링 팀에서 개념화한다. 해당되는 개체와 속성을 열거하고 이들 간의 관계를 정한다. 그리고 물리적으로 데이터 저장소에 저장하게 된다.

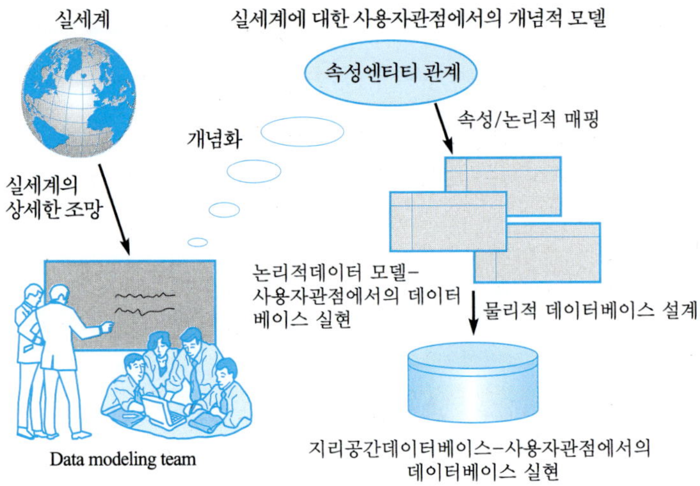

그림 4.2 데이터베이스 구축순서 개념도

4.1.1 개념적 데이터 모델

실세계를 하나의 모델로 표현하는 것은 불가능하며 일반적으로 데이터모델은 특별한 목적을 위해 오리엔트되는 경향이 있다. 예를 들어 그림 4.3에서 시청관련부서의 엔지니어, 토지개발자, 그리고 도시지리학자가 동일한 지역에 대해 데이터를 수집한다고 한다면 이들은 목적에 따라 다소 다른 관심을 가지고 있을 것이다. 행정부서에서 일하는 엔지니어는 도로나 건물의 물리적인 상태에 관심이 있을 것이고 토지 개발자는 개발 잠재력을 가진 지역에 관심이 있을 것이다. 도시지리학자는 토지이용의 공간적인 패턴에 관심을 가지고 이에 대한 데이터를 수집할 것이다. 이와 같이 각기 다른 관점을 데이터 모델링 용어로 개념적 모델(conceptual model)이라 한다. 개념적 모델은 개체, 관계, 속성으로 실세계의 형상, 개체 간의 관계를 나타낸다. 개체관계형 데이터 모델(entity-relationship data model)이 이에 해당한다.

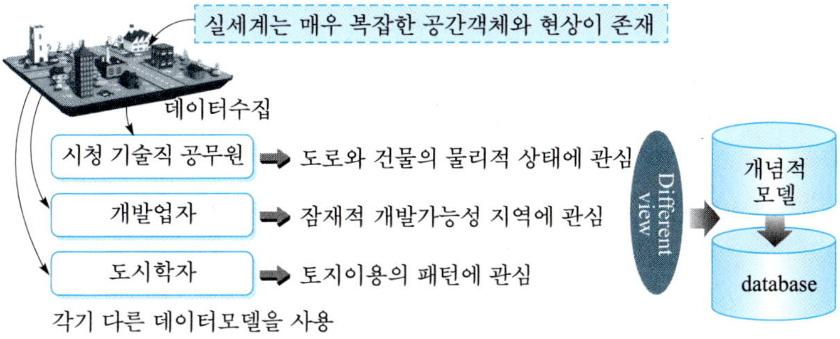

그림 4.3 관심분야에 따라 각기 다른 관점을 가지는 개념적 모델

4.1.2 논리적 데이터모델

논리적 데이터모델은 형식적인 언어에 의해 데이터를 기록하도록 설계된 다이아그램, 리스트 그리고 테이블을 사용하여 실세계를 표현한다. 소프트웨어에 의존적이며 특정한 DBMS로 표현된다. 일반적인 데이터모델로 관계형 데이터모델(relationa; data model), 네트워크 데이터모델(network data model), 계층형 데이터모델(hierarchical data model)이 있으며 객체지향형 데이터모델(object-orientation data model)은 새로이 개발된 시도이다.

예를 들어, 신림수종분포에 대한 논리적 데이터모델을 설명한다. 대상지역에 대한 공간데이터(수치지도, 우점종 영역 폴리곤)와 속성데이터(수종 등)가 수집되면 리를 데이터베이스 해야한다. 앞절에서 설명한 것과 같이 신림과학자라면 수목의 위치, 우점종, 평균수고, 평균 DBH와 같은 기본적인 속성데이터의 구축이 필요할 것이다. 이와 같이 GIS분석을 위해 필요한 데이터항(data item, field)과 형태를 설계하는 것을 논리적 데이터모델이라 한다. 데이터베이스 용어에서 데이터항은 속성(attribute) 혹은 저장필드(stored field)라 한다. 속성값은 숫자, 날짜, 문자열 혹은 논리식(Ture & False)형태이며 관련되는 데이터항들이 그룹화되면 레코드가 형성된다. 또 레코드들이 그룹화되어 데이터 파일을 만든다.

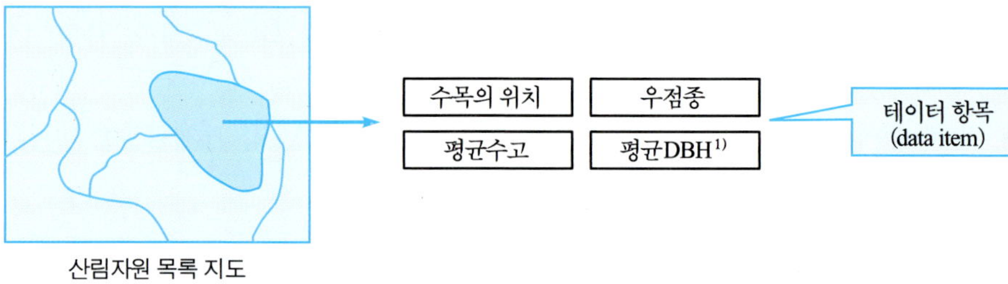

(a) 수목에 대한 데이터 항목

수목식별자	우점종	평균수고	평균DBH

→ 레코드

(b) 수목에 대한 데이터 항목의 기록

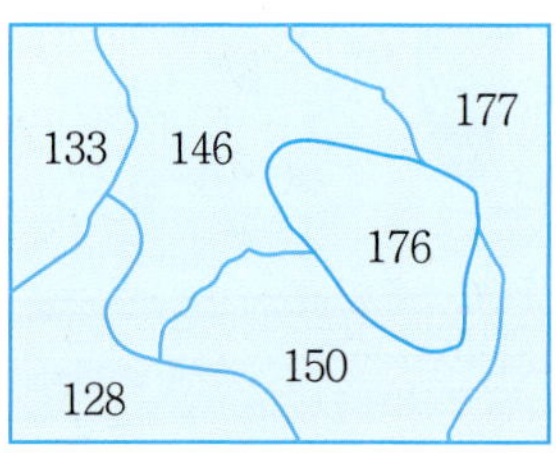

128	가문비나무	5.0	0.25
133	발삼나무	4.5	0.35
146	소나무	6.2	0.40
150	삼나무	3.8	0.15
176	소나무	4.5	0.30
177	가문비나무	3.5	0.15

→ 테이블 파일

(c) 관련된 레코드의 flat file 또는 테이블

그림 4.4 논리적데이터모델(산림 수종, 2007, Concept of GIS)

4.1.3 물리적데이터모델

데이터 추상화의 세 번째 단계이며 레코드 형식, 레코드순서, 그리고 접근경로에 의한 데이터 의 물리적 저장소를 나타낸다. 그러므로 매우 하드웨어 의존적이며 데이터베이스 구현항목과 관 계가 있다. 이 모델은 사용자가 아니라 프로그래머와 데이터베이스 관리자를 위해 만들어진 것이다.

4.2 데이터베이스의 특징과 종류

4.2.1 데이터베이스의 특징

데이터베이스란 데이터를 저장하고 유지보수(CRUD : Create, Retrieve, Update, Delect)하고 이를 검색하는 시스템을 의미한다.(예:은행을 이용하는 고객에 대한 데이터베이스, 학교에서 학생들의 데이터베이스, 도서관에서 소장하고 있는 책의 데이터베이스) 최근에 다루는 데이터베이스가 대규모가 되면서 대량의 데이터를 처리하는 시스템을 Large data 또는 Big data라고 한다. 데이터베이스의 대상은 현실세계에 존재하는 모든 객체를 대상으로 한다. 데이터베이스는 구축과 검색가능이 주요한 부분이며 대부분 검색기능에 치중되어 있다. 데이터베이스는 컴퓨터가 처리할 수 있는 형태로 저장되어야 한다.

물리적 데이터모델의 구현결과는 데이터베이스의 생성이다. 컴퓨터기반 데이터베이스는 DBMS(Data Base Management System)에 의해 관리된다. DBMS는 데이터베이스를 정의하 고 구축하고 관리하는 과정을 용이하게 하는 소프트웨어의 집합이다. 최근의 데이터 처리방법은 다수의 사용자가 사용할 수 있도록 하나의 저장소에 모든 데이터를 저장한다. 데이터베이스에 의한 방법은 데이터의 집중된 제어라는 점에서 전통적인 파일처리와 다르다. 데이터 처리에 데이터베이스에 의한 방법을 사용함으로써 다음과 같은 이점이 있다(Date, 1995).

1) 다중사용자의 데이터공유를 통해 데이터의 중복저장 최소화
2) 단일데이터의 수집과 입력과정에 의해 테이블의 불일치 최소화
3) 데이터의 동시접근을 허용함으로써 공동의 데이터 공유
4) 공동의 데이터 표준화 능력
5) 프로그램지식이 없는 사용자도 가능한 비프로그래머를 위한 인터페이스
6) 보안규정의 적용
7) 데이터의 무결성유지
8) 다른 사용자의 상충되는 요구의 조절

일반적인 사무처리와 기록을 위한 DBMS는 도형데이터와 속성데이터를 모두 사용하는 GIS(geospatial data processing)와 다음과 같은 이유로 적합하지 않다.

1) **트랜잭션 관리**(데이터베이스 처리관리): 상업적 데이터베이스는 처리주기가 짧으며 실시간으로 이루어지나 GIS에서는 지도의 갱신주기가 길다. 전통적인 DBMS에서병행사용을 조절하는 레코드잠금(record locking)의 일반적인 방법은 GIS DB처리에는 적합지 않음
2) **공간 데이터 인덱싱** : DBMS는 인덱싱에 의해 DB에 빠르게 접근할 수 있으며 상대적으로 복잡한 과정인데 공간데이터의 인덱싱은 2차원이므로 상업용에 비해 훨씬 더 복잡함
3) **도형/속성 데이터의 통합** : 두 가지 형태의 데이터는 특성이 다르므로 데이터의 접근방법과 저장장소가 다름

4) **공간관계와 공간연산의 처리** : 기존의 DB는 가감승제와 같은 비교적 단순한 연산의 간단한 문자와 숫자처리를 위해 설계되었으므로 공간데이터연산(중첩, 교차, 버퍼링)에는 적합하지 않음

이러한 문제들은 GIS와 DBMS 공급자들에 서 새로운 데이터베이스툴의 개발을 요구했고 성공적으로 구현이 되었다. 오라클사의 Oracle Spatial, IBM의 DB2, ESRI의 ArcSDE가 그 예이다. 새로운 데이터베이스의 개발로 인하여 지리데이터와 조직의 타 업무를 통합할 수 있게 되었다.

4.2.2 데이터베이스의 종류

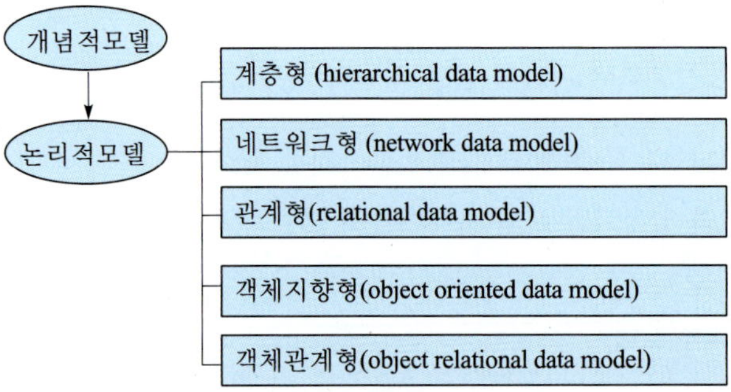

그림 4.5 데이터베이스의 종류

(1) 계층형 데이터베이스(hierarchical data model)

족보와 같은 아주 단순한 tree구조(부모는 반드시 자식을, 자식은 형제 레코드들의 포인터와 그들만의 자식에 대한 포인터를 가지고 있다)를 가지고 있으며 데이터의 갱신은 쉬울 수 있으나 검색 과정이 폐쇄적이다. 데이터의 관계는 1:N의 관계를 가진다. 족보에서 자신을 찾기 위해서는 맨 상위부터 차례로 내려가야 하며 올라올 때도 동일한 경로를 통해 나올 수 밖에 없다. 데이터의 독립성의 보장이 안 된다. 즉, Record Format이 변하면 애플리케이션도 모두 바뀌어야 하므로 데이터베이스의 수정이 용이치 않다.

대표적인 계층형 데이터베이스 시스템의 예로는 IBM사의 Information Management System(IMS), MRI사의 System 2000등이 있다.

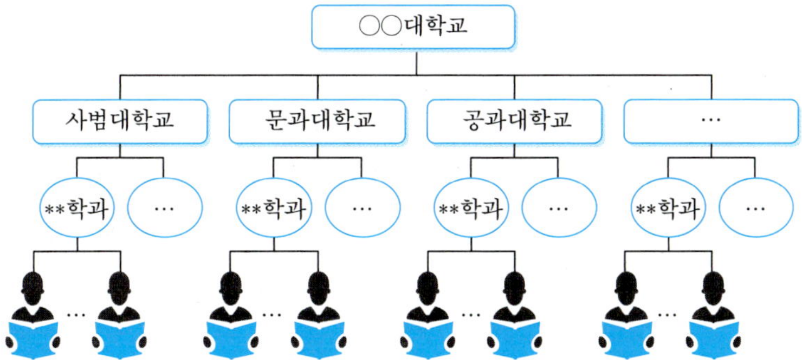

그림 4.6 Tree구조의 계층형 데이터베이스모델

(2) 네트워크형 데이터 모델(network data model)

계층형 데이터모델의 개량형으로 하나의 개체가 여러 부모와 여러 자녀를 가질 수 있는 구조 이며 상위계층을 검색하지 않아도 필요한 개체의 검색이 가능하다. 데이터 모델링이 복잡하여 사용이 일반화되지 않았다. 한 학생이 여러 강좌의 수강이 가능하며 하나의 강좌는 여러 학생에 의해 수강되는 원리이다. 따라서 별도의 등록 레코드의 필요성(교차레코드)이 있으며 연결성 정보의 저장을 위한 비용 및 시간이 필요하다. 연결성에 변화가 생기는 경우 갱신을 위한 시간이 소요되며 데이터의 수정은 용이하나 데이터간의 관계를 수정하는 것은 어려움이 있다. 따라서 네트워크형 모델이 공간자료를 표현하는데 계층형 모델보다 적합하기는 하나, GIS 응용에서 사용되는 경우는 거의 없다. 대표적인 네트워크형 데이터베이스 시스템의 예는 Computer Associates사의 IDMS, PR1ME Computer사의 PR1ME DBMS 그리고 UNISYS사의 DMS-1100등이 있다.

(3) 관계형 데이터베이스

관계형 데이터베이스모델은 데이터베이스모델 중 가장 많이 쓰이는 데이터베이스로 모든 데이터를 테이블형태로 표현한다. 이는 1970년대 초 IBM사에 의해 개발되었다. 일상적으로 사용하는 형태로 이해가 용이한 2차원적인 배열이다. 데이터의 구조는 릴레이션(테이블의 열과 행의 집합)으로 표현하며 구조가 간단하여 이해가 쉽고 매우 논리적이며 명확하다. 관계형 모델에서 는 모든 공간객체와 속성이 서로 연계될 수 있으나 멀티미디어자료는 지원이 불가능하다. 테이블에서 각 행(column)은 개체타입을 나타내는 속성을 표현하고 각 열(row)은 데이터값의 집합체를 나타낸다. 관계형 데이터베이스용어에서 테이블을 관계, 테이블의 열을 튜플(tuple), 행명을 속성 또는 필드라 하며 각 행에 나타날 수 있는 값의 형태를 도메인이라 한다.

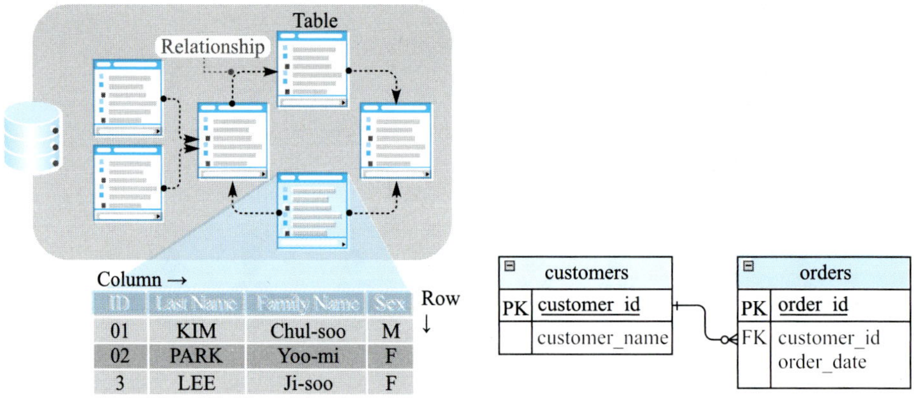

그림 4.7 관계형 데이터베이스의 구조

관계형 데이터베이스는 테이블이나 간단한 파일의 집합체로 표현하는 것이다. 테이블에서 각 행(column)은 개체타입을 나타내는 속성을 표현하고 각 열(row)는 데이터 값의 집합체를 나타낸다. 관계형 데이터베이스용어에서 테이블을 관계, 테이블의 열을 튜플(tuple), 행명을 속성 또는 필드라 하며 각 행에 나타날 수 있는 값의 형태를 도메인이라 한다.

1) 도메인(Domain)

관계형 데이터베이스에서 가장 작은 데이터 단위이며 원자형 속성값(atomic attribute value)의 집합이다. 도메인은 속성명이나 식별자(즉, 도시명, 토지이용형태, 고속도로번호)에 의해 식별된다. 도메인 값은 문자, 숫자, 논리족 요소 그리고 날짜와 같은 타입 중 하나가 된다. 각각의 도메인은 허용 값 범위를 가지고 있는데 예를 들어 나무의 높이라 하면 실수형 값 (single precision real)이 될 것이다. 속성값을 모르거나 빠트린 경우에는 널(null≠ 0) 값으로 채워진다.

2) 튜플(tulpe)

튜플은 관계의 행을 구성하는 속성값의 집합이다. 각 튜플은 개념적 데이터모델에서 확인된 공간객체타입의 어커런스를 나타낸다.

3) 관계(relation)

관계는 튜플의 집합으로 구성되며 논리적 순서는 중요치 않다. 논리적으로 관계는 간단히 데 이터 테이블이라 할 수 있다. 그러나 관계형모델에서 관계는 다음의 많은 제약조건을 만족시켜야 한다(Elmasri and Navathe, 1994)

① 도메인제약조건(domain constraints) : 각 속성값이 도메인으로부터의 원자형 값이어야 한다.

② 키 제약조건(Key constraints) : 모든 속성에 대하여 어떠한 두 튜플도 똑같은 조합의 값 들을 가질 수 없다(두 튜플의 값 모두가 동일할 수 없다).

③ 데이터스키마 보전 제약조건(data schema integrity constraints) : 속성에 의해 표현될 때 모든 관계에서 동일한 속성명을 가짐으로써 프로세싱에서 일관성 유지

④ 개체보전제약조건(entity integrity constraints) : 주요 키 값은 널(null)이 될 수 없다.

관계형 데이터베이스에 질의를 위해 구조화 질의어(structured query language)가 사용되는데 관계테이블에서 데이터의 조작을 위해 강력하고 유연성있는 명령의 집합으로 영어와 같은 언어이다. 그림 4.8에서 customers 테이블에서 충남에 거주하는 고객 중 수입이 50,000천원 이상인 고객이면서 천안시에 거주하는 고객의 이름과 주소를 질의하는 예를 보였다.

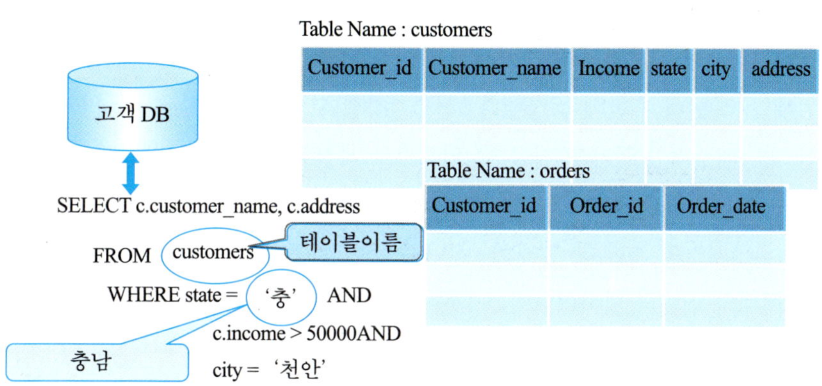

그림 4.8 관계형 테이블에서의 검색

고객 테이블에는 customers라는 이름을 붙였고 고객 ID와 고객이름을 뜻하는 customer_id, customer_name이란 Column이 있다. 추가적으로 주문표는 orders라는 테이블명을 붙였고 order_id, customer_id, order_date Column도 추가되어 있다.

여기서 중요하게 주목해야 할 점이 있다.

① customers와 orders는 각 table 내 행을 구분할 수 있는 고유값을 가진다 (customers의 customer_id, orders의 order_id)

② customers와 orders는 customer_id로 연결되어 있다는 점이다.

①과 같이 Table에 고유하게 존재하는 ID 값을 Primary Key 즉 PK라고 하고 ②와 같이 customer_id로 연결된 두 Table은 서로 관계가 있는 테이블이라고 보며, 이 경우 orders가 custmers의 PK인 customer_id를 참조하고 있다. 이런 경우 orders의 customer_id는 Foreign Key 즉 FK라고 부릅니다.

관계형 데이터베이스를 구성하는 테이블에는 포인터가 없다. 즉, 테이블 사이의 직접 연결을 위해 자체적인 색인표를 이용하므로, 상대적으로 데이터베이스가 커지고 검색속도는 느려진다. 따라서, 관계형 데이터베이스 시스템은 계층형이나 네트워크형에 비해 검색속도가 상대적으로 느리다. 대표적인 관계형 데이터베이스 시스템은 IBM사의DB2와 SQL/DS, Oracle사의 Oracle, Computer Associates사의 CA-OpenIngres, Informix사의 Informix, Microsoft사의 SQL Server 그리고 ESRI사의 Arc/Info등이 있다.

(4) 객체지향형(Object Oriented)데이터베이스

객체지향 데이터베이스는 객체지향 프로그래밍 언어를 데이터베이스와 결합하는 필요성을 충족시키기 위해 1970년대 후반에 등장했다. 객체지향형 모델(Object-oriented Model)은 공간객체의 다양한 내·외부적인 관계를 다룰 수 있으므로 복잡한 객체로 구성된 현실세계를 재현하는데 효과적이다. 객체지향형 D/B관리시스템은 객체지향 프로그래밍 언어를 D/B시스템에 적용시킨 것이다. 객체클래스의 복합화, 일반화, 집단화 등이 가능하고 CAD, CAM, 다중매체정보시스템과 다양한 형태의 데이터(멀티미디어) 저장이 가능하다. 객체지향형 데이터베이스는 객체지향 데이터베이스 관리시스템(OODBMS)에 의해 관리된다. 데이터베이스는 객체지향 프로그래밍 개념과 관계형 데이터베이스 원칙을 결합한다.

- **개체**(Object)는 기본 구성 요소이며 클래스의 인스턴스이며, 여기서 유형은 기본 제공 또는 사용자 정의이다.
- **클래스**(Class)는 동작을 정의하는 개체에 대한 스키마 또는 Blueprint를 제공한다.
- **메소드**(Method)는 클래스의 동작을 결정한다.
- **포인터**(Pointer)는 객체 데이터베이스의 요소에 액세스하고 객체 간의 관계를 설정하는 데 도움이 된다.

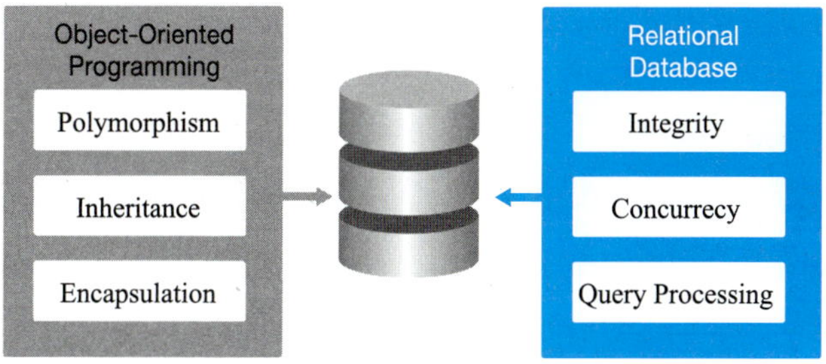

그림 4.9 객체지향형 데이터베이스의 구성
https://phoenixnap.com/kb/object-oriented-database

이러한 특성들은 프로그래밍에 대한 객체지향 접근법을 필요로 하는 복잡한 데이터를 가진 프로젝트에 객체 데이터베이스를 적합하게 만든다. 객체지향 관리 시스템은 복잡한 객체가 중심인 객체지향 프로그래밍에 맞춰 지원되는 기능을 제공한다. 이 접근법은 데이터의 속성과 동작을 하나의 엔티티로 통합한다.

객체 지향 데이터베이스는 객체 지향 프로그래밍 개념과 밀접한 관련이 있다. 객체지향 프로그래밍의 네 가지 주요 아이디어는 다음과 같다.

- 다형성(Polymorphism)

물체가 여러 형태를 취할 수 있는 능력이다. 이 기능을 사용하면 동일한 프로그램 코드가 다른 데이터 유형으로 작동할 수 있음

- 상속(Inheritance)

상속은 코드의 일부를 재사용할 수 있게 만드는 동시에 관련 클래스 간에 계층적 관계를 만들 수 있어 새 유형을 정의하면 기존의 모든 클래스 필드와 메서드가 상속되고 추가로 확장되므로 기존의 클래스로부터 하위 클래스를 쉽게 만들 수 있음

- 캡슐화(Encapsulation)

데이터와 메커니즘을 단일 개체로 그룹화하여 액세스 보호를 제공하는 기능입니다. 이 과정을 통해 객체가 어떻게 작동하는지에 대한 정보와 세부사항이 숨겨져 데이터와 기능 보안이 이루어짐

- 추상화(Abstraction)

추상화는 필요한 기능을 위해 필수 데이터 기능만 표현하는 절차임

이러한 네 가지 속성은 객체 지향 관리 시스템의 중요한 특성을 설명한다.

객체에 대한 일례로 삼림의 경우를 살펴보자. 객체는 나무이고 상태란 주요 수목종, 수종의 평균연령, 토양의 산성도 등을 나타낼 수 있다. 산림객체에 있어 메소드는 create, delete, draw, query, split, merge등의 연산기능을 수행하는 것이라고 볼 수 있다. 만일 산림 일부 구역의 매매를 위해 분할하는 경우 메소드는 산림영역을 두 개의 폴리곤으로 자동분할하는 기능을 수행한다.

객체지향형 데이터베이스는 기초단위인 객체(Object)와 작동시키는 매소드가 결합하여 캡슐화된 구조를 가지고 있다. 객체는 캡슐화 캡슐화되어 있으므로 내부를 보지 못하고 메시지를 통해 객체에 접근한다. 자동차를 turn-key로 운전하는 것과 같다. GIS 시스템에서 객체지향형 데이터베이스 시스템이 널리 활용되지 않았으나, 최근 ESRI사의 ArcGIS 소프트웨어에서는 Geodatabase라는 객체지향형 데이터베이스 모델을 채택하고 있다. 국내에서 개발된 객체지향형 데이터베이스 시스템으로는 한국통신데이터(Korea Telecom Data)에서 개발한 ZEUS가 있다.

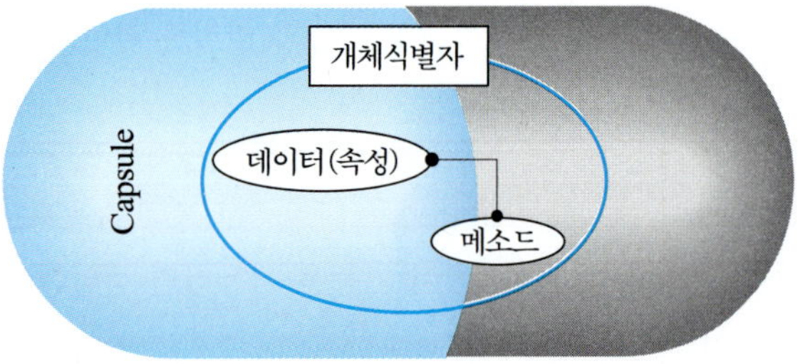

그림 4.10 객체지향형 데이터베이스의 캡슐구조

(5) 객체-관계형(Object-relational)데이터베이스

1980~1990년대에 걸쳐 공간데이터와 속성데이터를 함께 효율적으로 관리방안을 위해 GIS와 DBMS간의 통합 노력의 결과로 혼성데이터베이스 모델, 통합데이터베이스 모델, 객체-관계 데이터베이스모델이 개발되었다.

1) 혼성데이터베이스 모델

공간데이터와 속성데이터를 각각 독립적인 방식으로 DB구축하고 공간객체는 해당파일 부분과 테이블의 열을 연결하는 고유 식별자를 소유하는 방식이다. 오늘날 상업적으로 가장 성공한 DB시스템이다. 공간데이터를 관리하는 소프트웨어에서 좌표파일과 위상파일을 다루고 상용 DBMS의 속성테이블과 위상파일이 연결되어 처리하는 위상구조시스템을 갖는다. 네트워크추적, 폴리곤 중첩 등을 효율적으로 수행할 수 있으며 신속한 검색과 레코딩작업이 가능하다.

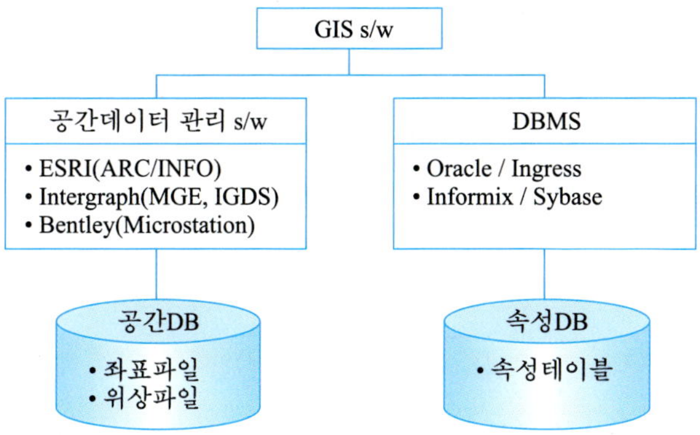

그림 4.11 혼성데이터베이스 모델

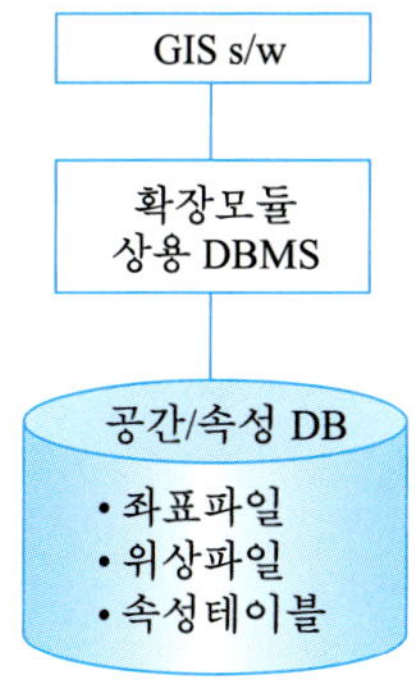

그림 4.12 통합데이터베이스모델

2) 통합데이터 모델

1980년대 속성데이터와 공간데이터를 결합시킨 통합 모델 등장하였다. 좌표체계와 위상관계 정보는 관계형 테이블에 저장하고 속성데이터는 별도의 테이블에 저장하는 방식으로 객체의 탐색을 위해 넓은 열에 좌표를 저장해야만 하는 문제점이 있다. 좌표파일, 위상파일, 속성테이블이 동일 DBMS에 위치한다.

3) 객체-관계형 데이터 모델

관계형 데이터베이스 기술과 객체지향형 데이터베이스 기술이 접목된 것으로 멀티미디어의 빠른 확산과 인터넷의 발전을 통해 복합데이터의 관리기술이 필요했기 때문에 탄생하였다. 객체클래스를 생성할 수 있으며 상속의 개념이 있어 속성과 매소드를 상속할 수 있다. 검색을 위한 색인화 방법으로 R-tree, Quadtree사용하고 표준질의어인 SQL을 사용할 수 있다는 장점 이 있으며 INFORMIX가 최초로 상용화하였다. 대표적인 예로, ESRI사에서 ArcGIS 8.0부터 사용하기 시작한 Geodatabase model은 객체지향형 모델을 기반으로 한 지리공간제이터를 구조화시켜 다양한 데이터의 유형을 포함하는 최상위수준의 데이터모델이다.

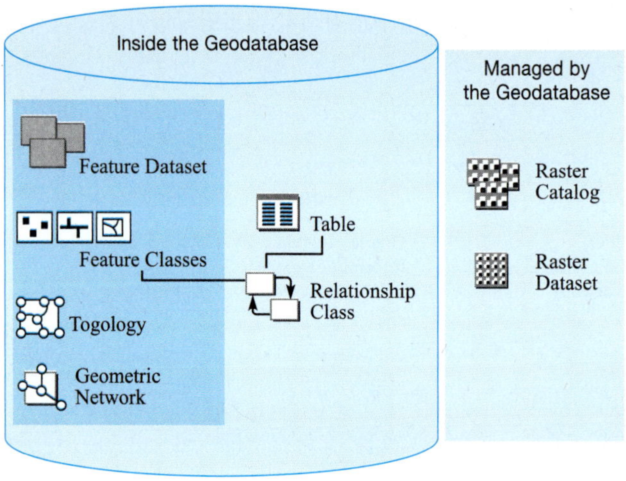

그림 4.13 Geodatabase구조

4.2.3 데이터베이스 관리시스템

GIS와 관련된 다양한 유형의 자료를 효율적으로 저장하고 관리하기 위한 시스템을 데이터베이스 관리시스템(DBMS;Data Base Management System)이라한다. 여기에서 자료라 함은 공간자료(spatial data)와 비공간자료(nonspatial data) 또는 속성자료(attribute data)로 구분하며 공간자료는 좌표체계에 따라 정의되는 사상의 위치(spatial location)를 나타내는 자료를 말한다. 사상의 위치는 특정 좌표체계 내에서 독립적인 위치를 표현하는 절대적 위치자료와 주변 사상과 의 관계에 의해 표현되는 상대적 위치자료로 구분될 수 있다.

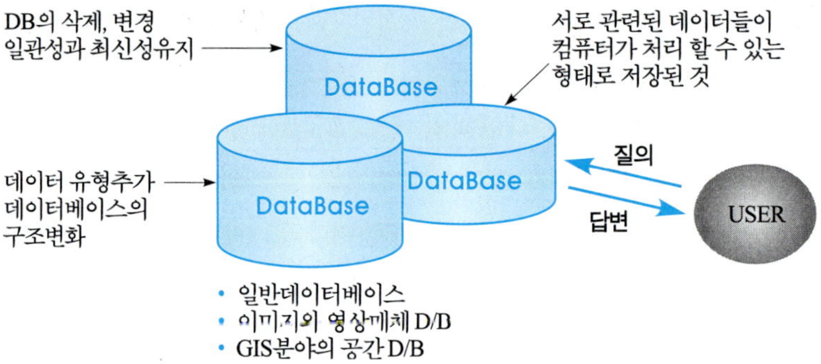

그림 4.14 데이터베이스 관리시스템

이러한 자료들은 계층형, 네트워크형, 관계형, 객체지향형 등 다양한 데이터베이스 시스템 내부에 테이블의 형태로 저장된다. 데이터베이스의 조건은 전원 및 시스템 등 안전장치, 다양한 접 근에 대한 유연성, 보안 독립성, 강한 수행력을 가지고 있어야 한다.

DBMS(데이터베이스 관리시스템)의 장단점은 다음과 같다.

■ 장점

1) 데이터 중복의 최소화

- 데이터를 통합 구성함으로써 중복을 사전에 통제한다. (2) 데이터의 공용
- 데이터에 대한 유지관리가 효율적이며 새로운 응용프로그램에 대해서도 데이터 구성에 신경쓰지 않아도 된다.

2) 데이터의 일관성유지

- 데이터의 중복유지 및 중앙집중식 통제를 통해 일관성유지 (4) 데이터의 무결성유지
- 데이터베이스가 생성 조작될때 마다 제어기능을 통해 유효성을 검사하므로 데이터베이스에 저장된 데이터값과 현실세계의 실제값이 일치하는 정확성을 유지할 수 있다.

3) 데이터의 보안유지

- 데이터베이스를 중앙집중식으로 총괄관리하므로 데이터베이스의 관리 및 접근을 효율적으로 통제한다.

4) 표준화

- 중앙통제기능을 통해 데이터의 기술양식, 내용, 처리방식, 문서화양식 등에 관한 표준화가 효율적이다.

■ 단점

1) 운영비증대

2) 자료처리의 복잡화

- 데이터베이스에는 서로 상이한 여러 타입의 데이터가 서로 연관되어 있으므로 응용시스템은 보다 전문적이고 기술적인 요소가 필요하다.

3) 복잡한 백업과 복구

- 데이터베이스의 구조가 복잡하고 여러 사용자가 동시에 사용하는 공용시스템이므로 백업

과 복구가 중요하다.

4) 시스템의 취약성

– 통합된 시스템이므로 일부의 고장이 전체시스템 고장의 원인이 되므로 시스템의 신뢰성과 가용성을 저해한다.

4.3 속성데이터와 테이블

비공간적 데이터는 사용자에게 표로 표시되는 경우가 많기 때문에 표 형식의 데이터라고도 한다. GIS의 속성정보는 일반적으로 데이터를 구성하고 조작하기 위한 데이터베이스 관리시스템(DBMS)을 사용하여 입력, 분석 및 보고된다. DBMS는 지리적 객체의 속성과 객체 간의 관계를 저장한다. DBMS는 효율적인 데이터 저장, 검색, 인덱싱 및 보고를 위한 도구를 포함하여 표 형식의 데이터를 관리하기 위한 소프트웨어 도구를 통합한다. DBMS는 일반적으로 데이터 보안, 안정성을 제공하고 여러 사용자나 프로그램이 동일한 데이터에 동시에 액세스할 수 있도록 하는 복잡한 구조를 지원한다. 데이터베이스 사용자는 종종 공유 액세스를 요구하는데 여러 사용자 또는 프로그램이 데이터 세트를 동시에 열거나 보거나 수정할 수 있다. 그러나 각 프로그램이나 사용자가 직접 파일에 액세스할 수 있는 경우, 데이터베이스의 여러 복사본이 동시에 수정될 수 있다(그림 4.15(a)). 직접 파일에 액세스할 경우 여러 사용자가 동시에 데이터 파일에 쓰기를 시도할 수 있지만 예상치 못한 결과가 발생할 수 있다. 저장된 데이터는 가장 최근의 업데이트, 첫 번째 업데이트 또는 그 사이의 일부 업데이트일 수 있다. 직접 파일 액세스를 통해 예기치 않은 방식으로 데이터가 손실되거나 수정될 수 있으므로, DBMS는 다중 사용자 액세스를 관리하도록 설계될 수 있다

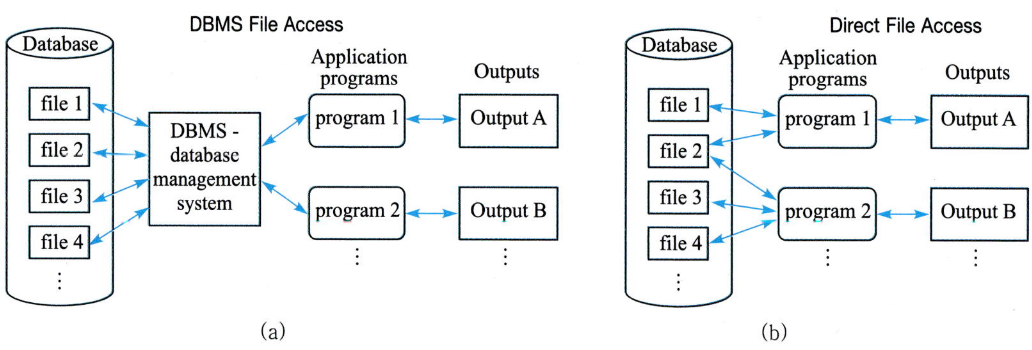

그림 4.15 직접 및 데이터베이스 관리시스템을 통한 파일 액세스(Aronoff, 1989)

(그림 4.15(b)). 일부 DBMS는 공유 파일과 데이터를 관리하고 동시에 액세스하는 파일에 미리 결정된 우선순위를 적용한다. DBMS는 파일들과 애플리케이션 프로그램들 또는 사용자들 사이의 중개자 역할을 할 수 있다. DBMS는 동시 액세스로 인한 오류를 방지할 수 있다.

4.3.1 관계형 데이터베이스

테이블은 특정 요구 사항을 충족하는 하나 이상의 열(column)인 키(key)를 통해 관련되어 있으며 행(row)을 인덱싱[1]하는 데 사용될 수 있다. 키는 종종 테이블의 모든 행을 고유하게 식별하는 열입니다. 우리는 종종 고유한 번호나 코드를 키로 할당한다. 예를 들어, 우리나라에서 주민번호는 사람들을 위한 키로 사용될 수 있다. 두 사람이 동일한 주민번호를 가지고 있지 않기 때문에, 우리는 그 번호를 사용하여 특정한 사람에게 일련의 정보를 연결할 수 있다.

Forests

Trail Name	Forest-ID	Location	size
Nantahala	1	N.Carolina	184,447
Cherokee	2	N.Carolina	92,271

Trails

Trail Name	Forest-ID
Bryson's Knlob	1
Slickrock Falls	2
North Fork	1
Cade's Cove	1
Cade's Cove	2
Appalachian	1
Appalachian	2

Relational table

Trail Name	Forest-ID	Location	size	Trail Name
Nantahala	1	N.Carolina	184,447	Bryson's Knlob
Nantahala	1	N.Carolina	184,447	North Fork
Nantahala	1	N.Carolina	184,447	Cade's Cove
Nantahala	1	N.Carolina	184,447	Appalachian
Cherokee	2	N.Carolina	92,271	Slickrock Falls
Cherokee	2	N.Carolina	92,271	Cade's Cove
Cherokee	2	N.Carolina	92,271	Appalachian

그림 4.16 테이블과 관계형테이블의 구조(GIS Fundamentals 4th, Paul Bolstad, 2012)

그림 4.16은 관계형 데이터 구조에서 숲과 등산로에 대한 테이블이다. 행에는 엔터티와 연결된 레코더가 있고 열에는 항목이 있다. A 키(여기서 Forest-ID)는 테이블을 조인하는 데 사용된다.

1) 인덱스(Index)는 데이터베이스 분야에 있어서 테이블에 대한 동작의 속도를 높여주는 자료 구조를 일컫는다. 인덱스는 테이블 내의 1개의 컬럼, 혹은 여러 개의 컬럼을 이용하여 생성될 수 있다. 고속의 검색 동작뿐만 아니라 레코드 접근과 관련 효율적인 순서 매김 동작에 대한 기초를 제공한다.

또한 키를 통해 데이터를 여러 테이블로 나눌 수 있고 테이블 간 연결 메커니즘을 제공한다. 그림 4.16에서 숲과 등산로 테이블에 있던 필드가 양쪽 테이블의 공통필드인 Forest-ID를 키를 기준으로 조합된 것을 알 수 있다. GIS분석에서는 위에서 설명한 것과 같이 테이블 간의 조합 또는 공간데이터의 속성테이블과 테이블 간의 조합이 이루어 진다.

4.3.2 테이블 주연산자(Primary Operator)

관계대수학[2]은 제한, 프로젝트, 결합, 교차, 차이, 곱(데이터베이스에 기록된 주어진 변수 집합의 모든 조합), 조인(일치하는 속성 값을 기반으로 테이블을 결합), 분할(조건을 기반으로 쿼리를 용이하게) 등 8개의 주요 연산자를 지원한다. 이러한 작업은 특정 레코드 및 항목을 선택하기 위해 쿼리에 적용된다. 이러한 작동은 그림 4.17과 그림 4.18에 그래픽으로 설명되어 있다.

a) 제한(restricts)

그림 4.17에서와 같이 제한은 현재의 테이블 중 특정한 조건의 레코드만을 반환하는 연산자이다. 제한 작업은 대부분 테이블의 축소된 행 집합을 출력으로 반환한다.

ID	type	color	size	age
1	a	blue	big	old
2	c	green	big	young
3	a	red	small	mid
4	d	black	big	older
5	x	mauve	tiny	oldest
6	g	dun	huge	young
7	c	ecru	small	mid

restrict →

ID	type	color	size	age
1	a	blue	big	old
4	d	black	big	older
6	g	dun	huge	young
2	c	green	big	young

그림 4.17 테이블 제한연산자(GIS Fundamentals 4th, Paul Bolstad, 2012)

b) 프로젝트(project)

프로젝트 작업은 표에 대한 전체 열(필드)을 반환하며, 그림 4.18에 표시된 것처럼 표를 수직적인 부분만을 반환하는 연산자이다. 프로젝트 작업에서는 테이블의 관심 열만 부분 집합으로 지정할 수 있다. 이는 처리 속도를 크게 높이고, 필요한 저장 공간을 줄이고, 보기 및 분석을 용이하게 할 수 있습니다. 표시된 예제에서는 기본 관계에서 ID, 색상 및 크기를 선택하여 새로운 관계를 만든다.

2) 숫자 대신에 그 숫자를 대표하는 문자를 써서 수학 법칙을 간명하게 나타내는 수학의 한 분야

ID	type	color	size	age
1	a	blue	big	old
2	c	green	big	young
3	a	red	small	mid
4	d	black	big	older
5	x	mauve	tiny	oldest
6	g	dun	huge	young
7	c	ecru	small	mid

project →

ID	color	size
1	blue	big
2	green	big
3	red	small
4	black	big
5	mauve	tiny
6	dun	huge
7	ecru	small

그림 4.18 테이블 프로젝트연산자(GIS Fundamentals 4th, Paul Bolstad, 2012)

c) 곱(product)

곱 작업은 한 테이블의 모든 고유 값을 다른 테이블의 모든 고유 값과 결합하여 더 큰 테이블을 출력한다(그림 4.19). 이 곱은 두 관계를 결합할 때 발생할 수 있는 가능한 조합의 전체 집합을 정의할 수 있다.

No.	Dir.
1	N
2	S

product

App.
yes
yes
No

→

No.	Dir.	App.
1	N	yes
2	S	yes
1	N	No
2	S	No

그림 4.19 테이블 곱연산자(GIS Fundamentals 4th, Paul Bolstad, 2012)

d) 나누기(divide)

나누기 연산은 8개의 관계 연산자 중에서 가장 혼란스러운 연산자이다. 나누기연산자는 최종적인 결과가 제3의 표에 따라 이루어진다는 점에서 혼란이 온다. m은 1,2,3,4가 모두 포함이 되어 있지만 n과 r은 누락되어 있으므로 모두가 있는 "m"만을 반환한다.

type
m
n
r

divide by

size
1
2

per

type	size
m	1
m	2
m	3
m	4
n	2
r	1
r	3

→

type
m

그림 4.20 테이블 곱연산자(GIS Fundamentals 4th, Paul Bolstad, 2012)

나머지 4가지의 연산자는 E.F.Codd에 의해 정의된 연산자로써 결합(union), 교차(intersect) 및 차이(different)연산, 연결(join)연산자이다. 연결연산자를 제외하고 결합, 교차 및 차이 연산은 테이블이 가지고 있는 열(필드)의 종류가 동일해야 한다는 제한이 있다. 테이블의 열은 데이터 유형(예: 정수, 텍스트, 실수)이 같아야 하며 모든 열이 두 테이블에 있어야 한다.

e) 결합(Union) 연산자

결합 작업은 테이블을 결합하여 테이블 중 하나 또는 두 테이블 모두에서 발견된 레코드를 결합하는 연산자이다. 그림 4.21과 같이 테이블은 두 테이블의 멤버가 있는 새 테이블을 반환하기 위해 합쳐지지만 두 테이블에 모두 나타나는 항목에 대한 중복 레코드는 표시되지 않는다. 따라서 합집합의 결과는 적어도 두 표 중 가장 큰 표의 크기이며, 두 표의 합보다 크지 않다.

ID	type	color	size	age
1	a	blue	big	old
6	g	dun	huge	young

ID	type	color	size	age
2	c	green	big	young
4	d	black	big	older

union →

ID	type	color	size	age
1	a	blue	big	old
4	d	black	big	older
6	g	dun	huge	young
2	c	green	big	young

그림 4.21 테이블 결합연산자(E.F.Codd)

f) 교차연산(intersect)

교차 연산은 두 테이블에서 모두 존재하는 레코드는 반환하고 그렇지 않은 것은 삭제하는 연산자이다(그림 4.22). ID 값이 1과 5인 레코드는 두 테이블에서 모두 발견되는 유일한 두 개이므로 출력 테이블에 포함된다.

ID	color	size
1	blue	big
2	green	big
3	red	small
4	black	big
5	mauve	tiny
6	dun	huge
7	ecru	small

ID	color	size
1	blue	big
5	mauve	tiny
9	ivory	big

intersect →

ID	color	size
1	blue	big
5	mauve	tiny

그림 4.22 테이블 intersect연산자(E.F.Codd)

g) 차분연산자

차분 연산은 첫 번째 테이블에 있는 레코드에서 두 번째 테이블의 레코드를 제외한 나머지를 반환하는 연산자이다. 그림 4.23에서 첫 번째 테이블의 1~7까지의 레토드 중 두 번째 테이블의 1,5,9를 제외한 2,3,4,6,7 레코드 만을 반환하고 있음을 알 수 있다.

ID	color	size
1	blue	big
2	green	big
3	red	small
4	black	big
5	mauve	tiny
6	dun	huge
7	ecru	small

ID	color	size
1	blue	big
5	mauve	tiny
9	ivory	big

difference →

ID	color	size
2	green	big
3	red	small
4	black	big
6	dun	huge
7	ecru	small

그림 4.23 테이블 차분 연산자(E.F.Codd)

Union 또는 Inersect연산작업에서 양쪽 테이블의 입력순서와는 관계가 없으나 차분연산자에서는 순서가 중요하다. 따라서 양쪽 테이블의 공통적인 필드(예:ID)를 기준으로 정렬하여 수행해야 한다.

h) 조인(Join) 연산자

조인 작업은 양쪽 테이블에 공통적으로 있는 key값을 통해 두 테이블을 연결한다. 그림 10은 유형 항목을 통해 결합된 두 테이블에 걸친 결합의 예를 보여준다.

type	age
1	a
2	b
3	b
4	a

type	color	size	age
a	blue	big	old
b	dun	tiny	old

join →

ID	type	color	size	age
1	a	blue	big	old
2	b	dun	tiny	old
3	b	dun	tiny	old
4	a	blue	big	old

그림 4.24 테이블 연결연산자(E.F.Codd)

그림 4.24에서 type과 color, size, age의 상관성을 분석하고자 하는데 첫 번째 테이블에는 color, size, age가 없다. 따라서 이에 대한 속성을 가진 두 번째 테이블을 join하게 되면 첫 번째 테이블의 type에 따라 두 테이블이 조합되게 된다. 즉, 첫 번째 테이블은 인덱스 개념이다.

4.3.3 하이브리드 데이터베이스

GIS에서 물체의 위치와 모양을 표현하기 위해서는 일반적으로 수천에서 수백만 개의 좌표 쌍 또는 셀이 필요하다. 현대의 컴퓨터에서도 관계형 데이터베이스 설계에 저장된 좌표 데이터의 검색은 종종 너무 느리다. 따라서 좌표 데이터는 빠른 검색을 위해 종종 하이브리드 설계를 사용하여 저장된다. 하이브리드 설계는 특수 데이터베이스 구조를 사용하여 좌표 데이터와 속성 데이터를 관계형 데이터베이스에 저장한다. 예를 들어, 좌표 쌍의 순서 목록을 저장하여 선분을 정의하고, 색인화하거나 선을 그룹화하여 식별하는 등 지도 제작 객체의 좌표를 그룹화하는 작업이 포함된다.

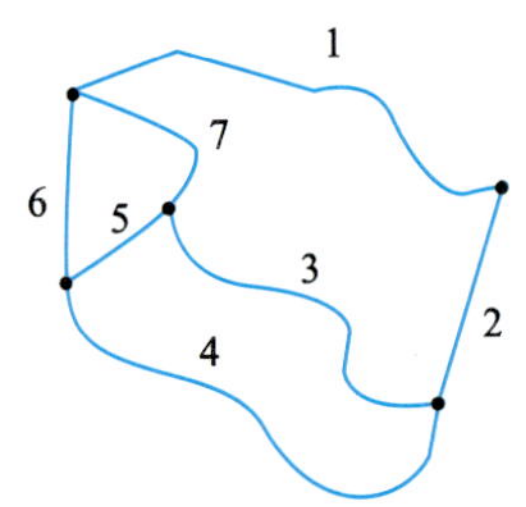

Attribute data

Arc-ID	last-are	next-arc	type
1	6	2	A
2	1	4	C
3	2	5	F
4	2	5	D
5	6	7	A
6	5	1	F
7	3	6	B

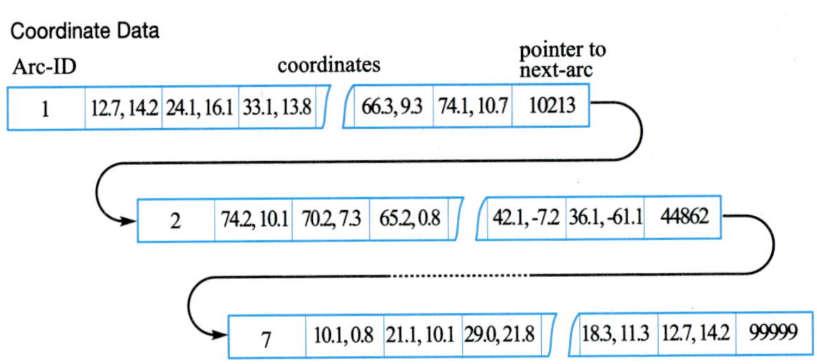

그림 4.25 하이브리드 데이터베이스와 관계형테이블(GIS Fundamentals 4th, Paul Bolstad, 2012)

그림에서 포인터는 공간객체(점, 선, 면)와 속성테이블을 연결해주는 유일한 식별자이다. 이러한 형태의 위상관계는 데이터접근과 분석의 속도를 빠르게 해준다.

4.3.4 속성에 의한 분류

1) 테이블쿼리 : restrict operator

쿼리는 DBMS에서 가장 일반적인 작업 중 하나이며 지정된 속성 값을 기반으로 레코드의 하위 집합을 선택하는 작업이다. 쿼리는 하나 이상의 변수에 대한 조건을 사용할 수도 있고, 하나의 변수에 대한 여러 조건을 사용할 수도 있다. 토지이용도에서 지목이 대지인 필지, 필지의 넓이가 1,000이하인 필지, 고객 중 거주지가 충남이면서 연소득이 5,000만원 이상인 고객의 선택이다. 개념적으로 쿼리는 매우 간단하지만 기본 쿼리 작업을 결합하여 상당히 복잡한 선택을 생성할 수 있다. 많은 GIS 소프트웨어는 선택 작업을 적용하는 데 도움이 되는 그래픽 사용자 인터페이스(GUI)인 쿼리 대화상자를 제공한다(그림 4.26).

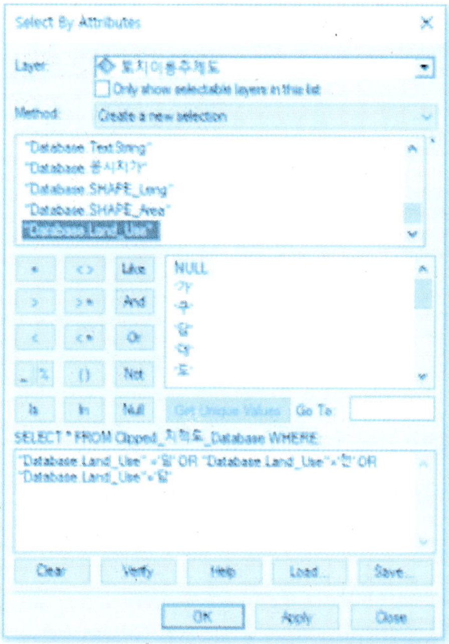

그림 4.26 속성테이블에서의 쿼리대화상자(ArcGIS Deaktop)

그림 4.25는 토지이용주제도 폴리곤에 대한 속성테이블에서 “Database Land_Use”=‘임’ or “Database Land_Use”=‘전’ or “Database Land_Use”=‘답’인 필지를 선택하는 쿼리이다. 연산자에는 “AND”, “OR”, “NOT”을 사용하여 특정 속성을 선택할 수 있으며 복잡한 표현식이나 긴 표현식을 저장하여 나중에 다른 데이터 세트에서 재사용할 수도 있다.

recorde with [(LandUse=Urban) AND (Rate=B)]
OR {NOT(Municip=City) AND (Density 〉200)}

2) 테이블조인과 릴레이트

객체간의 관계는 1:1, 1:다, 다:1, 다:다 모두 네가지 경우가 있다. 1:1의 경우에는 그림 4.27(a)과 같이 하나의 필지를 한명이 소유하는 경우의 관계이다. 1:다의 경우에는 그림 4.27(b)와 같이 하나의 필지를 여러 명이 소유하는 경우의 관계이다. 다:1의 경우에는 그림 4.27(c)와 같이 하나의 필지를 여러 명이 소유하는 경우의 관계이다. 다:다의 경우에는 그림 4.27(d)와 같이 여러 필지를 여러 명이 소유하는 경우의 관계이다.

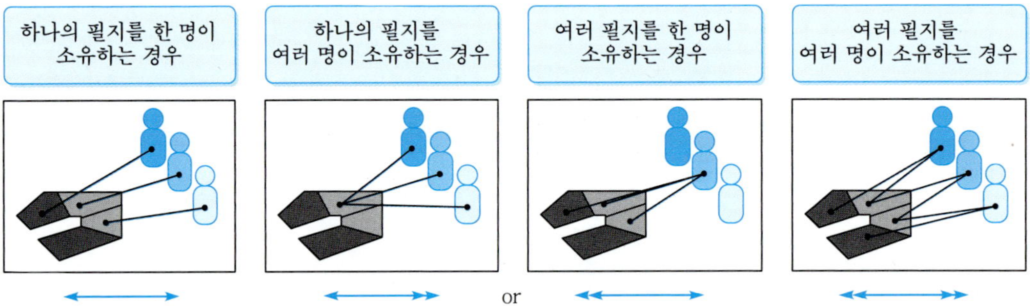

(a) (b) (c) (d)

그림 4.27 테이블 릴레이션 쉽

테이블 조인은 공통의 키값이 있어야 하며 데이터필드의 유형이 같아야 한다. 공통된 필드를 기초로 한 테이블의 속성이 다른 테이블에 추가된다. 1:1 또는 다:1의 관계는 조인시키는 것이 좋다.

릴레이트는 공통된 필드를 기반으로 작업하나 추가되지는 않고 필요할 때 마다 관계된 데이터를 볼 수 있다. 1:다 또는 다:다 일 경우에는 두 테이블을 릴레이트 하는 것이 좋다. Join과 Relate는 맵을 열 때 마다 다시 연결되며 테이블의 데이터가 변경되면 릴레이트된 데이터에도 반영된다.

County Table

Name	City
Centenial	3
Lincoln Union	4
Central Lakes	4
Sierra Gardens	1
Richland	2
Nevada Union	2

School Table

Sch#	Name	City	Type	DistID
11	Centenial	3	Prm	624
12	Lincoln Union	4	Hgh	624
11	Central Lakes	4	Mdl	113
13	Sierra Gardens	1	Prm	113
10	Richland	2	Prm	95
12	Nevada Union	2	Hgh	95

District Table

DistID	Superintendent
95	M.Skinner
113	D.McGee
624	R.Figgins

Output Table

Sch#	Name	City	Type	DistID	Name	Superintendent
11	Centenial	3	Prm	624	Placer	R.Figgins
12	Lincoln Union	4	Hgh	624	Le Seur	R.Figgins
11	Central Lakes	4	Mdl	113	Le Seur	D.McGee
13	Sierra Gardens	1	Prm	113	Washoe	D.McGee
10	Richland	2	Prm	95	Polk	M.Skinner
12	Nevada Union	2	Hgh	95	Polk	M.Skinner

그림 4.28 각기 다른 key에 의한 multi-table Join의 예(GIS Fundamentals 4th, Paul Bolstad, 2012)

Essay

1. 데이터베이스 구축의 순서에 대해 기술하시오.
2. 추상화 정도에 따른 데이터베이스를 분류하여 설명하시오.
3. 데이터베이스의 발달과정을 설명하시오
4. DB와 DBMS의 차이점은?

GIS이론

제2편 GIS 데이터수집과 입력

제5장 데이터수집

공간정보에서 데이터 수집은 매우 중요한 부분이며 GIS시스템 구축비용중 70~80%를 차지한다(그림 5.1). 데이터는 크게 공간데이터와 속성데이터로 나뉘며 공간데이터로는 수치지도, 수치지적도, 항공 및 인공위성 영상, 현지측량자료 등이며 속성데이터로는 기록/통계자료, 야외조사자료, 레포트, 지표, 항공, 위성에서의 원격탐측분석 자료 그리고 전문가의 아이디어 등이다. 이 장에서는 위치기반으로 한 공간데이터의 수집에 목적을 두고 설명하였다. 지상의 객체는 앞에서 설명한대로 도형자료요소인 점, 선, 면으로 이루어져 있으며 객체에 대한 데이터를 수집한다는 것은 포인트 단위의 좌표를 구하고 이들을 독립적인 점, 점들을 연결한 선, 연결한 선을 폐합시키는 폴리곤단위로 구하는 것을 의미한다. 크게 나누어 일반측량방법, 사진측량방법, GPS, LiDAR, MMS(Mobile Mapping System) 그리고, Remote sensing에 의한 방법 등이 있다.

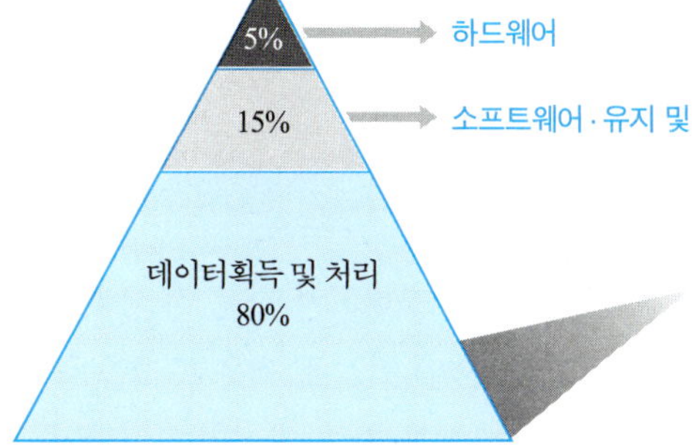

그림 5.1 GIS구축 비용 피라미드(http://www.scribd.com/doc/16916645/3-GIS-Components)

과거의 속성데이터 수집방법은 기존 문서, 파일, 설문조사 등에 의해 얻은 데이터를 key-in하여 데이터베이스에 입력하는 방법을 사용하였다. 현재에도 일부 과거와 같은 방법으로 속성데이터를 수집하기도 하나 이제는 거의 모든 데이터가 인터넷상에 구축되어 있으므로 데이터센터를 통하여 파일형태로 다운받거나 해당사이트에서 제공하는 API를 이용, 데이터크롤링(crawling)하여 얻기도 한다. 얻어진 데이터는 클리닝과정을 거쳐 공간정보데이터와 링크된다.

공간데이터 수집의 중요한 사항은 위치결정(X, Y, H)이다. 위치는 좌표와 표고로 표현되며 좌표는 특정한 기준면과 투영법에 의해 정해진 좌표계를 기본으로 한다. 표고는 지오이드, 즉 인천의 평균해수면으로부터 연직거리로 결정되어야 함을 명심하여야 할 것이다. 본 장에서는 주로 공간데이터 수진에 관하여 서술한다.

5.1 토털스테이션(Totalstation)에 의한 방법

대상물에 대한 공간데이터는 토털스테이션을 이용하여 3차원 좌표를 획득한다. 토털스테이션은 거리측량과 각측량을 동시에 할 수 있는 측량장비로써 이미 알고 있는 기준점 상에 장비를 설치하고 대상점상에 설치된 타겟 또는 무타겟에 대한 3차원 좌표를 획득한다.

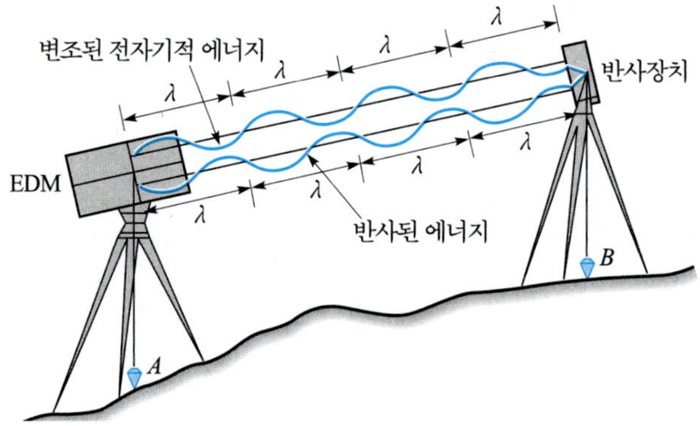

그림 5.2 Total station에서 EDM의 원리

토털스테이션을 기계점 S에 세우고 좌표를 구하고자 하는 점 P에 프리즘을 세운다. S점의 좌표를 입력하고 토털스테이션의 방향을 세팅한 후 P점에 세운 프리즘을 시준하여 방향와 거리를 구한다. 이를 이용하여 P점의 수평위치는 다음과 같이 결정된다. P점의 표고 H는 S점의 표고 HS에 기계높이를 더하고 $+\Delta H$에서 프리즘 높이를 빼면 구할 수 있다. 즉, 식(5.1)과 같다.

$$E_P = E_S + D \cdot \sin\alpha$$
$$N_P = N_S + D \cdot \cos\alpha$$
$$H_P = H_S + \text{기계높이} + D \cdot \tan\beta - \text{프리즘고} \quad (5.1)$$

(a) Leica TCR700　　(b) Trimble 3600

그림 5.3 무타겟 레이저 토털스테이션

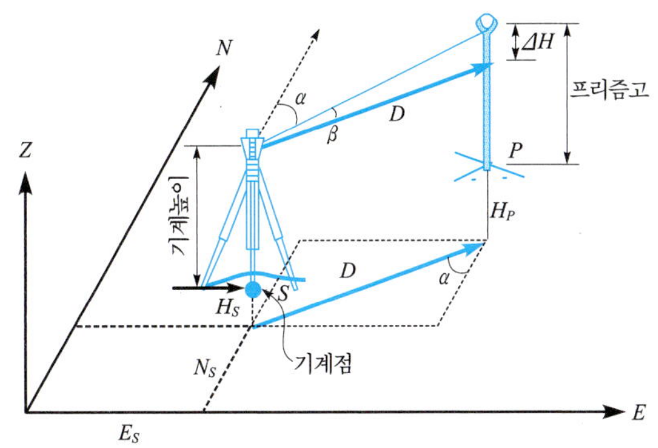

그림 5.4 토털스테이션에 의한 위치결정 원리

5.2 GNSS(Global Navigation Satellite Syatem)에 의한 방법

앞절에서 설명한 Totalstation측량방법은 측량장비와 타겟 사이에 장애물 없이 시통이 가능해야 한다는 제약이 있다. 특히, 도심지와 같이 대상물들이 복잡하게 위치되어 있을 경우는 장애물로 인하여 측량에 많은 어려움이 있다. 이는 GNSS측량으로 해결할 수 있다. GNSS측량은 기존측량방법과 달리 지표로부터 19,000~20,200km공중에서 지구주위를 공전하고 있는 GNSS로 부터 신호를 수신하여 처리함으로써 3차원 위치를 결정한다. GNSS는 미국의 GPS, 러시아의 GLONASS, EU공동체의 Galileo, 중국의 Beidu, 그리고 일본과 인도의 위성이 운용되고 있다. 이번 절에서는 미국의 GPS위성에 대해 소개하기로 한다.

5.2.1 GPS의 구성

GPS(NAVSTAR Global Positioning System)는 1973년부터 미 육 · 해 · 공군의 공동연구에 의하여 개발된 3차원 위성측위 시스템으로서 전 세계 어느 곳에서나 전천후로 측위가 가능하도록 설계되었다.

GPS는 그림 5.5와 같이 우주부분(Space Segment), 제어부분(Control Segment) 및 사용자부분(User Segment)의 3부분으로 구성되어 있다.

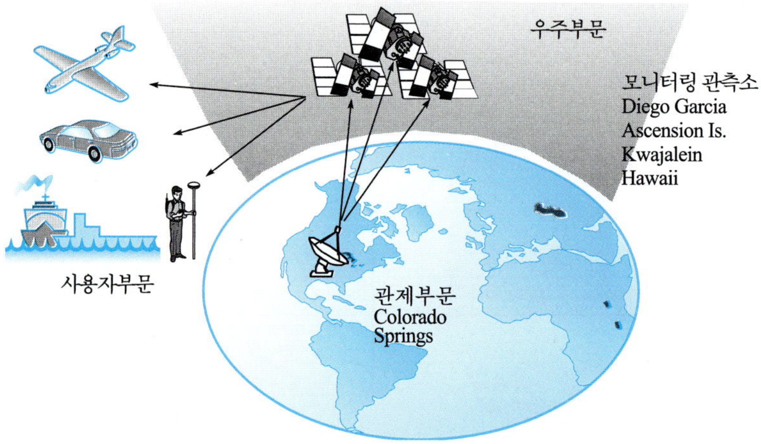

그림 5.5 GPS의 구성

(1) 우주부분(Space Segment)

지표면으로부터 위성고도 20,200km에서 지구주위를 11시간 58분만에 한 바퀴 돈다. 궤도면은 적도면에 대하여 55°의 경사각 유지하며 총 6개의 궤도를 가지고 있다. 각 궤도면에 4대씩의 위성을 운용함으로써 24대의위성으로 구성되어 있다. 이상과 같은 위성배치는 전 세계 어느 곳에서나 지평선 5°이상에서 24시간 4대 이상의 위성을 관측하기 위한 것이다.

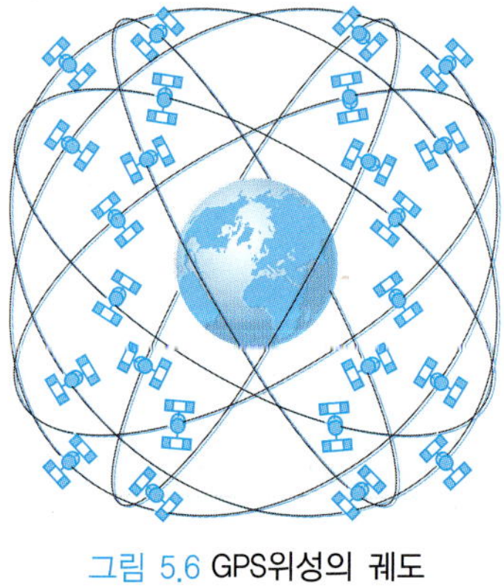

그림 5.6 GPS위성의 궤도

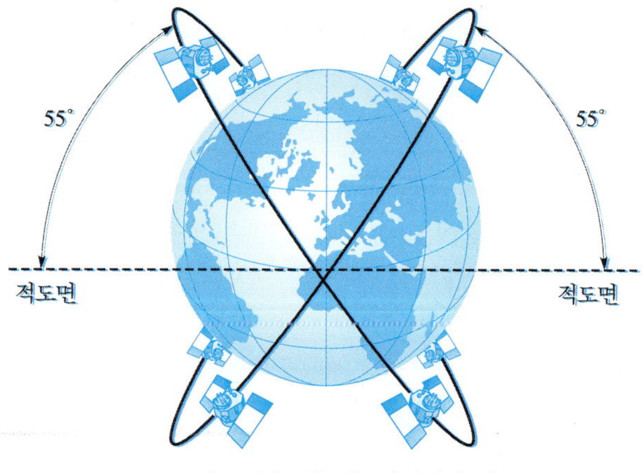

그림 5.7 적도와 궤도면사이의 각

(2) 제어부분(Control Segment)

위성의 제어를 위한 부분이다. 각각의 위성들에 대한 궤도모니터링, 위성의 상태파악, 수리등을 관리한다. 제어부분은 미국의 Colorado Springs에 위치한 Falcon 공군기지내에 있는 주제어국(MCS; Master Control Station)과 전 세계에 설치되어 있는 지상국(GA; Ground Antenna) 및 추적국(MS; Monitor Station)으로 구성되어있다. 주제어국에서는 위성의 궤도를 수정하고, 남아있는 위성을 재배치하며, 위성의 상태를 점검하여 유지, 관리한다.

(3) 사용자부분(User Segment)

사용자부분은 초기의 목적이었던 군사적인 이용과 함께 차량, 항공기 및 선박등의 교통분야와 측량분야, 측지분야등 정밀측위를 필요로 하거나 정확한 시각정보를 필요로 하는 이용자나 모든 장비들을 말한다. 사용자부분은 반드시 위성의 신호를 수신할 수 있는 수신기를 포함하고, GPS수신기는 L1주파수만을 수신할 수 있는 저가의 1주파형 수신기와 L1과 L2주파수를 모두 수신할 수 있는 고가의 2주파형수신기가 있으며, 수신기의 정밀도에 따라서 정밀측지용, 측량용, 항법용등 다양한 종류들이 사용된다.

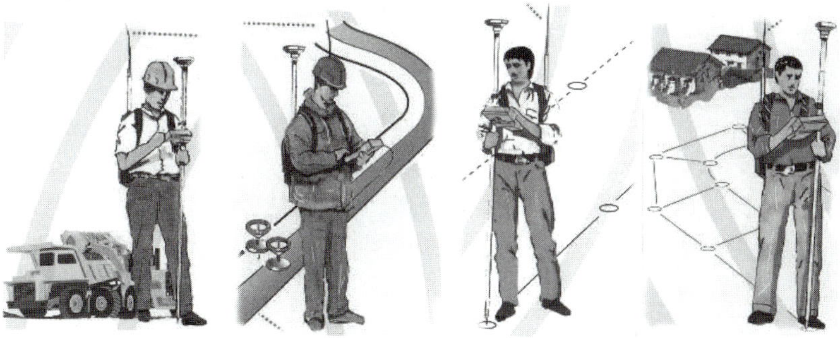

그림 5.8 사용자 부분에서의 GPS의 활용(Sokkia Ltd.)

5.2.2 GPS측위의 원리

수신기코드는 위성코드에서 방송되는 정확한 시간에 방송될 수 없으므로 이동시간인 지연시간에 오차가 나타나게 된다. 따라서 위성과 수신기 간의 거리는 실제거리와 일치하지 않는다. 이러한 시계오차가 포함되어 측정된거리를 유사거리(pseudo-range)라한다. 유사거리에 영향을 주는 다른 오차는 위성시계오차, 궤도오차, 전리층과 대류권에 의한 전파지연 등이다.

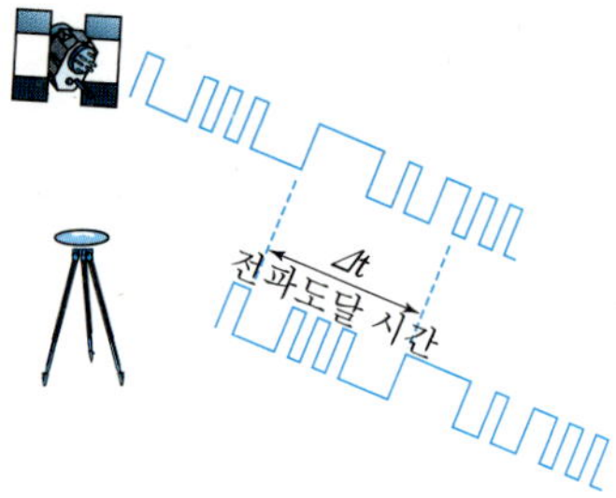

그림 5.9 신호도달시간 지연(time delay)

GPS측량의 위치결정원리는 각 위성으로부터 수신한 신호를 이용하여 위성들과 수신기 간의 거리를 구하고 이들 거리를 공간 상에서 교차시킴으로써 얻어진다. 그림 5.10에서 각 위성좌표와 수신기 간의 공간거리를 구할 수 있고 이 거리에 시계오차(ΔT_b)에 의한 거리오차($c \cdot \Delta T_b$)를 포함시켜 식(5.12)와 같이 쓸 수 있다.

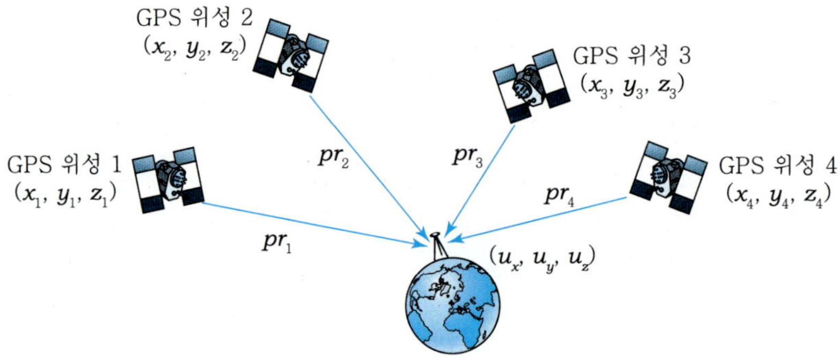

그림 5.10 GPS위성의 위치와 수신기와의 공간벡터

위의 그림 5.10에서 의사거리 관측방정식 4개가 성립된다.

$$pr_1 = (x_1 - u_x)^2 + (y_1 - u_y)^2 + (z_1 - u_z)^2 + c \cdot \Delta T_b \qquad (5.2)$$

$$pr_2 = (x_2 - u_x)^2 + (y_2 - u_y)^2 + (z_2 - u_z)^2 + c \cdot \Delta T_b$$

$$pr_3 = (x_3 - u_x)^2 + (y_3 - u_y)^2 + (z_3 - u_z)^2 + c \cdot \Delta T_b$$

$$pr_4 = (x_4 - u_x)^2 + (y_4 - u_y)^2 + (z_4 - u_z)^2 + c \cdot \Delta T_b$$

여기서, u_x, u_y, u_z : 미지점 좌표

ΔT_b : 수신기 시계오차

c : 전파의 속도

즉, 미지수가 4개(u_x, u_y, u_z, ΔT_b)이므로 최소 4대 이상의 위성을 관측해야 한다.

5.2.3 GPS측위 방법

(1) 정지측량(static surveying)

높은 정확도를 요하는 측지측량 등에 활용한다. 장시간의 관측시간을 필요로 하며 기선의 거리가 먼 경우(20km 이상)에 사용한다. 관측시간이 길어 SA나 멀티패스 등의 영향을 소거할 수 있으며 관측지 주변환경을 살펴 SV mask(천공각) 확보 및 전파방해지역을 피하여 측량한다. 상대정확도는 ±(5mm+1ppm) 정도이다. 응용분야는 측지 · 측량, 지구물리분야, 기준점 측량 등에 쓰인다.

(2) RTK(Real-time Kinematic)

실시간 이동측량을 의미한다. 라디오 모뎀을 통해 고정점(station)의 보정자료를 전송하여 현장에서 바로 측량 결과를 획득할 수 있다는 장점이 있다. 항공기 및 차량의 실시간 항법용으로 이용하는 방법이다. 초기화속도가 빠른 GPS 수신기가 필요하며 최소한 4대 이상의 위성관측이 가능하여야 한다. 실시간 현황측량, 구조물의 결합, 절토위치 확인 등의 건설측량에 효과적이다. 라디오 모뎀을 포함하므로 RTK수신기의 가격이 고가이다.

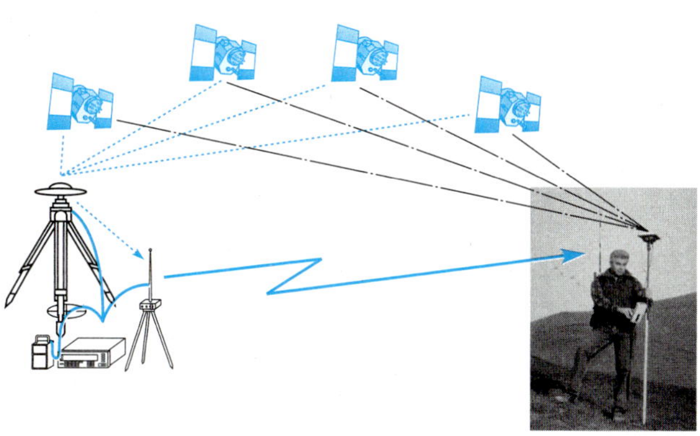

그림 5.11 실시간 이동측량(RTK)

(3) VRS(Virtual Reference System)

비교적 높은 정확도로 1인 GPS측량할 수 있는 가상기준점체계 측량기법이다. RTK측량의 경우 RTK 스테이션으로부터 보정신호를 받아야 현장에서 위치를 결정할 수 있으므로 이를 전송하고 로버에서 수신할 수 있는 라디오 모뎀이 필요하다. 따라서 작업반경에는 모뎀신호의 도달거리에 한정을 받는다(보통 15km내외). RTK시스템은 구성장비가 많아 고가이며 스테이션에 세워놓은 수신기를 방치할 수 없으므로 2명의 작업자가 필요하다. 만약에 보정신호를 어디에선가 24시간 방송해준다면 로버(rover)만 가지고도 실시간 측량이 가능할 것이다. 국토지리정보원에서는 이러한 기능을 하는 GPS 서비스망을 전국에 운용중에 있다. 즉, 이들 관측소의 방송신호를 이용하여 가상의 reference station을 구성하는 것이다. 따라서 이를 VRS(Virtual Reference System)라고 한다. GPS station에서 방송하는 보정신호는 라디오 모뎀이 아니라 CDMA 데이터망을 통해 휴대폰으로 수신이 가능하다. 휴대폰은 블루투스로 수신기와 통신한다.

그림 5.12에서 휴대폰으로 국토지리정보원 서비스 네트워크에 접속되면 휴대폰은 이를 GPS 콘트롤러로 전송하게 되며 콘트롤러는 수신기와 통신을 통해 현재 측량지역의 근사적인 좌표를 휴대폰으로 전송한다. 휴대폰은 CDMA를 통해 VRS서비스망에 전송하게 되고 서비스망에서는 해당지역의 보정데이터(RTCM)를 휴대폰 → 콘트롤러 → 수신기로 보내준다. 보정데이터를 사용하여 정확히 측량한 좌표는 콘트롤러에 의해 사용자에게 보여준다. VRS 서비스를 이용하여

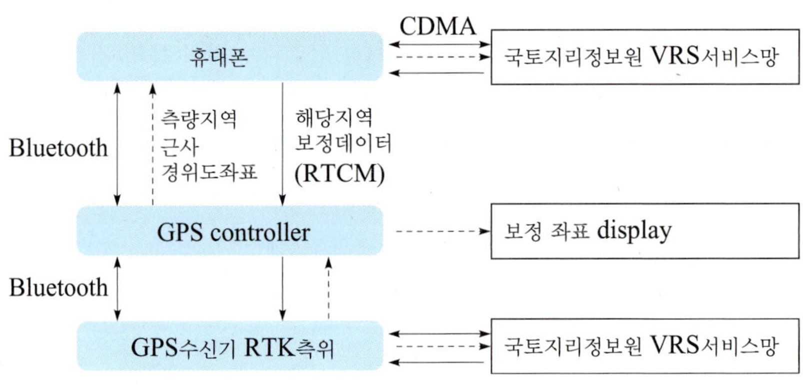

그림 5.12 VRS 측량 흐름도(Z-Max)

(4) GIS/GPS 필드측량

GIS작업에서 현장 데이터획득 시에는 공간데이터와 속성데이터를 동시에 획득하는 추세이다. 공간데이터의 위치좌표와 함께 대상물의 속성데이터가 동시에 입력되어야 한다. 이를 위해서는

GPS기반의 위치결정시스템과 속성테이블DB가 함께 휴대가능한 단말기에 탑재되어야 한다. GPS제작사들은 이러한 시스템을 판매하고 있으며 ESRI사의 ArcPad도 그중 하나이다. 단말기는 PDA 또는 테블릿PC를 사용하며 서버로부터 유무선으로 다운받은 베이스맵 상에서 작업한다.

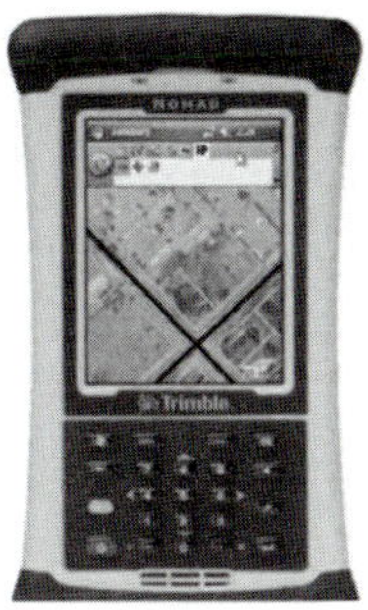

그림 5.13 ArcPad에 올려진 베이스맵

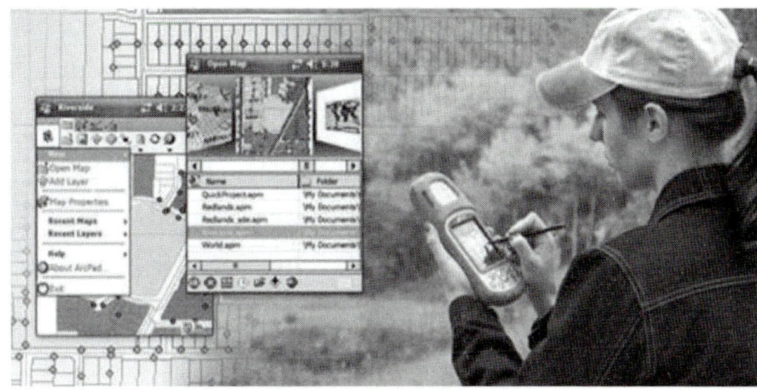

그림 5.14 휴대용 데이터획득 시스템(ESRI사)

그림 5.15는 노스캐롤라이나 사우스베리시에서 현장 조사시스템을 이용하여 가로수관리하는 화면이며 특히, hyper photo기능을 이용하여 나무의 상태를 사진으로 기록한다. 베이스맵상에 표시된 가로수의 아이콘을 클릭하면 해당 가로수의 사진이 화면에 디스플레이 된다.

그림 5.15 노스캐롤라이나. 사우스베리도시의 가로수 조사시스템

또 다른 사례는 도시GIS팀의 현장작업 활용사례이다. 캘리포니아 리버사이드시에서는 토지필지에 대한 조사를 빈번히 하는데 현장 데이터 획득시스템의 하나인 ESRI사의 ArcPad를 사용하여 업무를 수행하고 있다. 현장에서 획득한 데이터는 사무실에 돌아와 ArcMap으로 전송하여 기존의 데이터와 병합 또는 업데이트할 수 있다. 감독자는 현장조사파일을 서버에 다운로드함

으로써 어느 정도의 작업진행이 되고 있는지 알 수 있다.

그림 5.16 The City of Riverside, California land parcel조사

노스캐롤라이나 Edgecombe County는 매우 매력적인 도시였는데 몇 년 전부터 주 정부는 깨끗한 물 대수층이 말라간다는 정보를 입수하게 된다. 물공급을 원활히 하기 위해 Edgecombe의 개발업자는 그들의 시각을 환경친화적이며 깨끗한 물 대수층의 오염을 하지 않는 방향으로 생각하였다. 이러한 동기부여는 결국 505제곱마일의 전체 상하수도를 $40,000,000를 들여 대치하기로 하였다. 2개월 내에 기존의 GIS DB에 24개 이상의 피쳐타입과 각 피쳐마다 15가지의 속성의 구축 400마일의 선형을 따라 현장측량으로 구축해야 했다.

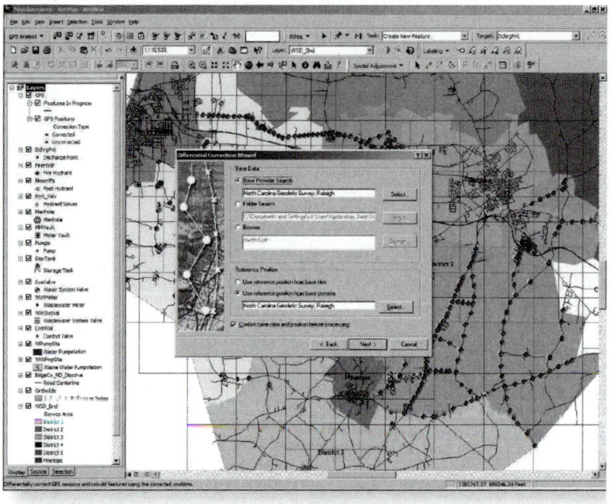

그림 5.17 노스캐롤라이나 Edgecombe County의 상하수도 GIS DB구축

5.2.4 GPS측량에서의 표고(Z좌표)

GPS 측량에 있어서 표고의 의미는 수준측량에서의 표고와 매우 다르다. 그 이유는 GPS 표고는 타원체의 수학적인 표면을 기준으로 하는 반면에 수준측량에서는 물리적인 표면을 기준으로 하기 때문이다. 타원체를 기준으로 측정한 높이를 타원체고(ellipsoidal height)라 한다.

두 높이의 관계는 그림 5.18과 같다.

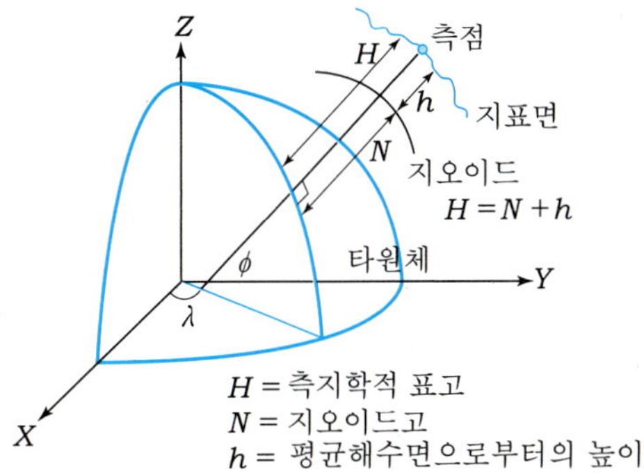

그림 5.18 정표고의 개념

$$H = h + N \tag{5.3}$$

GPS표고는 일반적으로 GPS수평위치보다 2~3배 정확도가 떨어진다. GPS표고측량은 보다 경제적이지만 종래의 수준측량보다는 정확도가 떨어진다. 실제 우리나라에서 사용하는 표고를 구하기 위해서는 GPS표고(타원체고)에서 지오이드고를 빼주어야 한다. 즉,

$$h = H - N \tag{5.4}$$

여기서, h : 정표고(orthometric height)

H : 타원체고(ellipsoidal height)

N : 지오이드고(geoidal height)

기존의 GNSS서비스의 위치오차는 최대 15~33m에 달하였으나 항공위성서비스시스템(KASS; Korea Augmentation Satellite System)이 2022년 6월 23일에 발사됨에 따라 같은 해 12월 15일부터 GPS 위치오차를 1~1.6m 수준으로 획기적으로 줄여 우리나라 전역에 정밀한 위치정보 서비스를 제공하고 있다(http://kass.re.kr/).

그림 5.19 항공위성서비스(KASS)의 개념도

5.3 사진측량 방법

GIS에서 수치지도가 차지하는 중요성은 특별히 거론하지 않아도 일반화된 상식이다. 그만큼 대부분의 GIS데이터가 위치기반으로 구축되며 위치기반의 바탕이 되는 데이터는 수치지도 또는 정사영상이다. 수치지도와 정사영상은 국가기본도 1:5,000을 기본으로 하며 사진측량에 의해 제작된다. 소축척 수치지도는 위성사진측량에 의해 제작되기도 한다. 최근에는 드론사진측량에 의해 고해상영상을 획득가능하기 때문에 공간정확도가 높고 해상도가 높은 정사영상을 쉽게 얻을 수 있다.

5.3.1 사진측량의 정의

사진측량의 전통적인 사용목적은 항공사진으로부터 지형정보(예: 지형, 지도)를 추출하는 것이다. 그러나 사진측량 기술은 위성사진측량과 지상사진측량에도 응용되었으며, 이는 촬영된 대상물의 정량적(도형적) 또는 정성적(비도형적) 정보를 얻기 위함이다.

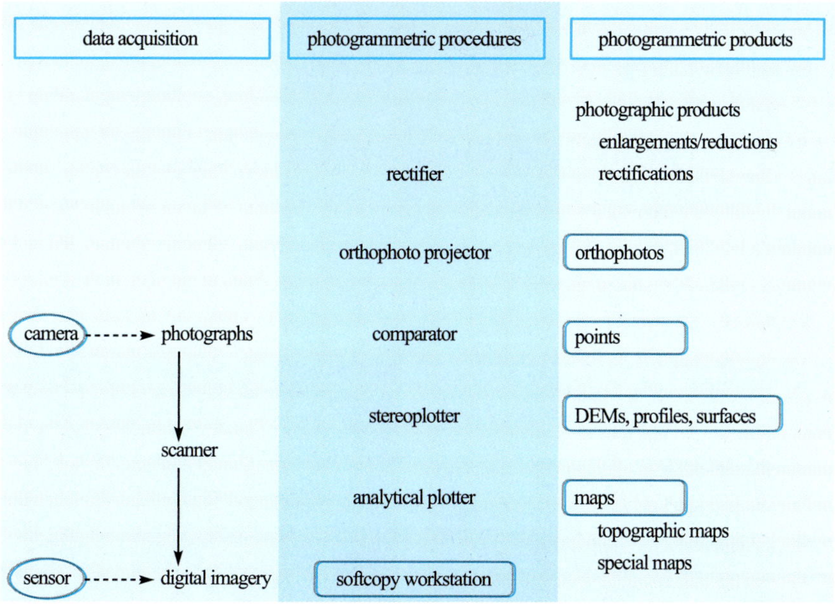

그림 5.20 시스템 접근으로 나타낸 사진측량

시스템적으로 사진측량에 대한 설명을 그림 5.20에 보였다. 영상의 획득은 필름, 스캐닝된 영상 그리고 센서에 의해 얻어지며 입력자료가 된다. 다음은 사진측정학적 알고리즘으로 처리하는데 뒤에 설명할 공선조건(5.4절)을 기본으로 한다. 최근에는 디지털로 처리하기 때문에 Softcopy workstation을 이용한다. 사진측량의 결과물은 일반적으로 정사영상과 3차원 포인트데이터이며 이를 가공하면 DEM과 지도를 만들 수 있다. 사진측량은 디지털센서(사진기)의 발달에 힘입어 수치사진측량(Digital Photogrammetry)으로 발전하였으며, 디지털 결과물(정사영상, DEM, 수치지도)을 생산한다. 수치사진측량의 발전은 원격탐측과 GIS로 통합되고 더욱 가까워지게 되었다.

5.3.2 디지털 영상센서

필름을 사용하던 사진측량은 1990년대에 와서 급격히 디지털로 전환되었다. 다름아닌 디지털 영상센서의 출현에 의해 더 이상 필름현상을 해야만 결과를 알 수 있는 불편함을 겪지 않아도 되게 되었다. 디지털 사진기에 사용되는 영상센서는 다음 두 가지의 방식을 체택하고 있다.

(1) CCD센서

CCD 이미지센서는 빛에너지를 전기적인 신호로 변환하는 역할을 하는 수십~수백만 화소를 포함하는 집적회로가 내장된 것으로써 사람 또는 사물 등과 같은 눈에 보이는 원래의 영상을 영상센서 내에서 전기신호로 변환해 출력하는 반도체 소자를 말한다.

CCD구조의 3가지 기본 기능은 다음과 같다.

a) 각각의 셀에 도달하는 빛의 세기를 측정

b) 측정된 빛의 세기를 전달

c) 측정가능한 전압으로 변환

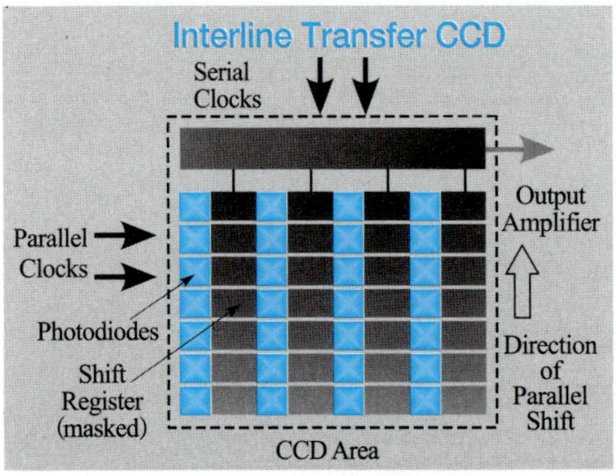

그림 5.21 CCD detector의 구조

그림 5.22 풀프레임 CCD센서(Nikon D600)

CCD센서는 구조적으로 글로벌 셔터를 사용한다. 이는 전체의 영상을 한꺼번에 획득한다는 것이다. 따라서 느린 셔터속도에서는 영상이 흐려진다는 단점이 있다. 기하학적 정확도가 중요한 사진측량에서는 글로벌셔터를 사용하는 것이 일반적이며 흐림현상을 방지하기 위해 ISO와 셔터스피드를 잘 조절해야 한다.

(2) CMOS(Complementary Metal-Oxide Semiconductor)센서

CCD 센서는 빛에 의해 발생된 전자를 그대로 출력시키는 반면, CMOS센서는 빛에 의해 발생된 전자를 전압으로 바꾸어 출력시킨다.

CCD와 CMOS의 가장 큰 차이점은 CCD가 고품질영상을 얻을 수 있으며 CMOS칩은 노이즈가 상대적으로 많다는 것이다. 또한 빛에 대한 민감도가 CCD칩이 좋다. 따라서 CMOS칩으로 적은 노이즈로 양호영상을 얻기 위해서는 더 많은 빛이 필요하게 된다. 그렇다고 해서 CMOS가 더 품질이 낮다는 얘기는 아니며 적은 전력소모로 더 많은 영상을 획득할 수 있다는 장점도 있다. CCD 기술이 오랫동안 축적이 되어왔다는 점과 카메라에 일찍 채택이 되었다는 점은 인정하나 영상처리기술이 발전하므로 영상의 해상도와 질적인 면에서 CMOS와 경쟁하게 될 것이다. 이 두 센서의 기능적인 면에서의 장 · 단점을 비교하면 표 5.1과 같다.

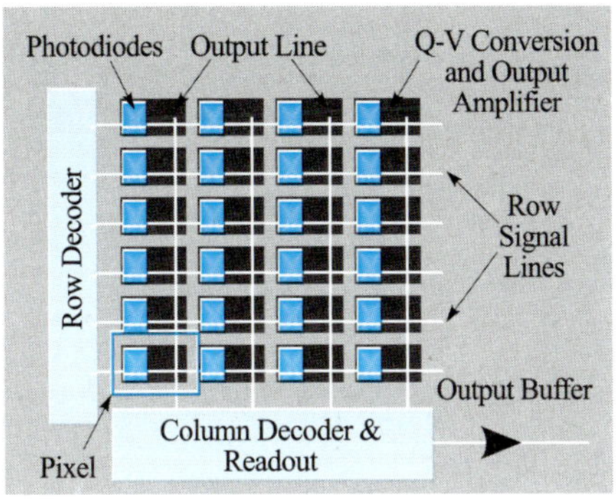

그림 5.23 CMOS의 구조

그림 5.24 풀프레임 CMOS센서(Canon 5D MarkII)

표 5.1 CCD센서와 CMOS센서의 특성 비교

	CCD	CMOS
Acronym	Charged Couple Devices	Complimentary Metal Oxide Semiconductor
Cost	More expensive	Cheaper
Shutter type	Global	Rolling
Skew	No	Yes
Wobble[1]	No	Yes
Partial exposure	No	Yes
Vertical smear[2]	Yes	No
Noise	Less	More
Power efficiency	Less efficient	More efficient

1) wobble: 흔들림
2) Vertical smear: 수직방향으로 발생하는 얼룩

5.3.3 사진의 기하학적 특성

(1) 중심투영(Central projection)

사진의 특성은 대상물로부터 반사된 광이 렌즈 중심에 모였다가 다시 퍼져 필름면에 투영되는 중심투영의 기하학적 성질을 가지고 있다. 반면에 지도는 모든 사물을 정사투영으로 표시하여야 하기 때문에 사진과는 기하학적으로 차이가 있다. 지표가 평탄하다면 축척의 차이를 제외하고는

중심투영과 정사투영은 차이가 없을 것이다. 그러나 지형에 기복이 있는 경우에는 정사투영 지도와 중심투영 사진 간에는 높이로 인한 많은 기복변위가 발생한다.

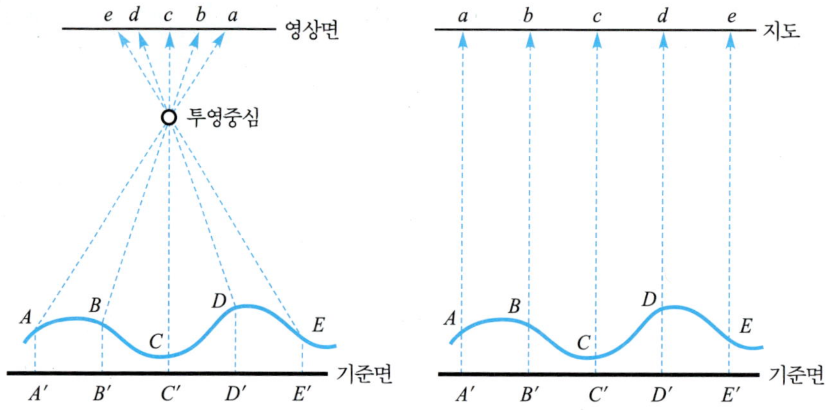

그림 5.25 중심투영과 정사투영(사진측량 및 원격탐측, 2021, 한승희)

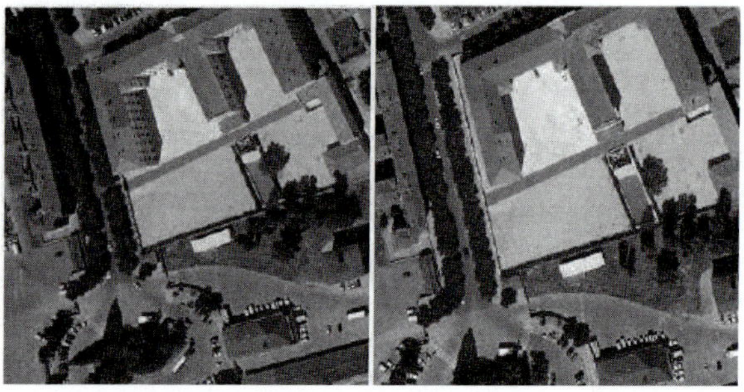
그림 5.26 중심투영 영상과 정사영상 (R.Antequera(2020))

기복변위란 대상물에 표고차가 있을 경우 사진중심으로부터 방사방향으로 사진상에 변위(Δr)가 발생하는 것을 말한다. 따라서 연직으로 촬영하여도 축척은 동일하지 않음으로써 발생하는 방사상의 변위를 의미한다. 이로 인하여 영상에 변위가 발생하지만 사진상에서 변위량을 측정하면 반대로 대상물의 표고를 구할 수 있는 이점도 있다.

$$\therefore \Delta r = \frac{h}{H} r \tag{5.5}$$

$$\therefore h = \frac{\Delta r}{r} H \tag{5.6}$$

여기서, h : 기복변위량 　　　　h : 비고

H : 촬영고도 　　　　r : 연직점으로부터 상점까지의 거리

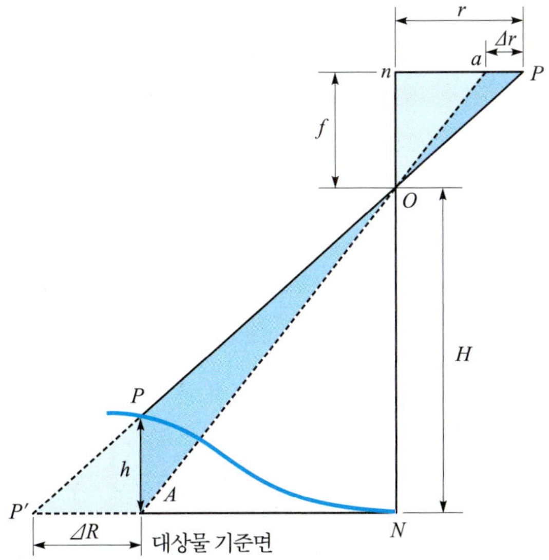

그림 5.27 기복변위(Relief displacement) (사진측량 및 원격탐측, 2021, 한승희)

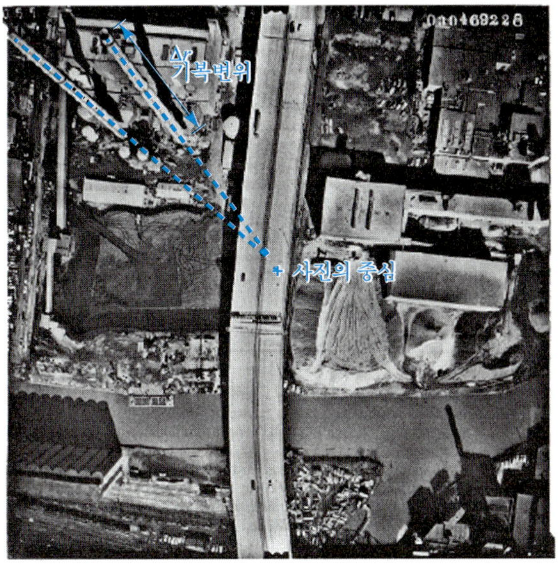

그림 5.28 수직사진에 나타난 기복변위

(2) 입체시

공간정보는 3차원 위치기반으로 획득되어져야 제 역할을 할 수 있다. 사진측량방법으로 획득하는 공간정보는 3차원 정보이며 지표 또는 구조물의에 대한 높이정보는 입체시의 원리에 의해 얻어진다. 이를 위해 사진촬영 시 중복촬영을 통해 입체시를 가능케 하며 두 영상 간에 발생하는 시차로 부터 높이정보를 얻을 수 있다.

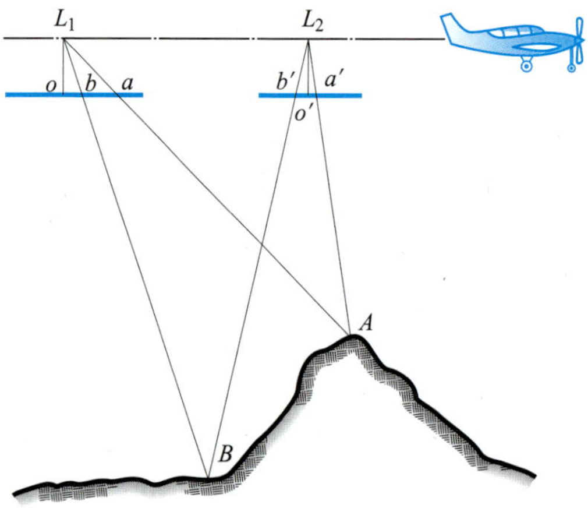

그림 5.29 수직항공사진에서의 입체영상 시차

그림 5.29에서 촬영점 L_1, L_2로부터 촬영한 지상점 *A*, *B*는 왼쪽 사진 상 *a*, *b*에 나타난다. 비행기가 앞으로 움직임에 따라 촬영방향과 평행하게 카메라의 초점면에서 움직인다. 결국 오른쪽 사진 상에는 *a*′, *b*′로 나타나게 된다. *A*점이 *B*점 보다 카메라에서 가깝기 때문에 초점면에서의 움직임 양이 *b*점보다 *a*점이 더 크다. 바꾸어 말하면 *A*점의 시차가 *B*점의 시차보다 더 크다는 것이다.

이것은 입체영상시차의 두 가지의 중요한 사항이 된다.

1) 어떤 점의 시차건 측점의 표고에 직접적으로 영향을 받는다.

2) 시차는 낮은 곳에 있는 측점보다 높은 곳에 있는 측점이 더 크다.

측점에 따른 표고의 변화가 시차에 영향을 준다는 것은 사진 상에서 측정한 시차를 이용하여 측점의 표고를 알 수 있다는 의미이다. 사실, 시상좌표 *X*, *Y*, *Z*는 각각의 시차에 기초하여 계산할 수 있다.

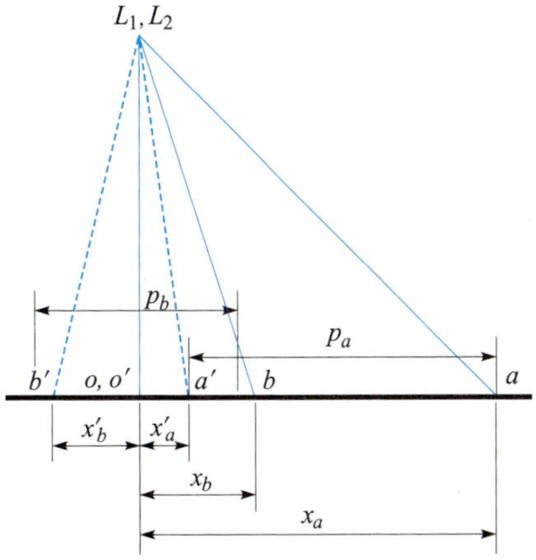

그림 5.30 그림 5.29에서의 두 장의 사진을 기하학적으로 중첩

그림 5.30은 그림 5.29에 표시한 두 장의 사진을 기하학적으로 겹쳐놓은 것이다. A와 B점의 시차는 각각 p_a와 p_b이다. 이로부터 A, B 두 점간의 높이 h를 구할 수 있다.

$$h = \frac{\Delta p}{b} H \quad (H : \text{촬영고도}) \tag{5.7}$$

$$\Delta p = \frac{B}{m} \quad (m : \text{축척분모수}) \tag{5.8}$$

$$\Delta p = p_a - p_b \tag{5.9}$$

(3) 시차방정식에 의한 지상좌표계산

기준면으로부터 똑같은 촬영고도에서 중복촬영한 한 쌍의 수직사진이 있다면 측점들의 시차를 측정하여 지상좌표를 계산할 수 있다.

$$X_A = \frac{x_a}{f}(H - h_a) = B\frac{x_a}{p_a} \tag{5.10}$$

$$Y_A = \frac{y_a}{f}(H - h_A) = B\frac{y_a}{p_a} \tag{5.11}$$

$$h_A = H - \frac{Bf}{x_a - x'_a} = H - \frac{Bf}{p_a} \tag{5.12}$$

식 (5.10), (5.11), (5.12)에서 h_A는 기준면으로부터 A점의 표고이며 B는 촬영기선, f는 카메라의 초점거리, p_a는 A점의 시차, x_a, y_a는 왼쪽 사진의 비행축을 기준으로 측정한 a점의 사진좌표이다.

식 (5.10), (5.11), (5.12)을 보통 시차공식이라고 한다. 이 식들은 사진측량사에게 매우 유용한 방정식이다. 이 식들은 입체시 후 중복지역 전체에 대한 완벽한 측량을 가능케 한다. 초점거리는 알고 있으며 충분한 지상기준점이 있다면 B와 H를 계산할 수 있다.

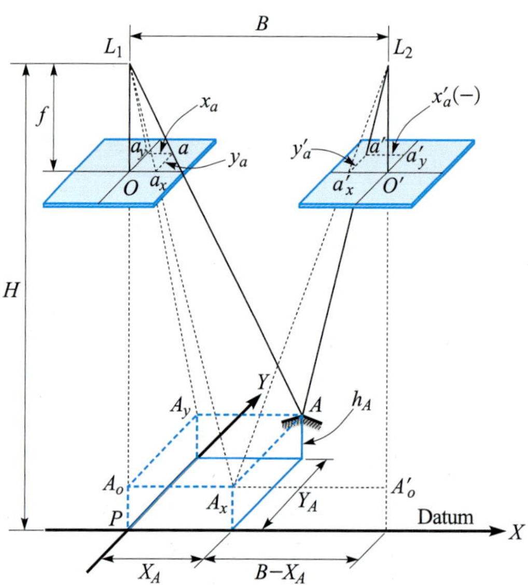

그림 5.31 수직항공사진의 중복 기하학

(4) 렌즈의 수차와 왜곡

영상을 획득하는 매체가 필름이든 CCD이든 대상물에 반사된 빛은 렌즈를 통해 매체에 상을 맺는다. 렌즈표면에서의 난반사로 인한 광량의 감소, 프리즘 효과로 인한 색깔의 손실, 표면의 기하학적 불완전으로 선명하지 않은 상의 맺힘, 왜곡 등이 발생하여 영상의 질을 떨어뜨린다. 현대의 광학기술은 이러한 문제점들을 다양한 방법으로 개선 또는 보정하고 있다. 특히, 사진측량의 경우 기하학적 정밀도가 중요하므로 렌즈의 설계 및 검정에 심혈을 기울여야 한다.

렌즈는 영상의 선명도를 저하시키는 수차(Aberration)와 기하학적 위치변화에 대한 왜곡(Distortion)을 가지고 있다.

수차에는 렌즈구면의 연마불량으로 기인된 구면수차(Spherical aberration), 광원이 광축에 대해 기울어져 입사될 경우에는 뚜렷한상이 형성되지 못하며 어두운 부분을 정점으로 하여 점차 흐린 꼬리를 가진 혜성 모양의 상이 형성되게 하는 코마(Coma), 렌즈 표면이 불완전하기 때문에 발생하며 난수차라고도 하는 비점수차(Astigmatism), 빛을 구성하는 여러 가지 색들의 파장 차에 기인하여 국절률이 각기 다름으로 기인하여 선명한 상을 맞지 못하는 색수차(Chromatic aberration) 등이 있다. 이러한 수차들은 렌즈의 조합과 렌즈표면에 코팅을 통하여 저감할 수 있다.

수차는 영상의 질(선명도)를 떨어드리는 문제라면 왜곡은 기하학적 위치를 변위시킴으로써 정확한 위치를 구하는데 장애가 되는 문제이다. 렌즈의 왜곡에는 방사왜곡(Radial Lens Distortion) 접선왜곡(Tangential Distortion)이 있다.

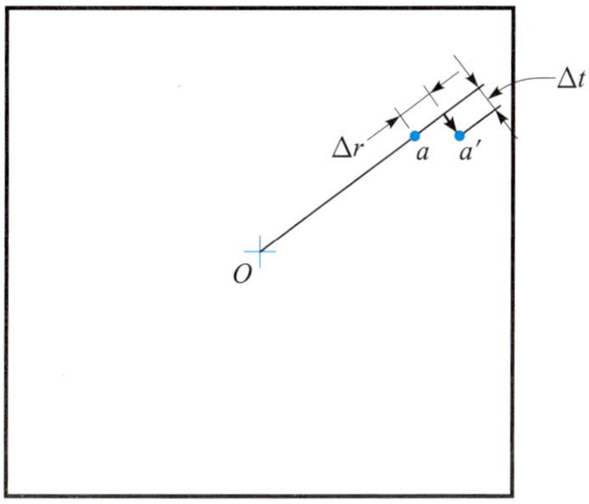

그림 5.32 렌즈의 방사왜곡과 접선왜곡

그림에서 a에 촬영되어야 할 위치가 렌즈의 왜곡으로 에 a'상이 맺힌다. 왜곡량 $\overline{aa'}$ 는 방사방향왜곡량 Δr과 접선방향왜곡량 Δt로 분해할 수 있으며 방사왜곡량에 비해 접선왜곡량이 미소하므로 생략하는 경우도 있다. 렌즈의 왜곡은 렌즈검정(calibration)방법을 이용하여 그 양을 계산하여 보정한다. 검정방법에는 다중시준의방법, DLT방법, Zang's방법, self-calribration방법 등이 있다.

방사왜곡량은 다음 식과 같으며 다양한 렌즈검정방법으로 방사거리에 따른 왜곡량을 구하고 왜곡계수를 구한다.

$$\Delta r = k_1 r + k_2 r^3 + k_3 r^5 + \cdots \tag{5.13}$$

$k_1, k_2, k_3, \cdots$: 방사왜곡계수

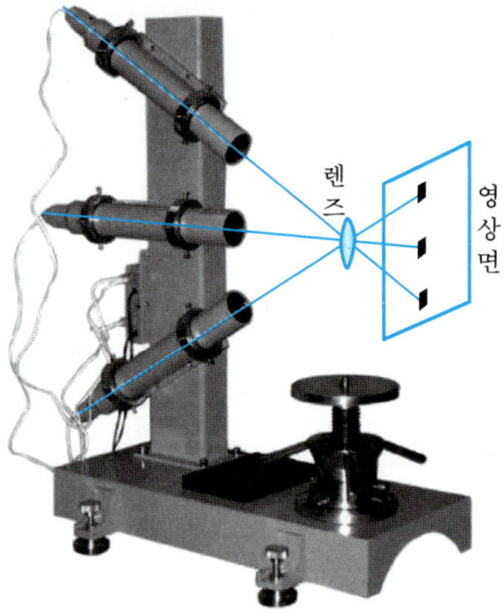

그림 5.33 렌즈검정을 위한 collimator

그림 5.34 렌즈검정을 위한 케커보드

5.3.4 공선조건(Collinearity condition)

사진측량의 원리는 공선조건에서부터 시작된다. 이 공선조건은 하나의 가정이며 이 가정이 성립돼야 공선조건식이 만들어진다. 사진측량은 사진촬영의 재현을 통한 효율적인 측량방법이다.

대상물의 한 점에서 출발한 빛은 렌즈의 중심을 통과해 필름 상에 맺힌다. 이 세 점은 이론적으로 동일직선 상에 있게 된다. 이를 사진측량에 맞게 표현한다면 "공간상에 존재하는 임의점 A, 투영중심 L, 사진에 찍힌 상점 a는 동일직선 상에 놓여야 한다."라고 할 수 있으며, 이를 공선조건(Collinearity condition)이라고 한다.

$$x_a = x_o - f\left[\frac{m_{11}(X_A - X_L)+m_{12}(Y_A - Y_L)+m_{13}(Z_A - Z_L)}{m_{31}(X_A - X_L)+m_{32}(Y_A - Y_L)+m_{33}(Z_A - Z_L)}\right]$$
$$y_a = y_o - f\left[\frac{m_{21}(X_A - X_L)+m_{22}(Y_A - Y_L)+m_{23}(Z_A - Z_L)}{m_{31}(X_A - X_L)+m_{32}(Y_A - Y_L)+m_{33}(Z_A - Z_L)}\right] \quad (5.14)$$

x_a, y_a : A점의 사진좌표　　x_o, y_o : 주점편위보정량

$m_{11} \sim m_{33}$: 3차원 회전행렬　　X_A, Y_A, Z_A : A점의 지상좌표

X_L, Y_L, Z_L : 촬영점좌표　　f : 초점거리

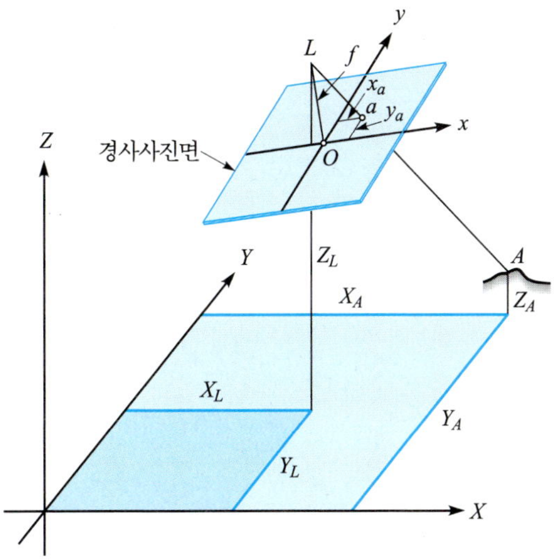

그림 5.35 공성조건

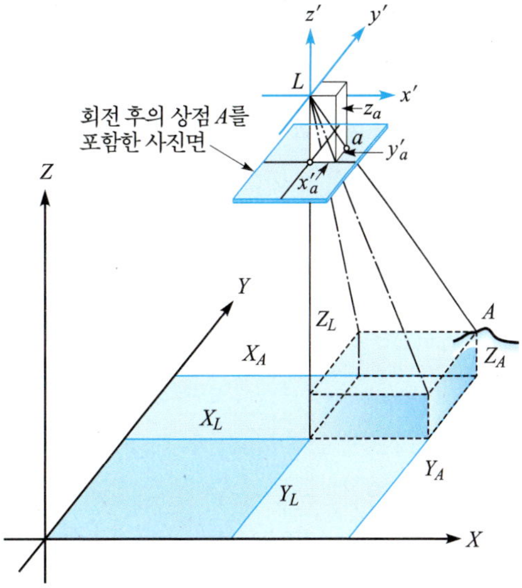

그림 5.36 수직사진의 기하학적 개념

3차원 회전행렬은 3차원 좌표변환과정으로부터 다음과 같이 정리될 수 있다.

$$
\begin{aligned}
x &= m_{11}x' + m_{12}y' + m_{13}z' \\
y &= m_{21}x' + m_{22}y' + m_{23}z' \\
z &= m_{31}x' + m_{32}y' + m_{33}z' \\
m_{11} &= \cos\phi \cos k \\
m_{12} &= \sin\omega \sin\phi \cos k + \cos\omega \sin k \\
m_{13} &= -\cos\omega \sin\phi \cos k + \sin\omega \sin k \\
m_{21} &= -\cos\phi \sin k \\
m_{22} &= -\sin\omega \sin\phi \sin k + \cos\omega \cos k \\
m_{23} &= \sin\phi \\
m_{32} &= -\sin\omega \cos\phi \\
m_{33} &= \cos\omega \cos\phi
\end{aligned} \tag{5.15}
$$

공선조건식은 7개의 미지수를 포함하고 있다. ($\omega, \phi, k, X_L, Y_L, Z_L, f$) 또한 공선조건식은 비선형방정식이므로 Taylor정리에 의해 선형화하므로 미지변수에 대한 초기근사값(approximation value)이 있어야 한다.

(2) 공간후방교회법(Space resection)

공간정보획득을 위한 사진측량에서 항공기 또는 드론으로부터 촬영한 사진은 촬영당시 상황을 재현해야 하는데 이를 사진을 표정(Orientation)한다. 그리고 이 과정을 공간후방교회라고 하는데 공선조건식에서 표정요소 ω, ϕ, k, X_L, Y_L, Z_L, f에 대한 요소를 구하는 것이다(그림 5.37). 공간후방교회법을 이용하여 표정요소를 구하기 위해서는 지상기준점이 필요하다. 미지수가 7개 이므로 최소 2개의 수평기준점(X,Y), 3개의 수직기준점(Z)이 필요하다. 그러나 보통 3점의 3차원기준점(X,Y,Z)을 사용하며 그 이상의 기준점이 있다면 최소제곱법으로 보다 더 정확하게 표정요소를 구할 수 있다. 지상기준점의 좌표와 사진상에 촬영된 사진좌표를 이용하여 공선조건식으로 표정요소를 구한다. 그림 5.38과 같이 촬영상황이 재현된다.

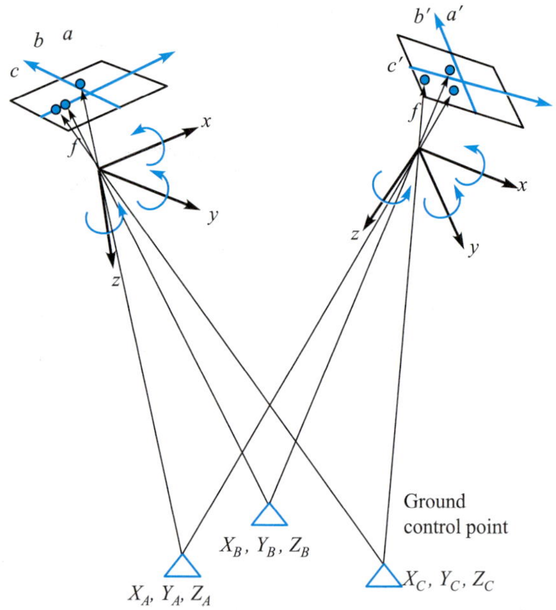

그림 5.37 공간후방교회법

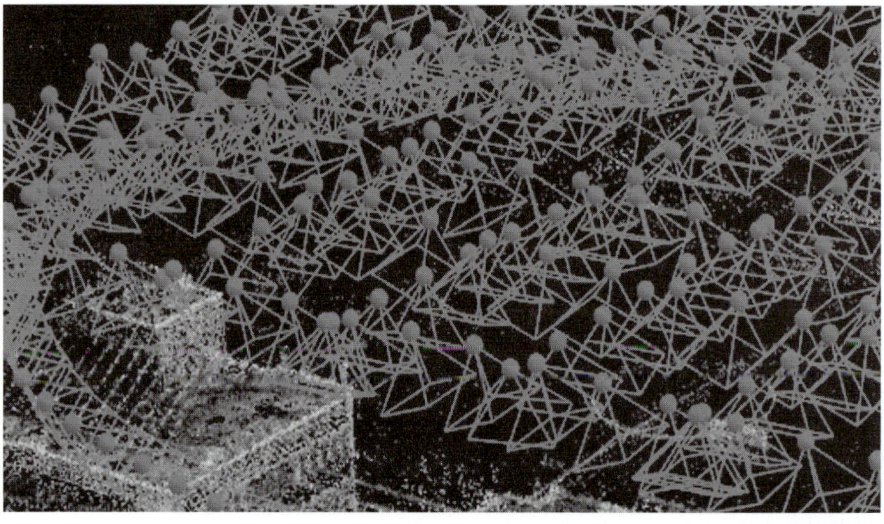

그림 5.38 공간후방교회법에 의해 재현된 촬영상황

(3) 공간전방교회법(Space intersection)

촬영한 사진의 표정요소가 구해지면 촬영당시의 상황이 재현되며 사진상에 나타난 대상물의 사진좌표를 이용하여 공선조건식에 의해 공간전방교회법에 의해 지상 3차원 좌표를 얻게 된다. 그림에서 지상에 있는 건물 옥상모서리 1,2,3,4점에 대한 사진좌표에서 렌즈의 중심을 통해 공간상에서 교차하여 3차원 좌표를 얻게 된다. 공간후방교회과정에서 촬영위치, 카메라의 초점거리, 회전요소가 결정되어 있으므로 공간상 건물의 모서리에서 교차하게 된다.

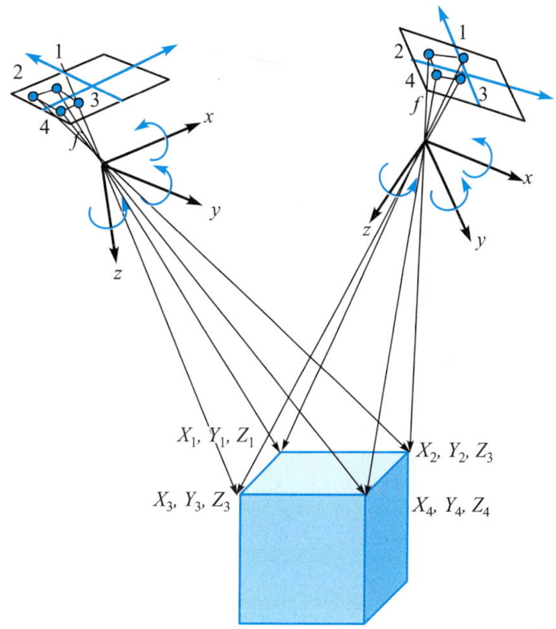

그림 5.39 공간 전방교회법

대상점이 지표상의 점들이라면 점군데이터로부터 DTM을 구할 수 있으며 등고선의 작성이 가능하다. 반면에 대상점이 건물과 지표를 피복하고 있는 식생이라면 DSM을 생산할 수 있으며 디지털트윈을 위한 3차원 모델구축의 기본데이터가 된다. 수만~수백만 이상의 점들에 대한 전방교회는 영상매칭(image matching)이라는 기술에 의해 자동으로 선점되어 지상기준점이 얻어진다. 이 원리는 드론사진측량에서도 마찬가지이다. 사진측량으로 얻어진 수치지도 및 정사영상은 GIS에서 가장 중요하고 기본적인 데이터로 사용된다.

5.3.5 드론사진측량

최근 4차산업혁명에서 관심을 끈 드론산업은 센서의 초소형화와 베터리기술의 발전에 힘입어 하나의 산업분야로 발전하고 있다. 일반사진측량에 사용되는 항공기에 비해 낮은 고도에서 촬영하며 미션계획에 의해 자동비행하므로 좁은 지역의 공간정보획득에는 매우 효율적인 방법이다. 낮은 비행고도에서 촬영하므로 영상의 공간해상도가 높으며 사용자가 원하는 시간과 공간에서 촬영할 수 있다는 장점이 있다. 구름의 고도보다 일반적으로 낮게 비행하므로 일기에 대하느 영향을 적게 받는다는 잇점도 있다.

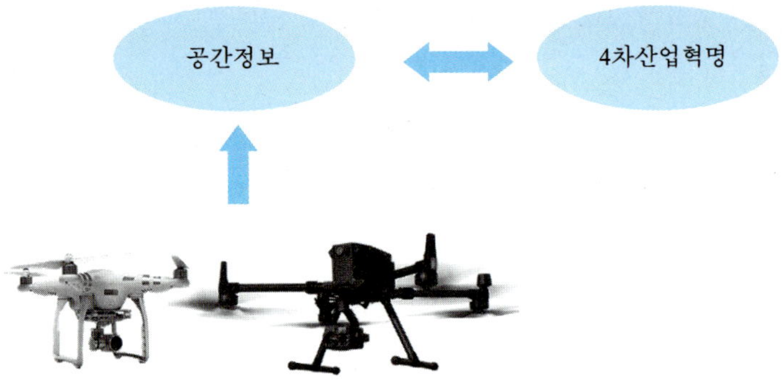

그림 5.40 드론과 공간정보, 4차산업혁명과의 관계

(1) 드론사진측량의 잇점

앞서 설명한 잇점이외에도 저렴한 비용, 실시간 모니터링이 가능, 간편한 조작으로 비행계획을 수립하고 자동비행하며 촬영할 수 있다는 잇점이 있다. 표 5.2에 인공위성, 항공기, 그리고 드론 촬영에 대한 장단점을 비교하였다.

표 5.2 인공위성, 항공기, 드론촬영의 장단점 비교

Platform	Advantage	Disadvantage
Satellite	Images of wide areas	Low spatial resolution Slow update rate
Aircraft	High resolution images	Hish cost Can't get when you want
UAV	High resolution images Low cost Less interference from clouds Can get whenever you want Real-time monitoring Point click pre-plan Auto pilot	Wind affects Manugacturing cariations and modeling difficulties Resource limitations

(2) 공간정보획득에 이용되는 드론

GIS 공간정보획득을 위해 사용되는 드론은 크게 고정익과 회전익으로 나눌 수 있으며 회적인의 경우 프로펠러의 개수에 따라 Heli- Quad-, Hexa-, Octo-copter라 명칭한다. 회전익 드론의 경우 글라이딩이 불가능하므로 비행가능시간이 짧아 제한조건이 되었으나 최근에는 50분을 비행하는 드론이 판매되고 있다.

표 5.3 GIS 공간정보획득에 사용되는 드론

	Fixed wing		Rotor			
Name	Fixed wing	Delta wing	Helicopter	Quadro Copter	Hexacopter	Octocopter
Model	TYInt' 	AgiieAir 	Yahama RMAX 	Dji M300 	R&D Tech. 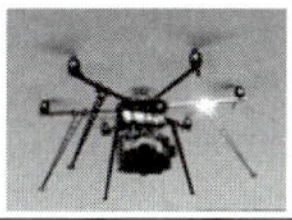	Cinestar 8 
Time	60min	50min	60min	50min	12-22min	30min
Pay load	N/A	450g	30kg	2.7kg	1.3kg	5.4kg

5.4 LiDAR 방법

정사영상 및 수치지도의 경우 영상베이스의 결과물이므로 사진측량과 같이 대상지역의 영상촬영이 필수적이다. 그러나 지표에 대한 DTM과 DSM의 구축은 3차원 점군데이터로 가능하므로 LiDAR측량방법을 많이 이용한다. 대상지역을 일정한 점밀도로 레이져스캐닝하여 3차원 좌표를 획득하므로 사진측량과 같이 여러 처리과정을 생략하여 정오차로부터 다소 자유로운것도 잇점 중의 하나이다. 결론적으로 짧은 시간에 높은 정확도의 3차원 공간정보를 획득할 수 있다는 것이다.

5.4.1 좌표측정원리

센서 좌표계는 라이다 센서나 카메라와 같은 특정 센서에 로컬 좌표계로 센서의 중심을 원점

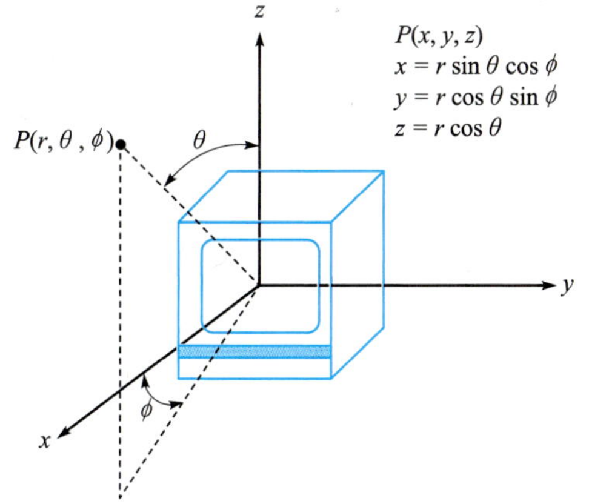

그림 5.41 LiDAR의 좌표측정원리
https://www.mathworks.com/help/lidar/ug/lidar-coordinate-systems.html

(0,0,0)으로 한다. 라이다 센서는 일반적으로 센서로부터 물체의 거리와 방향을 측정하고 포인트 정보를 수집한다. 그림 5.41과 같이 먼저 각 측점에 대한 극좌표(r, θ, ϕ)가 얻어지고 이 좌표를 사용하여 점의 xyz 좌표를 계산한다.

r은 센서의 중심으로부터 해당 포인트까지의 거리이며 ϕ는 양의 x축으로부터 측정된 XY면에서의 방향각, 그리고 θ는 양의 Z좌표측으로부터 YZ면에서 측정된 천정각이다. r은 레이져광선이 대상점에 반사되어 돌아오는 소요시간을 이용하여 계산한다.

5.4.2 LiDAR측량의 결과물

LiDAR측량은 GIS분야의 공간정보획득 뿐만 아니라 그 외의 분야에도 매우 폭넓게 활용된다. 그림 5.42의 예는 이동체 위에 LiDAR를 장치하여 획득한 스캐닝결과로 도로시설물에 대한 DB구축에 활용된다.

그림 5.42 도로 LiDAR스캐닝 결과
https://colliersengineering.com/projects/nmdot-i-25-and-us-491-lidar-scanning/

그림 5.43의 경우에는 건물의 내외부에서 각각 스캐닝하여 정합한 것이다. 디지털트윈은 이와 같이 내외부의 3차원 모델링이 필요하므로 매우 효율적인 방법이라 판단된다.

LiDAR를 드론 또는 항공기에 탑재했을 경우에는 보다 넓은 지역에 대한 3차원 공간정보를 획득할 수 있다. 그림 5.44는 항공LiDAR측량에 의해 얻은 점군데이터로 랜더링한 지표이다.

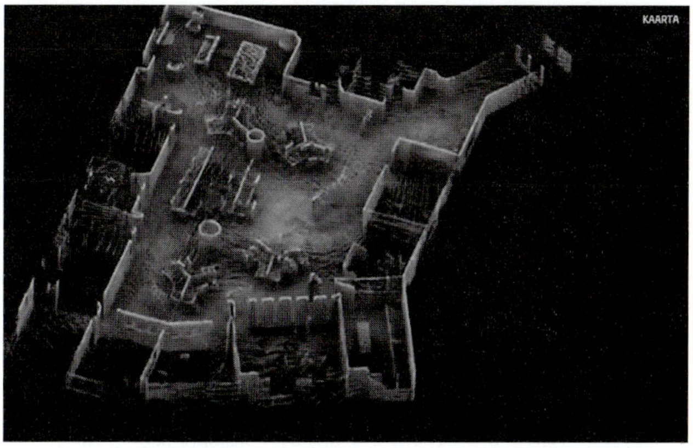

그림 5.43 건물 내외부 LiDAR스캐닝결과
(leica / KAARTA 홈페이지)

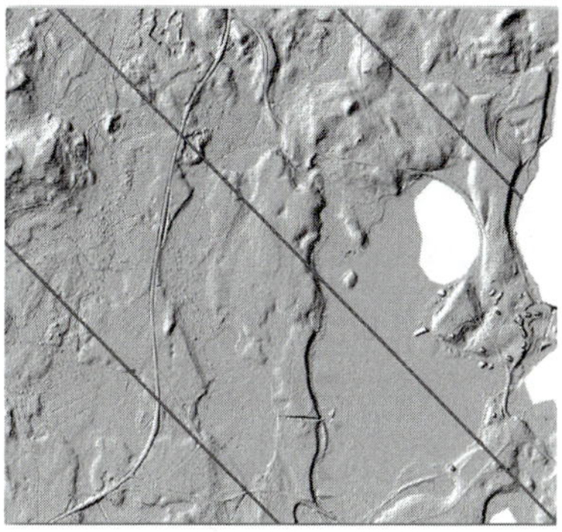

그림 5.44 항공 LiDAR hillshade
https://docs.qgis.org/testing/en/docs/training_manual/forestry/basic_lidar.html

5.5 MMS 이용방법

동적지도제작시스템(MMS;Mobile Mapping System)은 교통이 발달한 현대사회에서 도로시설물과 도로주변의 가로 및 건물들에 대한 정보획득에 특화되어있는 시스템이라고 말할 수 있다. 다중센서 기술의 발전에 힘입어 하나의 플랫폼에 GPS, Laser scanner, IMU, 영상센서 등과 융합된 시스템으로 시속 약 60km로 주행하며 센서에 탐지된 대상물에 대해 수 cm의 정확도로 공간정보를 수집한다.

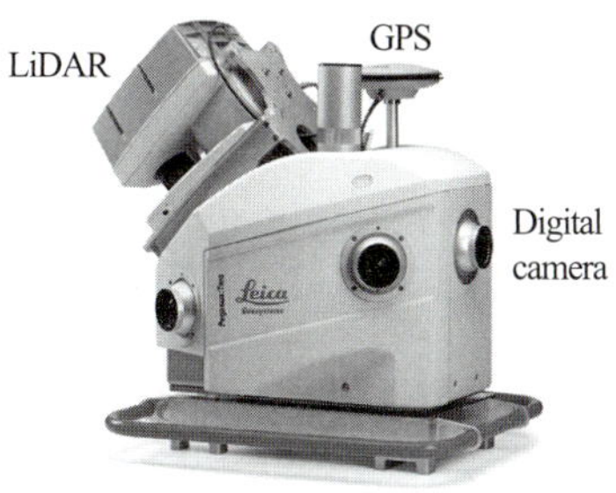

그림 5.45 Leica Pegasus mobile mapping system

그림 5.46 LiDAR전용 소프트웨어에서 본 스캐닝 결과

그림 5.47 LiDAR데이터를 이용한 정밀도로지도

5.6 원격탐측(Remote sensing)에 의한 방법

사진측량은 GIS에 주로 정량적인 데이터를 제공한다고 하면 원격탐측(Remote sensing)은 정성적인 데이터를 제공한다. 즉, 대상물에 대한 특성을 파악하여 GIS데이터베이스 구축을 위한 자료를 제공한다. 원격탐측(Remote sensing)은 지상이나 항공기 및 인공위성 등의 탑재기(platform)에 설치된 탐측기(sensor)를 이용하여 지표, 지상, 지하, 대기권 및 우주공간의 대상들에서 반사 혹은 방사되는 전자파를 탐지하고 이들 자료로부터 토지, 환경 및 자원에 대한 정보를

얻어 이를 해석하는 과학의 한 분야이다(사진측량 및 원격탐측, 2021, 한승희).

많은 면에서 원격탐측은 판독과정이라 생각할 수 있다. 다양한 센서를 사용하여 정보를 얻고 분석하여 데이터를 원격으로 수집한다. 이번 장에서는 원격탐측과정에서 주목해야할 기본원리를 설명하였다. 전자파에너지의 기본성질로부터 출발하여 센서의 종류 및 특성, 탑재체, 원격탐측의 활용에 이르기까지 서술하였다.

5.6.1 원격탐측의 기본 개념

(1) 전자파에너지

스팩트럼 상에서 가시영역은 매우 작은 부분이다. 눈이 지각할 수 있는 스팩트럼의 영역은 단지 0.4μm~0.7μm이다. 푸른색은 0.4μm~0.5μm, 초록색은 0.5μm~0.6μm, 빨간색은 0.6μm~0.7μm이다. 비가시영역인 자외선(Ultraviolet)영역은 스팩트럼 가시영역의 푸른색 끝단에 있다. 가시영역의 적색영역에 인접해 있는 스팩트럼대는 적외선(IR; Infrared) 영역이다. 이 적외선영역은 근적외(Near IR 0.7μm~1.3μm), 중적외(Mid IR 1.3μm~3.0μm), 열적외(Thermal IR 3.0μm 이상)로 나뉜다. 이밖에도 원격탐측에서 사용되는 전자파는 마이크로웨이브가 있다. 이는 1mm~1m의 파장을 가지고 있으며 구름 및 안개를 투과할 수 있는 특성을 가지고 있으며 LiDAR측량에 이용한다. 결국 지상의 대상물은 태양에서 방사된 햇빛(전자파)에 반사하여 돌아오는 반사특성을 센서를 통해 신호를 수집 분석하게 된다. 그러나 대기권을 통과해 오면서 특정파장대 별 전자파가 흡수되거나 산란되어 지표에 도달하는데 이렇게 통과해서 지표상에 도달하는 파장대를 대기의 창(atmospheric window)이라 한다.

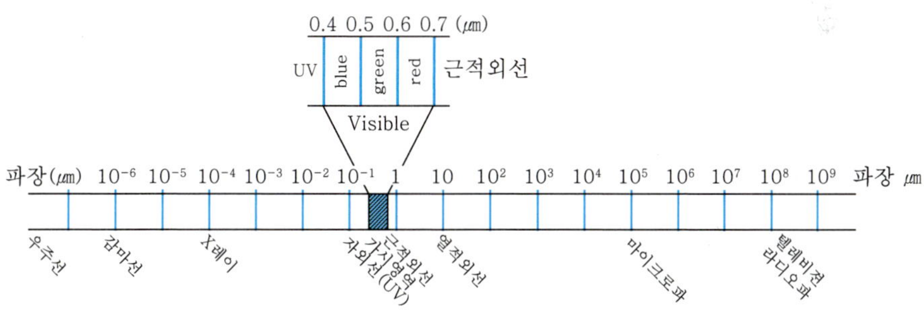

그림 5.48 전자기파의 스팩트럼

(2) 전자기파의 반사특성

그림 5.49에서 보였듯이 전자기파는 지상의 물체에 반사되면서 고유의 특성을 가지게 된다.

그러나 이 직접적인 신호만 센서로 도달하는 것이 아니라 태양으로부터 대기의 굴절 및 산란에 의해 들어오는 신호와 혼합되므로 이들을 제거하는 전처리가 필요하다.

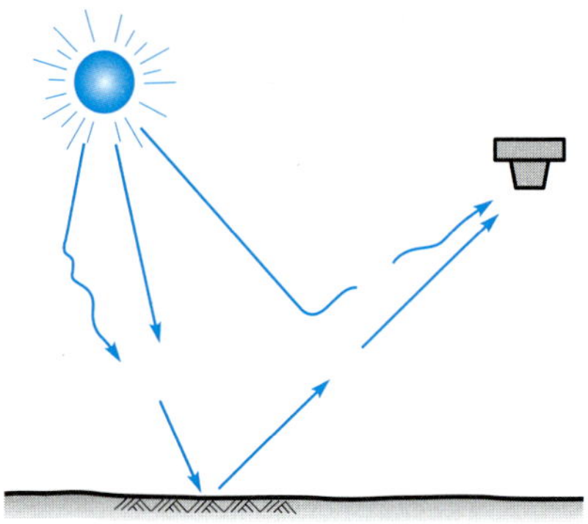

그림 5.49 센서에 감지되는 전자파의 경로

각각의 파장에 따른 대상 물체의 분광 반사율 그래프를 분광 반사율 곡선(spectral reflectance curve)이라 부르고 그 형태는 대상 물체의 분광적 특성에 관한 내면적인 사항들을 알려주며, 특정 분야에 적합한 원격탐사 자료 수집 시 어떠한 파장 영역대를 선택해야 하는지에 관한 사항들에 강한 영향을 미친다. 다음 그림 5.49는 활엽수와 침엽수의 분광 반사율 곡선으로 일반적으로 널리 알려져 있는 내용이다.

각 물체에 관한 분광 곡선은 하나의 선분이 아니라 리본형의 점들로 표현되어 있다. 이것은 특정한 활엽 수종의 분광 반사율과 다른 활엽 수종의 분광 반사율은 같을 수가 없다는 것이다. 또 동일한 수종일지라도 분광 반사율이 완전히 같을 수 없다.

어느 일정 지역에 대해 침엽수종과 활엽수종의 삼림지도를 작성해야 한다면 당신은 어떠한 항공비행 센서시스템을 선택할 것인가? 어떤 사람은 가시영역센서를 선택할지 모른다. 그러나 이 선택에는 심각한 문제가 존재한다. 그림 5.50에서와 같이 가시영역에서 침엽수와 활엽수의 반사특성은 거의 중복되어 있다. 따라서 눈은 거의 같은 초록색만을 보게 될 것이다. 결국 나무크기, 모양, 형태, 위치 등을 사용하여 확인하여야 한다. 이는 공중에서 어려우며 특히, 두 가지의 수종이 섞여있을 때 더욱 어렵다. 그러면 어떻게 해야 이 두 수종을 구별할 수 있을까? 우리는 이 문제를 근적외 에너지를 기록할 수 있는 센서를 사용함으로써 해결할 수 있다. 적외선 흑백필름을 장착하여 촬영하면 활엽수는 전반적으로 침엽수 보다 더 밝은 톤으로 나타나는데 이는 침엽수보다 적외선 반사가 우세하기 때문이다.

그림 5.51에서 활엽수 주위에 둘러싸인 침엽수를 볼 수 있다. 그림 (a)에서 왕관형태를 가지고 있는 활엽수에 비해 침엽수는 뾰족한 형태를 가지고 있지만 이를 구별하기가 쉽지 않다. 그림 5.51(b)는 침엽수가 훨씬 더 어둡게 나타났다. 적외선사진을 이용함으로써 침엽수와 활엽수의 구분을 쉽게 할 수 있다. 이 두 영상을 디지털로 획득하고 컴퓨터로 처리한다면 자동으로 작업할 수 있을 것이다. 대부분의 원격탐측 데이터분석이 이와 같은 시도이다.

우리가 목적하는 지표면상 대상물들이 분류되어지고 지도화되려면 이들의 스펙트럼 특성에 대한 연구를 해야 한다.

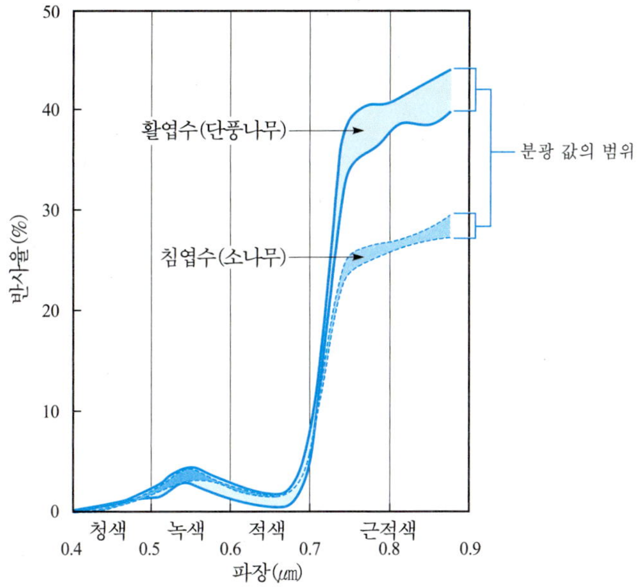

그림 5.50 침엽수와 활엽수의 반사율 특성

(a) 팬크로매틱 사진

(b) 적외선 흑백사진

그림 5.51 침엽수와 활엽수 혼재 지역(Lillesand, 2007)

(3) 수치영상의 특성

원격탐측의 결과는 대부분 그리드형태의 DN으로 표현되는데 영상이 될 수도 있고 수치데이터가 될 수도 있다. 수치적인 영상자료의 기본특성이 그림 5.52에 제시되었다. (a)에 나타난 상은 연속적인 색조사진으로 나타나지만 그것은 실제로 분리된 그림요소(picture elements) 또는 pixels의 2차원 배열로 구성되어 있다. 각 픽셀의 명암도는 각 픽셀에 해당하는 지상면적에 대하여 전자적으로 측정된 평균밝기 또는 방사에 해당한다.

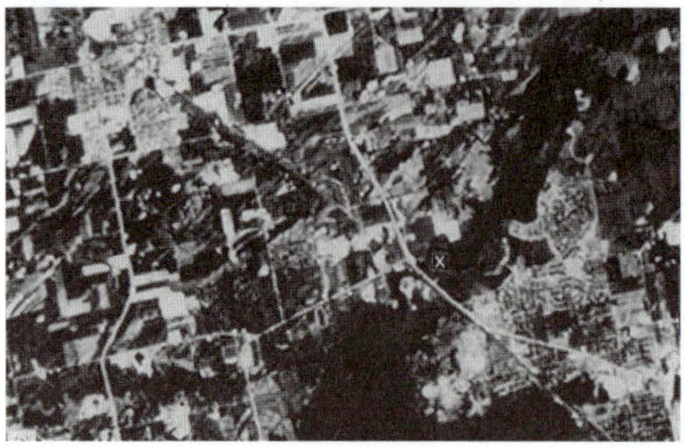

(a) 원영상 320×480

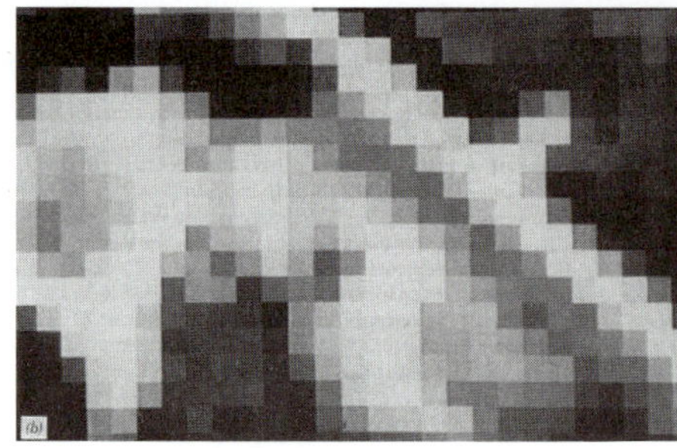

(b) 샘플링 (19×27)

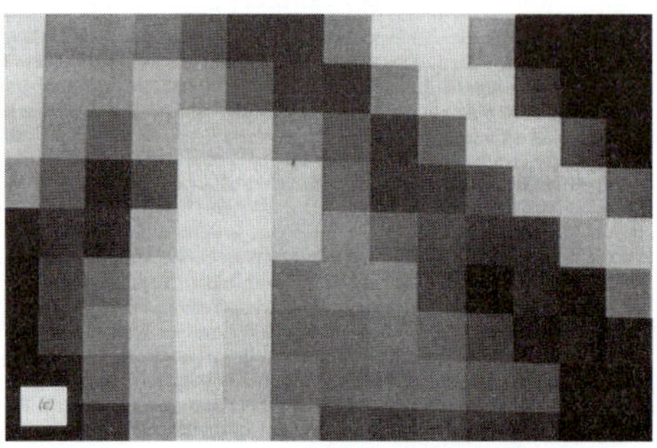

(c) 샘플링 (10×15)

54	40	31	27	27	28	39	51	52	50	45	26	24	24	23
55	37	37	35	31	27	26	35	58	66	38	13	17	21	19
56	40	39	45	39	32	27	26	36	52	50	28	14	13	14
52	39	33	42	49	48	36	31	26	33	51	51	31	16	16
42	34	24	30	60	67	49	33	27	28	31	47	51	35	24
26	29	26	44	76	76	49	37	33	30	29	29	44	52	44
14	31	36	50	85	70	36	37	38	30	25	29	28	40	52
20	31	39	51	72	56	35	35	37	35	31	27	29	31	36
21	26	36	46	58	49	37	35	36	37	34	33	26	29	30
21	20	29	43	54	53	40	31	30	32	30	29	24	22	27

(d) 각 픽셀(c)의 방사량에 해당하는 DN

그림 5.52 수치영상의 기본적 특성

그림 5.52(a)에는 총 320행과 480열의 픽셀이 있다. (a)에서 개개의 픽셀을 분간한다는 것은 불가능한 반면 (b), (c)의 확대한 영상에서는 쉽게 관찰할 수 있다. (d)에서는 (c)의 각 픽셀에서 측정된 평균 방사에 대응하는 개개의 수치적인 번호(DN)를 보여준다. 이 값들은 단지 양의 정수로서 analog-to-digital(A to D)신호변환이라고 하는 과정을 이용하여 센서로부터 얻어진 원 전기적 신호를 양의 정수값으로 정량화 하는 결과로 생긴 것이다.

전형적으로 수치영상을 구성하는 DN은 0~63, 0~127, 0~255, 0~511, 0~1023과 같은 범위사이에서 기록된다. 이 범위들은 2^6, 2^7, 2^8, 2^9, 2^{10}의 값들이다. 이러한 수치체계는 해석기법에 컴퓨터를 이용함으로써 원격탐측자료에서 스팩트럼 패턴을 더욱 더 완전하게 조사할 수 있다.

(4) 참고데이터(reference data)

어떤 형태의 참고자료를 이용하지 않고서는 원격탐측을 행할 수 없다. 참고자료는 종종 지상사실(ground truth)이란 용어로 언급된다. 많은 형태의 참고자료가 지상에서 수집되는 것은 아니며 실제 지상상태의 사실에 단지 접근한다는 것이므로 문자 그대로를 의미하지는 않는다. 정리하면 참조데이터의 수집이라는 것은 원격적으로 관측되고 있는 관심대상인 물체, 지역, 현상에 관한 측정치를 수집하는 것을 말한다.

참조자료를 정확히 수집하는 데는 비용이 매우 많이 들며 시간이 많이 걸린다. 식물의 상태나 수질오염 등 시간의 경과에 따라 변하는 대상의 경우 시간임계(time-critical)를 고려해야 하며 지질과 같이 변하지 않는 경우에는 시간안정(time-stable)측정이 될 수 있다. 참조자료수집의 한 가지 형태로는 표면물질의 스팩트럴 응답패턴을 결정하기 위한 표면물질의 방사 또는 반사의 지표면조사이다. 이는 실험실 또는 현장에서 행해지는데 분광학(spectroscopy)의 원리를 이용한다. 분광기(spectroradiometer)를 사용하여 대상물에서 나오는 에너지를 파장의 함수로써 측정하여 반사특성곡선을 만든다.

5.6.2 원격탐측데이터의 해상도

지상의 대상물을 명확히 파악하기 위해서는 해상도가 매우 중요하다. 물리적인 해상도가 있고 시간적인 해상도가 있다. 물리적인 해상도에는 공간해상도, 방사해상도, 분광해상도가 있으며 시간적인 해상도에는 주기해상도가 있다.

(1) 공간해상도(Spatial Resolution)

영상 내에서 인식할 수 있는 가장 작은 크기를 말한다. 이는 센서의 IFOV(Instantaneous Field Of View)에 의해 결정된다. 지상의 어떤 대상물이 인식되기 위해서는 대상물의 크기보다 화소셀[1]이 더 작아야 한다. 예를 들어 Landsat(15m, 30m), SPOT(2.5m, 5m 10m), IKONOS(1m) 등이다. 이는 이들 영상의 최소단위인 픽셀크기를 나타낸 것이다. 공간해상도를 높이기 위해서는 IFOV(A)를 줄이거나 센서의 고도를 낮춰야 한다.

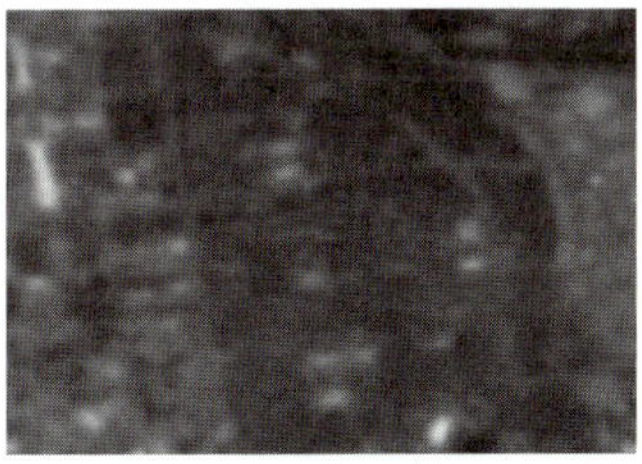
(a) Landsat(30m)

(b) Landsat(15m)

(c) Spot(10m)

1) 영상을 구성하는 최소단위이며 흑백영상의 경우 0부터 255까지의 256단계의 밝기 값을 가진다. 즉, 8bit 영상인 것이다. 칼라의 경우 Red, Green, Blue 3가지 색상이 각각 0에서 255의 농도로 섞여 색깔을 표시한다. 화소는 원격탐측에서 모든 영상처리 및 보정이 이루어지는 단위이다.

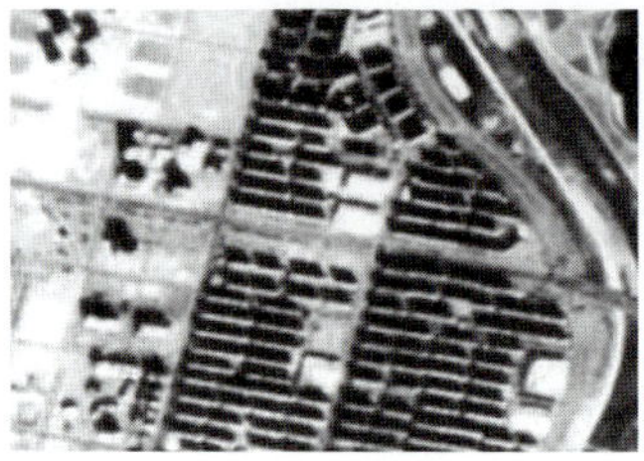

(d) Kompsat-1(6m)

(e) Ikonos(1m)

그림 5.53 각 공간해상도에 따른 영상비교

(2) 분광해상도(Spectral Resolution)

미세한 파장 간격을 정의할 수 있는 센서의 민감도(능력)을 말한다. 보다 좋은 분광해상도라 함은 특정한 밴드의 더 좁은 파장영역을 의미한다. 흑백필름은 전자파스팩트럼의 가시영역을 기록하며 칼라필름은 각각의 청, 녹, 적 파장대에서 반사되는 에너지를 기록한다. 따라서 칼라필름이 흑백필름보다 분광해상도가 더 높은 것이다. 분광해상도가 높은 영상은 더 많은 정보를 가지고 있으며 이로부터 추출할 수 있는 정보의 양도 많아지게 된다. 공간해상도를 높이기 위해서는 감지가 가능한 파장대를 늘린다. 즉, 칼라와 적외선(IR) 등을 말한다.

그러므로 센서의 분광해상도를 높이기 위해 다중분광센서(MSS;Multi-Spectral Sensor)를 사용하며 최근에는 수 백개의 밴드를 감지할 수 있는 하이퍼스팩트럴(Hyper-Spectral Sensor) 센서를 사용하기도 한다.

분석하기 좋은 영상이란 공간해상도와 분광해상도가 높은 것을 말하는데 공간해상도는 CCD

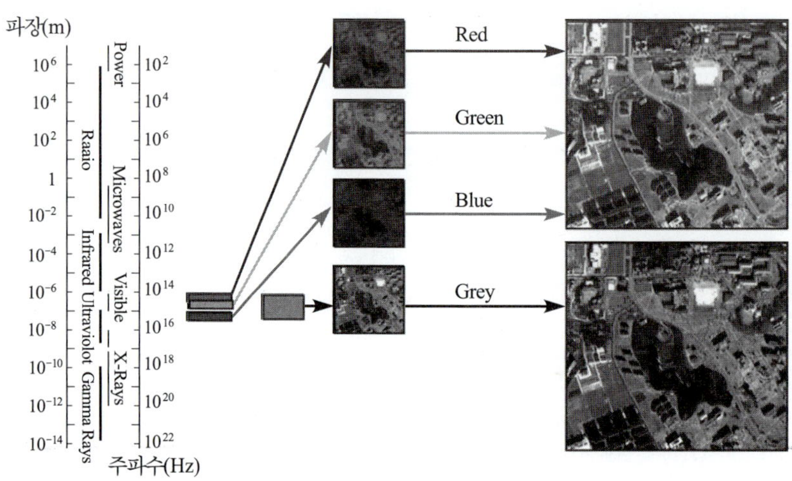

그림 5.54 분광해상도의 개념

에 좌우되며 가격이 매우 비싸지게 된다. 따라서 공간해상도가 높은 흑백영상과 분광해상도가 높은 칼라영상을 융합(fusion)하여 사용한다. 다음 그림 5.55는 SPOT 2.5m 팬크로매틱 영상 (a)과 10m 멀티스팩트럼 영상(b)을 융합하여 고해상 컬러영상(c)을 얻은 것이다.

(a) Wavelet합성영상 (밴드 4) (b) 저해상도 영상(432 칼라합성) (c) Wavelet 합성영상(432 칼라합성)

그림 5.55 영상융합의 예

(3) 방사해상도(Radiometric Resolution)

수치영상을 기록하는 비트(bit)수에 의해 결정된다. 어떤 사진을 흑(0)과 백(1)으로만 표현한다면 속성을 알아볼 수 없을 것이다(그림 5.56(b)). 즉, 몇 단계의 계조로 표현하느냐에 달려있다. 반면에 그림 5.56(a)의 경우 시가지의 모습이 비교적 디테일하게 나타난다. 따라서 비트 수가 높을수록 많은 양의 정보를 가지고 있다고 할 수 있다. 이렇게 영상이 몇 비트(bit)로 표현되느냐를 방사해상도라고 한다. 그러나 무한정 방사해상도를 높일 경우 영상의 크기가 커져 또 다른 문제를 야기할 수도 있다.

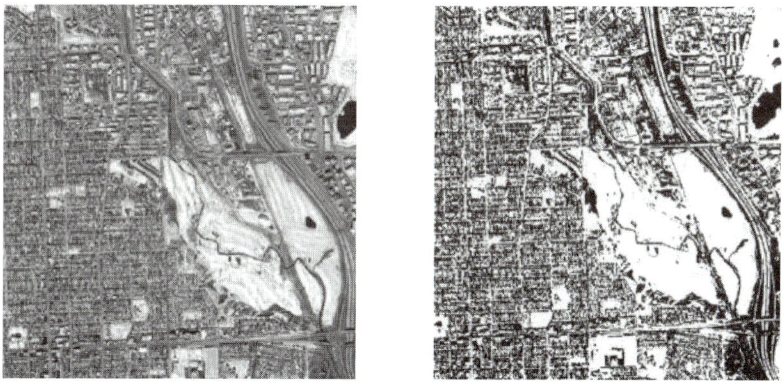

(a) 픽셀당 8비트 (b) 픽셀당 2비트

그림 5.56 방사해상도 비교영상

(4) 주기해상도(Temporal Resolution)

동일한 지역에 대한 영상을 획득할 수 있는 최단시간이다. A위성의 방문주기는 5일이며 또 B위성은 3일이라면 B위성이 A위성보다 주기해상도가 높다고 말한다. 이는 시기 별 영상을 비교분석함으로써 변화의 양상을 알 수 있으며 재해와 환경관리 등에 중요한 자료가 된다. 즉, 재해 전 · 후를 비교하여 피해규모를 산정할 수 있다. 이외에도 홍수, 기름누출, 산불, 산림병충해 등 시간이 지남으로써 확산되는 양상을 분석하는데 유용하다. 장기적으로 볼 때는 도시의 발전패턴, 도시화 속도 등을 분석할 수 있다.

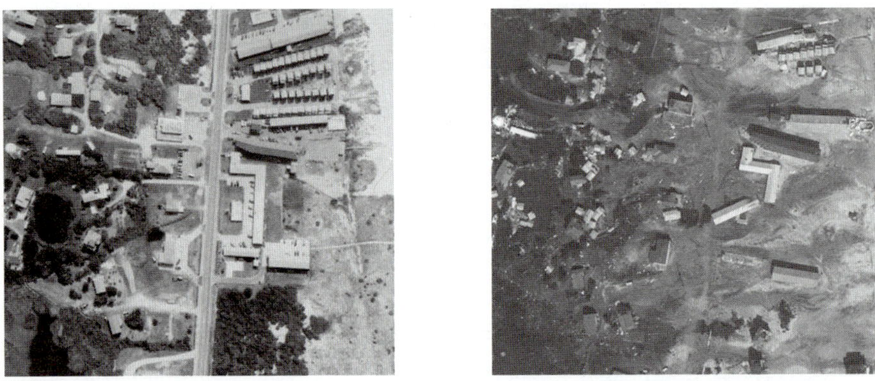

(a) 1998 (b) September 19, 2003

그림 5.57 허리케인 Isabel에 의한 Hatteras Village, North Carolina의 피해상황

5.6.3 탐측기(sensor)

원격탐측은 센서를 통해 지상에 대한 영상을 얻는 것으로부터 출발한다. 영상을 얻는 다는 의미는 전자파를 수집하는 것이다. 전자파 수집장치는 크게 수동적센서(passive sensor)와 능동적(active sensor)센서로 분류한다.

(1) 수동적 센서

대상물에서 반사 또는 방사된 전자파를 수집하는 센서로 주위에서 흔히 볼 수 있는 항공사진기가 대표적이다. 이외에도 다중파장대 사진기(multispectral camera ; MSC), Vidicon camera, 다중파장대주사기(multi spectral scanner ; MSS), 고체주사기 ; Push-broom주사기, TM(thematic mapper), 방사계 등이 있다. 주로 아날로그 신호를 감지하므로 어두운 밤이나 구름이 끼어 흐린 날에는 탐측이 불가능하다는 단점이 있다.

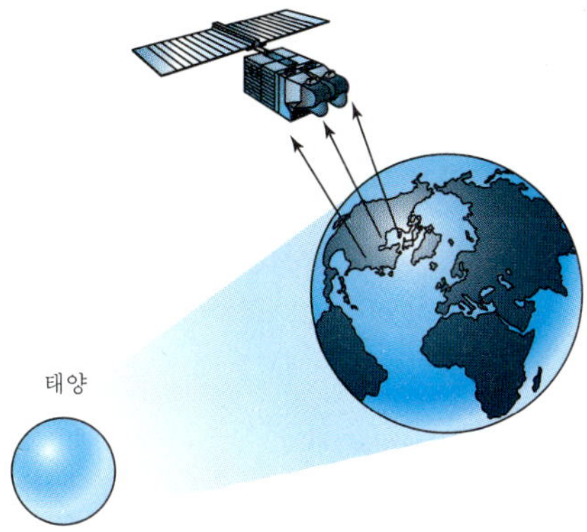

그림 5.58 수동적센세의 정보체계

그림 5.59 수동형센서에 의한 영상

(2) 능동적 센서(Active sensor)

센서자체에서 전자파를 발사하여 대상물에 반사되는 전자파를 수집하는 방식으로 레이더와 광파거리측량기가 대표적이다. 최근 사용이 확대되고 있는 레이져 스캔방식인 지상 Lidar측량기도 이에 해당된다. 마이크로웨이브는 전천후형 정보수집장치로 가시 · 적외영역도 가능한 센서이며 레이더 측량기는 레이더파를 지표면에 주사하여 반사파로 부터 2D영상을 얻는 탐측기이다.

레이더에는 방식에 따라 SLAR(side looking airborne radar), RAR(real aperture radar), SAR(synthetic aperture radar)로 분류된다. 특히, SAR는 반사강도 이외의 위상도 관측하여 위상 조정 후에 해상도 높은 2D영상을 작성할 수 있다. 이 밖에도 능동적센서에는 Laser spectrometer, Radiometer 등이 있다. 전파신호를 수집하는 센서이므로 어두운 밤이나 구름이 낀 날씨에도 무관하게 탐측할 수 있지만 눈으로 보는 정보가 아니므로 조금 생소하며 일련의 처리과정이 필요하다.

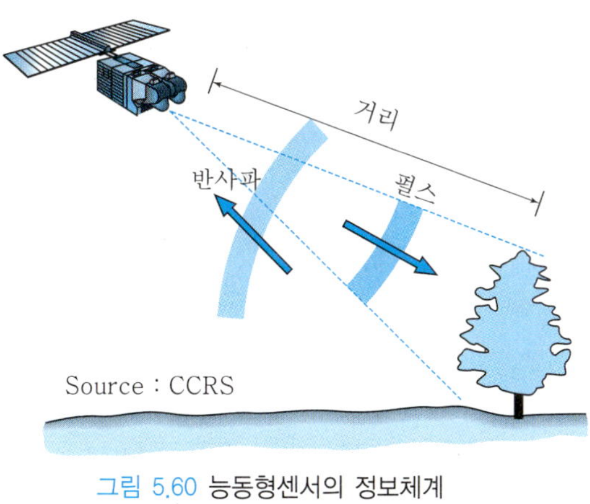

그림 5.60 능동형센서의 정보체계

그림 5.61 능동형센서에 의한 영상

5.6.4 탑재체

대상지역의 넓이와 목적에 따라 센서를 싣는 탑재체를 결정해야 한다. 대상지역이 지상인 경우 손으로 측정할 수도 있으며 차량 또는 크레인을 사용할 수 있을 것이다. 조금 넓은 지역이라면 중고도 항공기, 고고도 항공기를 사용하며 대규모지역이나 접근이 불가능한 지역이라면 인공위성을 이용해야 할 것이다. 원격탐사에 주로 이용되고 있는 센서를 탑재한 위성이 다목적위성이므로 이를 중심으로 설명한다.

(1) LANDSAT

미국에서 지구자원탐사목적으로 1972년 7월 23일 ERTS(Earth Resources Technology Satellites)란 이름으로 발사되었다. 1세대 1, 2, 3호는 2개의 센서를 탑재하고 있다. 첫 번째 발사된 LANDSAT-1호는 3밴드[2] RBV(return beam vidicon)와 4밴드 MSS를 탑재하고 있다. LANDSAT-3호에는 1밴드 RBV 2대와 5밴드 MSS가 탑재되어 있다. 1세대 LANDSAT은 18day/900km h : 3m, D=1.5m solar cell : 4m, W: 815kg, 주기 : 103min., 6.46km/sec, swath=185km의 스팩을 가지고 있다.

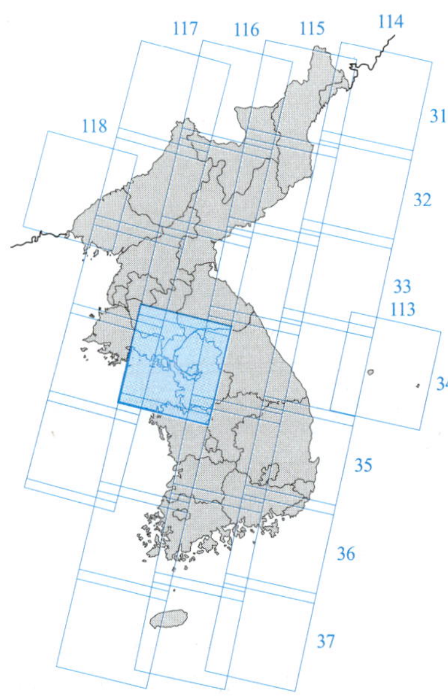

그림 5.62 Landsat촬영 패스/row

그림 5.63 Landsat 7

2세대 LANDSAT은 1982년도에 4호발사로 시작되었고 MSS에 TM(Thematic Mapper)이 추가되었다. 1999년4월15일에 발사된 7호 위성에는 진보된 TM과 고해상도 스캐너가 탑재되었다. 2세대 LANDSAT은 16day/705km, 2000kg, solar : 1.5×2.3 4개를 가지고 있다.

현재 활용할 수 있는 7호는 15m 펜크로매틱 밴드(0.52~0.90)와 30m 다중분광밴드(열밴드는 60m)센서가 있고 7개의 분광밴드에 대해 정보를 수집한다. 7밴드에 대한 파장은 다음 표 5.4와 같다.

2) 지상 물체에 대한 다양한 정보를 얻기 위해 여러 파장대에서 촬영한 영상을 사용하는데, 이와 같은 영상 획득에 사용한 특정파장대를 일컫는 말이다.

표 5.4 Landsat 7호의 7분광 밴드 (unit : μm)

Blue	Green	Red	Near Infrared	Mid Infrared	Thermal Infrared	Mid Infrared
0.45-0.515	0.525-0.605	0.63-0.69	0.75-0.90	1.55-1.75	10.40-12.5	2.09-2.35

LANDSAT 8호는 LDCM(Landsat Data Continuity Mission) 전략의 일환으로 계획되었으며 3억 3천 8백만불의 예산으로 개발하고 있고 2012년 12월에 발사될 예정이다. 고도 705km, 400영상촬영/day, 9개의 밴드 센서를 탑재하고 있다.

(2) SPOT (System Pour l'Observation de la Terra)

프랑스, 스웨덴, 벨기에가 공동으로 개발한 최초의 상업목적 위성으로 30개국의 지상수신소를 가지고 있으며 최초로 pushbroom 스캐닝방식의 선형배면센서를 채택하였다. ±27°의 경사스캐닝이 가능하므로 입체모델을 형성하여 지형도 작성이 가능하다.

SPOT1호는 1986년 2월 22일에 발사되었으며 HRV(high resolution visible)를 탑재, 4개의 CCD 배열을 가지고 있다. 이 CCD는 6000픽셀 선형센서로 10m 해상도를 가지고 있다. 스캐닝 폭은 60km, 전정색영상(P형), 다중파장대영상(XS형)이 있다. 관측주기 4-5일 동안 동일지역에 대한 경사관측이 가능하다. 1990년 12월 31일 임무수행을 마쳤다. SPOT2호는 1990년 1월 22일, SPOT3호는 1993년 9월 25일에 발사되었다. 1998년 5월 23일에 발사된 SPOT4호에는 VMI(Vegetation Monitoring Instrument)가 추가로 탑재되었다. 2002년 5월 4일에 발사된 SPOT 5호는 2.5m, 5m 그리고 10m 해상도를 가지고 있다. SPOT 6호와 7호는 2m 해상도의 센서를 탑재하고 2023년까지 발사할 계획을 가지고 있다.

그림 5.64 SOPT 5 Satellite
(www.satimagingcorp.com)

그림 5.65 SPOT 6 Satellite
(www.spot.com)

(3) IKONOS

IKONOS-2호는 1999년 9월 24일에 발사하여 궤도 진입에 성공하였다. IKONOS-2는 1m이하의 고해상도 영상을 획득하는 최초의 상업용 위성으로 1m 해상도의 흑백 센서와 4m 해상도의 칼라 센서를 탑재하고 있다. IKONOS 위성에 탑재된 센서는 초점거리 10m의 Kodak 디지털 카메라로서 전정색영상을 위한 13,500개의 선형 CCD array와 다중분광영상을 위한 3,375개의 선형 광 다이오드 array로 구성되어 있다.

다중분광영상의 밴드는 LANDSAT 위성의 TM 센서 밴드 1~4와 같다. 정밀한 GCP(RMSE : 20cm(수평), 60cm(수직))를 사용하여 정확한 위치 정보와 DEM, Map 제작에 가장 적합한 영상으로 농업, 지도제작, 각 지방자치단체의 업무, 기름 및 가스탐사, 시설물 관리, 응급대응, 자원관리, 통신, 관광, 국가방위, 보험, 뉴스수집 등 많은 분야에서 활용이 되고 있다.

표 5.5 IKONOS의 분광 해상도

Band	1-m PAN	4-m MS &1-m PS
1 (Blue)	0.45-0.90μm	0.445-0.516μm
2 (Green)	*	0.506-0.595μm
3 (Red)	*	0.632-0.698μm
4 (Near IR)	*	0.757-0.853μm

Space Imaging사에서는 사용자의 요구에 따라 다른 레벨로 영상을 공급하고 있다. 센서 감도 변화를 보정하기 위해 영상의 대비(contrast)와 밝기(brightness)를 조정한 레벨1부터 다수의 영상들을 모자이크 처리하여 광범위한 지역 영상으로 제공하는 레벨7까지 다양하다.

그림 5.66 IKONOS 위성(Space Imaging Co.)

그림 5.67 IKONOS 영상(서울 잠실)

(4) 퀵버드(Quick Bird)

그림 5.68 Quickbird

2001년 10월에 발사된 퀵버드 위성은 디지털글로브사가 개발한 첫번째 우주선인데 이것은 높은 정확성과 지구의 상업적 고해상도 영상을 제공한다. 퀵버드의 팬크로매틱과 다중스팩트럼 영상 획득은 지표에 대한 지도 작성과 재난관리를 위한 데이터 획득을 가능케 한다.

오늘날 디지털글로브의 퀵버드는 1m 이하의 해상도 영상, 지리적 정확성, 대용량 자료 저장을 제공하고 있다. 연직 방향의 공칭 촬영폭은 16.5km로 스트립 길이 165km까지 가능하다. 고도 450km 궤도를 선회하며 태양동기 적도면 경사 98°, 재방문기간은 1~3.5일이다. 93.4분에 지구를 1바퀴 선회하며 137GB의 온보드(Onboard) 저장용량을 가지고 있다.

표 5.6 QuickBird의 분광 해상도

Band	공간해상도	분광정보
Panchromatic	0.61m	0.450-0.900μm
Blue	2.44m	0.450-0.520μm
Green	2.44m	0.520-0.600μm
Red	2.44m	0.630-0.690μm
Near IR	*	0.760-0.900μm

그림 5.69 Quick bird 위성영상

(5) 옵뷰(OrbView-3)

2003년 6월에 발사되었으며 1m 흑백영상과 4m 멀티스펙트럴 영상을 제공한다. 촬영폭은 8km이며 고도 470km에서 적도면과 45도 경사로 선회한다. 재 방문기간은 3일 내이다.

그림 5.70 OrbView

표 5.7 OrbView의 분광 해상도

Band	공간해상도	분광정보
Panchromatic	1.0m	0.450-0.900㎛
Blue	4.0m	0.450-0.520㎛
Green	4.0m	0.520-0.600㎛
Red	4.0m	0.625-0.695㎛
Near IR	*	0.760-0.900㎛

(6) 아리랑위성1, 2호(KOMPSAT ; KOrea Multi-Purpose SATellite)

1999년 12월 발사된 한국항공우주연구원(KARI)의 아리랑 1호는 지구관측용 다목적 실용위성으로, 지상에서 6.6m의 해상도를 갖는 전자광학카메라와 해양관측이 가능한 저해상도카메라를 탑재하고 있다. 2006년 7월 28일에는 아리랑 2호 발사함으로써 명실공히 우리나라는 지구관측위성분야에서는 세계적 수준의 위성개발 국가권으로 진입하게 되었다.

그림 5.71 아리랑 2호

그림 5.72 항공우주연구원 위성수신안테나

지구 상공 685km의 궤도를 하루 열네 바퀴 반씩 선회하는 아리랑 2호는 총 2,633억원의 개발비를 들였으며 1999년부터 7년의 개발기간이 소요되었다. 위성에 탑재된 MSC(Multi Spectral Camera)는 해상도 흑백 1m급, 천연색 4m급이다. 현재는 50cm 해상도의 WorldView1,2 위성이 세계 최고의 상용위성 해상도를 자랑하고 있다. 현재 미국 군사용 정찰위성 KH-12는 대략 15cm의 해상도를 가진 것으로 알려져 있다.

아리랑 2호의 MSC는 4개의 밴드를 이용해 한 번에 가로, 세로 15km 지역을 촬영할 수 있다. 한편 대한민국은 아리랑 2호의 성공으로 미국, 러시아, 프랑스, 독일, 이스라엘, 일본에 이어 세계 7번째 1미터급 해상도 관측 위성 보유국이 되었다. 아리랑 1호와 2호는 똑같은 궤도를 30분 간격으로 돌며, 지구를 하루에 14바퀴반 돌면서 한반도 상공을 평균 세 차례가량 통과한다.

아리랑 2호는 685km 상공에서 100분 만에너지구를 한 바퀴씩 돈다. 하루에너지구를 14바퀴 반씩 돌며 1회전마다 20분간 사진을 촬영하여 지구로 전송한다. 다목적실용위성 2호는 한반도를 2분 동안 촬영할 수 있으며 촬영 후 10초 정도면 사진 영상을 스크린 할 수 있다. 고화질의 영상을 얻기까지는 2시간 정도가 걸린다.

그림 5.73 아리랑3호의 모습

그림 5.74 아리랑2호 영상(평양)

2012년 5월 18일 일본 다네가시마 우주센터에서 발사된 다목적실용위성 아리랑 3호가 정상 궤도에 진입하고 첫 영상을 성공적으로 촬영했다. 위성영상은 0.7m해상도를 가지고 있으며 아리랑2호 영상과 비교할 때 선명도와 명암도가 개선되었다. 이번 시험 영상촬영 성공으로 우리나라는 본격적인 서브미터 급 인공위성영상을 확보할 수 있게 되었다. 아리랑3호는 자세제어를 통한 급속기동촬영기능을 갖고 있어 능동적으로 원하는 지역의 영상을 확보할 수 있다. 항공우주연구원은 아리랑2호의 광대역 촬영을 통한 아리랑 3호의 정밀촬영으로 상호 보완적인 역할을 수행할 계획이다. 아리랑3호의 스팩은 685km태양동기궤도, 흑백 0.7m, 칼라 2.8m, 임무수명은 4년이다.

그림 5.75 아리랑3호 영상 두바이 제벨알리항(KARI제공)

그림 5.76 아리랑3호 영상 필라델피아 공항(KARI제공)

(7) 아리랑위성5호(KOMPSAT5 ; KOrea Multi-Purpose SATellite)

국내 최초로 영상레이더를 탑재한 지구관측위성인 아리랑 5호는 한국 KARI에서 2012년에 발사할 예정인 관측위성이다. 다목적실용위성 5호(KOMPSAT V)라고도 한다. 아리랑 1, 2호와는 달리 SAR 레이더가 부착되어 있어 날씨에 상관없이 전천후로 지구 관측이 가능하다. 아직은 SAR 제작기술이 국내에 확보되어 있지 않아, 공동개발사인 유럽의 위성개발업체 탈레스 알레니아 스페이스 이탈리아(TASI)가 국내에 들어와 제작한다.

그림 5.77 아리랑5호의 모습(항공우주연구원)

우리나라는 2013년이면 광학 · 적외선 · SAR 등 모두 갖추게 된다.

(8) 아리랑위성 3A호(KOMPSAT 3A)

그림 5.78 아리랑 위성 3A호

한국항공우주연구원에서 2015년 3월 26일 오전 7시 8분 경 발사된 관측위성이다. 다목적실용위성 3A호(KOMPSAT-3A)라고도 부른다. 아리랑 3A호는 지상 528km 태양동기궤도로 55cm급 해상도의 전자광학카메라와 적외선 센서를 탑재한 고성능/고해상도 지구관측위성이다. 아리랑 3A호는 아리랑 3호 설계를 기반으로 개발되었으며, 아리랑 3호의 70cm급 해상도에서 55cm급으로 정밀도가 향상되었다. 아리랑 3A호는 적외선 센서를 탑재하고 있어 산불감지, 화산

폭발 감시 등에 적외선 영상 활용이 가능하다. 아리랑 3A호가 운용되면 현재 운용중인 고해상도 광학관측 위성인 아리랑 2호,3호, 합성개구레이더(SAR)를 탑재한 아리랑 5호와 함께 상호보완적으로 운용되어 주야간은 물론 보다 정밀한 지구관측이 가능해진다. (항공우주연구원)

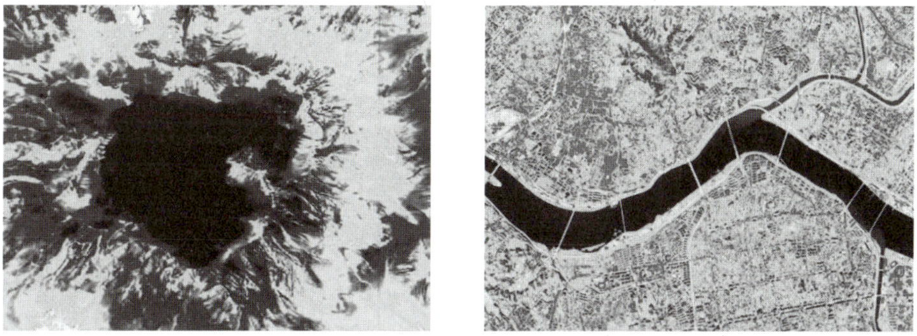

그림 5.79 백두산과 서울시의 적외선 영상(미래창조과학부)

(9) 국토위성 1호

2021년도 3월 22일 국토교통부가 6년에 걸쳐 개발한 차세대 중형 국토위성1호가 발사되어 고도 497.8km의 궤도에 정상적으로 안착해 교신에 성공했다. 국토지리정보 관측을 목적으로 항공우주연구원에서 개발됐으며, 국토교통부 국토지리정보원 위성센터에서 표준영상제품을 사용자에게 제공한다. 국토위성의 영상센터는 흑백 0.5m, 칼라 1m의 해상도를 가지고 있다.

그림 5.80 차세대 중형위성 국토위성1호 (항공우주연구원)

그림 5.81 국토위성2호(발사예정)

그림 5.82 국토위성영상 (잠실종합경기장)

5.6.5 영상처리(Image processing)

지표에 대한 정보를 원격탐측기법으로 얻기 위해서는 위성에서 얻어진 수치영상을 처리, 분석해야한다. 컴퓨터는 디지털 이미지의 픽셀단위로 영상을 처리하며 계산한다. 컴퓨터는 특정한 하나의 방정식이나 여러 개로 혼합된 일련의 방정식에 이들 픽셀데이터들을 삽입하고, 각 픽셀의 계산 결과를 저장하도록 프로그램되어 있다. 이렇게 만들어진 결과는 화면에 디스플레이 되기도 하고, 그림 파일로 저장되거나 또는 다른 프로그램에서 좀 더 처리하여야 할 경우, 그 프로그램의 자체 포맷에 맞는 새로운 디지털 영상을 만든다. 디지털 이미지를 조작하는 방법은 실제 무한하다. 이들 모든 과정(컴퓨터를 이용한)들은 아래에 기술된 5가지 형태 중 하나로 집약될 수 있을 것이다.

(1) 이미지 보정 및 재저장(Image Rectification & Restoration)

기하학적인 왜곡(geometric distortion)을 보정하고, 이미지 데이터의 방사적인 사항을 측정하며 데이터에 존재하는 노이즈를 제거하는 등, 원본 이미지 데이터(raw image data)에 대한 가장 초기 작업이다. 게다가 이미지 재등록(image restoration)기법들의 특성은 이미지 데이터를 취득하는 센서의 특성에 좌우된다. 새로운 정보를 추출하기 위해 이미지를 조작하고 분석하는 단계 이전에 일반적으로 이미지 보정 및 재등록 과정이 실행되기 때문에, 이미지 보정 및 재등록과정을 종종 전처리 과정이라 부르기도 한다.

1) 기하 보정(Geometric Correction)

원본 디지털 영상은 통상적으로 아주 중요한 기하적인 왜곡을 지니고 있기 때문에, 이들 영상을 지도로 사용할 수 없다. 이러한 왜곡의 출처는 센서 플랫폼의 고도, 자세 및 속도의 변화에서부터 파노라믹 왜곡, 지구 곡률, 대기의 굴절, 기복 변위 및 센서 IFOV의 비선형적인 움직임 등과 같은 요소들까지 굉장히 다양하다. 기하 보정의 목적은 이들 요소에 의해 발생된 왜곡을 보정해서, 보정된 영상이 지도로 사용될 정도의 기하학적인 품질을 갖도록 만드는 것이다.

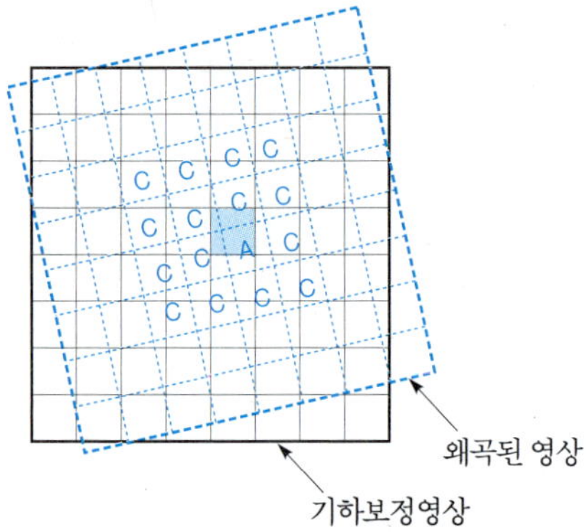

그림 5.83 영상의 기하보정

지상기준점을 사용하는 방법과 기존의 수치지형도를 사용하는 방법, 그리고 또 다른 기하보정영상을 사용하는 방법이 있다. 기준점과 영상의 해당점을 일대일로 매치하여 다항식을 만들고 보통 Affine 변환을 이용하여 영상을 재배열한다. 기하보정을 마친 영상은 지도와 중첩하게 되면 정확히 일치하게 된다. 영상의 재배열 시 그림 5.83에서와 같이 음영표시된 기하보정 후의 픽셀값은 원 영상 4개의 픽셀에 걸쳐있고 가장 많은 부분이 포함된 셀의 값은 A이다. 이 픽셀값을 결정하는데는 cubic convolution방법과 최근린-내삽법(Likelihood), Bilinear Interpolation 기법이 있다. Cubic Convolution재배열 기법은 최근린-내삽법에서 나타나는 흐트러진 형태가 존재하지 않으며, Bilinear Interpolation기법보다 좀 더 뚜렷한 영상을 생성한다.

2) 노이즈 제거(Noise Removal)

탐사, 신호의 수치화, 데이터 저장 과정중 기술한계로 발생하는 이미지 노이즈는 누구나 원치 않는 방해요소이다. 노이즈를 발생시키는 요소로는 플랫폼의 이동, 인간의 오동작등에서부터, 센서구성요소들 간의 전자기적 간섭, 데이터의 전송과 기록과정 중 간헐적으로 발생하는 "Hiccups" 등 다양하다. 노이즈는 디지털 이미지에서 실제 방사정보량을 감소시키거나, 판독이 불가능하게 마스킹해 버리기도 한다. 그래서 이미지 노이즈 제거는 이미지 데이터의 강조나 분류 작업보다 선행된다. 노이즈 제거의 목적은 노이즈가 있는 영상을 원래 대상 물체와 거의 유사한 영상으로 재구성하는 것이다.

기하보정과 마찬가지로 노이즈가 시스템적(주기적)인가, 랜덤한가 아니면 두 가지가 혼합되어 나타나느냐에 따라 영상에서 노이즈 제거의 특성이 달라진다.

(2) 영상 강조(Image Enhancement)

처음 얻어진 위성영상은 직접 눈으로 보여지지 않는다. 전처리 과정을 통해야 비로서 우리가 사용할 수 있는 영상이 되는 것이다. 이 전처리 과정 중 영상 강조는 매우 중요한 과정이다.

이미지 강조기법의 최종목적은 영상에 존재하는 대상물체들 사이의 명확한 차이(구분도)를 증가시켜, 이미지의 시각적 해석능력을 높이는 것이다. 강조된 이미지를 시각적으로 해석하는 과정은 인간의 감각과 컴퓨터 사이의 보완능력을 극대화시키는 것이다.

인간의 감각은 영상에 존재하는 공간적 특성을 해석하는데 탁월하고, 애매하고 미세한 물체형태를 선택적으로 식별할 수 있다. 그러나 인간의 눈은 구분 가능한 대상물체의 미세한 방사적 혹은 분광적 차이에 대한 식별력이 떨어진다. 컴퓨터를 이용하여 이러한 미세한 차이를 극대화시킴으로써, 인간이 곧바로 대상물체를 인식할 수 있도록 만드는 것이 영상 강조의 목적이다.

1) Gray-Level Thresholding

Gray-level threshold는 입력 이미지의 모든 픽셀들을 두 개의 항목으로 분할하기 위해 사용된다. 즉, 분석자가 지정한 Gray-Level값에 따라 모든 픽셀 값들이 gray-level 값의 위와 아래에 놓여지게 되는 것이다. 또한, 이미지를 두 개의 형태로 마스킹 처리(Binary Mask)하기 위해, threshold을 사용하는 것이다. 이미지를 두 개로 구분한 후 각각의 항목을 독자적으로 처리할 수 있는 부차적 처리를 위해 그러한 마스킹 기법이 사용된다.

2) Level Slicing

이미지 히스토그램의 x축에 존재하는 모든 DNs을, 분석가가 지정한 간격이나 "Slices"로 나누는 강조기법을 level slicing이라 한다. 입력 이미지에서 지정한 간격 안에 존재하는 모든 DNs은 출력이미지에선 단 하나의 DN값으로 디스플레이된다. 따라서 이미지에서 slice를 여섯 개 지정하면, 출력이미지는 서로 다른 여섯 개의 gray-level을 갖는다. 그 결과는 마치 등고선도 같이 보이게 되지만, 동일한 DN값으로 표현된 픽셀들(즉 픽셀 값이 다른 경계사이)은 면 형태를 갖는다. 또한 모든 레벨은 색상을 주어 표현할 수도 있다.

3) Contrast Stretching

영상 디스플레이 장치와 기록장치는 256 Gray-Level 범위에서 데이터를 처리하는 것이 일반적이다(즉 256은 8-비트 컴퓨터 인코딩으로 나타낼 수 있는 최대 값이다). 단일 밴드에 존재하는 데이터는 0-256 전 범위에 걸쳐 분포하는 경우는 드물다. 그러므로 입력영상에서 좁은 범위에 분포되어 있는 밝기 값들을 넓게 펼쳐 놓고자 하는 것이 contrast stretching의 목적이다. 이미지의 분석을 위해 연구자가 대상지역에 존재하는 물체들 사이의 contrast를 강조시켜 출력시켜 놓은 이미지가 contrast stretching의 결과물이다. 영상의 DN값이 0-255까지 고르게 분포하므로 밝기와 대비가 좋아진다.

그림 5.84 영상의 히스토그램 스트래칭 전후의 위성영상

5.6.6 영상분류(Image Classification)

영상분류를 통해 토지피복분류를 할 수 있는데 무감독분류법과 감독분류법으로 나눌 수 있다. 기본원리는 수치영상의 모든 화소(픽셀)를 토지피복 종류 또는 항목으로 자동 분류하는 것이다. 영상픽셀의 구역화는 하나 또는 여러 개의 DN(Digital Number) / 그레이 값에 기초한다. 일반적으로 다중분광자료가 분류를 위해 사용되며, 모든 픽셀의 데이터 내부에 존재하는 분광패턴은 항목화 과정의 수치적인 근거로 사용된다. 즉, 서로 다른 물체의 형태는 고유한 분광 반사특성과 복사정도에 따라 자신만이 지닐 수 있는 DN값들의 조합을 형성한다.

(1) 무감독 분류(Unsupervised Classification)

무감독 분류자는 분류근거로 훈련영역(training area)의 자료를 이용하지 않는다. 무감독 분류의 분류자들은 영상에서 알려지지 않은 픽셀들을 조사하고 영상의 DN값들 사이에 존재하는 특성집단(자연발생적인 집단화 : Natural Groupings) 혹은 클러스터에 따라 영상의 모든 픽셀을 몇 개의 항목으로 병합한다. 이 때 사용되는 기본적인 전제는 특정 피복항목을 구성하는 DN값들이 서로 가깝게 위치하며, 이들과 다른 항목들의 DN값들은 비교적 멀리 떨어져 있어 구분이 잘 된다는 것이다.

무감독 분류 후 얻은 결과항목들을 분광항목이라 한다(Spectral Classes). 이러한 분광항목은 오로지 영상의 자연발생적인 집단화에 근거하기 때문에 처음부터 분광항목의 명칭을 알 수는 없다. 분석가는 분광항목들의 명칭과 정보값을 결정하기 위해, 무감독 분류의 결과자료와 영상에 대한 실제 지표자료를 비교해야 한다.

무감독분류는 대상지역에 대한 사전지식이 없어도 되며 사람의 실수로 인한 오차를 최소화할 수 있으며 유일한 클래스로 인식된다는 것, 훈련시간이 필요없다는 등의 장점이 있다. 분류알고리즘은 K-Means 분류법, ISODATA 분류법, Expectation Maximization(EM) 분류방법 등이 있다.

(2) 감독분류(Supervised Classification)

일괄적이고 자동적인 통계처리에 의해 분류되는 무감독 분류와는 다르게 감독분류는 그림 5.84에서와 같이 훈련데이터(training dataset)를 정하는 것부터 시작된다. 우리는 영상 내에서 피복대상물의 정체성을 알 수 있기 때문에 일정하게 분류항목을 정하고 직접 훈련지역과 매치하여 분광정보를 부여한다. 한 개의 분류 항목당 여러 개(보통 10~20개)의 훈련지역을 설정한다.

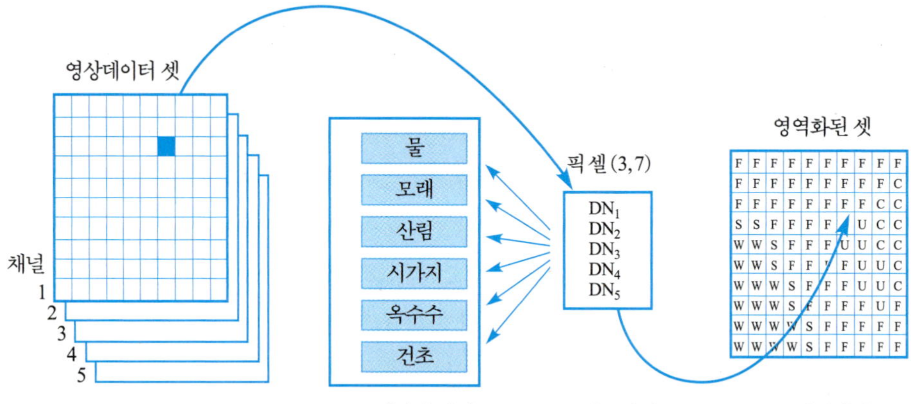

그림 5.85 감독분류의 일반적인 과정

분류과정은 반복적으로 이루어지며 분류알고리즘은 Parallelepiped 분류자, Minimum distance 분류자, Maximum likelihood 분류자를 사용한다.

그림 5.86 분류대상 영상(KOMPSAT2)

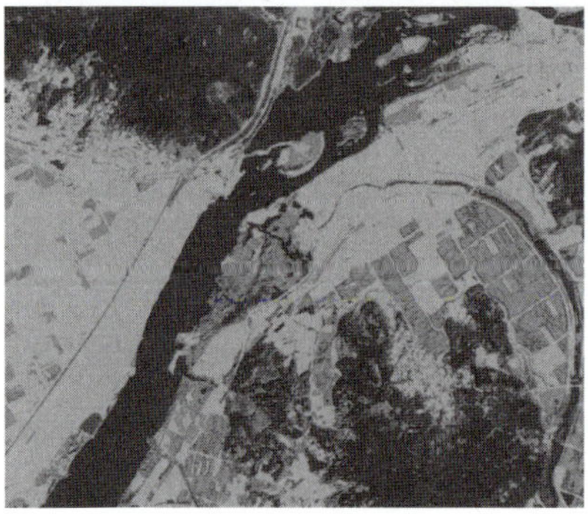

그림 5.87 무감독분류결과

그림 5.88 감독분류결과

그림 5.86은 아리랑 2호(KOMPSAT2)로 촬영한 세종시(행정수도)의 일부분이다. 그림 5.87은 무감독분류영상이며 그림 5.88은 감독분류 영상이다.

5.7 공간정보포털에서의 데이터수집

앞절까지 GIS DB구축을 위한 공간정보를 직접 현장에서 획득하는 내용에 대해 설명하였다. 1990년대 우리나라에 GIS가 소개되면서 국토지리정보원을 비롯한 정부 각 기관에서는 부처의 목적에 맞는 GIS를 구축해 왔다. 국토지리정보원을 제외한 각 부처의 GIS는 대부분 자체이용에 국한시켜 대 시민서비스를 하지 못하였다. 국가에서는 국가공간정보포털(www.nsdi.go.kr)로 통합하여 국민에게 서비스하게 되었다. 현재 GIS구축 시 기본적인 공간정보는 국토지리정보원(www.ngii.go.kr)과 국가공간정보포털에서 데이터를 수집할 수 있다.

5.7.1 국토지리정보원

www.ngii.go.kr로 접속할 수 있으며 수치지도, 항공사진, 정사영상을 비롯한 다양한 공간정보를 제공하고 있다. 수치지형도의 경우 Ver2.0과 .shp, .dxf형식으로도 제공된다. 2022년부터 위성센터가 설립됨에 따라 국토위성연상도 함께 제공하고 있다.

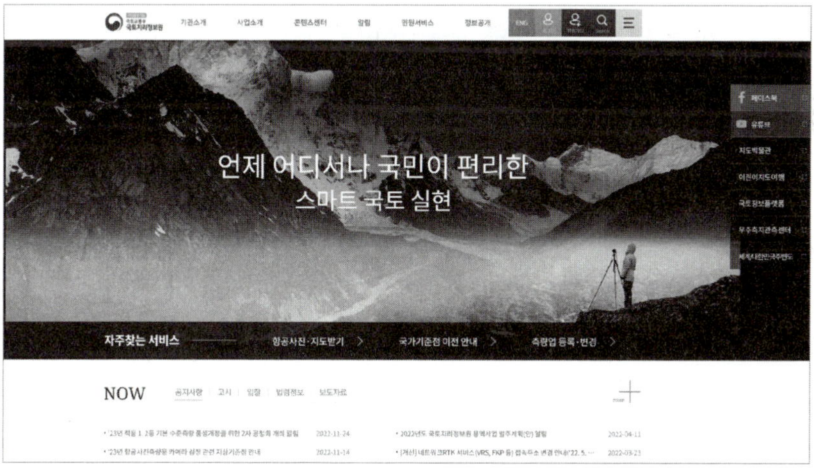

그림 5.89 국토지리정보원 사이트(www.ngii.go.kr)

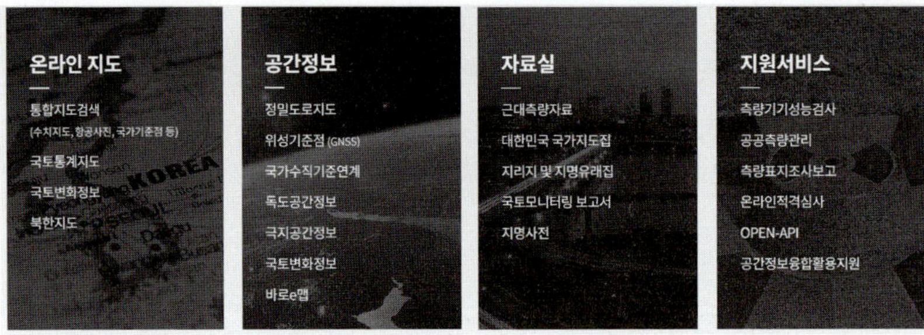

그림 5.90 국토지리정보원 사이트 제공서비스

5.7.2 국가공간정보포털

www.nsdi.go.kr로 접속할 수 있으며 오픈마켓 데이터 다운로드, LOD개방서비스, 공간빅데이터 분석플랫폼을 운영하고 있다. 지도 및 영상서비스, 부동산정보뿐만아니라 공간인포그래픽 등 사용자가 직접 GIS분석도 가능하다. 공간정보산업진흥원에서 제공하는 3차원국토정보 VWorld도 링크되어 있다.

그림 5.91 국가공간정보포털사이트(www.nsdi.go.kr)

5.7.3 기타 정보센터

데이터의 중요성이 부각됨에 따라 통계청과 각 지자체에서는 데이터센터를 설치하고 관리하고 있다. 주로 통계자료가 대부분이며 GIS DB구축시 편리하게 데이터를 수집할 수 있다.

(1) 통계청 국가통계포털사이트(KOSIS ; https://kosis.kr)

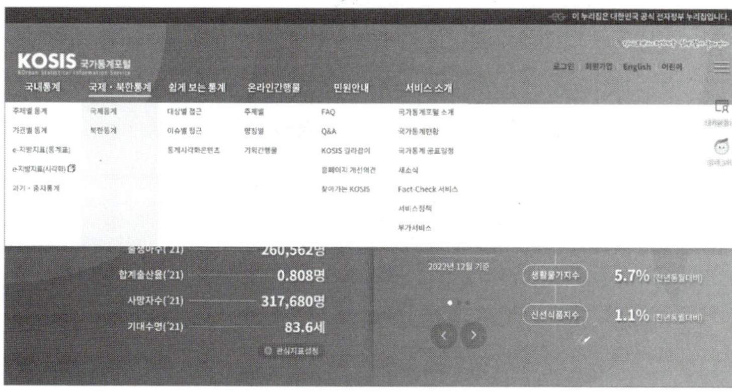

그림 5.92 통계청의 국가통계포털(https://kosis.kr/index/index.do)

(2) 공공데이터포털(www.data.go.kr)

전국 공공기관의 공공데이터를 통합제공하고 있다.

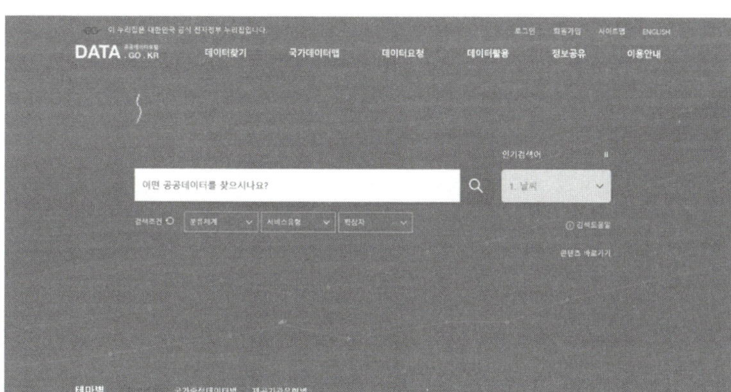

그림 5.93 공공데이터포털(www.data.go.kr)

(3) 서울열린데이터광장(https://data.seoul.go.kr/index.do)

서울시민의 인구, 가구정보로부터 산업경제, 보건, 복지, 교육, 문화관광에 이르기까지 주제별, 통계별, 대상별 세부통계정보를 제공하고 있다.

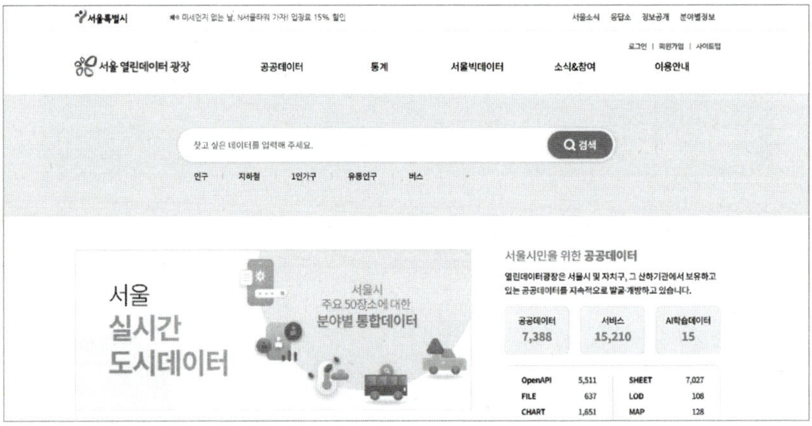

그림 5.94 서울열린데이터광장(https://data.seoul.go.kr/index.do)

Essay

1. GIS의 데이터 수집방법에는 어떤 것들이 있는가?
2. Totalstation과 GPS에 의한 데이터 수집방법은 어떤 특성적인 차이가 있는가?
3. GPS VRS 측량방법에 대해 설명하시오.
4. Mobile GPS데이터 획득방법이란?
5. 사진측량을 이용한 지도제작의 과정을 설명하시오.
6. Remote sensing에 의한 데이터수집의 의의는 무엇인가?
7. 원격탐측데이터의 해상도에 대해 설명하시오.
8. 감독분류와 무감독분류의 장단점을 설명하시오.
9. 수동적센서와 능동적센서를 예를 들고 설명하시오.
10. 영상정합이란?
11. GIS에서 데이터 입력방법에는 어떤 것들이 있는가?
12. 스캐너에 의한 입력방법과 디지타이저에 의한 입력방법의 장단점을 비교분석하시오.
13. 공간데이터 작성 시 오류의 종류를 들고 설명하시오.
14. 좌표계투영방법에 대해 논하시오.

제6장 데이터입력

수집된 데이터는 GIS 데이터 베이스에 입력 되어야하는데 데이터의 상태에 따라 방법이 달라진다. 일반적으로 인터페이스를 이용하여 직접 입력하는 방법, key-in하는 방법, 스캐닝 및 디지타이징을 통하여 수치데이터로의 변환방법을 사용한다. 일반측량 결과는 측량장비가 디지털화 되어 있으므로 아날로그 과정을 거치지 않고 좌표, 혹은 속성자료들이 직접 입력이 된다. 기존의 아날로그 도면을 이용할 필요가 있다면 스캐닝하여 스크린 디지타이징 하는 방법과 디지타이저를 이용하여 디지타이징하는 방법을 사용해야 할 것이다.

각 방법에 따라 원시데이터의 왜곡 및 데이터의 손실이 발생한다. 이 장에서는 다양한 데이터 입력방법과 이로 인한 데이터의 왜곡 등에 대해 기술하였다.

6.1 데이터의 입력과정

제5장에서는 다양한 데이터수집 방법에 대해 설명하였다. 이렇게 수집된 다양한 자료들은 공간데이터와 속성데이터로 GIS 데이터 베이스에 입력된다. 수치지도를 제작하기 위한 입력과정은 종종 프로젝트 기간의 절반이상의 많은 시간과 노력이 소요되는 작업과정이며 매우 중요한 과정이라고 볼 수 있다.

GIS에서 공간 데이터의 기본으로 수치지형도를 빈번히 사용한다. 이 데이터를 베이스맵이라 하는데 그림 6.1과 같은 과정을 통해 구축된다(이희연, GIS지리정보학, 2007). GIS에서 다루어지는 데이터의 형태는 종이지도로부터 수치지도, 영상파일, 비디오파일, 텍스트파일, 외부파일(엑셀, 데이터베이스)등으로 다양하다. 따라서 입력을 위한 적합한 파일형식을 결정해야 한다. 기존의 종이지도가 있을 경우에는 스캐닝 방식을 사용할 것인지, 아니면 디지타이징 방법을 사용하여 수치지도를 만들 것인지를 결정하여야 한다. 결정요소는 원본요소의 정보충실도와 데이터량을 고려하여 결정한다. 영상파일은 항공영상과 위성영상이 주로 이용되는데 측량좌표를 가지고 있는 정사영상이어야 한다. 일반영상의 경우 지오레퍼런싱(Geo-referencing)[1]하여 정사영상을 제작하여야 한다.

그렇지 않으면 영상데이터와 기타공간데이터의 정확한 중복이 불가능하다. 공간데이터의 좌표계가 각각 다르다면 동일한 좌표계로 통일하기 위한 좌표계의 정의와 좌표변환은 어떠한 알고리즘으로 할 것인지를 결정하여야 한다. 비디오파일은 주로 부수적인 컨텐츠로 이용되므로 적절한 디스플레이 크기의 결정과 인코딩을 통한 해상도와 파일의 크기를 조정해야할 것이다. 위치를 참조하는 속성데이터의 경우 주로 텍스트형식과 수치형식을 사용한다.

이들은 DB 파일형식으로 변환하여 GIS 소프트웨어 내에서 일괄입력(bulk update)방법을 사용한다. 입력과정에서 오류가 빈번히 발생하므로 필히 검증단계가 있어야 한다. 또는 이미 외부에서 만들어져 있는 데이터베이스를 사용할 경우가 있는데 주로 엑셀파일과 .dbf파일들이다. 예를 들어 도시의 행정구역을 표현 한 수치지도에 각 행정동 별 인구구성, 소득분포 등을 입력할 경우, 관련 데이터베이스 파일을 이용하여 테이블을 조합하거나 관계시킴으로써 외부 데이터베이스를 가져올 수 있다.

이와 같이 하여 파일의 종류에 따른 입력파일의 형식을 결정하고 나름대로의 절차를 계획한다.

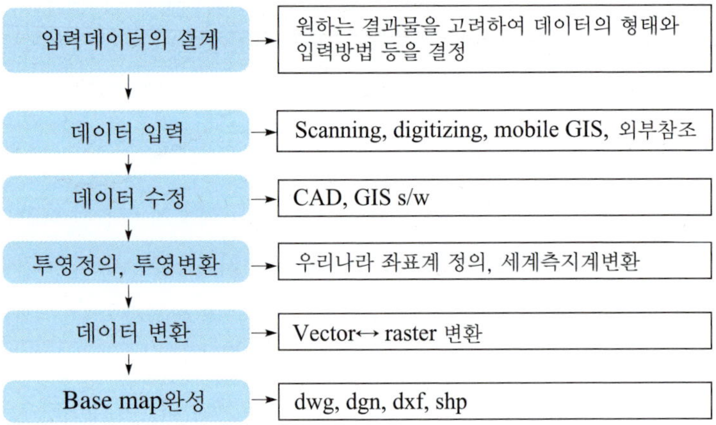

그림 6.1 데이터의 입력과정

1) 지오레퍼런싱(Geo-referencing) : GIS 작업시 기준이 되는 좌표계와 일치시키는 것으로 지상기준점 또는 기존 지오레퍼런싱된 영상을 기준으로 한다.

6.2 데이터의 입력방법

6.2.1 Mobile GIS 이용방법

도시시설물의 유지관리, 교통상황조사, 생태조사 등에 많이 쓰이는 방법으로 모바일측량시스템으로 데이터를 획득하고 GIS관련소프트웨어에 데이터를 입력하여 활용하는 것을 모바일 GIS라 한다. 사무실을 떠나 GIS의 작업영역을 확장하며 정확성과 실시간 업무의 결과를 DB에 입력할 수 있다. 대부분 외업(field work)과 내업(office work)으로 이루어지며 외업의 결과를 내업에서 업데이트 하는 후처리 방식(post processing)과 CDMA와 같은 무선 통신 수단을 이용하여 인터넷으로 실시간 업데이트되는 실시간 처리방식(real-time processing)이 있다.

모바일 GIS의 장점은 다음과 같다.

1) 외업의 효율성과 정확도의 향상
2) 신속한 데이터수집과 단절없는 데이터 조합
3) 종이양식 중심의 작업 대체
4) 적절한 시기에 정책결정의 정보제공

ERSI의 ArcPad는 GIS서버와 데스크탑 GIS와 직접 데이터 조합이 가능하고 다음의 기능이 있다.

1) 신뢰있는 필드데이터를 획득함으로써 프로젝트 점검이 가능하다.
2) 신속한 의사결정을 위한 엔터프라이즈 데이터의 공유가 가능하다.
3) 외부의 GPS, 레인지 파인더, 디지털카메라와의 통합으로 다양한 데이터의 획득이 가능하다.
4) GIS 데이터베이스의 정확도와 타당성을 향상시킬 수 있다.
5) 필드작업의 생산성이 향상된다.

모바일 GIS 방법에 의한 데이터입력과정은 대략 다음과 같다.

1) 수치지도의 입력 : 모바일기기에 GIS 서버로부터 해당지역의 수지치도를 로딩한다.
2) 현지조사측량 : 사용자는 모바일 단말기를 가지고 현장에서 대상물의 위치와 속성정보를 수집한다. 사용자가 사용하고 있는 모바일 단말기는 GPS수신기가 있어 위치정보를 동시에 저장한다.
3) 데이터 입력
   ① 실시간 데이터 입력의 경우 : 단말기에 통신장치가 있어 CDMA서비스로 인터넷을 통해 본사의 GIS 서버에 실시간으로 데이터가 전송된다.
   ② 후처리 데이터입력의 경우 : 측량이 끝난 단말기를 본사로 가져와 GIS server와 유무선으

로 데이터를 관련소프트웨어를 통해 입력한다.

4) 데이터 처리 및 분석 : 이후에는 일반적인 GIS 소프트웨어를 이용하여 데이터를 처리하고 분석한다.

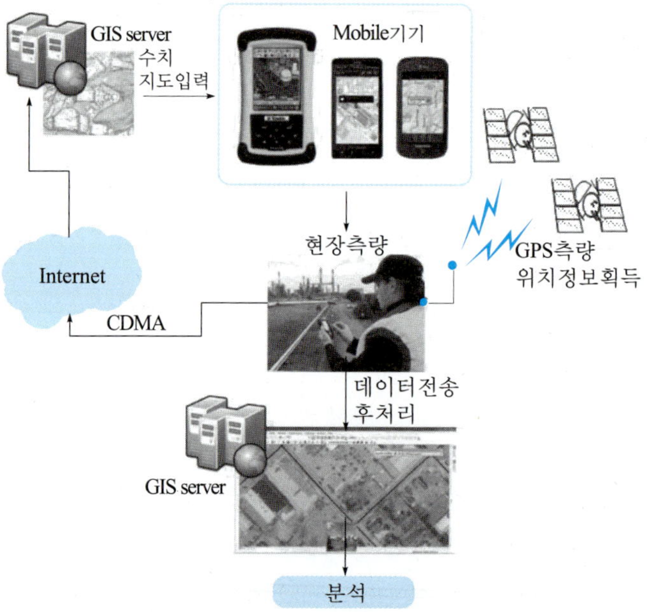

그림 6.2 Mobile GIS에 의한 데이터 수집 및 입력방법

모바일 GIS방법으로 행정구역내 시설물을 관리하는 지자체가 증가하고 있으며 실제로 미국의 노스캐롤라이나에서는 시내의 가로수정보를 모바일 GIS을 통해 구축하고 있다.

그림 6.3 노스캐롤라이나주의 사우스베리도시의 가로수 조사시스템

2021년 산림과학원은 가로수, 공원수 등에 식재된 생활권 수목 병해충, 기상재해 피해를 최소화하고 체계적 관리를 위한 '수목 관리이력 정보화 시스템'을 개발하여 활용하고 있다.

그림 6.4 https://www.lak.co.kr/news/boardview.php?id=8373

표 6.1 서울시 서대문구의 가로수현황(2022.11.16.)

	A	B	C	D	E	F	G	H	I	J	K	L	M	N	O	P
1	가로수길명	가로수길시	가로수길시	가로수길종	가로수길종	가로수종류	가로수	가로수길	식재연	가로수길소	도로명	도로종류	도로구간	관리기관전	관리기관명	데이터기준일자
2	통일로	37.59798	126.9383	37.56208	126.9693	은행, 양버	760	4.85		은행 등 6종	통일로	시도	통일로	02-330-17	서대문구청	2022-10-31
3	세검정로	37.59894	126.9568	37.59148	126.9416	은행, 양버	197	2.55		은행 등 4종	세검정로	시도	세검정로	02-330-17	서대문구청	2022-10-31
4	연희로	37.59148	126.9416	37.5588	126.9269	은행, 양버	762	4.1		은행 등 8종	연희로	시도	연희로	02-330-17	서대문구청	2022-10-31
5	신촌로	37.5588	126.9269	37.55936	126.9618	은행, 칠자	360	3.35		은행 등 가	신촌로	시도	신촌로	02-330-17	서대문구청	2022-10-31
6	충정로	37.55936	126.9618	37.56581	126.9664	은행, 느티	196	0.8		은행 등 가	충정로	시도	충정로	02-330-17	서대문구청	2022-10-31
7	서소문로	37.56208	126.9693	37.55936	126.9618	은행	50	0.8		은행 등 가	서소문로	시도	서소문로	02-330-17	서대문구청	2022-10-31
8	성산로	37.57229	126.9599	37.56799	126.9173	은행, 양버	840	9.8		은행 등 가	성산로	시도	성산로	02-330-17	서대문구청	2022-10-31
9	모래내로	37.56855	126.9165	37.5861	126.9468	은행, 양버	596	3.4		은행 등 가	모래내로	시도	모래내로	02-330-17	서대문구청	2022-10-31
10	수색로	37.56855	126.9165	37.5769	126.9033	은행, 이팝,	424	1.7		은행 등 가	수색로	시도	수색로	02-330-17	서대문구청	2022-10-31
11	응암로	37.57438	126.9061	37.58593	126.9155	은행, 양버	309	1.6		은행 등 가	응암로	시도	응암로	02-330-17	서대문구청	2022-10-31
12	가좌로	37.5856	126.9229	37.578	126.9303	은행, 메타	254	1.2		은행 등 가	가좌로	시도	가좌로	02-330-17	서대문구청	2022-10-31
13	증가로	37.56851	126.9322	37.58408	126.911	은행, 양버	365	2.7		은행 등 가	증가로	시도	증가로	02-330-17	서대문구청	2022-10-31
14	신촌역로	37.55668	126.9428	37.55991	126.9404	은행, 양버	81	0.87		은행 등 가	신촌역로	시도	신촌역로	02-330-17	서대문구청	2022-10-31
15	통일로(독	37.57661	126.9556	37.5723	126.9599	은행	8	0.7		은행 등 가	통일로(독	구도	통일로(독	02-330-17	서대문구청	2022-10-31

나무별로 부착된 표식(NFC)과 스마트폰 애플리케이션(앱)을 통해 현장에서 수목 실시간 상태, 관리 이력 등 정보를 서버에 저장하고 확인할 수 있는 시스템이다. 시민이 문제가 생긴 수목을 발견하면 정확한 위치와 정보를 현장에서 바로 해당 담당자에게 전달할 수 있는 민원제공시스템도 구축할 예정으로 시민참여형 관리시스템으로 발전할 계획이다(환경과조경https://www.lak.co.kr/news/boardview.php? id=8373).

6.2.2 도면의 수치화 방법

자료가 종이도면으로 획득되었다고 하면 GIS데이터로 입력하기 위해 수치화가 필요하다. 이 작업을 디지타이징이라고 한다. 디지타이징은 일반적으로 벡터 형태의 수치 자료를 취득하기 위해 사용되며 노동 집약적이고 많은 시간을 필요로 한다. 자동화가 가능하지만 자동화의 정도가 높아질수록 정확도가 떨어지므로 보통 자동화를 통해 얻어진 데이터를 수정하거나 반자동모드로 작업하는 것이 일반적이다. 적은 양의 자료를 입력하거나 필요한 수치 자료를 구할 수 없을 경우에만 실시하는 것이 바람직하다. 또한 어떠한 방법을 사용하더라도, 종이지도의 수축과 팽창으로 인한 위치오차에 간접입력 방식에 따른 오차가 누적된다는 점을 유의하여야 한다. 테블릿을 사용하는 방법과 스캐너를 이용하는 방법이 있다.

(1) 테블릿 이용방법

그림 6.5와 같은 디지타이저 위에 종이도면을 세팅하고 마우스퍽으로 도면요소를 하나하나 클릭하여 수치화 하는 방법이다. 디지타이저 바탕에는 수없이 많은 센서가 깔려있어 마우스의 움직임을 수천 dpi로 감지할 수 있다.

그림 6.5 GTCO_surface-Lit AccuTab digitizer

그림 6.6 테블릿 상에서의 디지타이징

테블릿을 이용한 디지타이징은 수동으로 이루어진다. 그러므로 도면 전산화에 많은 시간과 노력이 소요된다는 단점이 있지만 작업과정이 비교적 간단하고 높은 정확도를 얻을 수 있다. 수동 디지타이징의 효율성은 작업자의 숙련도와 사용되는 소프트웨어의 성능에 크게 좌우된다. 디지타이싱의 정확도는 작업지에 따라 크게 좌우되므로, 도심지가 포함된 지역이나 개발이 많이 이루어지고 있는 지역과 같이 민감한 사안 등에는 작업자의 신중한 작업이 필요하다.

초기의 디지타이징은 도면 위에 투명 좌표 용지를 올려놓고 펜으로 그리는 방식이었으며 컴퓨터 기술이 발전함에 따라 디지타이징 테블릿(tablet)과 퍽(puck)을 이용한 디지타이징이 일반화되었다. 테블릿을 이용한 디지타이징 과정은 다음 그림 6.7과 같다.

그림 6.7 테블릿을 이용한 도면 수치화과정

입력되는 위치좌표는 미리 설정한 여러 개의 기준점(control point)에 대한 상대위치로 저장된다. 기준점은 입력된 자료를 좌표계에 '연결하는' 역할을 한다. 즉, 지도상의 기준점에 대한 지상좌표와 디지타이징 좌표를 미리 알고 있으므로, 이러한 정보로부터 다른 점의 좌표를 변환할 수 있다. 기준점은 최소한 3개 이상이 필요하지만, 위치오차를 점검하기 위해서 많이 입력할수록 좋다(2004 지리정보시스템의 원리).

(2) 스캐너 이용방법

테블릿 대신에 스캐닝한 도면을 자동, 반자동 또는 수동으로 수치화 하는 방법이다. 자동 또는 반자동 방법은 벡터라이징 소프트웨어를 이용하는 방법이며 수동 방법은 CAD 소프트웨어에 스캐닝한 도면을 띄워놓고 화면상에서 마우스로 디지타이징 하는 방법이다. 테블릿방법과는 달리 일단 스캐닝한 후에는 모니터 상의 CAD프로그램을 이용하므로 헤드업(head up)디지타이징 방법이라고도 한다. 종이도면은 먼저 전처리를 거쳐 스캐너에 의해 스캐닝된다. 스캐너는 스캐닝할 도면에 빛을 비추고, 그로부터 반사된 빛의 강도를 센서로 측정하여, 그 결과를 픽셀별로 반사값을 기록한 영상을 생성하는 기기이다. 스캐닝 작업은 도면을 움직이는 로울러와 빛을 전달하는 렌즈, 이를 수치화하는 CCD카메라를 이용하므로 이로 인한 왜곡이 발생할 여지가 많다.

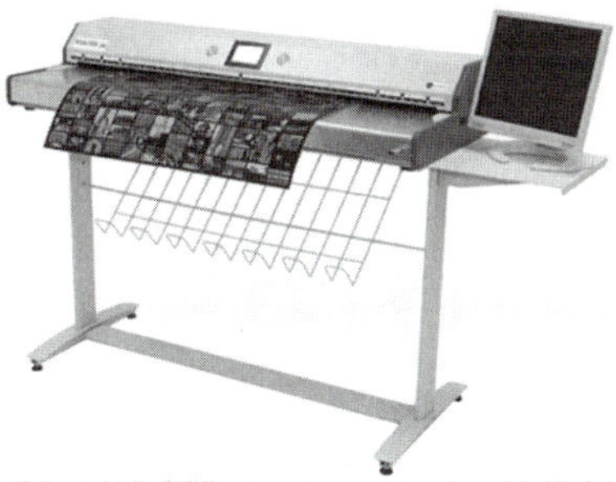

그림 6.8 도면스캐너(WideTEK 42)

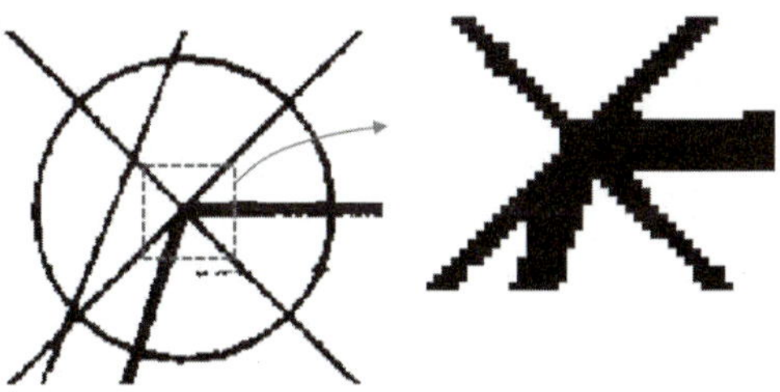

그림 6.9 스캐닝된 도면의 일부분

그림 6.9는 2bits(흑백)방식으로 스캐닝한 결과 파일의 예이다. 계조가 표현되는 회색조는 8bit 256단계의 그레이레벨로 도면이 표시되며 칼라방식의 경우 적,녹,청 밴드별로 각각 기록되므로 저장공간이 많이 필요하다. 각각의 밴드에는 회색조방식과 마찬가지로 256단계의 값이 기록된다.

스캐너는 최대해상도가 정해져 있다. 최대해상도는 1인치당 구분할 수 있는 최대 픽셀의 개수를 말하며 단위는 dpi(dot per inch)를 사용한다. 작업에 따라 최대해상도를 사용하지 않고 낮은 해상도를 사용하여 스캐닝하는 경우도 있다. 수동으로 화면 디지타이징을 할 경우 선의 두께에 따라 다르지만 200-300dpi 정도면 충분하다. 인화되거나 출력된 항공/위성사진을 디지타이징 할 경우에는 좀 더 해상도가 높아야 하며 일반적으로 적어도 800dpi이상으로 스캐닝 하여야한다. 반자동 혹은 자동 디지타이징의 경우 하나의 선이 적어도 3개의 픽셀 정도 차지할 수 있는 해상도가 필요하다. 그래야 컴퓨터가 선의 중심을 추적할 수 있어 변위가 발생하지 않는다. 항공사진을 자동 · 반자동으로 디지타이징하는 것은 거의 불가능하다고 할 수 있다. 대부분 항공사진의 정보는 시각적 해석을 통해 획득한다. 그림 6.10은 일반측량 방법으로 얻어진 종이도면을 스캐닝한 것이다.

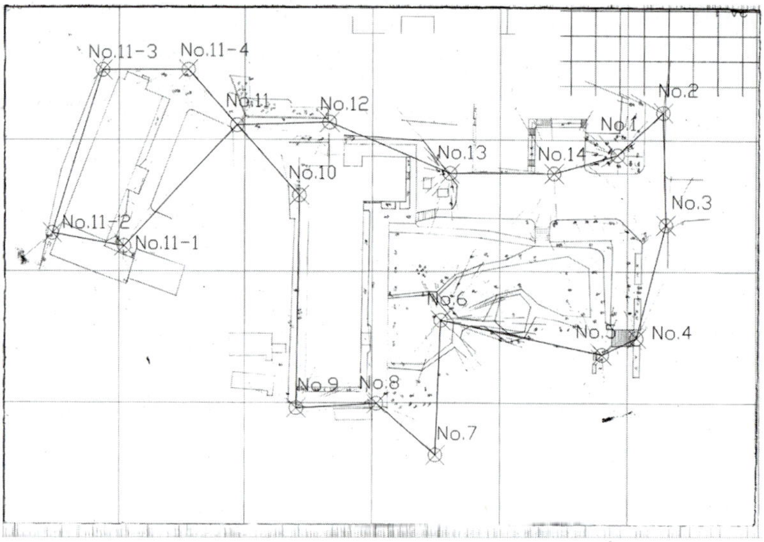

그림 6.10 일반측량으로 만들어진 스캐닝된 종이도면

스캐닝 작업으로 생성한 영상은 여러 가지 영상처리(image processing)기법을 통해 품질을 향상시킨 후 사용하는 것이 좋다. 색, 명도, 대비 등을 바로잡거나 노이즈를 제거하고 구멍을 채우고, 선을 부드럽게 만드는 작업 등이 이에 해당한다. 스캐닝된 영상은 분류된 객체가 들어 있는 구조화된 자료가 아니다. 따라서 입력된 대상을 주제별로 분류하고 관련 속성을 넣는 별도의 작업이 필요하다(2004, 지리정보시스템의 원리).

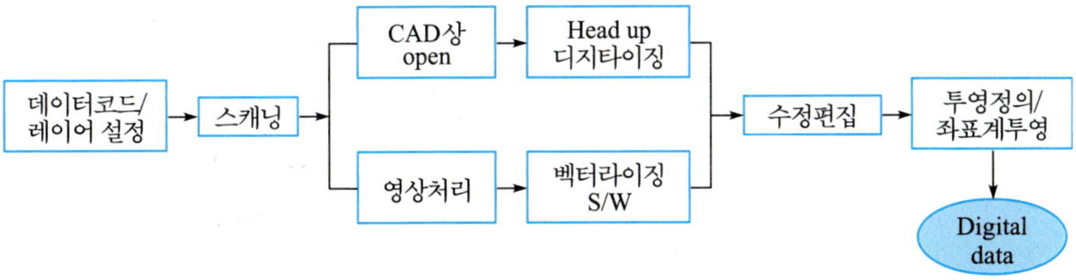

그림 6.11 스캐너를 이용한 도면 수치화 과정

스캐닝된 영상의 벡터화(vectorization)란 스캐닝된 영상으로부터 깨끗한 점, 선, 면을 추출하는 과정으로 보통 컴퓨터 소프트웨어를 이용한다. 예를 들어 선을 스캐닝하면 일반적으로 몇 개의 픽셀로 얻어지므로 먼저 중심선만 남도록 가늘게 만들어야 한다. 이러한 과정을 세선화(thining 혹은 skeletonizing)작업이라고 한다. 세선화가 끝난 후 남아 있는 중심선에 대해, 일련의(x,y) 좌표를 부여함으로써 선분을 생성한 후 속성을 부여한다. 일반적인 벡트데이터 획득 과정은 그림 6.12와 같다.

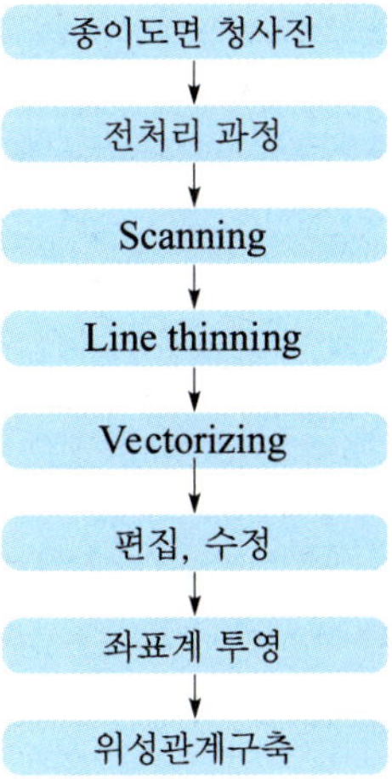

그림 6.12 스캐닝을 통한 벡터라이징순서

스캐닝 데이터가 지적도라 한다면 필지의 영역을 결정해야 한다. 이 필지경계는 어떠한 원리를 적용하느냐에 따라 다소 다른 결과가 얻어질 수도 있다. 다음과 같은 방법이 있다.

① Presence/Absence방법 : cell을 지나가느냐 그렇지 않느냐에 따라 값 부여- 점이나, 선분의 벡터화에 유리

② Centroid of Cell방법 : cell의 중심점을 차지하는 대상물에 대해 값 부여- 선분보다 면적에 좋음

③ Dominant type방법 : cell의 50% 이상 차지하는 대상물이 그 cell 값으로 부여- 폴리곤에 적합

그림 6.13(b)에서 셀 중심으로 영역을 결정하는 경우와 (c)와 같이 점유(면적)형식을 기준으로 결정하는 경우 다른 결과를 가져온다.

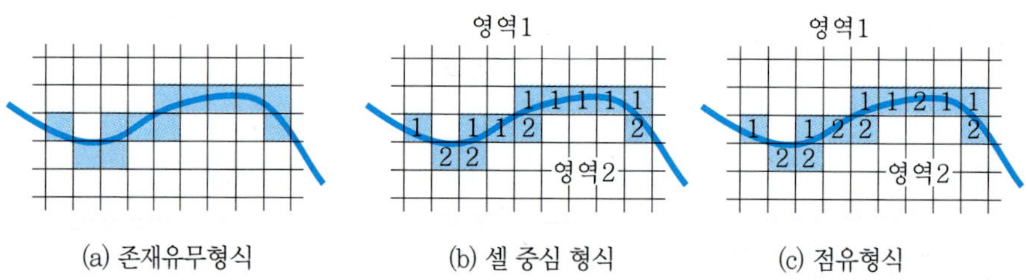

그림 6.13 벡터라이징의 영역결정

6.2.3 외부자료의 입력

GIS작업에서 활용할 수 있는 외부자료는 크게 공간데이터와 속성데이터이며 관계기관이나 포털사이트에서 획득하여 GIS시스템으로 입력할 수 있다. 관련 포텔사이트는 5장에서 거론한 바 있으며 이번 절에서는 제공되는 데이터의 형식을 살펴보고자 한다.

1) 공간정보데이터

대부분 국토지리정보원과 국기공가공간정보포털에서 제공이 되며 수치지도, 항공사진, 정사영상, 공개DEM, 측량기준점, 온맵, 공공측량결과 등이다. 수치지도는 다음형식으로 제공된다.

- **수치지형도** : 기존의 도엽번호 별 제공
- **수치지형도 Ver2.0**(shp파일과 .ngi파일) : 기존의 도엽번호 별로 제공되며 .ngi파일은 국토지리정보원에서 제공하는 별도의 소프트웨어를 활용하여 데이터변환이 가능하다.
- **연속수치지형도**(.shp) : 사용자가 선택한 영역의 수치지도제공

Ver2.0의 shape파일은 해당 도엽의 레이어 별로 쉐이프파일이 제공되므로 선택적으로 입력할 수 있다.

그림 6.14 국토지리정보원에서 제공하는 수치지도 Ver2.0 shape파일

정사영상은 측량좌표계를 포함한 geotiff파일로 제공하였으나 국가안보차원에서 영상(공간해상도 .25m)만을 제공하므로 별도의 지오레퍼런싱 작업이 필요하다.

그림 6.15 정사영상과 함께 제공되는 메타데이터

제공되는 메타데이터에는 좌표계 등에 대한 정보가 제공된다.

2) 속성데이터

최근의 속성데이터는 거의 벡터기반 공간정보와 함께 제공되므로 확장 활용이 가능한 api멧과 .shp, .csv로 제공된다. .shp파일의 경우 내부의 테이블에 관련 속성정보가 제공되며 .csv로 제공될 경우 주소로 지오코딩하거나 기존 GIS공간데이터의 테이블의 공통 필드로 테이블 join 또는 relate로 속성을 링크한다.

그림 6.16 국토공간정보포털에서 제공하는 국가공간 개방데이터

이 밖에 통계청에서 운영하는 국가통계포털사이트(KOSIS ; https://kosis.kr), 공공데이터포털(www.data.go.kr), 서울열린데이터광장(https://data.seoul.go.kr/index.do)과 같은 지자체에서 운영하는 데이터센터에서 다양한 정보를 제공하고 있다.

3) 웹스크래핑(Web-scraping)

많은 데이터가 인터넷상에 올라와 있다보니 원하는 데이터를 웹상에서 수집하는 경우가 늘고 있다. 스크랩핑(혹은 웹 스크랩핑)은 인터넷에서 존재하는 데이터를 컴퓨터 프로그램을 통하여 자동화된 방법으로 웹에서 데이터를 수집하는 모든 작업을 말한다. 크롤링(crawling)은 데이터를 수집하고 분류하는 것을 의미하며, 주로 인터넷 상의 웹페이지(html, 문서 등)를 수집해서 분류하고 저장하는 것을 뜻한다. 엄밀히 말해, 크롤링은 데이터의 수집 보다는 여러 웹페이지를 돌아다닌다는 뜻이 강하며, 데이터가 어디에 저장되어 있는지 위치에 대한 분류 작업이 크롤링의 주요 목적이라 할 수 있다.

데이터크롤링을 통해 얻어지는 데이터를 사용목적에 맞는 형태로 파싱(parsing)하는 과정을 거쳐 데이터를 획득한다. 언급한 각각의 작업을 수행하는 프로그램을 크롤러(crawler), 파서(parser), 스크래퍼(scraper)라고 한다.

웹크롤링은 인터넷 익스플로러, http, Selenium을 이용하는 방법이 있는데 http방법이 브라우저를 사용하지 않고 직접요청을 통하므로 빠르다. VBA로 엑셀에서 별도의 라이브러리 없이 사용할 수 있다. 홈페이지에서 로그인이나 공인인증을 요청하는 경우에는 Selenium을 이용해야 하나 대부분의 사이트에서 API를 제공하므로 http방법을 이용하면 대부분 가능하다.

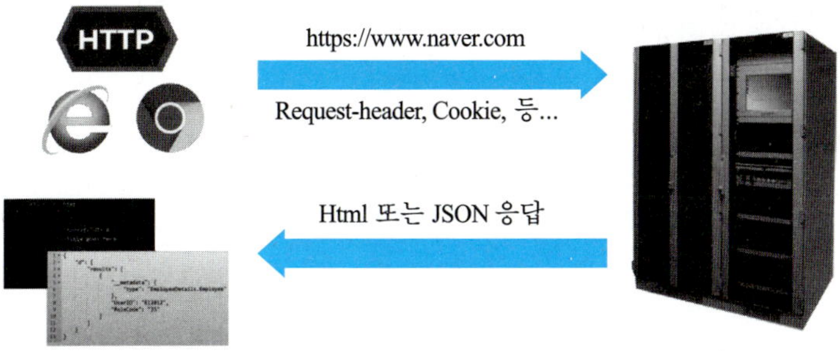

그림 6.17 웹크롤링의 개념도(www.oppadu.com)

6.3 데이터의 수정

6.3.1 공간데이터 오류

디지타이징을 통해 작성한 벡터 자료는 상당한 오류 수정 작업을 필요로 하며 자동 디지타이징에 의한 자료는 더욱 세심한 관찰과 수정을 요구한다. 아크(arc)의 교차, 폐합되지 않은 다각형(polygon) 발생, 잘못된 속성 코드 부여, 중복 디지타이징 등이 빈번히 발생할 수 있는 디지타이징 오류이다. 이와 같은 오류를 수정하기 위하여 결과물을 출력하여 원 자료와 대조하거나 소프트웨어에 내장되어 있는 위상관계 및 속성 확인 기능을 사용하여 오류를 찾아내고 화면을 보면서 대화식(interactive) 수정을 실시한다.

(1) 디지타이징한 파일에서 발생하는 오류

1) Sliver polygon : 지적필지를 표현할 때 필지가 아닌데도 조그만 조각이 생겨 필지로 인식하는 경우
2) Overshoot : 어떤 선분까지 그려야하는데 그 선분을 지나치는 경우
3) Undershoot : 어떤 선분까지 그려야하는데 그 선분에 미치지 못한 경우
4) 레이블 입력오류 : 지번 등이 다르게 기입되는 경우 또는 없거나 2개가 존재하는 경우
5) 인접지역의 불일치 : 작업자가 영역을 나누어 작업할 경우 접합지역에서 서로 어긋나는 경우

이러한 오류는 screen fit 화면에서는 확인하기가 쉽지 않다. 어느 정도까지 확대하여야만 나타나는 경우가 많으므로 일일이 눈으로 확인하는 것 보다는 GIS 소프트웨어의 오류 검사기능을 활용할 필요가 있다. 예를 들어 지적폴리곤 내에 지번이 누락된 필지를 수정한다고 하자. 사업

지역 내 수백 – 수천의 필지를 일일이 확대 해볼 것인가? GIS에서는 쿼리를 통해 지번이 누락된 필지를 찾을 수 있으며 목록도 생성할 수 있다.

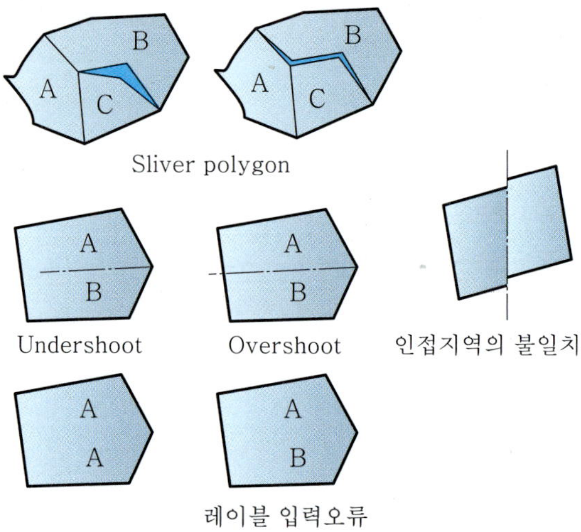

그림 6.18 벡터라이징 시 흔히 발생하는 오류

(2) 자동 vectorizing

자동 벡터라이징한 파일은 소프트웨어에 의해 일괄적으로 벡터화 되므로 선분이 어디서 시작하여 어디에서 끝나는지 도면상의 주기와 대상물이 어떻게 다른지를 알지 못한다. 그러므로 많은 선분들과 점으로 이루어진 파일로 이루어 진다. 사용자는 일일이 원도면을 보면서 수정과 편집작업을 해야하는데 그야말로 단순소모성 작업이라고 말할 수 있다. 따라서 복잡한 도면의 경우 자동벡터라이징 하는 경우는 드물고 등고선도와 같이 하나의 성질을 가진 도면을 벡터라이징 할 때 사용한다. 지형도의 경우 자동 벡터라이징 한 파일에서 등고선만을 취하고 나머지는 수동 벡터라이징 하는 경우도 많다.

6.3.2 데이터 수정

데이터의 수정은 위에서 거론한 오류들을 수정하는 작업이며 벡터전문 소프트웨어인 CAD프로그램을 이용하는 방법과 GIS소프트웨어에서 제공하는 편집기능을 이용하여 수정하는 방법이 있다. CAD프로그램은 벡터 전문 소프트웨어이므로 다양한 벡터 편집기능을 가지고 있어 작업자가 빠른 속도로 작업할 수 있다. GIS 소프트웨어에서 제공하는 편집기능은 한계가 있으며 다소 시간이 소요되는 면이 있었으나 최근에는 많은 기능들이 추가되어 작업이 편리해졌다.

그림 6.19는 AutoCAD상에서 지적도를 수정하는 화면으로 작업자가 다름으로 인한 경계불일치의 문제가 발생하였다. 그림 6.20은 ArcGIS Desktop상에서 지적도를 수정하는 화면으로 필지통합의 작업을 하는 모습이다. CAD에 능숙한 사용자는 CAD에서 작업하는 것이 효율적이나 파일형식변환, 좌표계투영 등 추가적인 작업을 다시 해야 한다는 단점이 있다. 벡터데이터의 오류와 수정방법은 다음과 같은 종류가 있다.

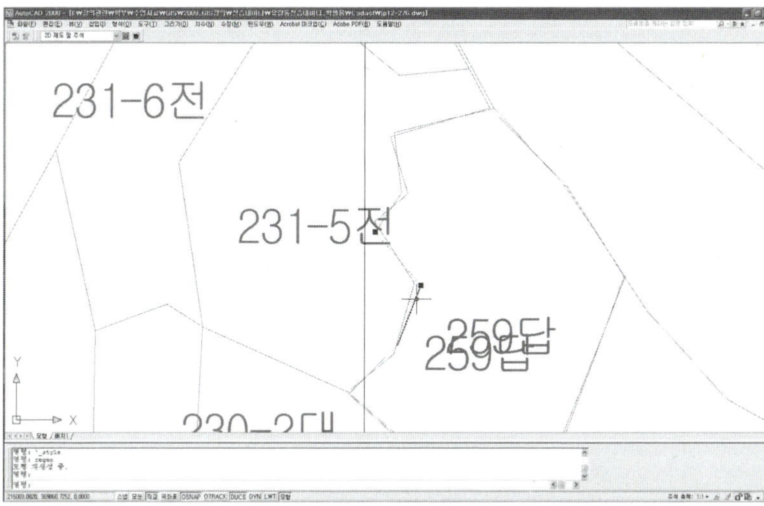

그림 6.19 AutoCAD 상에서 경계불일치를 수정하는 모습

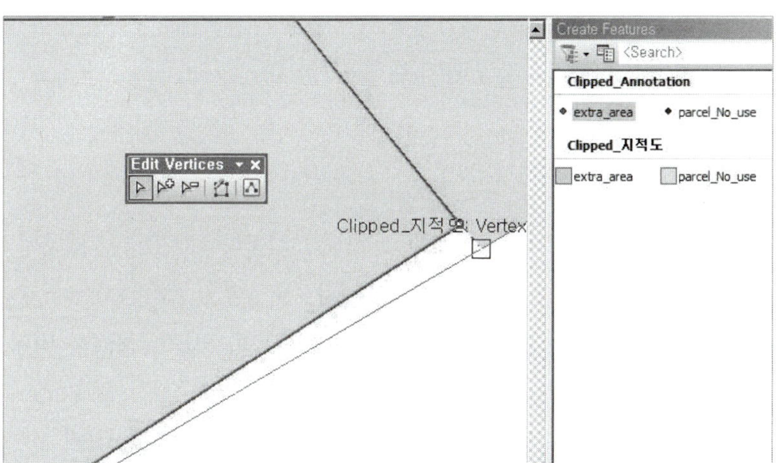

그림 6.20 ArcGIS Desktop상에서 지적도를 수정하는 모습

① Sliver polygon : 예를들어 지적경계의 상황을 파악하여 어떠한 필지에서 조각이 분리되었는지 파악하고 통합한다. 몇몇 경계선을 삭제하고 다시 경계선을 그려야 한다. 스냅모드를 사용하여 정확히 그려준다. 정확하지 않으면 추후 폴리곤화 또는 속성테이블을 생성 시에 오류가 발생한다.

② Overshoot : 선분이 어느 위치를 지나치는 경우에는 그 위치까지 선분을 잘라주어야 한다. AutoCAD의 trim명령어를 사용할 수도 있고 GIS 소프트웨어에서는 node를 옮겨줌으로써 해결할 수 있다.

③ Undershoot : 선분이 미치지 못한 경우에는 해당위치까지 선분을 연장해 주어야 하는데 AutoCAD의 extend명령어를 사용할 수도 있고 GIS 소프트웨어에서는 node를 옮겨줌으로써 해결할 수 있다.

④ **레이블 입력오류** : 지번 등이 다르게 기입되는 경우 또는 없거나 2개가 존재하는 경우 등인데 삭제 또는 추가, 수정하여 1개의 feature 당 1개의 속성을 갖도록 수정한다.

⑤ **인접지역의 불일치** : 하나의 선분을 제거함으로써 수정할 수 있다. 제거된 선분의 선택은 주로 시작과 끝의 위치가 불명확한 선분이 대상이다.

6.4 투영정의 및 투영변환

기존의 수치지도 또는 수치화된 공간데이터는 특정한 투영좌표계로 통일되어야 한다. 이번 절에서는 수치자료의 투영정의와 좌표계 변환에 대해 알아본다.

6.4.1 기존의 수치지도

우리나라에서 사용하고 있던 수치지도는 Bessel 1841 회전타원체(Tokyo 데이텀, λ+10.405″)를 사용하는 Korean 1985 데이텀을 사용하고 있었다. 투영법은 TM(Transverse Mercator)으로 지도를 제작하였었다. 그러나 위치결정의 주 수단이 GPS로 되고 글로벌화 되어 선 세계적으로 동일한 좌표계, 즉 세계측지좌표계의 도입이 현실화되어 우리나라도 2011년 부터는 세계측지좌표계를 사용하도록 의무화 하였다. 뿐만아니라 X,Y좌표의 양수화를 위해 X,Y에 더해 주었던 가수도 X+500,000m, Y+200,000m에서 X+600,000m, Y+200,000m로 수정되었다(표

6.1 참조). 이 세계측지계는 ITRF2000 좌표계로 GRS 1980 회전타원체를 체택하고 있다. 현재 국내에서 공급하고 있는 수치지도는 거의 GRS80 타원체를 데이텀으로 하는 세계측지좌표계를 가지고 있다.

그러나 기존의 지도를 사용하는 경우에는 Korean1985 좌표계에서 ITRF2000 좌표계로 변환하여 사용하여야 한다. GIS 작업에 있어서 중요시해야할 것 중의 하나가 위치기반 정확도이다. 아무리 좋은 자료라 하더라도 위치정보가 없는 것은 단지 그림 또는 글씨에 불과한 것이다. 이 위치기반의 기본이 되는 것이 투영좌표계이다. 투영좌표계를 정의하기 위해서는 기준타원체의 결정이 필요하다. 일반적으로 투영정의와 투영변환 과정을 거쳐 최종 ITRF 2000좌표계를 가진 수치지도가 만들어 진다.

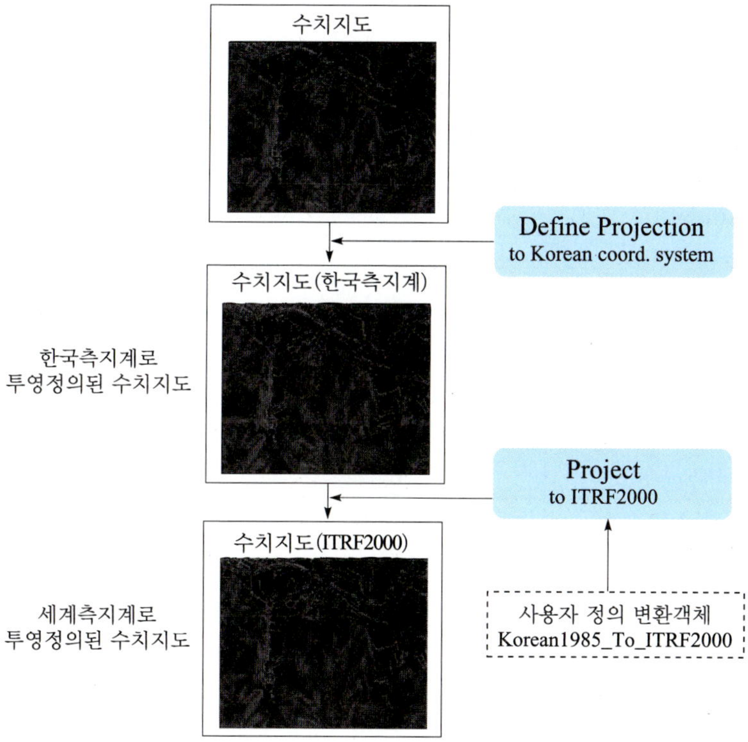

그림 6.21 한국측지좌표계에서 세계측지좌표계(ITRF2000)로 변환과정

한국측지계와 세계측지계 두 좌표계 간 변화사항은 표 6.2와 같다.

표 6.2 한국측지계와 세계측지계의 비교

측지기준계	한국측지계(한국적용 동경측지계)	세계측지계(ITRF계 세계측지계)
타원체	Bessel 1841 회전타원체 장반경 : 6,377,397.15500m 편평율 : 1/299.1528128000	GRS 1980 회전타원체 장반경 : 6,378,137.00000m 편평율 : 1/298.2572221010
데이텀	Korean 1985 데이텀 (Tokyo D 데이텀, 10.405"	ITRF 2000 데이텀
가수	X+500,000m, Y+200,000m	X+600,000m, Y+200,000m
투영법	TM(Transverse Mercator)	TM(Transverse Mercator)
ArcGIS *.prj	Korean 1985 Modified Korea Central Belt.prj	Korea 2000 Korea Central Belt.prj

한국측지계로부터 세계측지계로의 변환은 일종의 3차원 회전변환으로써 좌표변환요소는 표 6.3과 같다.

표 6.3 변환매개변수

이름(Name)	값(Value)	비고
X축 변환(meters)	-145.907	평행이동량[m]
Y축 변환(meters)	505.034	
Z축 변환(meters)	685.756	
X축 회전(seconds)	-1.162	회전량["]
Y축 회전(seconds)	2.347	
Z축 회전(seconds)	1.592	
축척 차이(ppm)	6.342	축척변화[ppm]
회적 원점 X좌표(seconds)	-3,159,521.31	좌표변환 기준좌표
회적 원점 Y좌표(seconds)	4,068,151.32	
회적 원점 Z좌표(seconds)	3,748,113.85	

표 6.4 한국측지계 수치지도의 좌표체계

지리좌표체계(GCS)	투영좌표체계(PCS) : 중부원점
데이텀 : D_Korean_Datum_1985 회전타원체 : Bessel_1841 장반경축 : 6,377,397.1550000003 단반경축 : 6,356,078.9628181886 1/편평도 : 299.15281279999999	투영법 : Transverse_Mercator 매개변수 False_Easting : 200000.000000 False_Northing : 600000.000000 Central_Meridian : 127.00289027777001* Scale_Factor : 1.000000 Latitude_Of_Origin : 38.000000 Linear Unit : Meter(1.000000)

6.4.2 디지타이징 또는 스캐닝방법으로 얻어진 수치지도

디지타이저와 스캐너를 이용하여 얻어진 수치지도는 축척, 방향, 절대좌표가 실제 지역과 전혀 맞지 않는다. 단지 디지타이징 또는 스캐닝한 축척과 방향을 가지고 있을 뿐이다. 따라서 실제 지역에 대한 수치지도로 사용하기 위해서는 축척변환, 수평이동, 회전변환 등이 필요하다. 모든 상황에 따라 좌표변환 요소가 다르기 때문에 얻어진 수치지도와 실제 해당지역의 수치지도 상에서의 기준점이 필요하다.

좌표변환에서 가장 중요한 것은 좌표변환의 기준이 되는 기준점을 정하는 것이다. 일반적으로 디지타이징 작업을 시작할 때 반드시 적어도 4점이상의 기준점(tic mark)을 정하게 되며 이 기준점 좌표를 토대로 하여 다른 대상물들의 위치가 변환된 좌표로 인식되는 것이다. 따라서 기준점의 개수는 많을수록 좋으며 미지수의 개수보다 초과되는 기준점은 잉여좌표값(redundancy)으로 하여 최소제곱법(LeastSquarMethod)으로 보다 정확하게 좌표변환을 할 수 있다.

대부분의 GIS 프로그램에서 좌표변환에 사용되는 알고리즘은 Affine변환방법과 conformal변환방법을 사용한다. 보통 X,Y축으로 축척왜곡이 모두 일어나므로 Affine변환을 사용하는 것이 일반적이다. 자세한 좌표변환 알고리즘을 알고자 한다면 참고문헌 8(한승희, 2014 공간정보공학 pp.610~633)을 참고하기 바란다.

Essay

1. GIS 데이터 입력방법에는 어떤 것들이 있는가?
2. 모바일 기기를 통한 데이터입력방법을 도표로 그리고 설명하시오.
3. 스캐너를 이용한 방법과 디지타이저를 이용한 데이터 입력방법의 특징을 비교 설명하시오.
4. 디지타이징과정에서 발생하는 오류의 종류를 들고 수정방법을 논하시오.
5. 디지타이징 후의 좌표계정의와 투영에 대해 도표로 설명하시오.

제7장 데이터의 품질과 표준화

GIS초기에는 데이터의 습득과 구축에 중점을 두었으나 1990년대 이후 데이터의 품질에 대한 문제가 대두되게 되었다. GIS구축 초기에서부터 데이터가 질적으로 문제가 있다면 이로부터 도출되는 결과 역시 믿을 수 없을 것이며 최종적인 의사결정에도 심각한 오류를 범할 수 있다. 따라서 명확한 설명 및 정의가 필요하며 데이터 구축의 규칙을 표준화할 필요가 있다. 이번 제7장에서는 데이터의 품질과 이를 검사하는 방법, 표준화 등에 대한 설명을 하고자 한다.

7.1 데이터 질의 정의

데이터의 품질은 넓은 의미로 데이터의 이용적합성을 의미하는 것이며 이 적합성 여부의 판단은 추상적이며 주관적일 소지가 있다. 따라서 데이터 품질을 설명하는 용어의 기본개념을 정의하는 것이 중요하다.

7.1.1 고품질데이터의 조건

GIS에서 고품질데이터란 프로젝트의 목적에 따라 면적, 형태, 거리 또는 방향 중 어느 요소가 중요한지를 파악하고 조건을 유지하기 위한 합리적인 지도투영법으로 저장돼야 한다. 또한 일정 축척으로 취득돼야 하며 분류계획에 따라 구축되어야 한다. 지도제작의 특성이 품질을 결정하는 중요수단이 되어야 한다. 특성으로서는 지도유지관리, 갱신주기, 지도매체형식, 물리적인 조건, 지도작성의 품질, 색체와 기호의 사용, 사상에 대한 분류가 있다.

수치형식의 지리데이터는 타 시스템에서 변환가능하도록 표준변환형식을 따라야 한다.

7.1.2 정확도와 정밀도

(1) 정확도(Accuracy)

정확도(正確度)는 참값(true value)에 대한 일치도를 의미한다. 일반적으로 참값은 알기가 어려우므로 최확값(MPV ; Most Probable Value)을 기준으로 한다. 정확도의 증대는 데이터수집비용의 증대 의미하며 목적에 맞는 적절한 정확도를 선택해야 한다. 예를 들어 UTM좌표계로 표현된 수치지도가 있다고 하자. 1km간격의 좌표격자가 있다면 한 칸의 면적에 대한 참값은 1,000,000m^2일 것이다. 직접 도면상의 면적을 갑과 을이 측정하여 각각 1,000,002m^2와 999,995m^2를 얻었다면 갑이 을보다 정확도가 높게 측정했다고 볼 수 있다. 참값을 모르는 경우에는 최확값을 구하고 이를 기준으로 얼만큼 가까운가 하는 정도를 평가한다. GIS에서는 데이터 상에서 확인되는 지점을 직접 필드측량을 통해 얻은 좌표값을 비교함으로써 정확도를 평가한다.

(2) 정밀도(Precision)

정밀도(精密度)는 참값을 기준으로 하는 것이 아니고 측정값들끼리의 접근성을 의미한다. 또한 수학적인 정밀성은 기록을 위해 사용된 유효숫자의 자리 수에도 좌우되며 수치지리데이터의 경우에는 데이터베이스에 입력되는 데이터의 비트 수 와 수의 형식에 따라서도 영향을 받는다(Long Integer, single precision floating point, double precision floating point).

속성정보 또는 범주형 데이터의 경우 정밀도는 얼마만큼 디테일하게 분류하여 표현하는가에 따라 평가한다. 예로써 토지이용분류를 하는데 5가지로 분류하는 경우와 2가지로 분류하는 경우는 5가지로 분류하는 경우가 더 정밀하다고 할 수 있다. 시계열분석을 위한 경우에는 시간의 정밀도에 따라 데이터를 구축할 수 있다. 연도 별로 할 것인지? 월별로 할 것인지? 아니면 시간별로 할 것인지에 따라 시간 정밀도를 평가할 수 있다.

(3) 오차(Error)

참값과 실세계 사상에 대한 수치값과의 차를 말한다. 오차는 착오(mistake), 정오차(systematic error), 우연오차(random error)로 나뉜다.

1) 착오(mistake, blunder) : 다른 관측값 들과의 차이가 크므로 그냥 소거한다. 통계학적으로는 정규분포곡선에서 표준오차(σ)의 ±2σ 또는 ±3σ 이상의 값들을 착오로 간주하여 소거한다.

2) 정오차(systematic error) : 일정한 방향으로 일정한 양만큼 발생하는 오차를 말한다. 반복할

수록 비례해서 증가하고 일정한 방향으로 발생하므로 누적오차라고도 한다. 규칙적으로 발생하므로 간단한 수학식으로 보정할 수 있다.

3) **부정오차(random error)** : 양과 방향이 일정하지 않은 오차로 부호로 인해 상쇄될 수도 있다 하여 상쇄오차라고도 한다. 일반적인 방법으로는 소거가 불가능하므로 확률이론에 의해 처리한다. 각 관측값에 대한 오차는 정규분포를 이룬다는 가정하에 확률이론에 의해 처리하며 최소제곱법을 이용하기도 한다.

7.1.3 GIS에서의 오차의 원인

지리데이터의 세 가지 오차발생원인은 첫째, 원자료가 불량할 경우, 둘째, 데이터 입력을 위한 자동화과정에서 발생하는 경우, 마지막으로 데이터 처리과정에서 발생한다.

원자료가 불량한 경우는 지리데이터의 고유오차라 하는데 자료가 만들어지는 과정에서 절대정확도를 유지하지 못함, 지도자체의 정확도의 불량, 컴퓨터의 한계, 필요한 장비와 기술의 한계 등이며 지도투영의 왜곡 또는 좌표변환과정에서도 발생한다. 또한 시간이 경과할 수록 오차가 증가하는데 이는 갱신주기와 밀접한 관계가 있다.

데이터 처리과정에서 발생하는 경우는 지리데이터상의 실행오차라 하는데 지리데이터의 수집, 관리, 그리고 사용절차를 실행하는 동안 발생하는 오차로 사용자오차, 처리오차, 인간편견과 실수, 데이터입력 오류, 사진해석, 원격탐측 등을 말한다. 고유오차와 실행오차는 동시에 발생하는 것이 일반적이다.

7.2 지리데이터 질의 구성요소

살펴본 바와 같이 GIS작업과정에서 다양한 원인으로 오차가 발생한다. 이를 관리하기 위해서는 어떤 규정과 표준화가 필요하다. 지리데이터의 품질에 대한 항목은

미국의 수치지도 제작 데이터 표준국가위원회(The U.S. National Committee for Digital Cartographic Data Standards, NCDCDS, 1988 ; Morrison)와 국제지도제작위원회(ICA ; International Cartographic Association)에서 정하고 있다. NCDCDS는 (1) 계통성(lineage), (2) 위치정확도(positional accuracy), (3) 속성정확도(attribute accuracy), (4) 논리적 일관성(logical consistency), (5) 완전성(completeness)과 같이 5가지를 정하였으며 ICA에서는 (1) 시간정확도(temporal accuracy)와 (2) 의미정확도(semantic accuracy) 두 가지로 정하고 있다. 이들 두 기관

에서 정하고 있는 품질에 대한 항목은 항목은 USGS품질조사 표준에 사용되고 있으며 캐나다, 호주, 뉴질랜드에서 품질의 기준으로 사용되고 있다.

7.2.1 NCDCDS 항목

(1) 계통성(lineage)

특정지리데이터가 추출된 자료원에 대한 설명문서로 누가 수집했는지?, 언제 어떻게 수집했는지? 언제 어떻게 왜 수집하였는가? 어떻게 데이터를 변환하였는가? 그리고 데이터를 처리하기 위한 알고리즘은 어떤 것들을 사용했으며 공간참조는 무엇을 사용했고 계산의 정밀도는 얼마인지 하는 것들이다.

(2) 위치정확도(positional accuracy)

위치정확도는 실세계의 위치와 데이터베이스내 좌표의 근접함을 평가하는 척도이다. 지도상의 선분의 두께에 따른 오차, 디지타이저의 마우스 퍽의 +선 두께, 최소지도단위(minimum mapping unit)에 따른 정확도를 평가한다. 예로써, 축척에 따른 정확도의 변화에서 0.5mm 선분의 두께는 1:10000에서는 5m가 발생한다. 미국의 사진측량 및 원격탐측학회의 대축척 지도용 정확도표준(Accuracy Standard for Large-scale Maps)에서는 다음과 같은 위치정확도의 기준을 정하고 있다.

① 1:20,000보다 적은 축척의 지도상에서 조사된 측점의 10%이상이 수평오차가 1/50in(약 1.3m)이상이 되어서는 안된다. 여기서 측점들은 지상에서 명확한 점만을 사용한다.
② 1:20,000보다 대축척의 지도상에서 대응하는 오차항은 1/30in(약 0.75m)이다.
③ 등고선상에서 조사된 표고점의 10% 이상은 등고선 간격의 1.5배 이상 오차가 있어서는 안된다.
④ 정확도의 검사는 더 높은 정확도를 갖는 측량데이터와 실제 지도를 비교하여 수행되어야 한다.
⑤ 만약 지도가 검사되고 표준에 맞는다면 범례에 그 영향에 대한 설명을 첨부해야 한다.
⑥ 검시는 했지만 표준에 맞지 않은 지도는 범례싱에 표준에 대한 인급을 전부 생략해야 한나.

표 7.1 NCDCDS에서 정한 지도축척별 허용 RMSE

지표상의 수평정확도 RMSE(m)	일반지도 축척
0.125	1:500
0.25	1:1,000
1.25	1:5,000
2.5	1:10,000
5.0	1:20,000

우리나라의 경우 국토지지정보원 항공사진측량 작업규정에서 다음과 같이 위치정확도에 대한 허용기준을 정하고 있다.

표 7.2 수치도화의 축척별 오차의 허용범위(국토지리정보원)

도화축척	표준편차			최대오차		
	평면위치	등고선	표고점	평면위치	등고선	표고점
1/500	0.1m	0.2m	0.1m	0.2m	0.4m	0.2m
1/1,000	0.2m	0.3m	0.15m	0.4m	0.6m	0.3m
1/5,000	1.0m	1.0m	0.5m	2.0m	2.0m	1.0m
1/10,000	2.0m	2.0m	1.0m	4.0m	3.0m	1.5m
1/25,000	5.0m	3.0m	1.5m	10.0m	5.0m	2.5m

(3) 속성정확도(attribute accuracy)

실세계 사상(feature)에 대한 참값 또는 추정값과 데이터베이스 내의 데이터 사이의 접근도를 의미한다. 범주속성의 경우(토양조사) 편차나 근사값이 없으므로 다음과 같이 정확도를 평가한다.

1) **분류안** : 목적에 적당하고 충분히 세분되었는가?
2) **착오의 크기**(가장 심각함)
3) **동일하다고 가정된 폴리곤의 이질성 정도**(모래지역으로 분류된 지역이 실제로는 70% 모래, 25% 점토, 5% 자갈)

USGS 토지이용과 토지피복정확도 명세는 다음과 같이 정하고 있다.

1) 원격탐측에 의한 토지이용과 토지피복에 대한 범주를 식별하는데 있어서 최소정확도 수준은 최소 89% 이상이어야 한다.

2) 식별된 여러 범주들은 대략 동일한 정확도 수준이어야 한다.
3) 해석자 및 자료수집시기가 달라도 정확도는 유지되어야 한다.

(4) 논리적 일관성(logical consistency)

실세계와 기호화된 지리데이터 간의 관계충실도에 대한 설명서(kainz, 1995)이며 지리데이터의 논리적 일관성은 다음요소를 포함한다.

1) **실세계에 대한 데이터모델의 일관성** : 실세계에 있는 feature를 얼마나 적절히 표현할 수 있는가?
2) **실세계에 대한 속성과 위치데이터의 일관성**
3) **데이터모델 간의 규칙과 일치성**
4) **시스템 내부의 일관성**
5) **데이터집합의 다른 부분과의 일관성** : 지도경계 데이터의 정합

이상과 같은 데이터의 일관성을 지키기 위해서는 매우 시간 소비적이고 힘든 과정이다. 이러한 일관성을 위해 GIS에서는 자동화된 방법 들을 제공하고 있는데 비일관성의 검출(label의 누락, sliver 등) 및 오차 제거기능 등이다.

(5) 완전성(completeness)

데이터가 실세계의 모든 가능한 항목을 철저히 규명하는 정도의 표시이다. 불완전한 데이터를 사용하는 것은 의사결정에 심각한 결과를 초래할 가능성이 있다.

1) **공간적 완전성** : 데이터가 대상지역을 완전히 포함하는가?
2) **주제적 완전성** : 의도하는 응용에 부합하는 자료층을 모두 포함하고 있는가? : 면밀한 개념적 데이터 모델링과정을 통해 완전성을 추구해야 한다.

7.2.2 ICA 항목

(1) 시간정확도(temporal accuracy)

시간표현에 관련된 자료의 품질 척도를 의미한다. DB안에서 실시간 또는 데이터베이스시간으로 표현한다. 실시간이란 데이터가 수집된 당시의 시간이며 데이터베이스 시간은 시스템에

입력된 시간을 뜻한다. 데이터의 수집 주기에 따라 정확도가 달라질 수 있다. 하루에 오전 오후에 발생한 사건도 1일 단위로 수집하면 같은 날로 분류되며 평균값으로 입력될 것이다. 짧은 시간 주기로 데이터가 수집될 수록 이상적이나 비용 및 시간소비가 많으므로 프로젝트의 목적에 알맞은 주기를 정해야 한다. 즉, 데이터베이스에 입력되는 시간과 사용되는 시간에 따라 시간주기성을 결정해야 한다. 예를 들어, 항공교통 통제시스템의 경우에는 매초 단위로 수집되는 데이터가 중요하나 그러나 토지이용과 같은 경우는 월 단위 심지어는 년 단위의 시간적 정확도로도 무난하다.

(2) 의미정확도(semantic accuracy)

공간대상물이 얼만큼 정확하게 표시되었는지, 명명되었는지? 범주형 데이터의 정밀도에 대한 척도 및 데이터의 속성정확도와 긴밀하게 관련된다. 공간객체와 그들의 속성이 지닌 특성과의 올바른 표식(labeling)과 관련되어 있다. 정확도를 체크하기 위해 레이블이 정확한지 아닌지 전문분야의 실무에 의존해야 하며 조직 간에 불일치를 막기 위해 의미표준화가 필요하다.

7.3 지리데이터 품질 평가

앞에서 설명한 7가지 데이터 품질요소 중 위치 및 속성정확도가 가장 중요하다. 고정확도의 참고데이터와 샘플데이터로 일부데이터를 검사하여 평가한다. 위치정확도의 경우에는 야외조사, 지상검증, GPS에 의한 샘플데이터에 의한 야외 검사에 의한다. 이번 절에서는 위치와 속성정확도의 평가 방법에 대해 설명한다.

7.3.1 샘플링 방법

샘플링은 모집단에서 대표성있는 표본을 확보하는 것이다. 샘플링 방법은 속성정확도 검사에서 아주 중요한 사항이다. 평가자는 참조데이터 수집비용때문에 가능하면 작게 잡으려는 경향이 있으나 통계적 유효성을 보장해야 하므로 표본은 충분한 크기여야 한다. Landsat MSS 영상들을 위한 일반적인 지침에는 식생과 토지이용항목에 대해 최소 50개의 샘플링 수를 제안하고 있으며 지식이 있는 자가 관여해야 한다고 Congelton(1991)은 말한다. 표본의 크기는 정확도 검사를 위한 표본점들의 수와 관련이 있는 반면에너지리적 샘플링 방법은 표본점들의 공간분포와 관련이 있다 (C.P.Lo, Concept of GIS).

표본추출이론에서는 표본추출 유형을 크게 두 가지로 나누고 있는데 하나는 확률적 표본추출이고, 다른 하나는 비확률적 표본추출이다. 확률적 표본추출은 표본추출 프레임 내에 있는 단위들이 표본으로 추출될 확률이 알려져 있고 무작위적으로 추출되는 방법을 말한다. 확률적 표본추출을 사용하려면 표본을 추출하기 전에 표본추출단위가 표본으로 추출될 확률을 밝혀줄 수 있는 정보를 가지고 있어야 한다.

확률적 표본추출방법에는 대표적으로 단순무작위 표본추출, 계통적 표본추출, 층화표본추출, 집락표본추출이 있다.

(1) 단순 무작위 샘플링(simple random sampling)

각 점이 무작위로 선택되며 선택기회도 동일하다. 통계학적으로 허용되지만 실제에 적용하기는 어렵다. 표본크기가 작은 경우 하향표현의 경향이 있다. 단순무작위 표본추출도 복원표본추출과 비복원표본추출의 두 가지 방법이 있다. 복원표본추출이란 한번 표본으로 뽑힌 요소를 다시 모집단으로 되돌려 보내서 원상으로 복원시켜 놓고 다시 추출하는 방식이고, 비복원표본추출은 한번 뽑히면 다시 모집단으로 돌려 보내지 않는 방법이다. 단순무작위 표본추출의 장 · 단점은 표 7.3과 같다.

표 7.3 단순 무작위 샘플링 방법의 장 · 단점

장점	단점
1. 모집단의 모든 요소가 동일하고 또 독립적인 추출기회를 가지므로 적어도 이론적으로는 추출된 표본이 모집단을 잘 대표하게 된다. 따라서 편견이 들어갈 가능성이 희박하다. 2. 다른 표본추출방법에 비해 모집단에 대한 사전지식을 필요로 하지 않는다. 3. 표본오차의 계산이 용이하다. 4. 층화표본추출과 같은 다른 확률적 표본추출에 비해 모집단의 모수나 특성을 잘못 분류함으로써 나타나는 모든 오차를 줄일 수 있다. 5. 확률적 표본추출 중 가장 적용하기가 용이할 뿐만아니라, 다른 확률표본추출방법과 결합하여 사용할 수 있다.	1. 조사자가 모집단에 대하여 가지고 있는 지식을 충분히 활용할 수 없다. 2. 보통 동일한 크기의 표본일 경우, 층화표본추출보다 표본오차가 크다. 즉 표본오차는 어느 정도 표본의 이질성에 의존하는데, 층화표본추출에서의 각 층은 주요 특성에 있어서 단순무작위 표본추출보다 상대적으로 이질적이기 때문이다. 3. 모집단에서 그 수가 적은 요소는 표본으로 추출될 보장이 없으며 따라서 비교적 표본의 규모가 커야 한다는 문제점이 있다.

(2) 계통샘플링(systematic sampling)

계통적 표본추출은 모집단을 구성하고 있는 구성요소들이 자연적인 순서 또는 일정한 질서에 따라 배열된 목록에서 매 k번째의 구성요소를 추출하여 형성한 표본을 말한다. GIS에서는 공간적으로 일정간격 마다 샘플링하는 방법이다. 만약 목록에 포함된 구성요소가 1,000개이고 이 중에서 100개의 표본을 뽑는다면 먼저 표본간격인 k를 구해야 한다. k는 표본수를 모집단으로 나눈 값인 N/n이다. 실행하기는 쉬우나 주기적변화 또는 데이터의 변동때문에 나쁜 영향을 받을 수 있다.

표 7.4 계통적 샘플링 방법의 장 · 단점

장점	단점
1. 표본추출이 용이하다는 것이다. 표본추출은 중요한 문제인데 이 방법은 비전문가라도 쉽게 이해할 수 있고 또 실시하기가 용이하다. 2. 보통 모집단 전체에 걸쳐 보다 공평하게 표본이 추출되므로 모집단을 보다 더 잘 대표할 가능성이 종종 있다.	1. 모집단의 배열이 일정한 주기성과 특정경향성을 보일 때 편견이 개입되어 대표성이 문제된다. 실제로 2차대전시 군인을 대상으로 한 연구에서 전 부대원의 명부를 가지고 매 10번째 장병을 추출했더니 모두 하사가 추출된 경우가 있었다. 명부 자체가 10명 단위의 분대순으로 작성되었고, 분대장인 하사가 제일 처음에 기재되었으므로 하사만 표본으로 뽑혔던 것이다. 2. 모집단의 구성배열에 지나치게 신경쓰면 층화표본과 같은 결과가 초래하게 되며, 때문에 오차의 개입가능성이 높아진다.

(3) 층화 무작위 샘플링(stratified sampling)

층화표본추출은 모집단을 보다 동질적인 몇 개의 층으로 나누고 이러한 각 층으로부처 단순 무작위표본추출을 하는 표본추출방법이다. 예를 들면, 토지이용도라 하면 각 이용도로 레이어를 형성하고 각 레이어 마다 무작위로 샘플링하는 방법이다. 층화표본추출 방법의 기본 논리는 모집단에 대한 기존지식을 활용하여 모집단을 몇 개의 소집단으로 구분하고, 각 소집단내의 구성요소들이 전체로서 모집단의 구성요소들보다 더욱 동질적이 될 수 있도록 구분한다는 것이다. 만약 동질적인 집단에 대하여 무작위추출이 이루어져서 그 결과가 종합되면 전체적으로 표본추출오차를 줄일 수 있고, 표본의 대표성은 높아진다. 확률표본추출 이론에 의하면 표본의 크기와 표본추출오차는 반비례한다. 그리고 이질적인 표본보다는 동질성이 큰 표본에서 표본추출오차가 줄어든다.

층화표본추출은 모집단에서 각 계층이 차지하는 크기에 비례하여 표본크기를 정하는 비례층화표본추출(proportionate stratified sampling)과 표본추출비를 계층마다 다르게 부여하는 비비례층화표본추출(disproportionate stratified sampling)으로 구분된다.

표 7.5 층화 무작위 샘플링 방법의 장 · 단점

장점	단점
1. 중요한 집단을 빼지 않고 표본에 포함시킬 수 있다. 2. 동질적 대상은 표본의 수를 줄이더라도 정확을 기할 수 있다. 3. 면접자가 직접 표본을 뽑을 경우 지역 (quarter)만 정해 주면 쉽게 뽑을 수 있다. 4. 우편조사의 경우에는 회수율이 상당히 높아질 수 있다. 5. 단순무작위표본추출보다 지역적으로 더 좁은 지역에 조사를 집중시킬 수 있으므로 시간, 노력, 경비가 절약된다.	1. 층화 시 모집단에 대한 지식이 요구되며 무엇에 초점을 두어 층화하는가 하는 문제가 제기된다. 2. 비비례 층화표본추출은 복잡하고, 층화 시 근거가 되는 명부가 필요하다. 3. 모집단을 층화하여 가중하였을 경우 원형으로 복귀하기가 힘들다. 4. 비비례 층화표본추출에서 모집단의 대표치를 구하려면 특별한 통계적 조작이 필요하다.

(4) 층화 계통 비정렬 샘플링(Stratified systematic unaligned sampling)

Berry와 Baker(1968)이 제안한 방법으로 일정한 영역으로 층화시키고 우선 첫 번째 구역에서 무작위로 한 점을 선택하고 그 다음 점은 처음 점의 X,Y좌표를 바꾸어 선택한다. 그 다음 점은 다시 무작위로 선택하고 x,y좌표를 바꾸어 선택한다. 각각의 항목으로부터 선택된 샘플의 수가 최소일때 가장 적합하다. 층화 계통 비정렬샘플링이 가장 많이 체택된다. 샘플링의 일반적인 한계로 인하여 나쁜영향을 받는다.

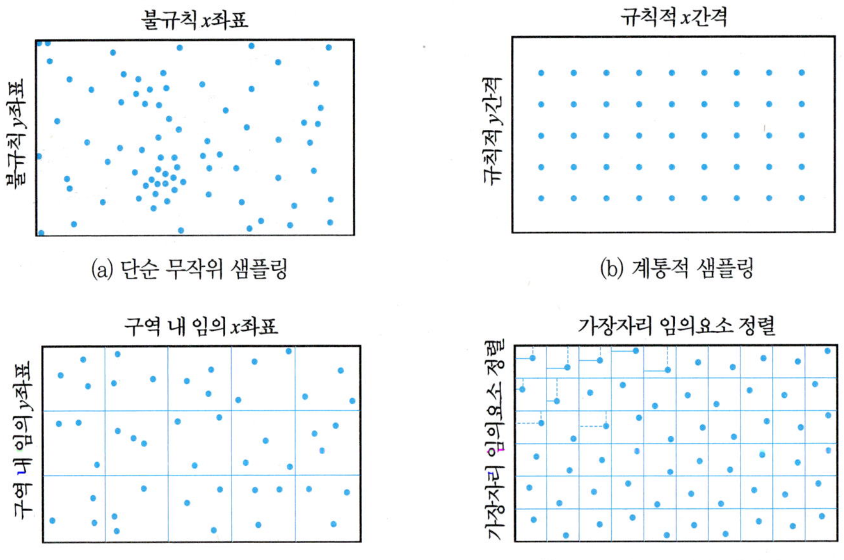

(a) 단순 무작위 샘플링 (b) 계통적 샘플링 (c) 층화 무작위 샘플링 (d) 층화 계통 비정렬 샘플링

그림 7.1 데이터 품질검사를 위한 샘플링 방법

7.3.2 위치정확도의 평가

대부분의 GIS작업에서 평면정확도의 평가만을 요구하지만 목적에 따라 표고정확도를 평가할 경우도 있다. 위치정확도는 무엇보다도 수치데이터의 투영좌표계 정의 및 변환을 일관성있게 해야 한다. 평가방법은 지도상과 필드에서 모두 명확한 점을 샘플링하여 수치지도 상의 좌표와 현장의 좌표를 확인하는 것이다. 현장에서는 삼각측량, 토털스테이션측량, GPS측량방법을 이용한다. 미국사진측량 및 원격탐측학회(ASPRS ; American Society of Photogrammetry & Remote sensing)에서는 샘플링한 표본점의 수가 최소한 20점 이상을 권장하고 있는데 이는 최소 20점을 샘플링해야만 확률이론을 적용할 수 있기 때문이다. 또한 샘플링 점의 공간적인 분포도 정하고 있는데 참조점은 대각선 길이의 10% 간격으로 4분면에 각각 20%정도 고르게 분포시켜야 한다는 것이다. 정확도는 확률이론에 의해 평균제곱근오차(RMSE ; Root Mean Square Error)로 표현한다.

$$S_x = \sqrt{\frac{\Sigma v_x^2}{n-1}} \tag{7.1}$$

$$S_y = \sqrt{\frac{\Sigma v_v^2}{n-1}}$$

$$S_z = \sqrt{\frac{\Sigma v_z^2}{n-1}}$$

S_x, S_y, S_z : X, Y, Z 좌표의 RMSE

v_x, v_y, v_z : 참조점의 좌표와 수치데이터상의 좌표의 차이

따라서 수평위치의 정확도는 다음과 같다.

$$S_p = \sqrt{(S_x^2 + S_y^2)} \tag{7.2}$$

얻어진 RMSE의 크기가 작을수록 정확도가 양호하다고 볼 수 있다. 종종 오차를 벡터형식으로 표현하여 오차의 경향을 파악하는 경우도 있다.

7.3.3 속성정확도의 평가

GIS DB에서 공간정보에 대한 속성을 입력한 경우라면 원데이터의 속성과 비교하여 정확도를 평가할 수 있겠으나 외부로부터 Shape 파일을 가져온 경우라면 쉽지 않다. 본 절에서는 원격탐측

의 피복분류결과에 대한 속성데이터의 정확도평가에 대해 설명한다.

토지피복분류(속성분류)는 보통 셀단위로 평가하는데 표본위치에 대한 참조값과 실제값 사이의 차를 오차행렬로 표시한다. 원격탐측에서 이용되는 분류정확도와 같은 개념이다.

표 7.6

샘플 데이터	참조데이터						합계
	시가지	경작지	도로	수계	잡종지	산림	
시가지	1	2	0	0	0	0	3
경작지	0	5	0	2	3	0	10
도로	0	3	5	1	0	0	9
수계	0	0	4	4	0	0	8
잡종지	0	0	0	0	4	0	4
산림	0	0	0	0	0	1	1
합계	1	10	9	7	7	1	35

출처 : C.P.Lo 2011, Concept of GIS

표 7.6에서 숫자의 의미는 경작지를 예를 든다면 참조데이터의 경작지가 샘플데이터에도 경작지로 분류되어 입력된 셀의 수가 5개라는 뜻이다. 그러나 오류로 인하여 경작지가 시가지로 잘못 분류된 경우도 2개 픽셀, 그리고 경작지가 도로로 잘못 분류된 경우도 3개 픽셀이다. 1행의 경우 2개의 셀이 오분류되었는데 이를 위임오차(error of commission)라 한다. 이 위임오차는 시가지로서 분류될 대상셀에서 제외되기 때문에 누락오차(error of ommission)라고 한다. 따라서 오분류는 위임오차와 누락오차를 동시에 발생시킨다.

(1) 전체정확도

PCC(Percent Correctly Classified)는 대각선 셀의 합을 전체 셀의 수로 나눈 것이다. 즉, 제대로 분류된 셀이 전체의 몇 %냐 라는 것이다. 즉,

$$PCC = \{(1+5+5+4+4+1)/35\} \times 100 = 57.1\% \tag{7.3}$$

모든 셀들이 대각선에 놓여진다면 전체정확도는 100%임을 의미한다. 전체정확도는 샘플링지역에 국한된 것이며 표본과 참조데이터사이에 우연한 일치를 고려하지 않은 단순척도를 제공한다. 따라서 정확도를 과대평가하는 경향이 있다. 표본점들은 무작위로 선정되었기 때문에 오차행렬의 구조에 민감하다. 만약, 어떤 클래스에 해당하는 셀그룹의 비중이 크다면 다른 클래스가

잘못 분류되었다 하더라도 상대적으로 높은 정확도를 얻을 수 있다.

(2) 생산자정확도(Producer's accuracy)

각각의 분류요소에 대한 대각선요소를 참조데이터의 합계로 나눈 백분율이다. 데이터가 만들어진 시점에서의 분류 정확도의 척도이므로 생산자 정확도라 한다. 올바르게 분류된 표본공간데이터 단위의 확률이며 특정 항목의 누락오차의 척도이다. 누락오차는 100−생산자 정확도(%)로 구한다.

시가지=(1/1)×100=100%

경작지=(5/10)×100=50%

도로=(5/9)×100=55.6%

수계=(4/7)×100=57.1%

잡종지=(4/7)×100=57.1%

산림=(1/1)×100=100%

(3) 사용자정확도(User's accuracy)

각각의 분류요소에 대한 대각선요소를 샘플데이터의 합으로 나눈 백분율이다. 분류된 공간데이터가 실제로 지상에서 나타내는 확률이며 위임오차의 척도이다.

시가지=(1/3)×100=33.3%

경작지=(5/10)×100=50%

도로=(5/9)×100=55.6%

수계=(4/8)×100=50%

잡종지=(4/4)×100=100%

산림=(1/1)×100=100%

(4) Kappa정확도

대각선을 벗어난 모든 값들을 포함하는 정확도로 과장된 전체정확도를 제어할 수 있다. 즉, 분류에서 우연의 일치를 계산에 고려한다는 의미이다.

$$k = \frac{P_o - P_c}{1 - P_c} \tag{7.4}$$

$$p_O = \sum_{i=1}^{m} p_{ii} = \frac{1}{N}\sum_{i=1}^{m} n_{ii}$$

$$p_C = \sum_{i=1}^{m} p_{i+}\, p_{+i} = \frac{1}{N^2}\sum_{i=1}^{m} n_{i+}\, n_{+i}$$

P_o : 전체셀에 대한 대각선셀의 비율

n_{ii} : 대각선 셀(정확하게 분류된 셀)

N : 검사점 총수

P_{ii} : 대각선 셀에 대한 백분율 = $\Sigma (n_{ii}/N)$

P_{i+} : 표본데이터 각각의 행 총합의 백분율 = (n_{i+}/N)

P_{+i} : 표본데이터 각각의 열 총합의 백분율 = (n_{+i}/N)

따라서,

$$P_c = \frac{(3\times1)+(10\times10)+(9\times9)+(8\times7)+(4\times7)+(1\times1)}{35\times35} = \frac{269}{35\times35} = 0.2196$$

$$P_O = \frac{20}{35} = 0.5714$$

그러므로 $k = \dfrac{0.5714-0.2196}{1-0.2196} = 0.451$

Kappa계수는 0부터 최대 1까지 계산되며 1에 가까울수록 분류 정확도가 높다는 뜻이다.

7.4 공간데이터의 품질관리

공간데이터의 오차에 대한 개념은 제거하는 것이 아니라 오차를 잘 관리해서 데이터가 최소의 불확실성을 가지고 사용될 수 있도록 하는 것이다.

오차에 대한 관리는 다음 세 가지 관점으로부터 영향을 받을 수 있다.

1) 데이터 생산에 있어 데이터 취득과정에서 품질을 보증하고 제어하기 위한 방법개발

2) 데이터 사용에 있어 오차의 전파(거동)에 대한 이해

3) 데이터 생산자와 사용자 간의 의사전달, 데이터의 불확실성 수준

7.4.1 공간데이터의 오차관리 요소

공간데이터는 주로 측지학, 토지측량, 사진측량에 의해 수집되므로 중요한 지리적 데이터에 QC(Quality Control)/QA(Quality Assurance)절차 적용해야 한다. 데이터 수집 절차는 가능한 과대오차가 쉽게 발견될 수 있는 방법으로 설계한다. 계통적인 오차는 수학적으로 소거하고 부정 오차는 확률이론에 의해 최소제곱법으로 처리한다. 오늘날의 공간정보데이터는 매우 다양한 방법에 의해 수치화되므로 가장 큰 오차의 발생원인이다. 그러므로 처음 단계부터 오차발생이 적은 방법의 적용이 중요하다. Burrough(1986)는 디지타이징의 오차평가안을 제시하였다.

1) 도면 상 선분의 폭과 원도의 축척(디지타이저의 커서를 위치시키는 정확도에 영향)
2) 곡선을 디지타이징하는 점의 수(line following inaccuracy)－디지타이징 점의 수가 많을수록 원 데이터에 충실하므로 정확하다고 할 수 있다.

데이터 수집과정에서 2차적인 오차의 발생원인은 좌표변환이다. 기준계가 다른 좌표계 간의 좌표변환 시 변환요소의 부정확으로 인한 오차가 발생한다. Bessel 좌표계를 ITRF2000좌표계로 변환할 경우 동서로 약 70m, 남북으로 약 300m가 차이난다. 이러한 2차적인 오차를 최소화 하기 위해서 국토지리정보원(NGI)에서는 좌표변환프로그램을 제공하고 있다.

7.4.2 오차전파

GIS의 공간분석에서 공통부분을 구하기 위해 교차분석(intersection analysis)을 빈번히 사용한다. 이는 수학적 조건으로 “and”의 의미이며 확률론적으로 교집합 또는 곱셈에 해당한다. 유효숫자를 계산할 때 곱셈의 경우 유효숫자의 수는 감소하게 마련이다. 그림 7.2에서 Map1은 토질도, Map2는 식생에 대한 레이어라고 하자. 점토질 토양에 있는 관목지역을 찾는다면 intersection분석을 해야한다. 각각의 레이어 정확도가 0.8, 0.6이라면 결과에 대한 정확도는 0.8×0.6=0.48이 된다. 이와 같이 하나의 주제도 또는 레이어에 해당하는 오차는 분석과정이 진행됨에 따라 오차가 전이되는데 이를 오차전파라 한다.

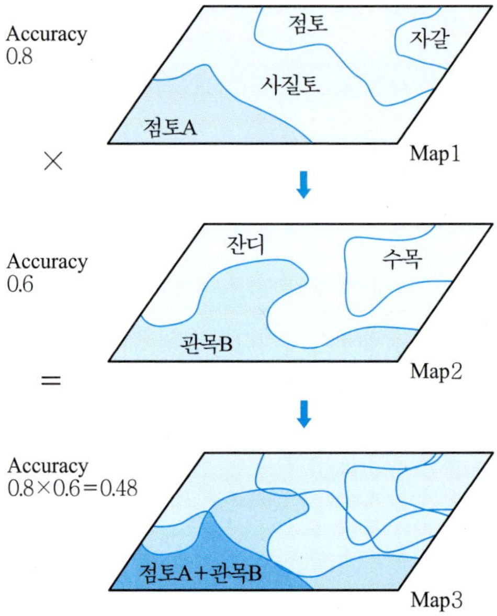

그림 7.2 속성데이터의 오차 전파

GIS분석 시 어떻게 오차가 전파 되는지에 대해 고민해야 한다. 데이터에 대한 세 가지 요소, 위치, 속성, 시간에 대한 오차의 거동이 중요하다. 교집합은 데이터의 불확실성을 증대시키며 합집합은 불확실성을 감소시킨다.

정확도 면에서 공간과 속성요소는 상황에 따라 독립적이거나 의존적이 된다. 예를 들어, 인구조사에서 인구추정값의 정확도는 인구조사구역 경계의 위치정확도에 대해 독립적이다. 그러나 토양도와 토지이용도의 공간적 요소는 속성요소로 부터 직접 추출되므로 독립적이 아니다. 따라서 공간분석에 대한 최종결과물의 주제 및 공간적 요소에 모두 오차가 전파되게 된다. 공간오차 전파는 sliver polygon의 발생을 가져온다.

7.4.3 민감도 분석

속성데이터의 오차를 관리하기 위한 더욱 실용적인 방법은 지리적 분석결과를 조정하기 위한 민감도 분석을 사용하는 것이다(Foote & Heubner, 1995). 그림 7.3에서 개발가능한 적지모델을 추출하기 위해 여러 가지 속성에 따른 분석을 실시하게 된다. 입력자료 중 최종산출물에 가장 중대한 영향을 미치는 것은 어떤 것일까? 또는 입력 및 추출 자료층의 변화에 따른 최종산출물에 대한 영향은 얼마나 받을까? 하는 것들이다. 민감도 분석은 변수값의 변화에 반응하는 모델링의 변동을 평가한다. 이의 목적은 불확실성의 허용범위를 초과하는 결과값에 대해 그 모델을 검사하는 것이다. 민감도분석의 유용성은 다음 두 가지 측면에서 이해될 수 있다.

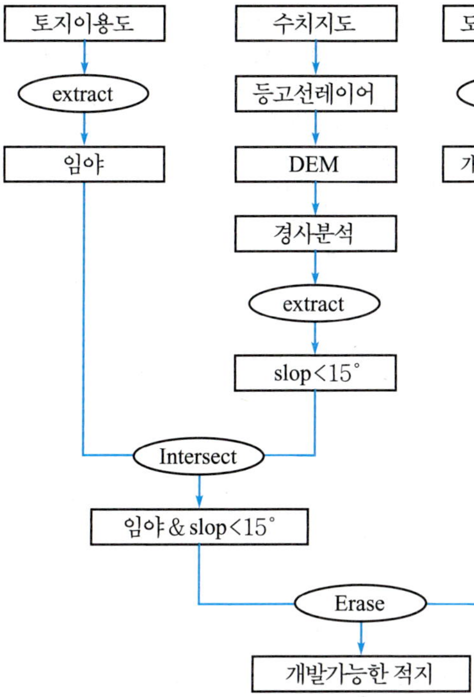

그림 7.3 지도중첩의 민감도 분석

(1) 시스템의 설계와 개발에 적용

민감도 분석은 제안된 GIS솔루션에 대한 변수들 상호간의 상대적인 중요성을 검사하기 위해 시스템의 설계와 개발단계에 적용될 수 있다. 시스템이 어떻게 수행되는지를 알아보기 위해 의도적으로 불확실성과 오차수준이 다른 검사데이터로 실험할 수 있다. 즉, 목적에 적합한 정확도와 무엇이 중요한지를 파악해서 설계해야 한다. 예를 들어, 토지능력모델링에서 토양의 유형은 매우 중요한 데이터이지만 조사지역의 전체가 동일한 토양유형이라면 그다지 민감한 요소가 아닐 것이다.

(2) 공간분석과 문제해결에 적용

민감도 분석은 실용적인 공간문제 해결도구로써 사용되어 왔다. 합성지도제작은 토지이용적합성 분석 또는 환경영향분석과 같은 응용에 일반적으로 사용되는 기술이다. 쉽게 말해서 결론을 도출하기 위해 필요한 고려요소가 있는데 각 요소의 영향력을 평가하여 각각의 경중률을 부여하는 방법이다. 요소의 예로써 재해발생원, 오염물질의 경로, 인구밀도, 주요시설물들의 위치 등을 들 수 있다. 요소의 상대적인 경중률은 전문위원회에서 합의하여 도출하는 것이 합리적이다.

7.5 공간데이터의 표준

자료의 품질이 주관적이고 때로는 추상적일수도 있으므로 객관적으로 다루기 위해서는 표준화가 되어야 한다. 그렇게 되면 품질이 평가되고 정량화되며 문서화될 수 있는 판단의 척도를 제공할 수 있다. 이번 장에서는 데이터 표준의 정의와 방법을 소개한다.

7.5.1 표준화의 정의와 분류

ISO에서는 "Standard"를 공식적으로 승인된 조직체에 의해 설정, 반복적인 사용에 대한 지침, 규칙의 제공, 최적수준의 성취에 목적을 둔 문서라고 정의하고 있다. 어느 조직체나 정보구조개발 전략의 필수적인 구성요소이며 표준이 없다면 시스템의 운용, 데이터관리, 응용개발에 일관성없이 수행되므로 서로 매우 상이하고 호환되지 않는 시스템을 양산하는 결과가 발생하며 호환이 되지 않기 때문에(하드웨어나 소프트웨어의 비호환성으로 인한 결과) 응용개발에 대한 이중투자 발생하여 데이터의 공유나 통합이 불가능 할 것이다.

표준은 법적인 기준에 따라서 실제표준, 규정표준, 법률표준으로 분류된다.

1) **실제표준** : 산업표준(industry standards)으로 대중적인 사용을 위해 폭넓게 허용된 표준
2) **규정표준** : 미국표준협회(ANSI), 캐나다 일반표준위원회(CGSB), 영국의 표준연구소(BSI) 등 법률 상 권한이 부여된 조직에 의해 개발
3) **법률표준**(regulatory standards) : 정부입법에 의해 정립된 정규표준

특정기술부문인 GIS의 표준은 다음과 같이 분류된다.

(1) 응용표준(application standard)

GIS이용에 대한 지침을 제시

미국토목학회(ASCE), 미국측량 및 지도제작협회, 미국토지권리협회(ACSM/ALTA), 미국사진측량 및 원격탐측학회(ASPRS), 국제평가위원협회(IAAO), 도시 및 지역정보협회(URISA),

캐나다측지자문위원회(CCSM)과 같은 전문조직에 의해 정립

지도제작 표기법, 천연자원목록 작성용, 공학이나 지형측량용 시방서 등의 예-응용표준은 서로 다른 관할에 있기 때문에 실제, 규정, 또는 법률표준으로써 정립

(2) 데이터표준(data standard)

지리데이터에 부속하는 메타데이터의 기록, 지리데이터의 교환포멧, 구조를 기술하는 표준

예 : 지적측량, 토지소유권, 토지등기, 측지학적 기준점의 정확도 및 유지관리, 데이터전송포멧, 인구조사의 처리 및 수집, 사회경제적인 데이터 표준

데이터 표준은 국가적 , 국제적 차원에서 개발되는 체제

공간자료의 표준 중 가장 중요

(3) 기술표준(technology standard)

통신, 전자통신규약, 소프트웨어 시스템(graphic interface, 프로그램랭귀지, 운영체제, DBMS) 등 컴퓨터 하드웨어와 GIS에서 컴퓨터 기술에 대한 다양한 측면에 대한 표준

미국연방정보처리표준(FIPS ; U.S. Federal Information Processing Standards), ANSI, ISO, BSI, CGSB에 의해 기술표준 정립

(4) 전문적인 실무표준(professional practices standard)

GIS실무자의 자격심사나 전문능력의 인증

ISO가 개발한 ISO9000 : 산업 및 업무에서 품질관리와 응용개발 방법론에 대한 표준, 회사가 일관성을 유지할 수 있도록 구현된 관리표준

7.5.2 지리자료 표준의 구성요소

일반적으로 지리자료 표준의 구성요소는 다음 4가지로 되어 있다.

1) **표준자료성과물**(standard data products)
2) **자료변환표준**(data transfer standard)
3) **자료품질표준**(data quality standard)
4) **메타데이터표준**(metadata standard)

이들 구성요소는 목적에 따라 다를 수 있지만 지리데이터의 제공자와 사용자 간의 의사전달 수단을 제공하는 기능을 가지고 있다.

(1) 표준자료성과물(standard data products)

국가와 지방정부, 지방자체단체에서 만든 소축척, 중축척 기본도의 데이터 성과품을 말한다. 예)우리나라 국토지리정보원에서 제작배포하는 국가기본도, 정사영상, USGS의 DLG, DEM, DOQ(Digital Ortho photo Quadrangle), GNIS(Geographic Names Information System), DRG(Digital Raster Graphics), 캐나다의 NTDB(National Topographic Database), 미국과 캐나다에서 인구조사용으로 제작한 기본도로써 미국의 TIGER(Topologically Integrated Geographic Encoding and Referencing)와 캐나다 통계청의 AMF(Area Master File) 등 GIS 관련 회사들은 이러한 기본자료를 재가공하여 패키지화 한다. 대표적인 사례가 네비게이션 회사이다. 이들 회사들은 국가로부터 기본데이터를 구입하여 각자 목적에 맞는 형식으로 재가공한다.

(2) 자료변환표준(data transfer standard)

서로 다른 시스템사이에 데이터를 공유할 필요성 때문에 대두되었다. 예로, 그림 7.4와 같은 8개의 시스템 간의 상호공유가 필요하다고 하자. 일반적인 변환포멧이 없을 경우에는 112개의 변환프로그램 필요하지만 허브형식의 공통변환형식을 이용하면 16개로 감소한다. 지리데이터의 변환표준의 대표적인 예로써 arcview의 shape파일형식이 있다.

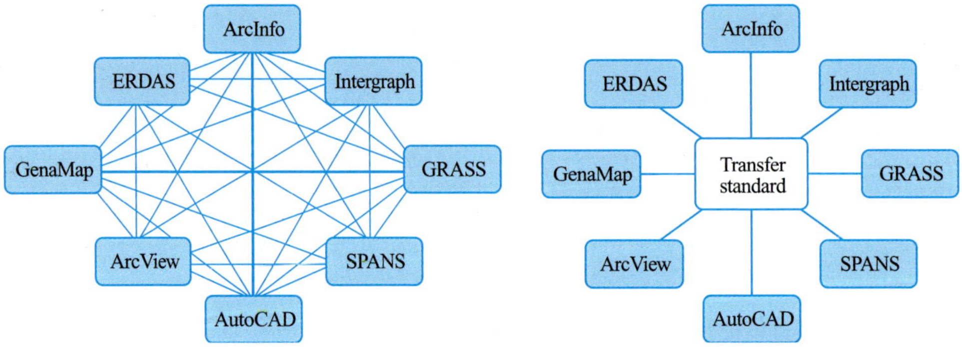

(a) 일반적인 변환포멧이 없을 경우의 데이터 변환(112개의 변환프로그램이 필요)

(b) 일반적인 변환포멧을 사용할 경우의 데이터 변환(16개의 변환프로그램이 필요)

그림 7.4 데이터 변환표준의 개념

(3) 자료품질표준(data quality standard)

데이터 품질에 관한 요구사항이 나열된 일종의 문서이다. ASPRS와 같이 특정 전문직종과 관련된 전문기관에서 개발한 실제표준(예:대축척 지도용 정확도 표준) 또는 법률적 데이터표준으로 정부기관 또는 표준개발조직에 의해 개발되는 것인데 미국국가지도 정확도 표준(National Map Accuracy Standard)과 같은 것이다. 일반적으로 데이터 변환표준에 포함되기도 한다.

(4) 메타데이터표준(metadata standard)

자료기록표준이라고도 하며 나머지 3개의 구성요소보다 개발과 구현이 어려운 표준이다. 다른 조직에 있는 지리데이터에 대한 접근이 매우 어려웠기 때문에 메타데이터의 필요성이 대두되었다. 메타데이터의 수집과 저장에 대한 표준은 미국연방지리데이터위원회(FGDC) 산하의 국가지리공간데이터 정보센터(National Geospatial Data Clearinghouse)와 같은 지리정보 유통망의 구축을 위해 필요하다.

우리나라에도 국가공간정보유통센터(http://www.nsic.go.kr/ndsi/)가 있는데 많은 수의 사용자가 데이터를 사용하므로 metadata가 필수적이다. 데이터 구축에 대한 누가, 무엇을, 언제, 어디서, 왜, 어떻게...에 대한 사항이 포함되어 있다.

7.5.3 세계경제에서 일반적 표준의 역할

베를린 대학의 Knut Blind교수는 표준의 역할을 다음과 같이 얘기하고 있다.

제품과 서비스를 저렴한 비용으로 품질기준에 맞추기 때문에, 표준은 소비자와 생산자 모두에게 이점을 주는 효율적인 자원 사용을 권장한다. 경제적 혜택 이외, 표준은 사회복지 개선 및 위험감소를 통해 소비자의 처우개선과 노동력 강화 및 환경보호를 가져온다. 품질 및 안전표준은 위험제품의 시장 반입을 방지, 아이디어 상품 및 서비스에 대해 신뢰감을 높여준다. 일반적으로 생산자와 소비자는 이런 경제적 혜택을 누릴 수 있고 또한 사회 목표와 부합한다. 생산자는 매우 기술적으로 로비활동을 펼쳐 표준개발 기구로 하여금 자신의 이익을 고려한 표준을 정의하도록 설득하는 상황–규제상황(regulatory capture)을 발생시킬 수 있다.

따라서 가능한 많은 범위를 포함한 이해당사자의 정보를 기반으로 만들어진 ISO와 같은 엄격한 절차가 중요하다. 표준 제작과정 중 시방서가 종종 포함되기 때문에, 다양성이 결여될 수 있지만, 신규 투자자와 기업의 관심을 끌어 새로운 시장을 개발하는데 기여할 수 있다. 호환성, 품질, 다양성 및 정보의 범위 등은 표준을 분류하는데 사용된다. 그러나 표준이 한 가지 목적을 만족 시키는데 개발되더라도 다양한 기능을 이행한다.

표 7.7 표준의 일반적 효과

표준의 유형	긍정적 효과	부정적 효과
호환성/인터페이스	→ 네트워크 형성 → 제약 해소 → 제품의 다양성 증가	→ 독점
품질/안전	→ 부정적 측면 조정 → 거래 비용 감축 → 부정적 외부상황 조정	→ 규제 상황 발생 "가격상승"
단일성	→ 경제 규모 발생 → 대중화	→ 선택권 감소 → 시장 집중화
정보	→ 무역 권장 → 거래 비용 감축	→ 규제

표준은 연구와 혁신에 있어 중요한 역할을 한다. 용어 표준은 신생분야인 나노기술처럼 새로운 기술의 기본 연구에 있어 필수적이다. 이는 원활한 커뮤니케이션을 용이하게 하며, 연구자간 지식 전달에 있어 결정적 역할을 한다. 또한, 기초 및 응용연구간 지식 전파는 제품개발에 진전을 불러온다. 응용연구와 신제품의 개발 사이의 갭은 인터페이스 표준에 의해 발생되며 제품과 과정 기술을 통합한 요소의 정보처리 상호 운용을 가능케 한다.

시범제품의 시장진입은 제품의 안전 규정을 따른다는 전제 하에 품질 표준이 필요시 된다. 품질 및 안전표준에 대한 요구조건은 규정자에 의해 만들어지거나, 신제품에 관심이 많은 어얼리 어답터에 의해 요청된다. 신제품의 보급은 단일화된 표준과 사용자간 긍정적 네트워크로 형성된 호환 표준에 의해 가능해진다.

관련 이해당사자 단체의 개입은 이들의 선호도를 고려한 합의된 이익으로 이끌 수 있다. 이 절차에는 시방서와 새로운 아이디어에 대한 효과를 함축한다. 표준화의 절차에 있어 개방성, 투명성 및 일치 원리를 따른다면, 표준의 부정적 효과는 감소될 수 있다. 따라서 표준화 과정에 있어 특정 이해당사자의 잘못된 사용을 줄이거나 피할 수 있다. 만약 기술 프로바이더, 제조자, 사용자, 소비자, 환경단체 및 기타 이해당사자 등 자신의 역할을 충분히 대변할 수 있다면, 이해당사자의 밸런스를 맞춘 혁신을 권장하는 표준을 기대할 수 있다.

이는 사용자주도 또는 소비자 주도의 해결책을 활성화시키며 환경문제를 고려한다. 그러나 표준화 과정을 개방한다 해도 소비자나 중소기업과 같은 약자에게 표준화 과정의 참여는 힘들 수 있다. 대기업에 초점을 맞춘 시방서가 제작될 수 있으며 따라서 다른 결과를 낳을 수 있다. 표준개발 과정에 있어 소비자 참여를 확보하고자 애쓰는 ISO의 노력 덕분에 최근 중소기업의 요구에 관심을 기울인 많은 표준이 제작되었다.

표준은 텔레커뮤니케이션과 소프트웨어 같은 네트워크 산업의 신규기술과 서비스의 확산을 가능케 하였다. 각기 다른 사용자와 하드 및 소프트웨어의 상호 운영 때문에 호환성 및 인터페이스 표준이 중요하다. 기존 표준은 새로운 기술과 제품을 받아들이는데 어려움이 있다. 따라서 타당성 및 기술과 산업의 개발에 표준의 양면성(ambivalence)이 중요하다. 표준의 타당성은 경제, 사회 및 정책입안자에게 점점 중요한 역할을 하고 있다. 기업은 세계화에 직면하여 다른 기업과 소비자와의 국제협력이 요구된다.

따라서 조직간 인터페이스의 점점 늘어나는 수치와 복잡성은 표준의 필요성을 증가시키고 있다. 과학 및 업계는 지속가능하고 널리 수용된 컨센서스를 개발하기위하여 서로 조정하여야 하며 정책 입안자의 역할이 점점 중요해 지고 있다. 표준은 세계화 시장에 있어 제품과 서비스를 위한 무역을 장려할 뿐 아니라 세계무역과 경제 시스템에 개도국의 통합을 지원하는데 중요한 도구이다(ISO 포커스 국제표준화 동향 2007년 7월 9일 제83호).

7.6 우리나라 공간정보표준화 및 정책방향

7.6.1 국가 GIS사업 (NGIS; National GIS)

우리나라의 GIS도입은 1980년대 말부터 90년대 초로 초기의 GIS는 AM(Auto Mapping) / FM (Facility Management)가 주목적이었으며 특히, FM에 있어서는 기존에 산적해 있던 종이도면의 수치화작업으로부터 시작되었다. 그러므로 스캐닝한 이미지로부터 수치데이터 를 작성하는 벡터라이징 소프트웨어와 벡터데이터를 편집할 수 있는 CAD소프트 웨어의 역할이 매우 컸으며 관련

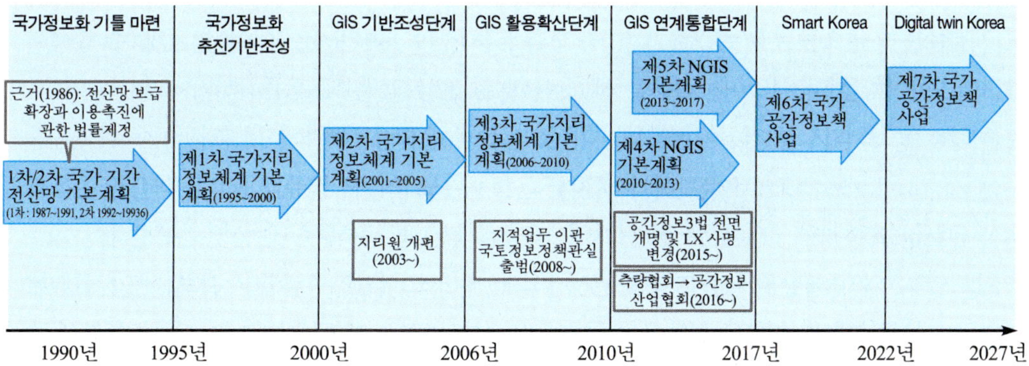

그림 7.5 국가 GIS사업

산업 또한 활발했었다. 수치데이터의 획득과 기본데이터의 구축이 진행되자 본격적인 GIS구축에 대한 국가적인 움직임이 있었고 각 수치데이터구축의 표준화에 대한 필요성이 대두 되었다. 따라서, 정부에서는 국가지리정보체계구축사업을 단계별로 수행하였으며 4차사업이후 국가공간정보 정책사업으로 진행되었다.

1) 1차 사업(1995~2000)

본격적인 국가 GIS의 시작은 1995년도에 1차 NGIS사업이었다. 이 사업에는 건설교통부, 행정자치부, 정보통신부, 산업자원부, 농림부, 해양수산부, 환경부 등의 중앙부처와 공공기관이 참여하였다. 1차 사업의 목적은 국가기반시설에 대한 정보구축 및 공간정보의 활용 및 관리를 위한 것으로 국토기본도 1:5,000수치지도가 이때 완성되었다. 1차 사업은 1995년부터 2000년까지 진행되었으며 데이터베이스의 기본표준안 제공과 정보호환 및 유통을 위한 기본구조연구를 목표로 하였다.

2) 2차 사업(2001~2005)

1차 사업에서 연구되었던 기본표준안을 토대로 정보호환 및 유통을 위한 표준개발 및 데이터베이스 구축방법의 개선 및 DB의 효율성 향상을 목표로 하였다. 3차 사업은 2006년부터 2010년까지로 신기술의 표준화로 영역을 확장하였으며 사이버국토를 모토로 3차원 GIS, Mobile mapping분야 등 관련정보를 활용한 사업화를 목표로 하였다. 이렇게 NGIS사업을 통해 국가 공간정보기반을 확충하여 디지털국토를 실현해 왔다.

3) 3차 사업(2005~2010)

유비쿼터스 국토기반과 밀접한 관련이 있었으며 3차 국가 GIS기본계획에는 교통, 해양, 수자원, 시설물, 행정경계, 지적, 지형, 기준점, 공간영상, 통계 등 총 10개 분야에 걸쳐 국가적으로 기본이 되는 정보를 전국적으로 구축하였으며 이후 데이터의 질을 높이기 위해 노력해왔다. 뿐만 아니라 기존에 구축된 GIS자료가 활발히 활용되도록 하였다. 또한 지자체의 GIS응용시스템의 연계통합 구축을 통하여 전자정부와 연계시키는 계획을 제시하는 등 GIS의 활용가치를 극대화하며, 국가 GIS관련 표준체계를 정립하여 지리정보 간의 상호운용성을 확보하며 궁극적으로 국제표준과 연계되도록 하였다.

1,2,3차 국가GIS사업이 완료되었음에도 불구하고 GIS시스템이 조직과 업무별로 구축되어 시스템 간 자료공유가 어렵고 공간데이터의 중복구축으로 인해 예산낭비가 비일비재하였다. 이에 따라 국토해양부는"국가공간정보 통합체계구축사업"을 2011년 7월에 발표하기에 이른다.

4) 4차 사업(2010~2012)

녹색성장을 위한 그린(Green)공간정보사회의 실현이 비전이었으며 목표는

- Green : 녹색성장이 기반이 되는 공간정보
- Everywhere, Everybody : 어니서나, 누구라도 활용가능한 공간정보
- New deal : 개방 · 연계 · 융합활용 공간정보

추진전략은 공간정보의 공유 · 활용에 두었다.

- 상호협력적 거버넌스 : 인력양성, 공간정보기술자격인증제도 등
- 쉽고편리한 공간정보접근 : 유통관련제도적기반확립, 국가공간정보센터 위상정립 등
- 공간정보상호운용 : 공공 · 민간 공동활용을 위한 공간정보참조체계(UFID)구축 등
- 공간정보기반 통합 : 기본곤간정보구축, 기본도 구축관리, 3차원공간정보구축, 지하시설물전산화 등
- 공간정보기술 지능화 : 국산 GIS솔루션개발, 초결량 공간정보기술 개발

5) 5차 사업(2013~2017)

1~4차 기본계획의 평가를 기초로 수요자 중심의 국가공간정보기반 고도화, 융복합산업 활성화, 공간정보 활용체계 고도화 및 확산을 3대 추진방향으로 수행되었다. 유통, 표준, 창의인재, 기술, 법제 등 공간정보기반을 고도화하고 공간정보 공유 · 개방 확대 및 융복합을 통한 창조경제 활성화 도모하였다. '공간정보로 실현하는 국민행복과 국가발전'이라는 비전하에 7대추진전략, 27개의 추진과제 도출하고 수행하였다.

■ 7대 전략

- 고품질 공간정보구축 및 확대
- 공간정보 융복합산업활성화
- 공간 빅데이터기반 플랫폼서비스 강화
- 공간정보 융합기술 R&D추진
- 협력체계 고도화 및 활용확대
- 공간정보 창의인재양성
- 융복합 공간정보정책 추진체계확립

6) 6차 사업(2018~2022)

공간정보 융복합 르네상스로 살기좋고 풍요로운 스마트코리아 실현을 비젼으로 사업수행하였다. 3대 목표는 다음과 같다.

[데이터 활용] 국민 누구나 편리하게 사용가능한 공간정보 생산과 개방
[신산업 육성] 개방형 공간정보 융합 생태계 조성으로 양질의 일자리 창출
[국가경영 혁신] 공간정보가 융합된 정책결정으로 스마트한 국가경영 실현

표 7.8 6차 국가공간정보정책 기본안의 세부사업계획

전략	세부사업
[전략 1. 기반전략] 가치를 창출하는 공간정보 생산	① 공간정보 생산체계 혁신 ② 고품질 공간정보 생산기반 마련 ③ 지적정보의 정확성 및 신뢰성 제고
[전략 2. 융합전략] 혁신을 공유하는 공간정보 플랫폼 활성화	① 수요자 중심의 공간정보 전면 개방 ② 양방향 소통하는 공간정보 공유 및 관리 효율화 추진 ③ 공간정보의 적극적 활용을 통한 공공부문 정책 혁신 견인
[전략 3. 성장전략] 일자리 중심 공간정보산업 육성	① 인적자원 개발 및일자리 매칭기능 강화 ② 창업지원 및 대중소기업 상생을 통한 공간정보산업 육성 ③ 4차 산업혁명 시대의 혁신 성장 지원 및 기반기술 개발 ④ 공간정보 기업의 해외진출 지원
[전략 4. 협력전략] 참여하여 상생하는 정책환경 조성	① 공간정보 혁신성장을 위한 제도기반 정비 ② 협력적 공간정보 거버넌스 체계 구축

7) 7차 국가공간정보정책 기본계획(2023~2027) 2022.12.20.

사업목표는 "모든 데이터가 연결된 디지털트윈 KOREA실현"이며 공간정보의 패러다임이 측량, 지도기반의 도형 및 영상정보에서 위치를 다루는 모든 디지털정보와 기술로 바뀌며 민간주도로 공간정보가 디지털생태계 조성과 활성화를 위해 계획하고 있다. 이는 세계적인 공간정보정책과 맥을 같이 하고 있다.

■ 영국 : Geospatial Commission
기본개념 : 국가위치데이터 프레임워크구축
① 민간데이터공유촉진
② 품질 및 접근성개선 FAIR
③ 활용역략제고

④ 산업혁신활성화(네트워킹-협업)

■ 미국 : FGDC.gov

기본개념 : 장소기반 의사결정을 위한 디지털인프라구축

① 국가정보정책/거버넌스프레임워크구현

② 국가공간정보자산의 FAIR원칙준수

③ 개방형표준기반 상호운용성 확보

④ 협력적 거버넌스/파트너쉽강화

■ 일본 : 국토교통성 제4기 지리공간정보 활용추진기본계획(2022-2026)

① G-공간사회 : 누구나 언제 어디서나 필요한 공간정보를 사용할 수 있고 정확하고 상황에 맞는 정보를 수집하여 행동할 수 있는 사회

② 자연재해 및 환경문제대응/ 산업/경제 활성화 등 공간정보로 다양한 사회문제해결에 공헌할 수 있는 사회실현

③ 디지털전환정책 및 디지털청과 연계하여 5대분야 10대 심볼프로젝트 추진

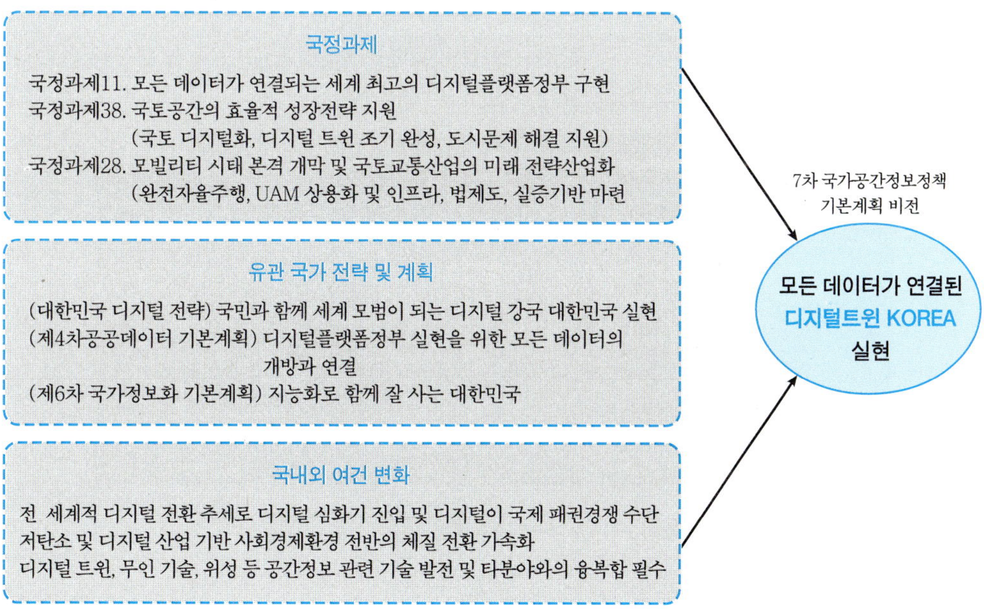

그림 7.6 7차 NGIS비전

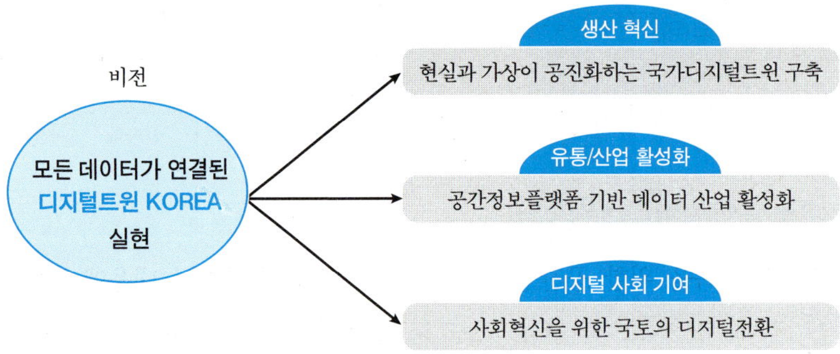

그림 7.7 7차 NGIS사업 목표

- 전략1 : 디지털트윈을 위한 데이터생산체계개편
  - ① 상향식과 하향식이 상호보완된 국가디지털트윈 데이터 구축갱신 (BIM이나 사회인프라데이터)
  - ② 국가 디지털트윈 체계구축을 위한 표준기반 마련
  - ③ 디지털트윈기반 메타버스 시범사업추진

- 전략 2 : 누구나 쉽게 활용할 수 있는 공간정보자원 유통/활용 활성화
  - ① 쉽고 빠르게 찾을 수 잇는 공간정보 유통플랫폼 구축
  - ② 데이터연계/융합활용확대를 위한 기반환경조성
  - ③ 민간주도의 공간정보 오픈이노베이션을 위한 활용생태계

- 전략 3 : 공간정보융복합산업을 위한 인재양성과 기술개발
  - ① 초,중등 대학에서의 교육지원
  - ② 고 부가가치 창출을 위한 산업구조개편
  - ③ 국토의 Dx를 위한 혁신기술개발
  - 글로벌 공간정보시장확대 및 선도를 위한 협력체계 강화

- 전략4 : 디지털트윈생태계를 위한 정책환경조성
  - 국가디지털트윈 생산–유통–활용을 위한 제도기반 고도화
  - 디지털트윈 생태계 활성화를 위한 거버넌스 구축 및 운영 (중복투자방지등을 위한 컨트롤타워)

7.6.2 국가공간정보통합활용체계

(1) 국가공간정보통합체계구축 사업

구축된 공간정보는 공공적인 성격이 높아서 국가주도의 통합체계가 필요하며 정부와 민간에서 활발히 활용될 수 있는 환경을 만드는 것이 중요하다. 국가공간정보통합체계는 대한민국 정부에서 추진하는 사업으로서, 다양한 기관에서 공통으로 활용되는 공간정보의 범정부적 통합관리 및 공동활용의 필요성이 대두되면서 시작되었으며, 국가공간정보에관한법률(2009.05.22) 제2조 6항에 '기본공간정보 데이터베이스를 기반으로, 중앙행정기관, 지방자치단체, 공공기관 등에서 구축한 국가공간정보체계를 통합 또는 연계하여 국토해양부장관이 구축 · 운용하는 공간정보체계'라고 정의하고 있다. 이러한 국가공간정보통합체계는 공간정보의 중복 구축 및 갱신 비용을 절감하고, 각 부처의 토지 이용 및 규제 정보 등 다양한 토지관련 정보를 다양한 사용자가 일목요연하게 볼 수 있도록 하여, 대민서비스의 개선과 과학적이고 합리적인 정책 수립을 지원하고 있다.

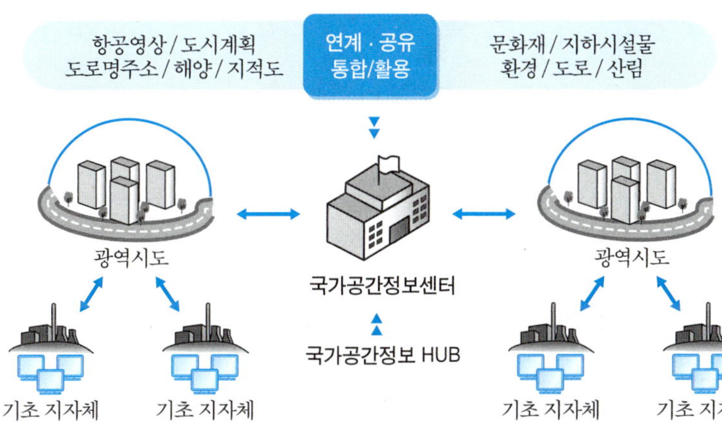

그림 7.8 국가공간정보통합체계 개념도

대한민국의 공간정보 구축사업은 지난 95년 이래 시행된 국가GIS (Geographic Information System) 사업 이후 양적,질적으로 비약적인 성장을 이루었으나, 대부분의 GIS시스템이 조직과 업무별로 구축되어 시스템간 자료를 공유할 수 없는 문제가 발생되었고 이는 공간자료의 중복 구축 등 문제점으로 지적되었다. 이러한 문제점을 해결하기 위해 국토해양부와 행정안전부는 그림 7.9와 같이 '08년 각종 공간정보시스템의 연계통합을 추진하기로 하고, '09년에는 각 기관별 공간정보를 연계하기 위한 표준시스템 개발, 공간정보 DB 및 행정주제도 구축 등의 사전 준비를 하여 8개 시도 와 36개 시군구에 시범적으로 적용하였다.'2010년부터 '2012년까지는 확산 단계로써 다양한 애플리케이션의 개발과 보급을 통해 국가공간정보통합체계의 활용성을 극대화하고,국토의 보존과 관련한 임상도, 문화재, 연안정보 등을 단계적으로 구축하였다. 또한, 전국의 광역자치단체와 기초자치단체에 국가공간정보통합체계를 확산하고, 부처별로 개별 보유하고 있는 다양한 공간정보를 연계하여 공동 활용할 목적으로 진행하였다.'2013년도부터 '2017년도 까지는 구축된 시스템을 운영하고 help-desk서비스를 제공을 통해 개선점을 도출하였고 향후 시스템고도화에 주력해 왔다. 2017년 12월까지 28개 연계기관과 65개 정보시스템, 1,052개의 데이터가 연계되어 운영되었다. 구축된 국가공간정보통합체계는 홈페이지(www.nsdi.go.kr) 등을 통해 정부기관 뿐만 아니라 민간 및 산업에 이르는 전 분야에서 활용할 수 있게 함으로써 체계적 국토관리의 기반 역할을 수행하게 되며 대국민 서비스의 새로운 편의성과 가치를 제공해 왔다.

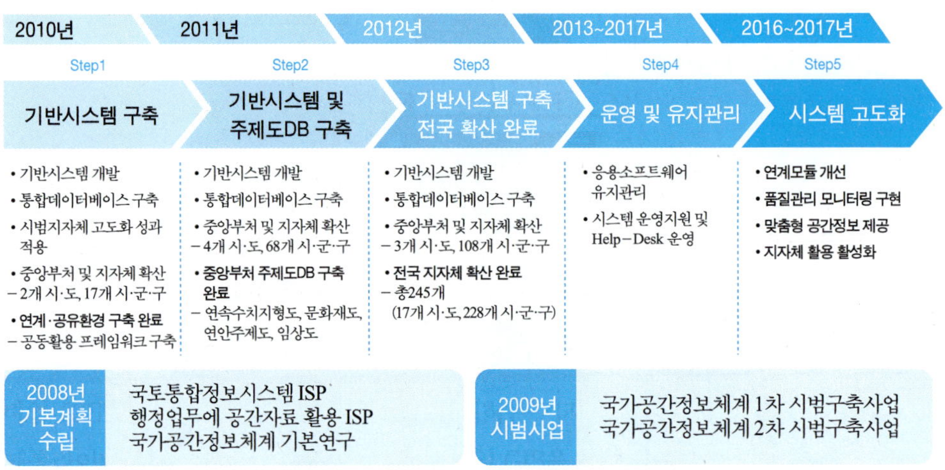

그림 7.9 국가공간정보통합체계 개발계획

(2) 국가공간정보통합체계 개선사업(2020~2022)

본 사업은 클라우드기반의 공간정보데이터 통합 및 융합활용체계구축으로 대국민 공간정보활용편의성 강화와 디지털국토 실현의 기반을 조성하는 사업이다. 2009년 5월 설립된 국가공간정보센터에서는 45개기관 73개 정보시스템에서 생산되는 각종 국가공간정보를 수집하여 제공하는 허브역할을 해왔으나 상이한 시스템환경 및 분리된 운영장비 위치에 따른 관리불편, 시스템 노후화로 인한 유지보수비용 증가 등으로 전반적인 개선이 필요한 시점에서 시작된 사업이다.

■ 1단계 중점사업(2020.2~2021.1.20.)

① 전산자원의 클라우드 전환 및 오프소스대체

② 공간정보의 표준화를 통한 DB구축 및 품질향상

③ 공간정보개발 플랫폼 및 활용서비스구축

■ 2단계중점사업(2021.2~2022.1.21.)

본 사업은 국가공간정보통합플랫폼 (이하 KGeo플랫폼)에 국토정보시스템과 국가공간정보통합체계를 클라우드기반으로 통합 · 전환하고 대국민 서비스를 확대 구축하는 사업으로 주요 내용은 다음과 같다.

① 국토정보시스템(지적 · 부동산 관련 행정지원 업무)의 클라우드전환

② 국가공간정보통합체계(공간정보 수집 · 연계체계)의 클라우드 전환

③ 대국민공간정보활용서비스확대

④ K-Geo플랫폼 3D 분석기능 확대

중앙부처 · 지자체 · 공공기관은 연계통합관리 서비스를 통해 해당 기관의 업무에 필요한 맞춤형 데이터 신청, 연계데이터 관리 및 실시간 송수신 현황 확인 등 안정적인 공간정보 수집 · 제공 여건을 갖추게 되었다. 또한, 지자체가 보유한 건물데이터를 직접 등록하여 경관분석 업무에 활용할 수 있고, 분석한 정보는 3D 맵갤러리를 통해 공유하는 등 기관 간 데이터를 공유할 수 있는 체계를 마련하였다.

그림 7.10 국가공간정보포털(2023.1월)

7.6.3 우리나라 공간정보 표준화

우리나라 GIS표준화에 의한 가장 빠른 적용은 수치지도제작일 것이다. 수치지도 Ver.1.0부터 Ver2.0에 이르기까지 표준화가 진행되어 왔다. 뿐만아니라 표준화는 GIS기술개발사업 등 다양한 부문에 적용되었다. NGIS사업이 1995년에 시작되면서 핵심사업의 하나인 GIS 표준화는 수치지도를 공동활용하고 구축된 수치지도의 다목적 활용을 위하여 관련과정과 항목에 대한 표준화 계획을 수립하여 추진하였다. 당시 정보통신부 산하 한국정보통신기술협회가 주관이 된 표준화 분과에서 공간데이터구축관련 표준, 정보유통관련표준, GIS 시스템 활용관련 표준에 대한 사업을 추진하였다. 특히, 정보통신부와 한국전산원이 중추적인 역할을 수행하면서 국가기본도, 주제도, 지하시설물도 등에 대한 표준을 제정하였다.

현재 우리나라는『국가공간정보에관한법률』제5조에 의거 국가공간정보위원회 산하 표준화 기술기준 분과위원회에서 주도적으로 추진하고 있다. 위원회에서는 ISO/TC211과 연계하여 국가GIS의 표준을 제정하고 있으며 사안에 따라 WG(Working Group)1부터 WG9까지의 영역에 따라 표준화를 수행하고 있다. 위원회의 기능과 역할은 다음과 같다.

- 국가공간정보에 관련된 표준 개발제안 심의, 표준 개발과정 검토, 최종 표준(안) 검토.심의
- 공간정보산업진흥 기본계획 및 시행계획의 수립 및 변경사항
- 국가공간정보정책 시행계획 수립 및 변경사항
- 공간정보 표준관련 법령 또는 제도의 개선
- 기타 분과위원장이 회의에 부치는 사항

(a) 표준화 3단계 추진안
DB구축 표준분야
정보교환 및 유통지원분야
국가 GIS기본 모델분야
기타관련분야 표준화 분야

(b) NGIS 2차 사업 2001~
기반정보구축 및 관리
공간정보 유통 및 응용
개방형 GIS 및 관련기술
해양정보 표준

그림 7.11 표준화 추진 및 NGIS 2차 사업

공간정보표준화의 절차는 그림 7.12와 같다(공간정보표준 http://ngis.go.kr/sgis/m01_02.jsp).

– 단계 1 : 국가기반 표준을 발굴하고 우선순위에 따라 발굴된 표준의 내용 도출

- 단계 2 : 일반에게 공모하여 제안서 접수 및 심의하여 개발자 선정
- 단계 3 : 선정된 개발자가 표준(안)을 개발
- 단계 4 : 국가GIS사업을 대상으로 시범적용할 사업을 검토하여 선정하여 시범적용 후 결과 평가
- 단계 5 : 시범적용결과에 따라 국가표준 적정성여부 검토
- 단계 6 : 국가표준 및 단체표준에 상정

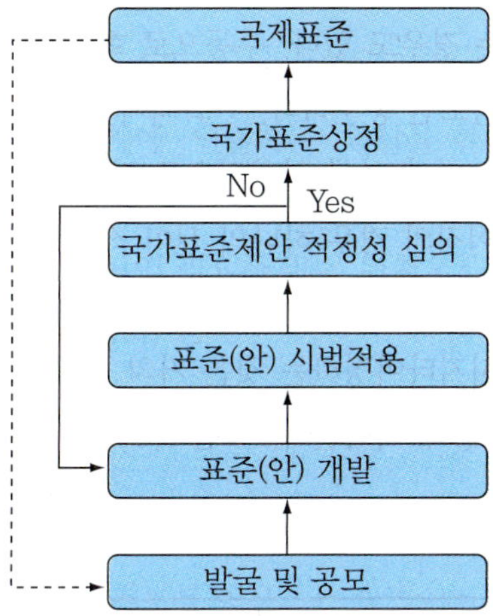

그림 7.12 공간정보 표준화개발절차(http://ngis.go.kr/sgis/m01_02.jsp)

7.7 GIS데이터 표준화와 발전

과거 GIS사용에 있어서 시스템의 주된 장애 중 하나는 시스템의 고유특성(proprietary nature)으로 인한 소통의 부재였다. 그러나 데이터 표준의 개발과 사용으로 다른 시스템 간의 장애가 해소됨으로써 상호운용성(interoperable)과 개방성(open)이 제공되었다.

7.7.1 GIS의 상호운용성

과거의 GIS는 고도로 구조화되고 구조적으로 폐쇄된 운영환경에 의해 특성화된 획일적인 응용시스템을 운영하고 있었다. 시대가 지남에 따라 기업차원이나 전 세계적인 자원의 공유 불가능하기 때문에 이를 극복하기 위해 상호 운용성을 빠르게 체택이 필요하게 됐는데 세계적인 승인과 표준의 체택이 전제조건이며 다음과 같은 표준화의 꺼리낌을 극복해야만 한다.

(1) 반드시 가장 좋은 성능이 아닐 수 있다는 불안감

(2) 전문화된 기술과방법론 보다는 오히려 일반화된 방법론을 사용함으로써 제한된 기능성
(3) 개방형 기술을 사용함으로써 발생할 수 있는 보안성 감소
(4) 표준체택 초기단계에서 일어날 수 있는 불편성과 비용

GIS 데이터의 공유를 위해 개방형 GIS협회(OGIS)가 결성되었고 상호운용성에 대한 문제점 해결 시도, GIS업계의 협력에 대한 노력을 경주하였다. 미국에 위치하며 제품명세서발간, GIS소프트웨어 제품의 인증등의 업무를 하고 있다. 제품명세라 함은

단순한 feature 점, 선, 면, 공간참조, 좌표투영, 속성 등과 같은 기본적인 사항에 대한 표현이며 벡터기반 소프트웨어 표현으로 간주, 다른 소프트웨어 간의 OGIS coverage와 OGIS목록을 포함하고 있다. 제품명세서의 목표는 다음과 같다.

(1) 처리모델과 단일의 전 세계적인 시공간적 데이터 제공
(2) OGIS데이터 모델을 구현하는 주요 데이터베이스 언어 각각에 대한 명세서 제공
(3) OGIS처리모델을 구현하기 위한 주요 분산컴퓨터환경 각각에 대한 명세를 제공하는데 이를 위해 응용표준을 사용하여 상호운용성을 촉진한다.

7.7.2 지리데이터 기반 구조의 구성요소로서 지리데이터 표준

지리데이터의 표준은 이제 지리공간데이터 기반의 필수적인 요소로 발전하였으며 지리공간데이터 기반은 정보기반에 기원을 두고 있다. 정보기반이란 정보전달을 위해 사용된 물리적인 기반과 여러 매개체로 총괄 간주한다.

GIS의 표준화는 이제 GIS사용자뿐만 아니라 국가, 경제개발전략 국제기구의 의사일정에서 중요한 위치를 차지하게 되었다. 국제적인 수준에서 지리데이터 기반은 정책, 기술, 표준, 효과적인 수집을 위해 필요한 인적자원, 관리, 접근, 전달, 대규모집단에서 지리데이터의 이용을 포괄한다. 지형공간 데이터기반의 정립은 국가와 지역 그리고 국지적인 지리데이터베이스를 수직 및 수평적 통합을 허용하는 통합된 정보고속도로에 편입시켰다. 수직적인 통합이라 함은 국지적 → 지역적 → 국가적인 통합을 말하며 수평적통합이라 함은 제도적, 상업적, 환경적인 통합을 의미한다.

GIS이론

제3편 GIS분석

제8장 2차원 공간분석

제9장 3차원 공간분석

제8장 기본공간분석

GIS에서 이루어지는 공간분석은 공간데이터를 유용한 정보로 발전시키는 과정이며 이것이 다른 정보시스템과 다른 점이다. 우리는 GIS의 공간데이터가 객체지오메트리를 설명하는 좌표 정보와 객체의 비공간적 속성을 설명하는 속성정보의 두 가지 구성 요소로 구성된다는 점을 알고 있다. 공간분석은 공간데이터와 속성데이터를 이용하여 현실세계에서 일어나는 각종 문제들을 해결하는데 의사결정을 할 수 있는 매우 중요한 방법이다. 공간선택, 분류, 병합, 중첩연산 등의 기본 공간분석과 래스터분석에 대해 설명하였다.

8.1 공간선택

공간데이터셋으로부터 어떤 분석을 하기 위해 빈번히 행해지거나 제일 먼저해야할 작업은 조건에 맞는 특정한 대상을 선택하는 것일 것이다. 선택방법에는 기하학적 · 공간적으로 선택하는 방법과 속성자료를 기반으로 선택하는 방법이 있다.

8.1.1 인터렉티브 공간선택(interactive spatial selection)

주제도 상에 직접 사용자가 관여하여 선택객체(selection objection) 즉, 선분이나 다각형 또는 원을 그려 포함, 교차되는 객체를 선택하는 방법이다. 그림 8.1은 지적도에 특정한 다각형을 그리고 완전히 포함된 필지만을 선택한 모습이다. GIS DB에서의 공간자료는 항상 속성테이블과 키로 연결되어 있으므로 공간자료가 선택되면 해당 속성테이블을 볼 수 있다. 반대인 경우도 가능하다. 즉, 속성을 선택하면 해당 공간데이터를 볼 수 있다.

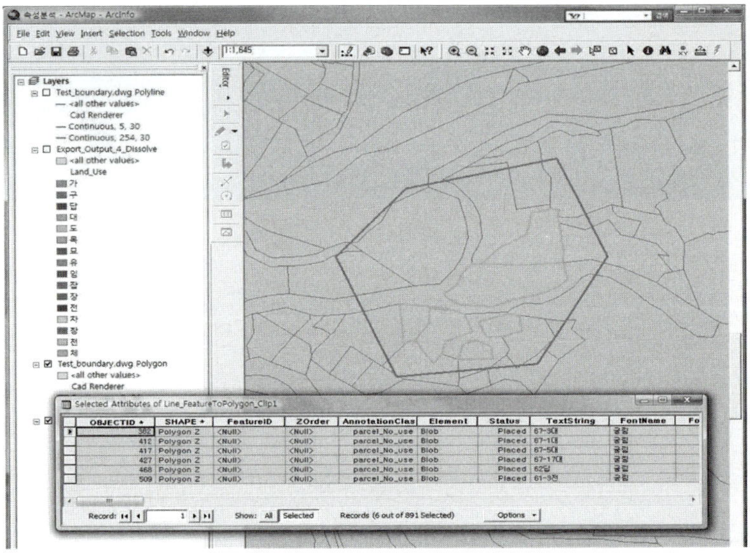

그림 8.1 인터렉티브 공간선택

그림 8.1에서 해당 필지는 6필지이며 이에 대한 속성테이블이 추출되었다.

8.1.2 속성조건에 의한 선택

객체 속성에 대하여 선택조건에 따라 질의언어(SQL언어, GIS 소프트웨어 자체언어)로 검색하고 선택할 수 있다. 사용자가 필요한 조건을 질의하면 이에 만족하는 조건의 공간객체를 선택할 수 있다. 조건은 여러 가지를 복합적으로 "and" , "or" 또는 "not"으로 연결할 수 있다. 예를 들어 행정구역이 유량동이면서 필지면적이 2,000 이하인 필지를 추출하기 위해서는 "행정구역=유량동" and "면적<2,000"과 같이 질의하여 선택할 수 있다.

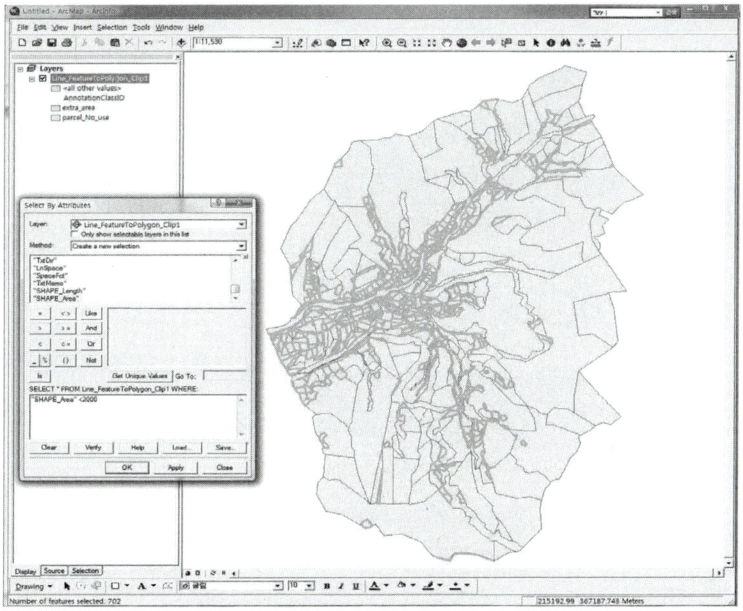

그림 8.2 SQL언어로 속성선택한 필지(면적<2,000)

8.1.3 위상관계를 이용한 선택

CAD파일에는 위상관계가 없지만 GIS의 벡터데이터는 위상관계를 가지고 있다. 5.1.2절에서 설명한 위상관계에 의해 공간객체를 선택할 수도 있다. 여기서는 포함(containment), 중첩(overlap), 인접(neighborhood) 및 거리함수를 기반으로 한 선택기능이 있다.

(1) 선택객체 내부의 대상 선택

특정한 쌍용동에 세탁소를 새로 개업한다고 하면 우선 기존의 세탁소의 위치 및 밀도를 파악해야한다. 그러기 위해서는 먼저 "지역=쌍용동"으로 하여 쌍용동의 행정구역을 선택한 후 여기에서 세탁소를 속성조건에 의해 선택하는 방식이다.

(2) 교차대상 선택

교차(intersect)연산을 통해 객체를 선택할 수 있다. "쌍용동"경계에 교차되는 모든 도로선택 또는 상 · 하수도 관망 등을 선택할 수 있다. 해당 행정구역 내 시설물의 관리 및 보수를 위해서는 필수적인 분석내용이다. 연속적으로 "시설물의 설치년도 10년", "파이프라인의 재질=주철" 등의 조건으로 객체를 최종 선택할 수 있다.

(3) 특정객체에 인접한 대상선택(Adjacency)

선과 면 객체를 대상으로 하며 경계를 공유하는 객체를 선택할 수 있다. 예를 들어 사업대상 구역을 설정하였는데 인접 필지소유자들을 대상으로 공사진행에 따른 보상계획을 한다고 생각해 보자. 수 백 필지 또는 수 천 필지가 된다면 수 작업으로는 쉽지 않은 문제이나 인접함수를 이용하여 선택하면 매우 손쉽게 얻을 수 있다.

(4) 거리(buffer)에 의한 대상 선택

쓰레기 매립장과 같은 시설의 경우 악취에 대한 민원이 발생하여 지자체에서는 조례를 만들어 보상을 하고 있다. 이러한 경우 악취의 발생원으로부터 일정거리 내에 있는 지역을 대상으로 해야 할 것이다. 반경 3km 이내 등과 같이하여 선택을 하게 된다. 우선 정해진 거리 내에 모두 포함되거나 교차하는 필지를 선택하고 다시 대지를 추출하여 소유주를 대상으로 보상을 하면 될 것이다.

이제까지 다양한 선택기법에 대해 설명하였다. 또한 속성값에 의한 선택의 경우 AND, OR, NOT과 같은 논리연산자를 사용하여 결합할 수 있다는 것을 알았다. 사실은 대상을 선택하는 방법도 조합할 수 있다. 예를 들어, 모든 상수도관망을 선택한 뒤 설치년도가 15년 경과된 상수도관만을 선택한다. 그 중 파이프라인의 재질이 주철관인 것만 선택하여 우선적으로 교체해야할 연장과 예산을 추정할 수 있다.

Layer display = '상수도관망'
설치년도 > 15 AND 재질 = '주철관'

8.2 분류(Classification), 재분류(Reclassification), 병합(Dissolve)

분류는 선택과 함께 자주 사용되는 공간 데이터 연산이다. 수치적인 양(면적, 길이, 둘레, 지가 등)과 속성(토지이용, 토지피복, 수종 등)에 따른 분류는 주제도를 제작하기 위해 매우 빈번한 일이며 또한 중요한 분석이다. 분류(classification)란, 입력데이터셋의 특정 필드값에 따라 그룹을 나누고 이를 가시적으로 표현하기 때문에 중요한 공간분포패턴을 추출하는데 사용되는 기능이다. 속성을 기준으로 한 분류로 토지이용분류를 들 수 있다. 예를 들어 그림 8.3은 지적도의 지목에 따라 분류한 토지이용주제도이다. 우리나라 지적에는 28가지의 지목이 부여되어 있다. 지목 별로 분류하고 가시적으로 색깔(심볼로지)을 각각 달리 표현하였다.

표 8.1 우리나라 지적의 지목분류

지목	부호		지목	부호		지목	부호		지목	부호	
밭	전	C	염전	염	-	하천	천	Ch	체육용지	체	-
논	답	P	대지	대	H	제방	제	E	유원지	원	-
과수원	과	G	공장용지	장	Ja	구거	구	W	종교용지	종	-
목장용지	목	Mo	학교용지	학	Sh	유지	유	Yu	사적지	사	-
임야	임	M	도로	도	R	수도용지	수	Su	묘지	묘	T
광천지	광	-	철도용지	철	-	공원	공	Cha	잡종지	잡	J
주유소	주	-	주차장	차	-	창고용지	창	-	양어장	양	-

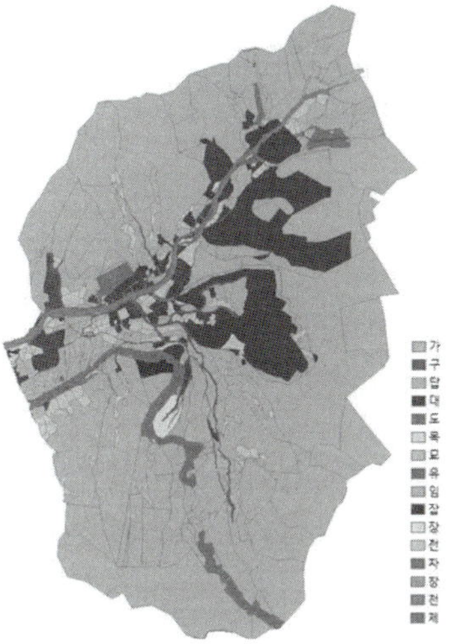

그림 8.3 지목에 따라 분류한 토지이용주제도

공간객체의 속성테이블에 수치적인 데이터가 있다면 분석의 목적에 맞게 분류할 필요가 있다. 인구분포, 지형의 표고, 면적, 연령 등의 데이터를 수동으로 범위를 정하여 분류할 수도 있고 통계학적인 방법을 이용하여 분류할 수 있다. GIS작업을 하면서 분류는 빈번히 이루어지며 자동분류 기능을 이용하기도 한다. 다음에 분류의 종류에 대해 설명하였다.

- **자동분류**(Autonated Classification) : 표고 값 집합에 화면표시 색상 집합을 할당한다고 가정한다면 데이터 계층에는 수천 개의 고유한 표고 값이 있을 수 있으며, 표고에 따라 색상을 할당할 경우 수동으로 할당하는 것이 불편할 것이다. 이러한 경우에는 자동분류 방법이 자주 사용된다. 자동화된 클래스 할당의 잠재적인 단점은 클래스 경계를 정확하게 지정하지 못하는 것에서 비롯된다. 원하는 분류를 달성하기 위한 유일한 방법으로 분석가가 수동으로 일부 클래스 경계를 변경해야 할 수도 있다. 그림 8.4는 면적 별 자동분류기법으로 얻은 결과이다.

그림 8.4 면적의 크기 별로 자동분류한 결과

- **등간격분류**(Equal-interval Classification) : 데이터의 최소값과 최대값의 차이를 일정간격으로 나누어 분류하는 방법이다.

- **등면적분류**(Equal-area Classification) : 클래스 경계는 각 클래스의 총 면적이 거의 동일하도록 설정한다. 클래스의 경계는 학습영역의 동일한 비율을 지정된 클래스 수 각각에 배치하도록 정의, 모든 클래스의 범위가 거의 동일하기 때문에 균형잡힌 맵이 완성된다. 데이터 세트에서 큰 공원필지가 있다고 가정하면 이 폴리곤은 인구가 가장 적고 면적이 넓기 때문에 동일한 면적으로 분류하면 이 지역을 자체 등급으로 지정할 수 있다.

- **등빈도**(Equal-frequancy Classification) : 빈도분포를 계산하여 각 클래스의 개수가 거의 일정하도록 분류하는 방법이다.

- **자연단절분류**(Natural breaks Classification) : 자동화된 분류를 위한 최종 방법, 즉 데이터의 자연스러운 단절 또는 간격을 기반으로 하는 방법이다. 자연적인 단절을 식별하는 데 사용되는 다양한 방법이 있다. 정렬된 값 목록에서 큰 간격은 일반적인 방법 중 하나이다. 값이 가장 낮은 값에서 가장 높은 값으로 나열되고 선택한 값의 가장 큰 간격이 표시된다. 그림 21은 자연단절 분류를 보여준다. 히스토그램에서 근린당 1300명과 2200명에 가까이 두 번의 단절이 분명히 보인다.

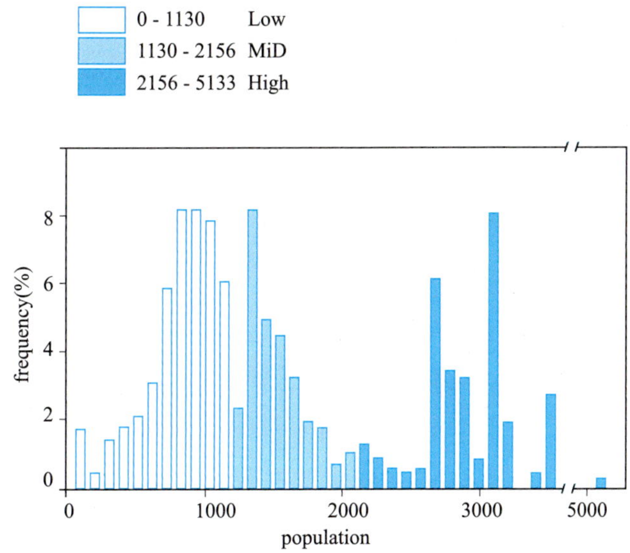

그림 8.5 빈도분포로 본 natural break

수치데이터이건 속성데이터이건 한 번의 분류로 원하는 분석을 하는 경우도 있지만 특정분석을 하기 위해서는 재분류(reclassification)를 해야하는 경우가 많다. 만약에 토지이용주제도에서 속성이 "임", "전", "답"인 필지가 사업에 적합한 토지이용이라면 "적합=1", 그렇지 않은 필지는 "부적합=2"로 재분류 해야한다. 결국 모든 필지의 Reclassify필드에는 "1" 또는 "2"의 값을 가지게 된다. "적합=1"로 재분류된 필지들은 도두 적합이지만 필지경계를 가지고 있는 독립적인 객체들이다.

그림 8.6 적합, 부적합으로 재분류되고 병합된 주제도

표 8.2 토지이용에 따른 적합도 재분류

지목	개발가능여부	재분류 코드
주유소	개발불가	1
대지	개발불가	1
공장용지	개발불가	1
도로	개발불가	1
철도	개발불가	1
주차장	개발불가	1
창고용지	개발불가	1
논	개발가능	2
밭	개발가능	2
임야	개발가능	2

따라서 적합필지들을 하나의 객체로 병합(dissolve)해야 한다. 그림 8.3에서 존재하던 필지경계가 병합 후 그림 8.4에서는 보이지 않는다. 즉, 동일한 지목 별로 병합된 것이다. 이렇게 병합된 데이터는 "적합=1"과 "부적합=2"의 병합된 두 개의 객체에 대해 면적의 산정을 가능하게 해준다.

8.3 중첩분석(Overlay)

GIS가 일반화되기 이전의 중첩분석은 불이 비치는 탁자 위에 지도와 특정주제도를 겹쳐 봄으로써 수행되었다. 이는 기존의 지도위에 특정한 주제도를 만들어 투명종이위에 그린 뒤 겹쳐봄으로써 수행되었다. 이렇게 함으로써 여러 조건을 만족시키는 교집합 또는 합집합을 쉽게 구할 수 있었다. 이는 군사목적의 지도위에 적군과 아군의 진지를 표시한다든지 콜레라 발병지역을 지도위에 중첩시켜 전염속도와 범위를 분석한 내용이다. 이처럼 GIS분석에서 중첩분석은 매우 중요하며 공간중첩연산(spatial overlay operator)기능을 이용한다.

일반적으로 중첩연산자는 두 개의 레이어를 입력자료로 사용하는데 좌표계가 같아야 하고 같은 지역이어야 한다. 공간중첩연산의 원리는 두 개의 레이어에서 같은 지점의 특성을 비교하여 새로운 레이어의 동일 위치에 새로운 특성을 생성하는 것이다.

8.3.1 벡터의 중첩연산

(1) 폴리곤 중첩

면사상을 포함하는 하나의 주제 레이어(Thematic Layer)를 다른 주제 레이어와 중첩시켜 새로운 주제도를 생성시키는 공간 연산으로써, 논리연산자, 산술연산자, 통계연산자 등 다양한 연산자를 이용하여 중첩분석을 수행할 수 있다. 결과로 생성된 새로운 주제도내 면사상(polygon feature)의 각 모서리는 입력 레이어내 면사상 들의 교차점으로 표현된다. 따라서, 새로운 면사상의 모서리 교점좌표를 계산하는 것이 면사상의 중첩에서 핵심적인 기능으로 볼 수 있다. 위상모델로 저장된 면형 벡터자료 사이의 중첩에는 적은 교차점을 계산하므로 적은 시간으로 중첩분석을 수행할 수 있다.

래스터레이어의 중첩에 비해 더 많은 계산이 필요한 벡터레이어 중첩은 점, 선, 폴리곤 모두 동일하므로 폴리곤중첩에 대해 설명한다. 중첩이라 함은 통계학에서 교집합과 같은 의미이다. 이 연산의 결과는 모든 가능한 폴리곤의 교집합이며, 속성테이블은 두 개의 입력테이블이 연결된 결과이다. 이 속성테이블에는 모든 교집합 폴리곤에 대한 행이 포함된다. 이 때문에 이 교집합 중첩연산을 공간조인(spatial join)이라고도 한다. 면사상의 중첩분석에는 비교적 많은 시간이 소요되며 적지분석 등에 이용될 수 있다.

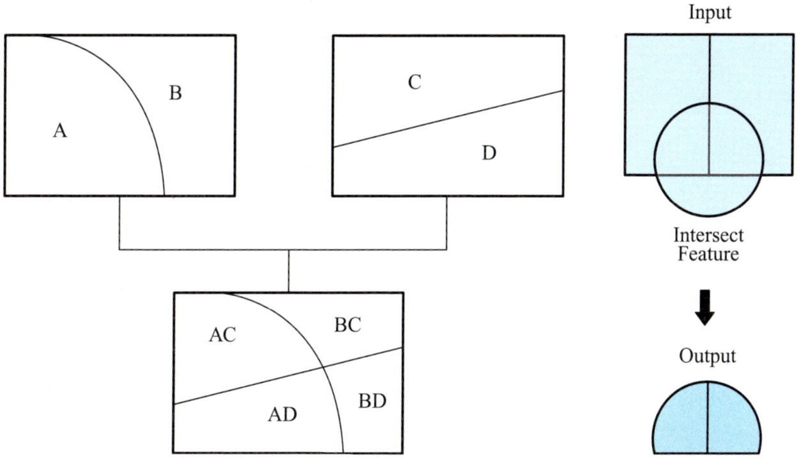

그림 8.7 중첩의 개념

다음은 중첩분석의 활용예로 가장 오염이 심각한 지역을 추출하여 대책을 세우고자 분석을 실시한 것이다.

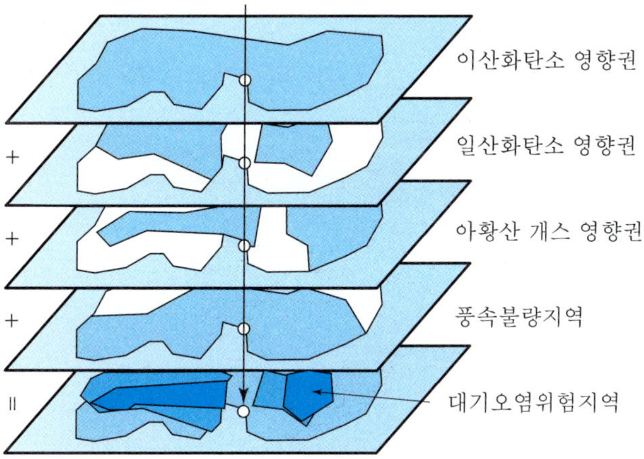

그림 8.8 면사상 중첩의 예

그림 8.8은 어느 지역의 대기오염위험지역을 정하기 위해 중첩분석을 실시한 것이다. 오염요소에 의한 각각의 오염지역을 폴리곤으로 만들고 이들을 중첩하였으며 공통부분은 대기오염위험지역을 의미한다.

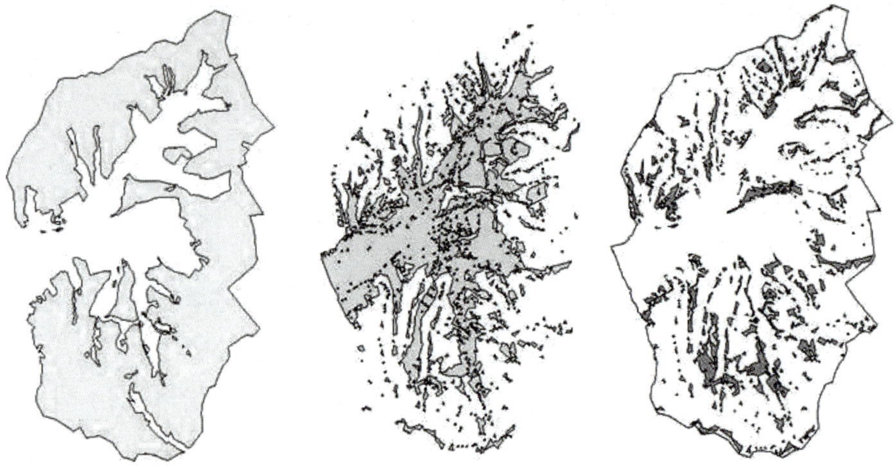

그림 8.9 중첩분석의 결과

그림 8.9는 적절한 택지개발지역의 선정을 위해 토지이용주제도로부터 지가가 저렴한 전, 답, 임야를 추출하고 경사도 0-15°인 추출지역과 교집합을 중첩연산을 이용하여 결과를 얻은 것이다. 이 결과로 지목이 전, 답, 임야이면서 경사가 완만한 지역을 선정할 수 있다.

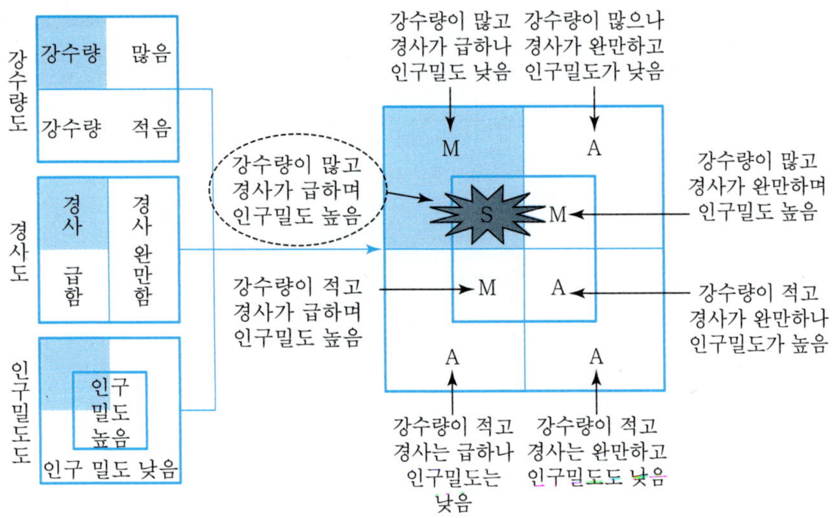

그림 8.10 중첩분석의 예(이희연, 2005)

그림 8.10은 최근 예상치 못한 집중호우로 문제가 심각한 산사태에 대한 가능성 분석을 위해 중첩분석을 수행한 결과이다. 여기에는 공간데이터뿐만 아니라 속성데이터를 동시에 중첩분석을 실시한 것이다. 물리적인 요인으로 강수량과 경사도를 고려하였으며 피해의 크기 여부는 인구밀도를 고려하였다. 물리적인 요인을 추가적으로 더 생각한다면 건물의 밀집도 등이 되겠다.

(2) 폴리곤과 선형 중첩

선사상은 면사상과 중첩될 수 있는데, 분석 이후 선사상은 입력된 선사상과 면사상의 속성을 동시에 포함한다. 면사상과 선사상의 중첩에 필요한 계산은 면사상간 중첩에 사용되는 것과 비슷하다. 즉, 면사상과 선사상의 교차점 계산, 결절과 링크 형성, 위상정립, 속성테이블 수정 순이다. 이러한 중첩분석은 선사상의 분포와 면사상 속성 사이의 공간적 관계 설명이 가능하다. 예를 들어, 교통로와 도시팽창 지역 사이의 관계를 설명하는 것과 같다.

그림 8.11에서 좌측상단부분은 서울시행정구를 나타내는 레이어이고, 좌측하단은 서울시 지하철 노선도를 나타내는 레이어이다. 우측의 지도는 지하철 노선도에서 2호선이 지나가는 행정구를 탐색하기 위해서 중첩을 통해 면사상과 선사상인 지하철 2호선이 서로 교차하는 지역을 얻어낸 결과이다.

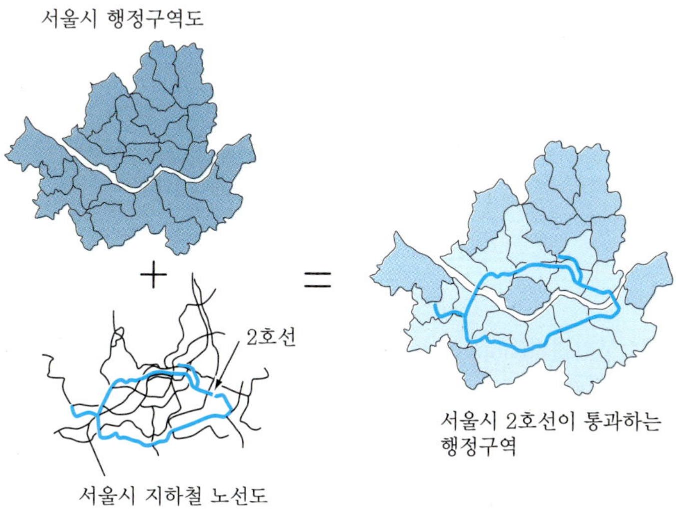

그림 8.11 면사상과 선사상의 중첩(선도소프트, 자료가공과 공간분석Doc.)

(3) 폴리곤과 포인트 중첩

면사상 사이의 중첩이 가능하듯이 면사상 위에 점사상도 중첩할 수 있으며 이러한 과정을 통해 면사상의 범위 내에 위치하게 되는 점사상을 결정할 수 있다. 면사상 위에 중첩된 점사상은 면형자료의 속성을 부여받으므로 모든 점사상과 면사상의 속성 테이블이 수정된다. 이처럼 면형자료와 점형자료의 중첩을 통해 점사상과 면사상 속성 사이의 공간적 관계에 대한 설명이 가능하다. 예를 들어, 범죄발생과 인접지역의 인구통계, 또는 특정 조류와 식생 등의 관계 설명이 가능하고, 각 면사상 내에 위치한 점사상의 수도 계산할 수 있다.

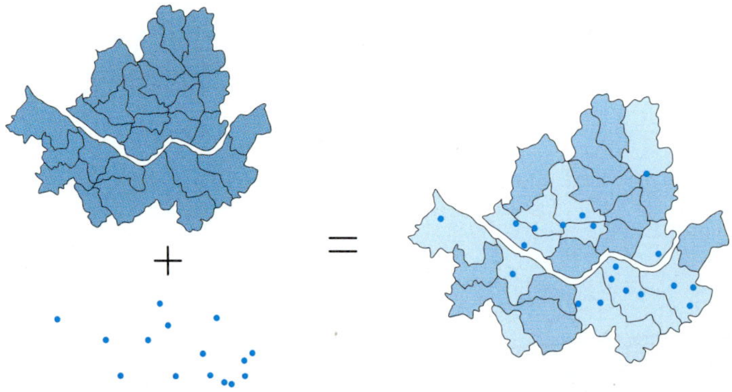

그림 8.12 면사상과 점사상 중첩 예

그림 8.12에서 좌측상단은 서울시 행정구를 나타내는 레이어이고, 좌측하단은 한방병원 위치를 나타내는 레이어이다. 점사상 중에서 한방병원의 위치가 포함되는 행정구를 탐색하기 위해 두 개의 레이어를 중첩하여 우측의 결과지도가 생성되었다.

8.3.2 중첩연산

주요 연산자 세 가지는 오려내기(Clip), intersect, 병합(union)이다. intersect와 union은 일반적인 집합 이론 연산에서 파생된다. intersect는 어떤 면에서 AND로 간주될 수 있으며, 결union 연산은 OR과 관련이 있다. 클립은 intersect와 제거의 조합으로 간주될 수 있다. 이 세 가지 무두 공통적이며 대부분의 GIS 소프트웨어 패키지에서 독립 실행형 기능으로 지원된다.

오버레이 작업의 일반적인 변형. 클립, 교차 및 결합 작업은 별도의 도면층의 데이터를 결합하는 데 사용된다. 클립은 데이터 계층의 정보만 보존하고 경계 계층의 영역에 대해서만 보존한다. Intersect는 경계 계층의 영역으로 제한되지만 두 입력 계층의 데이터를 결합한다. Union은 두 계층의 결합된 범위에 걸쳐 두 입력 계층의 데이터를 결합한다.

(1) 클립(Clip)

"쿠키 커터" 오버레이로 간주될 수 있다. 경계 폴리곤 레이어는 형상이 출력될 영역을 정의하는데 사용된다. 이 경계 폴리곤 레이어는 클리핑 영역을 정의합니다. 두 번째 도면층의 점, 선 또는 다각형 데이터는 경계 도면층을 기준으로 "클립"된다.

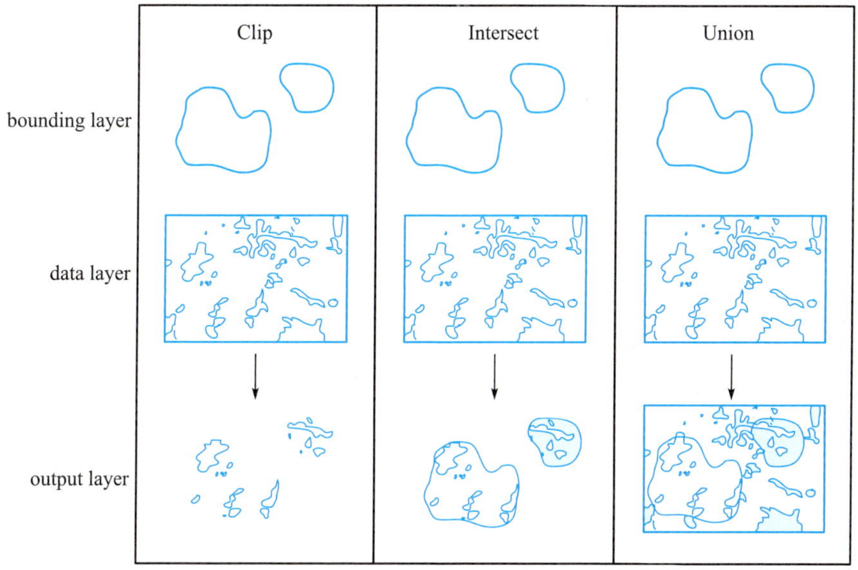

그림 8.13 오버레이 작업의 일반적인 변형. 클립, 교차 및 결합연산
(GIS Fundamentals 4th ed., Paul Bolstad, 2012)

(2) Intersect

교차는 두 레이어의 데이터를 결합하는 중첩분석으로 정의할 수 있지만 두 레이어가 데이터를 포함하는 공통영역에 대해서만 출력한다. 이는 그림 8.13의 중앙부분에 해당되는 내용으로 경계레이어와 데이터레이어의 intersect결과는 중앙하단에서 보였다. 경계폴리곤 외부에 있는 데이터레이어의 모든 또는 일부 폴리곤은 잘리고 삭제된다. Intersect연산은 경계레이어의 데이터도 출력레이어에 포함된다는 점에서 클립과 다르다. 출력레이어의 각 폴리곤은 경계폴리곤 및 데이터레이어에 정의된 속성을 포함한다.

(3) Union

결합은 경계 및 데이터레이어의 모든 데이터를 포함하는 중첩이다. 그림 9의 오른쪽에 이에 해당하는 예이다. 결합 작업에서 지리적 데이터는 삭제되지 않으며, 모든 영역에 대해 해당 속성 데이터가 저장된다. union에 의해 만들어진 새로운 폴리곤에는 각 레이어의 속성도 조합되어 형성된다.

벡터 오버레이는 비교해야 하는 라인의 수가 많기 때문에 종종 시간이 많이 걸리는 계산 프로세스이다. 데이터 집합에 많은 선 세그먼트가 있는 경우가 많으며, 각 선분은 다른 모든 선분과 비교하여 검사해야 하며 선분 교차에 대한 수십억 개의 테스트가 필요할 수 있다.

(4) 벡터 오버레이의 문제점

폴리곤 오버레이는 두 입력 데이터 계층 모두에 나타나는 공통 특징이 있을 때 종종 어려움을 겪는다. 우리는 공통 특징을 동일한 현상의 다른 표현으로 정의한다. 그림 8.14는 이 문제를 보여준다. 카운티 경계는 주 경계와 일치할 수 있다. 그러나 서로 다른 버전의 주 및 카운티 경계는 서로 다른 소스 재료를 사용하고 서로 다른 시간에 서로 다른 시스템을 사용하여 두 개의 인접한 주와 독립적으로 생성될 수 있다. 따라서 이 두 표현은 지구 표면에서 동일한 경계를 식별하더라도 다를 수 있다.

District Table

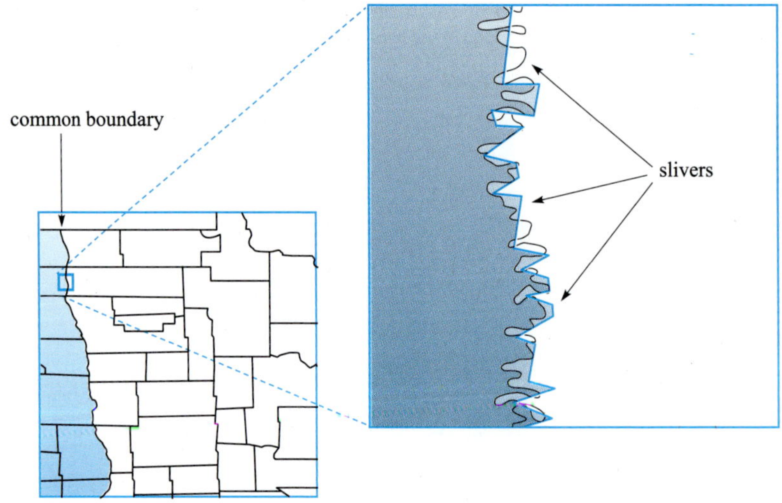

그림 8.14 두 개의 경계폴리곤을 조합할 경우 발생할 수 있는 Sliver polygon
(GIS Fundamentals 4thed., Paul Bolstad, 2012)

대부분의 데이터 계층에서 차이는 매우 작으며, 예를 들어 화면 확대/축소가 상당히 높을 때와 같이 매우 큰 디스플레이 스케일을 제외하고는 표시되지 않는다. 카운티와 주 경계폴리곤이 중첩되면 경계를 따라 많은 작은 폴리곤들이 형성된다. 이러한 "sliver" 폴리곤은 각 폴리곤에 대한 속성테이블에 속성이 있기 때문에 문제가 발한다. 이러한 sliver의 발생을 줄이는 몇 가지 방법이 있다. 한 가지 방법은 서로 다른 레이어에 걸쳐 모든 공통 경계를 식별하는 것을 포함한다. 좌표 정확도가 가장 높은 경계를 기준으로 정확도가 낮은 다른 모든 데이터레이어를 대체한다. 교체에는 상당한 편집 작업이 수반되므로 새로운 데이터 계층을 개발할 때 전략으로 가장 많이 사용된다.

또 다른 방법은 수동으로 sliver를 식별하고 제거하는 것이다. 일반적으로 작은 폴리곤 또는 두 개의 경계아크가 있는 폴리곤을 선택할 수 있다. 그러나 sliver폴리곤의 수가 많은 대규모 데이터 세트에서 수동 제거는 실용적이지 않다.

Sliver폴리곤 감소를 위한 세 번째 방법은 오버레이 중 스냅 거리를 정의하여 스냅핑하는 방법이 있다. 노드 또는 라인이 오버레이 중에 지정된 스냅거리(근접도) 내에 있으면 일치시킨다. 이때 스냅 거리는 입력레이어의 공간정확도와 출력 데이터레이어의 요구 정확도에 비해 작아야 한다. 실제로 모든 sliver폴리곤이 제거되는 것은 아니지만, 그 수는 상당히 줄어들기 때문에 수동 편집에 소요되는 시간을 줄일 수 있다. 자동 sliver감지 및 제거는 중요한 데이터를 삭제할 수 있으므로 주의하여 적용해야 한다. 추적할 가치가 있는 면적, 길이 또는 너비보다 작은 것으로 정의된 작은 조각만 제거해야 한다. 이 거리는 데이터 수집의 정확성 또는 분석 요구사항에 의해 설정될 수 있다. 예를들어, 폴리곤 모서리 위치가 실제 위치에서 1m 이내로 디지털화된 경우 어떤 차원에서도 1m 미만의 다각형을 유지하는 것은 의미가 없으나 1m보다 훨씬 넓고 긴 실버를 제거하면 일부 중요한 정보가 손실될 수 있으므로 주의해야 한다.

8.3.3 래스터 중첩

벡터중첩연산은 유용하지만, 기하학적으로 복잡하며 계산이 많이 필요하므로 성능이 떨어진다. 반면, 래스터중첩은 대부분의 계산이 셀 별로 이루어지므로 계산속도가 빠르다. 연산은 래스터데이터를 이용하여 특정 알고리즘을 통해 새로이 계산된 값으로 새로운 래스터 데이터를 만든다. 새로운 래스터데이터를 생성하려면 이름을 지정하고 어떻게 계산하는지를 지정해야 한다. 다음과 같은 형태의 지시문(assignment statement)을 사용한다.

$$Output\_raster\_name := Raster\_calculus\_expression \quad (8.1)$$

GIS는 우측의 표현식을 평가하여 그 결과를 좌측의 래스터 이름으로 저장하게 된다. 표현식은 기존의 래스터, 연산, 함수 등이 포함될 수 있다. 표현식에 사용되는 래스터이름 및 상수를 피연산자(operand)라고 한다. 연산은 첫 행의 첫 번째 픽셀로부터 마지막행의 마지막픽셀까지 픽셀 별로 계산이 수행된다.

(1) 산술연산자

래스터 연산에서는 기본적으로 여러 가지 산술연산자를 사용할 수 있는데 표준적인 +, −, ×, ÷ 등이다. 이러한 산술연산자는 간격자료값이나 비율자료값을 사용하여야 한다. 기타 산술자료로는 나머지(MOD: modulo division)와 정수 나눗셈(DIV: integer division) 등이 있다. 예를 들어 10 MOD 3은 10÷3=3 나머지 1이므로 1을 반환한다. 10 DVI 3은 3.3333…이므로 3을 반환한다. 이외에도 sine, cosine, tangent와 같은 삼각함수도 이에 속한다.

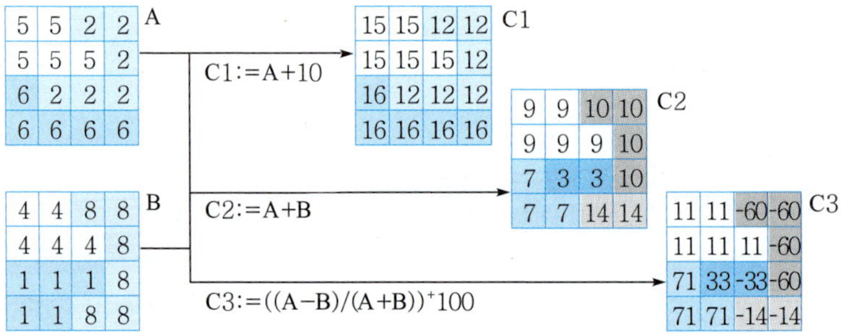

그림 8.15 래스터 데이터의 연산(지리정보시스템의 원리, 2004)

그림 8.15는 몇 가지 산술연산자를 적용한 래스터 계산의 예이다. 다음 식은 래스터 A의 모든 셀값에 10을 더한 후 그 결과를 래스터 C1에 저장한다.

$$C1 : =A+10 \tag{8.2}$$

다음 식은 A의 값과 B의 값을 셀별로 계산하여 C2에 저장한다.

$$C2 : =A+B \tag{8.3}$$

마지막으로 뺄셈결과를 덧셈 결과로 나눈 것에 100을 곱한 결과를 C3에 저장하는 방식이다.

$$C3 : =(A-B)/(A+B)\times 100 \tag{8.4}$$

마지막 표현식(8.4)를 NOAA 위성에서 생성되는 AVHRR영상의 1번 채널(적색)과 2번채널(근적외선)에 적용하면 정규화 식생직수(NDVI : Normalized Difference Vegetation Index)를 얻게 된다. 정규화 식생지수는 녹색식물의 분포를 알아내는데 유용하다.

(2) 논리연산자

래스터의 계산에서는 셀 별로 DN값을 비교할 수 있다. 여기서는 표준비교연산자(〈, 〈=, =, 〉=, 〉, 〈 〉) 등을 사용한다. 간단한 비교연산자의 예로써 다음 식을 사용하면 래스터 C에 참(true) 또는 거짓(false)값이 저장된다. 즉, A와 B의 셀값이 다르면 C에는 참이 저장되고 A,B가 같으면 거짓이 저장된다.

C:=A〈 〉B (8.5)

AND, OR, NOT 등의 논리 연산자도 래스터 계산에서 지원된다. 래스터 연산에서 일반적으로 지원하는 다른 연산자로는 배타적 OR(XOR : exclusive OR)연산이 있다. 표현식 a XOR b는 둘 중 하나만 참일 경우 참값을 반환하며 a, b 모두가 참이거나 거짓일 경우에는 거짓을 반환한다. 그림 8.16과 그림 8.17은 비교연산자와 논리연산자의 예이다.

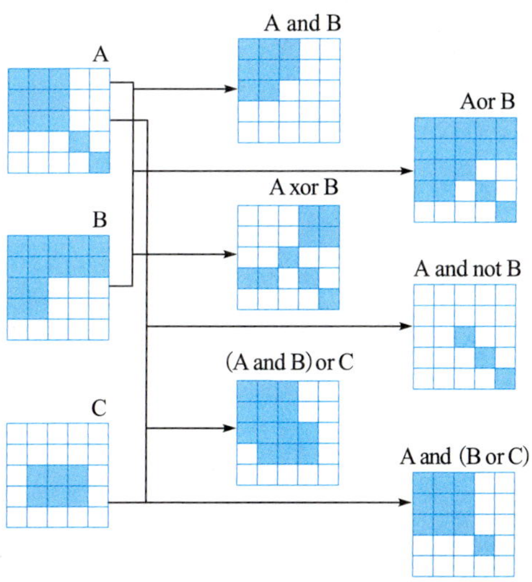

그림 8.16 논리연산자에 의한 래스터계산

특히, 그림 8.17은 특정한 표고에 있는 산림을 검색하는 래스터 계산이다. 래스터 A는 토지이용 분류이며 래스터 B는 표고값이다. 래스터 D1은 500m 이하의 산림, 래스터 D2는 산림지역 또는 표고가 500m 이하인 지역, 래스터 D3는 산림지역 혹은 표고가 500m 이하의 지역 중 동시에 만족하는 지역을 제외한 지역이며 래스터 D4는 500m 이상의 산림지역이다.

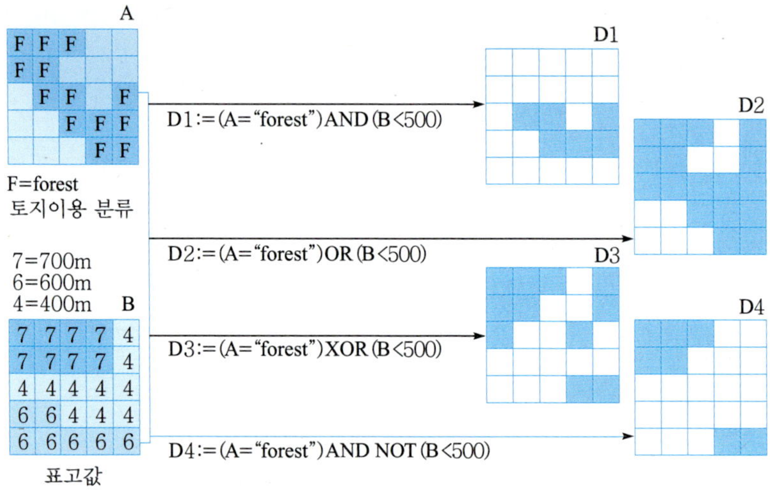

그림 8.17 래스터 계산에서 복합 논리연산의 예

(3) 조건 표현식에 의한 연산

논리연산이나 참, 거짓연산이외에 실제의 경우 래스터를 사용하여 주어진 조건을 만족하는지 시험할 수 있는 조건표현식이 필요할 경우가 있다. 조건 표현식의 일반적인 형태는 다음과 같다.

Oupput_raster:=IFF(condition, then_expression, else_expression) (8.6)

여기서, condition : 조건식

then_expression : 시험조건이 만족될 때 실행

else_expression : 시험조건이 만족하지 않을 때 실행

즉, IFF(4=5, "land, "lake")와 같은 표현식에서 4=5는 거짓이므로 else_expression인 "lake"가 실행된다.

(4) 의사결정테이블(decision table)에 의한 중첩

앞서 설명한 조건 표현식은 여러 조건을 고려해야할 때 강력한 도구이다. 그러나 때때로 전문가적인 의사를 반영해야하는 경우도 있다. 전문가시스템(expert system)과 같은 개념이다.

그림 8.19는 지질분류를 사용한 적지선정에 대한 예로 입력래스터는 그림의 왼쪽의 토지이용상황과 지질학적 래스터이다. 해당전문가는 토지이용과 지질을 어떻게 조합하면 적정하고 다르게 하면 부적합한지 알고 있다. 이 예에서 충적토에 삼림이 있거나 이암에 목초지가 있을 경우 적합

하고 그렇지 않을 경우 부적합하다고 하자. 아래와 같은 래스터 표현식을 이용하면 그림 8.19의 오른쪽과 같은 래스터를 추출할 수 있다.

Suitability : = IFF((Landuse="Forest" AND Gelogy="Alluvial") OR (Landuse="Grass" AND Geology="Shale"), "Suitable", "Unsuitable") (8.7)

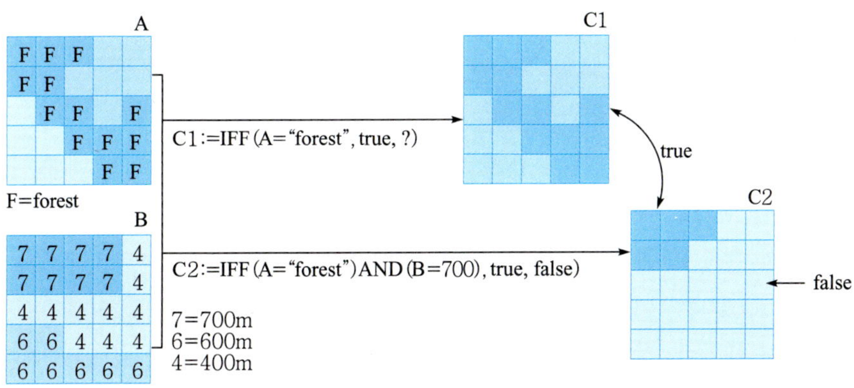

그림 8.18 의사결정테이블을 사용한 중첩

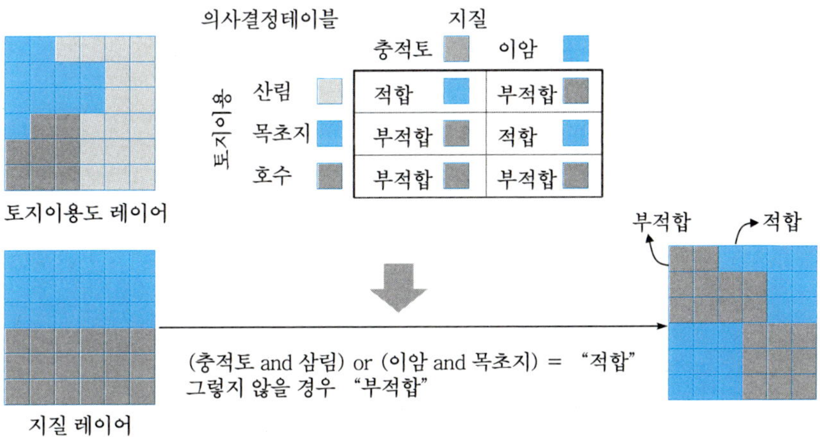

그림 8.19 의사결정테이블에 의한 래스터 중첩

이 예에서 두 가지 조건만 사용하므로 비교적 간단하지만, 조건이 더욱 많은 경우에는 조건 표현식이 훨씬 복잡해져 작성하기가 쉽지 않다. 일부 GIS시스템은 래스터 중첩연산에서 별도의 결정테이블을 사용할 수 있다. 이러한 테이블을 사용하면 입력레스터셀의 조합에 따라 어떠한 결과가 나오는지 쉽게 파악할 수 있다. 그림 8.19는 결정테이블을 사용한 래스터 중첩연산의 예이다. 이러한 결정테이블을 쉽게 작성할 수 있는 도구를 제공하는 GIS도 있다(지리정보시스템의 원리, 2004).

8.3.4 이질적 래스터중첩

명확한 래스터 오버레이를 보장하기 위해 레이어가 호환되어야 한다. 호환이라 함은 공간해상도(셀크기), 레이어의 표정등이 일치해야 한다는 의미이다. 또한, 이것은 일반적으로 x 좌표와 y 좌표에 대한 동일한 원점을 포함하여 동일한 셀 치수와 좌표계를 가져야 한다는 것을 의미한다. 그림 8.20에 보인 중첩은 레이어1의 픽셀에 해당하는 레이어2의 픽셀의 분명치 않다는 점이다. 여러 픽셀에 걸쳐 있음은 물론 방향도 일치하지 않는다. 따라서 결합되어야 하는 셀을 결정할 수 없다. 셀 크기가 다를 경우, 레이어2의 여러 셀의 일부와 일치하는 셀이 레이어1에 있게 된다. 이는 입력 속성 값을 정의할 때 모호성을 초래할 수 있다. 중첩은 셀이 동일한 원점을 가진 정수 배수일 경우 작동할 수 있으며, 예를 들어 1 × 1m 래스터 레이어의 경계가 3 × 3 래스터 레이어와 일치한다면 중첩에 문제가 없으나 이런 일은 거의 발생하지 않는다. 데이터는 일반적으로 오버레이 전에 호환되는 래스터 계층으로 변환된다. 이 작업은 그림 8.21과 같이 리샘플링을 사용하여 수행되는 경우가 가장 많다. 이 예에서는 셀 크기와 방향에서 레이어1과 일치하도록 레이어 2를 다시 샘플링하도록 선택할 수 있다. 레이어 2에서 셀의 값은 nearest neighbor, bi-linear interpolation, cubic convolution공식을 통해 결합되어 레이어 2를 기반으로 하지만 레이어 1과 호환되는 새로운 레이어를 생성한다.

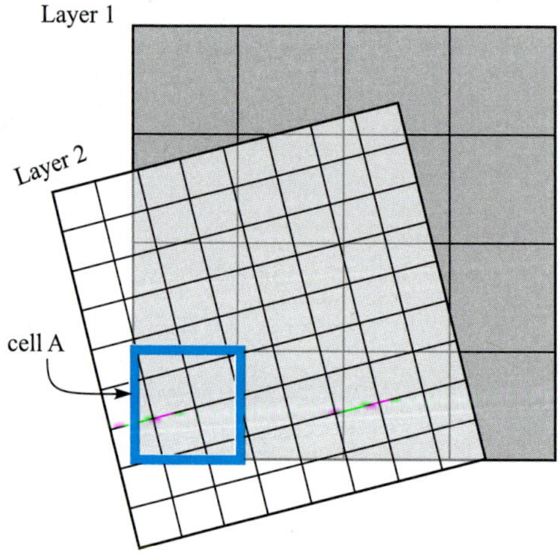

그림 8.20 이질적 래스터 중첩

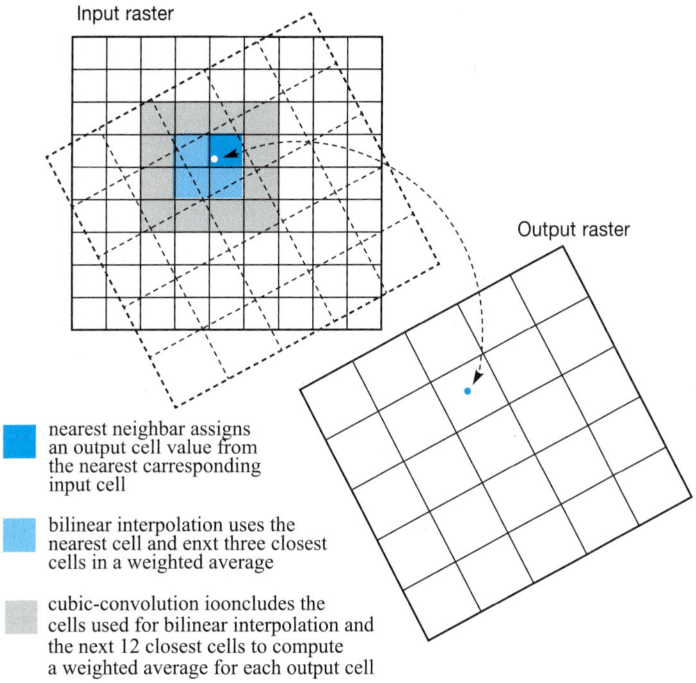

그림 8.21 이질적 래스터중첩에 의한 결과래스터 계산

8.4 인접분석(Neighborhood Analysis)과 버퍼링(Buffering)

GIS에는 중첩연산과 함께 중요한 공간분석 기능이 있는데 그것은 어느 한 위치의 인접지역(Neighborhood)의 특성을 분석하는 인접분석기능이다. 적지선정의 경우 예를 들면 그 지점에 무엇이 있는가 뿐만 아니라, 그 주변에 무엇이 있는가도 중요한 문제이다. 따라서 GIS는 '주변을 둘러보는(Look Around Locally)' 기능이 필요하다. 인접분석을 수행하려면 다음과 같은 사항을 정의해야 한다.

1) 관심있는 목표와 그 공간적 범위를 지정한다.
2) 각 목표에 대한 인접지역을 어떻게 결정할지를 정의한다.
3) 각 인접지역에 대한 어떠한 특성을 계산할 것인지를 정의한다.

이에 대한 계산법에는 근접계산법(Buffering), 확산계산법(Spread computation), 탐색계산법(Seek computation)방법이 있다.

8.4.1 근접계산법(Proximity computation)

근접계산에서는 주어진 목표점에 대한 인접지역을 기하학적거리를 사용하여 정의한다. 가장 일반적이고 유용한 기법이 영향권생성(buffer zone generation)기법이다. 기하학적 거리에 기반을 둔 다른 기법 중의 하나로 티센폴리곤생성(Thiessen polygon generation)기법도 있다.

(1) 영향권생성(buffer zone)

버퍼의 정의는 특정 객체의 주변에 일정한 폭을 주어 만든 지역이다. 버퍼의 생성과정이나 버퍼링은 벡터기반의 지리자료 과정에서 필수적인 기능이다. 벡터 GIS의 기본적인 지형적 요소는 포인트, 라인 폴리곤이기 때문에 버퍼는 이러한 요소의 변에 생성될 수 있다. 각각의 경우에 생성된 버퍼는 객체의 모양을 갖는다. 버퍼분석(Buffer Analysis)은 공간적 근접성(Spatial Proximity)을 정의할 때 이용된다.

버퍼링은 벡터 기반의 지리자료 처리과정에서 매우 중요한 기능이다. 래스터 기반의 처리와 같이 벡터 기반의 버퍼링은 주로 선형 공간객체나 특정지역을 둘러싼 지역의 특성을 평가하는 목표를 가진 근린분석에 주로 사용한다. 버퍼링의 목적은 근린분석에서 관심지역을 도출하는 것이며, 관심지역 내부 혹은 외부에 있는 공간객체를 찾고 공간패턴과 내부관계를 분석하기 위한 다른 공간 자료처리기능과 결합해 사용한다. 예를 들어, 버퍼링의 일반적인 응용은 도시개발에 있어 변화된 지역의 어떤 거리 내에 있는 재산의 확인, 인간행위의 제한이 있는 지역의 선정, 환경관리에서 위험물질의 위치나 이동에 의한 영향을 받는 지역 결정 등이다.

또 다른 예는 만약, 편의점을 신설 시 기존의 편의점에 대한 영향권을 분석할 필요가 있다. 이는 기존의 편의점 위치에서 상권충돌영향권 반경 몇km를 잡아 타 편의점의 영향권과 어떻게 충돌하는지를 살펴보면 된다. 이를 GIS에서는 흔히 버퍼링(buffering)이라고 한다. 공간 형상의 둘레에 특정한 폭을 가진 zone을 구축하는 것으로 버퍼를 형성하는 것을 버퍼링이라 한다. 점, 선, 폴리곤 주변에 형성 가능하며 특히, 폴리곤의 경우 내부버퍼(Setback)도 가능하다. 이밖에 환경생태학자는 특정 서식지에 버퍼링하여 보호할 수 있으며 방재를 위한 수해버퍼존을 만들어 홍수 시 범람수위에 따른 침수지역을 파악하여 주민을 대피시킬 수 있다.

버퍼존의 형성원리를 다음에 설명하였다.

그림 8.22에서 포인트버퍼는 지정한 반경(버퍼거리로서)에 의해서 포인트 주위로 원이 형성된다(그림 8.22(a)). 라인 버퍼는 라인의 양쪽으로 지정된 거리로 밴드를 형성하고 라인의 끝에 반원을 형성한다(그림 8.22(b)). 폴리곤 버퍼는 폴리곤의 모양을 따라서 형성되고 폴리곤 주변으로 폴

리곤의 끝에서부터 지정된 거리 버퍼의 벨트를 형성한다(그림 8.22(c)). 버퍼지역이 폴리곤 경계의 안쪽으로 형성되었을 때 그것을 때때로 내부버퍼(Setback)이라 부른다(그림 8.22(d)).

버퍼지역은 그것이 포인트, 폴리곤, 라인 등의 어떤 객체로부터 형성되었든지 간에 폴리곤이다. 지형자료 처리과정에서 버퍼거리는 버퍼지역 생성시스템에 의해 사용된 사용자정의 변수이다. 그림 8.23에서 굴곡이 있는 강이나 복잡한 폴리곤 경계에 대한 버퍼의 형성은 먼저 선객체가 자동으로 분리되어 노드마다 버퍼거리를 반경으로 하는 원이 형성되며 원끼리 외측으로 접선이 만들어 지게 된다. 그림 8.23(b)와 같이 된다. 얻어진 결과는 원과 라인이 복잡하게 형성되므로 마지막 단계에서 병합(dissolve)되며 최종적인 외곽 버퍼폴리곤이 그림 8.23(c)와 같이 만들어 지게 된다.

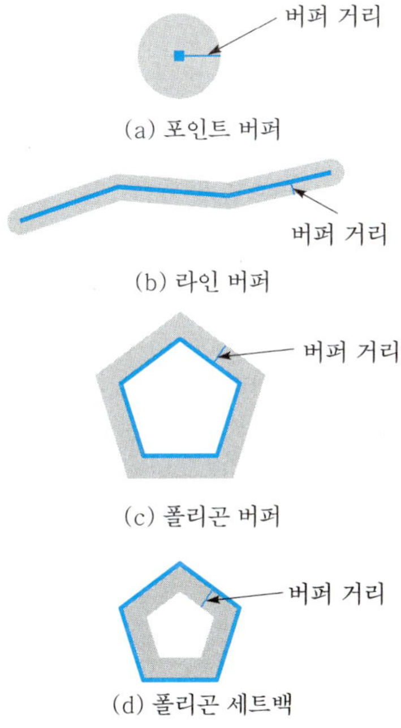

그림 8.22 점, 선, 면에 대한 버퍼
(GIS개념과 기법, 2007)

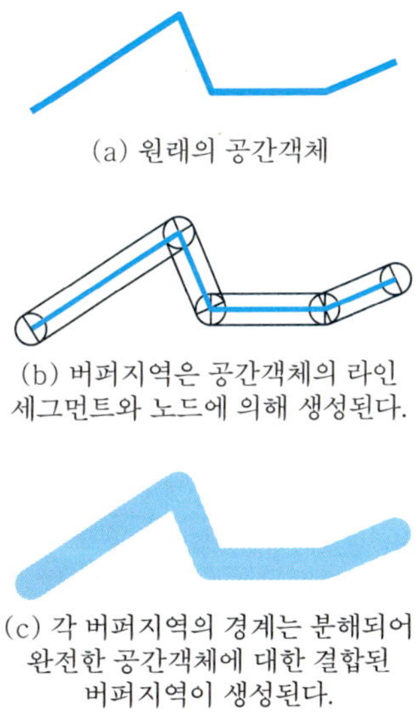

그림 8.23 선 객체의 버퍼링원리
(GIS개념과 기법, 2007)

그림 8.24는 버퍼링을 이용한 병원의 연향권분석의 실예이다. 이를 위하여 도시지역에 위치하는 병원에 대해 반경 1km버퍼링을 하였다. 버퍼 존을 형성함으로써 각 버퍼 존 사이의 공간 관계를 설명할 수 있으며 버퍼 존 사이의 포함, 겹침, 인접 등의 관계를 설명할 수 있고 다른 사상(feature)이 어느 버퍼 존에 속하고 근접하는지, 어느 지역이 영향권 밖에 있는지에 대한 설명을 할 수 있다.

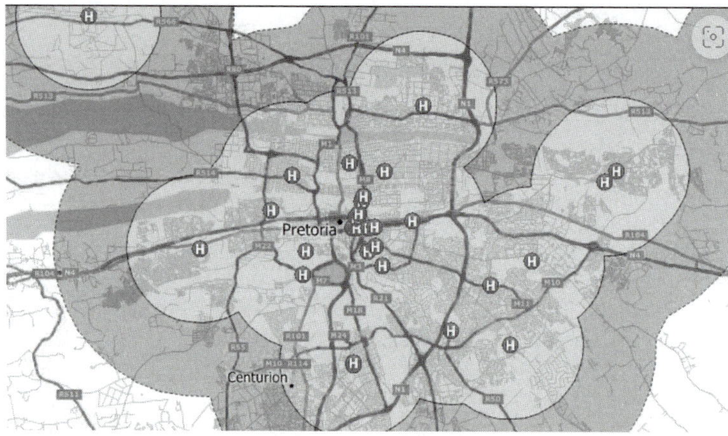

그림 8.24 도시지역의 병원의 영향권분석을 위한 버퍼링(https://www.caliper.com/)

그림 8.25는 이와 같은 이유로 주도로를 기준으로 500m의 버퍼존을 형성하여 포함되는 영역을 파악할 수 있다. 도로공사 또는 도로를 따라 매설되어 있는 상하수도 관망공사를 위하여 영향권을 파악하는데 도움이 된다. 버퍼폴리곤에 지적도를 중첩시키면 해당 필지와 포함면적을 구할 수 있을 것이다.

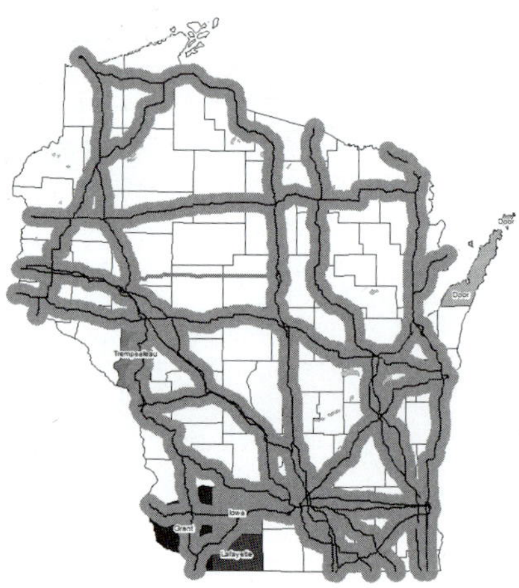

그림 8.25 도로버퍼링 https://lorigeography335.blogspot.com/

(2) 티센폴리곤 생성(Thiessen polygon generation)

인접지역을 결정하기 위해 기하학적거리를 사용하는 다른 방법으로, 목표점들의 공간 상에 분포되어 있고 어느 목표점이 각 지점에서 가장 가까운지 결정하는데 유용한 방법이 있다. 이 기법을 적용하면 각 목표점 둘레로 폴리곤이 생성되고 이 폴리곤 내부의 모든 지점이 목표점에 동일한 속성을 가지는 경과를 산출할 수 있다. 즉, 각 데이터 점의 영향권을 합리적으로 결정할 수 있다는 의미이다.

예를 들어, 평면 S상에 세 점 P_1, P_2, P_3가 주어진 경우(그림 8.26(a)), 선분 $\overline{P_1P_2}$, $\overline{P_2P_3}$, $\overline{P_3P_1}$의 수직 이등분선으로 연결하면 3개의 인접영역 V_1, V_2, V_3를 구성하는 것이 가능하다. 이렇게 구성된 각 영역에서는 앵커점(anchor point)이라 불리는 원래의 점을 하나씩 가지게 된다(그림 8.26(b)). 정의에 따르면, 인접영역이란 영역 내의 어떠한 점들도 다른 영역의 앵커점들보다는 자신의 앵커점에 더 가까운 폴리곤이 된다. 예를 들어, V_1 영역 내에 위치하는 어떠한 점도 P_2, P_3 보다는 P_1에 가깝다는 것을 의미한다. 이와 같은 방법으로 지리적인 영역을 체계적으로 분할하는 과정을 계산 기하학에서는 디리클레 쪽맞추기(Dirichlet tessellation)라고 부른다. 이러한 과정의 결과로 나타난 표면은 보로노이 다이어그램 또는 티센 폴리곤으로 알려져 있다(그림 8.26(c)).

보로노이 다이어그램에서 모든 앵커점들을 직선으로 연결하면, 그림 8.26(d)와 같이 점선으로 이루어지는 삼각망을 얻게 된다. 이러한 방법으로 삼각망을 생성시키는 방법이 "델로니 삼각망 구성"이다. 이와 같이 형성된 삼각형들은 삼각형의 절점들을 통과하는 외접원 내에는 어떠한 추출 표고점도 포함하지 않는 고유한 성질을 가지게 된다(그림 8.26(e)). 빈원 기준(empty-circle criterion)이라 불리는 이 성질은 델로니 삼각망에 의한 점들로부터 자동으로 TIN을 구축하는 기준이 된다(Petrie, 1991a; Tsai, 1993)

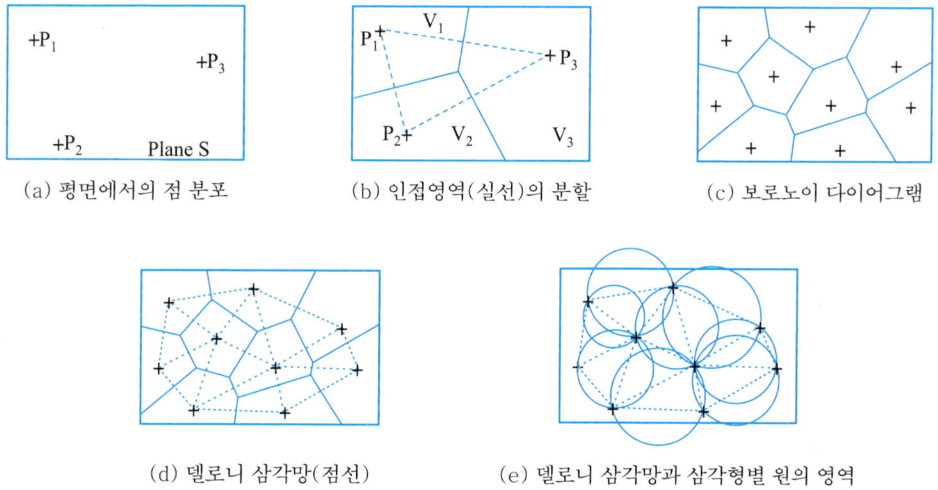

그림 8.26 인접영역, 보로노이 다이어그램, 델로니 삼각망의 개념(GIS개념과 기법, 2007)

그림 8.27에서 각 지하철역으로부터 가장 가까운 영역을 기준으로 폴리곤을 형성한 결과이다. Thiessen망 분석은 선거구제, 학생들의 학군결정, 긴급출동서비스 등의 관할구역을 정하는 경우 활용할 수 있다.

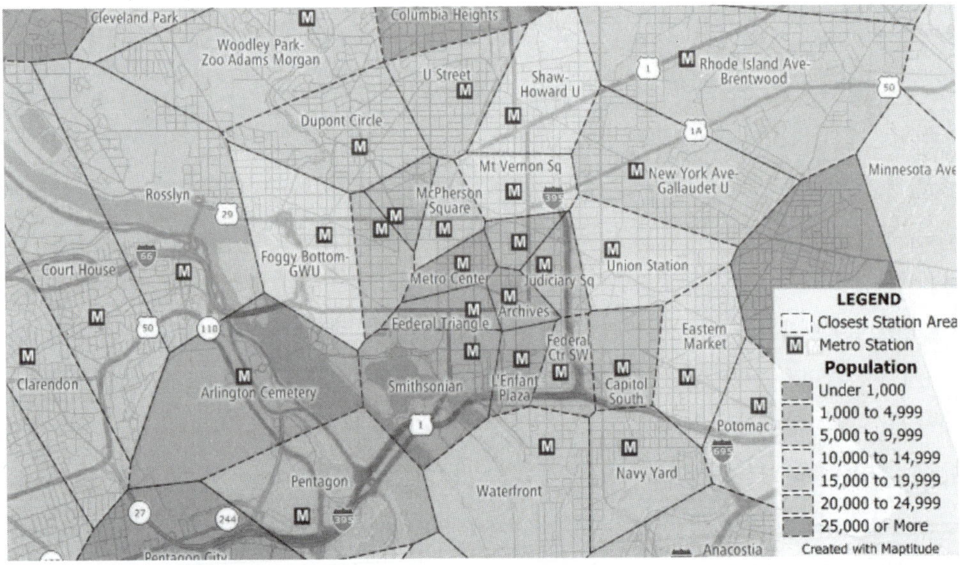

그림 8.27 지하철역 접근거리 기반 thiessen망 형성 https://www.caliper.com/

8.4.2 확산계산(spread computation)

공기, 물, 오염물질, 통근자, 방송파 등의 확산을 분석하기 위해서는 거리 하나만으로는 불충분하다. 이들 원인물질(source material)의 확산은 거리뿐만 아니라 지형요소, 풍향, 기압, 교통체증 등의 영향을 받게 된다. 오염원을 출처(source location)라 한다면 확산계산을 위해서는 국소저항래스터(local resistance raster)가 필요하다. 원천물질이 셀을 통과할 때 얼마나 어려운가 하는 값으로 확산은 저항이 작은 셀을 통해 확산될 것이다. 이 국소저항래스터는 반드시 정규화되되어야 하며 표준화된 거리를 기준으로 해야 한다.

오염원 및 국소저항래스터로부터 GIS는 어떤 셀에 도달할 수 있는 최소저항(Minimal Total Resistance)을 나타내는 새로운 래스터를 계산하게 된다. 임의의 셀(가장 자리 셀 제외)로부터의 이동방향은 8방향이다. → N → E, → S, → W 네 방향은 셀거리가 1이며 → NE, → SE, → SW, → NW 네방향은 셀거리가 $\sqrt{2}$ 이다.

원천물질이 확산될 때에는 가장 저항이 작은 경로로 이동한다고 가정할 수 있으므로 어떤 셀에

도달하는 최소비용(최소저항)을 계산하여야 한다. 출처에서 해당셀에 도달하는 모든 경로를 추출하고 각 경로 별 총 저항값이 최소인지를 계산하여야 한다.

(a)

1	1	1	2	8
4	4	5	4	9
4	3	3	2	10
4	5	6	8	8
4	2	1	1	1

(b)

C_{13}	C_{23}	C_{33}		
C_{12}	C_{22}	C_{32}		
C_{11}	C_{21}	C_{31}		

(c)

14.50	14.95	15.95	17.45	22.45
12.00	12.45	14.61	16.66	21.44
8.00	8.95	11.95	13.66	19.66
4.00	6.36	8.00	10.00	11.00
0.00	3.00	4.50	5.50	6.50

그림 8.28 국소저항래스터와 계산된 최소총저항 래스터

각 cell에 대한 최소총저항값은 국소저항래스터 값을 이용하여 계산한다. 그림 8.26(b)에서

$C_{11} = 0$

$\rightarrow$ N : $C_{12} = \frac{1}{2}(4+4) = 4$

$\rightarrow$ E : $C_{21} = \frac{1}{2}(4+2) = 3$

$\rightarrow$ NE : $C_{22} = \frac{1}{2}(4+5)\sqrt{2} = 6.36$

그러므로 최소총저항값은 다음과 같이 된다.

4	6.36
0	3

조금더 확장하여 계산해 보자.

$\rightarrow$ N : $C_{13} = C_{12} + \frac{1}{2}(4+4) = 8$

$\rightarrow$ E : $C_{31} = C_{21} + \frac{1}{2}(2+1) = 4.5$

셀 C_{23}부터는 경유하는 노선이 다양하므로 각 노선에 대한 총저항값을 계산하고 최소값을 선택하면 된다.

$\rightarrow$ E : $C_{13}+\frac{1}{2}(4+3) = 8+3.5 = 11.5$

$\rightarrow$ NE : $C_{12}+\frac{1}{2}(4+3)\sqrt{2} = 4+4.95 = 8.95$

$\rightarrow$ N : $C_{22}+\frac{1}{2}(5+3) = 6.36+4 = 10.36$

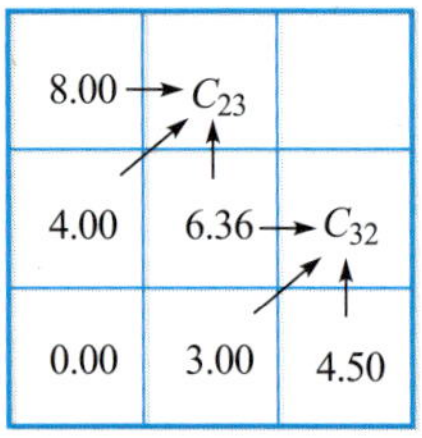

그러므로 최소총저항값은 8.95가 된다.

C_{32}계산

$\rightarrow$ E : $C_{22}+\frac{1}{2}(5+6) = 6.36+5.5 = 11.86$

$\rightarrow$ NE : $C_{21}+\frac{1}{2}(2+6)\sqrt{2} = 3+5.66 = 8.66$

$\rightarrow$ N : $C_{31}+\frac{1}{2}(1+6) = 4.5+3.5 = 8.0$

그러므로 최소총저항값은 8.0이 된다.

C_{33}계산

$\rightarrow$ E : $C_{23}+\frac{1}{2}(3+3) = 8.95+3 = 11.95$

$\rightarrow$ NE : $C_{23}+\frac{1}{2}(3+5)\sqrt{2} = 6.36+5.66 = 12.01$

$\rightarrow$ N : $C_{32}+\frac{1}{2}(5+3) = 8+4 = 12.0$

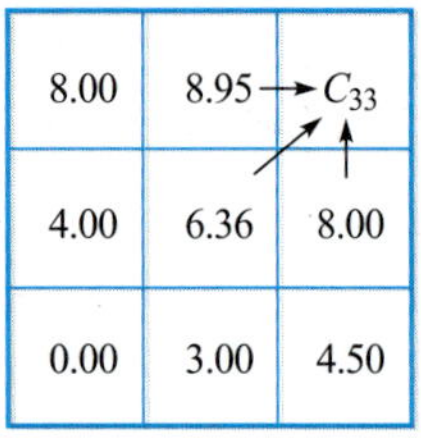

그러므로 최소총저항값은 11.95가 된다.

이와 같은 방법으로 각 셀에 대한 최소저항값을 계산하면 그림 8.28(c)와 같은 래스터데이터를 얻게 된다.

8.4.3 탐색계산(Seek Computation)

확산계산은 출처로부터 모든 방향으로의 경로를 열어놓고 생각하지만 그렇지 않은 경우도 있다. 빗물이 모이는 현상도 그렇고 집수구역에서 배수현상도 그렇다. 이러한 계산을 탐색계산(Seek Computation)이라고 한다.

그림 8.29에서 (a)는 표고값을 가지고 있는 표고래스터이다 거리와 표고차를 계산하여 경사가 급한 쪽으로 물이 흘러간다. 거리는 인접셀의 경우 1이며 대각선 셀은 $\sqrt{2}$ 이다. 이렇게 구한 방향은 새로운 래스터(b)에 저장한다. 원래는 정수값이지만 이해를 돕기 위해 화살표로 표시하였다. 이를 유출방향래스터(Flow Direction Raster)라 한다. 이로부터 누적유출량래스터(Accumulated Flow Count Rater)를 계산한다. 이는 각각의 셀에 얼마나 많은 셀로부터 흘러들어오는지 누적산정하는 것이다. 그림 8.29(c)에서 누적유출량래스터 값이 0에 가까운 것은 능선에 해당할 것이며 상대적으로 높은 숫자를 가진 셀들은 계곡이나 강이 될 것이다.

158	144	138	142	116	98
148	134	112	95	92	100
138	106	88	74	76	96
129	116	110	44	62	48
136	122	94	42	32	38
148	106	68	24	22	24

(a) DEM

↘	↘	↘	↓	↓	↙
↘	↘	↘	↓	↓	↙
→	→	↘	↓	↙	↓
↗	↗	→	↘	↓	↙
↘	↘	→	↓	↓	↓
→	→	→	→	↓	←

(b) 유하방향래스터

0	0	0	0	0	0
0	1	1	2	2	0
0	3	7	5	4	0
0	0	0	20	0	1
0	0	0	1	24	0
0	2	4	7	35	1

(c) 누적유출량래스터

그림 8.29 래스터에 의한 확산계산

8.5 네트워크 분석

관망(network)이란 상호연결된 선형의 객체가 형성하는 일정패턴이나 프레임을 의미한다. 관망은 일반적으로 하나의 지점에서 다른 지점으로 자원이 이동하는 경우에 사용되는 경로를 정의하는 것으로 도시의 도로망이나 하천망, 가스관거, 상수도나 하수도관거 등은 관망의 대표적인 예이다. 이러한 관망구조를 기반으로 이루어지는 관망분석은 선형의 연결상태를 분석하여 다양한 정보를 추출해 도로망에 있어서 최단거리의 계산이나 가스관거의 관리, 상하수도의 효율적 관리에 기여할 수 있다. 따라서 관망분석은 도로나 관거, 전기선, 하천 등과 같이 공간상에서 선형의 연결상태를 갖는 데이터를 대상으로 다양한 모델링을 적용할 수 있다(공간분석, 김계현, 2010).

현실세계에는 사람, 에너지, 물자, 정보 등의 흐름을 가능하게 하는 도로, 케이블, 파이프라인 등의 하부구조(infrastructure)가 존재하는데, 이러한 하부구조는 GIS 분석과정에서 네트워크(network)로 모델링이 가능하다. 네트워크형 벡터자료는 특정 사물의 이동성 또는 흐름의 방향성(flow direction)을 제공한다.

네트워크에 대한 계산은 이제까지 설명한 것과 완전히 다른 종류의 분석기능이다. 네트워크 분석은 래스터, 벡터를 모두 사용할 수 있지만 선객체가 네트워크를 자연스럽게 표현할 수 있고 용량이나 단위비용 등 교통의 특성을 쉽게 저장할 수 있으므로 벡터를 주로 이용한다. 네트워크를 이루는 선들의 방향성 유무가 또 중요한 요소인데 방향성네트워크와 비방향성네트워크가 있다.

8.5.1 네트워크 레이어의 특징

대부분의 GIS 시스템은 위상모델로 표현된 벡터자료의 연결된 선사상인 네트워크 분석을 지원한다. 이러한 네트워크 분석은 크게 시설물 네트워크(utility network)와 교통 네트워크(transportation network)로 구분이 가능하다. 일반적으로 네트워크는 점사상인 노드와 선사상인 링크로 구성된다. 노드에는 도로의 교차점, 퓨즈, 스위치, 하천의 합류점 등이 포함될 수 있고, 링크에는 도로, 전송라인(transmission line), 파이프, 하천 등이 포함될 수 있다.

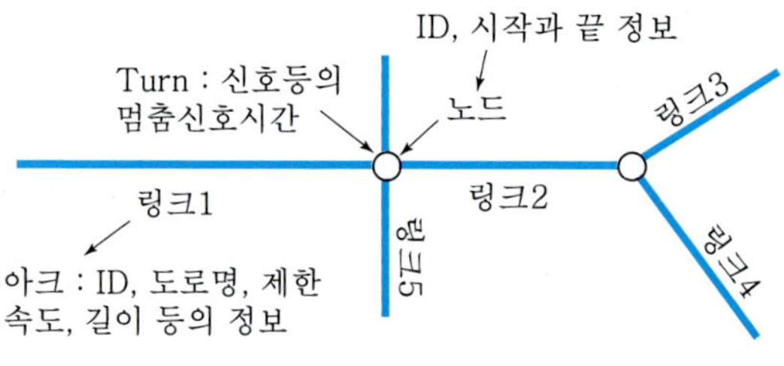

그림 8.30 네트워크의 구성

하나의 네트워크 레이어는 위상적구조인 도로구간, 교차점, 회전으로 구성되어 있다(그림 8.31). Edge로 알려진 라인세그먼트는 네트워크의 기본공간 단위이다. 그것은 세그먼트 식별자에 의해서 식별되고 도로네트워크에서 도로명, 거리, 제한속도, 동력전달 네트워크에서 구간번호, 거리, 전달용량 등과 같은 관련된 속성표가 추가된다. Intersection이라고도 부르는 교차점은 라인세그먼트가 만나는 네트워크에서 노드나 포인트이다. 그것은 교차점 식별자와 네트워크에서 그 점으로 들어오고 그 점에서 나가는 라인세그먼트에 의해서 식별된다. 회전은 교차점을 통해서 여행하는데 필요한 시간이나 비용을 나타내는 수치이다. 예를 들어, 거리네트워크에서 교차로에 정지사인이 있다면 5초의 값은 하나의 회전에 할당되고 신호등이 있다면 15초의 값은 회전에 할당된다. 이러한 값들은 차 한 대가 일반적인 도로와 교통조건에서 한 도로에서 다른 도로로 방향전환하는데 필요한 평균신호를 나타내고 이러한 값들은 다른 조건에 따라 다른 값을 줄 수 있다.

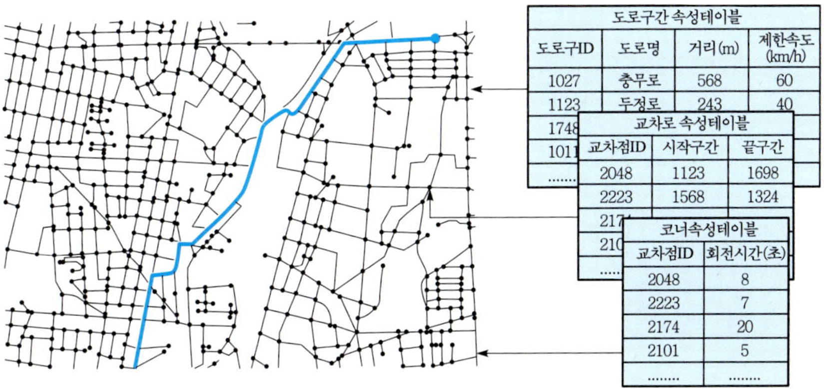

그림 8.31 네트워크 레이어의 특징

8.5.2 최단경로(Shortest path finding)탐색

두 지점 간의 최단거리 찾기 같은 네트워크를 사용하는 간단한 공간상의 문제라도 그 문제를 해결하기 위해서는 상당한 양의 계산을 필요로 한다. 두 점 간의 최단거리는 단순히 수학적으로 최단 유클리드거리를 산정하는 것이다.

그림 8.32에서 A,B사이에서 최단거리를 시각적으로 찾는 것은 상대적으로 쉽다. 그러나 GIS기반의 네트워크 분석에서 결과를 산출하기 위해 시스템이 계산해야 하고 주어진 두 지점 사이의 가능한 모든 길들을 비교해야 하므로 간단하지 않다. 몇 개의 알고리즘이 이런 문제를 수학적으로 풀기위해 개발되어 왔다. 이들 알고리즘 중 가장 잘 알려진 E.W. Dijkstra에 의해서 개발된 알고리즘이 ArcView GIS의 네트워크 분석확장자에 사용되었다.

A점에서 출발한다면 우선 A점으로부터 인접 노드까지의 노선을 스캔한다. 네트워크 테이블로부터 각각의 노드에 대한 누적거리 및 이전노드 정보를 가져온다(b). 일단 노드 R까지의 누적거리가 가장 작으므로 A → R까지 도달하게 된다. 다음으로 R점에서 이전 노드가 A인 노드를 제외하

면 N과 M점이 남고 이들에 대해 스캔하면 (c)와 같다. R → N루트가 최단노선이므로 도달노드는 A → R → N까지 가게 된다. 이와 같이 스캔노드표에서 최단노선을 선택하고 도달 노드표로 움직인다. 이 과정은 목적지 B점에 노달할 때까지 반복한다. 시작점과 도착지점 사이의 최단노선은 스캔노드표에서 최소누적거리를 선택함으로써 얻는다. 선택된 노선에 포함되는 교차점의 순서를 찾기 위해서는 도달노드표에서 "이전노드"에 있는 노드 식별자를 추적할 필요가 있다.

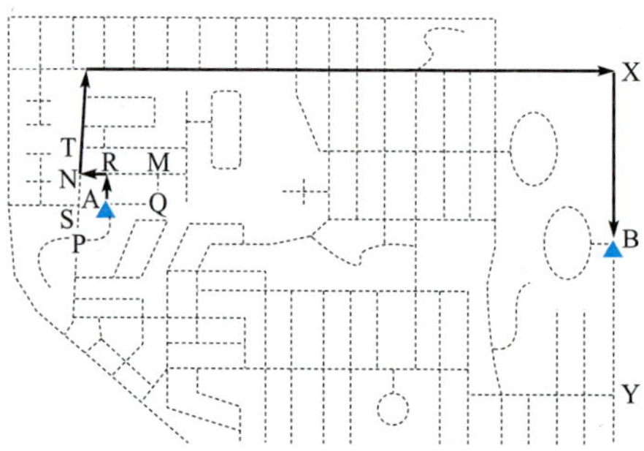

그림 8.32 A, B사이의 최단거리 산정

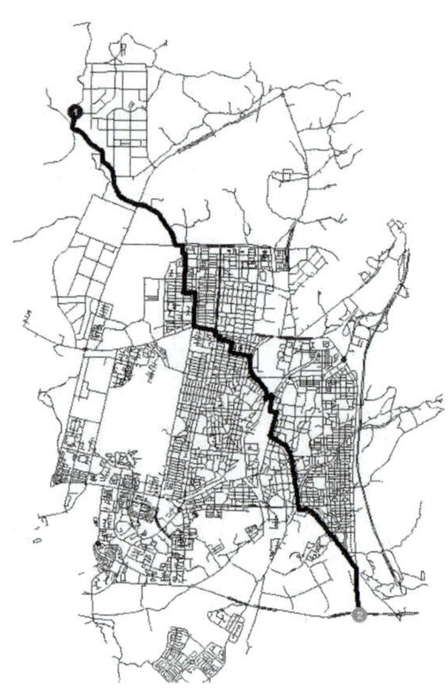

그림 8.33 유클리드 최단노선

(1) A* 알고리즘

예를 들어 그림 8.34에서

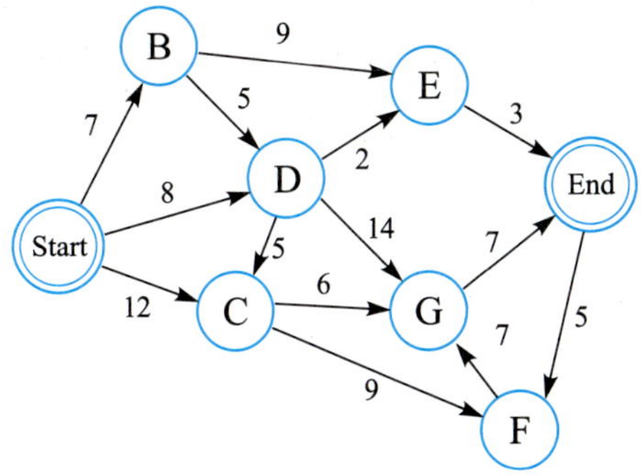

그림 8.34 출발지와 목적지 다이아그램

최단경로= Min of (비용+추정잔여거리)

로 결정한다. 여기서 추정잔여거리란 목적지와 정점의 유클리드거리이다.

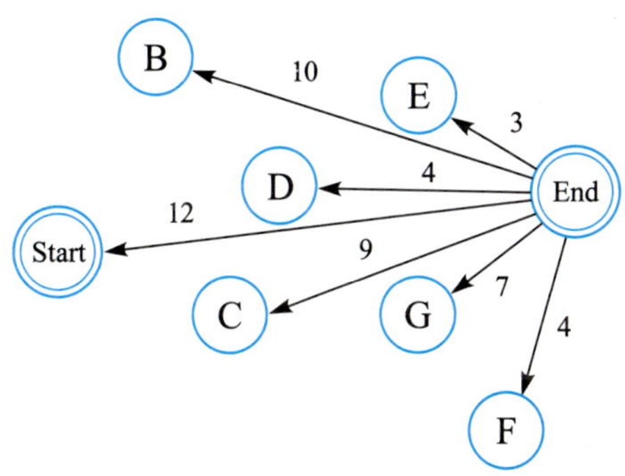

그림 8.35 추정잔여거리

- 1단계 : Start점으로부터 인접정점까지의 비용+추정잔여거리를 산정한다.

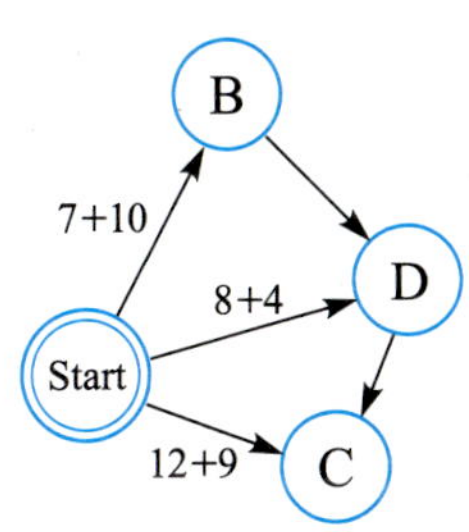

그림 8.36 A* 알고리즘 1단계

가장 작은 값인 Start → D경로를 선택한다.

- 2단계 : D점에서 다음 각 정점까지의 비용+추정잔여거리를 산정한다.

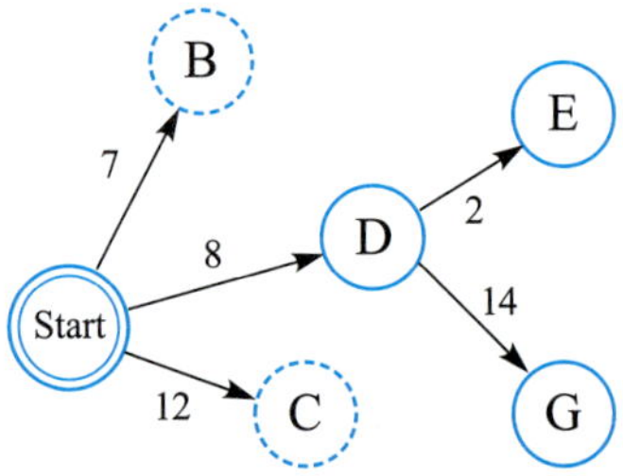

그림 8.37 A* 알고리즘 2단계

Start → D → E : 8+2=10

Start → D → G : 8+14=22

여기에 추정잔여거리를 더하면

Start → D → E : 10+3=13

Start → D → G : 22+7=29

값이 작은

Start → D → E 노선을 결정한다.

- 3단계 : E점에서 다음 정점까지의 비용+추정잔여거리를 산정해야 하나 이웃 정점이 목적지 밖에 없으므로 EnD를 결정한다. 즉, Start → D → E → End로 경로가 결정된다.

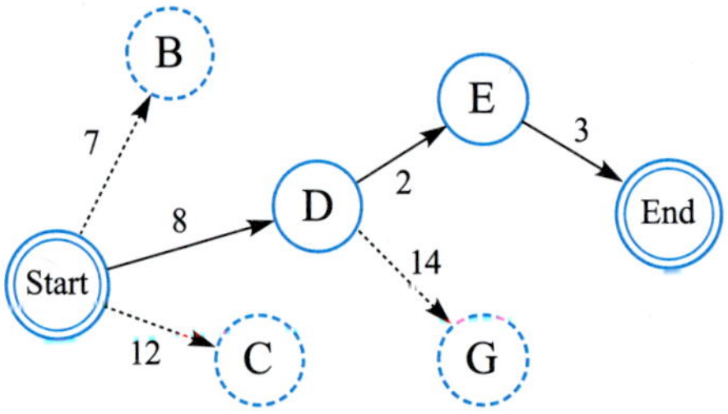

그림 8.38 A* 알고리즘 3단계

동일한 경로에 대해 다익스트라 알고리즘을 적용하면 다음 그림 8.39(b)와 같다.

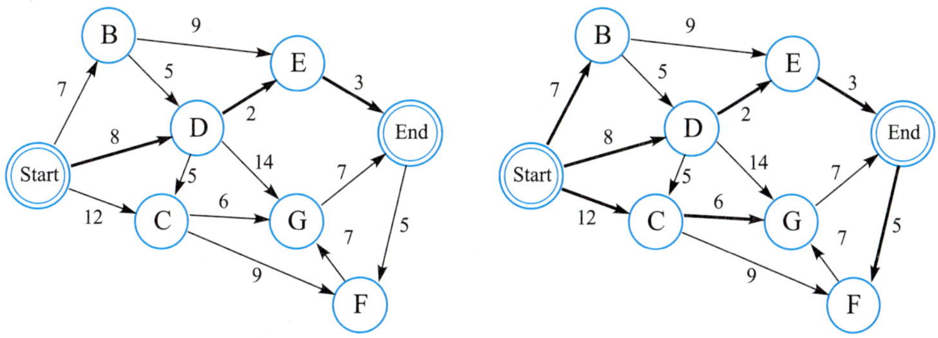

(a) A* 알고리즘 (b) 다익스트라 알고리즘

그림 8.39 최적경로 탐색 결과

(2) 다익스트라(Dijkstra) 알고리즘

방향성을 가진 가중 그래프 G=(V, E, w) (V : 정점의 집합, E : 간선의 집합, w : 간선의 가중치의 집합)와 시작점 s가 주어졌을 때, 시작점으로부터 그래프의 임의의 정점까지 최단거리를 구해주는 알고리즘이다.

- **1단계** : 집합 S를 정의하여 공집합으로 초기화한다.

  그래프의 각 정점 u에 대해 d(u)가 정의되어, u=s인 경우 즉, 시작점은 0으로, 나머지 정점의 경우 ∞으로 초기화한다. 즉, $d(s) := 0$, $d(v) := (v \neq s)$

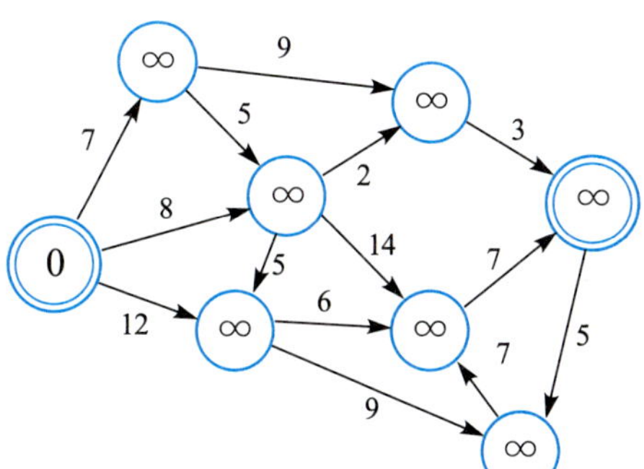

그림 8.40 다익스트라 알고리즘 1단계

- 2단계 : 시작점에서 인접 정점들까지 거리를 계산하고 이 값들을 임시 저장한다.

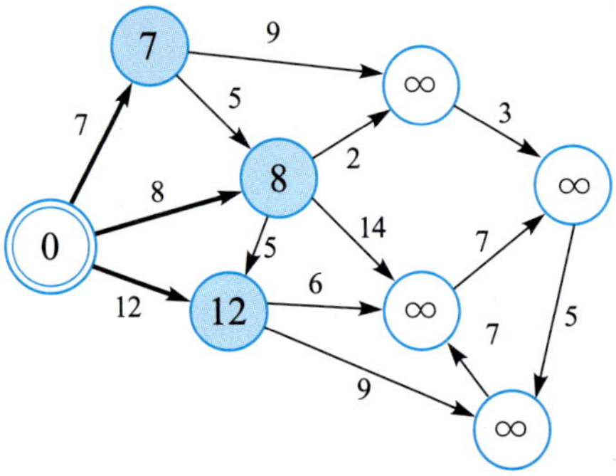

그림 8.41 다익스트라 알고리즘 2단계

- 3단계 : 계산되어 있는 정점 중 가장 짧은 정점에서 인접 정점들과의 거리를 계산하여 임시 저장한다. 이때 최단거리는 시작점부터의 거리이며 더 짧은 거리가 있을 경우에는 업데이트하고 그렇지 않은 경우에는 최단거리를 유지한다.

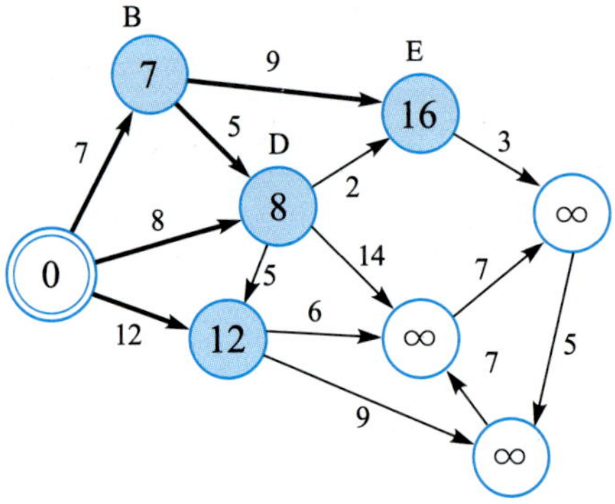

그림 8.42 다익스트라 알고리즘 3단계

그림 8.42에서 정점E의 경우 ∞이므로 7+9=16을 저장하고 정점D의 경우는 7+5=12로 기존의 8보다 크므로 기존의 값을 그대로 유지한다.

● 4단계: 3단계를 반복한다. 다음과 같이 된다.

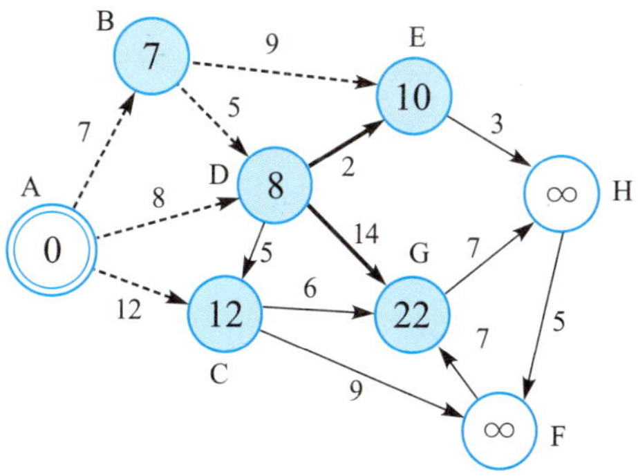

그림 8.43 다익스트라 알고리즘 3단계

정점 G에 대해서는 ∞이므로 8+14=22가 저장되며 정점E는 8+2=10으로 기존의 16보다 작으므로 10으로 업데이트 한다.

최종적으로 그림 8.44가 얻어진다.

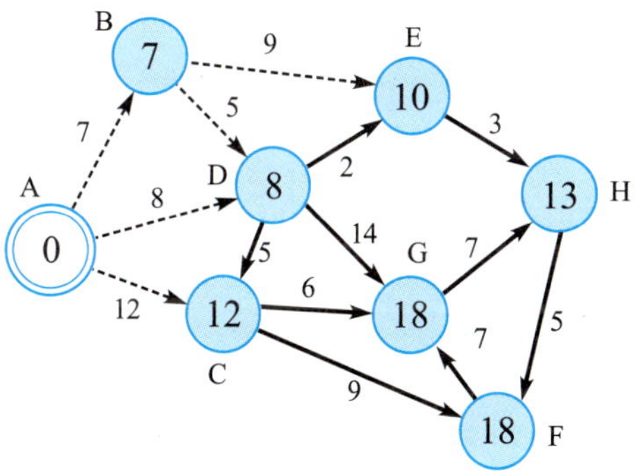

그림 8.44 다익스트라 알고리즘 3단계

도든 정점의 값들이 계산되어지고 업데이트된 결과가 의미하는 것은 출발점으로부터 각 정점까지의 거리는 최종적인 값을 갖는 경로라는 것이다. 예를 들어 정점 F의 경우 출발점으로부터 최단거리는 18이라는 의미이며 경로는 출발점 → D → E → H → F라는 것이다.

8.6 자원의 배분

자원의 배분 기능은 네트워크 상에서 흩어져 있는 고객들에게 공급자로부터 자원을 합리적이고 효율적으로 배분하는 것을 말한다. 배분(allocation) 기능은 네트워크 시스템에서 수요와 공급을 모델링하는 것이라고 볼 수 있다. 여기서 공급이란 공급지에서 갖고 있는 자원이나 상품의 양을 말하며, 수요란 공급지 주변에서 이러한 자원이나 상품을 필요로 하는 양이다. 따라서 자원배분이란 공급지로부터 제공되어야 할 재화나 서비스가 제한적일 경우, 수요가 공급을 초과하지 않는 적정범위를 찾아내는 것이다. 네트워크 상에서 자원배분의 기능을 수행하는 경우 일반적으로 임피던스(impedance)를 정하게 된다. 임피던스란 공급지로부터 수요지로 이동하는데 방해가 되는 요소로 흔히 이동하는데 걸리는 시간이나 비용을 말한다. 예를 들어 소방서의 관할구역을 설정하는 경우 소방차로부터 10분 이내에 있는 구역으로 한정한다거나 학생들을 학교에 배정하는 경우 통학시간이 30분이상의 학생은 그 학교에 배정하지 않는다는 기준 등이다.

8.6.1 학생의 학군배정

자원배분의 일례로 신입생을 배정하는 경우를 살펴보자. 통학하는 시간이 30분을 넘지 않도록

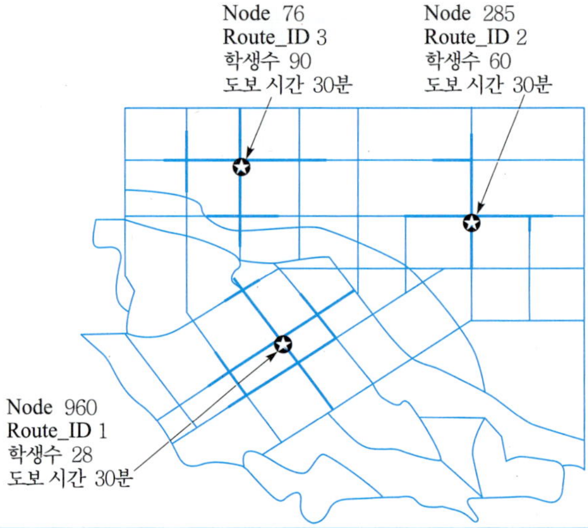

학교-ID	경로-ID	최대 시간	수용 학생수	할당 학생수	통학시간
960	1	30	30	28	30
285	2	30	60	60	30
76	3	30	90	90	30

그림 8.45 자원배분 기능을 통한 서비스권역의 설정 예(이희연, 2012, 지리정보학)

학생들을 주어진 세 곳의 학교에 배정하는 경우 각 학교의 수용인원을 고려하여 'allocate' 명령어를 수행하면 그림 8.45에서 볼 수 있는 바와 같이 각 학교의 수용인원을 고려하면서 전체적으로 가장 가까운 학교에 학생들이 배정될 수 있다. 자원배분의 기능은 수요량과 공급량을 고려하지 않고 단지 최대 제약요소(impedance)만을 기준으로 하여 권역을 할당할 수도 있다.

8.6.2 코로나19 백신공급과 치료서비스

또 다른 예로, 최근 이슈가 되고 있는 코로나19에 대한 방역과 치료대책으로 GIS기법이 많이 사용되고 있다. ESRI 영국&아일랜드지사는 영국의 백신공급을 위한 센터의 적지를 GIS기법으로 선정하였다. 우선 현재 존재하는 병원의 역할을 분석하였는데 예방 접종 허브 역할을 할 수 있는 능력을 갖추고 있을 수도 있지만, 그러한 병원이 어떤 영역을 커버할 수 있는지 이해하는 것이 중요하다. 동시에 GIS는 우리가 어떻게 장소들이 교통망에 의해 연결되는지를 이해할 수 있게 해준다. 첫 번째로 일련의 위치에 대한 서비스 영역을 계산하는 것이다. 백신공급 허브의 도달 범위를 정의하는 실질적인 이동 시간이 있다고 가정하면 후보 위치에 대한 서비스 영역을 생성할 수 있다.

그림 8.46은 ArcGIS Online의 근접 분석 도구를 사용하여 Derby 주변 지역의 선별된 병원에서 30분 동안 서비스 영역을 생성한 것이다. 맵의 우측상단의 노팅엄시티 병원의 서비스구역 서쪽으로 영향구역에서 벗어나므로 더비(Dubby)에 있는 병원도 필요할 수 있다.

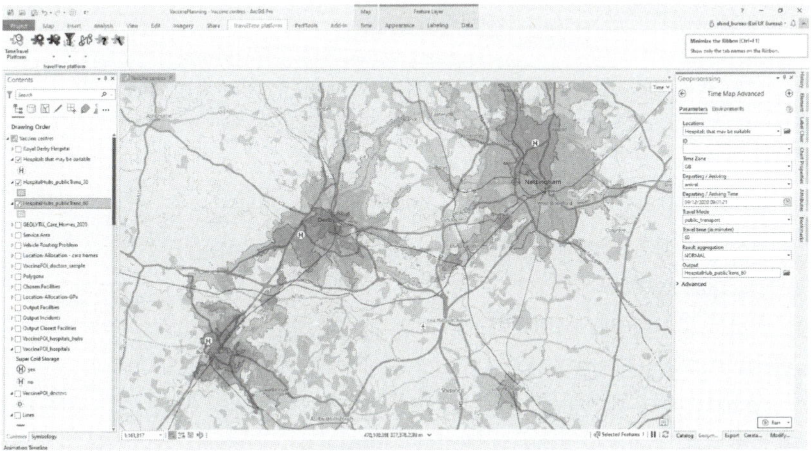

그림 8.46 대중교통을 이용한 병원까지의 소요시간(30분에서 60분 이내)
Esri UK &Ireland

GIS는 도로망을 통한 장소의 연결성을 이용하여 이와 같은 시나리오를 다룰 수 있게 해준다. ArcGIS 온라인에서 가장 가까운 곳 찾기 도구는 주행 시간을 기준으로 케어 홈 서비스를 제공해야 하는 허브를 식별하는 데 도움이 된다. 보다 정교한 최적화 도구를 위해 Network Analyst로

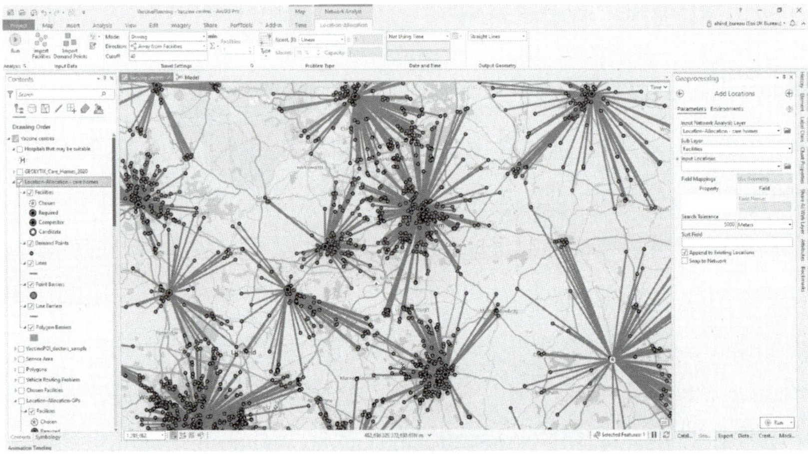

그림 8.47 요양원과 병원사이 40분 이내접근시간의 요건(Location-Allocation)
Esri UK &Ireland

예방접종 허브에 대한 요양원 할당을 최적화하기 위해 위치 할당 분석을 실시하였다(그림 8.47). 위치 할당을 통해 주요 시설을 필요에 따라 표시하고 다른 시설을 후보로 표시한 후 최적화를 통해 이동이 차단된 지역 내에서 수요 위치에 서비스를 제공하는 데 필요한 추가 사이트를 식별할 수 있다.

Essay

1. 속성분석과 공간분석의 내용적 차이점은 무엇인가?
2. 벡터데이터 측정에서 거리와 면적은 GIS에서는 어떤 방법을 이용하는가?
3. 래스터좌표계에 대해 설명하시오.
4. 위상관계를 이용한 공간데이터 선택방법의 종류를 들고 설명하시오.
5. Reclassify를 하는 이유는 무엇인가?
6. 중첩연산은 GIS에서 매우 중요하다. 래스터와 벡터의 중첩의 목적은 무엇이며 차이점은 무엇인가?
7. 인접분석을 위한 근접계산법과 가중치의 의미를 설명하시오.
8. 네트워크분석 시 베이스맵의 조건은 무엇인가?
9. 최적경로 탐색알고리즘을 설명하시오.

제9장 지형분석

9.1 3차원지형모델링

우리가 활동하고 있는 공간 자체가 3차원 이므로 2차원 분석만으로는 공간적인 패턴이나 추세를 파악하기가 어렵다. 3차원 분석을 위해서는 우선적으로 지형에 대한 3차원데이터를 수집(5장 참조)해야 하며 계통화해야 하는데 TIN과 DEM을 제작해야 한다. 이를 수치표고모형 이라하는데 직접측량 방법과 기존의 데이터를 이용하는 방법이 있다. 기존의 데이터 이용방법에서 가장 많이 사용하는 방법이 수치지도에서 등고선레이어를 추출하여 제작하는 방법이다. 인간이 추구하는 GIS의 최종목표는 현실세계와 똑같은 사이버세계를 실현하는 것일 것이다.

이와 같은 3D GIS는 2D GIS보다 해결해야할 사항이 많으며 훨씬 더 복잡하다. 이번 장에서는 수치표고모형 구축, 데이터 추출 및 보간방법에 대한 이론적인 배경을 살펴보고 이에 대한 응용방법으로 경사분석, 향분석, 수계분석, 가시권분석에 대해 설명하고자 한다.

9.1.1 수치지형모델링의 개념

DTM(Digital Terrain Model)은 3차원 좌표(X,Y,Z)갖고 있는 수 많은 점들에 의해 형성된 연속적인 표면을 통계적으로 표현하는 것(Miller, La Flamme, 1958)을 말한다. GIS분야에서는 DEM(Digital Elevation Model)이란 표현이 일반적이다. DEM은 지표면에 일정한 간격으로 분포된 지점의 높이를 수치화한 것으로 경사분석, 경사단면, 음영기복, 침식, 강우유출량, 적지분석, 비행시뮬레이션, 경관분석, 토공량산정 등에 활용된다. 여기에서 주의해야할 점은 표고(elevation)란 기준면으로부터의 절대표고라는 것이다.

DEM, DTM, DSM, DTEM DTED 등 많은 용어에 대한 정의가 있지만 물리적 또는 비물리적인 표면 모두를 통틀어서 DEM이라는 가장 큰 범주로 하고 그 범주 안에 DTM과 DSM(Digital Surface Model)으로 분류할 수 있을 것이다. DTM은 지상의 피복대상물을 무시한 순순한 지표에 대한 모델이며 DSM은 지상피복물을 포함한 있는 그대로의 모델을 의미한다. 이들 모델들은 분석하고자하는 대상과 목적에 따라 구축하고 분석하여야 한다.

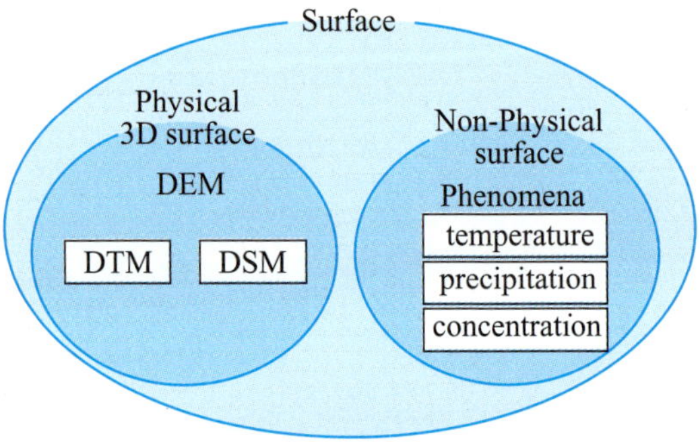

그림 9.1 surface의 영역

3차원 수치지형모델은 기존의 공간데이터(점, 선, 면)와는 다른 특성을 가지고 있으며 3차원데이터구조를 처리하기 위한 특정한 소프트웨어가 필요하다.

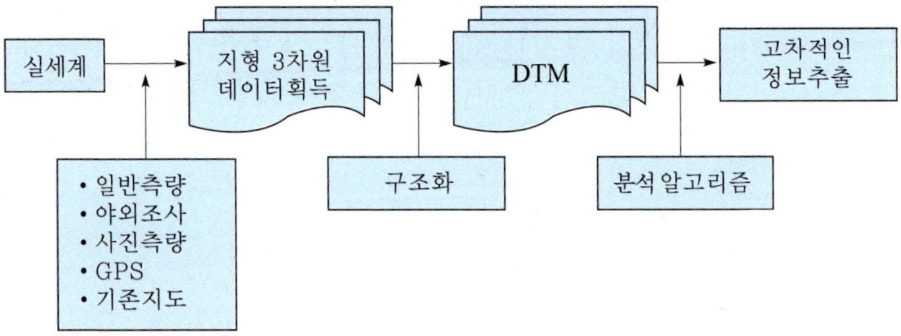

그림 9.2 DTM의 활용

9.1.2 수치지형데이터의 획득방법

기존에 구축한 지형도로부터 획득하는 방법과 새로이 측량을 통해 얻는 방법이 있다 각각의 방법에 대해서는 5장에 자세히 기술하였다. 이번 장에서는 간략히 설명하기로 한다.

Totalstation, GPS
- 대축척, 특정구역
- 정확도 매우 높음
- 건설공사의 설계

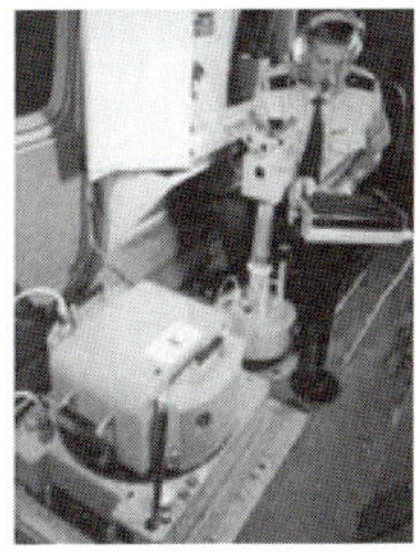

DPW, RADAR, Lidar
- 비교적 넓은 지역
- 정확도 높음

디지타이저, 스캐너
- 소축척, 전국지역
- 경관분석, 비행시뮬레이션
- 정확도 낮음

그림 9.3 수치지형데이터의 획득방법

(1) 현지측량에 의한 방법

토털스테이션이나 GPS를 사용하여 특정구역에 대한 높은 정확도로 현지데이터를 획득하고 수치지형모델을 제작한다.

(2) 항공사진측량 및 LiDAR 측량

광범위한 지역의 수치지형모델 구축을 위해서는 항공사진측량, 위성사진측량을 이용하여 데이터를 획득해야 한다. 최근 LiDAR 측량기법을 이용하여 사진측량의 단점을 보완하고 더욱 완벽한 데이터를 획득할 수 있게 되었다.

(3) 기존데이터의 스캐닝 디지타이징

기존 등고선도가 있다면 이를 수치데이터화하기 위해 스캐닝 또는 디지타이징방법을 이용할 수 있다.

9.1.3 수치지형데이터의 표본추출방법

(1) 계통적 추출방법

규칙적인 간격으로 표고값을 추출하여 행렬방식의 수치지형 데이터를 제작한다. 격자(lattice 또는 grid square)형태로 지형표고자료를 추출하는 것은 격자(raster)자료 모델과 같은 것이다. 일례로 DEM(Digital Elevation Model)이 있다. 여러 다른 종류의 격자기반 지리자료와 마찬가지로, DEM은 일반적으로 ASCII문자나 이진 숫자로 저장된다. 그림 9.4에서와 같이 실세계에 대해 지형의 복잡함과 단순함에 관계하지 않고 일정한 간격으로 수평위치와 표고값을 추출한다. 그러므로 경사가 급히 변하는 점이나 격자 사이의 변화는 표현하지 못한다.

(2) 적응적 추출방법(TIN)

계통적 추출방법의 단점을 보완하여 지형을 보다 자세히 표현하기 위해 선택적으로 표본지점을 선택하는 방법이다. 부정형삼각형네트워크(TIN)로 구조화되어야 표현이 가능하다. 그림 9.4에서 지형의 변화점들을 중심으로 수치지형 데이터를 추출한다. 복잡한지형은 조밀하게 단순한 지형은 느슨하게 데이터를 추출할 수 있다. 지형을 모델링할 때 DEM이 좋은가? 아니면 TIN이 좋은가?에 대한 의문이 생길 수 있다. 이에 대한 정확한 답은 없으며 지형모델의 구축과 활용의 목적에 따라 결정해야 할 것이다. DEM과 TIN은 상호배타적인 관계는 아니며 대부분의 수치지형모델링 시스템은 모두를 채택하고 있다. 적응적 추출방법으로 데이터를 획득하고 일정간격으로 보간하여 DEM을 만드는 경우도 있다.

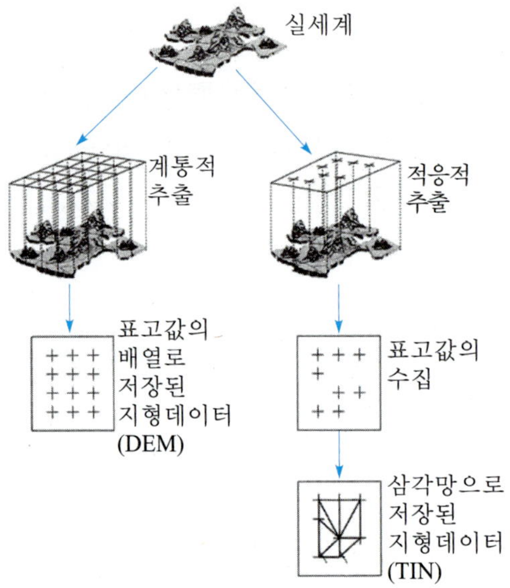

그림 9.4 계통적(규칙적) 데이터획득과 적응적(선택적) 지형데이터 획득방법
(C.P.Lo Albert, 2002)

9.2 보간법

내삽(interpolation)은 지형공간에서 한 개 또는 더 많은 표고값으로 부터 표고정보가 요구되는 특정한 점에 대해 그 값을 추정하는데 사용되는 처리방법이다. 내삽은 선택적이거나 무작위로 표본화된 표고점들로부터 등고선을 만들고 DEM을 생성하기 위해 사용된다.

9.2.1 DEM과 TIN의 보간법

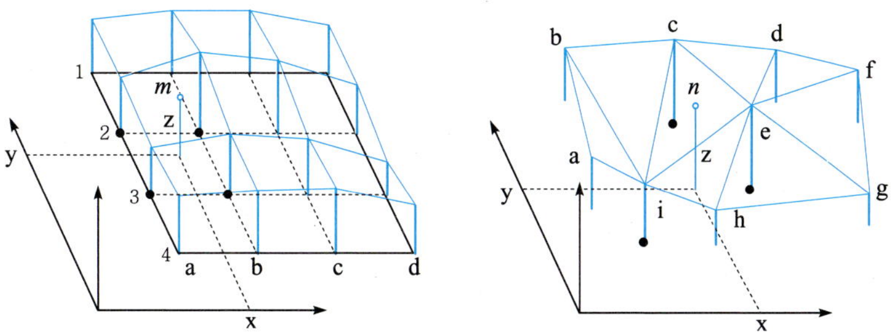

(a) DEM의 보간 (b) TIN의 보간

그림 9.5 DEM과 TIN의 보간법(interpolation)

그림 9.5에서 DEM과 TIN에서 각각 m과 n점의 표고를 계산한다면 다음과 같다.

$$z_m = (z_{2a} + z_{3a} + z_{2b} + z_{3b})/4 \qquad (9.1)$$

$$z_n = (z_c + z_e + z_i)/3$$

9.2.2 국지적 보간법과 전역적 보간법

앞에서 설명한 것은 m과 n점이 DEM의 사각형과 TIN의 삼각형의 중심에 위치할 경우 적합한 방법이다. 가장 단순한 방법으로는 선형내삽법이 있는데 이는 표면의 경향을 고려하지 않고 표고를 구한다. 이와 같이 주변 표면의 경향을 고려하지 않는 보간법을 국지적보간법(local approach)이라하며 경향을 고려하는 방법을 전역적 보간법(global surface fitting)이라 한다.

실측되지 않은 지점의 값을 주변의 값으로 보간하여 추정해내는 기법으로 Tobler의 공간적 자기상관 개념은 가까이 있는 점일 수록 그 점에 미치는 영향이 크다는 것이다. 보간법은 표본추출한 데이터(불연속적)로부터 일정간격의 값(grid)(연속적)을 구축할 경우 또는 서로 다른 해상도와 셀의 크기를 가지고 있는 래스터데이터를 동일한 크기의 셀구조를 갖게하는 작업이다. 보간법에는 전역적(global)보간법과 국지적(patch)보간법이 사용된다.

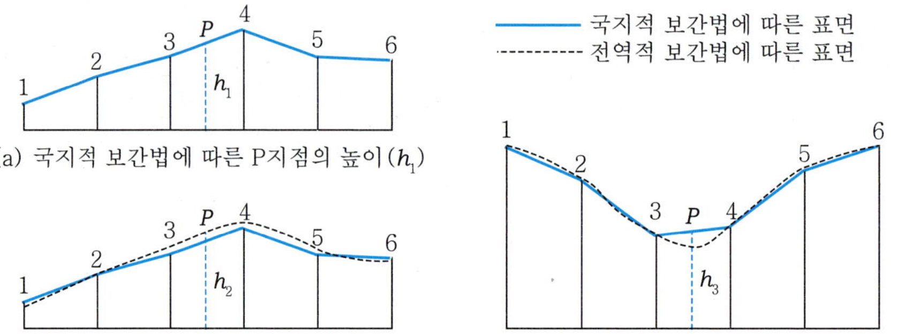

(a) 국지적 보간법에 따른 P지점의 높이(h_1)

(b) 전역적 보간법에 따른 P지점의 높이(h_2) ($h_2 > h_1$)

(c) 전역적 보간법에 따른 P지점의 높이(h_3) ($h_3 < h_1$)

그림 9.6 국지적 보간법 및 전역적보간법

그림 9.6에서 국지적 보간법은 보간을 할 지점과 아주 가까운 값에 대해 보간하는 방법이다. 주로 2차 다항식부터 고차다항식을 사용하여 보간한다. 그림 9.6(a)에서 보는 바와 같이 보간높이는 실제 높이와 차이가 없다. 그러나 이러한 보간방법은 지표면과 같은 부드러운 곡선을 형성하지 못한다. 그러므로 Spline 또는 Kriging보간법을 사용하여 전체적으로 부드러운 추세로 보간하게 된다. 이렇게 얻어진 높이는 보다 높게 보간된다. 어느 보간값이 큰가 하는 문제는 지형의 상황에 따라 다르다. 그림 9.6(c)에서는 반대로 전역적보간법으로 보간한 값이 더 작은 것을 알 수 있다.

표 9.1 전역적과 국지적 보간법의 특성비교

	전역적(Global)	국지적(Patch)
원리	전체를 하나의 함수표현	분할 후 각각의 알고리즘 적용
영향	한 지점의 값이 변하면 전체 영향	참조창 내에서만 영향 전체의 경향표현 불가능
적합지형	기복이 심하지 않은 지형에 적합	기복이 심하거나 불연속지역에 적합
정확도	전반적인 경향표현 → 근사치적 보간법	정확도 높다 정밀보간법(exact interpolation)
응용의 목적	인구, 오염분석	DEM추출, 물리화학적 현상 규명, 지질탐사
함수	Polynomial trend surface Fourier analysis	Spline Kriging

(1) 국지적 보간법의 알고리즘

가장 많이 쓰이고 있는 방법은 역거리 가중내삽법(IDW:Inverse Distance Weighted Interpolation)이다. 이는 구하고자 하는 점의 위치로부터 영향권 내에 있는 데이터로부터 거리에 대한 가중치(weight)를 고려하는 방법으로 벡터기반에서는 주로 영향권이 원형창으로 사용된다. 원형창의 중심에서 입력점까지의 거리의 제곱에 반비례한다는 가정을 기본으로 한다 (Burrough & McDonnel, 1998)

$$z(u_0) = \frac{\sum_{i=1}^{n} z(u_i) d_{ij}^{-p}}{\sum_{i=1}^{n} d_{ij}^{-p}} \tag{9.2}$$

$z(u_0)$; 비표본 위치에 있는 점의 추정값

$z(u_i)$; 자료점

d ; 자료점과 비표본 위치에 있는 점 간의 거리

p ; 매개변수 가중치, 거리의 제곱에 반비례

그러나 이방법은 입력자료의 밀도, 분포, 정확도와 종속관계에 있으며 경향표면처럼 IDW표면은 입력점을 통과하지 않으므로 정확한 내삽방법이 아니다.

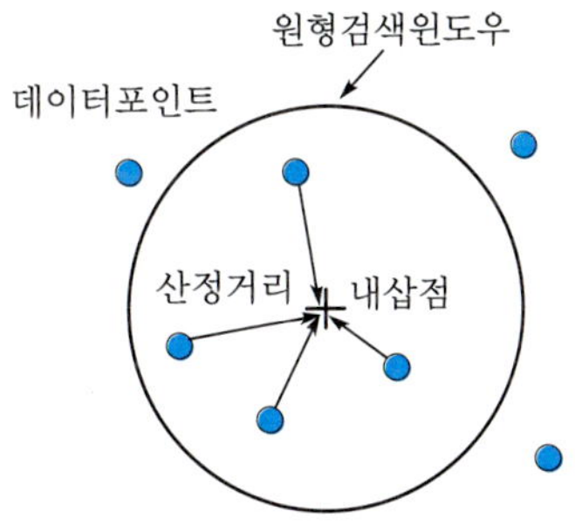

그림 9.7 역거리가중치(IDW)를 이용한 내삽

예제 9.1

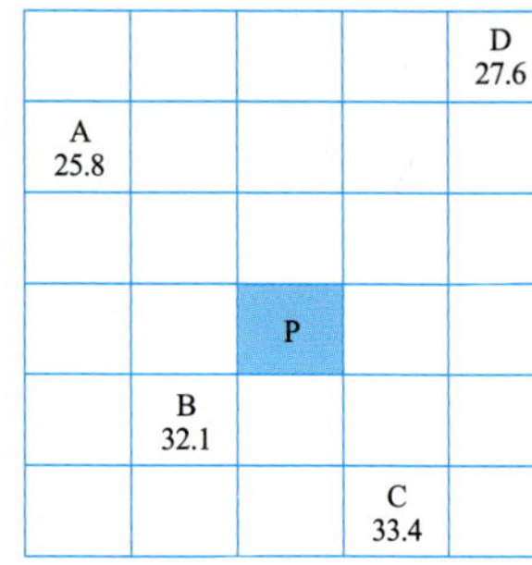

어느 지역에 대한 DEM을 5m공간해상도로 만들었다. 추가적으로 P점의 표고를 결정할 필요가 있어 주변 표고점을 파악한 결과 다음과 같았다. 역거리가중치보간법(내삽법)으로 P점의 표고를 구하시오.

해

1) 거리와 경중률은 반비례하므로 P점과 각 표고점까지의 거리를 계산한다.

$$A \rightarrow P : \sqrt{10^2+10^2} = 14.142\text{m}$$

$$B \rightarrow P : \sqrt{5^2+5^2} = 7.071\text{m}$$

$$C \rightarrow P : \sqrt{10^2+5^2} = 11.180\text{m}$$

$$D \rightarrow P : \sqrt{10^2+15^2} = 18.028\text{m}$$

2) 경중률 계산은 거리의 역수로 구한다.

$$P_{A\rightarrow P}:P_{B\rightarrow P}:P_{C\rightarrow P}:P_{D\rightarrow P} = \frac{1}{14.142}:\frac{1}{7.071}:\frac{1}{11.180}:\frac{1}{18.028} = 0.071:0.142:0.089:0.055$$

3) 경중률을 고려한 표고를 계산한다.

$$H_P = \frac{25.8\times0.071+32.1\times0.142+33.4\times0.089+27.6\times0.055}{0.071+0.142+0.089+0.055} = 30.479\text{m}$$

예제 9.2

A,B,C,D점의 표고가 그림과 같을 때 P점의 표고를 공일차보간법으로 구하시오.

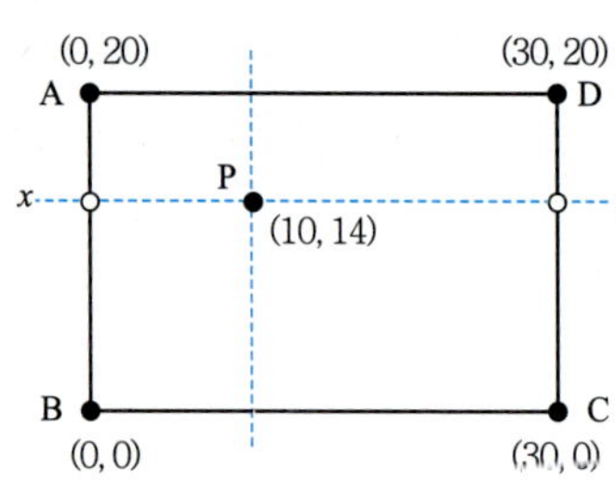

측점	표고
A	24.6m
B	23.6m
C	24.8m
D	25.2m

해

1) A → B방향으로 x점의 표고를 구한다.

$$H_x = 24.6-(24.6-23.6)\times\frac{6}{20} = 24.3\text{m}$$

2) C → D방향으로 y점의 표고를 구한다.

$$H_y = 24.8+(25.5-24.8) \times \frac{14}{20} = 25.08\text{m}$$

3) x → y방향으로 P점의 표고를 구한다.

$$H_P = 24.3+(25.08-24.3) \times \frac{10}{30} = 24.56\text{m}$$

(2) 전역적 보간법의 알고리즘

전역적 보간법이 널리 쓰이는 방법으로 지형의 표현은 표본점에 대한 좌표의 다항식전개에 의해 접근된다. 다항식 함수의 계수는 연립방정식의 해를 구하는 것에 의해 결정되는데, 최소제곱법에 의한 승수의 합과 x,y,z값의 교차결과를 포함한다. 이것은 경향표면으로부터 제곱편차의 합이 최소인 것으로 결정되게 한다. 일반적으로 사용되는 다항식은 다음 식 (9.3)과 같다.

$$\text{선형} \; ; Z = a+bX+cY \qquad (9.3)$$

$$Quadratic \; ; Z = a+bX+cY+dY^2+eXY+fY^2$$

$$Cubic \; ; Z = a+bX+cY+dY^2+eXY+fY^2+gX^3+hX^2Y+iXY^2+jY^3$$

여기서Z ; 추정높이, X, Y ; 거리좌표, $a, b, c \dots j$; 다항식의 계수

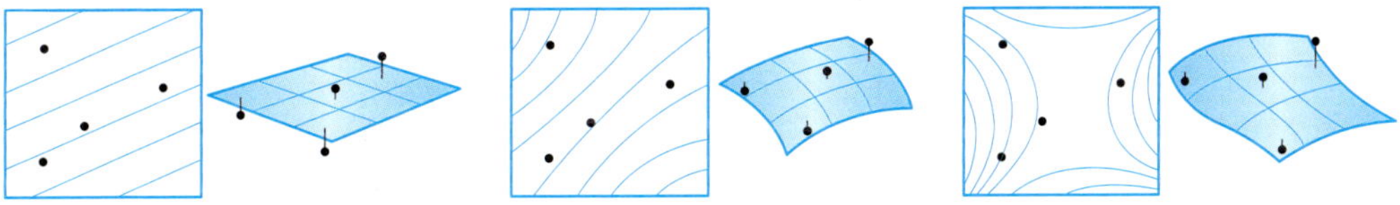

(a) (b) (c)

그림 9.8 1,2,3차 다항식에 의한 경향표면(Burrough, 1986)

그림 9.9는 DEM의 종류를 보인 것으로 (a)는 x,y방향의 일정간격 별로 그리드형태이며 래스터로 만들어진 DEM이다. DEM이 구축되게 되면 태양의 고도 및 방향에 따라 음영으로 표현할 수 있으며 표고 별로 색상을 입혀 이해를 쉽게 할 수 있다. 그림 9.10(a)는 표고 별로 색깔을 입혀 음영으로 표시한 지형모델로써 등고선도와 중첩하여 내타냈다. 지형모델은 보다 사실감을 주기 위해 기하보정된 항공영상이나 위성영상과 중첩하여 표시할 수 있으며 그림 9.10(b)는 수치지적도를 중첩하여 필지의 향과 경사를 가시적으로 나타낸 것으로써 다양한 분석이 가능하다.

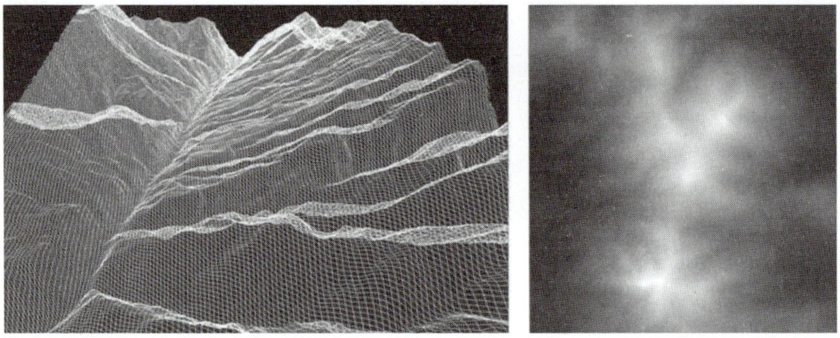

(a) 그리드(grid)형태의 DEM　　　　(b) 래스터로 만들어진 DEM

그림 9.9 수치표고모형(DEM)

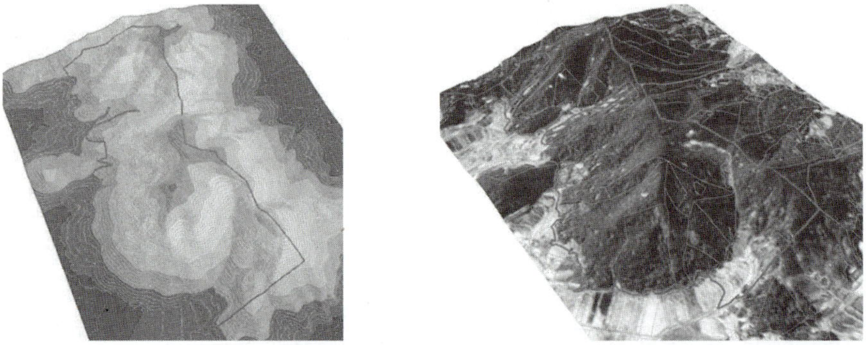

(a) DEM과 등고선의 중첩　　　　(b) DEM과 위성영상의 중첩

그림 9.10 DEM의 활용

9.3 DEM과 TIN

9.3.1 수치지형모델 (DEM; Digital Elevation Model)

지형의 변화를 수치데이터 형태로 연속적 또는 불연속적으로 표현하는 공간자료를 수치표고자료라 한다. 이러한 수치표고자료를 이용하여 다양한 지형의 변이를 파악하고 임의지점의 지형을 추정하여 정량화하는 것을 지형모델링이라 한다. 지형모델링은 지표면의 형상을 대표하는 표본점의 선택 및 x,y,z값의 측정과 표고값이 존재하지 않는 지점의 표고값을 추정하는 공간보간으로 이루어진다.

표본점에 대한 좌표값 x,y,z의 획득방법은 다양하며 각 DEM 제작방법에 대한 일반적인 특징을 표 9.2에 보였다.

표 9.2 DEM제작방법의 비교 (김계현, 공간분석, 2010)

<table>
<tr><th colspan="2">구분</th><th>소요장비</th><th>경제성</th><th>정확성</th></tr>
<tr><td colspan="2">지상측량</td><td>토탈스테이션, GPS</td><td>매우 낮음</td><td>매우 높은</td></tr>
<tr><td colspan="2" rowspan="2">종이지도</td><td>digitizer</td><td>중간(수작업 수반)</td><td>낮음(원시자료에 좌우)</td></tr>
<tr><td>scanner
지도제작 S/W</td><td>중간(데이터 변환 수반)</td><td>낮음(원시자료에 좌우)</td></tr>
<tr><td colspan="2">수치지형도</td><td>지도제작 S/W</td><td>매우 높음</td><td>중간(원시자료에 좌우)</td></tr>
<tr><td rowspan="2">사진측량</td><td>기존사진</td><td>해석도화기</td><td>낮음</td><td rowspan="2">높음</td></tr>
<tr><td>신규촬영</td><td>수치도화기</td><td>낮음(촬영비 추가)</td></tr>
<tr><td colspan="2">위성영상</td><td>영상처리기</td><td>높음</td><td>낮음(개선 중)</td></tr>
<tr><td colspan="2">LiDAR</td><td>레이저 스캐닝시스템
GPS/IMU</td><td>중간(개선 중)</td><td>매우 높음</td></tr>
<tr><td colspan="2">Interferometry SAR</td><td>SAR 데이터 처리기</td><td>매우 낮음(개선 중)</td><td>매우 높음</td></tr>
</table>

그림 9.11은 미국의 지질조사국(USGS)의 DEM구조를 설명하고 있는데 세 가지 요소 즉, 구획(block), 단면(profile), 표고점(elevation point)으로 구성되어 있다. 단면(profile)은 추출한 표고점들의 선형적인 배열이다. 단면의 간격은 DEM에서 하나의 공간해상도를 의미한다. 나머지 다른 해상도는 표고점 간의 간격이다. 표고점에는 규칙적인 내부의 점, 단면의 첫 번째 점, 모서리점이 있는데 단면의 첫 번째 점들과 모서리 점들에 대한 좌표만이 저장된다. 이 좌표들은 주어진 지리좌표시스템으로 DEM 구역들을 결합시키는데 사용된다.

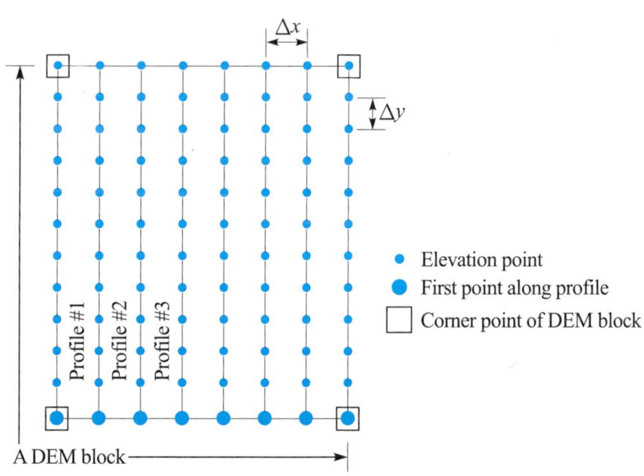

그림 9.11 미국 지질조사국(USGS)의 DEM구획요소(GIS개념과기법, 2005)

규칙적인 격자형태로 표고데이터를 나타내기 때문에 지형의 변화가 매우 불규칙한 경우와 단순한 경우의 혼재 시 디테일한 표현의 어려움이 있다. 이를 극복하기 위해서는 훨씬 더 많은 표고점들이 필요하지만 반대로 지형이 단순한 경우에는 데이터의 과다문제가 발생한다.

9.3.2 부정형 삼각네트워크(TIN ; Triangulated Irregular Network)

1978년 Pewker 등이 제시한 지형모델로 지형을 가장 작은 면단위인 삼각형으로 표현하는 방법이다. 표본추출된 표고점들을 선택적으로 연결하여 겹쳐지지 않는 부정형삼각형 지형의 기복의 정도에 따라 표고점을 추출하므로 경사가 급한 곳은 조밀하게 완만한 곳은 느슨하게 표시된다.

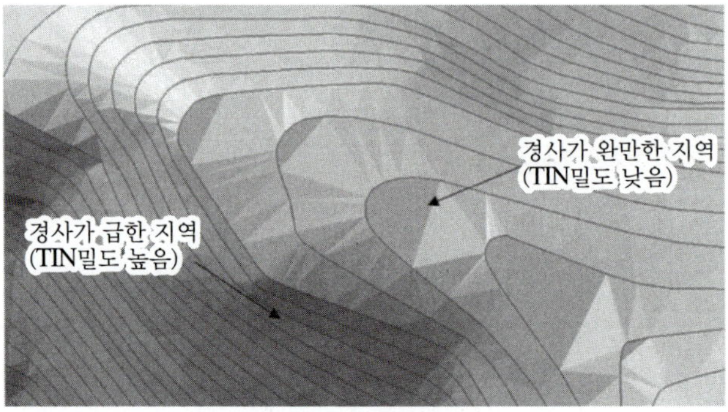

그림 9.12 등고선과 TIN

(1) TIN모델의 특징

표본지점들은 3차원 좌표(X,Y,Z)를 가지고 있으며 벡터데이터 모델로 위상구조를 가지고 있다. 삼각형분할 규칙에 기초를 두고 있으며 생성 경우의 그림 9.13과 같이 경우의 수가 많으며 방법에 따라 등고선도가 달라진다. 가장 일반적인 삼각형네트워크 형성방법은 델로니 삼각법이다.

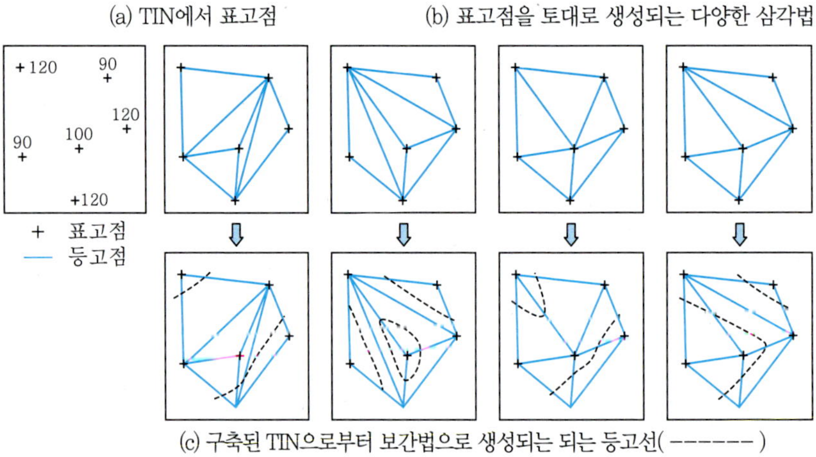

그림 9.13 다양한 형태의 삼각망 형성에 따른 등고선 형태

(2) 델로니 삼각망

그림 9.13과 같이 삼각형의 형성에 따라 등고선의 모양이 달라지므로 일관성있는 TIN형성이 필요하다. 델로니 삼각법을 이용하여 TIN을 만들면 유일한 삼각망을 얻을 수 있다.

그림 9.14(a)에서 표고점 3점을 지나는 원을 가정한다. 원의 중심과 각 표고점과의 거리는 등거리이다. 세 표고점을 연결하고 삼각형 각 변의 이등분점에서 수선을 올리면 만나는 점이 원의 중심이 된다. 이러한 원의 중심들을 연결하면 (c)와 같은 다각형이 만들어지는데 이를 보로노이 다각형이라한다. 이제 표고점들을 연결하여 TIN을 형성하는데 규칙은 삼각형의 각 변은 델로니 다각형의 해당변을 수직으로 지나간다는 조건을 지켜야 한다.

표 9.3은 DEM과 TIN의 특징을 비교한 것이다.

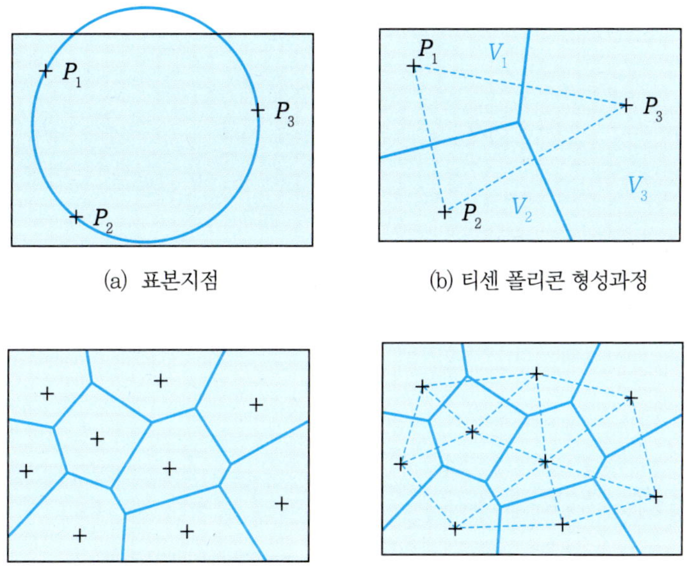

(a) 표본지점 (b) 티센 폴리곤 형성과정

(c) 보로노이 다이아그램 (d) 델로니 삼각법

그림 9.14 델로니 삼각법에 의한 TIN생성

표 9.3 DEM과 TIN의 특징

	DEM	TIN
지형의 특성	단순한 지형일 경우	국지적 변이가 심한 지형
모델링의 목적	레스터데이터기반, 중첩과 같은 공간적분석 용이	보다 정교한 지형결과를 생성할 수 있음
응용의 목적	정사사진 생성 목적	음영기복도의 생성
데이터 획득의 방법	사진측량학적 방법	디지타이징, Field Surveying

9.3.3 래스터 DEM

대부분의 지형분석은 래스터데이터모델을 사용하여 수행된다. TIN데이터모델은 지형분석을 저장하고 용이하게 하기 위해 개발되었지만 래스터 데이터구조가 더 일반적으로 사용된다. 래스터DEM을 사용하면 경사, 향 및 기타 중요지형변수를 쉽고 균일하게 계산할 수 있다. 계산은 셀에 할당된 셀값을 기반으로 하는데 래스터어레이에 저장된 Z값의 개념을 사용하여 지형에 대한 장보를 추출한다.

그림 9.15 TIN으로부터 보간법으로 만들어진 DEM 래스터
https://freegeographytools.com/

DEM래스터는 삼각형 불규칙 네트워크(TIN)로부터 보간을 통해 변환된다. 출력의 모든 셀에는 셀 중심이 TIN의 보간영역 내에 있는지 여부에 따라 높이 값이 할당된다. 보간법은 선형 또는 Natural_neighbors방법이 사용될 수 있는데 선형보간은 TIN 삼각형을 평면으로 보고 보간한다. 각 출력 셀에는 2D 공간에서 어떤 삼각형이 들어가는지 찾아내고 삼각형 평면을 기준으로 셀 중심의 위치를 평가하여 높이값이 할당된다. Natural_neighbors보간은 선형보다 부드러운 결과를 생성한다. 그것은 각 출력 셀 센터 주변의 모든 방향에서 발견되는 가장 가까운 TIN 노드에 면적기반 가중치 체계를 사용하기 때문이다. TIN의 엄격한 브레이크라인은 지형표면이 연속적으로 매끄럽지 않기 때문에 결과에 영향을 미친다.

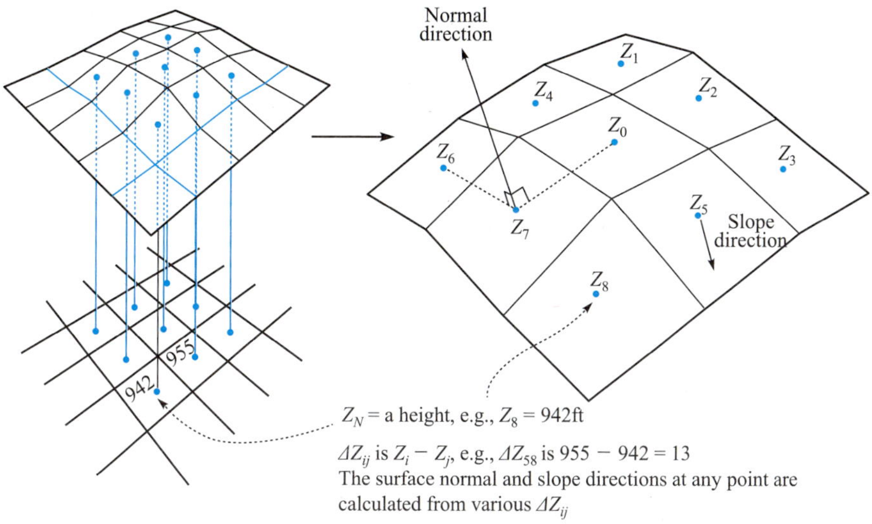

그림 9.16 래스터DEM으로 표현된 지형과 Z값변화(GIS Fundamentals 4thed., Paul Bolsted, 2012)

래스터로 변환된 DEM은 각 셀에 표고값을 가지므로 이를 이용하여 다양한 계산을 할 수 있는데 예를 들어 경사, 향 등이다. 인접한 셀들 사이 또는 셀들의 근처에서의 높이차이는 로컬 기울기(그림 9.16의 기울기)를 계산하는 데 사용되며, 한 점 주위의 X, Y, Z 값으로 정의된 선들의 각도와 방향은 수직인 벡터의 방향을 계산하는 데 사용될 수 있다.

9.4 지형의 경사와 향분석

앞 절에서 설명한 DEM이나 TIN자료를 활용한 지형분석은 내우 유용하며 가장 보편적인 지형분석기능은 특정한 점에서의 경사도(slope)와 경사면의 향(aspect)을 분석하는 것이다. 경사와 경사면의 향 분석은 각종 토공과 강수량 유출 등 그 활용도가 매우 넓다. 개발계획 시 일반적인 가용지는 경사가 0°~15°까지이며 적극적 개발의 경우에는 20°까지도 고려한다. 이렇듯 지형의 경사는 개발계획뿐만 아니라 도로, 수계, 하천 등의 설계에도 매우 중요한 요소이다.

9.4.1 경사분석

경사분석은 가장 기본적인 데이터인 DEM(Grid 또는 TIN)구축으로부터 시작된다. 경사함수를 이용하는데 특정셀과 이웃하는 셀(8 cell) 간의 표고값의 변화가 최대인값을 셀 간의 거리로 나눈 비율이다. 결과값 래스터의 모든 셀들은 경사값을 갖는다. 낮은 경사값은 비교적 평평한 지형이며 높은 경사값이면 가파른 지형이다. 경사값의 결과는 기울기(%)와 경사각이다.

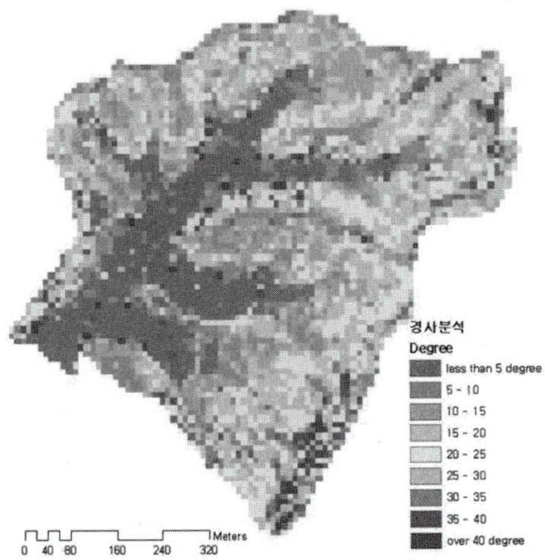

그림 9.17 경사분석

일반적으로 경사는 고저차를 수평거리로 나누어 백분율로 표현하거나 각도로 표현한다. 백분율로 표현하는 경우에는 식 (9.4)와 같이 계산한다(그림 9.18).

$$Slop(\%) = \frac{vd}{hd} \times 100 \tag{9.4}$$

각도로 계산하는 경우 식 (9.5)와 같이 계산한다.

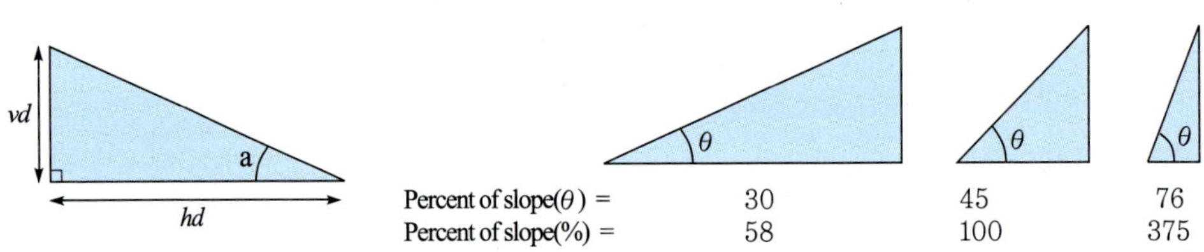

그림 9.18 경사각과 경사율(%)의 비교

$$\theta = \tan^{-1}(\frac{vd}{hd}) \tag{9.5}$$

경사가 45°인 경우 표고차와 수평거리가 같으므로 경사 100%가 된다. 그림 9.17은 경사각으로 분류하여 색깔 별로 표현한 결과이다.

9.4.2 경사각과 향 결정

DEM값으로부터 경사도와 향을 계산하기 위해서는 이웃하는 셀들의 고도값을 참조하게 되는데 일반적으로 3×3 이동창(window)의 데이터를 토대로 하여 이동창의 중심셀의 값을 계산하게 된다. 8개의 이웃하는 셀을 통과하는 최적평면의 추정은 다음과 같은 식에 의해 산출된다(Chrisman, N.,2002). 그림 9.19와 같이 셀의 간격 S를 갖는 Z 메트릭스에서 윈도우의 중심에 해당하는 Z_{ij} 셀의 고도에 적합한 평면에 대한 식은

$$Z = a + bx + cy \tag{9.6}$$

로 표현된다. 중심셀 $Z_{i,j}$ 주변의 8셀의 고도값이 그림 9.17과 같다면

$Z_{i-1,j+1}$	$Z_{i,j+1}$	$Z_{i+1,j+1}$
$Z_{i-1,j}$	$Z_{i,j}$	$Z_{i+1,j}$
$Z_{i-1,j-1}$	$Z_{i,j-1}$	$Z_{i+1,j-1}$

그림 9.19 고도셀(3*3)

NW	*N*	*NE*
W	$Z_{i,j}$	*E*
SW	*S*	*SE*

그림 9.20 셀의 방향

a는 전체 9개 셀의 표고에 대한 평균값이다.

$$a = (Z_{i-1,j-1} + Z_{i-1,j} + Z_{i-1,j+1} + Z_{i,j-1} + Z_{i,j} + Z_{ij+1} + Z_{i+1,j-1} + Z_{i+1,j+1})/9 \tag{9.7}$$

b는 상부 3개의 셀과 하부3개의 셀 간의 표고차 이며 각각의 가운데 셀의 표고는 가중치 2를 부여한다.

$$b = [(Z_{i-1,j+1} + 2Z_{i,j+1} + Z_{i+1,j+1}) - (Z_{i-1,j-1} + 2Z_{i,j-1} + Z_{i+1,j-1})]/8S \tag{9.8}$$

c는 우측 3개의 셀과 좌측3개의 셀 간의 표고차이며 가운데 셀에 대해서는 역시 가중치 2를 부여한다.

$$c = [(Z_{i+1,j-1} + 2Z_{i+1,j} + Z_{i+1,j+1}) - (Z_{i-1,j-1} + 2Z_{i-1,j} + Z_{i-1,j+1})]/8S \tag{9.9}$$

식 (9.8), (9.9)에 의해 셀의 경사도는 다음과 같이 계산한다.

$$\text{경사도 } \theta = \sqrt{(b^2 + c^2)} \tag{9.10}$$

셀의 경사방향인 향은 다음과 같다.

$$경사면의\ 향 = \tan^{-1}\left(\frac{c}{b}\right) \qquad (9.11)$$

100	100	100	100	200	300	300	200
100	100	100	100	200	300	300	300
100	100	100	100	200	300	300	300
100	100	100	100	200	300	300	300
100	100	100	100	200	300	300	300
500	500	500	500	200	300	300	300
1000	1000	1000	1000	200	300	300	300
1500	1500	1500	1500	500	500	500	500

(a) DEM데이터

0.00	0.00	0.00	39.53	75.00	39.53	0.00	39.53
0.00	0.00	0.00	50.00	100.00	50.00	0.00	50.00
0.00	0.00	0.00	50.00	100.00	50.00	0.00	50.00
0.00	0.00	0.00	50.00	100.00	50.00	0.00	50.00
158.11	200.00	200.00	150.00	70.71	50.00	0.00	50.00
337.73	450.00	450.00	374.58	159.10	50.00	0.00	50.00
375.00	500.00	500.00	549.51	395.28	118.59	100.00	118.59
375.00	500.00	500.00	677.54	571.18	113.19	100.00	113.19

(b) 경사백분율

그림 9.21 DEM 데이터로부터 구한 각 셀의 경사백분율

예를 들어 각 셀의 표고데이터가 그림 9.21(a)와 같고 셀의 크기가 100m라면 식 (9.8), (9.9)에서와 같이

$$b = \{(100+2\times200+300) - (500+2\times200+300)\} / 8 \times 100 = -0.5$$

$$c = \{(300+2\times300+300) - (500+2\times100+100)\} / 8 \times 100 = 0.5$$

$$\therefore 경사도\ \theta = \sqrt{(-0.5)^2+(0.5)^2} = 0.707\times100 = 70.7(\%)$$

이 값은 그림 9.21(b)와 같이 경사도 해당셀에 입력된다.

식 (9.11)에 의해

$$\therefore 향(aspect) = \tan^{-1}\left(\frac{0.5}{-0.5}\right) = -45^\circ$$

향의 경우 일단 각도가 계산되면 b, c의 부호에 따라 그림 9.22처럼 방향을 결정할 수가 있다. 향의 경우 $\frac{c}{b} = \frac{+}{-}$이므로 4상한이며, $Y(c)$축을 기준으로 시계방향으로 각을 표시한다면 315°가 된다. (360°−45°=315°)

이 값 역시 향을 표시하는 해당셀에 입력된다. 이상으로 각 셀에 해당하는 향을 계산하면 그림 9.23과 같다.

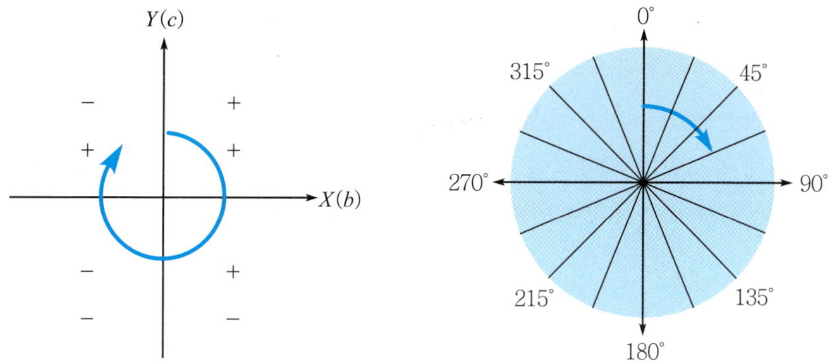

(a) 부호에 따른 상한결정 (b) 상한 별 방향각

그림 9.22 셀의 경사방향 결정

산출된 경사도를 통해 알 수 있듯이 인접한 셀들과의 고도차가 클수록 경사도 수치가 높아서 급경사 구역임을 알 수 있으며, 반면에 인접한 셀과의 고도값이 같은 경우 경사도는 0으로 산출된다(그림 9.21(b)). 한편 경사면의 향에 대한 분석도 마찬가지 방법을 통해 이루어지는데 처리되는 셀의 경사면의 향은 3*3의 인접한 셀들을 참조하여 최대경사면방향으로 결정된다. 그림 9.23에서 산출된 수치는 경사면의 방향을 0°−360°로 나타낸 것이다. 시계방향으로 다음 그림 9.22(b)와 같이 향이 결정된다. −1의 값은 경사도가 0인 셀의 경우로 경사도가 0°이기 때문에 당연히 경사면의 방향을 갖지 않게 됨을 알려준다.

-1	-1	-1	288	270	252	-1	108
-1	-1	-1	270	270	270	-1	90
-1	-1	-1	270	270	270	-1	90
-1	-1	-1	270	270	270	-1	90
342	0	0	0	315	270	-1	90
358	0	0	26	46	270	-1	90
0	0	0	41	56	342	0	18
0	0	0	52	66	354	0	6

그림 9.23 경사면의 향

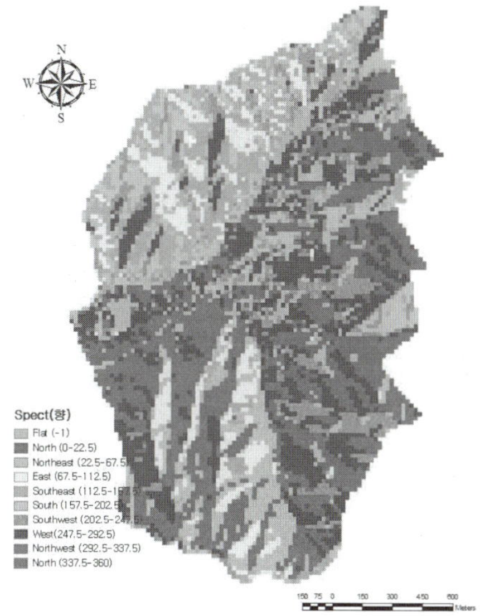

그림 9.24 향분석의 예

경사와 경사방향의 계산은 DEM자료를 사용하는 지형분석에서 필수적인 단계이다. 특정한, 인접 연산은 하천유역의 경계와 수로의 윤곽을 그릴 뿐만 아니라 흐름의 양과 방향을 계산하기 위하여 수리학적 모델링에 사용된다. 일반적으로 경사와 경사방향 정보는 지형시각화에서 빛의 크기를 계산하기 위해 중요하게 사용되어 왔다. 또한 그러한 정보는 미세기후, 자연생태분석, 생물다양성, 토지이용적합성 지도화 등의 연구를 위해 지형 및 환경자료와 병합하여 사용하는 추세이다(C.P.Lo, 2007).

그림 9.24는 TIN으로부터 계산한 8방향의 향분석을 실시한 것이다.

9.5 수계분석

DEM데이터는 경사도와 경사면의 향을 분석하는 지형분석뿐만 아니라 물의 흐름방향의 결정, 유역면적과 하천의 수로, 최장수로 추출 등과 같은 수문학적 분석에도 활용된다. 이와 같이 수문학적 분석에 필수적인 입력데이터인 DEM은 대부분 지형등고선으로부터 생성된다. 수치지도에서 계곡선과 주곡선을 추출하여 TIN을 구축하고 일정셀크기로 DEM데이터를 만들어 이로부터 분수령과 수계망을 추출할 수 있다.

9.5.1 수계망의 차수

지표면에서 흘러내리는 하천유출량은 중력의 영향을 받아 높은 곳에서 낮은 곳으로 이동하게 된다. 각 하천은 소유역으로부터 유출량을 받게 되며 그 유출량은 더 큰 하천에 전달된다. 이와 같이 수계망은 하천의 차수를 가진 네트워크로 구축되며, 하천분기점과 유역경계에 의해 하천의 차수를 구분하게 된다.

하천의 차수는 수계망 내에 연결되어 있는 하천을 수치적으로 차등을 정하는 방법이다. 이 차수는 지류의 갯수에 근거하여 하천의 형태를 분류하고 확인하는 방법이다. 하천의 어떤 특성은 단순히 차수를 아는 것으로 추정할 수 있다. 예를 들어 1차수 하천은 지표의 흐름에 의해 지배를 받으며 상류에서 모아지는 부분이 없다. 그러므로 1차수 하천은 다른 유역(분기점)지역보다 비점오염원(non-point source pollution) 문제에 대단히 민감하며 넓은 강기슭으로부터 더 많은 잇점을 도출할 수 있다.

오염되지 않은 자연 하천의 상류에서는 일반적으로 광합성을 할 수 있는 1차 생산자보다 에너지를 소비하는 미생물이나 동물의 수가 많다. 그 결과, 1차 생산자에 의해 광합성되는 것보다 수

생 생물의 호흡에 의해 소비되는 유기물의 양이 많다. 그래서 상류 지역의 하천에 사는 생물 군집은 하천 지역에서 들어온 유기물을 에너지원으로 많이 이용하고 있다. 하천의 중류에서는 강의 폭이 좀 넓어지면서 조류와 녹색 식물이 증가하여 1차 생산자에 의한 광합성량이 상류보다 훨씬 더 커진다. 이에 따라 강의 중류에서 종의 다양성은 최고값에 이르게 되고, 보통 독립 영양적인 상태가 되는 것이 일반적이다. 마지막으로, 큰 강의 하류에서는 유속이 더욱 감소하게 되고, 유역에서 씻겨 온 침전물 등에 물이 혼탁해져 빛의 투과도가 줄어들기 때문에 다시 광합성량이 감소한다(http://home.sunchon.ac.kr/~bioenvlab/data2/water2.htm).

하천의 차수는 두 가지 방법으로 할당할 수 있다. 이 방법들은 Strahler(슈트랄러, 1957)와 Shreve(슈레베, 1966)에 의해 제안되었다.

두 방법에서 모두 처음 시작하는 상류의 하천은 1차수 이다.

(1) Strahler방법

Strahler방법에서는 지류가 없는 모든 연결은 1차수로 할당된다. 하천의 차수는 같은 차수의 하천을 만났을 때만 차수가 증가한다. 그러므로 그림 9.23과 같이 두 개의 1차수가 만나면 2차수가 되고 두 개의 2차수가 만나면 3차수가 된다. 다른 두 개의 다른 차수의 하천이 만나면 차수가 증가하지 않는다. 예를 들어 1차수와 2차수가 만나면 3차수가 되지 않고 둘 중에 큰 쪽의 차수로 남게 된다.

Strahler방법은 가장 일반적인 차수부여 방법이지만 같은 차수의 하천이 만날 때만 차수가 증가하므로 모든 연결의 수를 셀 수 없으며 연결의 추가 또는 삭제에 대해 민감하다.

(2) Shreve방법

Shreve방법은 수계망의 모든 연결들을 모두 셀 수 있는 방법이다. Strahler방법과 마찬가지로 바깥쪽 연결은 모두 차수가 1이다. 모든 안쪽의 수계망은 Shreve방법이 적용되며 차수는 더해진다. 예를 들어 그림 9.26과 같이 두 개의 1차수 하천이 만나면 2차수가 되며 1차수와 2차수가 만나면 3차수, 2차수와 3차수가 만나면 5차수가 되는 방법이다.

차수가 더해지므로 Shreve방법으로부터 얻어지는 숫자는 차수 대신에 양으로써 참조되곤 한다. Shreve방법에서의 연결의 숫자는 상류의 합류의 수와 같다.

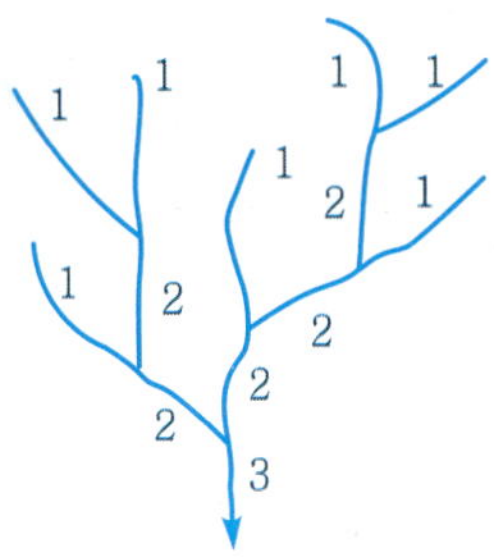

그림 9.25 Strahler방법에 의한 차수결정

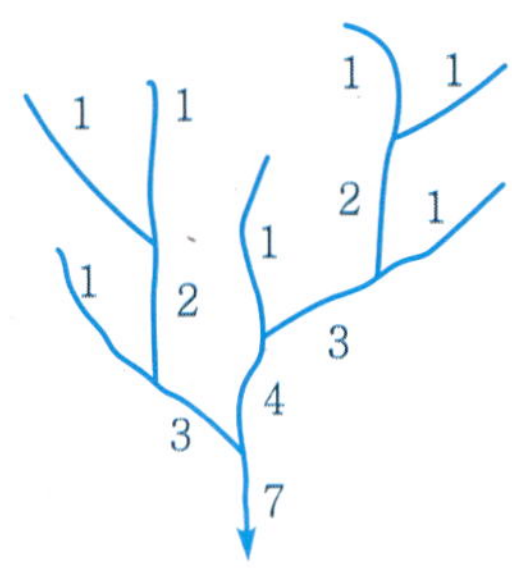

그림 9.26 Shreve방법에 의한 차수결정

9.5.2 수계망의 구조와 유역면적(stream link & Basin)

(1) 수계망의 구조

일반적으로 물이 시작되는 지점에서 하구까지 물이 흘러가는 통로를 배수시스템(drainage system)이라 하며, 하구 또는 배출구는 물들이 집중되는 형태의 배수구로 모이는 곳을 말한다. 또 유역분지 또는 유역면적(watershed, basin, catchment)은 주어진 배수구로 흘러가는 전체 영역이라고 말할 수 있다. 이러한 두 유역면적의 경계는 분수령(watershed boundary) 또는 배수분할(drainage divide)이라 한다. 물이 배수구로 이동하는 네트워크는 나뭇가지 형태로 나타낼 수 있는데 배수구는 나무 밑둥에 해당되며 가지부분은 하천수로, 두 하천의 수로가 만나는 곳은 분기점(junction)이 된다.

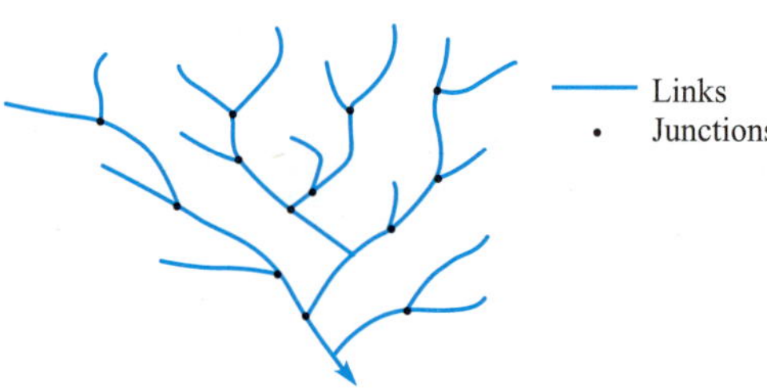

그림 9.27 수계망의 구조(배수시스템)

표 9.4 수계망 해석을 위한 입력요소

Parameter	Explanation	Data Type
n_stream_raster	An input raster that represents a linear stream network.	Raster Layer
in_flow_direction_raster	The input raster that shows the direction of flow out of each cell. The flow direction raster can be created using the Flow Direction tool.	Raster Layer

(2) 유역면적(Basin)

특정한 위치에 대한 유역면적은 비가 내렸을 때 그 점으로 모이는 면적을 말한다. 그림 9.28에서 해당지역 내에 배출점 기준으로 수계ⓐ, ⓑ가 형성되고 수계ⓐ에 대한 유역의 경계는 배출점에서 등고선을 직각으로 가로지르며 인근 산정상까지 이르며 능선을 지나다 다음 산 정상으로부터 또 다른 능선을 따라 내려와 폐합하게 된다. 즉, 점선으로 폐합되는 지역이다. ⓑ지역 역시 마찬가지이다. 유역면적의 경계는 산정상을 연결하는 능선으로 폐합되는 지역이라고 생각하면 된다.

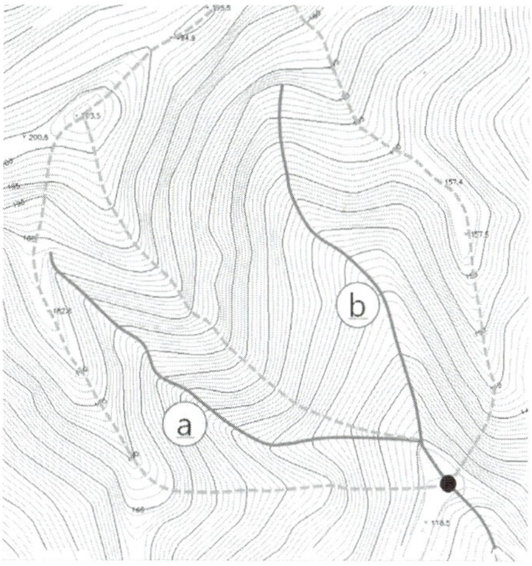

그림 9.28 수계와 유역면적

9.5.3 수로망 추출

하천 흐름의 방향은 각 지점의 경사면에 의해 결정되는데 경사면의 방향은 각 셀에서 고도값이 최대로 변하는 방향을 가르킨다. 경사가 급할 구록 흐름의 에너지는 높아지며 하천의 에너지가 높아지면 더 많은 이비자를 운반하게 된다. 이렇게 물의 흐름은 가장 급한 경사방향으로 진행되기 때문에 일단 셀의 방향을 알고 나면 어떤 셀과 얼마나 많은 셀이 주어진 셀로 흘러가는가를 알 수 있다. 이러한 정보를 토대로 하여 유역경계(분수령)과 수계망을 추출할 수 있다.

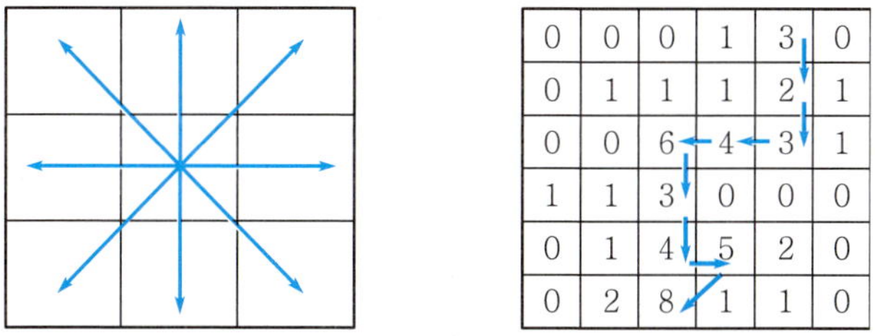

(a) 셀에서 발생하는 8방향 흐름 (b) DEM에서 구하는 분수령

그림 9.29 흐름방향과 분수령

DEM으로부터 유역경계와 하천수로를 추출하는 일반적인 과정을 보면 그림 9.30과 같다. DEM 데이터를 이용하여 수계망을 분석하는 경우 주위가 높은 고도값으로 둘러싸여 있는 함몰된 곳(sink)이나 반대로 낮은 고도값으로 둘러싸여 있는 산꼭대기 같은 곳을 정확히 인식하지 못해 오

류가 발생하곤한다. 특히, sink와 같은 오류는 내부배수영역으로 인식되어 흐름의 방향을 잘못 계산하는 경우이다. 그러므로 흐름방향 그리드를 최종적으로 구축하기 전에 sink의 유무를 확인하고 이를 수정해야 한다. 일반적인 방법은 sink 주위의 셀값으로 채우는 방법을 사용한다. 이를 수정하지 않을 경우에는 그림 9.31와 같이 하천의 수로가 단절되어 나타나며 sink를 수정한 후에는 연속적인 형상을 나타낸다.

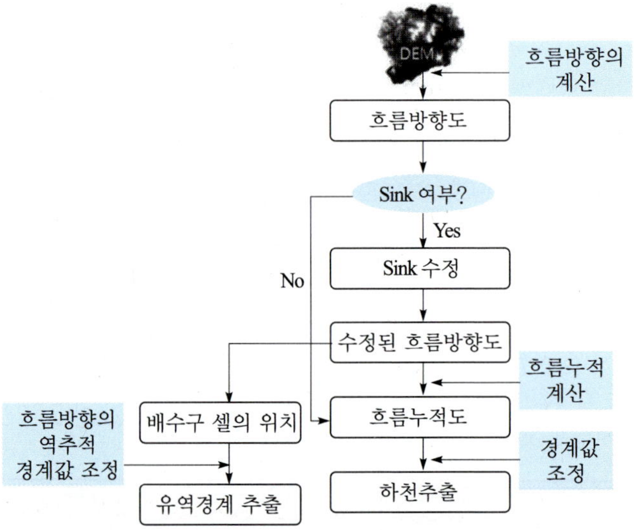

그림 9.30 유역경계와 수로추출 방법

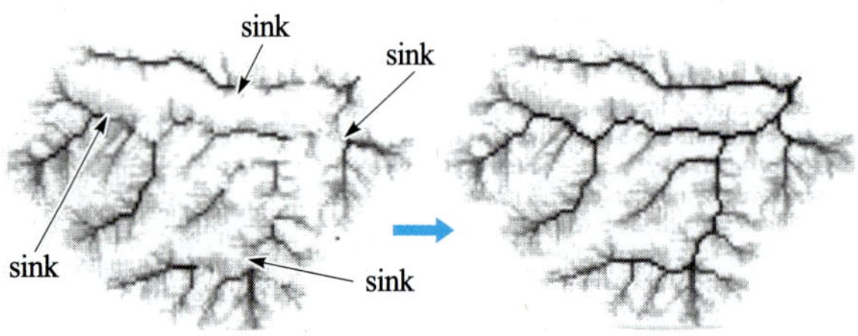

그림 9.31 Sink가 발생한 수로와 이를 수정한 후의 수로
(Burrough, P.A. and McDonnell, R.A.(1998), Principals of GIS)

그림 9.30에서 흐름의 방향이 만들어지면 흐름 누적연산과정을 거쳐 흐름누적도가 생성된다. 이렇게 구축된 흐름 누적도로부터 하천의 수로가 추출되며 흐름방향을 역추적하여 유역의 경계를 구한다.

(1) 흐름방향도 산출

물의 흐름은 최대경사방향으로 흐르기 때문에 인접한 셀8개의 경사값을 참조하여 결정된다. 즉, 각각 셀들 간의 거리에 따른 고도값의 변화를 계산하여 최대의 차이를 보이는 방향을 결정한다. 만약에 인접셀들의 경사가 같으면 가장 급한 경사기 찾아질 때까지 근접분석이 이루어진다.

흐름의 방향을 추출하기 위해 3*3 이동창을 사용하여 인접한 8개의 셀이 처리되는 셀(focal cell)로 이동하는 가를 분석하는 Focal Flow 기능이 사용된다. 그림 9.32에서 focal cell로 이동하는 셀은 focal 셀보다 더 높은 표고를 가지고 있는 셀들이다. Focal 셀의 오른쪽 인접셀부터 반시계 방향으로 이동여부를 2진수로 표현하면 그림 9.32(b)와 같다. 즉, focal셀보다 표고가 높으면 1 그렇지 않으면 0으로 표시한다.

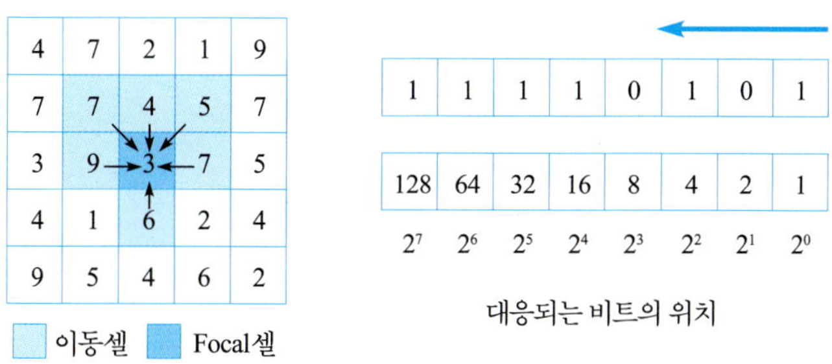

(a) 이동셀 여부 (b) 2진수로 표시

그림 9.32 Focal flow방식의 흐름방향 추출

따라서 focal 셀의 산출값은 (1×1+1×4+1×16+1×32+1×64+1×128=245)가 된다. 이 값은 이동셀여부인 11110101을 십진수로 변환한 것과 같은 수치이다.

(2) 흐름누적도

흐름누적도(flow accumulation)는 각 셀에서 누적된 흐름을 각 내리막 경사로 흘러가는 모든 셀에 대한 누적가중치의 계산을 통해 산출된다. 흐름의 누적이 높은 셀은 흐름이 집중되는 영역이며 하천의 수로를 의미한다. 반면 흐름의 누적이 '0'인 셀은 능선을 나타낸다. 흐름누적도가 생성되면 이를 토대로하여 하천의 순위, 지류의 수 등의 하천유형을 분류하게 되며 분수령 또는 유역분지의 경계도 추출할 수 있다. 이를 수문학적 개념도로 나타내면 그림 9.33과 같다.

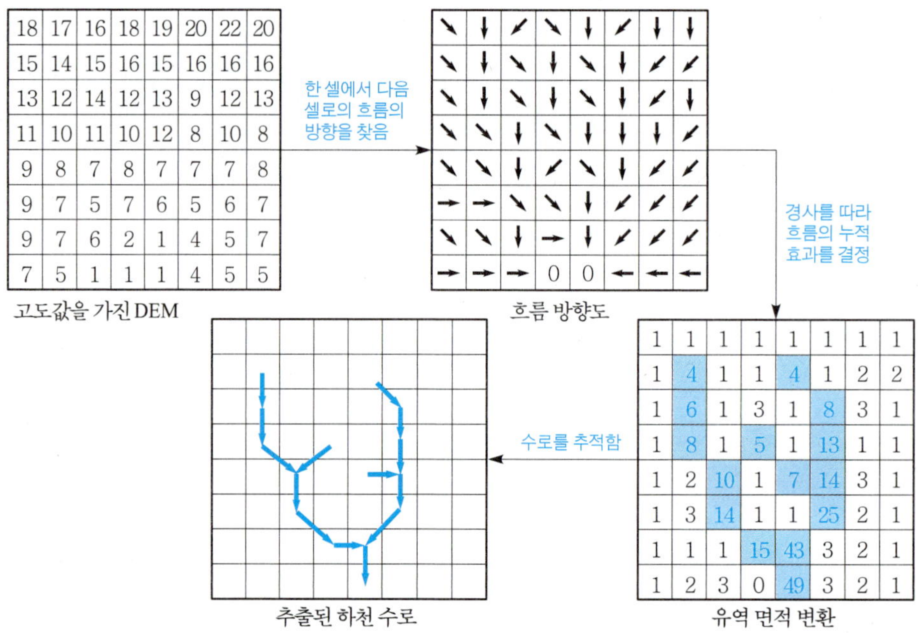

출처 : Lo, C.P. and Yeung, A.K.W. (2002), Concepts and Techniques of GIS p. 329.

그림 9.33 DEM으로부터 하계망 추출을 위한 접근방법

그림 9.33에서 DEM으로부터 인접셀의 표고를 이용하여 흐름의 방향을 결정하고 이 흐름의 방향을 누적시켜 누적흐름도를 완성한다. 그 다음 셀의 centroid를 연결하여 수계망 흐름도를 만든다.

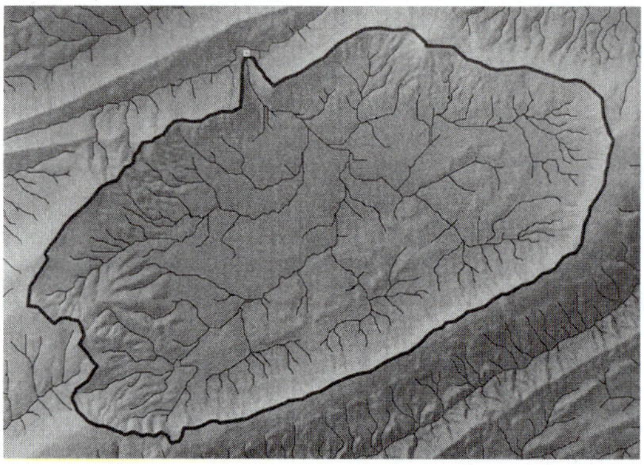

그림 9.34 레스터DEM으로부터 분석된 유역면적과 수계망((GIS Fundamentals 4thed., Paul Bolsted, 2012)

실제 DEM래스터 데이터로부터 유역면적(watershed)을 도출하고 수계망분석을 통해 추출된 수계망은 그림 9.34와 같다.

9.6 가시권분석

가시권 분석은 지형 고도 데이터를 사용하여 공간의 지정된 지점에 있는 관찰자가 볼 수 있는 모든 영역을 결정하는 래스터 분석작업이다. 또한 지표면에서 관측점을 볼 수 있는 모든 위치를 결정한다. 가시권 분석에는 두 개의 입력 레이어가 필요한데 점, 선 또는 다각형이 될 수 있는 하나 이상의 시점 셀의 위치를 보여주는 래스터 레이어와 DEM 레이어이다. 특정한 셀의 가시여부를 결정하기 위해서는 중첩기능을 이용하여 DEM으로부터 셀의 표고를 가져온다. 그런 다음 이 표고 값을 특정 방향을 따라 DEM의 모든 셀 값과 비교한다. 이러한 셀은 세 가지 요인에 따라 가시적 또는 보이지 않는 것으로 분류된다. 즉, 시점 셀의 값에 상대적인 표고 값, 시선을 따르는 위치, 그리고 이들과 시점 셀 사이의 최고점보다 높거나 낮은지 여부이다(그림 9.35(a)). 가시권은 시점 셀의 높이 이상의 관찰자의 높이뿐만 아니라 시선을 따라 식생 커버 또는 인공 구조물의 높이에 영향을 받기 때문에, 계산에서 시청자의 평균 높이와 나무 또는 건물의 평균 높이를 적용하는 것이 일반적이다. 이렇게 하면 뷰셰드가 더 정확해질 수 있다(그림 9.35(b)). 특정 시점에서 볼 수 있는 영역은 지형과 관련된 시점의 위치에 의해 영향을 받는다. 관찰자의 높이와 시선을 따라 발견된 공간적 특징을 더하면 보다 현실적인 가시권 영역을 얻을 수 있다.

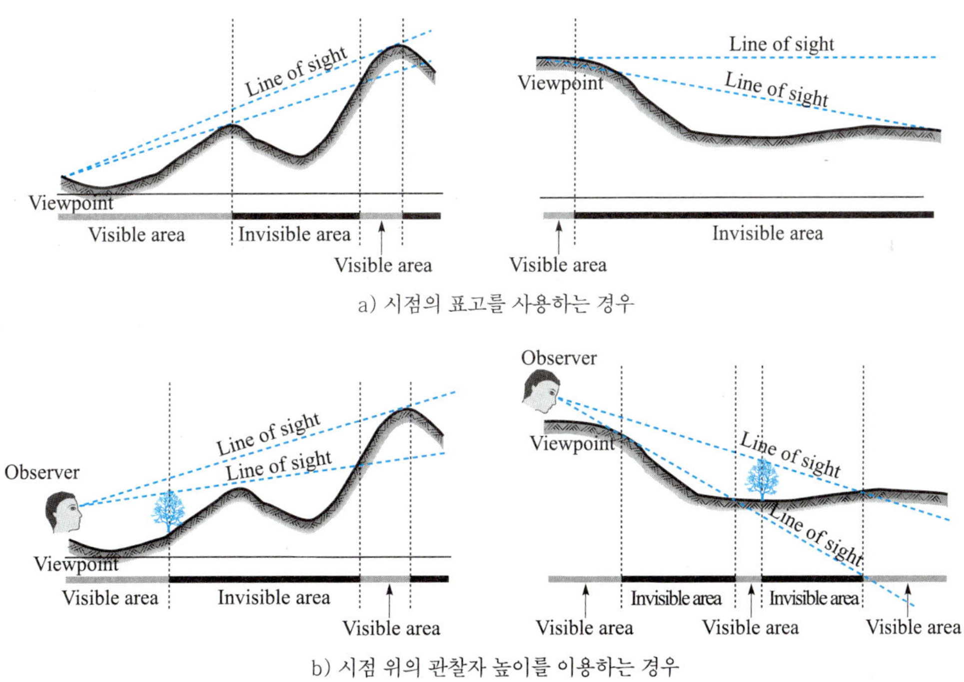

a) 시점의 표고를 사용하는 경우

b) 시점 위의 관찰자 높이를 이용하는 경우

그림 9.35 시점과 관찰자높이에 따른 가시권분석 영향권의 차이

상호 가시성 정보는 GIS를 사용하는 많은 애플리케이션에서 필요하다. 예를 들어, 지형분석에서 상호가시성은 사용자가 특정 유리한 지점에서 사람들이 볼 수 있는 것을 결정하는 데 도움이 된다. 이를 통해 사용자는 제안된 애플리케이션의 시각적 영향과 같은 논리적 결정을 내릴 수 있다. 토지개발사업, 부동산 평가, 통신전송망 설치부지 선정, 산불관측탑 설치뿐만 아니라 군사적인 분야에도 응용이 가능하다. 수동 방법에 의한 뷰셰드 분석은 매우 지루한 작업이다. 래스터 GIS에서 가시권 분석을 통해 사용자는 상호 가시성 정보를 빠르고 쉽게 얻을 수 있다. GIS 응용프로그램은 상호조망이 가능성에 대한 정보에 대한 수요가 증가함에 따라 GIS 소프트웨어 공급업체는 가시권분석에 툴을 제공하고 있다. 그러나 가시권 분석자는 GIS 애플리케이션에서 이 특정 작업을 사용할 때 발생하는 문제를 인지해야 한다. 문제 중 하나는 DEM 데이터가 항상 매우 높은 정확도로 수집되지 않는다는 것이다. 따라서 정확한 가시권분석을 위해서는 항공라이다 또는 드론라이다 기술을 이용한 정밀 DEM의 구축이 필요하다. 이는 DEM의 정확도에 따라 가시권 분석결과는 상호운용성 정보에 불확실성 수준이 있는 경우가 많다는 것을 의미한다(Fisher, 1994). 또한 Fisher(1993)는 서로 다른 알고리듬과 서로 다른 GIS 소프트웨어 패키지가 매우 다른 결과를 산출한다는 것을 입증했다. 공간 문제 해결 및 의사 결정을 위해 뷰셰드 분석을 사용할 때 이러한 한계를 염두에 두어야 한다(Concept and Tech. of GIS, C.P.Lo, 2007)

9.7 일조량분석(Building shadow Analysis)

인구 증가로 인해 복잡한 도시 계획 문제가 발생하고 있는 상황에서, 새로운 개발이 주변 환경에 미치는 영향을 이해하는 것이 중요하다. 스카이라인에서 다단계 개발을 모델링하면 건축업자와 의회가 주변 주택과 도시의 미관에 그림자를 드리우며 경관에 미치는 영향을 시각화할 수 있다. 데스크톱 스터디에서 건물 개발의 모든 수준에서 계산을 수행할 수 있으므로 효율성을 높일 수 있다.

보스톤의 개발자들은 2016년 11월에 BPDA(Boston Planning & Development Agency)에 계획을 처음으로 제시했다. 그들은 윈스럽 스퀘어 타워라고 불리는 775피트의 프로젝트를 제안했는데, 이는 보스턴 커먼 쉐도우법의 높이 제한을 초과했다. 시청과 매사추세츠 주 의회에서의 토론은 프로젝트의 높이와 그림자 영향에 초점을 맞췄다. 보스턴 시장 마티 월시는 제안된 개발의 재정적 이익을 고려하여 그림자 법을 완화하기 위해 로비를 했다. 결국 보스톤시는 스퀘어 타워의 높이를 80피트 이상 낮추는 조건으로 개발자들이 매우 필요로 하는 공원 유지와 공공 주택에 투자할 것을 약속했다. BPDA는 Winthrop Square Tower에 대한 계획을 계속해서 평가하고 있지만,

보스턴의 디지털 트윈을 사용하고 있다. 3D 모델은 제안된 프로젝트를 시각화하고 설계를 반복하며 보스턴 시내에 미치는 영향을 분석할 수 있는 방법을 관련된 모든 사람에게 제공하고 있다.

그림 9.36 보스톤 개발계획국에서 디지털트윈을 이용한 그림자분석
https://www.esri.com/about/newsroom/blog/3d-gis-boston-digital-twin/

디지털트윈(DTM과 도시건물 및 시설구조물이 3차원으로 구축) 환경에 그림자 시뮬레이션을 하기 위해서는 그 지역의 경위도 좌표와 시뮬레이션 기간이 필요하다. 일반적으로 GIS애플리케이션들은 태양의 고도에 따라 그림자를 만드는 기능은 모두 제공하고 있으므로 경도와 시간에 따른 태양의 방위각과 고도각을 계산하는 것이 필수적이다. 태양의 고도각과 방위각은 식 (7.1)과 식(7.2)에 의해 계산한다(이재민 등, 2011).

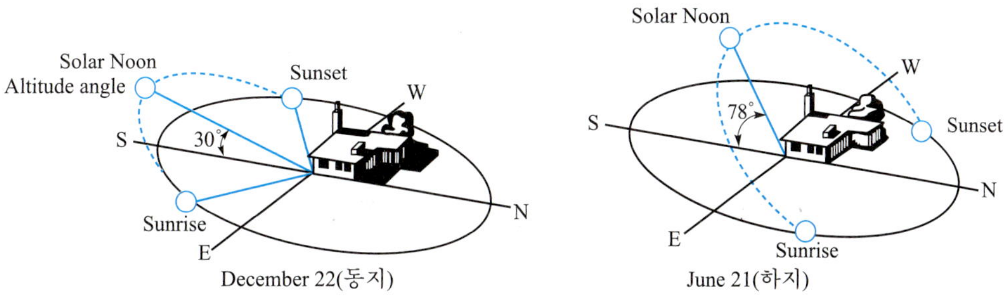

그림 9.37 태양의 방위각과 고도각

태양의 고도각 계산식 :

$$\sin h = \sin\phi \cdot \sin\delta + \cos\phi \cdot \cos\delta \cdot \cos t \quad (7.1)$$

여기서, h : 태양고도(°) $0 \leq h \leq 90°$

ϕ : 위도(°) $-90 \leq \phi \leq 90°$

δ : 태양적위(°), 하지: +23.0°, 동지: −23.5, 춘추분:0°)

t : 시각(°), (24시간 360°, 1시간 15°, 오전:−, 오후:+, 남중시 정오:0)

태양의 방위각 계산식 :

$$HA = a\tan2(\cos h \sin A,\ \cos h \cos\phi - \cos h \sin\phi \cos A) \tag{7.2}$$

여기서, a : 적경(Right ascension)

A : 방위각(Azimuth)

h : 고도(Altitude)

HA : 천체의 시간각(Hour angle)

ϕ : 관측지의 측지 위도(Geodetic Latitude)

9.8 스카이라인분석(공제선)

하늘과 편평한 대지의 끝이 맞닿아 경계를 이루고 있는 선. 또는, 하늘과 맞닿은 것처럼 보이는 산이나 건물 따위의 윤곽선. 하늘과 땅의 경계. 공제선이 직선일 때는, 바다에서라면 수평선, 땅에서라면 지평선과 동일한 선을 갖는다. 이 때문에 보통 스카이라인이라고 하면 멀리서 봤을 때 도시 중심부의 빌딩들이 어우러져 이루는 전체적인 모양을 의미하며, 대부분의 도시에서 고층 건축물들이 도시의 중심가에 집중되어있는 북미에서는 큰 도시들이 각자 고유의 독특한 스카이라인을 보유하고 있어서 해당 도시를 상징하는 상징물의 역할을 하기도 한다.

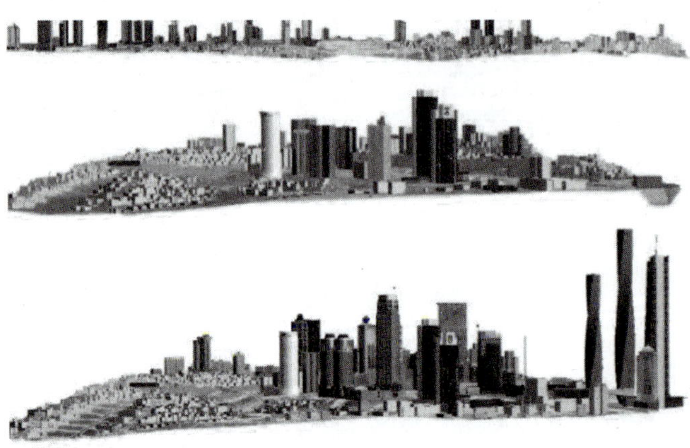

그림 9.38
https://www.bloomberg.com/

도시가 성장하고 발전함에 따라, 그들의 스카이라인은 극적으로 변화할 수 있다. 새로운 탑들이 솟아오르고, 역사적인 건물들이 사라지고, 한때 상징적이었던 건물들이 다시 새로운 건축물들의 붐비는 숲으로 사라진다. '경관과 도시계획' 저널에 발표된 새로운 논문에서, 터키에 기반을 둔 연구팀은 지리 정보 시스템 또는 GIS를 사용하여 이러한 변화를 추적하는 기술을 개발했다(그림 10). 이스탄불의 역사적인 스카이라인을 주제로, 연구원들은 도시의 스카이라인의 3D 모델을 만들었다. 지난 10년 동안의 스카이라인의 변화를 추적할 수 있었고, 스카이라인에 미치는 영향을 이해하기 위해 가상의 새로운 건물의 건설을 시뮬레이션할 수 있었다.

일반적으로 도시 스카이라인 분석의 경우 최소 데이터 요구사항에는 관측 지점, 도시 건물 데이터 및 선택적으로 지형 또는 표면 정보가 포함된다. 관찰자의 위치도 중요하다. 관찰자가 건물로 둘러싸인 도심 중심부의 땅 위에 있다면, 건물과 주변 지역에 산이 섞여 있지 않는 한 표면은 스카이라인에 영향을 미치지 않는다.

GIS 공간분석 툴에서 스카이라인 도구를 지공하고 있는데 ArcScene에서는 관찰자가 돌아서 360도에서 도시를 볼 경우 타워 꼭대기의 관찰자 지점에서 보는 도시 스카이라인을 설명할 수 있다. 이 출력 스카이라인은 건물 꼭대기와 하늘 사이의 경계를 보여줄 것이다. 기본적으로, 그것은 여러분이 서 있는 곳에서 하늘을 볼 수 있는 첫 번째 지점을 감지하고 여러분의 시야를 원으로 만들 것이다(https://desktop.arcgis.com/).

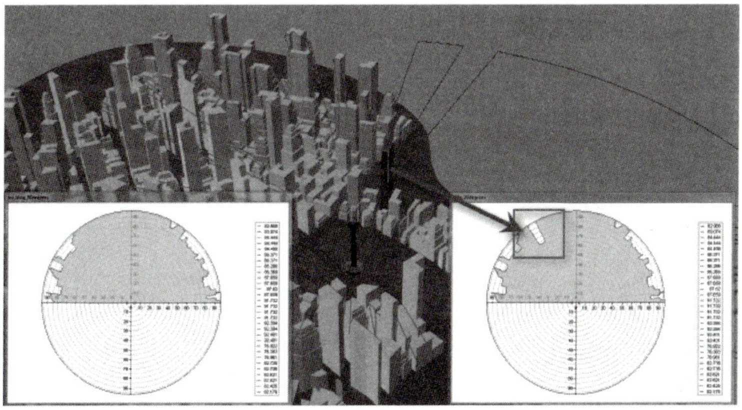

그림 9.39 스카이라인 그래프의 비교

Essay

1. 지형표면의 표현방법은 어떤 것들이 있는가?
2. DEM, DSM, DTM의 차이점을 들고 설명하시오.
3. DEM제작방법에는 어떤 것들이 있는지 설명하시오.
4. TIN과 DEM을 활용 면에서 비교 분석하시오.
5. DEM제작을 위한 전역적 보간법과 국지적 보간법의 특성을 비교분석하시오.
6. 경사분석 시 경사각도 산정방법과 경사율(%) 산정방법을 설명하시오.
7. 수계망의 차수를 결정하는 이유는 무엇이며 방법에 대해 설명하시오.
8. 계분석에서 sink는 이로운 존재인가? 어떻게 처리해야하는가?

GIS이론

제4편 GIS의 현황 및 미래

제10장 GIS의 현황 및 미래

10.1 GIS의 현황[1)]

10.1.1 소프트웨어 환경

GIS 소프트웨어 개발환경은 개발언어(Programming Language), 소프트웨어 구조(System Architecture)와 운용환경(Operating Environment) 두 가지 측면에서 변화해 왔다. 운용환경은 소프트웨어 개발과 그 실행이 이루어지는 환경을 각각 의미한다.

(1) 소프트웨어 개발언어

소프트웨어 개발에 필요한 직접적인 도구인 개발언어는 기계어(Machine Code), 절차적언어(Procedual Language), 객체지향(OOP ; Objected-Orientation Programming)언어, 고속개발(RAD ; Rapid application Development)언어, 웹개발언어 등으로 발전되었다.

1) **기계어** ; 가장 낮은 단계의 개발언어로 컴퓨터가 해석할 수 있는 비트(0또는 1)단위의 언어로 변환되어 실행된다. 예로써 어셈블러어가 있다.
2) **절차적 언어** ; 소프트웨어가 수행되는 절차를 중심으로 하는 언어로 루틴, 서브루틴, 함수 등 프로시저를 호출한다. 예로써 Fortran, C, Pascal, Cobol 등 이 있다.
3) **객체지향언어** ; 절차가 아닌 소프트웨어에서 다루어지는 객체(클래스)를 정의하고 각 객체들의 속성 및 행위를 중심으로 하는 개발방식의 언어이다. 예로써 C++, Java언어가 있다.
4) **고속개발도구** ; 그래픽 사용자 인터페이스(GUI ; Graphic User Interface)를 갖춘 소프트웨어를 개발할 때 개발자가 많은 양의 소스를 개발하지 않아도 쉽고 빠르게 개발가능 한 언어이다. 예로써 Visual Basic, Visual C++, Delphi 등이 있다.

1) GIS원리와 응용, 박형동, 2010, 참조

5) **웹개발 언어** ; 웹환경(웹서버 및 웹브라우저)에서 실행되는 웹 애플리케이션을 개발하기 위한 서버 및 클라이언트측의 개발언어이다. 예로써 Active X, Applet, ASP, JSP, Servlet, PHP, Peri 등이 있다.

(2) 소프트웨어 구조 및 운용환경

소프트웨어 구조 및 운용환경을 크게 구분하면 독립실행형(stand-alone), 클라이언트/서버 시스템, 웹애플리케이션, 분산 컴퓨팅시스템, 서비스지향 아키텍춰(SOA;Service Oriented Architecture) 및 최근의 웹2.0 플랫폼으로 발전하고 있다. 구조 및 주요특징을 정리하면 표 10.1과 같다.

표 10.1 소프트웨어 구조 및 운용환경 비교

소프트웨어 구조	주요특징	예
독립실행형	독립된 환경에서 소프트웨어가 실행됨	워드프로세서, 멀티미디어재생기, 그래픽편집소프트웨어
클라이언트/서버시스템	인터넷 및 인트라넷 네트워크환경에서 소프트웨어가 실행됨 프리젠테이션계층, 비즈니스로직, 데이터계층이 클라이언트와 서버측에 배분가능	
웹애플리케이션	클라이언트/서버시스템의 확장된 형태로서 웹브라우저와 웹서버가 각각 클라이언트와 서버역할을 수행	
분산컴퓨팅시스템	소프트웨어 확장성 및 성능향상을 위해 비즈니스나 로직을 여러시스템에 분산시키는 방식으로 컴포넌트끼리 강하게 결합되어 있다.	
서비스지향아키텍춰	분산컴퓨팅시스템의 단점을 보완하여 서비스의 동적결합을 통해 애플리케이션을 쉽게 개발할 수 있고 느슨하게 결합되어 확장 및 유지보수가 유리하다.	
웹2.0서비스	서비스지향아키텍처의 단점을 보완하기 위해 시도됨	Google, Yahoo, Amazon API, Flickr, Youtube

10.1.2 GIS 소프트웨어

소프트웨어 분야 일반의 환경변화와 같이 데스크탑 GIS, 서버GIS, 모바일 GIS 등으로 발전되 각 분야 별 GIS 소프트웨어 현황을 소개하고자 한다.

(1) 데스크탑 GIS

데스크탑 GIS는 GIS 소프트웨어의 가장 기본적인 형식으로 독립실행형 소프트웨어이다.

ESRI, Autodesk, ERDAS, Intergraph, Mapinfo 등 대표적인 GIS 소프트웨어 업체들이다. 데스크탑 GIS 소프트웨어는 독립된 PC 환경에서 실행되며 대부분 공간데이터처리, 분석 및 표현 기능을 수행한다. ESRI의 ArcGIS Engine이나 Mapinfo의 MapX와 같이 컴포넌트기반으로 개발되어 사용자에게 GIS응용 애플리케이션의 개발환경을 제공하는 소프트웨어도 주목받고 있다.

1) ESRI ArcGIS Desktop ; 공간데이터 편집, 분석 및 지도제작
2) ArcGIS Engine ; Desktop GIS application개발을 위한 개발환경
GIS 컴포넌트와 개발자를 위한 자원제공
.NET, Java, C++ 버전의 API제공
3) ArcReader ; ArcGIS로 제작된 지도에 대한 보기, 편집 및 인쇄기능제공

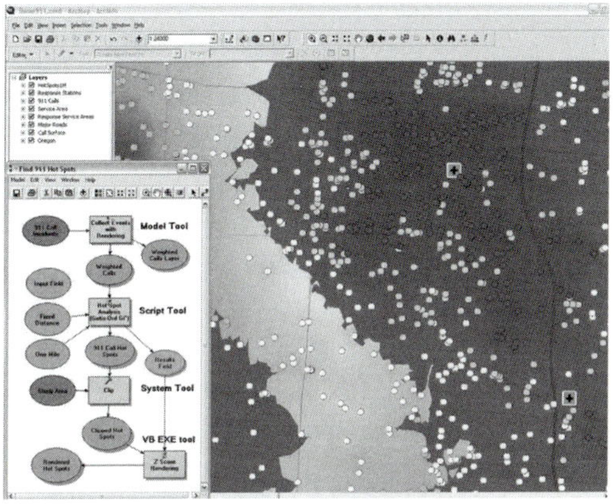

그림 10.1 ArcGIS Desktop
(Spatial Analyst, www.esri.com)

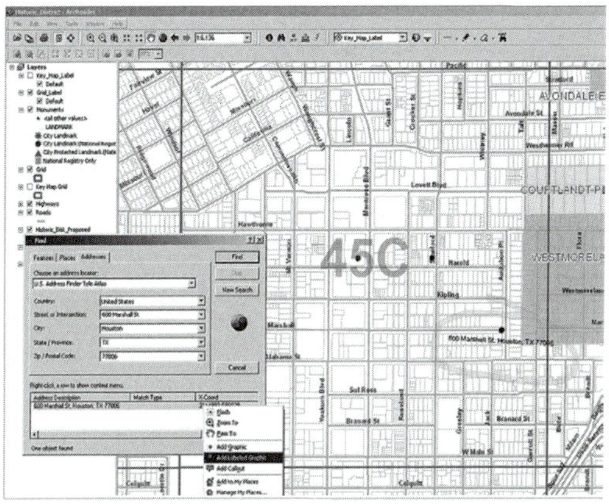

그림 10.2 ArcReader
(www.esri.com)

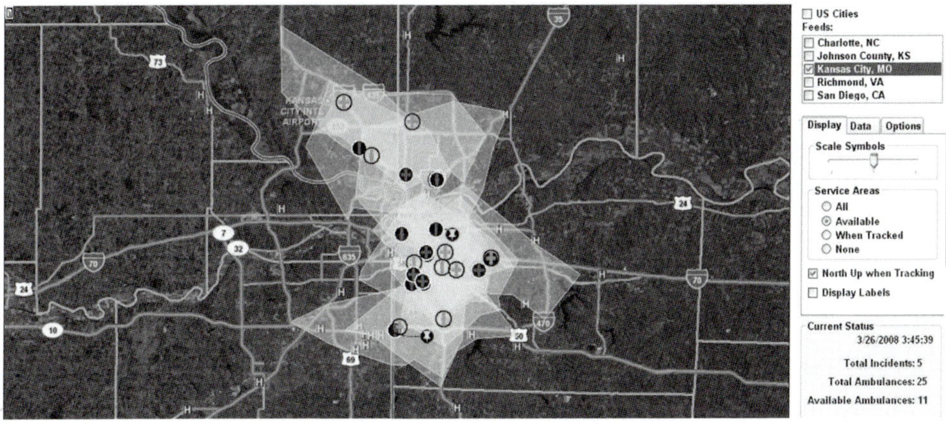

그림 10.3 ArcGIS Engine(www.esri.com)

4) AutoDesk Map3D(http://usa.autodesk.com) ; 공간데이터제작, 관리기능의 3D 매핑소프트웨어, CAD 와 GIS를 접목하여 AutoCAD 소프트웨어 도구를 직접이용
5) AutoCAD Civil 3D ; 토목, 교통, 환경프로젝트에 대한 조사, 설계, 분석

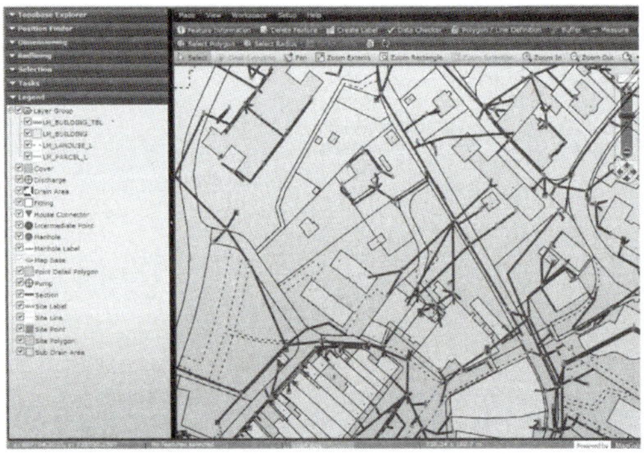

그림 10.4 AutoCAD Map 3D
(http://usa.autodesk.com)

그림 10.5 AutoCAD Civil 3D
(http://usa.autodesk.com)

6) ERDAS imagine(www.erdas.com) ; 원격탐사 영상생성, 관리, 분석기능
7) ERDAS ER Mapper : 고급영상처리 기능 및 압축기능제공, 석유, 가스, 광물, 에너지자원 탐사분야 등에 활용하기 위한 영상 데이터의 시각화, 영상개선, 조합기능 등

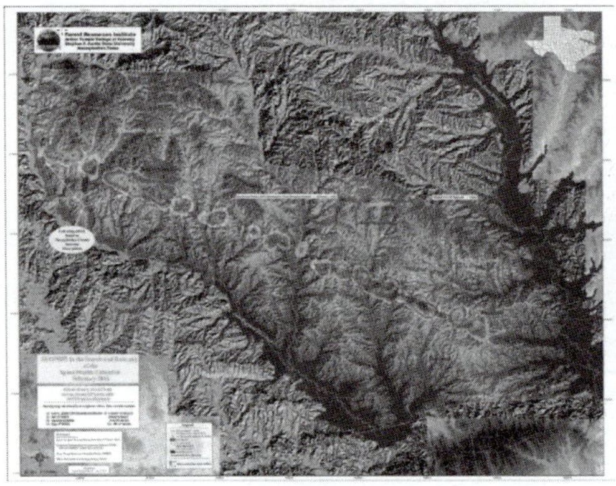

그림 10.6 ERDAS Imagine
(www.erdas.com)

그림 10.7 ERDAS ER Mapper
(www.erdas.com)

8) GeoMedia(www.intergraph.com) ; 공간데이터의 조회, 분석, 시각화 기능 등을 제공. GIS, CAD데이터 및 데이터베이스에 대한 접근 제공

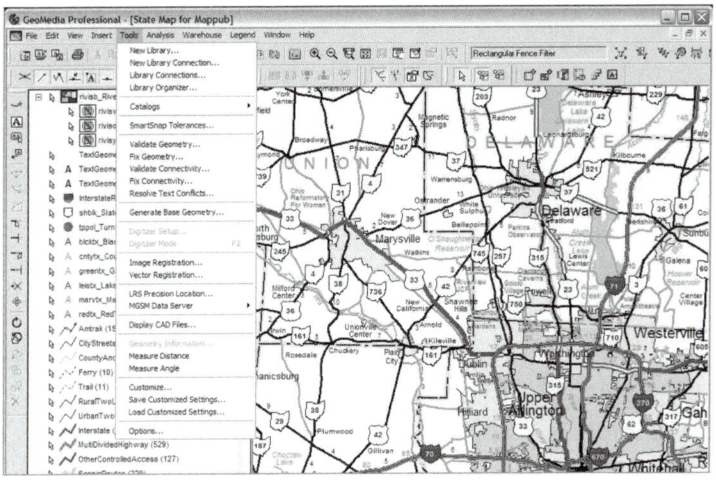

그림 10.8 Intergraph GeoMedia(www.erdas.com)

9) MapInfo Professional(www.pbinsight.com) ; MS윈도우기반의 매핑 및 공간분석

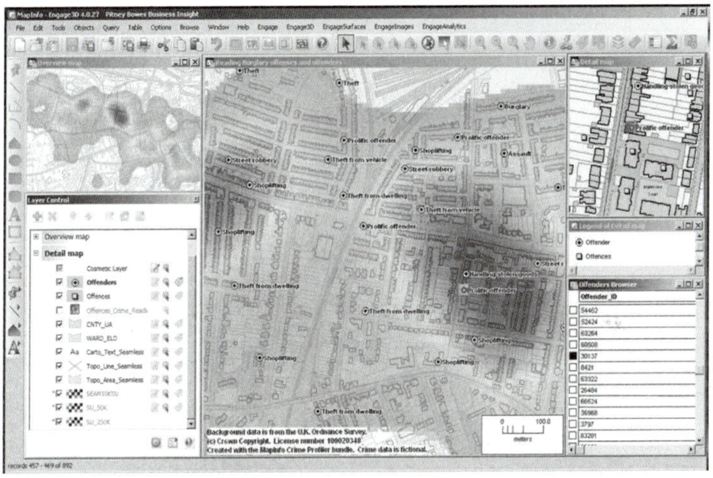

그림 10.9 MapInfo Professional(www.pbinsight.com)

10) MapX ; 애플리케이션 개발을 위한 ActiveX컴포넌트, 효율적인 매핑기능 매핑기능을 쉽고 빠르게 개발, Visual Basic, Visual C++, Delphi 지원

(2) 서버 GIS

서버GIS 소프트웨어로는 클라이언트/서버형식의 GIS 소프트웨어, 웹지도서비스를 위한 Web

Map Server, 그리고 웹 애플리케이션 개발을 위한 서버GIS 개발환경 등을 들 수 있다. 최근 사용자가 가장 많이 접하게 되는 애플리케이션 형식은 웹GIS서비스 형식이며 이에 서버 GIS 소프트웨어 제품들에 대한 수요가 증가하고 있다.

1) ESRI ArcGIS Explorer : 무료다운로드기능, 클라이언트 소프트웨어, ESRI 에서 호스팅하고 있는 데이터에 접근가능, 자신의 로컬데이터와 결합하여 매핑 및 분석
2) ESRI ArcGIS Server : 웹GIS 애플리케이션 개발환경 제공, Silverlight, Flex, JavaScript, Java, .net API제공
3) ESRI ArcGIS Online : 웹서비스 형식으로 2D맵, 3D 글로브(globe) 및 레이어 데이터제공
4) AutoDesk MapGuide Enterprise : 웹 매핑 애플리케이션 및 공간정보제공을 위한 플랫폼
5) Intergraph GeoMedia Web Map : GIS 웹 서비스 및 맵 사이트 개발을 위한 서버솔루션, 공간데이터 접근, 공간분석, 지도생성
6) Mapinfo Map Xtreme : GIS alc 매핑애플리케이션 개발지원을 위한 소프트웨어 개발 키트 제공, .NET alc Java버전 개발환경지원

(3) 모바일 GIS

모바일 GIS 소프트웨어는 크게 시설물관리 등의 응용을 위해 모바일 단말기에 특화된 기능성과 성능의 GIS 소프트웨어와 모바일 GIS 애플리케이션을 개발하기 위한 모바일 GIS 소프트웨어 개발환경 두 가지로 구분 할 수 있다.

1) ESRI ArcPad : 시설물관리 등 현장의 GIS 애플리케이션에 적합한 기능제공, 현장에서 공간데이터취득, 편집 및 분석 시각화
2) ESRI ArcGIS Mobile : 모바일 GIS 애플리케이션 개발환경제공, 매핑, 공간검색, GPS통합, GIS편집, ArcGIS Server 웹서비스 무선접속
3) Mapinfo MapX Mobile : Pocket PC 윈도우 OS 용 GIS 애플리케이션 개발을 위한 개발도구 제공, MapX ActiveX 컨트롤과 호환가능

(4) 오픈소스 GIS 소프트웨어

2006년도 기준으로 세계적으로 280개 이상의 GIS 프리 소프트웨어 프로젝트가 진행되었으며 이중 70개 이상이 오픈소스 프로젝트로 진행되었다(한국정보사회진흥원, 2006). 오픈소스 소프트웨어를 기반으로 하는 GIS소프트웨어 제품개발의 예로서 구글어스와 같은 다수지도서비

스개발에 이용된 GDAL, 미육군의 GIS소프트웨어인 GRASS, Java기반지도서비스 소프트웨어인 GeoTools, NASA의 WorldWind 프로그램 , Autodesk의 제품인 MapGuide 등을 들 수 있다.

1) C계열 오픈소스 GIS 공유라이브러리

① GDAL(Geospatial Data Abstraction Layer)/OGR : GDAL은 다양한 래스터포멧을 읽고 쓰기위한 라이브러리, OGR은 다양한 벡터데이터 포맷을 읽고쓰기 위한 모듈을 위한 추상화 라이브러리

② Proj4 : 서로 다른 투영시스템들 사이의 변환을 수행하는 좌표 재투영 라이브러리

③ GEOS(Geometry Engine, Open Source) : 단순지형지물 객체의 C++구현과 그 객체를 위해 정의된 메소드 구현을 제공

④ Mapnik : 지도서비스를 위한 오픈소스툴킷으로 파이선(python)을 이용하여 애플리케이션을 구현, 고품질의 지도를 생성하는 목적

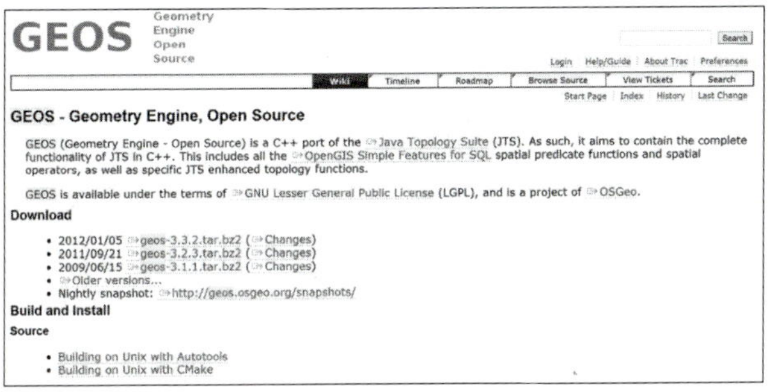

그림 9.10 GEOS down load site(www.osgeo.org)

그림 9.11 GDAL로 개발한 Web 애플리케이션

2) C계열 오픈소스

① Open EV : 리눅스(Linux)환경을 위해 설계, 윈도우에서도 작동하도록 구현된 GIS뷰어 애플리케이션, 화면랜더링 언어로서 OpenGL을 이용하고 있으므로 뛰어난 랜더링 성능을 제공할 수 있지만 실행가능한 플랫폼 환경에 제약을 받는 다는 것이 단점이다. 매우 신속하게 이미지파일을 시각화 할 수 있고 디지털고도(elevation)파일을 함께 이용하여 이미지의 3D뷰를 생성할 수 있다.

② MapGuide Open Source ; 사용자가 웹 지도애플리케이션을 빠르게 개발할 수 있도록 하는 웹 기반의 플랫폼이다. Apache와 IIS 웹서버를 지원하여 리눅스나 윈도우에서 실행할 수 있고 애플리케이션 개발을 위해 PHP, .NET, Java, Javascript API들을 제공한다.

③ UMN Mapserver ; 미국의 미네소타대학에서 개발, 인터넷 GIS서버로 가장 큰 개발자 및 사용자 커뮤니티를 가지고 있다. 상업용 상품과 비교하여 뒤질것이 없으며 오히려 더 많은 라이브러리를 가지고 있는 반면 설치가 간단하다.

④ GRASS(Graphic Resources Analysis Support System) ; 상업용 GIS 부문에 없는 성능을 제공하기 위해 1982년에 미육군에서 프로젝트 시작, 래스터, 벡터자료를 이용한 분석과 원격탐사를 위한 시스템이다. GDAL과 OGR 라이브러리를 이용하여 광범위한 포맷을 가져올 수 있다.

⑤ OSSIM(Open Source Software Image Map)래스터 저작도구로서 Intelligence Data System에 의해 개발, 고성능 래스터데이터 저장과 저작기능(OSSIM)이 이용된다.

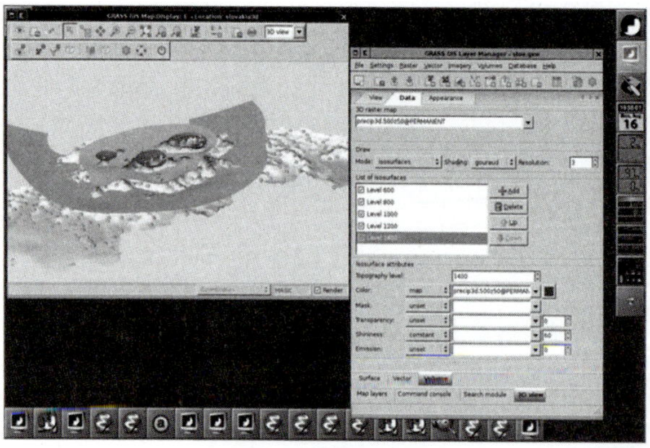

그림 10.12 GRASS

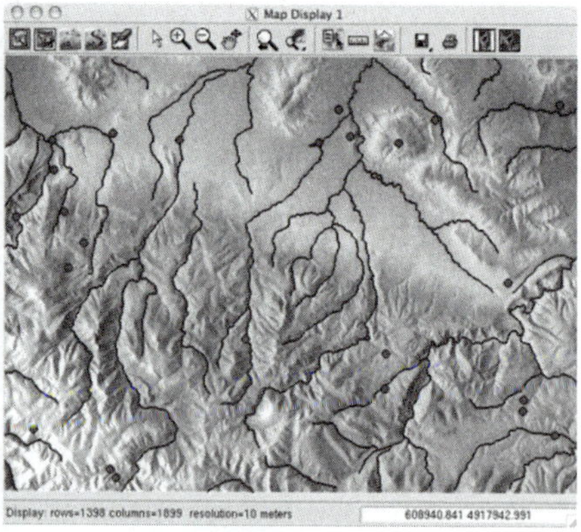

그림 10.13 3D View mode (GRASS6.5) www.grass.osgeo.org

⑥ QGIS(Quantum GIS) ; 리눅스환경에서 개발된 GIS시각화 도구이다. 벡터데이터소스인 PostGIS와 shape파일을 지원하며 DEM, ArcGrid, ERDAS, SDTS, GeoTiff 등의 래스터 포맷을 지원한다.

⑦ PostGIS ; PostgreSQL DBMS를 공간데이터 처리가 가능하도록 확장한 시스템으로 모든 다른 오픈소스 GIS툴을 위한 표준공간 데이터베이스가 될 수 있는 장점이 있다.

3) Java계열 오픈소스라이브러리

① GeoAPI ; 데이터관리, 좌표투영, 추상연산, 메타데이터 카달로그 등의 다양한 공간정보처리를 수행하는 표준방법을 제공하는 라이브러리다.

② JTS Topology Suit ; OGC Simple Features Specification의 자바구현을 제공, 이를 사용함으로써 이미 구현된 복잡한 공간 메소드를 얻을 수 있다.

③ GeoTools ; OpenGIS솔루션을 개발하기 위한 자바GIS툴킷으로서 쉽게 추가되고 제거가능한 모듈구조를 가지고 있다. 폭넓은 데이터소스와 함께 쓰일 수 있다.

4) Java계열 오픈소스 GIS 애플리케이션

① GeoServer ; OGC표준을 준수하는 순수 자바로 구현된 오픈소스소프트웨어로 GeoTools를 이용하여 개발되었다. 지도나 이미지를 보일 수 있는 WMS표준, 실제데이터에 의한 갱신, 삭제, 삽입을 지원하는 WFS-T 표준 등 OGC의 표준을 최대한 준수하여 개발되었다.

② JUMP(Jump Unified Mapping Platform) ; 데이터 통합기능에 대한 사용자 인터페이스로 작성된 시각화 및 사용자 인터페이스 툴킷이다.

③ OpenMap ; 기존 데이터베이스 또는 응용들로부터 데이터에 접근하기 위한 응용과 애플릿을 제공하고 있다. 설비회사 및 통신회사들과 함께 프로젝트를 진단하기 위한 목적으로 개발되었다.

④ uDig(User-friendly Desktop Internet GIS) ; 사용자가 GIS 데스크탑에서 쉽게 WMS나 WFS와 같은 인터넷 지도응용을 사용할 수 있도록 하는 점이다.

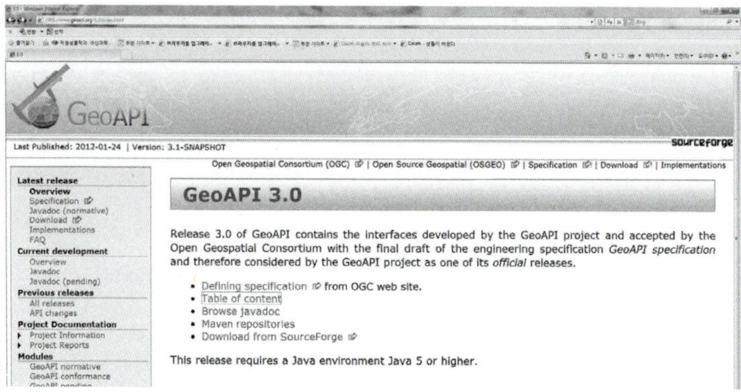

그림 10.14 GeoAPI Release site(http://www.geoapi.org)

그림 10.15 GeoServer site

10.1.3 웹2.0과 GIS

(1) 웹2.0 소개

구글과 아마존의 성공에 힘입어 인터넷 벤처를 중심으로 웹기술과 인터넷 산업 전반에 대한 새로운 시도로써 웹2.0이 등장하였다. 웹2.0의 가장 중요한 특징 중 하나는 바로 '플랫폼으로서의 웹'이다. 이 개념에는 기존에 진행되어 오던 다양한 XML응용, SOA, 브라우저 확장기술, RIA, 웹서비스의 응용, 시멘틱(semantic)웹 응용 등과 같은 차세대 웹기술과 응용들을 포괄하면서 개방, 공유, 협업, 참여라는 네 가지 새로운 키워드 들이 결합되어 있다. 따라서 웹2.0은 다양한 디바이스, 네트워크, 서비스, 데이터 등을 통합하며 보다 편리한 사용자 환경을 제공하기 위한 플렛폼으로써의 웹이라 할 수 있다. 사용자 참여를 적극적으로 유도하고 참여에 의한 지식과 서비스의 재생산 및 재활용으로 인해 스스로 발전될 수 있다는 점이 웹2.0의 중요한 특징이다.

웹2.0으로의 변화와 유사한 배경에서 등장한 지리공간 웹(Geospatial Web) 또는 Where2.0이라고 불리는 새로운 GIS 개념은 기존의 공간정보서비스가 제공업체에 의해 주로 제공됨으로써 사용자는 수동적으로 밖에 활용할 수 없는 단점을 개선하였다. 정해진 목적대로 지도서비스가 제작되므로 사용자가 참여한다거나 컨텐츠 생성 및 가공 등이 어려웠으며 사용자들끼리 정보의 공유나 결합도 어려웠다. 이에 비해 Where2.0에서는 사용자가 더 능동적으로 정보를 활용할 수 있으며 다양한 정보를 제공함을 물론 가공 및 공유, 정보재생산이 사용자에 의해 이루어 질 수 있다.

(2) 개방형 공간정보 플랫폼

앞에서 언급한 웹환경이 개방, 공유형으로 변화하는 것처럼 GIS분야도 웹에서 구현되고 접근이 자유로운 개방형 공간정보 플랫폼으로 변모하고 있다. 구글, 마이크로소프트, 야후 등의 대표적인 인터넷 포털사이트 업체들이 이러한 변화를 주도하고 있으며 사용자들은 웹에서 보다 풍부한 지도 및 공간정보에 더 자유롭게 접근하게 되었다. 예로써, 일반사용자에게 온라인 매핑툴이 제공되고 있는 점을 들 수 있다.

지금까지 공공성을 가지는 공간정보를 공공기관 주도로 만들어졌었으나 최근에는 개인적인 삶과 관련된 위치정보 및 사용자 콘텐츠의 중요성이 커져 지도는 그자체 보다 다른 정보를 담아내는 역할이 더 커지고 있다. 즉, 개방형 플랫폼을 기반으로 어떠한 정보를 지도에 추가하는지에 서비스가 집중되고 있다(예: 실시간 교통정보서비스, 주변 맛집안내, 고해상도 영상기반의 안내 등). 개방형 · 공간정보 플랫폼은 다음 두 가지로 나눌 수 있다.

① 일반 사용자 및 개발자들에게 보다 풍부한 지도와 공간정보를 제공하는 공간정보제공 플랫폼

② 사용자 참여 및 사용자 콘텐츠를 유도하는 사용자 참여형 플랫폼

1) 공간정보제공 플랫폼

지도데이터, 위성영상, 항공사진, 위치정보 및 지역정보등을 일반사용자 및 개발자들에게 개방형으로 제공하여 여러 가지 응용을 가능하게 한다. 예로 구글, 마이크로 소프트, 야후 등이 있다.

① 구글

구글맵(Google Map)과 구글어스(Google Earth)를 통해 위성영상기반의 하이브리드 지도 위에 글로벌 지역정보를 제공하며, 사용자가 직접 정보를 제작하여 공유가 가능하도록 서비스 하고 있다. 구글맵은 개방형 지도서비스로써는 최초로 전 세계지역에 대한 위성영상을 제공하였다. 고해상도 위성영상은 기존의 지도서비스에 비해 실제 생생한 영상을 제공함으로써 좋은 평가를 받았다. 최근에는 구글맵에 스트리트 뷰(Street View)기능이 추가되었다.

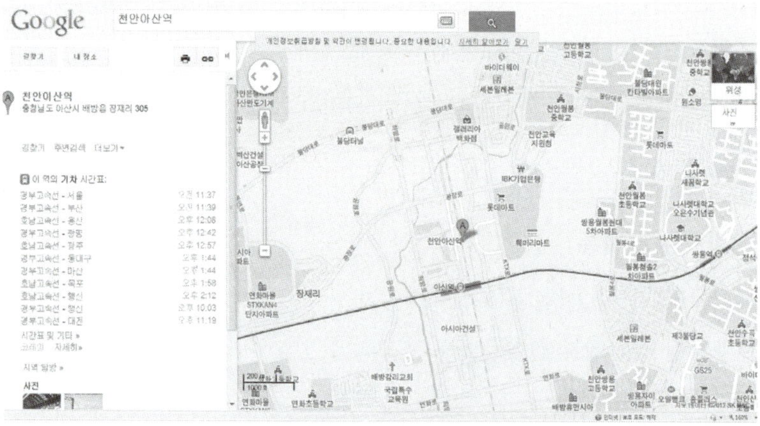

그림 10.16 Google Map

2008년 11월 한국상세지도 서비스를 시작했다. 맵의 유지관리는 SK M&C에서 맡고 있다. 2012년 1월에는 구글의 길거리지도 서비스 스트리트뷰가 한국에서 시작됐다. 서울과 부산에서도 3차원 지도서비스인 '스트리트 뷰'(Street View) 서비스를 개시했다.

그림 10.17 구글맵 위성지도

그림 10.18 구글 스트리트 뷰

② 마이크로소프트

Bing Map(이전의 Windows Live local)이라는 이름으로 2D/3D지도, 고해상도 영상, 하이브리드지도 등을 제공하고 있다. 사용자가 직접 지도를 제작 및 공유할 수 있도록 서비스하고 있으며 Bing Map의 3D 뷰어인 Bing Map 3D는 2D지도와 함께 웹브라우저 플러그인 형태로 웹에서 실행된다. 버드아이뷰(Bird's Eye View)를 제공, 여러 방향에서 촬영한 정밀한 사진을 제공하여 모의주행기능, 주요도시들에 대한 교통정보를 제공하며 사용자 간에 POI(Point Of Interest) 저장 및 공유기능과 메일로 발송, 블로그에 포스트, 링크생성기능 등이 제공된다(http://www.bing.com/maps/).

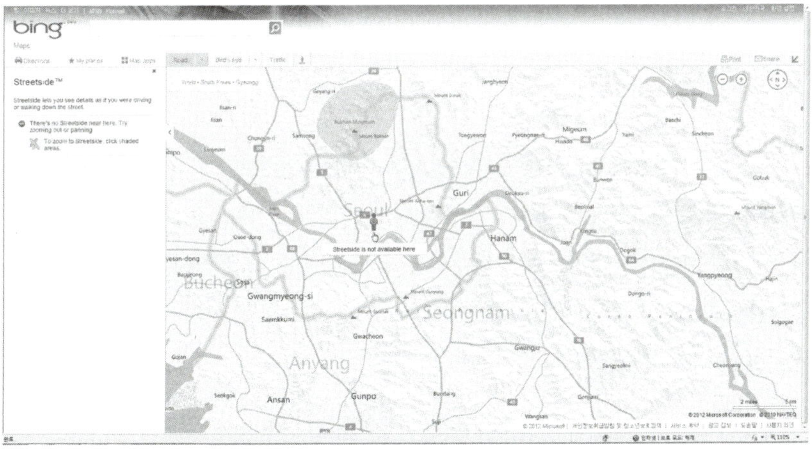

그림 10.19 BingMap

그림 10.20 BingMap(http://www.bing.com/maps/)

그림 10.21 Bing Map 360 view

③ 야후

Yahoo Local Maps라는 이름으로 구글 및 마이크로소프트의 서비스와 유사하게 지도, 위성영상 등의 데이터를 일반 사용자 및 개발자를 위해 제공하고 있다. Cartifect로부터 지도와 영상 데이터를 제공받으며 음영기복도와 토지피복도도 함께 제공한다. 주소책을 이용하여 신속하게 POI지역을 검색하며 실시간 교통정보와 고속도로 상황 등을 지도에 표시한다. 교통정보는 Slow 부터 Fast 까지 색깔계조를 이용하여 표시하고 있다(그림 10.22).

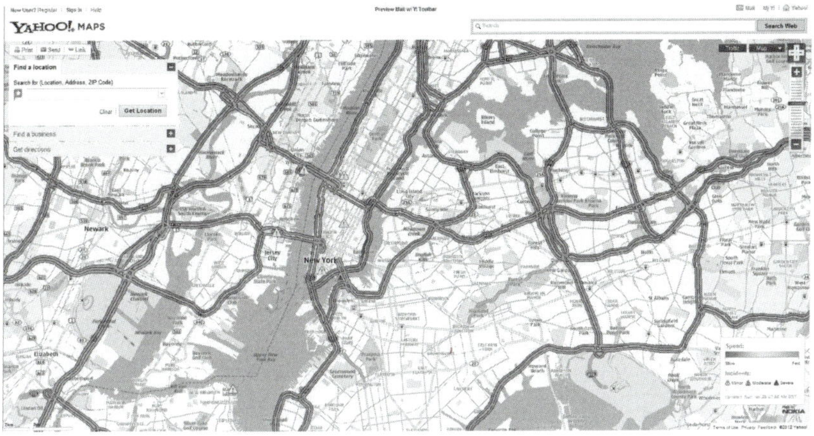

그림 10.22 YahooMaps의 Traffic Map

그림 10.23 Yahoo의 Hybridmap(Newyork)

10.2 GIS의 미래[2)]

10.2.1 미래의 충격

초기 GIS는 매우 짧은 기간 동안 아주 수준 높은 수십억달러 규모의 산업으로 성장하였다. GIS의 두 가지 기능인 지리정보관리기술과 자원사용을 위한 효율적인 도구는 초기의 구현가능성이 의문시 되었던 단계를 지나 많은 가능성을 현실화 시키고 있다.

GIS는 유사한 연구분야(해양학, 질병학, 시설물관리, 재난방재, 고고학, 산림학, 지질학, 부동

2) 지리정보시스템입문, 구자용외, 2011 참조

산학)에 신선한 아이디어를 제공하고 있으며 더 많은 연구분야가 GIS를 응용하고 있다. 새로운 응용프로그램들이 GIS 개념과 기술을 사용하고 있으며 여러분야의 지식은 역으로 GIS에 영향을 주고 있다. 많은 차세대 GIS 사용자들 대부분은 전문가나 과학자가 아닌 일반인들이 될 것이다.

10.2.2 미래의 데이터

미래의 자료 형태는 지금보다 규모가 훨씬 더 크고 더 복잡하며 고해상도 수준으로 발전하여 제공될 전망이다. 미래에는 데이터의 종류가 더 많아질 것이며, 현재 데이터에 대한 규모의 개선이 이루어질 것이다. GIS 전달 메카니즘은 World Wide Web의 구조에 의해 설계된 검색도구 들과 인터넷에 의해 혁명적으로 변화하고 있다. 대부분의 공공도메인 데이터, 셰어웨어와 프리웨어, 상업목적으로 만들어진 GIS 자료들은 더 이상 컴퓨터 테이프, 디스켓, 우편 등이 아닌 인터넷을 매체로 전달되고 있다.

최근 몇 년 간 센서네트워크의 기술의 발달은 새로운 자료의 출현을 가져왔다. 센서네트워크는 물리적 환경을 세밀히 감지하는 센서기술을 사용하는 독립장치로 공간상에 분포되어 있는 무선네트워크이다. 캘리포니아 고속도로에 감지기를 매설하여 감지된 데이터를 인터넷을 통하여 UC Berkeley 서버에 교통흐름의 정보를 보내주고 서버들은 그 정보를 재분배하여 5분마다 자동적으로 업데이트하여 Yahoo, Google, Sigalert, Traffic.com에 서비스한다(Varaiya, Pravin , 2004).

미래에는 이러한 센서들이 어느 곳이나 존재할 수 있다. 휴대전화는 GPS를 내장함으로써 다른 활동에 연결될 수 있는 기본적인 공간센서로 진화하고 있다. 수퍼마켓의 계산대, 수없이 많은 CCD카메라, 수많은 정보가 센서를 통해서 지리정보에 등록됨(Georegistered)에 따라 GIS 는 정보통합자로서의 역할을 수행하고 있다.

그림 10.24 캘리포니아 고속도로 측정프로젝트에 매설된 루프형 감지기

(1) GIS와 GPS데이터

GIS 데이터 중에서 현장에서 일반측량이나 GPS 측량방법을 이용하여 수집하는 경우가 있다. 이 경우의 데이터는 위치정확도가 매우 높으며 신뢰있는 데이터로 활용할 수 있다. GPS는 지도제작프로젝트에서만 사용되었으며 측지좌표의 결정 등 일반 사용자에게는 활용의 어려움이 있었으나 이제 수신기의 버튼을 눌러 위치보정(Differential Correction)을 통해 미터단위 이하의 정확도를 확보할 수 있을 만큼 용이한 일이 되어버렸다. 현장확인 또는 검토작업 역시 현장에서의 정확한 위치파악이 필수적이므로 GIS는 이러한 면에서 강점을 가지고 있다. GIS와 GPS의 연계로 인해 이제는 GPS수신기와 데이터기록장치들이 GIS 포맷으로 직접 자료를 작성하거나 현장에서 바로 위성영상, 항공사진, 일반사진 등을 처리할 수 있게 되었다.

차량용 네비게이션은 물론 사냥, 하이킹, 여행, 목표점 찾아가기 등의 스포츠 분야에서 활용이 활발히 되고 있다. 대부분의 경우에 수집된 자료는 이러한 장치들로부터 다운로드 되어 GIS에 사용된다.

그림 10.25 GPS의 레저용 활용예
(http://jun-ho.com/692)

그림 10.26 GPS 현장측량 활용
(Trimble Co.)

GPS는 현재 차세대 시스템으로 업그레이드되는 과정에 있지만 다른 시스템들이 경쟁자로 등장하고 있고 위치결정에 있어 중복적인 방법을 허용하고 있다. 소련의 붕괴이후 쇠퇴했던 러시아의 GLONASS시스템은 현재 개선 중에 있으며 유럽우주항공국의 Galileo 시스템은 지속적으로 위성을 발사 중에 있으며 중국은 COMPASS네비게이션 시스템을 구축하고 있다. 대부분의 수신기들이 이들 시스템을 모두 수용하여 사용하는 방향으로 가고 있으므로 사용자들은 보다 정확하고 편리하게 사용할 수 있는 시대가 오고 있다.

(2) GIS와 영상데이터

Geo Browser가 대중화 되고 지리공간정보의 유용한 자원인 항공사진과 정사영상의 사용이 보편화되면서 표준적인 기호형태의 지도는 이제 사람들이 이해하는 여러방법 중의 하나에 불과하게 되었다. 수치정사영상(DOQ; Digital Orthophototquad)은 미국 농무부의 정보자료로 사용되어 왔으나 최근에는 각 포텔사이트에서 제공하고 있는 Map service의 기본적인 자료로 자리하고 있다. 우리나라의 경우 가장 많이 사용되는 다음(Daum)항공영상은 (주)삼아항업, 네이버 항공영상은 중앙항업(주)에서 유지관리하고 있다. 항공영상을 베이스로 하여 등고선 또는 도로망도, 주기를 오버레이하여 하이브리드맵으로 활용하고 있다.

그림 10.27 다음(Daum)의 정사영상을 기반으로 한 맵서비스

(3) GIS와 원격탐사

오랫동안 원격탐측은 GIS의 자료획득 수단으로 역할을 다해왔다. 정확도 면에서는 단연 지상측량에 의해 자료를 획득하는 것이 유리하나 대상지역이 넓은 경우에는 경제적인 면에서 원격탐측을 대체할 방법이 없을 것이다. 과거 센서기술이 열악한 시기에는 고해상도의 영상을 취득하기 힘들었기 때문에 정확도 면에서 옥에 티가 되었으나 최근에는 센서기술의 발달로 공간해상도가 1m 급 이하로 매우 정확한 데이터의 획득이 가능해 졌다.

뿐만 아니라 분광해상도 면에서도 10밴드 이하의 영상에서 수백-수천밴드에 이르는 하이퍼스펙트럴(Hyperspectral) 또는 울트라하이퍼스펙트럴(Ultra-Hyperspectral) 영상의 획득이 가능해 짐에 따라 대상물의 특성해석에 대한 정확도면에서도 매우 급상승하고 있다. 이 분야는 앞으로 획득된 영상의 각종 보정의 자동화와 하이퍼스펙트럴 영상해석을 위한 소프트웨어의 개발에 초점이 모아질 것이며 활발히 연구될 것이다.

10.2.3 미래의 이슈와 문제점

(1) 지오프라이버시

GIS 데이터베이스가 방대해지면서 개인의 사생활 보호문제가 중요해 지고 있다. 최근에 iphone의 사용자위치 추적으로 인해 논란이 있었던 것은 대표적인 사례이다. 필요 불가급하게 중요한 개인정보인 개인소득, 가족정보, 건강기록, 이력 등이 데이터베이스로 구축되어야만 하는 환경이며 이들은 과거에 정보공개 자체가 매우 민감한 부분이었다. 비즈니스, 법률, 부동산 등의 분야에 개인정보를 활용하고 있는 실정이므로 이에 대한 명확한 책임과 범위가 정해져야 할 것이다.

따라서 GIS 분석가들은 보다 명료한 분석방법과 신뢰성있는 운영방식을 견지해야 한다. 예를 들어 GIS 소프트웨어는 GIS에 사용된 기능, 명령어, 메뉴선택 등을 모두 자료이력기록(Data Lineage Log)으로 관리함으로써 GIS 분석결과의 신뢰도를 높여야 한다.

(2) 데이터소유권

수 많은 데이터를 어디까지 무료로 공개할 것이며 구축 재원과 수익은 누가 가져갈 것인가? 이는 지속적으로 논란이 있는 이슈이며 많은 방향에서의 의견이 있으나 크게 두 가지로 정리할 수 있다.

1) 국가기관이 무료 또는 저렴한 가격으로 제공하여야 한다. 왜냐하면 국민의 세금으로 구축한 데이터이므로 이에 대한 비용부분은 제외하여야 한다는 의견이다.
2) GIS데이터를 상품으로 취급하여야 한다.

GIS 자료는 특허권과 저작권이 있기 때문에 유상으로 판매되어야 한다는 입장이다. 상품으로써의 GIS 자료의 판매의 이익추구는 자료생산의 역동성을 가져올 수 있으므로 비용감소의 효과가 있다는 것이다. 그러나 이 경우 판매가치가 없는 도서지역이나 전 세계적으로 본다면 아프리카지역 등은 수요자의 요구가 적을 수 있으므로 상대적으로 데이터의 유지관리가 허술 할 수 있다는 반대적 의견도 있다.

10.3 4차 산업혁명과 공간정보(Geo-Spatial Information System)

인간은 농경사회에서 증기기관의 발명과 기계를 이용한 양산으로 인해 산업혁명을 가져오게 되었으며 대부분의 생산품은 생존물품이었다. 발전에 의해 전기의 사용이 자유로워지자 가전제품 등 편의제품 생산과 더불어 2차 산업혁명을 가져오게 되었다. 1990년대부터 시작된 인터넷 혁명은 사회를 연결하며 개인 대 개인이 사이버 환경에서 연결되는 온라인세상으로 3차 산업혁명을 IT혁명(1차정보혁명)이라고 말한다. 4차 산업혁명 또는 2차 정보혁명의 키워드는 인공지능, Big Data, 자율주행차, 드론, 사물인터넷(IOT)이며 인간과 인간, 인간과 사물, 사물과 사물이 초연결 지능사회로 진입하게 될 것이다.

제1차 산업혁명	제2차 산업혁명	제3차 산업혁명	제4차 산업혁명
18세기	19세기~20세기 초	20세기 후반	2015년
증기기관 기반의 기계화 혁명	전기에너지 기반의 대량생산 혁명	컴퓨터와 인터넷 기반의 지식정보 혁명	IoT/CPS/인공지능기반의 만물초지능 혁명
증기기관을 활용하여 영국의 섬유공업이 거대산업화	공장에 전력이 보급되어 벨트 컨베이어를 사용한 대량 생산보급	인터넷과 스마트 혁명으로 미국주도의 글로벌 IT기업부상	사람, 사물, 공간을 초 연결, 초지능화 하여 산업구조 사회 시스템혁신

그림 10.28 산업혁명의 진보(https://t1.daumcdn.net)

그러면 4차 산업혁명을 위해 필요한 기술은 무엇일까? 그림 10.29에서 파란원 바깥부분을 현실세계, 안쪽을 가상세계라 하자. 현실세계와 가상의 세계를 넘나들기 위해서는 아날로그를 디지털로 디지털을 아날로그로 자유롭게 변환이 가능해야 한다. 바깥세상(아날로그)에서 안쪽세상(디지털)으로 보내기 위해서는 시간, 공간, 인간을 데이터화 해야 하는데 6개의 데이터화 기술이 필요하다. 시간을 데이터화하는 기술이 빅데이터와 클라우드, 공간을 데이터화 하는 기술이 IoT, GPS 그리고 인간을 데이터화하는 기술이 SNS, Wearable이다. 이들 데이터가 구축되면 인공지능이 분석처리하여 정보와 지식을 창출하고 이를 다시 현실세계에 반영해야 인간이 활용할 수 있는데 아날로그화하는 6개의 기술이 필요하다. 이 기술은 증강가상현실, 3D프린터, 게임화, 플랫폼, 블록체인/핀테크, 서비스디자인기술이며 인공지능과 더불어 4차산업혁명의 요소기술이라 할 수 있다.

이렇게 아날로그에서 디지털, 디지털에서 아날로그 변환을 위해 필요한 12가지 기술을 다시 정리하면 그림 10.33과 같다.

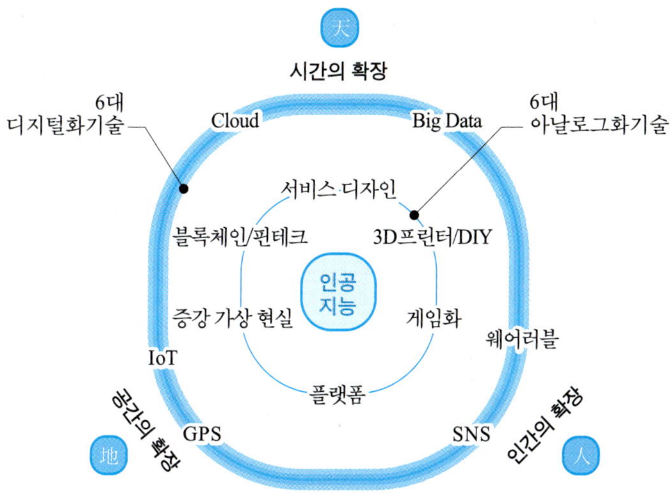

그림 10.29 4차산업혁명으로 가기 위한 12가지 기술모델

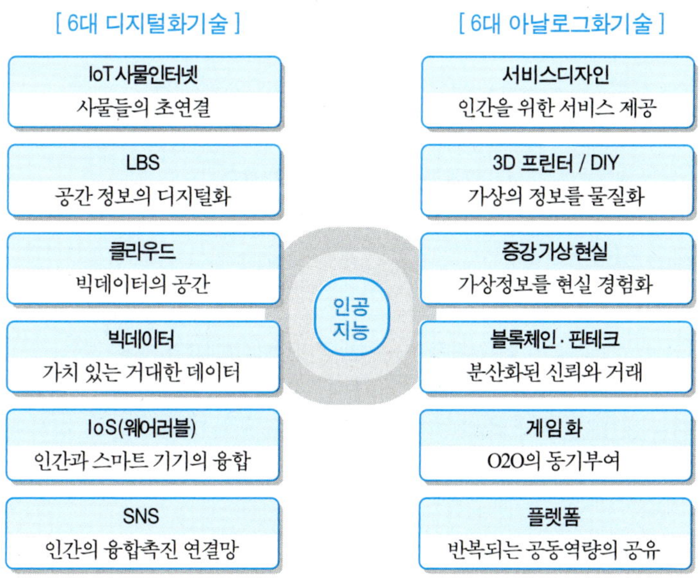

그림 10.30 4차산업혁명으로 가기 위해 필요한 12가지 기술(이민화, 2018)

그러면 4차산업혁명이 왜 공간정보를 기반으로 하지 않으면 안되는가? 디지털화 기술에서 IoT, LBS, 빅데이터, 웨어러블, SNS가 공간정보를 기반으로 구축되어야 한다는 사실에 주목할 필요가 있다. 이러한 필요성에 의해 정부에서는 2017년 3월 「공간정보 R&D 혁신 로드맵」을 발표하였으며 4차 산업혁명 등 급변하는 대내외 환경에서 자율주행차, 드론, 증강 · 가상현실(AR · VR) 등 다양한 미래 유망산업 발전의 기반이 되는 공간정보의 핵심 원천기술 및 융 · 복합기술 개발에 대한 중장기 연구 · 개발(R&D) 발전전략을 수립 중이다. 로드맵에서는 4차 산업혁명 기반의 고도화된 지능사회인 버츄얼 코리아(Virtual Korea) 구축을 비전으로, 언제 · 어디서나 · 누구에게나 정확한(4A) 고품질의 공간정보와 데이터 융 · 복합 서비스를 제공을 목표로 하고 있다.

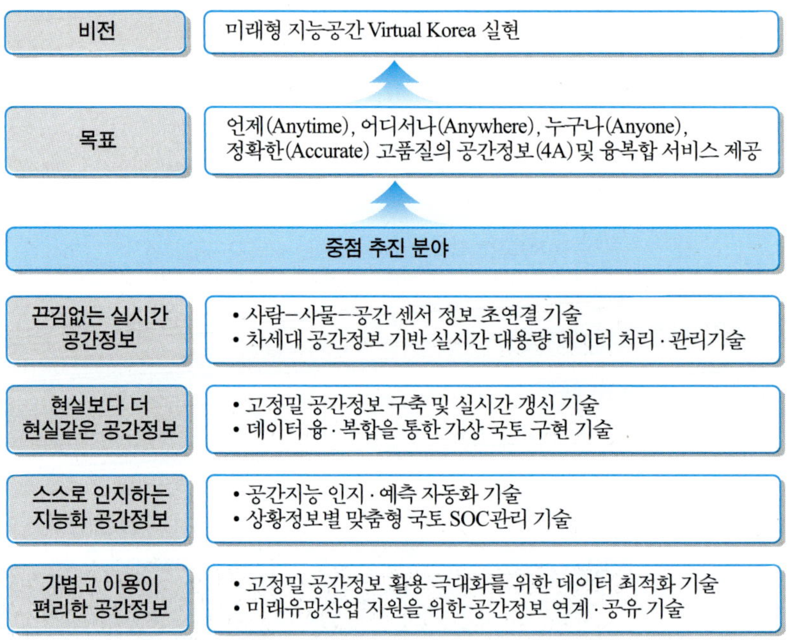

그림 10.31 4차산업혁명을 위한 공간정보4개과제와 세부기술

국토교통부에서는 2018년부터 2026년까지 3단계 로드맵을 다음과 같이 정하였다.

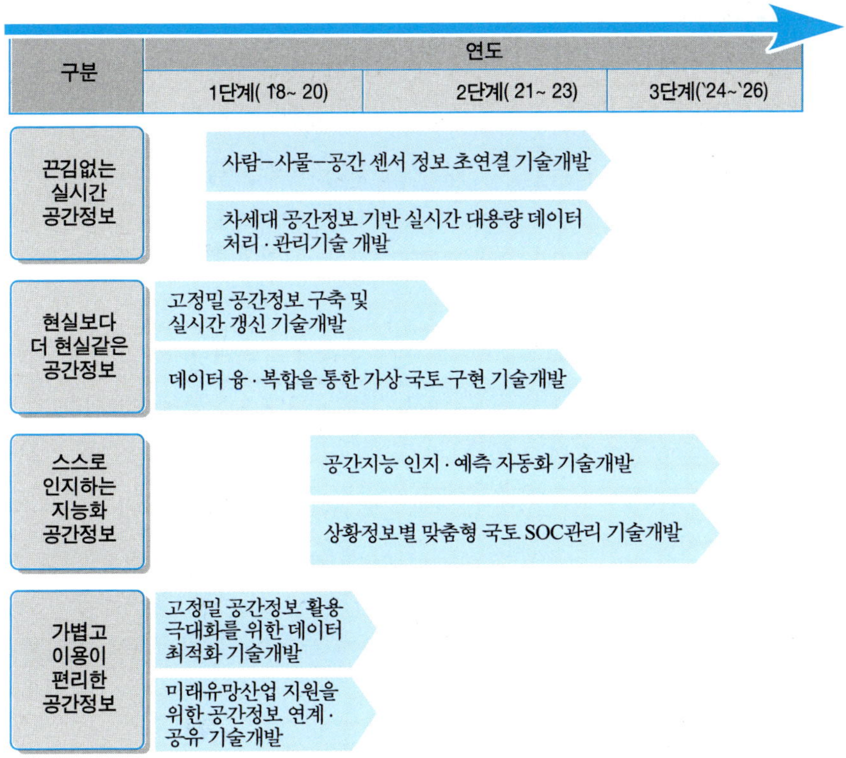

그림 10.32 4차 산업혁명 공간정보 3단계 로드맵

공간정보 전문가 및 종사자는 4차혁명의 거센 물결 속에서 인공지능 오픈소스와 빅데이터를 활용하며 미래인간과 함께 할 수밖에 없는 존재로 거듭나기 위한 노력을 기울여야 할 것이다.

10.4 결론

이상으로 GIS의 현황과 미래를 살펴보았다. 과학은 점점 더 세계적인 문제들에 대해 초점을 맞추고 있다. 이제 지구를 하나의 전체시스템으로 봐야 할 것이며 이러한 차원에서 지구온난화나 오존층파괴 등의 세계적인 기후변화문제, 지구의 해양과 대기의 패턴과 흐름 등의 지구적인 순환, 인류가 지구 전체 환경에 주는 영향 등에 접근해야 할 것이다. 너무 폭넓은 감이 있다면 조금 더 구체적으로 생각해 보자.

GIS의 최종적인 목적은 무엇인가? 전 세계의 사이버화가 아닐까 생각한다. 실시간으로 다양한 데이터 들이 업데이트되며 복합적 분석능력이 있으며 의사결정까지 이를 수 있는 인공지능적인 사이버 세계의 구축이 아닐까 한다. 이를 위해서는 먼저 실세계에 대한 고정밀 실감 3D데이터가 구축되어야 할 것이다. 외부 생활을 위한 표면 모델링 뿐만 아니라 3D GIS구축을 위한 실내 3D측위 또한 선결과제이다. 시시각각으로 변하는 3차원 공간데이터를 신속하고 정확하게 구축하는 것이 과제가 아닌가 한다. 이 단계에서 LBS(Location Based System)와 GIS가 접목되어야 한다는 것은 기정사실이다.

또 하나의 이슈가 공공 GIS(Public GIS)이다. 이제 전적으로 엔지니어나 측량종사자들이 직접 데이터를 구축하는 시대는 지났다. 전 세계인류가 거의 Smart phone을 사용하게 될 날도 머지 않았다. 스마트 폰과 Social Network을 통해 GIS 수억 명의 사용자들이 자료획득 역할을 할 것이며 구축된 자료 또한 사용자들에게 공적으로 개방될 것이다. 이 과정에서 클라우드 컴퓨팅(Cloud computing)은 이를 지지하는 백본(Backborne)역할을 할 것이다.

GIS의 무궁무진한 발전은 인류가 지구상에서 활동을 멈추지 않는 한 계속될 것이며 이 분야에 관심을 가지고 있는 자들은 지속적인 연구와 업무를 통해 거대한 GIS의 조류에 동참할 것을 권유하는 바이다.

Essay

1. Open GIS의 의의는 무엇인가?
2. 웹2.0과 GIS의 연관성에 대해 설명하시오.
3. Google map과 Bing map서비스의 특장점을 설명하고 우리나라 포털사이트의 맵서비스의 개선점에 대해 논하시오.
4. GIS의 미래를 한 마디로 표현해 보시오.
5. 미래 GIS시장에서 고려해야할 사항에 대해 설명하시오.
6. 4차산업혁명에서 공간정보가 해야 할 역할에 대해 생각해 보시오.

GIS실습 PART 1

ArcGIS Pro를 이용한 적지선정

1. ArcGIS Pro 프로그램 설명

1.1 ESRI 제품군

1990년 국내의 GIS소프트웨어는 Intergraph사의 MGE와 ESRI의 Arcinfo가 이용되었으며 그 당시에도 MGE는 마이크로스테이션 기반의 GUI(Graphic User Interface)로 구동되었으나 Arcinfo는 Unix 기반의 워크스테이션 버전의 사용이 일반적이었다. 이후 Arcinfo는 데스크톱 환경의 ArcGIS Desktop이 일반적으로 사용되었다. ESRI(Environmental Systems Research Insitute)사는 4차 산업혁명에 발맞추어 Web GIS에 적합하게 개발하였으며 서버 기술에서 중요한 분산 컴퓨팅 기능도 향상되었다. ArcGIS 10.5의 포털 협업 기능을 이용해 Web GIS 구현에 필요한 엔터프라이즈 시스템을 쉽게 구성할 수 있도록 하였다. 빅데이터 분석을 위한 ArcGIS GeoAnalytics Server, 대용량 래스터 데이터 분석을 위한 ArcGIS Image Server, 실시간 데이터 처리를 위한 ArcGIS GeoEvent Server, ArcGIS Pro 1.4등의 모듈로 구성되어 있었다. 최근 2020년도 경에는 트랜드에 발맞춰 디지털트윈, 스마트시티를 위한 GIS, 특히, 3D City model부분이 강화된 ArcGIS Pro가 출시되었다. 본 실습에서는 ArcGIS Pro:2.9.0을 사용하였으나 기존의 ArcGIS Desktop Ver 10.0 이나 Ver 9.0을 이용해도 별 무리없을 것으로 생각된다.

1.2 ArcMap과 ArcGIS Pro

ArcMap을 사용했던 독자들은 ArcGIS Pro로 오면서 어떤 점들이 달라지고 보완되었는지에 대해서 살펴볼 필요가 있다. 그렇지 않고 처음 대하는 독자들은 이번 절은 생략해도 관계없겠다. ArcMap에서 사용할 수 있는 대부분의 기능은 ArcGIS Pro에서도 사용할 수 있다. 문제는 재설계된 응용프로그램에서 익숙한 명령을 찾고 익숙한 워크플로우를 따르는 것이다. ArcMap의 드롭다운 메뉴, 도구 모음 및 대화상자가 ArcGIS Pro의 리본 및 창으로 바뀌었다. ArcGIS Pro의 프로젝트 기반 구조도 새로운 경험이다. 응용 프로그램 설계 및 사용자 인터페이스에 대한 개요는 ArcGIS Pro 정보를 참조하길 바란다. (https://pro.arcgis.com/en/pro-app/latest/get-started/migrate-to-arcgis-pro.htm)

1.2.1 User Interface

ArcGIS Pro의 적응에 시간이 걸리는 두 가지 측면은 사용자 인터페이스와 데이터 관리 작업이다. ArcGIS Pro의 데이터 관리 도구 및 워크플로우에 대한 소개는 카탈로그 창, 카탈로그 보기 및 찾아보기 대화상자 도움말 항목 및 데이터 관리 튜토리얼을 참조하길 바란다.

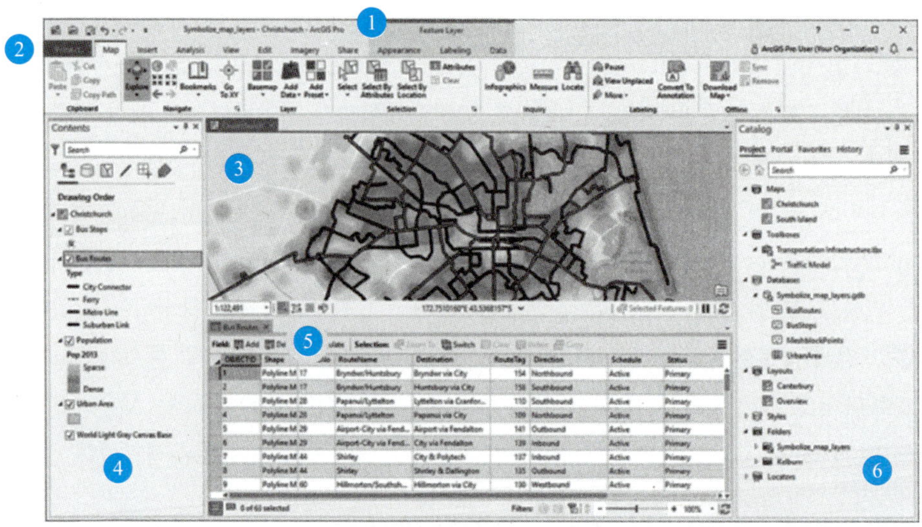

그림 1 ArcGIS Pro user interface includes a ribbon, views, and panes

표 1 ArcGIS Pro 메뉴 별 기능설명

Component	Description
1	사용자 인터페이스 상단의 리본은 일련의 탭에 명령을 구성합니다.
2	리본의 파란색 프로젝트 탭에서는 응용 프로그램 설정 및 기타 구성 가능한 속성에 액세스할 수 있습니다.
3	이 지도 뷰와 같은 뷰는 ArcGIS Pro의 주요 작업 영역입니다.
4	목차 창에는 활성 보기와 관련된 항목이 표시됩니다. 지도 뷰가 활성화되면 컨텐츠 창에 지도 도면층이 표시됩니다.
5	테이블 뷰에는 레이어의 속성 테이블이 포함됩니다. 프로젝트에는 지도, 장면, 테이블, 레이아웃 및 차트의 뷰가 포함될 수 있습니다. 한 번에 많은 뷰가 열릴 수 있습니다.
6	프로젝트의 항목은 카탈로그 창에서 관리할 수 있습니다. ArcCatalog와 유사한 고유한 보기 유형인 카탈로그 뷰에서 파일을 관리할 수도 있습니다.

1.2.2 기존 ArcMAp작업 가져오기

ArcMAp에서 작업한 map documents, tools, models, scripts, styles을 ArcGIS Pro로 가져올 수 있다.

1) Import a map document

리본의 삽입 탭에서 ArcMap 지도 문서를 가져올 수 있다. 지도 가져오기를 클릭하고 가져오기 대화상자에서 파일을 검색하거나 찾는다.

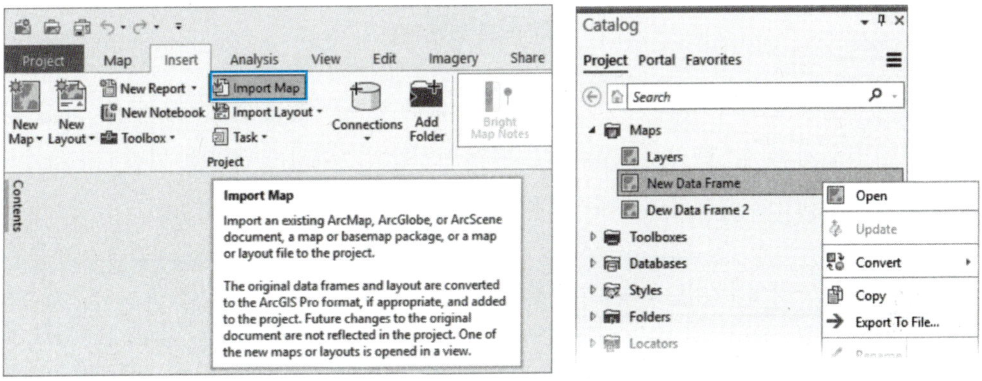

그림 2 기존 ArcMap가져오기

지도를 가져오면 지도 문서가 ArcGIS Pro 프로젝트에서 지도 뷰로 열린다. 지도 문서에 여러 개의 데이터 프레임이 있는 경우, 각 데이터 프레임은 별도의 지도가 되며 추가 지도는 카탈로그 창의 지도에서 열 수 있다. 지도 문서의 레이아웃도 가져올 수 있는데 지도 문서에 레이아웃이 없는 경우 기본 레이아웃이 적용된다. 지도를 가져오면 리본 위의 알림 버튼에 파란색 점이 나타납니다. 알림을 열어 가져오기 프로세스에 대한 메시지를 확인할 수 있다. 가져온 지도는 대부분 원본 지도 문서와 동일하게 보인다. 다만 ArcGIS Pro는 ArcMap과 다른 드로잉 엔진을 탑재하고 있어 시각적인 차이가 있을 수 있다.

ArcGIS Pro가 가져온 지도 문서의 데이터 세트에 액세스할 수 없는 경우, 컨텐츠 창의 도면층 이름 옆에 도면층의 데이터 소스를 클릭하여 복구하라는 표시기가 나타납니다. 이것은 당신이 그 층을 수리해야 한다는 것을 의미한다. 가져온 후에는 ArcGIS Pro 지도와 원래 ArcMap 지도 문서 사이에 링크가 유지되지 않는다. ArcGIS Pro에서 지도에 대한 후속 변경사항은 원래 지도 문서에 반영되지 않는다. 반대로 ArcMap은 ArcGIS Pro 프로젝트를 가져올 수 없다. ArcMap은 지도 패키지(.mpkx), 지도 파일(.mapx) 등과 같은 ArcGIS Pro 파일 형식의 다른 항목을 열 수 없다.

2) 데이터, 툴박스, 모델, 스크립트의 추가

리본의 삽입 탭에서 폴더, 데이터베이스, 서버, 로케이터, 도구 상자, 스타일 및 기타 항목에 대한 연결을 프로젝트에 추가할 수 있다.

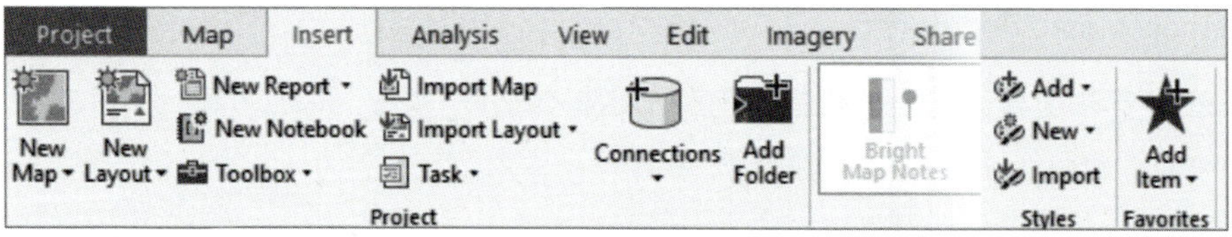

그림 3 리본 메인 메뉴

즐겨찾기 그룹에서 항목 즐겨찾기에 추가를 클릭하여 항목을 현재 프로젝트에 추가하고 다른 프로젝트에서 쉽게 액세스할 수 있도록 한다. 카탈로그 창의 즐겨찾기 탭 또는 카탈로그 보기에서 즐겨찾기를 프로젝트에 즉시 추가할 수 있다.

> **Tip** 카탈로그 창 또는 카탈로그 보기에서 항목을 마우스 오른쪽 버튼으로 클릭하고 즐겨찾기에 추가를 클릭하여 항목을 즐겨찾기로 만들 수도 있다.
> ArcGIS Pro에서 ArcMap 도구, 모델 및 스크립트를 사용할 수 있지만 수정해야 할 수도 있다. Pro 지정 처리를 위한 도구 분석 도구를 실행하여 스크립트 또는 도구 상자의 호환성을 확인한다. ArcGIS Pro는 파이썬 3을 사용하므로 ArcMap에서 실행되는 스크립트를 수정해야 한다. 자세한 내용은 10.x에서 ArcGIS Pro로 Python 마이그레이션 및 arcpy.mapping에서 ArcGIS Pro로 마이그레이션을 참조하길 바란다. 응용 프로그램 수준 .ArcMap용으로 작성된 .NET 추가 기능은 ArcGIS Pro에서 실행되지 않는다.

3) Style 가져오기

ArcGis Pro 프로젝트에서 ArcMap, ArcGlobe 및 ArcScene 스타일(.style files)을 직접 사용할 수는 없으나 이 스타일들 중 다수는 ArcGIS Pro 스타일 포맷(.stylx)으로 변환되었으며 ArcGIS 온라인에서도 추가할 수 있다. ArcGIS Online에서 스타일을 추가하면 해당 스타일이 컴퓨터에 복사되어 오프라인에서 계속 사용할 수 있다. ArcMap, ArcGlobe 또는 ArcScene에서 스타일을 가져올 수도 있습니다. 스타일을 가져오면 .style 파일에서 .stylx 파일로 변환된다.

1.2.3 일반적인 작업플로우

ArcMap과 마찬가지로 지도를 탐색하고, 데이터를 편집하고, 테이블과 메타데이터를 관리하고, 지정 처리 도구를 사용하고, 컨텐츠를 공유할 수 있다.

1) Navigation

일반 지도 탐색 도구는 탐색 그룹에 있는 리본의 지도 탭에 있다.

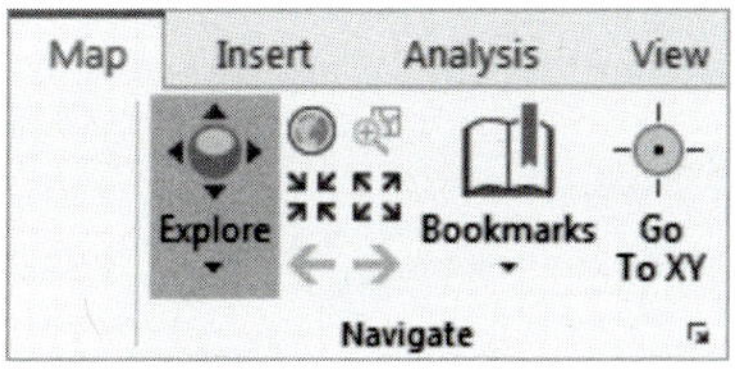

ArcMap에서는 이동, 확대/축소, 식별 및 HTML 팝업과 같은 도구가 탐색 및 데이터 탐색에 사용되었으나 ArcGIS Pro에서는 이러한 도구의 기능이 탐색 도구에서 결합된다. 탐색 도구는 기본적으로 활성화되어 있으며 활성화되면 마우스 버튼을 사용하여 2D 지도와 3D 장면을 탐색할 수 있다. 또는 키보드 단축키를 사용하여 탐색할 수 있다. 자세한 내용은 3D 도움말 항목의 탐색 및 탐색 항목과 지도 및 장면 탐색 튜토리얼을 참조하길 바란다.

2) Feature identification

ArcMap과 달리 ArcGIS Pro에는 식별 도구가 없다. 지도에서 피처를 식별하려면 탐색 도구가 활성화되어 있는지 확인한다. 피처를 클릭하여 팝업을 열거나 여러 피처를 식별하려면 Ctrl 키를 누른 상태에서 해당 피처들을 포함하도록 드래그하여 선택한다. 탐색 도구의 드롭다운 화살표를 클릭하여 여러 관심 계층에서 피처를 식별한다.

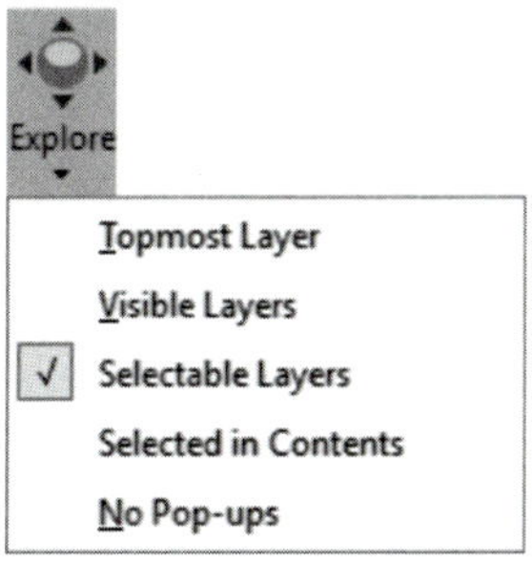

3) Editing

ArcMap에서 편집 세션을 시작하여 편집을 시작했지만 ArcGIS Pro에서는 편집이 항상 기본적으로 활성화되어 있다. 또한 지도 뷰가 활성화될 때 편집 도구는 리본의 편집 탭에 있다. 자세한 내용은 ArcGIS Pro에서 편집을 참조하길 바란다. ArcMap 편집 세션과 유사한 환경을 원할 경우 ArcGIS Pro를 구성하여 편집 버튼을 표시할 수 있다. 이 옵션을 사용하면 편집을 수동으로 시작하거나 중지해야 한다. 자세한 내용은 편집 사용 및 사용 안 함을 참조하길 바란다.

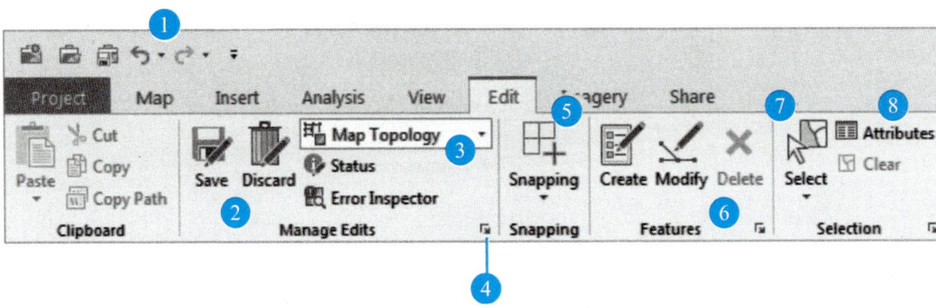

그림 4 ArcGIS Pro 메인매뉴

표 2 ArcGIS Pro 메인매뉴 부분별 기능설명

Command	Description
1	Undo or redo edits on the **Quick Access Toolbar**.
2	Save or discard edits. If enabled, the **Edit** button also appears in this group.
3	Enable map topology.
4	Set editing options.
5	Enable snapping.
6	Create, modify, or delete features.
7	Select features for editing.
8	Inspect and edit feature attributes.

ArcGIS Pro Edit tab commands

4) Metadata

ArcGIS 형식의 메타데이터는 ArcGIS Pro에서 보고 편집할 수 있다. 따라서 ArcGIS 형식의 메타데이터는 업그레이드하거나 가져올 필요가 없다. ArcGIS Pro는 ArcMap과 동일한 메타데이터 스타일을 지원한다. ArcGIS Pro에서 기본 메타데이터 스타일은 항목 설명이며 ArcGIS Pro 설정에서 스타일을 다음과 같이 변경할 수 있다.

① ArcGIS Pro 시작 페이지에서 설정을 클릭하거나 열려 있는 프로젝트에서 프로젝트 탭을 클릭한다.
② 왼쪽 목록에서 옵션을 클릭한다.
③ 옵션 대화 상자의 응용 프로그램에서 메타데이터를 누른다.
④ 메타데이터 유형 드롭다운 화살표를 클릭하고 스타일을 선택한다.

데이터 세트 및 지도, 레이아웃 및 도구 상자 등의 기타 항목에 대한 메타데이터가 Catalog view의 세부 정보 패널에 표시된다. Catalog view는 기본적으로 카탈로그 템플릿에서 만든 프로젝트에서 열린다. 리본의 보기 탭을 클릭하고 Windows 그룹에서 Catalog view 를 클릭하여 모든 프로젝트에서 열 수 있다. Catalog view에서 항목을 찾아 선택한다. 인접한 세부 정보 패널에 메타데이터가 표시된다. 필요한 경우 Show/hide details panel (상세 정보 패널 표시/숨기기)을 클릭한다.

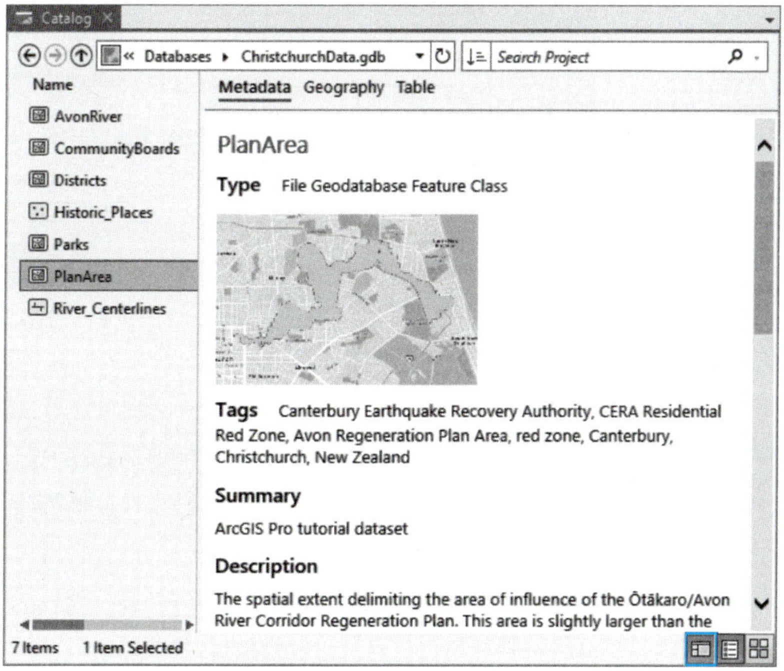

그림 5 Catalog view에서 디스플레이된 feature설명

> **Tip** 카탈로그 창에서 항목을 마우스 오른쪽 버튼으로 누르고 View Metadata를 눌러도 된다. 그러면 카탈로그 보기가 열리고 세부 정보 패널이 표시된다. 메타데이터를 편집하려면 catalog view에서 항목을 찾아 선택하고 Metadata group → Catalog tab → Ribbon에 있는 편집을 누른다. 항목의 메타데이터 보기가 나타나고 메타데이터를 편집할 수 있다. Map layer에 대한 메타데이터를 편집하려면 layer properties를 통해 접근하면 된다. Map view가 활성화된 상태에서 Contents pane에 마우스 오른쪽 클릭 → Properties클릭 Layer Properties dialog box에서 Metadata 클릭한다.

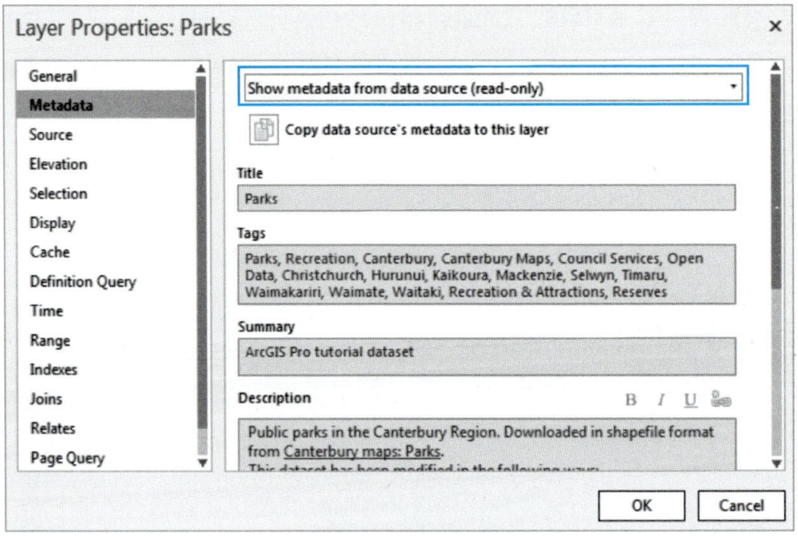

그림 6 레이어 특성

기본적으로 layer메타데이터는 계층 데이터 소스의 메타데이터를 반영하며 읽기 전용이다. 데이터 소스(읽기 전용)에서 layer에 자체 메타데이터가 있는 상태로 메타데이터 표시를 변경할 수 있다. 이렇게 하면 데이터 원본에서 메타데이터가 제거되고 계층 메타데이터를 편집할 수 있다. 데이터 원본 메타데이터를 복원하려면 데이터 원본의 메타데이터를 이 계층에 복사 버튼을 클릭한다. 자세한 내용은 메타데이터 보기 및 편집을 참조하기 바란다.

https://pro.arcgis.com/en/pro-app/latest/help/metadata/view-and-edit-metadata.htm

5) Geoprocessing

Geoprocessing tools은 리본메뉴의 위치소가 바뀌어 Analysis tab에 있다. Tool 단추를 클릭하여 Geoprocessing을 열고 분석도구를 찾아 실행할 수 있다. 창에서 도구 상자 탭을 클릭하여 시스템 도구 상자를 찾는다.

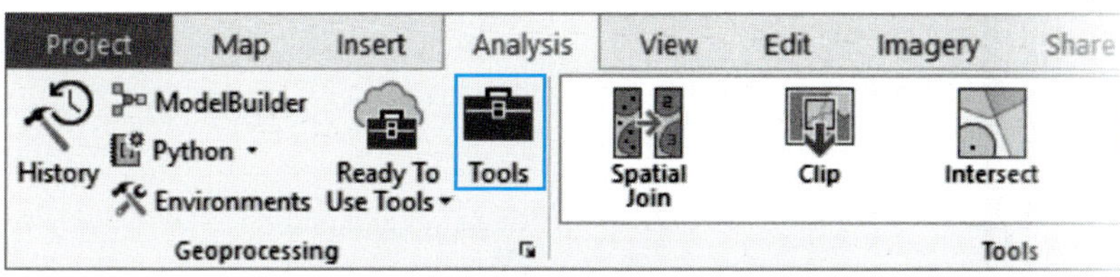

그림 7 Analysis Tools

그림 8 Geoprocessing

리본의 분석 탭에 있는 분석 갤러리에서 직접 많은 공통 도구를 열 수 있다. 어디서든 사용자 인터페이스에서 리본의 단추, context menu를 통해 접근하면 보통 사용하는 geoprocessing툴이 floating windows에 열린다.

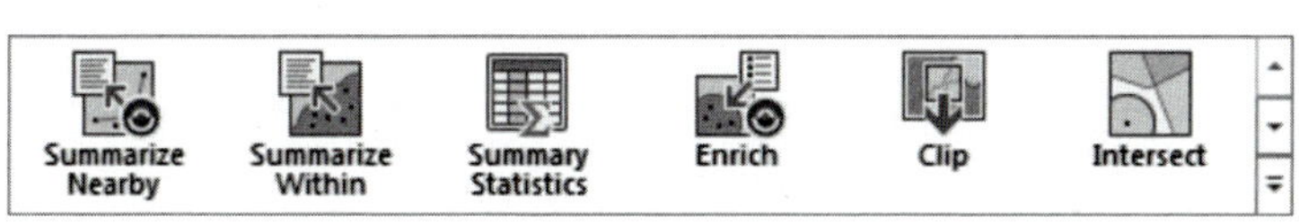

그림 9 분석탭

이를 통해 geoprocessing창의 다른 작업과 더 빠르게 상호 작용하고 동시에 처리할 수 있다. 자세한 내용은 기타 리본 단추 및 UI 명령을 참조하기 바란다.

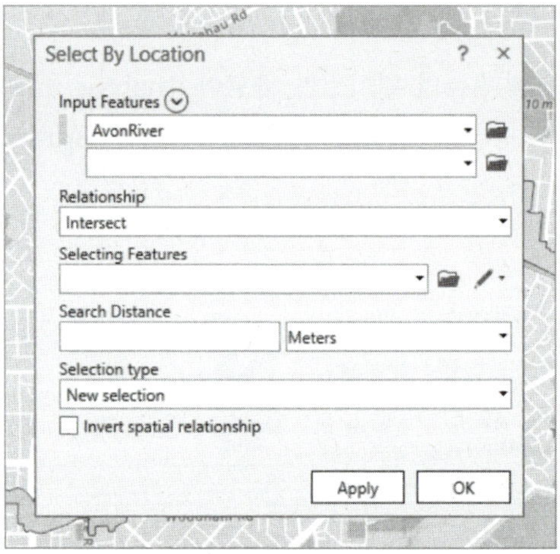

The Select By Location tool opens in a floating window.

그림 10 Floating window에서 열린 선택툴

geoprocessing에 대한 자세한 내용은 geoprocessing 빠른 둘러보기, geoprocessing옵션 및 ArcGIS Pro 도구 참조 도움말 항목 및 geoprocessing 도구 사용 자습서를 참조하기 바란다.

https://pro.arcgis.com/en/pro-app/latest/get-started/use-geoprocessing-tools.htm

6) 테이블

도면층 속성 테이블을 열려면 목차 창에서 지도 도면층을 마우스 오른쪽 버튼으로 클릭하고 속성 테이블 열기▦를 클릭한다. 테이블이 열리면 프로젝트에서 활성 뷰가 된다. 리본에는 테이블 그룹 탭과 그 아래에 보기 탭이 나타난다. 이 탭에는 테이블 작업을 위한 몇 가지 도구가 있다.

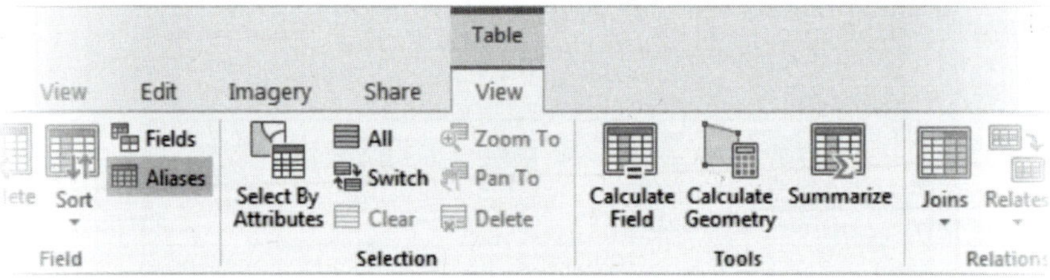

그림 11 Table보기 탭

Feature Layer group tab 아래 Data tab은 더 많은 테이블기능이 있다. 독립 실행형 테이블의 경우 데이터 탭이 독립 실행형 테이블 그룹 탭 아래에 나타난다. 테이블 위에서도 몇 가지 일반적인 도구에 액세스할 수 있다.

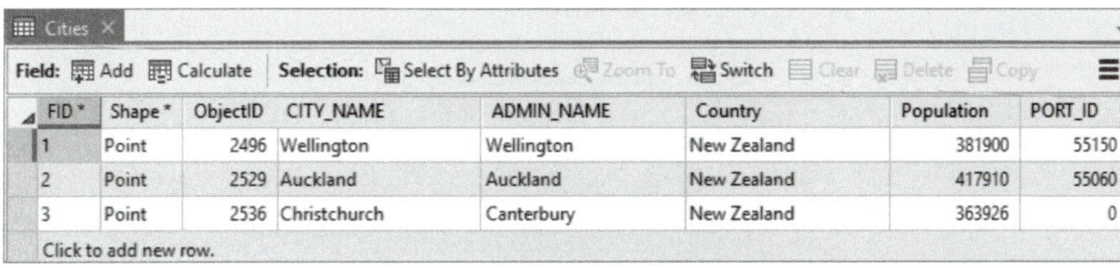

FID *	Shape *	ObjectID	CITY_NAME	ADMIN_NAME	Country	Population	PORT_ID
1	Point	2496	Wellington	Wellington	New Zealand	381900	55150
2	Point	2529	Auckland	Auckland	New Zealand	417910	55060
3	Point	2536	Christchurch	Canterbury	New Zealand	363926	0

그림 12 속성테이블

편집 세션을 시작할 필요가 없이 셀에 직접 입력하여 표의 속성 값을 편집할 수 있다. 또한 선택한 테이블 행을 삭제할 수도 있다. 편집 후 리본의 편집 탭에서 편집 내용을 저장하거나 취소한다. 필드 이름, 필드 별칭, 필드 가시성 및 숫자 필드 형식과 같은 필드 특성을 변경하려면 테이블의 필드 보기를 편집한다. 필드 보기는 표의 필드 레이아웃이다. 각 필드는 행으로 표시되고 각 필드 속성은 열로 표시된다.

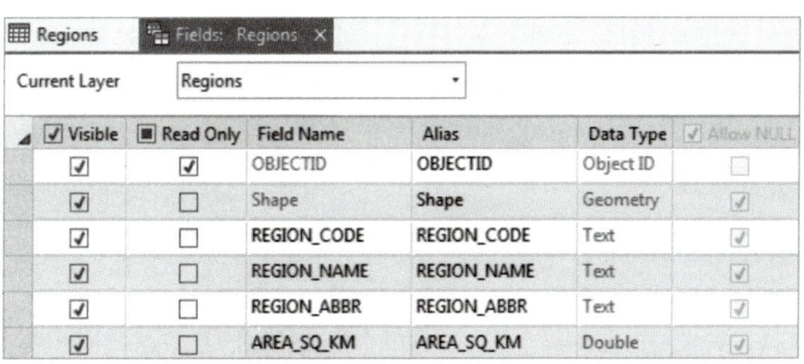

Visible	Read Only	Field Name	Alias	Data Type	Allow NULL
☑	☑	OBJECTID	OBJECTID	Object ID	☐
☑	☐	Shape	Shape	Geometry	☑
☑	☐	REGION_CODE	REGION_CODE	Text	☑
☑	☐	REGION_NAME	REGION_NAME	Text	☑
☑	☐	REGION_ABBR	REGION_ABBR	Text	☑
☑	☐	AREA_SQ_KM	AREA_SQ_KM	Double	☑

The fields view of a table allows you to change properties for fields.

그림 13 Field 편집 대화창

테이블 또는 테이블의 필드 보기에서 필드를 추가하거나 삭제할 수 있다. ArcGIS Pro에서 테이블, 필드 뷰, 차트 및 팝업 관련 작업을 수행하려면 데이터 탐색 튜토리얼을 참조하기 바란다.

7) 콘텐츠의 공유

ArcGIS Online 또는 ArcGIS Enterprise에서 포털 항목에 액세스하려면 카탈로그 창에서 Portal 탭을 클릭하고 검색하거나 찾아볼 레파지토리를 선택한다. 예를 들어 활성 포털 유형에 따라 ArcGIS Online 또는 ArcGIS Enterprise를 선택할 수 있다.

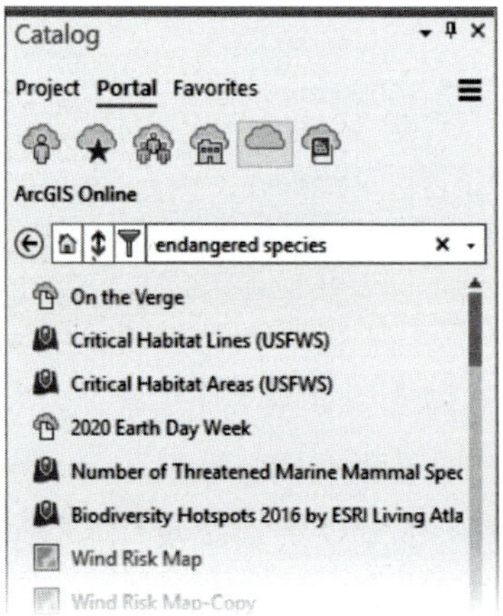

그림 14 ArcGIS Online에서 검색을 통한 지도추가

ArcGIS Pro에서 포털로 지도, 도면층 및 프로젝트를 공유하려면 리본의 공유 탭을 클릭한다. ArcGIS Pro에서 콘텐츠를 공유하려면 웹 맵 공유 튜토리얼을 참조하기 바란다.

ArcMap에서의 Import

https://pro.arcgis.com/en/pro-app/latest/get-started/migrate-content-to-arcgis-pro.htm

About ArcGIS Pro

https://pro.arcgis.com/en/pro-app/latest/get-started/get-started.htm

2. 프로젝트의 설명

실습부분의 설명은 프로젝트기반으로 진행할 것이며 주제를 "전원주택단지 적지분석"으로 한다. 팀 별로 브레인스토밍을 통해 전원주택단지로써 갖추어야 할 조건을 결정한다. 본 교재에서는 다음과 같이 조건을 정하여 진행한다.

1. 대상지역 : 법정동 행정구역경계(폴리곤)
2. 토지이용(지목) : 임야, 전, 답
3. 도시기본계획 : 개발가능지역(보전지역제외)
4. 접근성: 도로(폭 6m 이상)에서 200m 이내 지역
5. 혐오시설 배제: 혐오 시설로부터 300m 이격
6. 경사: 20°이하 지역
7. 향 : 남, 남동, 남서, 서향인 지역
8. 지가: 후보지별 공시지가 비교
9. 경관분석 : 3차원 뷰를 통해 정성적으로 평가

위의 조건을 만족시키는 적지를 분석하고 결정하기 위해서 다음과 같은 데이터가 필요하다. 본 교재에서는 독자들이 직접 데이터마이닝하여 구할 수 있도록 안내하였다. 다음과 같은 데이터가 필요하다.

- 수치지적도
- 수치지도
- 도시기본계획도
- 개별공시지가정보
- 항공정사영상

GIS 프로젝트를 위해서 데이터의 수집은 매우 중요한 단계이며 데이터와 함께 메타데이터 등 데이터의 상세와 이력을 함께 파악하는 것이 중요하다. 프로젝트의 목적을 달성하기 위해서 다음 그림1과 같이 단계별 GIS구축 및 분석을 실시한다.

도표의 왼편에는 GIS작업내용을 정리하였으며 오른편에는 이를 위해 필요한 ArcGIS Tool을 열거하였다. 실습대부분의 내용은 프로젝트를 수행하기 위한 내용이나 관련된 분석기능 또는 추가적인 내용을 설명하였다.

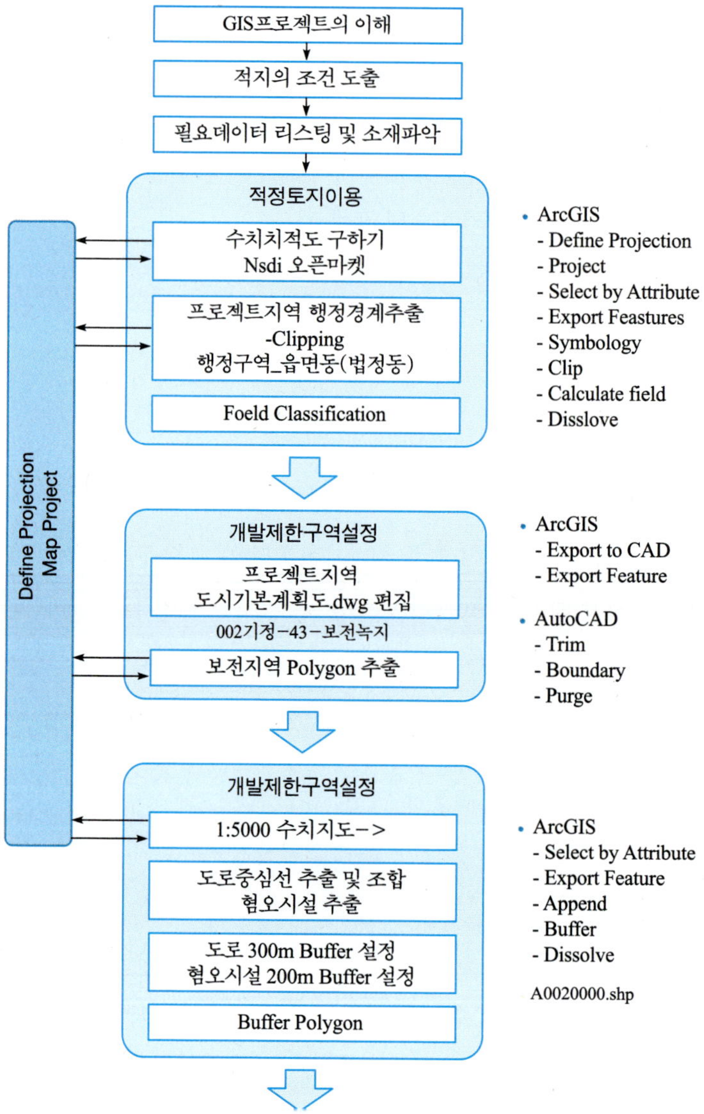

그림 15 전원주택 적지선정을 위한 GIS작업 흐름도

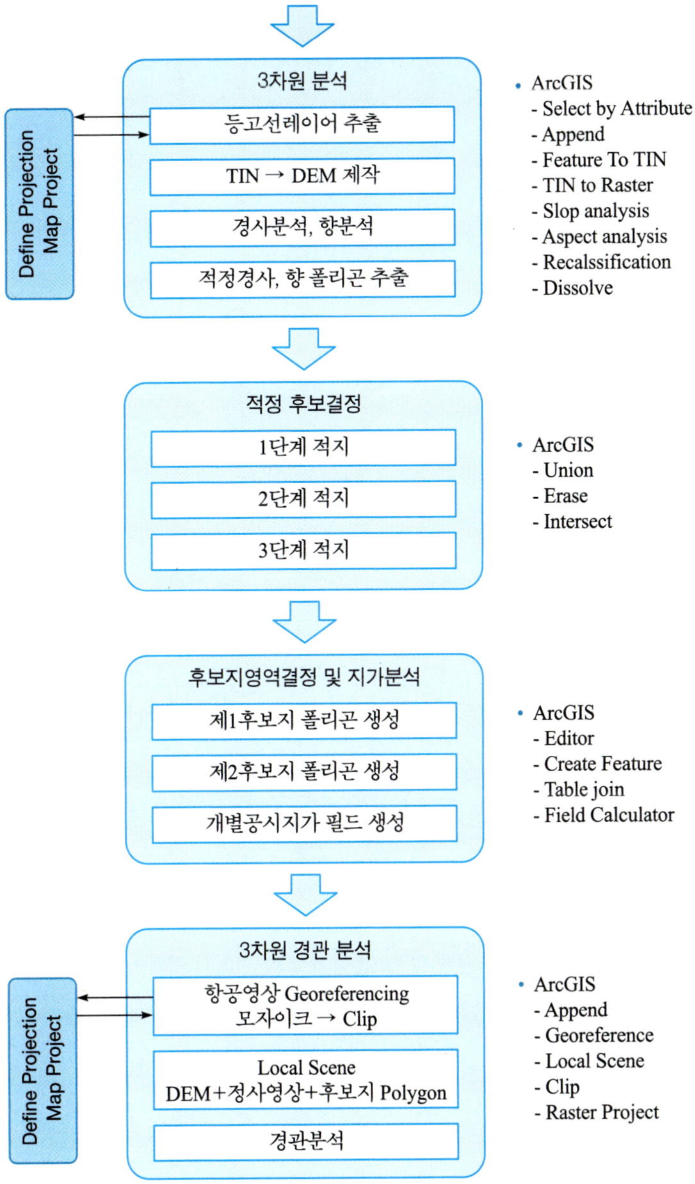

그림 15 전원주택 적지선정을 위한 GIS작업 흐름도(계속)

각 분석단계에서 조건을 만족하는 폴리곤 데이터가 얻어지며 이 폴리곤 데이터들은 그림 16에서 보는 바와 같이 공간분석(동시만족지역(Intersection) 또는 제외(Erase)분석 등)을 통해 최종적인 적지를 얻게 된다.

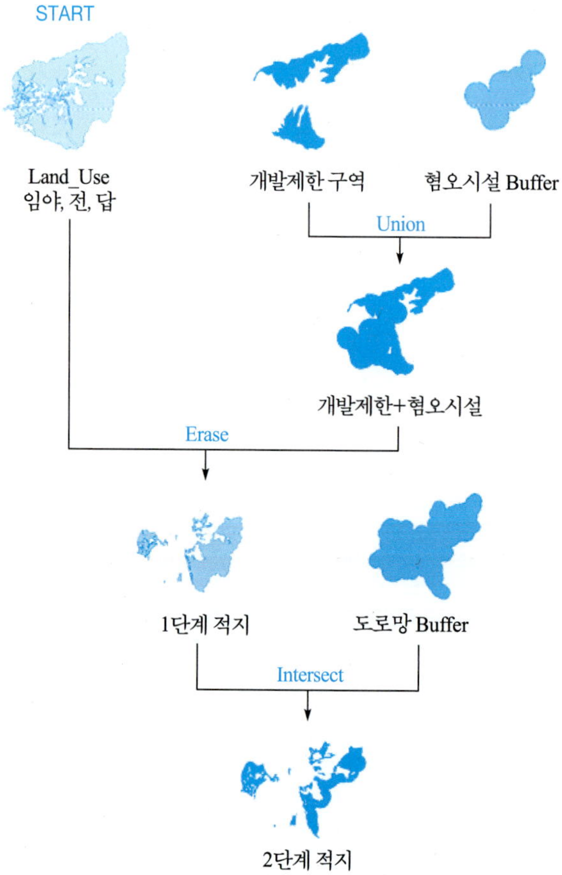

그림 16 단계 별 GIS분석에 의해 얻어진 결과

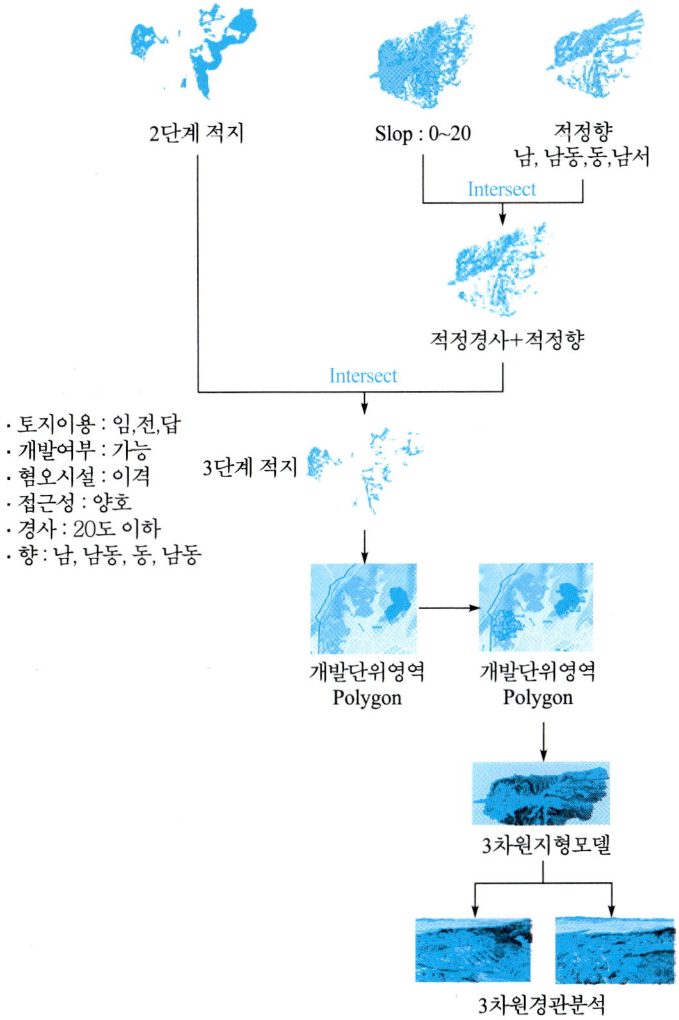

그림 17 2단계 별 GIS분석에 의해 얻어진 결과(계속)

3. 프로젝트 만들기

1) PC에 작업폴더 “적지분석”과 데이터폴더 “적지분석Data”를 만들고 ArcGIS Pro를 실행한다.

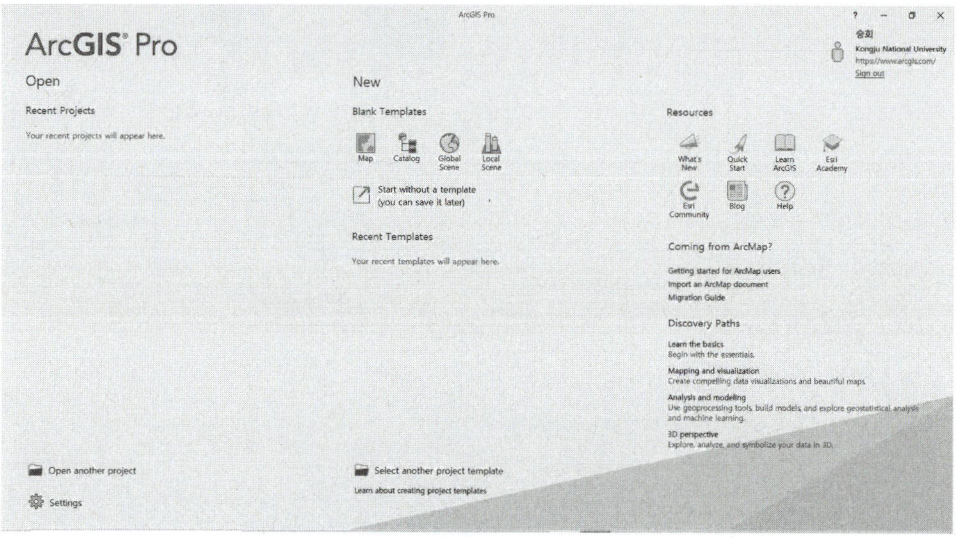

그림 18 ArcGIS Pro 시작페이지

2) Blank template의 Map 를 클릭한다.

3) 프로젝트이름과 경로를 지정하고 OK한다.(실습폴더를 지정한다.)

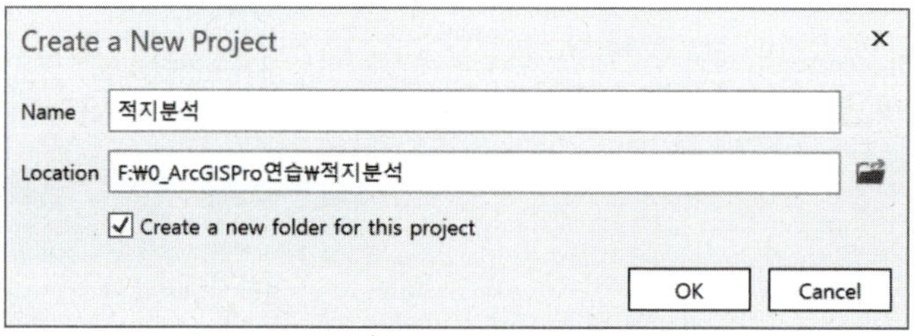

그림 19 Create a New Project

4) 다음과 같이 ArcGIS Pro메인 창이 열린다. Database를 더블클릭해보자. 적지분석.gdb가 만들어졌고 Make default로 정해져 있다.

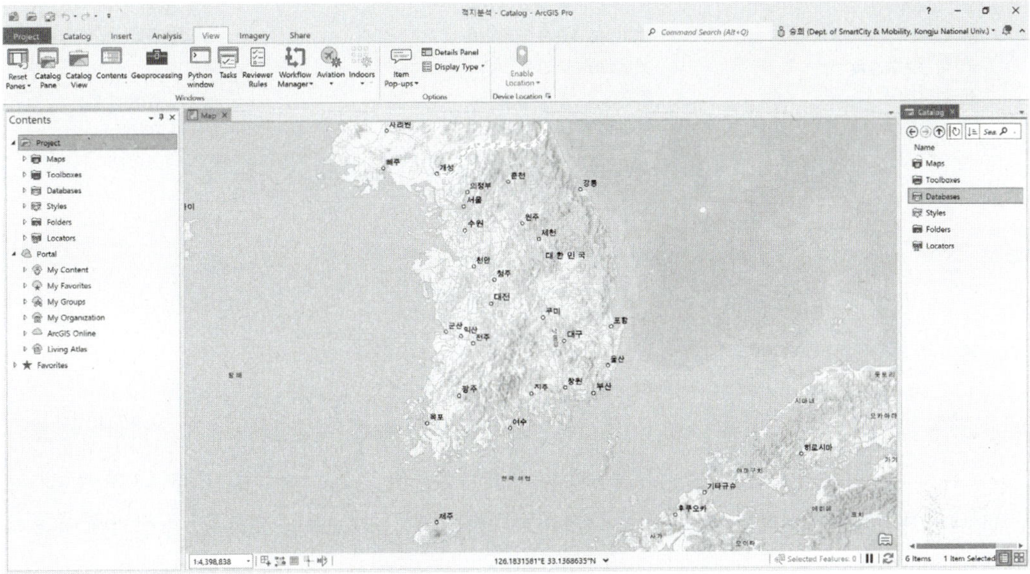

그림 20 시작 기본맵

5) Catalog창이 보이지 않는다면 메인메뉴 View → Catalog Pane로 나타낸다.

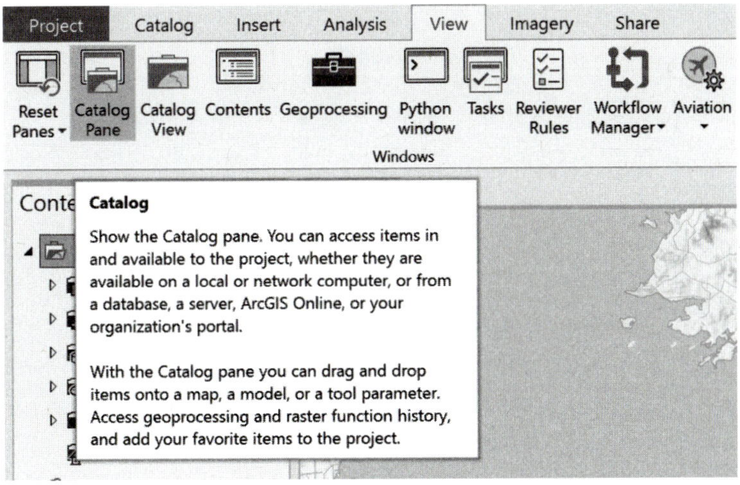

그림 21 Catalog View

6) 윈도우즈 파일탐색기로 작업디렉토리(적지분석)를 살펴보자. 다음과 같은 파일들이 생성되었다.

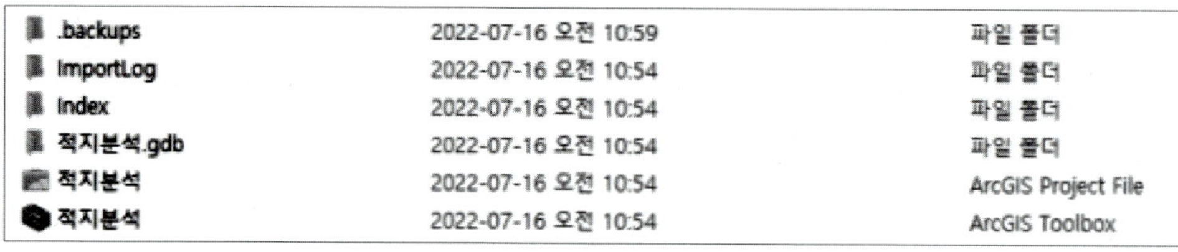

그림 22 프로젝트 만든 후 생성된 폴더와 파일

4. 작업폴더 연결하기

1) 오른쪽 Catalog창 리본(탭)메뉴 Project를 선택 후 Folders를 더블클릭해보자. "적지분석"폴더가 이미 등록돼 있다. 다시 폴더를 클릭하고 마우스 오른쪽 버튼 → Add Folder Connection을 선택하여 "적지분석Data"디렉토리를 선택하여 연결한다. 다음 그림 23과 같이 폴더에 등록이 되었다.

> 만약, 데이터폴더를 작업 도중에 만들었다면 디렉토리에서 보이지 않는다. 이러한 경우에는 새로고침을 누른다.

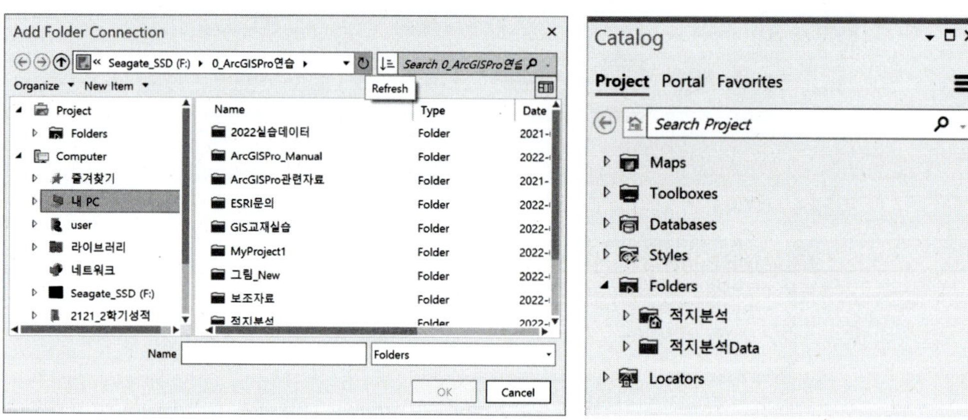

그림 23 Add Folder Connection

2) 새로운 맵을 만들어 보자. 리본메뉴 → Insert → New Map → New Map을 선택하여 추가해준다.

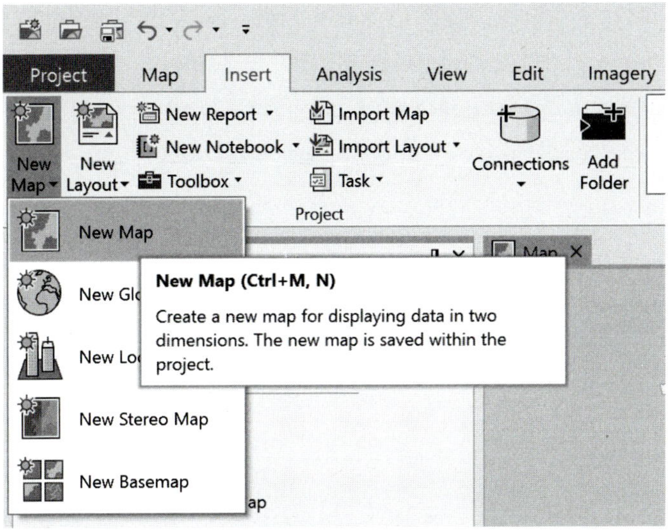

그림 24 새로운 맵 추가

TOC(Table Of Contents)창에 Map1이 추가되었고 Map view창 상단에도 Map1이 탭으로 추가된다.

ArcGIS Pro에서의 Workspace는 ArcMap과 달리 하나의 프로젝트에 여러 개의 맵을 추가하여 작업하는 환경으로 변화하였다.

3) TOC "Map1"을 클릭하여 이름을 "적정토지이용분석"으로 이름을 변경한다.

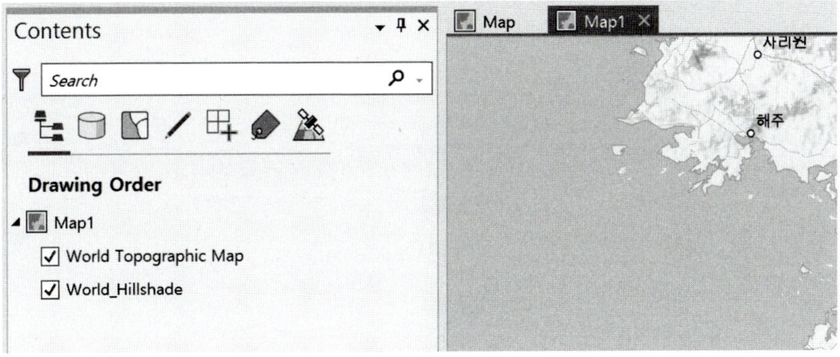

그림 25 추가된 맵탭

5. 적정토지이용 분석

전원주택용지에 대한 호감도는 개인적인 성향에 따라 다르지만 전원경관으로써는 임야지역이 적당할 것이며 지가를 고려한다면 대지보다는 전, 답이 좋을 것이다. 결과적으로 대상지역에서 지목이 임(임야), 전(밭), 답(논)을 분류해야 한다. 지적도에는 지번과 지목이 포함돼 있으니 해당지역의 지적도를 구하면 된다. 참고적으로 지적도의 지목은 총 28가지로 표기되고 있으며

표 1 우리나라 지적도에 제공되는 지목(地目)

지목	부호		지목	부호		지목	부호		지목	부호	
밭	전	C	염전	염	-	하천	천	Ch	체육용지	체	-
논	답	P	대지	대	H	제방	제	E	유원지	원	-
과수원	과	G	공장용지	장	Ja	구거	구	W	종교용지	종	-
목장용지	목	Mo	학교용지	학	Sh	유지	유	Yu	사적지	사	-
임야	임	M	도로	도	R	수도용지	수	Su	묘지	묘	T
광천지	광	-	철도용지	철	-	공원	공	Cha	잡종지	잡	J
주유소	주	-	주차장	차	-	창고용지	창	-	양어장	양	-

5.1 지적도 구하기

지적도는 국가공간정보포털(http://nsdi.go.kr)에서 구한다.

개방공간 → 오픈마켓 → 충남연속지적도로 검색하면

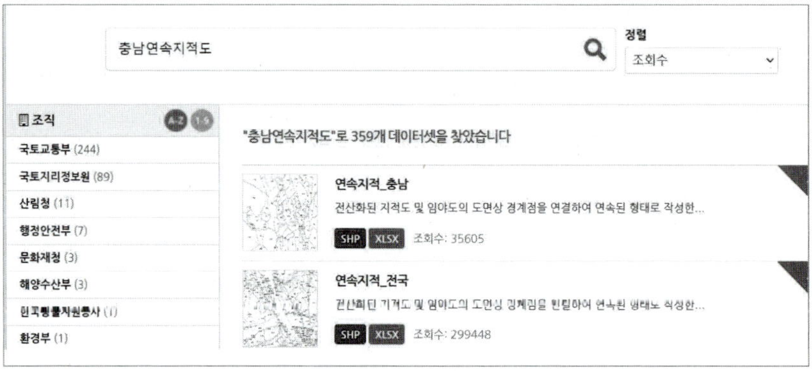

그림 26 NSDI.go.kr에서 지적도 검색

연속지적_충남의 SHP(쉐이프파일) 버튼클릭

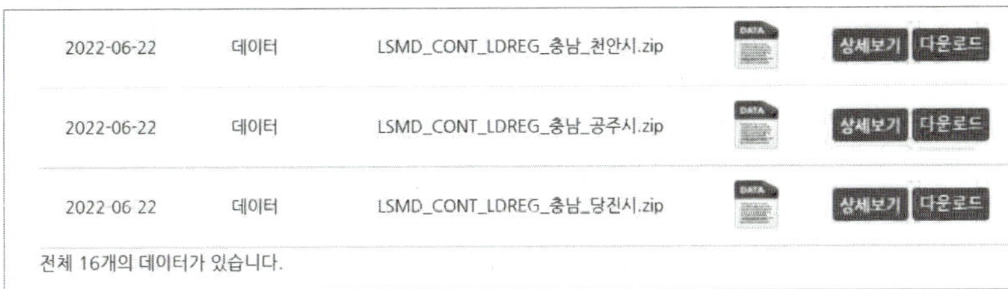

2022-06-22	데이터	LSMD_CONT_LDREG_충남_천안시.zip	DATA	상세보기 다운로드
2022-06-22	데이터	LSMD_CONT_LDREG_충남_공주시.zip	DATA	상세보기 다운로드
2022-06-22	데이터	LSMD_CONT_LDREG_충남_당진시.zip	DATA	상세보기 다운로드

전체 16개의 데이터가 있습니다.

그림 27 천안시 지적도 다운로드

추가정보를 보면 좌표계가 "Bessel 보정된 중부원점 (TM)"으로 되어 있다. "Korea 1985 modified central Belt" 좌표계임을 알 수 있다.

"충남_천안시.zip" 파일을 다운받아 압축을 푼다. 다음 파일이 얻어진다.

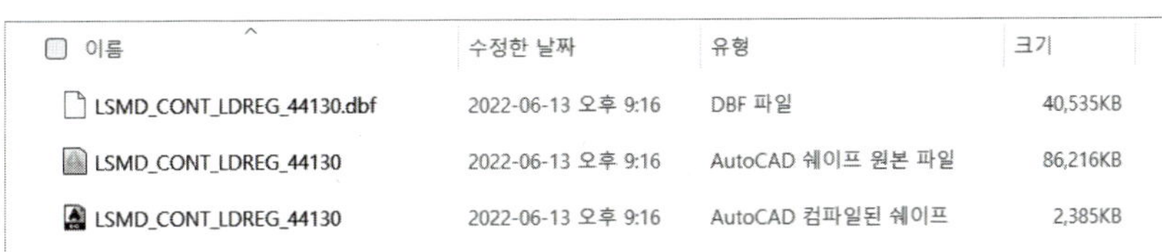

이름	수정한 날짜	유형	크기
LSMD_CONT_LDREG_44130.dbf	2022-06-13 오후 9:16	DBF 파일	40,535KB
LSMD_CONT_LDREG_44130	2022-06-13 오후 9:16	AutoCAD 쉐이프 원본 파일	86,216KB
LSMD_CONT_LDREG_44130	2022-06-13 오후 9:16	AutoCAD 컴파일된 쉐이프	2,385KB

그림 28 천안시 지적압축파일 unzip후 파일

5.2 지적도 투영정의 및 투영

1) 천안시 지적도인 "LSMD_CONT_LDREG_44130.shp"파일을 드래그하여 TOC창으로 가져와 base map위에 위치시킨다.

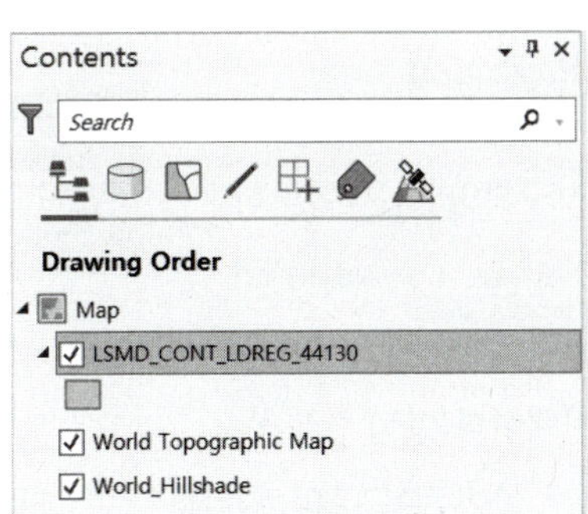

그림 29 지적도 추가

2) 화면 우측상단에 Unknown Coord. system이란 경고메시지가 뜬다. 아직 지적도가 어떤 좌표계인지 정의해 주지 않았기 때문이다.

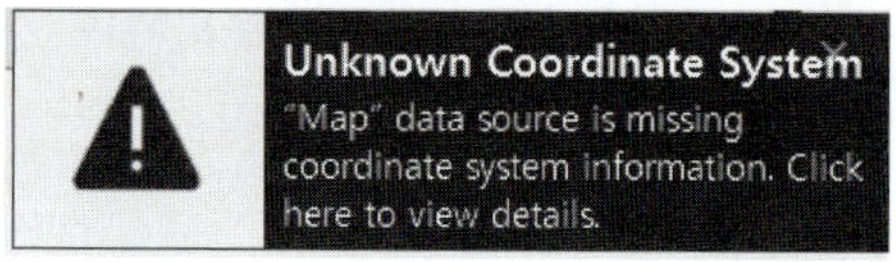

3) 작업영역이 소축척이라 잘 보이지 않는다. "TOC → LSMD_CONT_LDREG_44130" 클릭 → Zoom to Layer해보면 천안시의 지적도가 나타난다. 하지만 베이스맵이 보이질 않는다. 조금씩 Zoom out해보자. 다음과 같이 보인다. 이는 좌표계정의가 안되었기 때문이다.

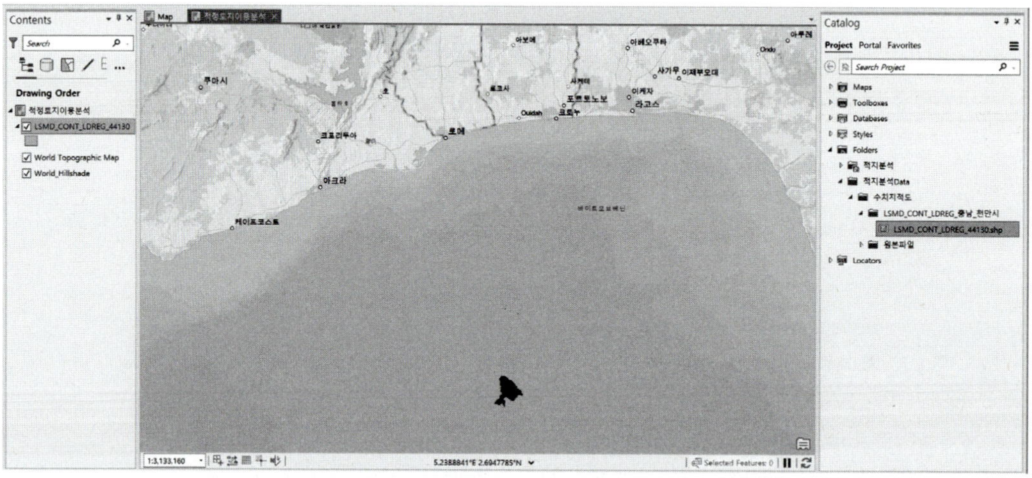

그림 30 좌표계가 정의되지 않고 삽인된 천안시 지적도

지적도를 투영정의해보자.

4) View 탭에서 GeoProcessing → Toolbox → Data management tools → Projection and Transformation → Define Projection

Coordinate System우측의 지구모양 버튼 클릭하여 Projected Coordinate system → National Grid → South Korea → "Korea 1985 modified Central Belt"를 선택한다(그림 32(a)).

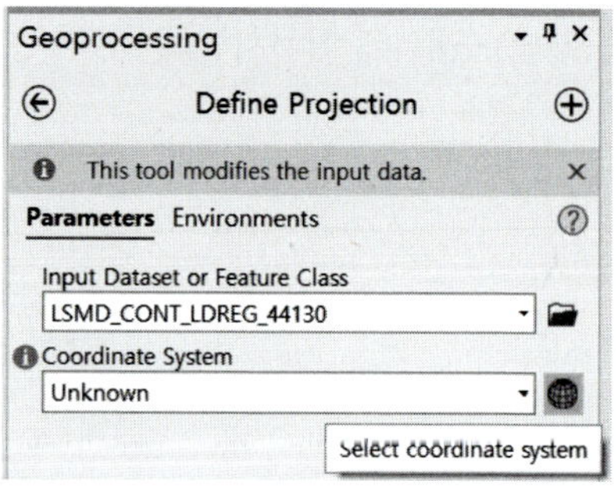

그림 31 Define Projection

선택하면 우측에 Add favorite 아이콘이 나타나는데 자주 사용 할 좌표계이므로 클릭하여 즐겨찾기에 등록하자.

5) Coordinate System창의 Favorite을 pull down해 보자. 좌표계가 등록돼 있는 것을 알 수 있다(그림 32(b)) .

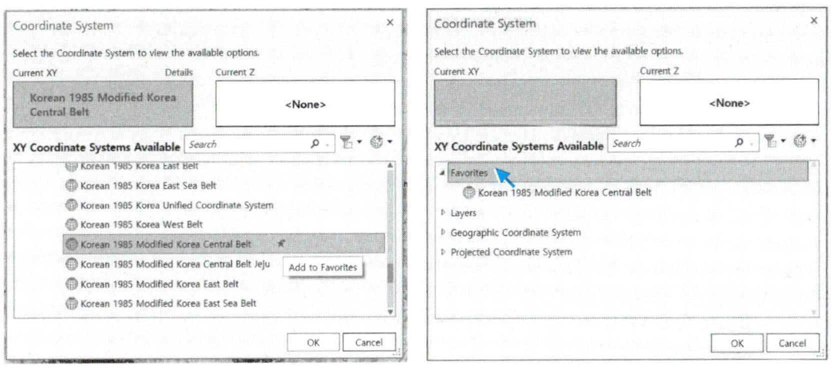

(a) 투영정의 좌표계선택 (b) 좌표계 즐겨찾기 등록

그림 32 좌표계정의와 좌표계 즐겨찾기

좌표계가 정의되었으므로 대략적인 위치에 지적도가 디스플레이 된다.

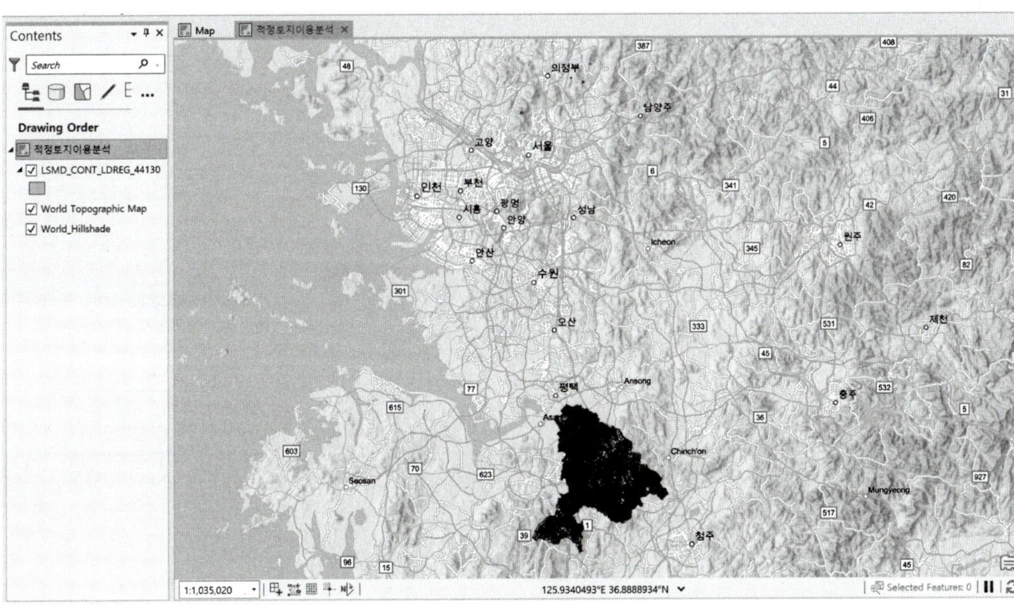

그림 33 좌표계정의 후 디스플레이된 지적도

현재 작업 좌표계인 세계측지좌표계로 투영변환한다.

7) 실습내용에서 기본 좌표계가 세계측지좌표계 +600k 이므로 좌표계 투영이 필요하다. GeoProcessing → Toolbox → Data management tools → Projection and Transformation → Project에서 지구본을 눌러 Projected Coordinate system → National Grid → South Korea → "Korea 2000 Central Belt 2010"을 선택한다(그림 34(a)) . 역시 즐겨찾기에 등록한다. 파일명은 "지적도_2010"으로 하고 Run 한다.

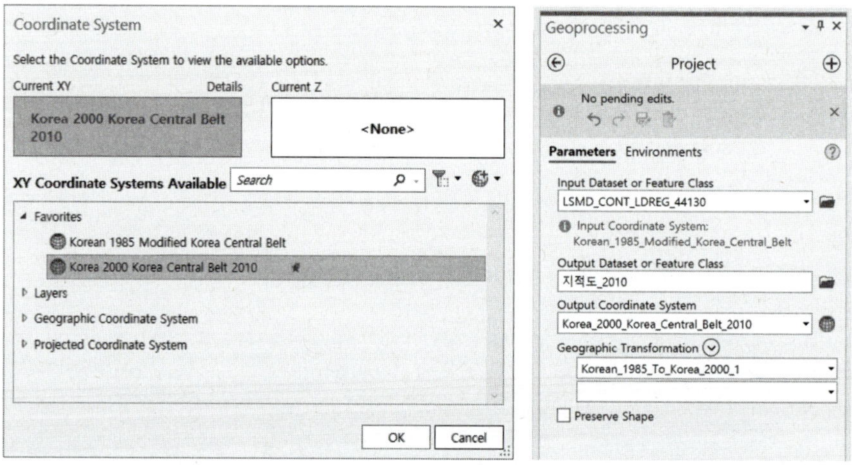

(a) 세계측지좌표계의 선택

(b) 투영변환 입력창

그림 34 투영변환 입력창

6) 또 TOC의 "적정토지이용분석" 클릭 오른쪽 버튼 → Properties → Transformation을 클릭하면 좌표계의 변환관계가 형성되었음을 알 수 있다(그림 35) .

> 주) Properties → Source → Spatial Reference에서도 확인할 수 있다(그림 36).

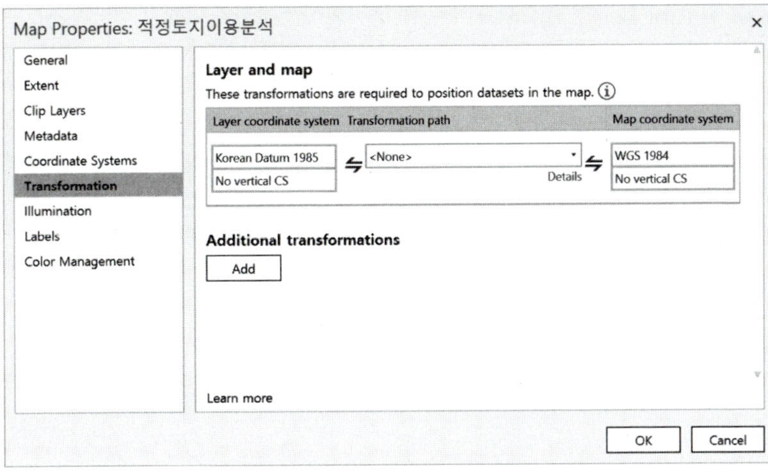

그림 35 Layer Properties에서 확인한 변환관계

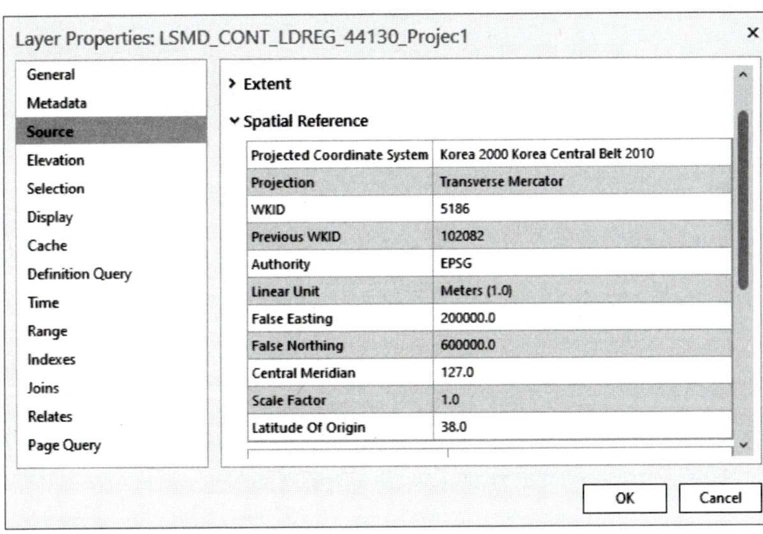

그림 36 Layer Properties의 Source의 좌표계

"Korea 2000 Central Belt 2010"좌표계로 투영변환한 "천안시지적도"를 Zoom to Layer해 보자(그림 37) .

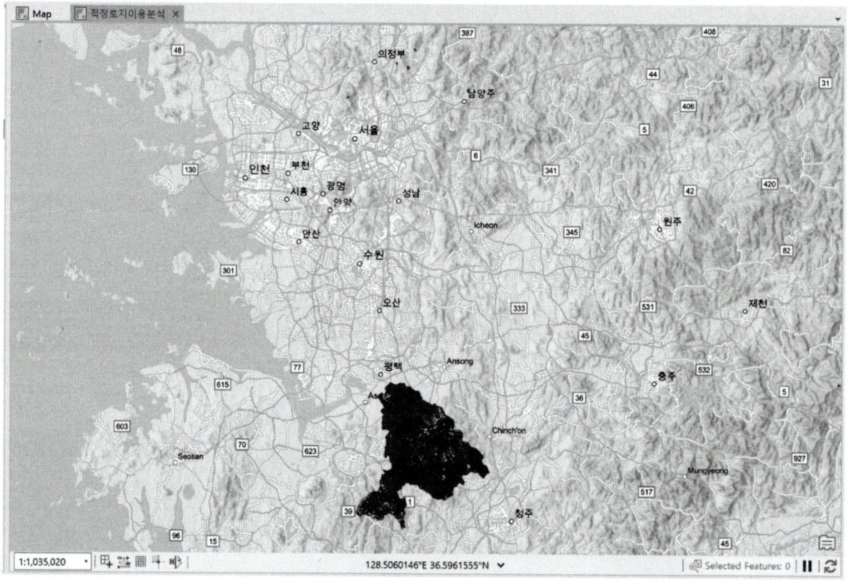

그림 37 세계측지좌표계(+600K)로 투영변환 된 지적도

그러나 천안시에 대한 full extent뷰가 아니다. 이러한 경우는 해당지역 외에 잘못된 공간데이터가 있는 경우가 많다. Basemap을 끄고 살펴보자. 상단에 필지조각들이 보인다. 이를 삭제하여 정리해 보자.

9) 리본메뉴 Map → Select → Rectangle로 해당부분을 선택하고 delete한 후 다시 Zoom to Layer해 보자.(ArcGIS ver.10과 달라서 Start edit하지 않아도 된다)

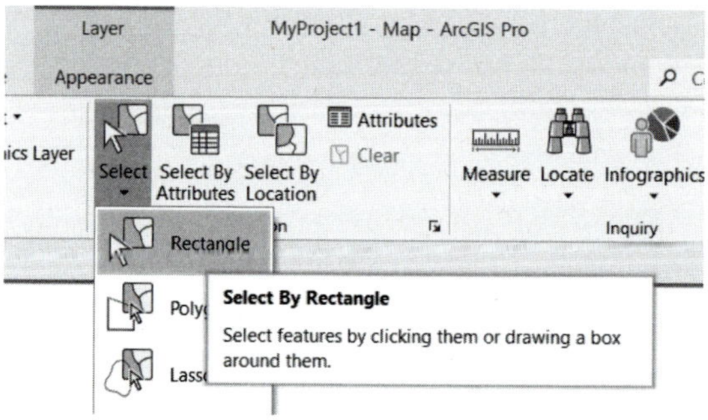

그림 38 편집할 객체선택

아직도 그대로 보인다. 저장하지 않았기 때문이다. 리본메뉴 Edit → Save하고 디스플레이를 다시 시도해 보자. Basemap도 디스플레이 해보자. 다음과 같이 보인다.

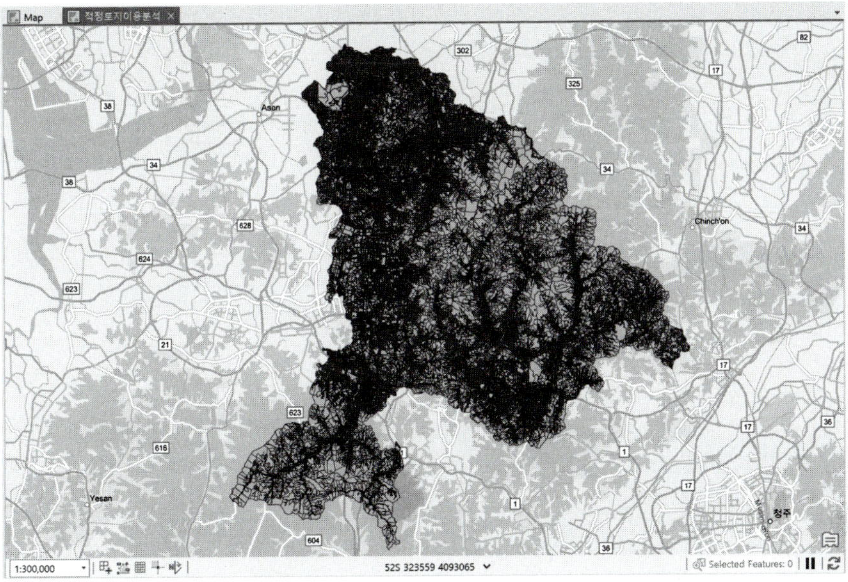

그림 39 좌표계정의, 투영변환, 편집을 거쳐 완성된 지적도

"지적도"의 속성테이블을 열어보자(TOC "지적도"레이어 오른쪽 버튼 → Attribute Table, jibun(지번) 필드에 한글이 깨지지 않는지 확인하자. 지번 뒤 지목이 숫자로 깨져 보인다. 한글로 지목이 보이지 않는다면 조치를 해야 한다.

지적도_2010

Field: Add Calculate Selection: Select By Attributes Zoom To Switch Clear Delete Copy

	OBJECTID *	Shape *	pnu	jibun	bchk	sgg_oid	col_adm_se	Shape_Length	Shape_Area
1	1	Polygon	4413331036103520006	352-6 10	8	2910318	44130	403.900525	8259.545328
2	2	Polygon	4413325322103700010	370-1053	1	675308	44130	299.031446	4920.880153
3	3	Polygon	4413325322103700011	370-1153	1	675309	44130	101.401001	142.243088
4	4	Polygon	4413325322103700012	370-12 32	1	675310	44130	213.120235	2716.109987
5	5	Polygon	4413310900102290000	22933	1	2123744	44130	262.116097	3027.128771
6	6	Polygon	4413325322103700013	370-13 32	1	675311	44130	99.900111	516.189116
7	7	Polygon	4413310900102200003	220-3 09	1	2123745	44130	132.597414	1012.194409
8	8	Polygon	4413310900102200000	22033	1	2123746	44130	239.483206	2822.157278
9	9	Polygon	4413325322103700014	370-1453	1	675312	44130	164.417623	1261.362845

그림 40 지번속성의 오류

Windows Registry의 다음 패스에 다음을 추가한다.

① 먼저 위도우즈 검색창을 이용하여 regedit을 실행시켜 레지스트리 편집기를 연다.

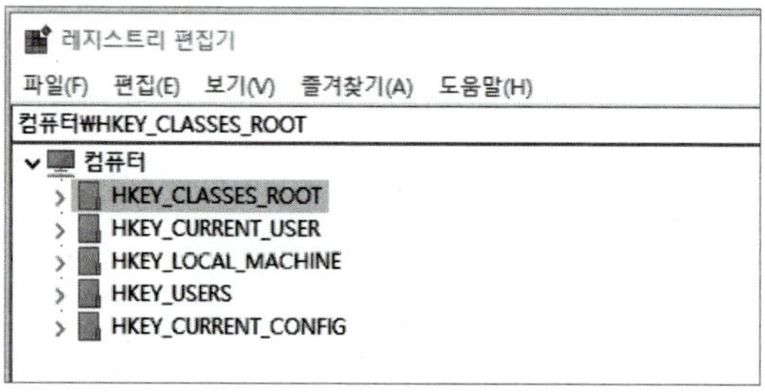

그림 41 레지스트리 편집기

② 다음 패스를 찾아간다.

[HKEY_CURRENT_USER₩SOFTWARE₩ESRI₩ArcGISPro₩Common₩CodePage]
"dbfDefault"="EUC−KR“

또는 실습데이터에 제공되어있는 폰트를 설치한 후 ArcGIS Pro를 종료하고 다시 시작한다.

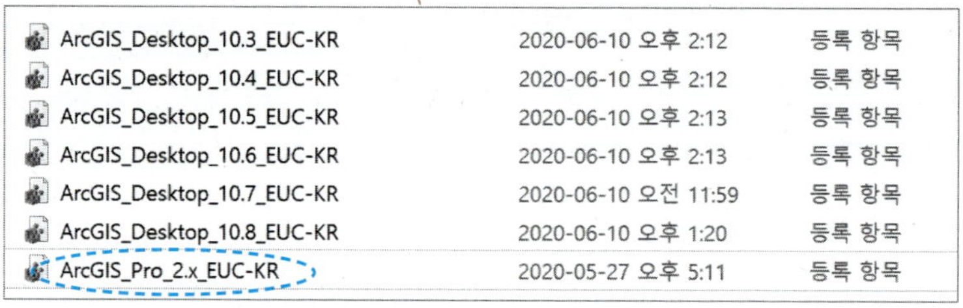

다시 속성테이블을 확인해 보자.

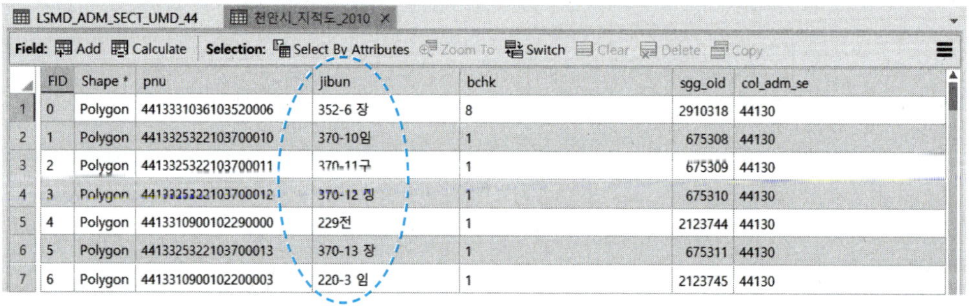

그림 42 폰트가 등록된 후 수정된 속성테이블

5.3 프로젝트 지역 행정경계 폴리곤 추출

천안시 전체지역의 지적도를 사용할 필요가 없으므로 해당영역만을 선택하여 오려내야 하는데 유량동의 행정경계가 필요하다. 전국의 행정경계는 시군구, 읍면동, 면리 로 구분하여 제공되고 있다. nsdi.go.kr사이트 오픈마켓에서 다운받는다.

1) "행정구역_읍면동(법정동) "을 검색하여 "LSMD_ADM_SECT_UMD_충남"파일을 다운받는다. 상세보기를 보면 좌표계가 "Bessel 보정된 중부원점 (TM) "이라고 돼 있다.

2) 해당경계파일을 ArcGIS로 가져온다. "지적도"레이어 밑으로 가져온다. Undefine Coordinate system이라는 경고메시지가 뜨지 않는다. 이는 쉐이프 파일이 이미 좌표계를 가지고 있기 때문이다. (파일탐색기로 해당 shape file의 .prj파일을 확인하자.)

TOC에서 Hill shade를 off하여 디스플레이 해 보자.

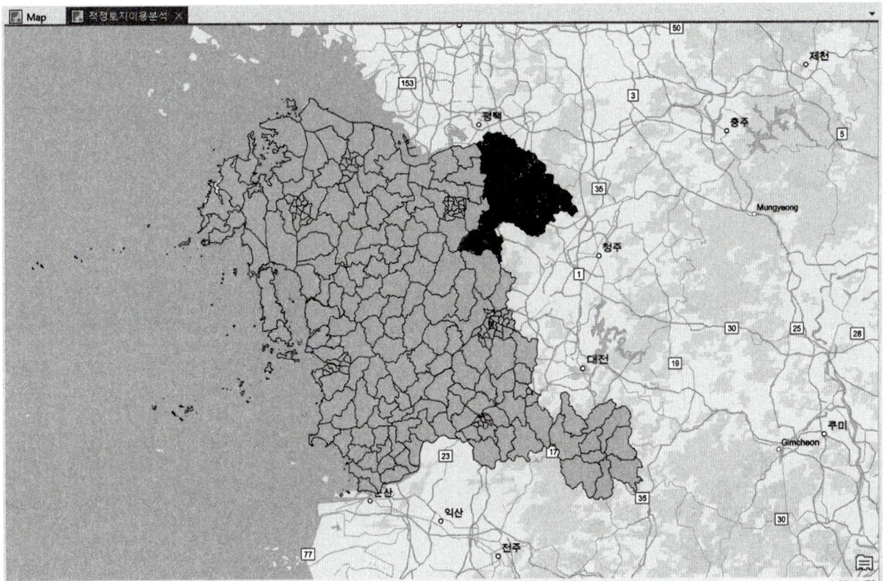

그림 43 베이스맵에 오버레이된 지적도와 행정경계

3) 유량동 행정경계를 추출해 보자. 경계파일의 속성테이블의 Select By Attribute를 클릭하자.

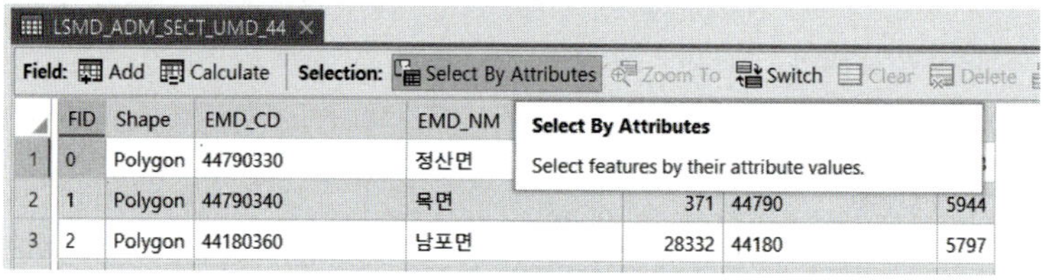

그림 44 행정경계추출을 위한 속성선택

4) 검색조건 New expression을 클릭하여 검색조건을 입력하고 Apply한다.

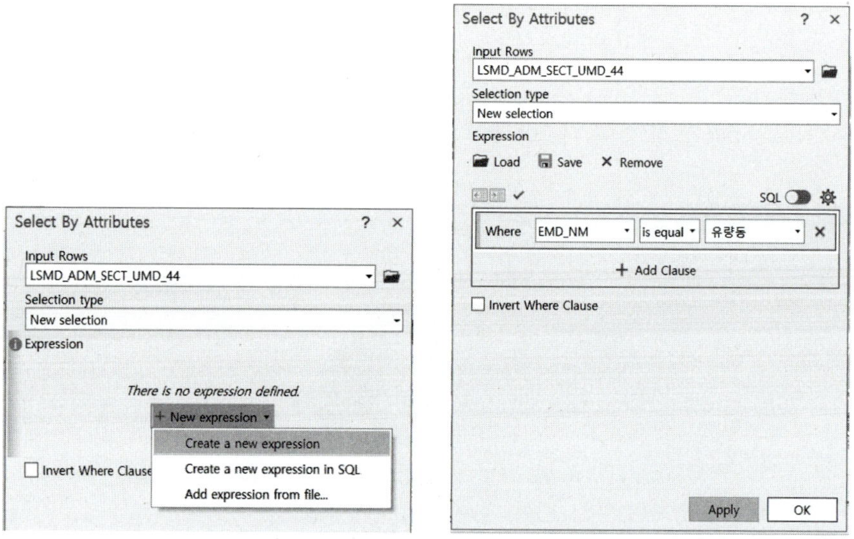

그림 45 속성필드 EMD_NM이 "유량동"과 일치하는 폴리곤 선택

다음과 같이 유량동 행정경계가 선택되었다. 이를 하나의 feature로 내보내 보자.

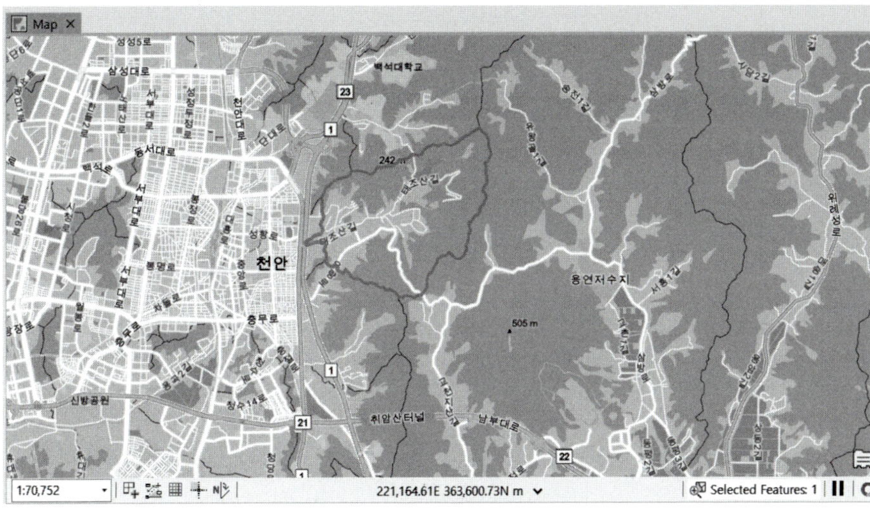

그림 46 선택된 유량동 행정경계

5) TOC "LSMD_ADM_SECT_UMD_44"클릭 오른버튼 → Data → Export features → 유량동 행정경계로 파일이름을 입력하고 OK!!, TOC에서 추가된 레이어를 확인하자.

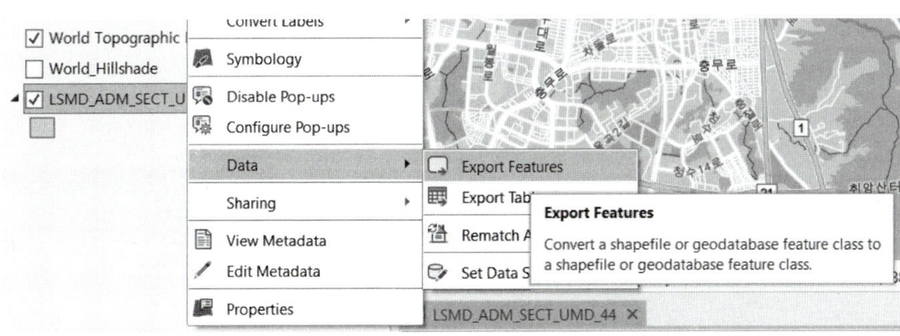

그림 47 선택된 행정구역 폴리곤 내보내기

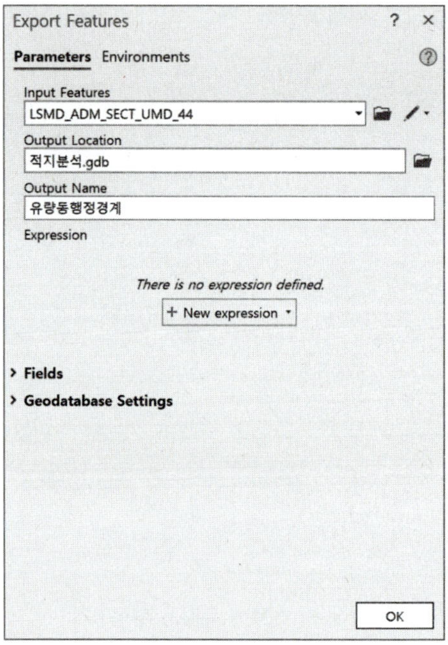

그림 48 Export Features

6) 아직까지 유량동경계 폴리곤이 선택돼 있으므로 리본메뉴 Map → Feature Layer에서 Clear 한다.

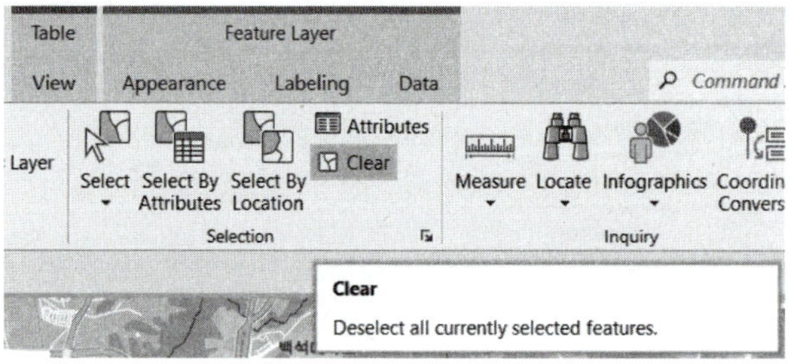

그림 49 선택된 feature의 Unselect

7) 행정경계파일의 좌표계는 .prj를 오픈해보면 Katec2000좌표계 임을 알 수 있다. 따라서 2010으로 좌표변환한다.

> 주) 각 주제도 별로 좌표계가 다른 것은 DB구축부처가 다르기 때문이다. 따라서 GIS작을 할 때에는 좌표계의 통일에 신중해야 한다.

PROJCS["Korea 2000 / Unified CS", GEOGCS["Korea 2000", DATUM["Geocentric datum of Korea", SPHEROID["GRS 1980", 6378137.0, 298.257222101, AUTHORITY[*"EPSG", "7019"*]], TOWGS84[0.0, 0.0, 0.0, 0.0, 0.0, 0.0, 0.0], AUTHORITY["EPSG","6737"]], PRIMEM["Greenwich", 0.0, AUTHORITY["EPSG","8901"]], UNIT["degree", 0.017453292519943295], AXIS["Geodetic latitude", NORTH], AXIS["Geodetic longitude", EAST], AUTHORITY["EPSG","4737"]], PROJECTION["Transverse_Mercator", AUTHORITY["EPSG","9807"]], *PARAMETER["central_meridian", 127.5*], PARAMETER["latitude_of_origin", 38.0], PARAMETER["scale_factor", 0.9996], PARAMETER["false_easting", 1000000.0], PARAMETER["false_northing", 2000000.0], UNIT["m", 1.0], AXIS["Northing", NORTH], AXIS["Easting", EAST], AUTHORITY["EPSG","5179"]]

그림 50 행정경계파일의 좌표계(Katec 2000)

8) TOC를 유량동행정경계_2010와 천안시_지적도_2010, Base map만 남기고 remove한다, 경계폴리곤을 외곽선으로 디스플레이 한다. 외곽선의 색깔과 두께를 조절한다.

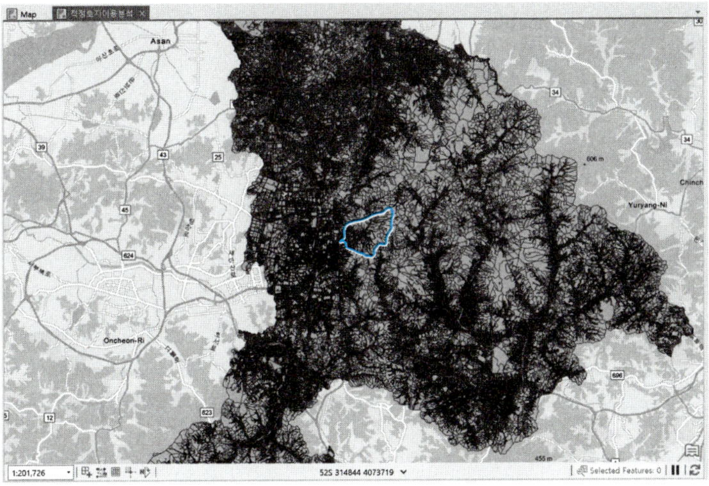

그림 51 지적도 위에 오버레이된 행정경계

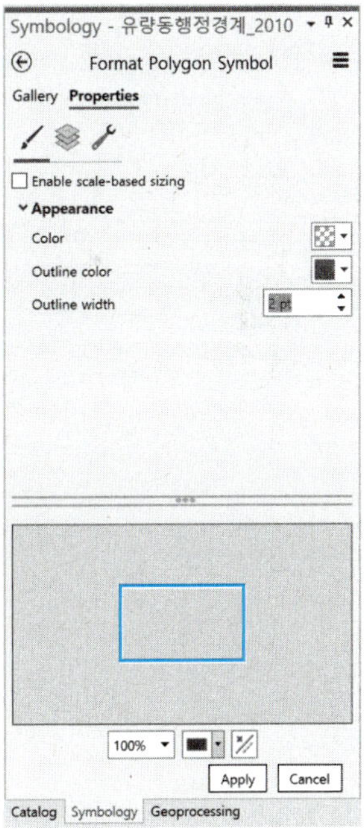

그림 52 심볼로지편집

5.4 해당영역 클리핑

천안시 지적도와 유량동 행정경계 폴리곤이 얻어졌으므로 지적도를 클리핑한다.

1) ToolBox → Analysis tools → Extract → Clip

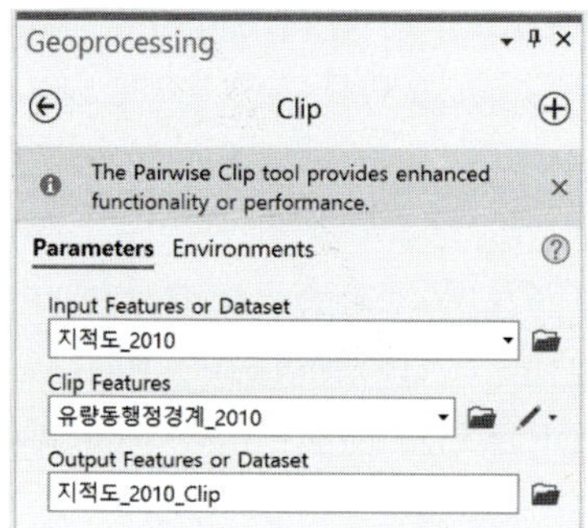

그림 53 Clipping메뉴

Run~!! "지적도_2010_Clip"만 디스플레이 하고 Zoom to Layout해보자.

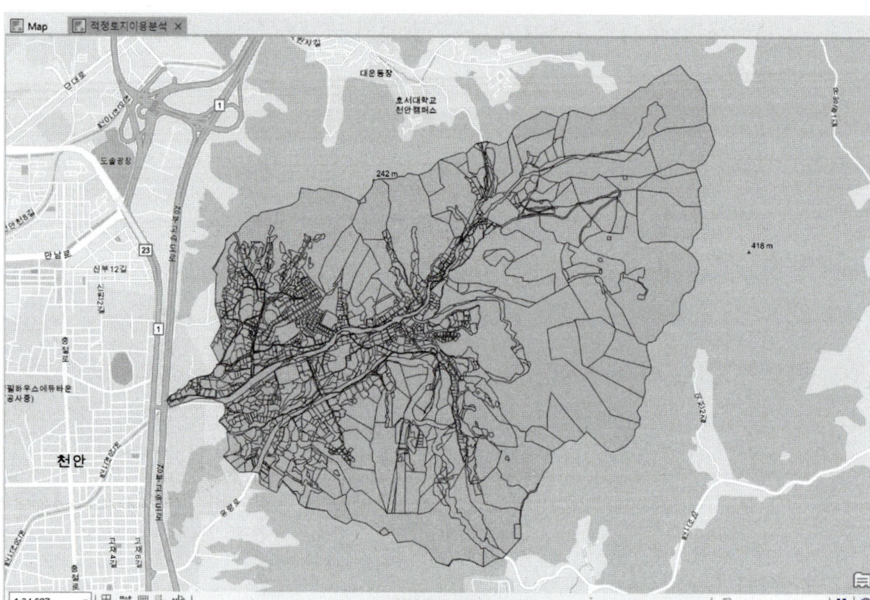

그림 54 Clipping된 유량동 지적도

2) 지목별 토지이용 분류한 결과의 지적도 이외의 지적도는 주로 필지경계를 위해 사용되므로 칼라 팔레트 버튼을 눌러 No Color로 정한다.

5.5 지목필드 만들기

토지이용 주제도를 만들기 위해서는 토지이용(지목)이 필요한데 지적도의 jibun필드에는 지번과 지목이 혼재되어 있다. 따라서 새로운 필드를 만들어 지목만을 입력해야 한다.

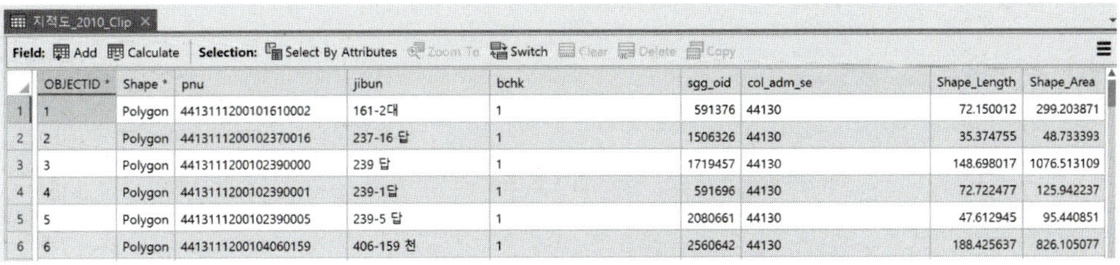

	OBJECTID *	Shape *	pnu	jibun	bchk	sgg_oid	col_adm_se	Shape_Length	Shape_Area
1	1	Polygon	4413111200101610002	161-2대	1	591376	44130	72.150012	299.203871
2	2	Polygon	4413111200102370016	237-16 답	1	1506326	44130	35.374755	48.733393
3	3	Polygon	4413111200102390000	239 답	1	1719457	44130	148.698017	1076.513109
4	4	Polygon	4413111200102390001	239-1답	1	591696	44130	72.722477	125.942237
5	5	Polygon	4413111200102390005	239-5 답	1	2080661	44130	47.612945	95.440851
6	6	Polygon	4413111200104060159	406-159 천	1	2560642	44130	188.425637	826.105077

그림 55 지적도의 속성테이블

클리핑된 지적도의 속성테이블에서 Land_Use필드를 만든다.

1) 속성테이블 메뉴 중 Add를 클릭하여 필드를 만드는 대화창이 뜨면 다음과 같이 입력한다.
   - Field이름 : Land_use
   - Alias : Land_use
   - Data type : Text
   - Length : 5

2) 입력이 끝나면 Land_use 좌측탭을 누른 상태에서 드래그하여 jibun필드 다음으로 위치 시킨다.

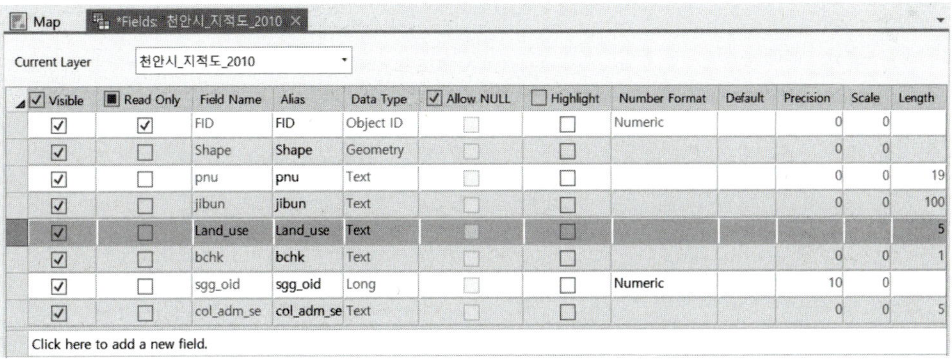

Visible	Read Only	Field Name	Alias	Data Type	Allow NULL	Highlight	Number Format	Default	Precision	Scale	Length
☑	☑	FID	FID	Object ID		☐	Numeric		0	0	
☑	☐	Shape	Shape	Geometry		☐			0	0	
☑	☐	pnu	pnu	Text		☐			0	0	19
☑	☐	jibun	jibun	Text		☐			0	0	100
☑	☐	Land_use	Land_use	Text		☐					5
☑	☐	bchk	bchk	Text		☐			0	0	1
☑	☐	sgg_oid	sgg_oid	Long		☐	Numeric		10	0	
☑	☐	col_adm_se	col_adm_se	Text		☐			0	0	5

그림 56 Land_Use필드 만들기

3) 메인메뉴에서 Save한다.

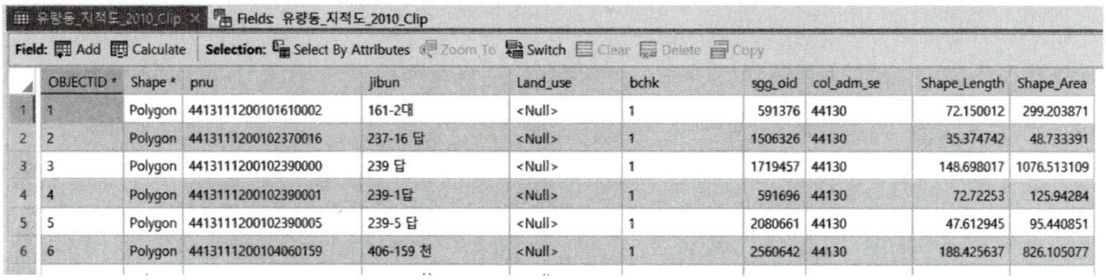

그림 57 만들어진 Land_Use필드(아직 값이 없으므로 "Null"로 돼 있다)

4) 지적도_2010_Clip 속성테이블 메뉴에서 Calculate을 클릭한다.

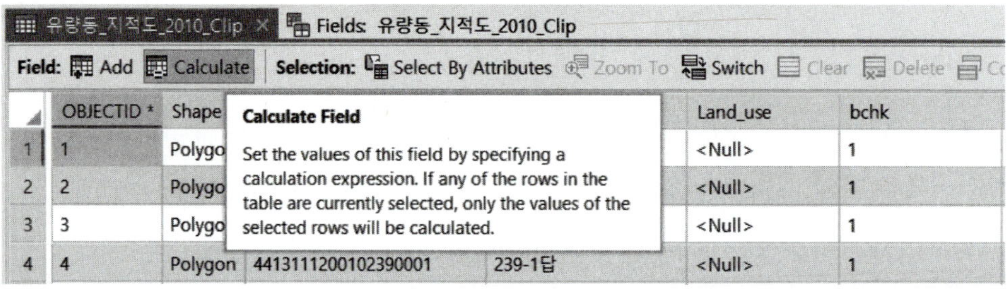

그림 58 Field Calculate

5) Expression type를 "Arcade"로 하고 Field Name창에서 Land_use로 선택한 후 Helpers에서 Right() 함수를 클릭한다. 아래 창에 Right() 함가 추가되었다. 마우스 커서를 () 사이에 놓고 Fields에서 "jibun"을 더블클릭하고 ",1"한다. 입력창을 보면 다음과 같이 된다.

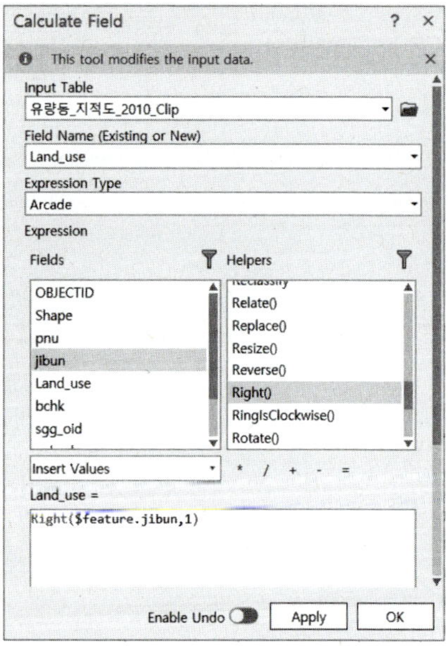

그림 59 Calculate Field로 지목만들기

6) 확인했으면 Apply한다. 적용한 후 Land_use필드에 지목이 채워진 것을 확인하자.

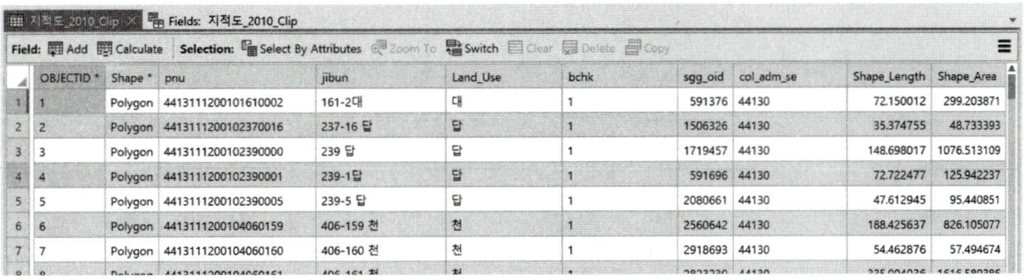

OBJECTID *	Shape *	pnu	jibun	Land_Use	bchk	sgg_oid	col_adm_se	Shape_Length	Shape_Area
1	Polygon	4413111200101610002	161-2대	대	1	591376	44130	72.150012	299.203871
2	Polygon	4413111200102370016	237-16 답	답	1	1506326	44130	35.374755	48.733393
3	Polygon	4413111200102390000	239 답	답	1	1719457	44130	148.698017	1076.513109
4	Polygon	4413111200102390001	239-1답	답	1	591696	44130	72.722477	125.942237
5	Polygon	4413111200102390005	239-5 답	답	1	2080661	44130	47.612945	95.440851
6	Polygon	4413111200104060159	406-159 천	천	1	2560642	44130	188.425637	826.105077
7	Polygon	4413111200104060160	406-160 천	천	1	2918693	44130	54.462876	57.494674

그림 60 Land_Use필드에 채워진 지목

7) 속성테이블을 빠져 나온다.

5.6 토지이용주제도 작성

토지이용주제도를 만들어 보자. Land_use필드의 지목을 이용하여 분류할 수 있다.

1) TOC → "지적도_2010_Clip"레이어 클릭 → 마우스 오른쪽 버튼 → Symbology

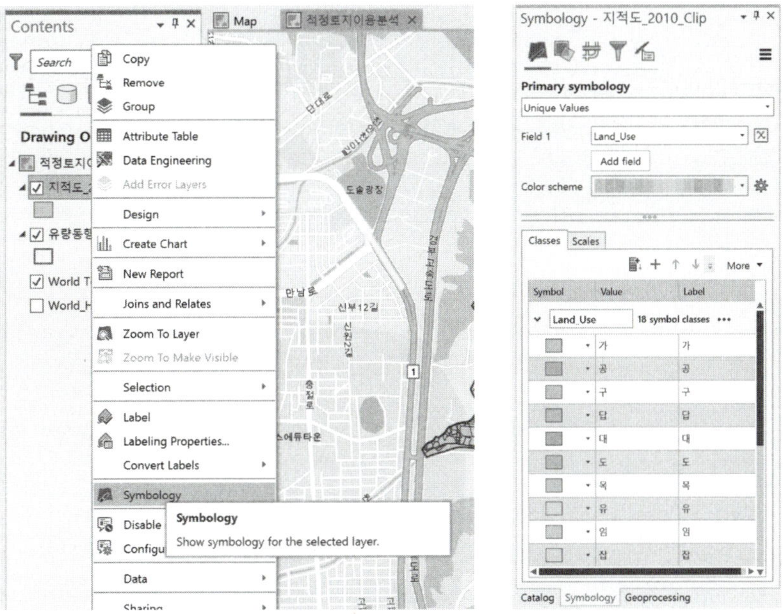

그림 61 Symbology로 지목 컬러링

2) Symbology 메뉴창이 나오면 다음과 같이 정한다.

- Primary symbol : Unique value (지목은 고유값이므로)
- Field1 : Land_use
- Color scheme : 분류결과가 적절하게 파악될 수 있는 color lamp로 선택

3) 지적도는 다음과 같이 지목에 따라 색채로 분류된다.

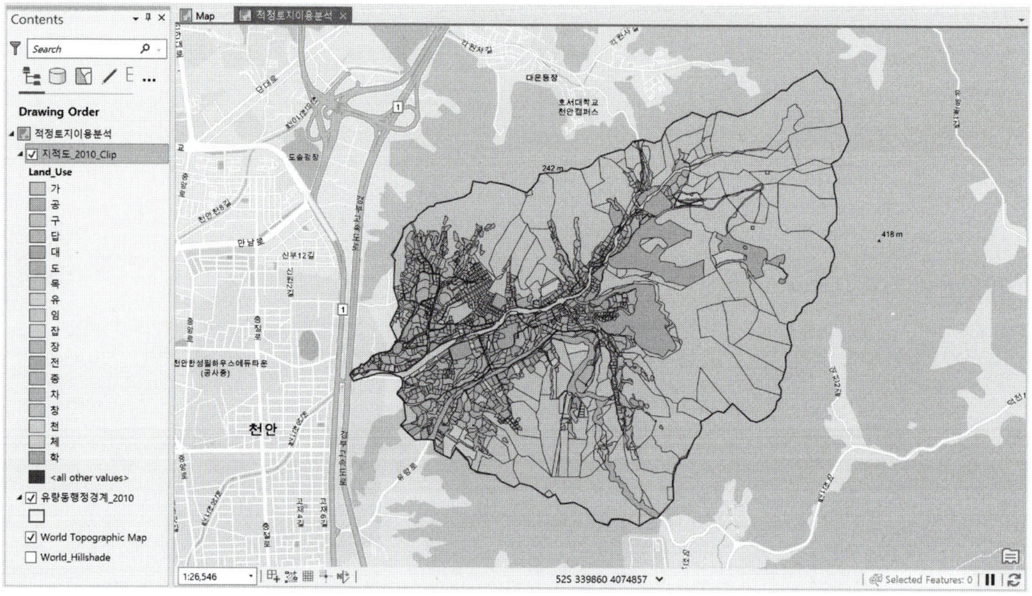

그림 62 지목에 따라 컬러링 분류된 지적도

지적도 지목에 따른 토지이용분류 주제도를 레포트로 만들어 보자.

1) Base map인 World Topographic Map 디스플레이를 끈다.

2) 메인메뉴 Insert → New Layout → 적절한용지선택(A4)하면 빈 용지가 열린다.

3) Graphics and Text 메뉴 중 사각형으로 지도를 삽입할 사각형을 그리고 주기란을 위한 사각형을 하나 더 그린다.

4) Map Frame 리본메뉴를 pull down하면 현재 작업하고 있는 지도들이 나타난다. 이중 토지이용지도를 선택하고 지도영역 사각형안에 삽입될 크기를 윈도우박스로 정한다.

5) Layout창의 왼쪽 아래의 축척변경창에서 적절한 축척으로 정한다.

6) 표시된 지도의 영역을 변경하려면 맵위에 마우스 오른버튼 → Activate을 선택하고 맵위에서 마우스를 클릭하여 움직여 조절한다. 조절이 끝나면 메인메뉴의 Layout → Close Activation Map을 클릭하여 종료한다.

7) 주기란을 삽입될 내용을 고려하여 몇 개의 난으로 나눈다. 이때 Graphics창에서 Line을 선택하여 그린다.

8) Straight Text로 타이틀을 입력한다. (예: 유량동 토지이용주제도) 필요한 그림을 삽입할 수도 있다.

9) North arrow를 삽입한다. 축척은 Dynamic Text로 입력한다.

10) Scale bar를 삽입한다. Unit을 Km로 변경한다.

11) 좌표계 등 Reference를 표시한다. Dynamic Text → Spatial Reference를 클릭하고 삽입할 위치를 윈도우로 정한다. 많은 내용들이 삽입되므로 꼭 필요한 사항만 골라 표시한다. 텍스트를 더블클릭하면 우측에 내용들이 버튼으로 나타난다. 필요한 것만 남기고 선택하여 삭제한다. (필요한 것 예: gcs, datum, projection, central meridian 등)

12) Legend를 삽입한다. Legend를 클릭하고 범례를 삽입할 위치에 윈도우를 설정한후 오른쪽 옵션에서 필요한 사항들을 정한다.

13) Key Map을 삽입한다. 리본메뉴 Map Frame → 삽입하고자하는 맵(광범위 소축척)을 선택하고 삽입위치를 윈도우로 정한다. Activation을 활성화 하여 줌인,아웃하고 위치를 조정한다.

14) 메인매뉴 Insert → Extend Indicator → Map Frame를 선택한다. Key Map에 주제도에 대한 영역이 박스로 표시된 것을 확인하자.

15) 리본메뉴를 이용하여 Map Grid를 넣는다. 그리드의 간격, 색깔 등은 TOC의 해당요소의 속성에서 수정한다. 격자의 좌표는 Componant의 Gridline과 Labels에서 정하자.

16) 주제도가 완성되면 메인매뉴의 Share → Layout에서 형식과 해상도 등을 정한 후 Export한다.

전원주택단지로서 지목이 “임”, “전”, “답”을 선택하기로 하였으므로 조건에 맞는 필지를 내보내기 해보자.

1) TOC → 지적도_2010_Clip 오른버튼 → Data → Export Feature
   - Input : 지적도_2010_Clip
   - Output Location : 적지분석.gdb
   - Output Name : 임전답필지

그림 63 내보내기 메뉴

2) New Expression버튼을 눌러 선택기준을 정한다. 추가는 “+Add Clause”를 이용한다.

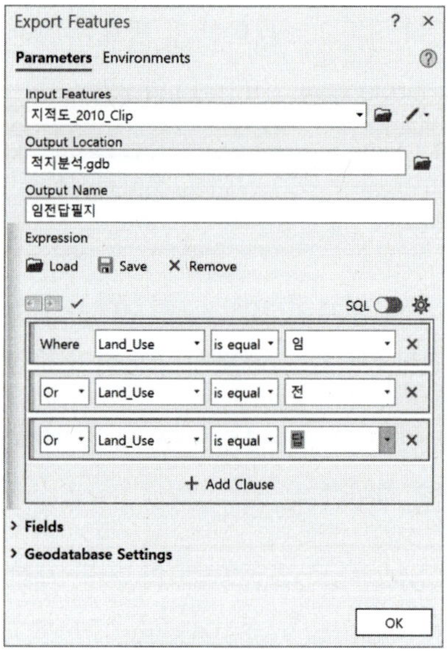

그림 64 속성선택으로 피쳐내보내기

3) OK해보자. 다음과 같이 Land_use가 “임”, “전”, “답”인 필지가 만들어져 TOC에 추가된다.

> 임,전,답 필지만 선택이 되었지만 범례는 전부 남아 있다. 이는 속성테이블이 refresh가 되지 않아서 이다.

3) TOC의 "임전답필지"클릭 → 마우스 오른쪽 버튼 → Symbology → Add all value클릭하면 해당된 범례로 정리된다.

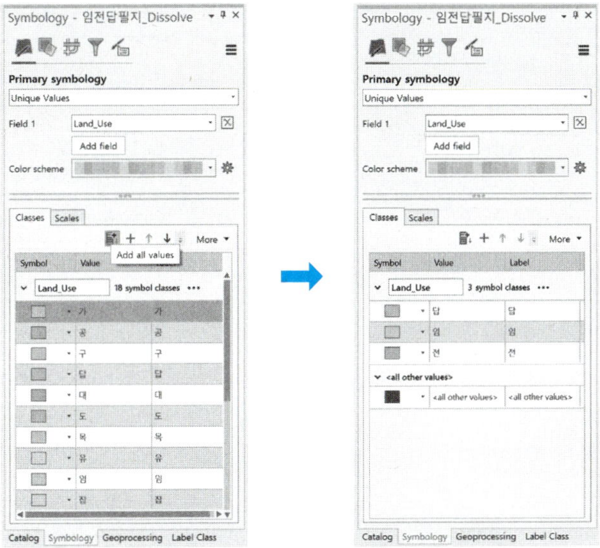

그림 65 속성 Refresh

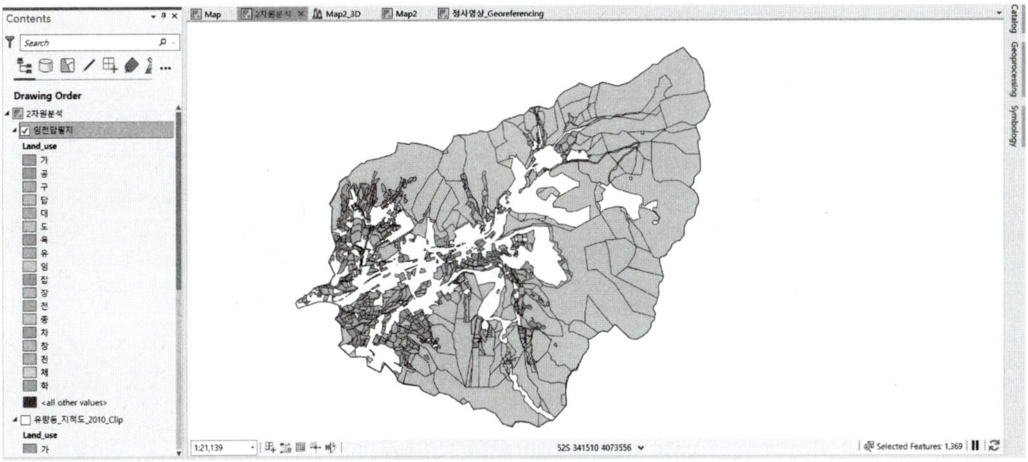

그림 66 Export된 Land_Use="임", "전", "답"

주) ArcGIS 10에서는 해당 필지를 Select by Attribute로 선택한 후 Export data를 이용하여 Single Shape file로 내보냈으나 Pro에서는 이를 한 과정으로 통합하였다.

임전답 필지를 추출하였으나 같은 임야필지라도 여러 필지로 구성되어 있다. 같은 속성끼리 하나의 폴리곤으로 통합할 필요가 있다.

7) Toolbox → Data management tools → Generalization → Dissolve

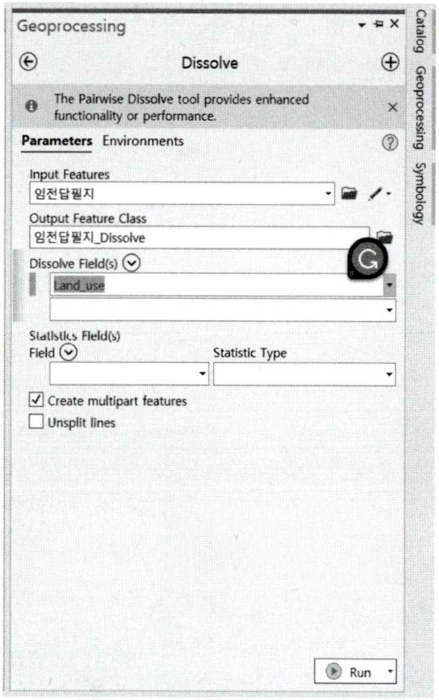

그림 67 Dissolve

Run!!

다음과 같이 통합된 필지를 얻을 수 있다.

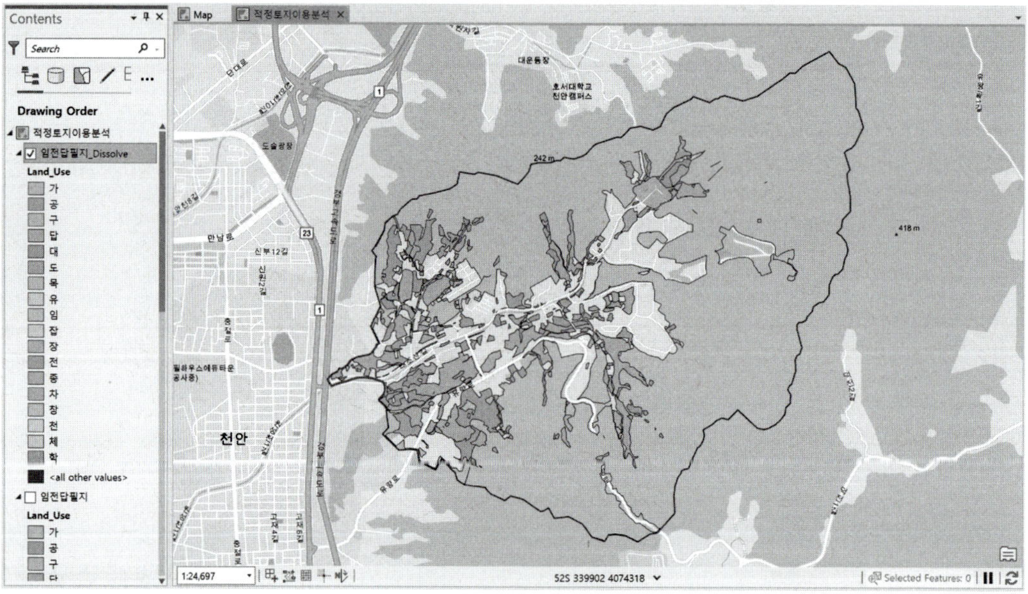

그림 68 Dissolve 된 토지이용도

여기서 각 토지이용 별 면적을 산출 할 수 있다.

임전답필지_Dissolve

	OBJECTID *	Shape *	Land_use	Shape_Length	Shape_Area
1	1	Polygon	답	34284.002124	453331.98201
2	2	Polygon	임	49658.849865	4099420.72358
3	3	Polygon	전	34921.216728	353136.910841

그림 69 Dissolve후의 속성테이블

유량동의 면적이 6,158,894m^2 이므로

임야 : 4099421m^2, 66.6%

전 : 453332m^2, 5.7%

답 : 34921m^2, 7.4%

에 해당한다.

8) 본 프로젝트에서는 토지이용이 임전답 모두의 경우에 적정토지이용으로 보기 때문에 Dissolve field를 Land_Use로 하지 않고 적용하여 최종 적정 토지 이용 폴리곤을 얻는다.

> 주) Dissolve field를 blank로 둔다.

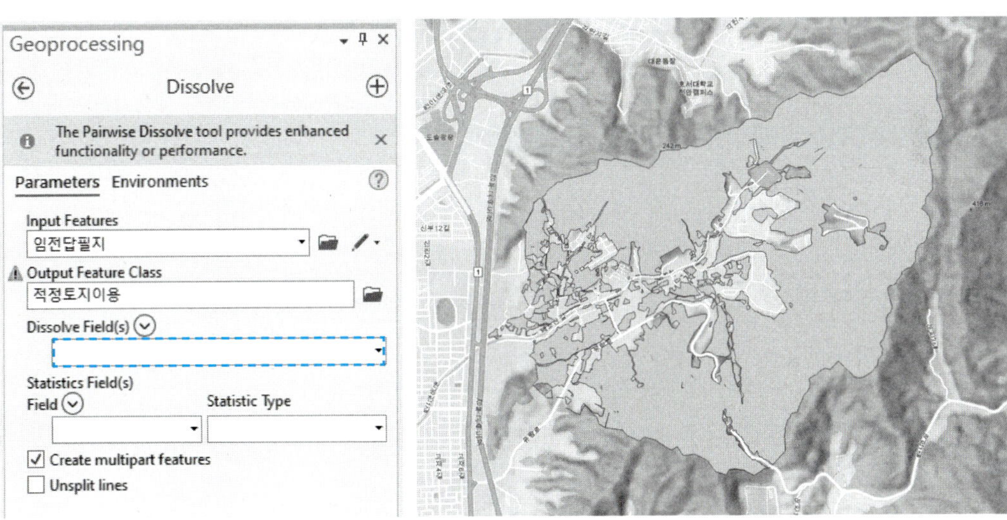

그림 70 Land_Use="임", "전", "답"을 하나의 폴리곤으로 묶기 위한 Dissolve

6. 개발제한구역 설정

개발행위로부터 어느 지역을 보호하기 위해 도시기본계획에 정한 지역들이 있다. 이러한 지역은 그린벨트, 녹지보전지역 등이 있는데 아무리 좋은 입지조건을 가지고 있다고 할지라도 법적으로 개발이 불가능하므로 대상지역에서 제외시켜야 한다. 본 실습단계는 대상지역 내에 개발불가능 지역을 파악하고 이를 폴리곤으로 만들어 대상지역에서 제외시켜야 할 것이다. 제공한 실습데이터에서 "보전지역.dwg"는 도시기본계획에서 대상지역부분을 발췌하여 제공하였다.

본 실습에서는 도시기본계획에서 정한 토지이용계획 상 보전지역을 폴리곤으로 추출하여 이를 제외하는 방법에 대해 설명한다.

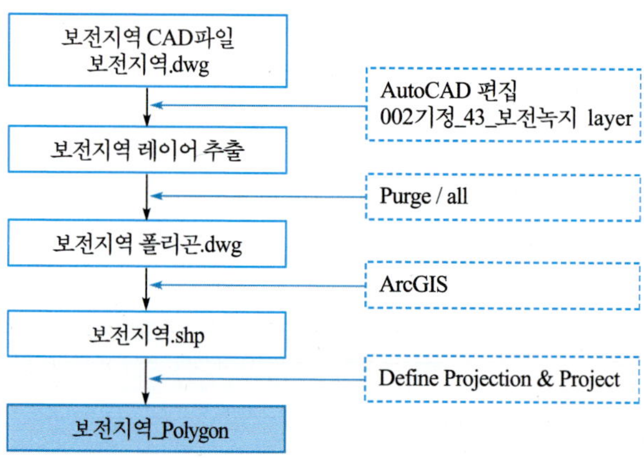

그림 116 보전지역 폴리곤 만들기

6.1 AutoCAD에서 제한구역 폴리곤 만들기

1) 실습폴더 보전지역폴더에 있는 "보전지역.dwg"파일을 AutoCAD에서 연다. 이 CAD파일은 도시기본계획에서 정한 토지이용계획도면이다.

   참고로 이 CAD파일은 Korea 1985 modified central Belt좌표계로 작성 되었다.

그림 72 대상지 내 토지이용계획 CAD파일

2) 따라서, 2010좌표계로 되어 있는 프로젝트경계를 동일한 좌표계로 변환하여 AutoCAD로 가져가야 한다. "유량동행정경계_2010"을 "Korea 1985 modified central Belt"좌표계로 투영변환하여 "유량동행정경계_1985M"를 만든다.

3) Toolbox → Conversion tools → To CAD → Export to CAD → Run~

> 주) OutFile은 사용하는 AutoCAD의 버전을 고려하여 설정한다.

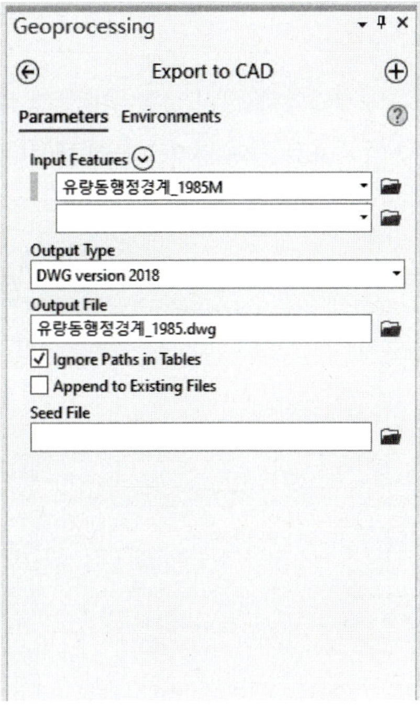

그림 73 행정경계→ CAD파일

4) 먼저 AutoCAD에서 "보존지역.dwg"를 열고 다음으로 "유량동행정경계_1985M"를 insert해보자. 좌표계가 다르므로 매우 많이 떨어져 있다. 따라서, AutoCAD에서 데이터폴더에 있는 "보전지역.dwg"파일과 "유량동행정경계.dwg"파일을 각각 연다.

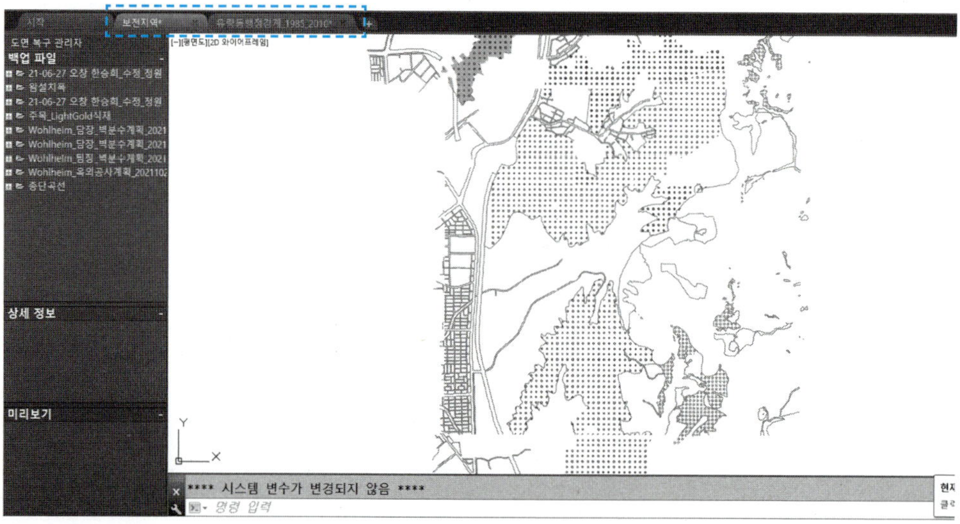

그림 74 토지이용계획과 행정경계 CAD파일 open

5) "보전지역.dwg"파일에 "유량동행정경계.dwg"파일을 복사하여 붙인다. 이때 클립보드 → 원래의 좌표로 붙여 넣기로 붙여 넣는다. 제대로 중첩이 됐는지 확인하자.

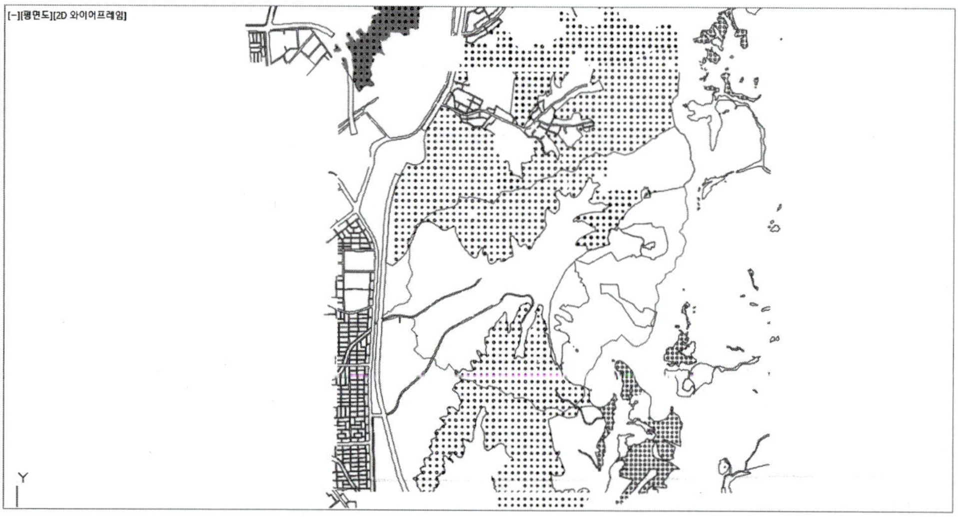

그림 75 토지이용계획과 행정경계의 중첩

6) Layer를 보자. 보전녹지는 "002기정-43-보전녹지"layer이므로 이 layer와 "유량동행정경계" 레이어 만을 남기고 모두 삭제한다.

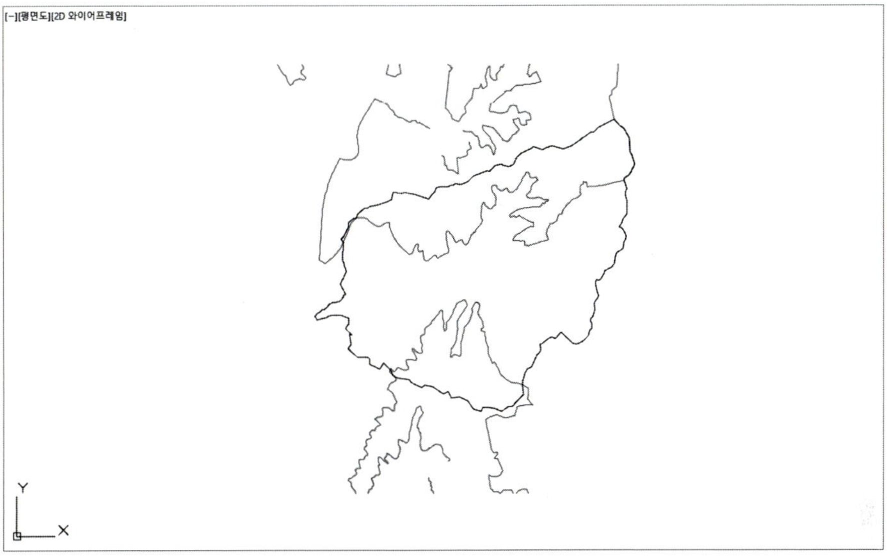

그림 76 토지이용계획으로부터 추출된 보전지역

7) AutoCAD편집을 통해 대상지역 내에 있는 보전지역을 폴리곤으로 작성한다.
Trim명령어와 boundary명령으로 보전지역을 폴리곤으로 작성한다. 다음과 같다.

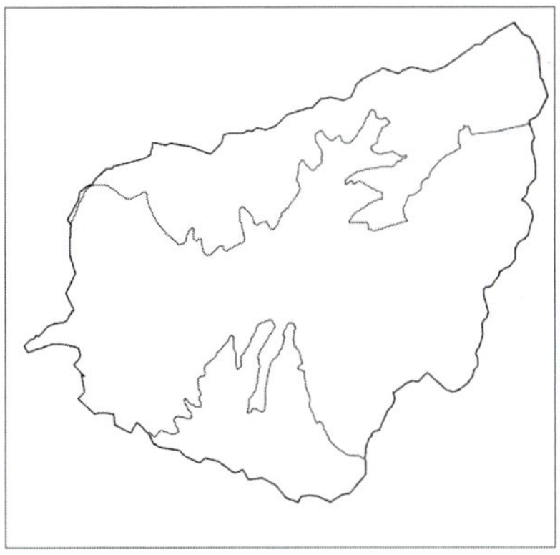

그림 77 행정경계와 보전지역의 중첩

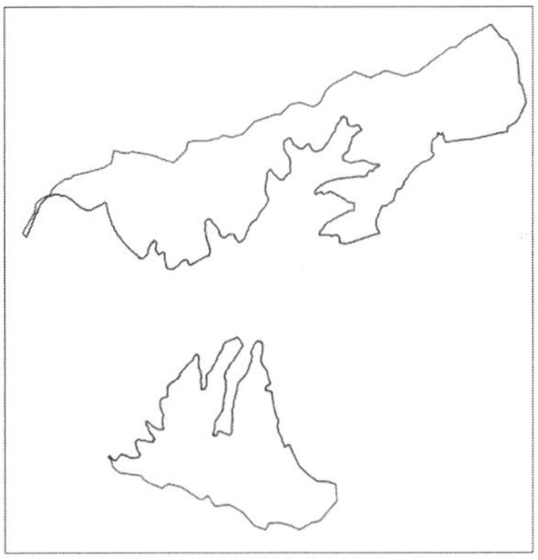

그림 78 폴리곤화된 보전지역

8) Purge하여 도면을 정리하고"보전지역_Polygon.dwg"로 저장한다.

6.2 보전지역 폴리곤 shape파일 만들기

1) ArcGIS Pro에서 New Map을 만들고 "보전지역"으로 이름을 변경한다.

2) Catalog에서"보전지역_Polygon.dwg"하위 Polygon feature를 ArcGIS Pro로 드래그 한다.

폴리곤을 shape file로 내보낸다.

3) TOC의"보전지역_Polygon"클릭 → 마우스 오른쪽 버튼 → Data → Export feature
   - Output : 보전지역_Polygon(저장위치는 Default로 "적지분석.gdb"이다)

TOC에 보전지역 폴리곤 파일이 추가되었다. 기존 캐드파일은 제거하자.

4) Define Projection으로 "Korea 1985 modified central Belt"좌표계를 정의한다.

5) Project로 "Korea 2000 Korea Central Belt 2010"좌표계로 투영 변환한다.
   - Output : 보전지역_Polygon_2010

기존의 "보전지역_Polygon"은 삭제한다. 다음과 같이 최종적으로 보전지역이 얻어졌다.

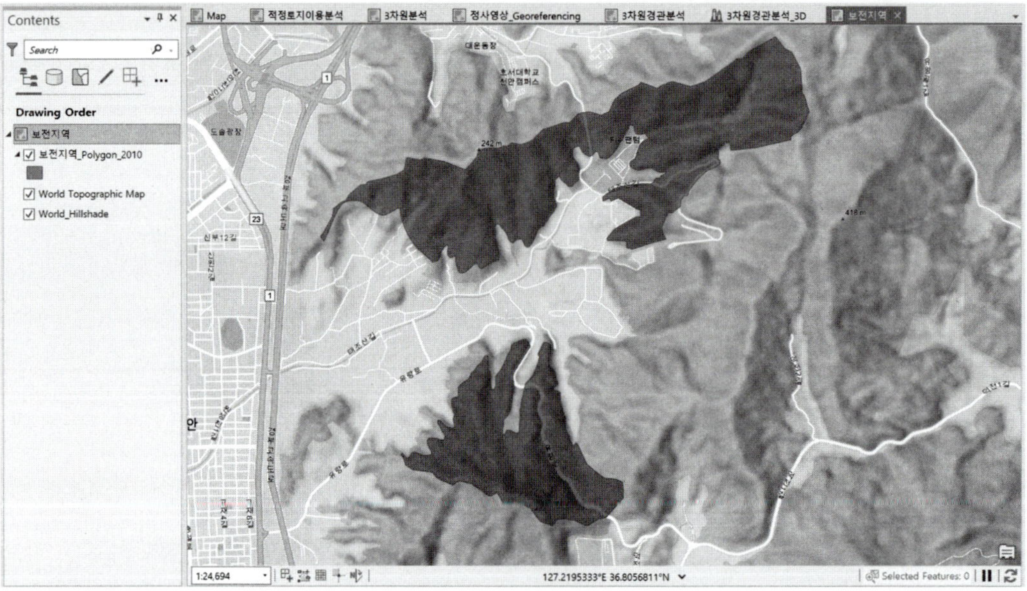

그림 79 CAD→ArcGIS Pro, 좌표계정의 후 투영변환한 후의 보전지역

7. 도로 및 혐오시설 버퍼설정

적지분석에서 도로로 부터의 접근성이 좋아야 하며 반면에 혐오시설로부터는 어느 정도 이격해야 한다. 이를 위해서는 접근거리 및 이격거리를 설정하고 Buffer를 정해야 한다.

7.1 접근성확보를 위한 버퍼설정

인근 간선도로로 부터의 접근성은 주거지로써 중요한 조건이 된다. 이러한 접근성은 해당지역의 도로망도 또는 수치지도로부터 추출한 도로중심선으로부터 버퍼(Buffer)를 형성하여 분석할 수 있다. 본 실습에서는 실습데이터로 주어진 수치지도를 조합하고 해당 왕복2차선 이상의 도로중심선 레이어를 추출하여 300m버퍼 폴리곤을 만들어 적지선정 시 만족조건으로 하고자 한다.

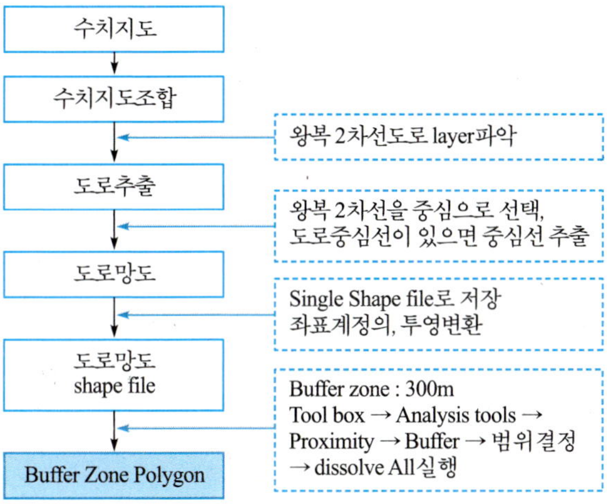

그림 80 접근성분석을 위한 도로버퍼링 과정

7.2 수지지도 준비

1) 먼저 ArcGIS Pro 적지분석프로젝트에서 New Map을 추가하고 “버퍼설정”이라고 이름을 변경한다.

2) nsdi.go.kr → 개방공간 → 오픈마켓 → 수치지형도 V2.0 SHP버튼을 클릭 → “천안”을 검색하여 동남구를 다운로드한다.

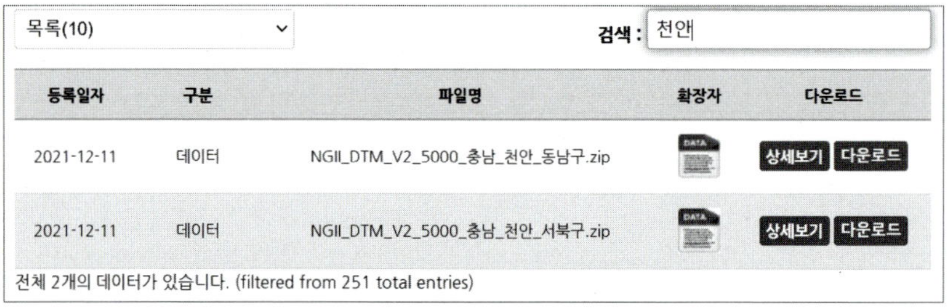

목록(10) 검색 : 천안

등록일자	구분	파일명	확장자	다운로드
2021-12-11	데이터	NGII_DTM_V2_5000_충남_천안_동남구.zip	DATA	상세보기 다운로드
2021-12-11	데이터	NGII_DTM_V2_5000_충남_천안_서북구.zip	DATA	상세보기 다운로드

전체 2개의 데이터가 있습니다. (filtered from 251 total entries)

그림 81 국가공간정보포털사이트에서의 수치지도 다운로드

데이터 상세보기에서 좌표계가 “GRS80 TM 중부/동부/서부”로 되어 있으므로 세계측지좌표계임을 알 수 있다.

3) 다운로드한 압축파일을 풀면 동남구에 대한 여러 개의 수치지도압축파일이 있으므로 이중에서 “유량동”에 해당하는 도엽번호를 구해야 한다. 국토지리정보원검색에서 해당 도엽번호를 찾는다.

www.ngii.go.kr → 자주 찾는 서비스 → 항공사진 · 지도받기에서 “유량동”검색 → 유량동 전체지역이 보일 수 있도록 Zoom out

간편지도검색 → 인덱스 → 1:5,000을 선택하면 1:5,000도엽인덱스가 나타난다. 프로젝트지역에 해당하는 도엽은 총 5개 도엽이다.

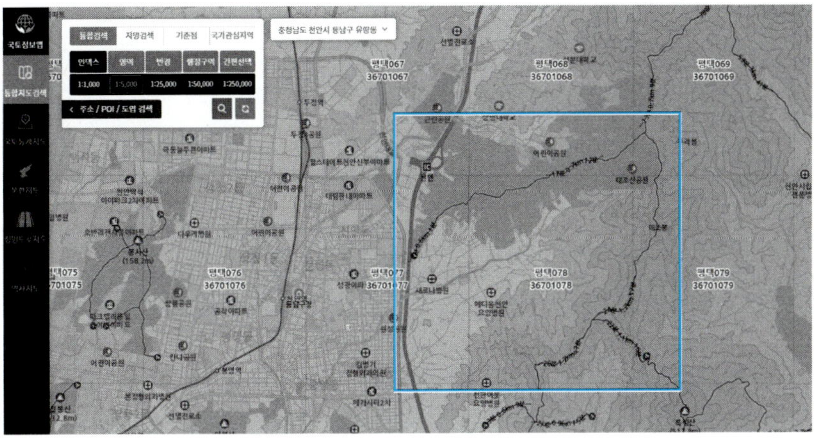

그림 82 대상지에 포함된 수치지도 검색

36701067	36701068	36701069
36701077	36701078	36701079
36701087	36701088	36701089

그림 83 해당 수치지도

4) 해당지역에 해당하는 5도엽을 압축을 푼다.

5) 적지분석Data 폴더의 수치지도에서 "연속수치지형도 데이터 설명서 Ver 5.1.1"에서 도로에 해당하는 shape파일을 확인한다. 1:5,000 수치지도에서의 도로중심선은 "A0020000.shp"레이어가 포함하고 있다.

표 4 전국 연속수치지형도 코드 및 레이어 설명서 Version 5.1.1(국토지리정보원)

연번	분류	지형지물	레이어명					
			1/1,000		1/5,000		1/25,000	
1	교통	도로경계	N1A_A0010000	면	N3A_A0010000	면	N4A_A0010000	면
			N1L_A0010000	선	N3L_A0010000	선	N4L_A0010000	선
2	교통	도로중심선	N1L_A0020000	선	N3L_A0020000	선	N4L_A0020000	선
3	교통	인도(보도)	N1L_A0033320	선	N3L_A0033320	선	-	-
4	교통	횡단보도	N1A_A0043325	면	-	-	-	-
5	교통	안전지대	N1A_A0053326	면	N3A_A0053326	면	-	-
6	교통	육교	N1A_A0063321	면	N3A_A0063321	면	-	-

주) 도면을 조합하는 툴은 Append와 Merge가 있다. Append는 레이어이름을 기반으로 조합하는 경우 사용하고 Merge는 이름에 관계없이 위치기반으로 조합하는 경우에 사용한다. 따라서, Append에서 각 수지지도 도엽의 같은 이름의 shp파일을 입력하면 같은 이름으로 인식하여 Error가 발생한다(ERROR code 002948).

본 실습에서는 Merge tool을 사용하여 도로망도를 조합한다.

3) 5개의 수지지도에서 각각의 도엽마다 "A0020000"레이어를 추출하여 조합해야 하므로 Geoprocessing → Merge툴을 이용한다. 레이어를 입력하고 Run~

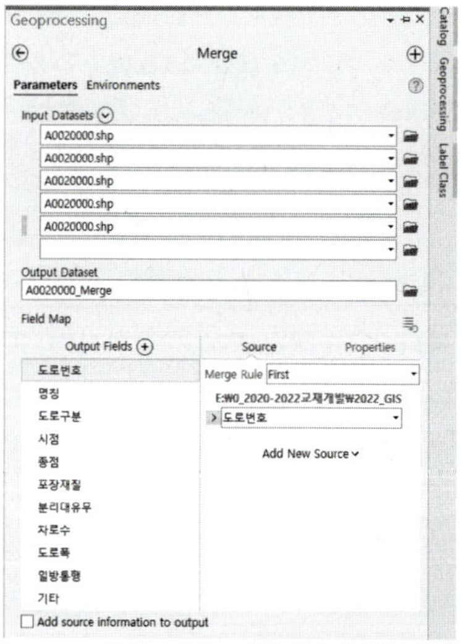

그림 84 도로망도 조합을 위한 Merge

다음과 같이 Merge된 도로망도를 얻었다.

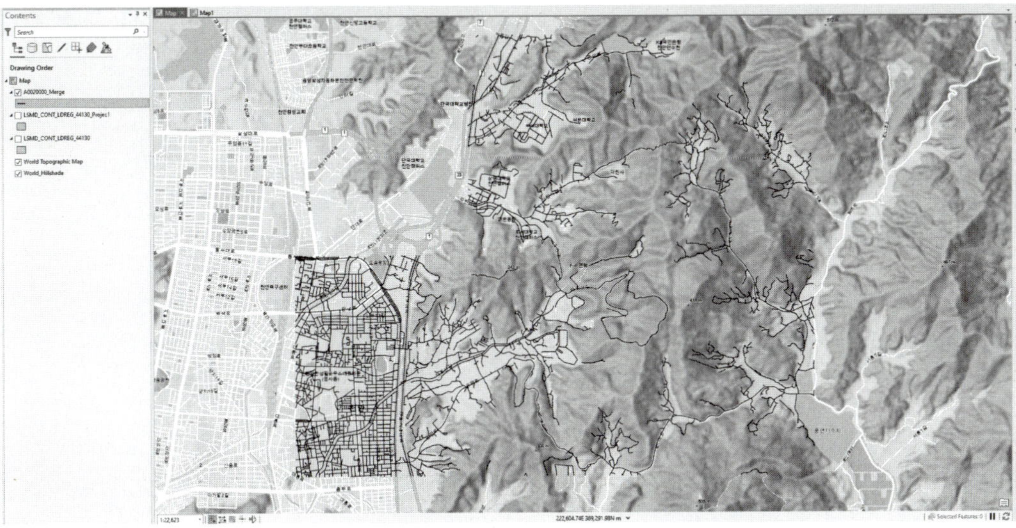

그림 85 Merge tool에 의해 조합된 도로망도

4) 도로망도 중 "소로"를 제외한 도로를 추출한다.

"도로망도" 속성테이블 → Select By Attribute

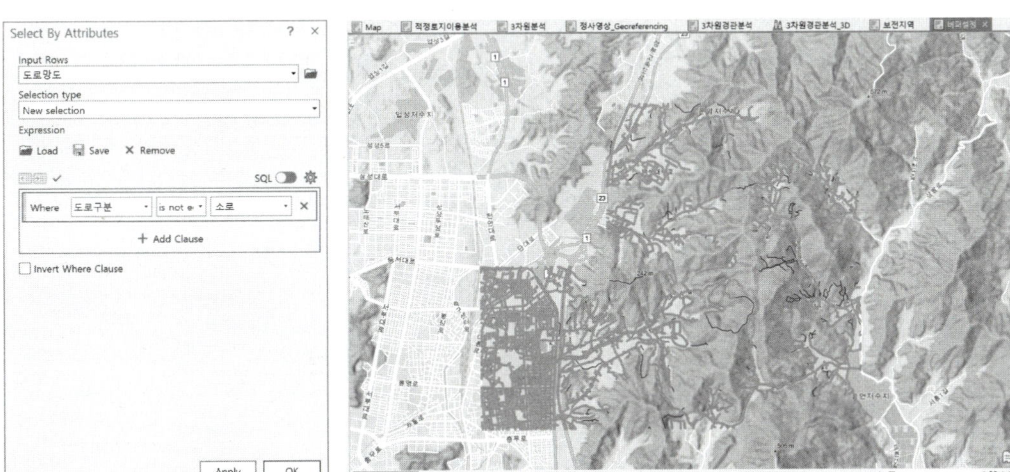

그림 86 속성이 소로인 도로이외 선택

5) TOC "도로망도"클릭 → 마우스 오른쪽 버튼 → Data → Export features

– Output Name : 도로망도_소로제외

OK!!, TOC에서 추가된 레이어를 확인하자.

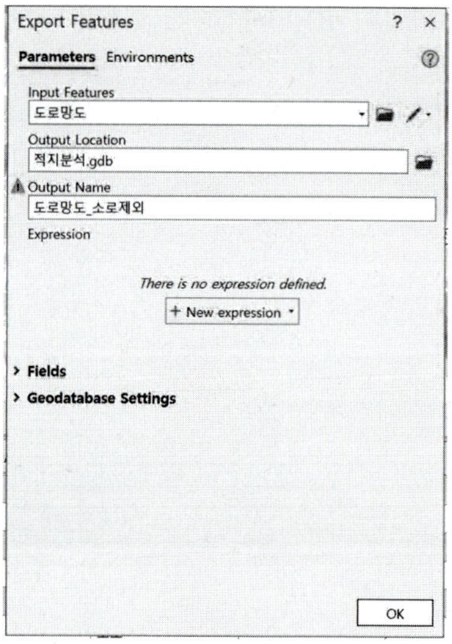

그림 87 소로제외 도로망 내보내기

6) 메인 매뉴 Select에서 Clear하자.

이제 행정경계를 기준으로 "도로망도_소로제외"를 Clipping해야 한다.

10) Map "3차원분석"에서 "유랑동행정경계_2010"을 복사해 온다.

Analysis Tools → Extract → Clip

Run~!!

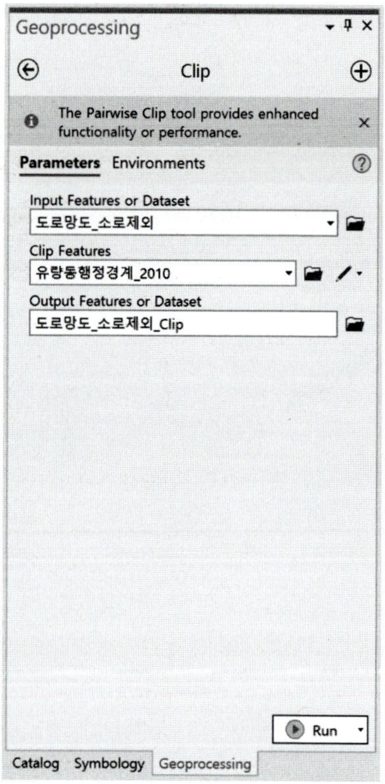

그림 88 Clipping

7) "도로망도_소로제외_Clip"과 "유량동행정경계_2010" 만 남기고 모두 Remove한다.

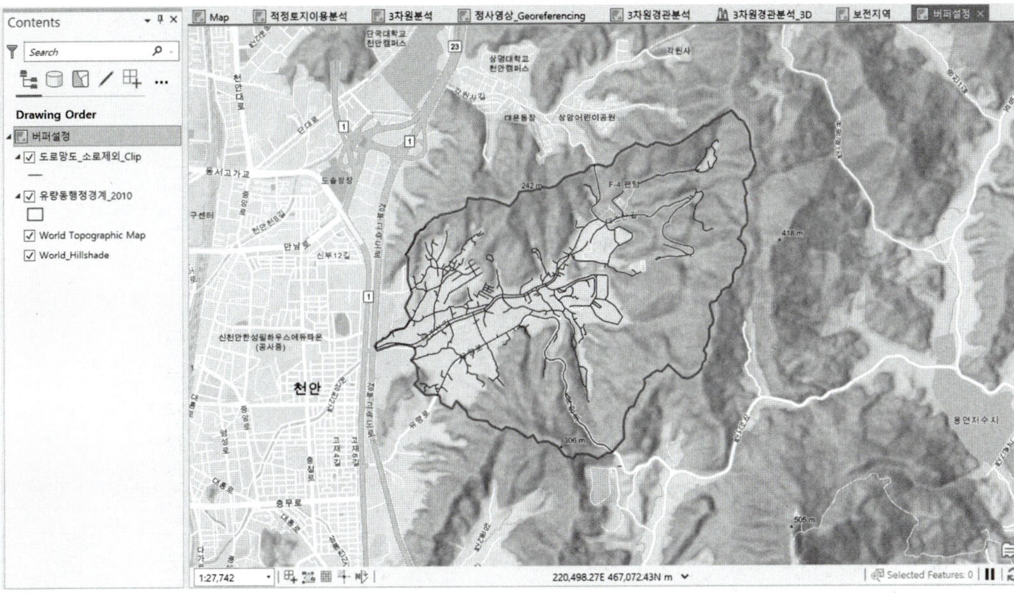

그림 89 행정구역 경계와 도로망도(소로제외) 의 중첩

8) Analysis Tools → Buffer

- Distance : 200 Meters
- Dissolve type : "Dissolve all output features into a single feature"

Run~!!

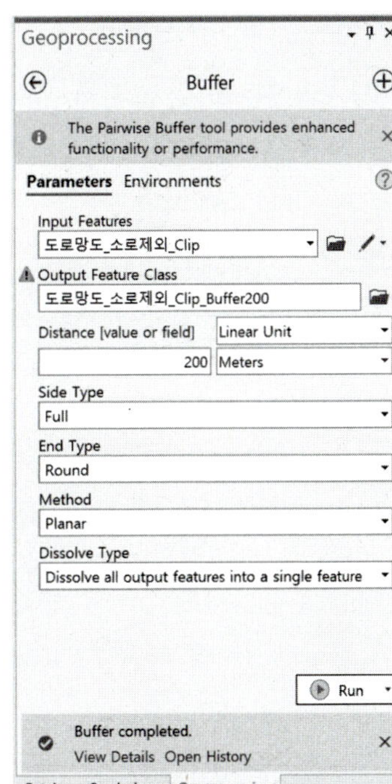

그림 90 도로망도 Buffering

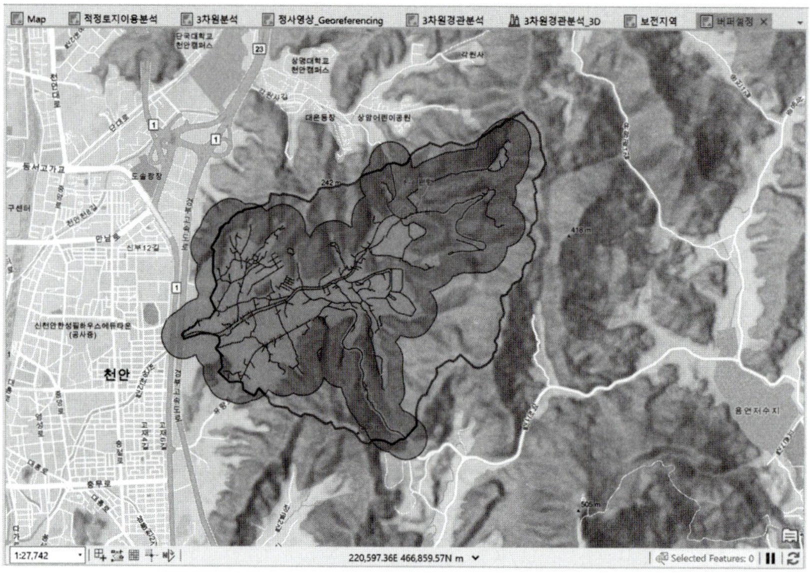

그림 91 도로버퍼(200m)

7.2 혐오시설 버퍼설정

해당지역에는 묘지, 묘지계, 분뇨 및 쓰레기처리시설, 장례시설, 동물 및 식물관련시설, 가스충전소, 주유소가 없으므로 자동차관련시설, 공장, 창고에 대한 버퍼를 정하고 이를 배제시키기로 한다.

"연속수치지형도 데이터 설명서 Ver 5.1.1"에서 혐오시설에 대한 레이어 정보를 보자.

다음 레이어들이 해당 정보를 가지고 있다. 따라서 5개의 도엽의 해당 레이어를 통합하여 혐오시설 쉐이프 파일을 만들고 버퍼를 설정한다. 혐오시설은 다음 박스에 제시된 시설로 제한한다. 앞절(5.1절) 의 5) ~8) 까지의 방법으로 진행한다.

> B0010000 용도
> - 자동차관련시설
> - 공장
> - 위험물저장 및 처리시설
> - 창고시설

1) 각 도엽에서 "B0010000"레이어를 TOC로 가져온다.

2) Merfge tool을 이용하여 통합하고 이름을 "혐오시설"로 한다.

3) "유량동행정경계_2010" 폴리곤으로 Clipping한다.
   - Output Name : 혐오시설_Clipping

4) 속성테이블 → Select By Attribute
   용도가 다음에 해당하는 시설물을 선택한다.
   - 공장, 동식물관련시설, 분뇨 및 쓰레기처리시설, 위험물저장 및 처리시설, 자동차관련시설, 장례시설, 창고시설

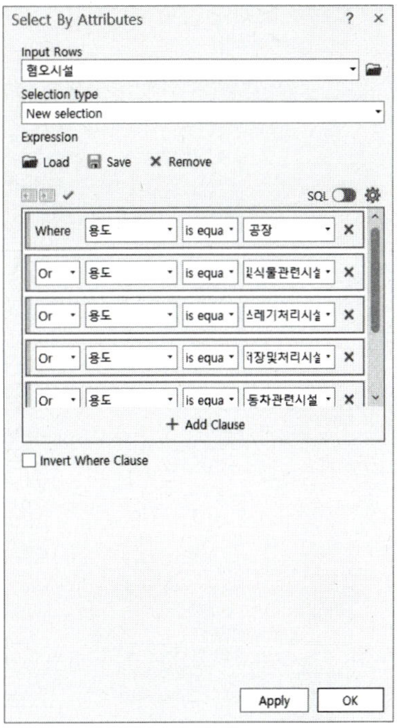

그림 92 혐오시설 속성선택

5) Export Feature
   - Output Name : 혐오시설추출

그림 93 추출된 혐오시설

6) "유량동행정구역경계_2010" 폴리곤으로 Clipping한다.

7) 300m Buffer를 설정하고 Dissolve 하여 폴리곤을 만듭니다.

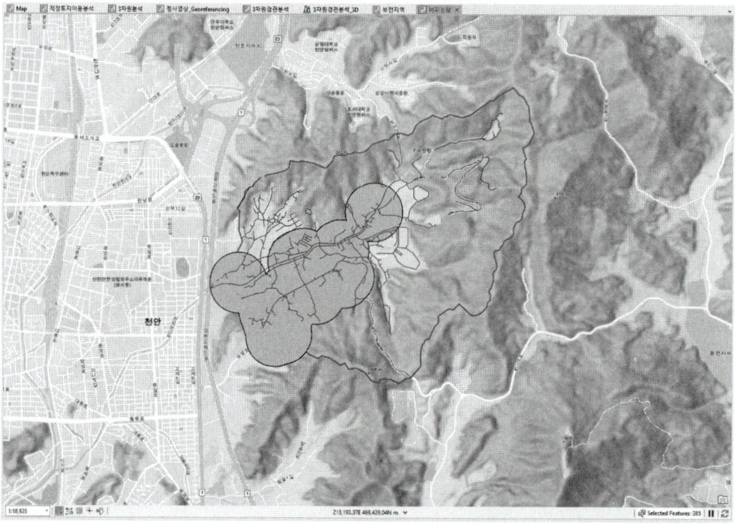

그림 94 혐오시설 Buffer(300m)

8. 3차원분석

전원주택지에 적합한 경사도와 향을 만족하는 지역을 추출하기 위해서는 3차원분석을 해야한다. 3차원 분석을 위해서는 DEM이 필요한데 항공사진측량, 항공LiDAR, Radar측량으로 얻어진 데이터로 만들 수 있다. 본 실습에서는 국가기본도 1:5,000수치지도에서 등고선 레이어를 추출하여 TIN을 만들고 DEM을 제작하고자 한다.

8.1 등고선 레이어 추출

해당 도엽 중 등고선 레이어가 "F0010000"이므로 다섯 도엽의 레이어를 통합해야 한다.

1) 수치지도폴더 안에 Contour폴더를 만들고 5개의 수치지도로부터 등고선레이어 "F0010000"를 Merge하여 Contour_total이름으로 출력한다.

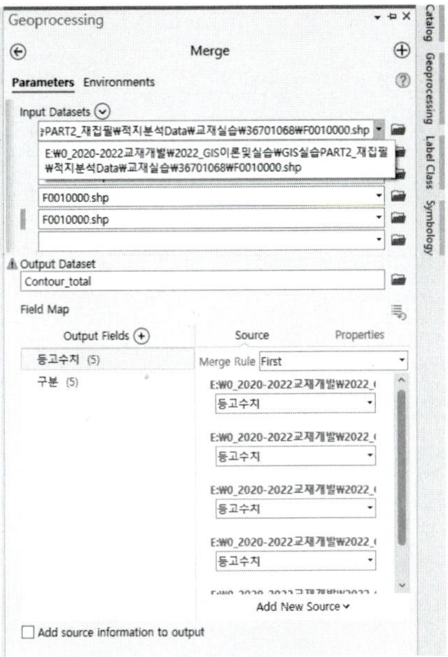

그림 95 등고선도 Merge

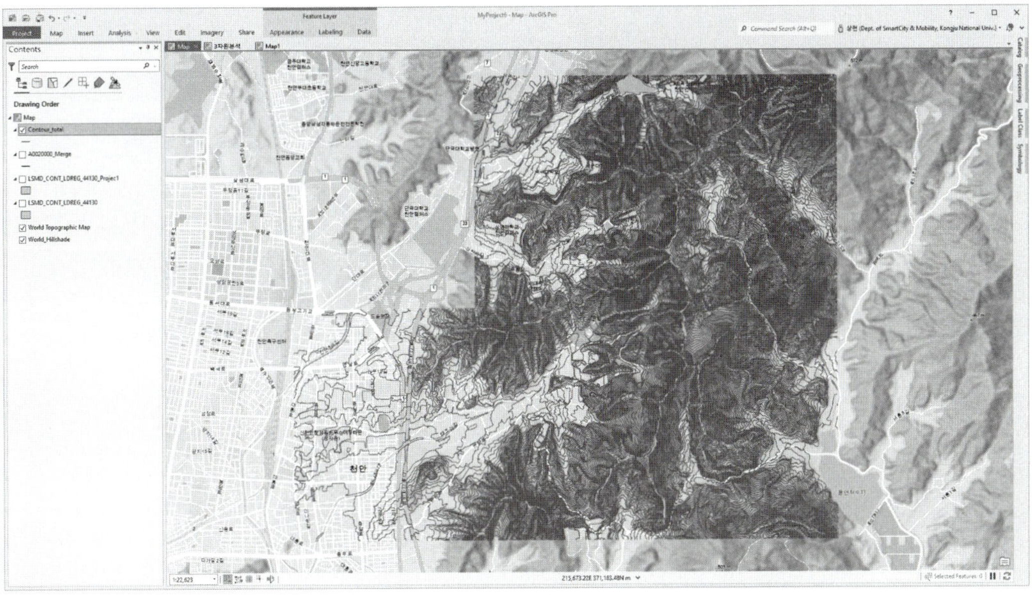

그림 96 Merge된 등고선도

2) ArcGIS Pro에 새로운 맵을 추가(Insert → New Map) 하여 "3차원분석"이라고 이름을 변경한다(TOC에서 변경한다) .

> ArcGIS Pro에서는 하나의 프로젝트에 여러 개의 맵을 구성할 수 있게 되어 있다.

3차원분석 Map tab를 클릭하고 드래그하여 화면 아래에 배치시킬 수 있다.

4) 3차원분석탭을 드래그하여 적정토지이용분석맵 밑에 놓으면 다음과 같이 배치된다.

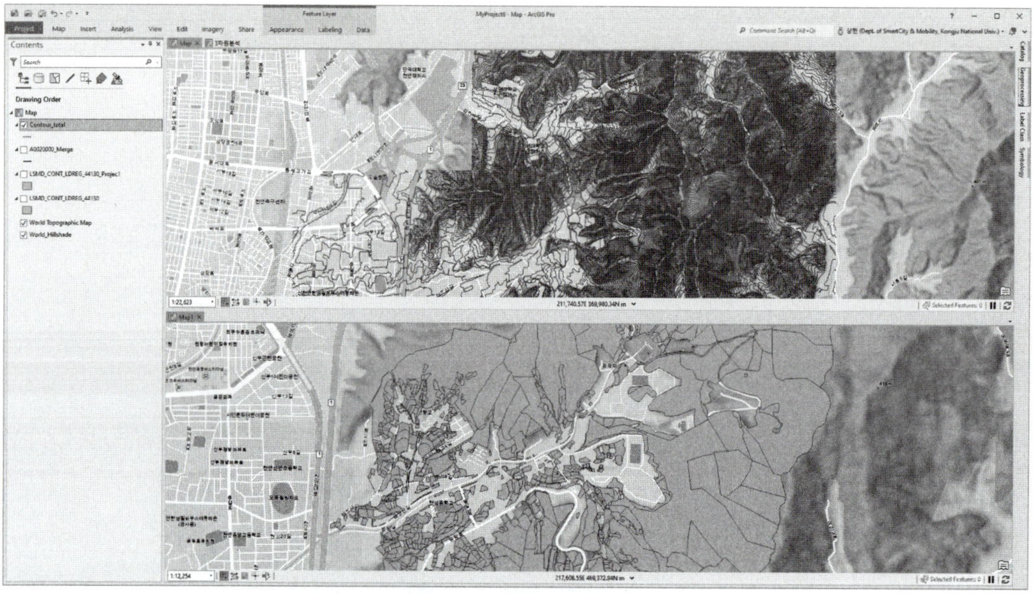

그림 96 멀티화면으로 배치한 적정토지이용필지와 Merge된 등고선도

8.3 TIN과 DEM제작

1) 적정토지이용분석 Map에 있는 유량동행정경계를 복사하여 3차원분석Map의 TOC "3차원분석"에 붙여넣는다.

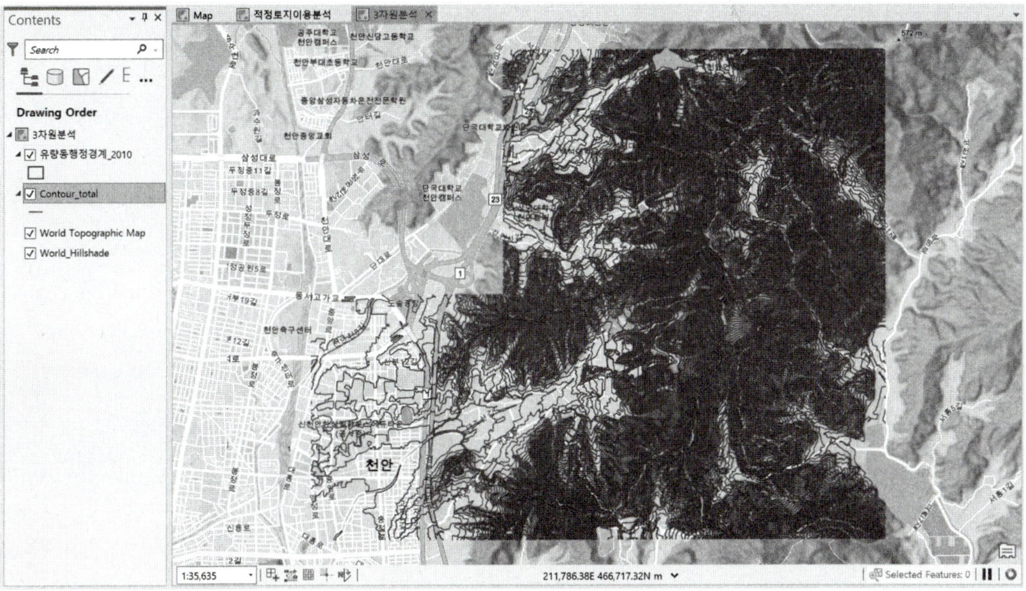

그림 97 등고선과 행정경계 폴리곤

2) Toolbox → 3D Analyst tools → TIN dataset → Create Tin
   - Output TIN : TIN저장위치를 실습폴더로 하고 tin1으로 저장
   - 첫 번째 Input feature : 등고선_total → Soft_Line ⊕ Add another를 클릭하여
   - 두 번째 Input feature(Add another) : 유량동행정경계_2010 → Soft_Clip

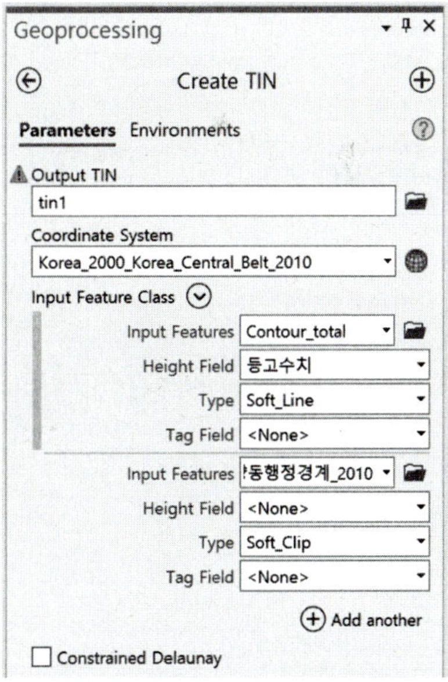

그림 98 Create TIN

다음과 같이 TIN이 만들어졌다. Soft Edge 때문에 잘 보이지 않는다.

그림 99 만들어진 TIN

3) TOC → tin1레이어 전개 → Soft Edge 오른버튼 → No Color로 선택한다. 다음과 같다.

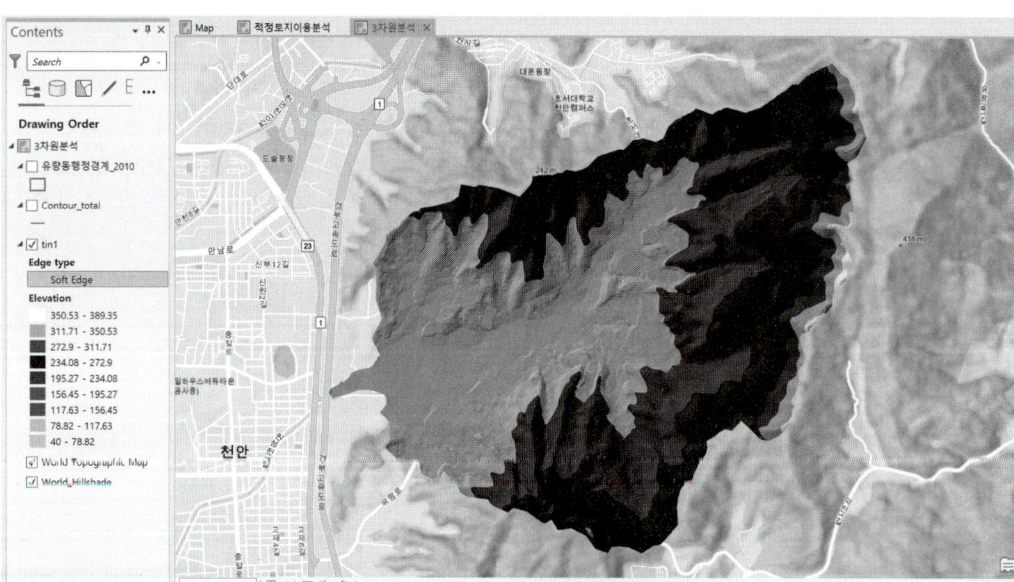

그림 100 Soft Edge가 제거된 TIN

다음 DEM Raster를 만든다.

4) 3D Analyst Tools → TIN Dataset → Conversion → TIN to Raster

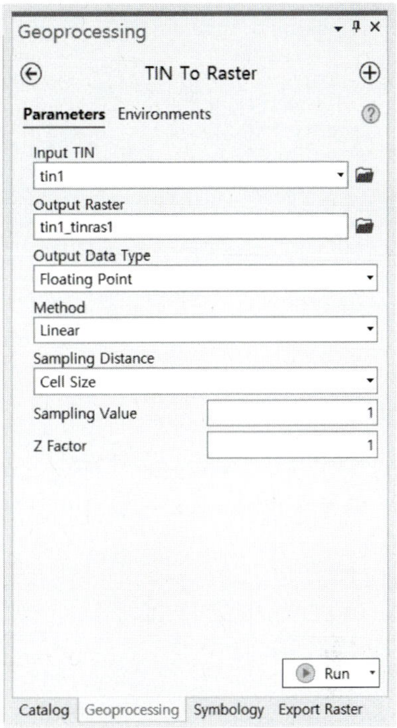

그림 101 TIN→Raster

그림 102 TIN to Raster 결과

8.4 적정경사추출(경사도분석)

개발행위허가 시 제한경사는 지자체마다 다르다. 보통 15°~17°이나 본 실습에서는 20°까지를 대상지로 한다.

> 분석결과는 해당 GeoDB에 저장된다.

1) 3D Analyst → Raster → Surface → Slop

   Method :

   - Planar—계산은 2D 데카르트 좌표계를 사용하여 투영된 평면에서 수행되며 기본 방법
   - Geodesic—계산은 지구의 모양을 타원체로 고려하여 3D 데카르트 좌표계에서 수행

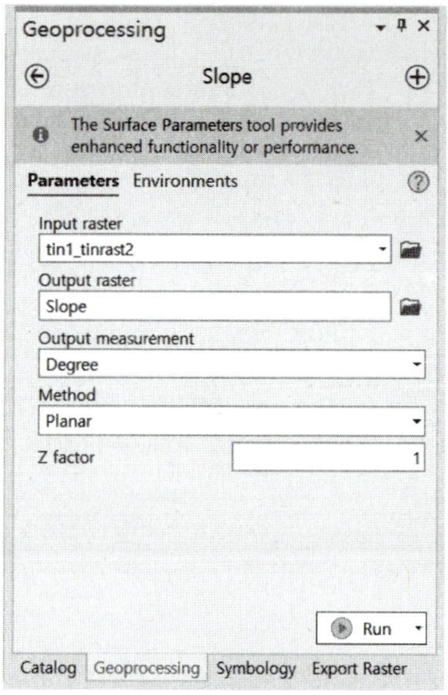

그림 103 경사분석

2) Slop분석 결과가 얻어지면 클래스 수와 색상을 수정한다.

   TOC → Slop오른버튼 → Symbology

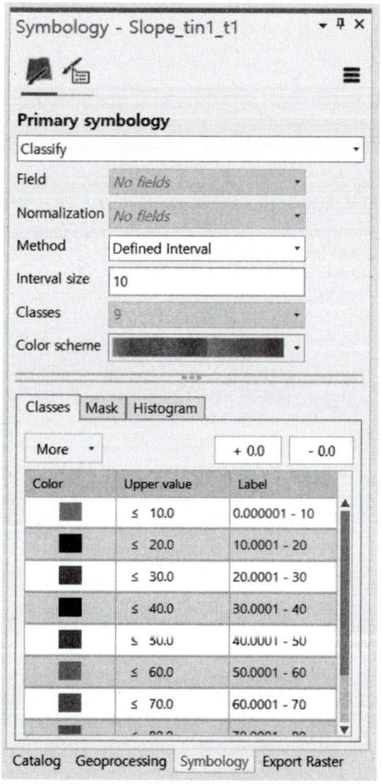

그림 104 경사분류

다음과 같은 결과가 얻어진다.

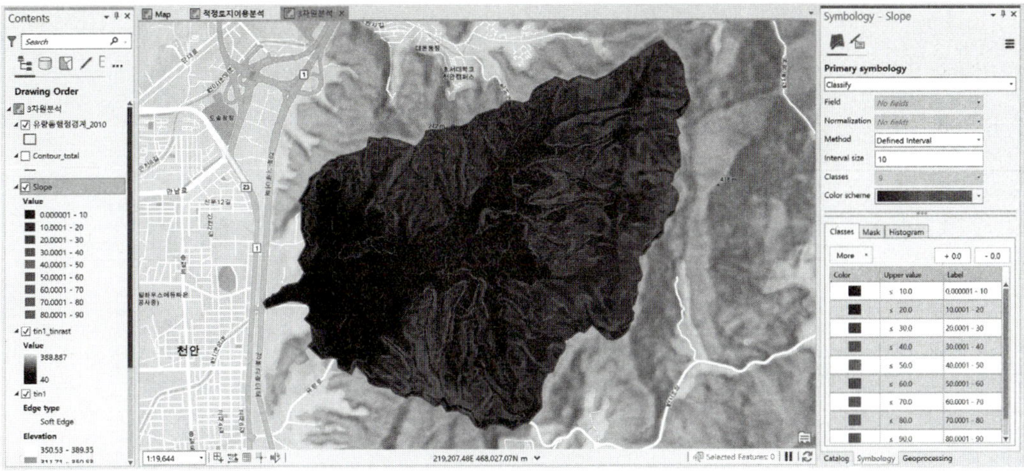

그림 105 Symbology를 통해 컬러분류한 경사도

0°~20°까지는 적정경사이며 그 이상은 부적정 경사이므로 두 그룹으로 Reclassify한다.

3) Toolbox → Spatial Analyst Tools → Reclass → Reclassify → Run!!

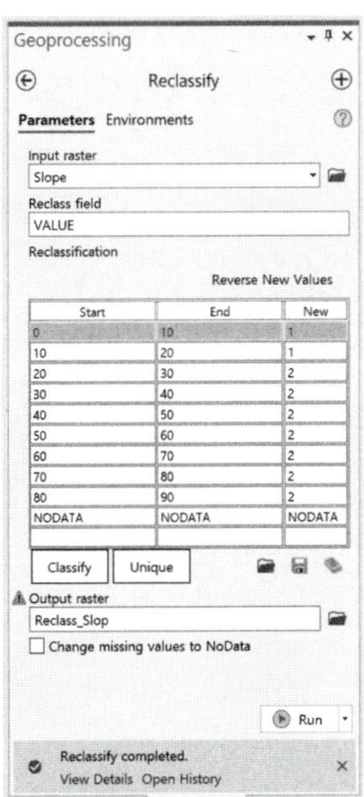

그림 106 재분류

그림 107 재분류 결과

4) Reclass_slop레이어의 속성테이블을 보자. 적정경사 해당면적이 3,386,296임을 알 수 있다.

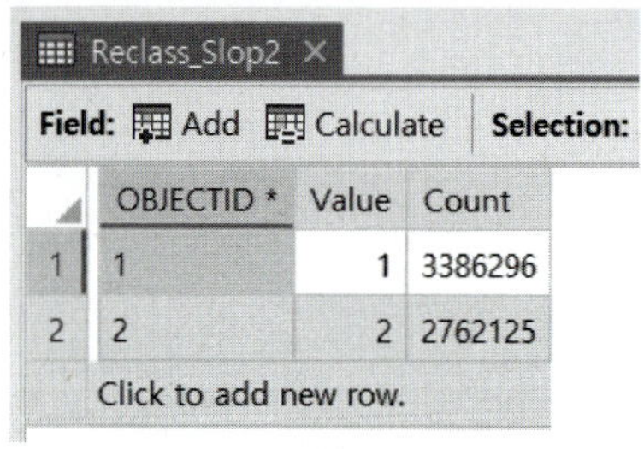

그림 108 재분류 후 속성테이블

5) 공간분석을 위해 폴리곤으로 변환한다.

Toolbox → Conversion Tools → From Raster → Raster To Polygon Run~!!

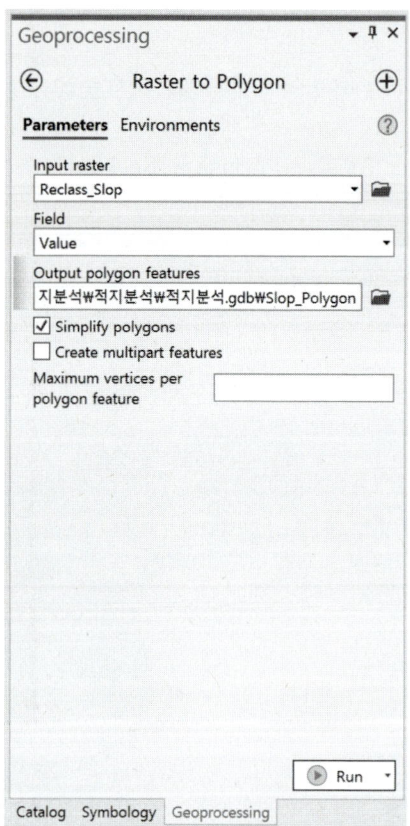

그림 108 Raster to Polygon

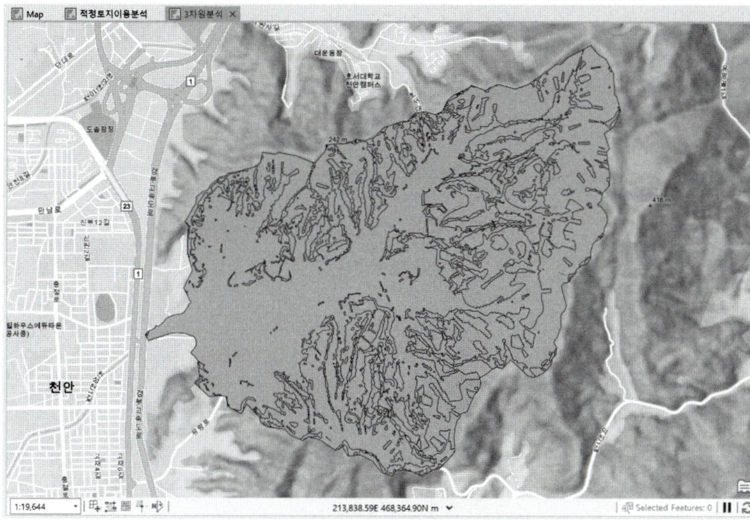

그림 109 폴리곤화 된 경사래스터

속성테이블의 Gridcode 필드를 보면 적정경사=1, 부적정경사=2로 되어 있으므로 적정경사1만을 추출하여 적정경사 폴리곤을 얻는다.

6) 속성테이블 → Select By Attribute

−New Selection과 New Expression을 이용하여 다음과 같이 입력하고 Apply한다.

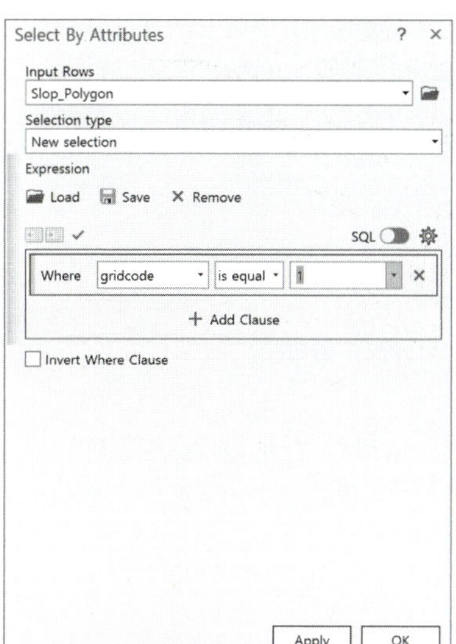

그림 110 적정향=1 선택

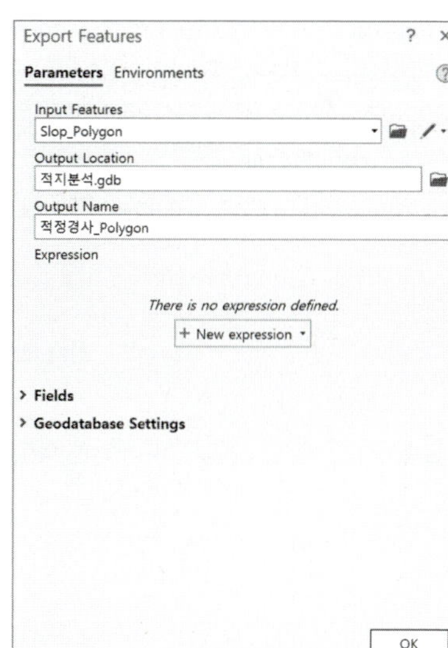

그림 111 선택한 폴리곤 내보내기

7) TOC → "Slop Polygon" 마우스 오른버튼 → Data → Export Feature

- Output : 적정경사폴리곤, OK한다.

선택된 폴리곤을 Clear한다.

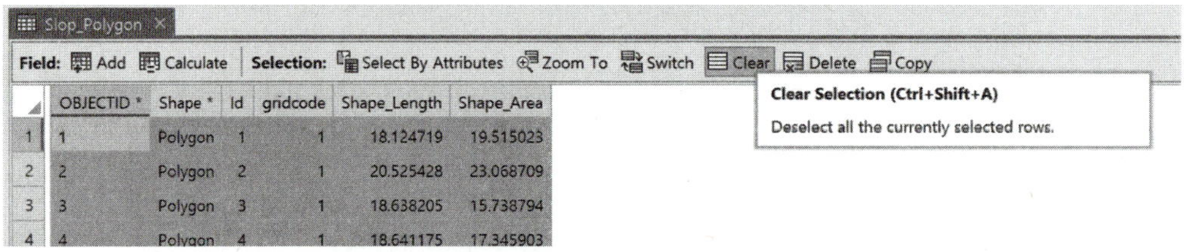

Slop_Polygon

Field: Add Calculate Selection: Select By Attributes Zoom To Switch Clear Delete Copy

	OBJECTID *	Shape *	Id	gridcode	Shape_Length	Shape_Area
1	1	Polygon	1	1	18.124719	19.515023
2	2	Polygon	2	1	20.525428	23.068709
3	3	Polygon	3	1	18.638205	15.738794
4	4	Polygon	4	1	18.641175	17.345903

Clear Selection (Ctrl+Shift+A)

Deselect all the currently selected rows.

그림 112 선택한 feature Unselect

8) "적정경사_Polygon"만 디스플레이하고 색깔채움을 No Color로 해보자.

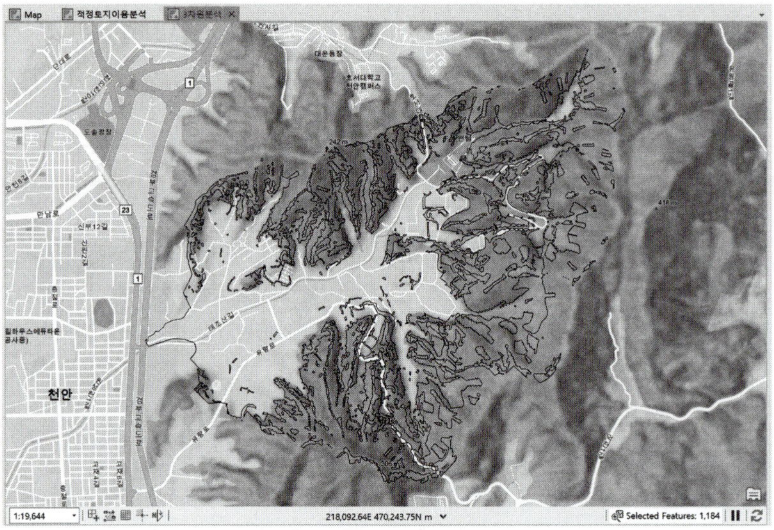

그림 113 최종적으로 추출한 적정경사 폴리곤

같은 속성을 가진 폴리곤들이 다수 존재하므로 이를 통합하기 위해 Dissolve한다.

9) Data Management Tools → Generalization → Dissolve Run~!!

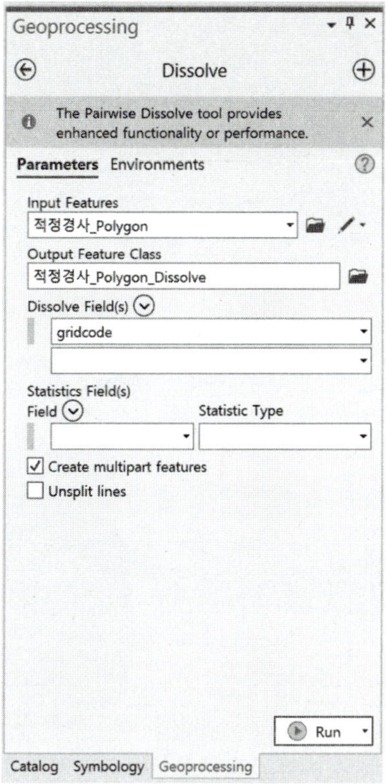

그림 114 폴리곤 Dissolve

디스플레이 상으로 보면 "적정경사_Polygon"과 크게 다를 바 없지만 속성테이블을 보면 "gridcode"가 1인 것이 하나만 존재하는 것을 알 수 있다.

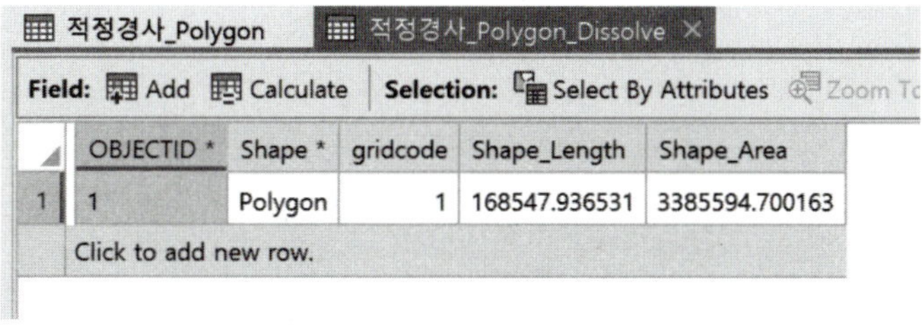

	OBJECTID *	Shape *	gridcode	Shape_Length	Shape_Area
1	1	Polygon	1	168547.936531	3385594.700163
	Click to add new row.				

그림 115 Dissolve된 적정경사 폴리곤 속성테이블

8.5 향분석

향분석 툴은 토지의 경사면을 8방위로 표시한다. 이 중에서 조건에 맞는 향을 추출하여 폴리곤으로 만든다.

1) 3D Analyst Tools → Raster → Surface → Aspect

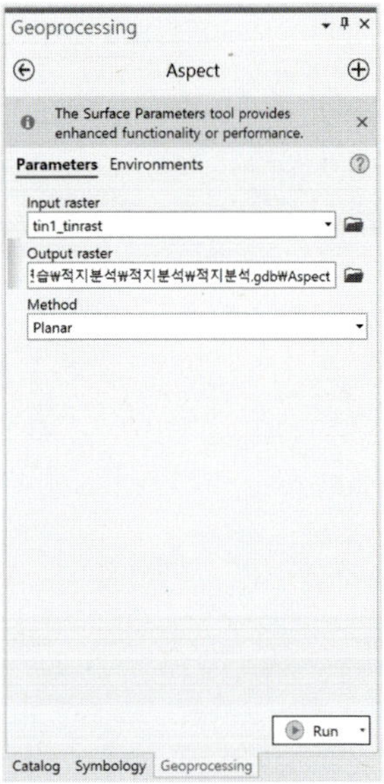

그림 116 향분석

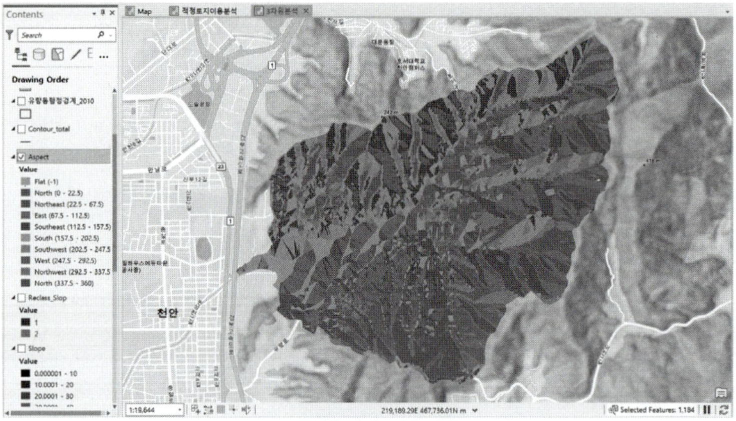

그림 117 향분석 결과

적정향과 부적정향을 분류하기 위해 Reclassify한다. 남, 남동, 남서, 동향을 적정향으로 선택하기로 했으므로 이에 해당하는 Class는 "1", 그렇지 않은 경우에는 "2"로 재분류한다. 67.5°~247.5°까지가 "1"에 해당한다.

2) Toolbox → Spatial Analyst Tools → Reclass → Reclassify Run!!

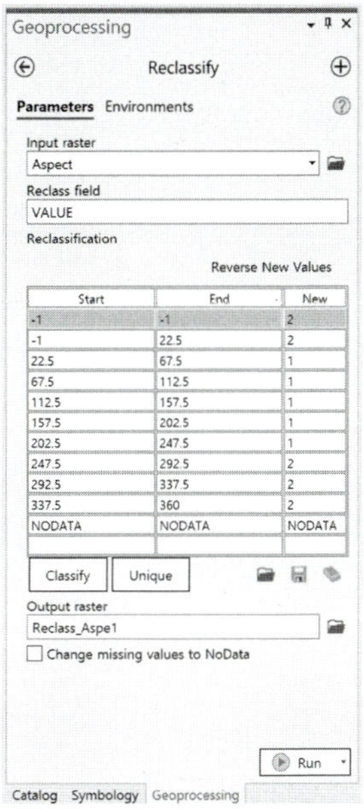

그림 118 Aspect Reclassify

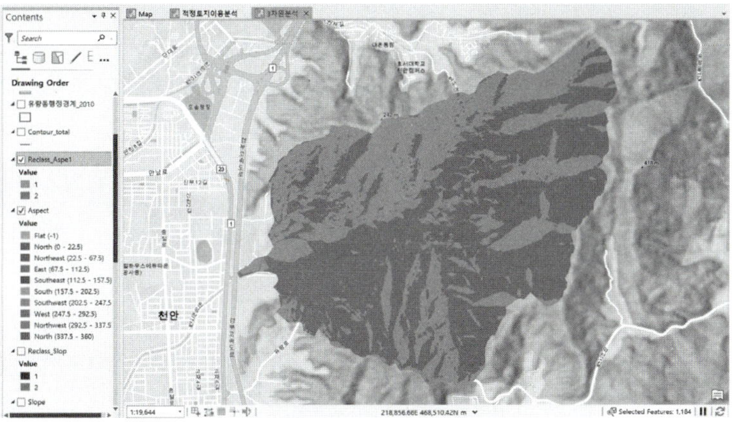

그림 119 Reclassify후의 향분석도

래스터데이터를 폴리곤으로 변환한다.

3) Toolbox → Conversion Tools → From Raster → Raster To Polygon Run~!!

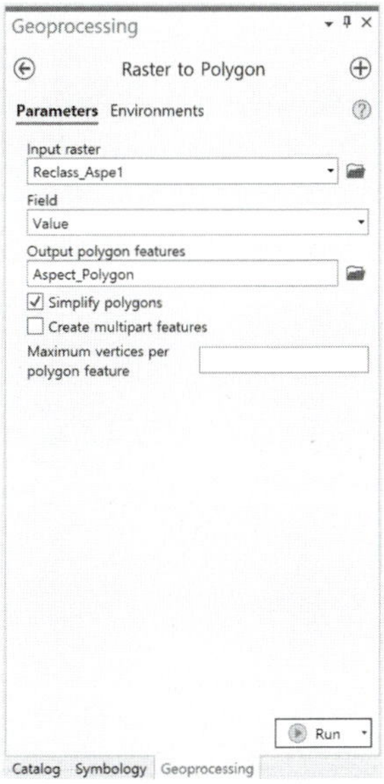

그림 119 Raster to Ploygon

그림 120 폴리곤화된 향분석도

4) 적정향폴리곤 내보내기

"Aspect_Polygon"레이어의 속성테이블을 보면 Gridcode필드에 적정향=1, 부적정 향=2로 되어 있으므로 적정경사1만을 추출하여 적정경사 폴리곤을 얻는다.

5) "Aspect_Polygon"의 속성테이블 → Select By Attribute

– New Selection과 New Expression을 이용하여 다음과 같이 입력하고 Apply한다.

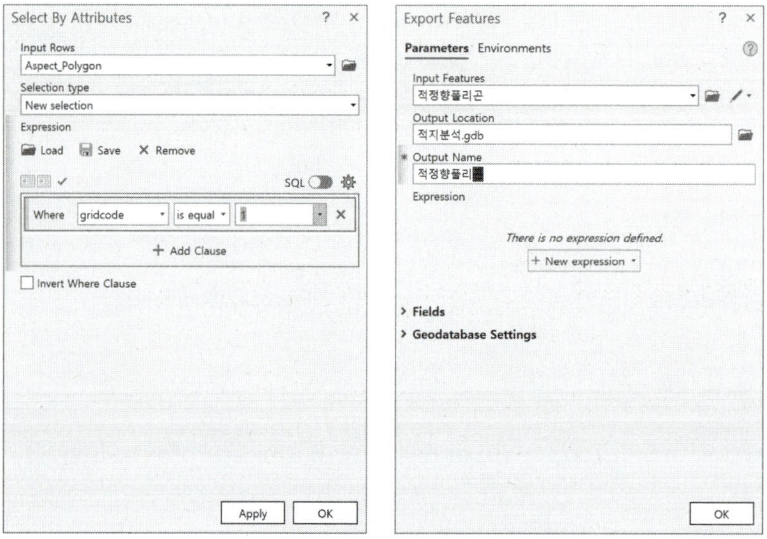

그림 121 적정향=1 폴리곤을 선택하여 내보내기

6) TOC → "Apect_Polygon" 마우스 오른버튼 → Data → Export Feature

– Output : 적정향폴리곤

OK한다.

7) 속성테이블에 선택된 폴리곤을 Clear시킨다.

적정향폴리곤의 속성테이블을 보면 Gridcode=1인 피처가 매우 많다. 이를 통합한다.

Data Management Tools → Generalization → Dissolve Run~!!

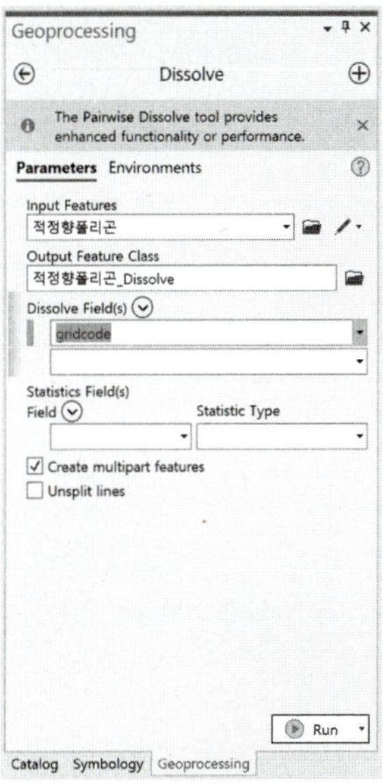

그림 122 적정향폴리곤 Dissolve

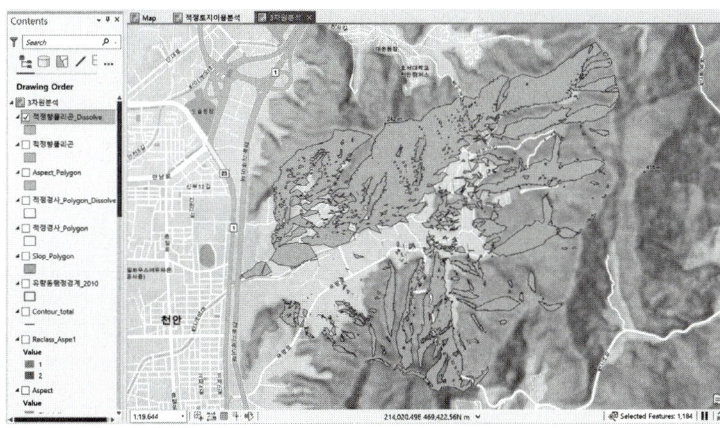

그림 123 최종적으로 추출된 적정향 폴리곤

9. 물리적 적지추출

이제까지 적정토지이용(임전답필지) , 경사도, 향, 개발제한구역, 접근성, 혐오시설에 대한 분석을 실시하였다. 이상 6가지 물리적 조건을 만족하는 지역을 추출하고 개발단위를 결정한 후 지가분석과 3차원 경관분석을 통해 최종적인 적지를 결정한다. 그림 124와 같이 진행한다.

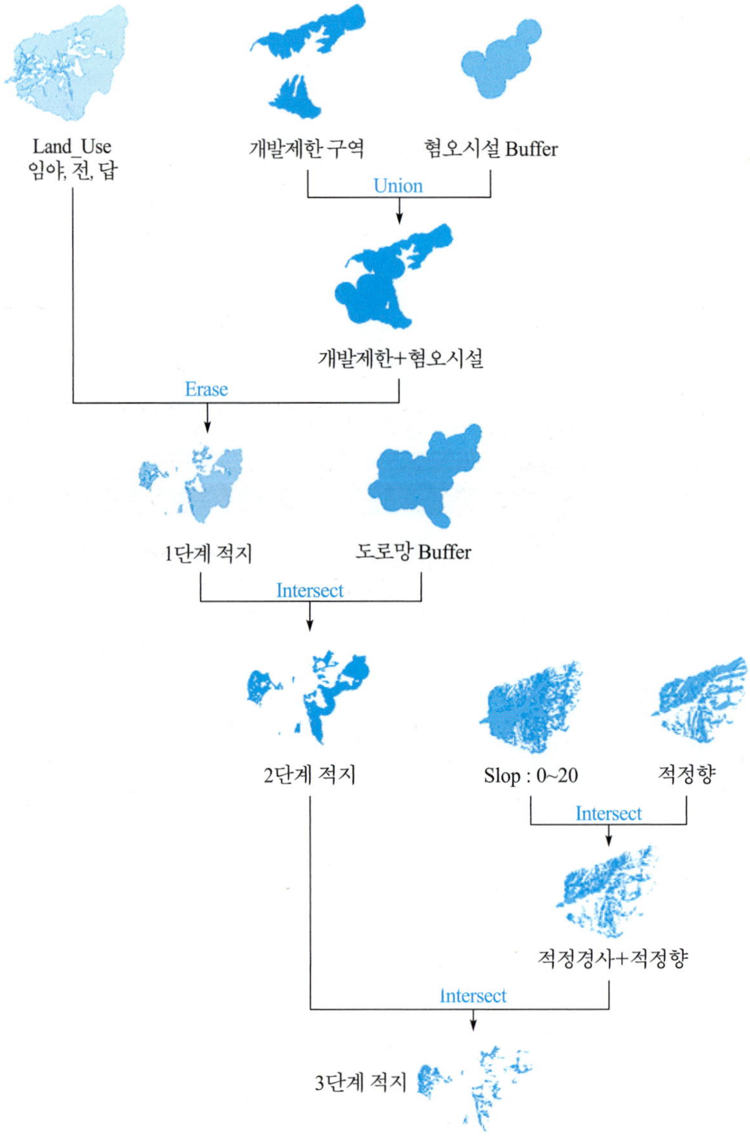

그림 124 3단계 물리적 적지추출

1) Map을 추가하고 이름을 "물리적_적지"로 변경한다.

2) 6가지 물리적조건 분석결과를 타 Map으로부터 복사하여 가져온다.

① 적정 Land_Use폴리곤
② 개발제한구역 폴리곤
③ 혐오시설 버퍼폴리곤
④ 도로망 버퍼 폴리곤
⑤ 적정경사 폴리곤
⑥ 적정향 폴리곤

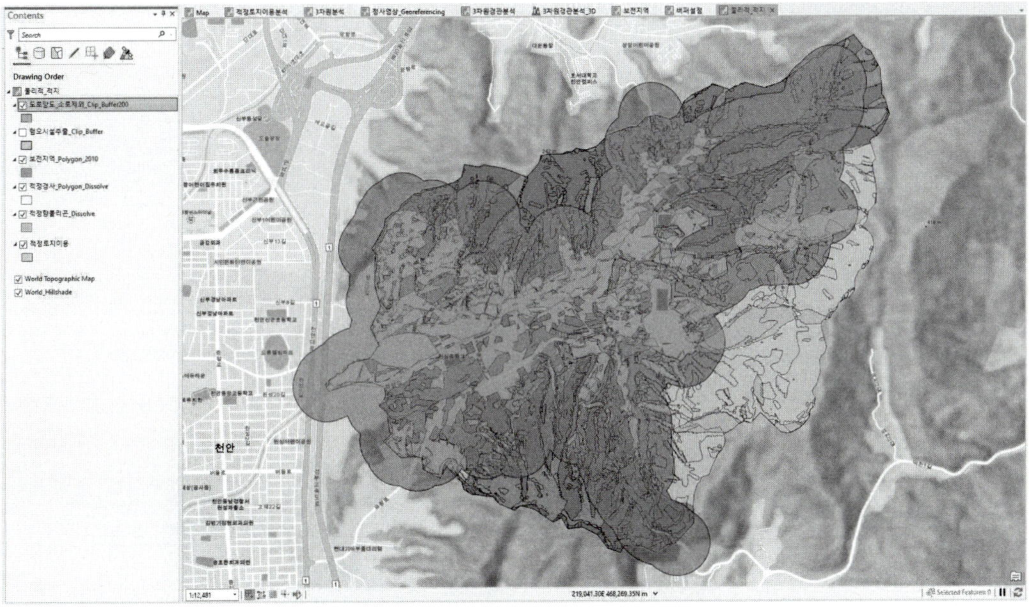

그림 125 6개의 폴리곤이 오버레이된 모습

9.1 1단계 적지추출

적정토지이용지역에서 보전지역(개발제한구역)과 혐오시설지역을 제외하여 1단계적지를 추출한다.

1) 보전지역(개발제한구역)과 혐오시설버퍼를 병합한다. 즉, 합집합을 구하는 것이다. Analysis Tool의 Union을 이용한다

   Toolbox → Analysis Tools → Overlay → Union

   - Input Feature : 보전지역_Polygon_2010, 혐오시설추출_Clip_Buffer
   - Output Feature Class : 개발제한_Union

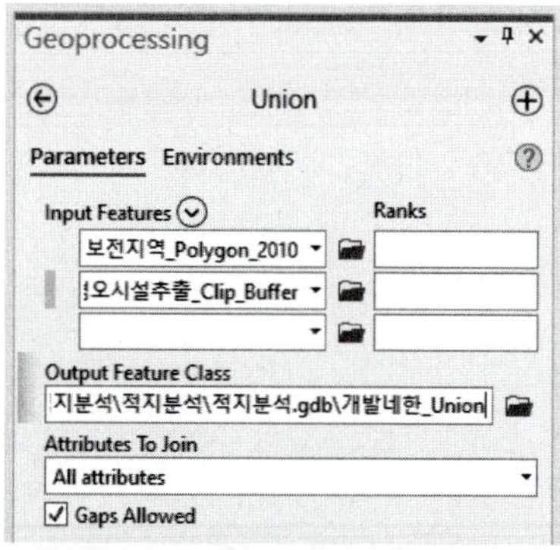

그림 126 Union

Run~!!

Union tool은 dissolve에 대한 옵션이 없으므로 Dissolve를 별도로 한다.

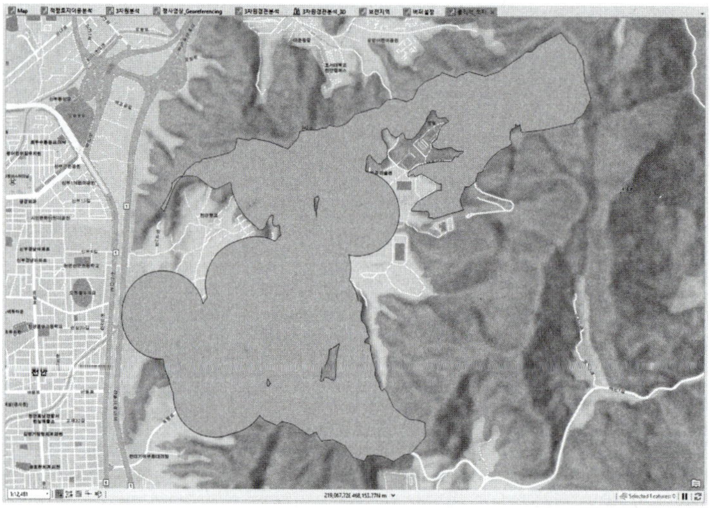

그림 127 보전지역과 혐오시설 폴리곤의 Union결과

2) 임전답필지(적정토지이용) 영역으로부터 개발제한 영역을 제외시킨다. 이는 Erase tool을 사용한다.

   – Output Feature Class : "Step1_적지"

   (파일명 첫 글자가 숫자는 허용않됨)

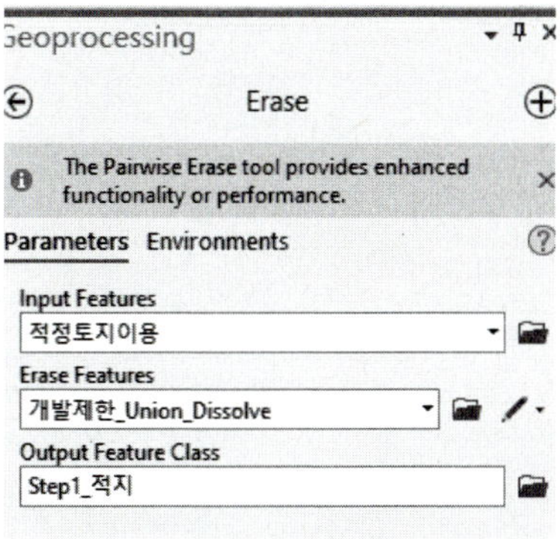

그림 128 Erase

Run~!!

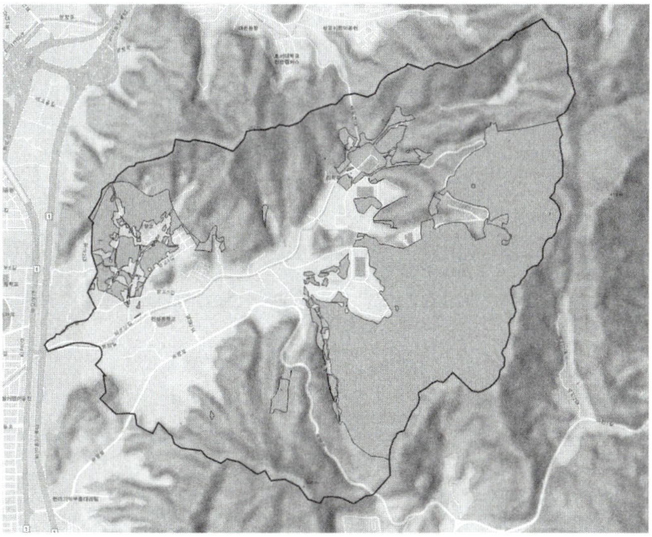

그림 129 적정토지이용에서 혐오시설 폴리곤 Erase

9.2 2단계 적지추출

앞절에서 적정 토지이용지역으로부터 개발제한구역이 배제된 1단계 적지가 추출되었다. 다음으로 접근성이 양호한 지역을 추출해야하므로 "적정토지이용_제한구역_1단계적지"폴리곤과 도로버퍼를 동시에 만족하는 지역을 추출해야 한다. 즉, 공통분모인 교집합을 구하는 것과 같다. Analysis Tool의 Intersect를 이용한다.

1) ToolBox → Analysis tools → Overlay → intersect

- Output Feature Class : "Step2_적지"

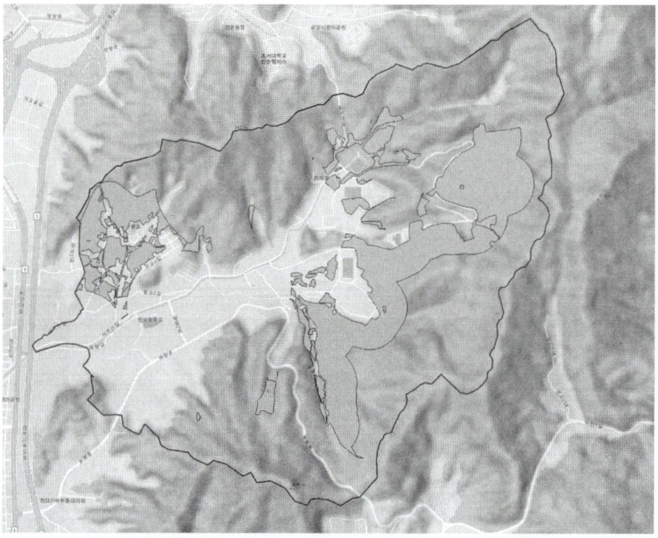

그림 130 그림 129의 결과와 도로버퍼의 Intersect

9.3 3단계 적지추출

2단계 적지까지는 2차원에 관한 내용이었다. 2단계 적지 지역 중 경사도와 향이 양호한 지역을 추출해야 한다. 우선 경사도 20° 이하 지역이면서 남, 남서, 남동, 동향지역을 Intersect를 이용하여 구하고 이들 지역이 2단계적지와 동시에 만족하는 지역을 구해야 한다. 역시 Intersect tool을 이용한다.

적정경사와 적정향 만족지역추출

1) ToolBox → Analysis tools → Overlay → intersect
   - Output Feature Class : 적정경사_향_Intersect
   - Run~!!

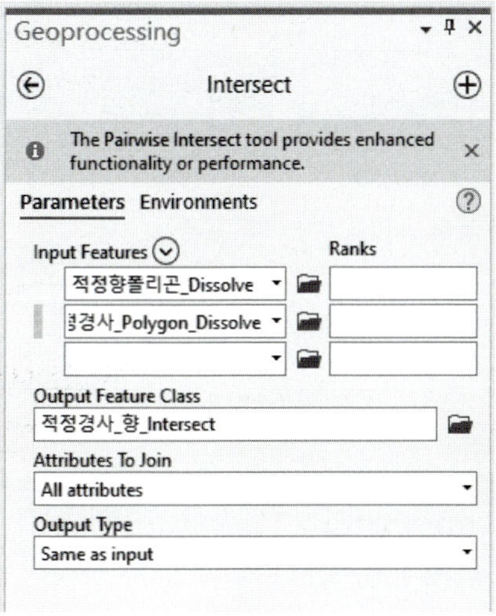

그림 131 적정향과 경사 Intersect

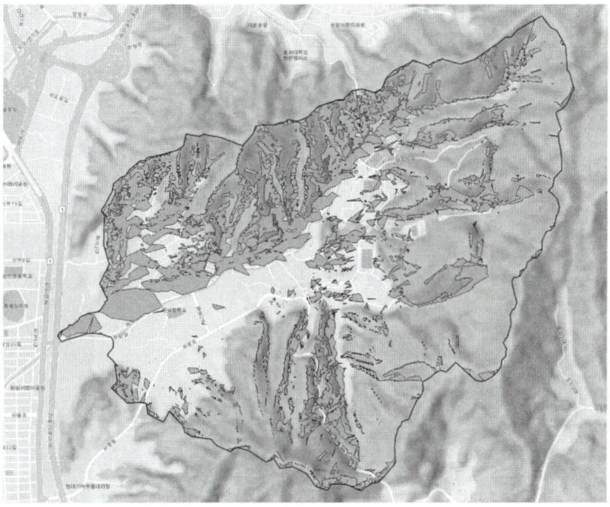

그림 132 적정향과 경사 Intersect결과

적정향과 적정경사 폴리곤은 이미 Dissolve한 폴리곤이므로 Dissolve하지 않아도 된다. 이 결과와 2단계 적정지역을 다시 Intersect해야 한다.

2) ToolBox → Analysis tools → Overlay → intersect

- Input Feature : Step2_적지, 적정경사_향_Intersect
- Output Feature Class : Step3_적지

Run~!!

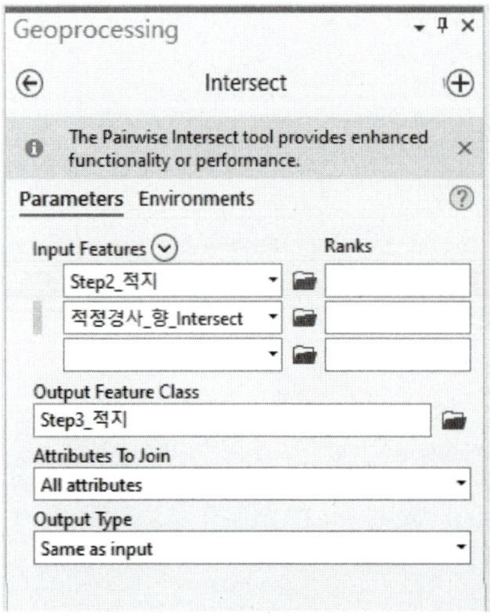

그림 133 Intersect

그림 134 최종 조건에 맞는 적지폴리곤

3) 적정토지이용분석 Mpa에서 "지적도_2010_Clip"을 복사해서 가져온다.

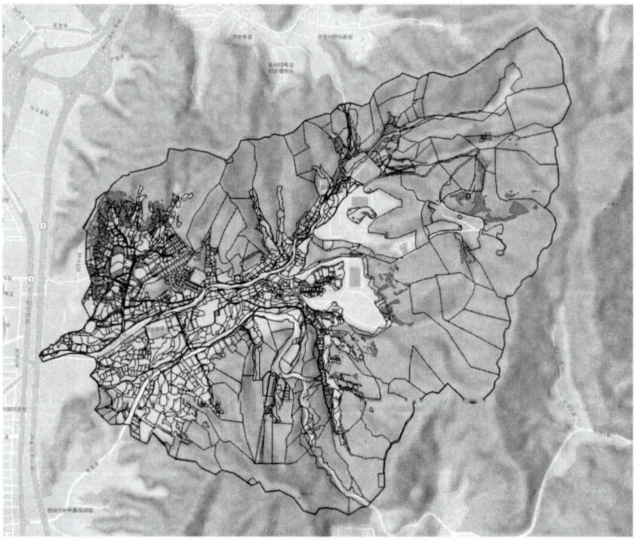

그림 135 최종적지 폴리곤과 지적도의 오버레이

Step3_적지가 추출됐지만 Dissolve한 것이므로 전체가 하나의 feature로 묶여 있다. 일정 면적 이상의 필지를 찾기 위해서는 각각의 필지로 분해해야 한다.

4) Toolbox → Data Management Tools → Features → Feature To Polygon
   - Output Feature Class : Step3_적지_Polygon

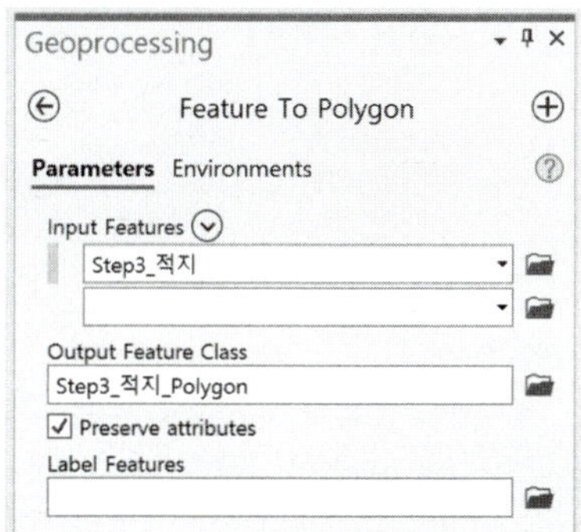

그림 136 Feature to Polygon

5) 결과를 보기에는 별다른 차이가 없지만 속성테이블을 열어보자. 한 개였던 Feature가 여러개의 폴리곤으로 분해된 것을 알 수 있다.

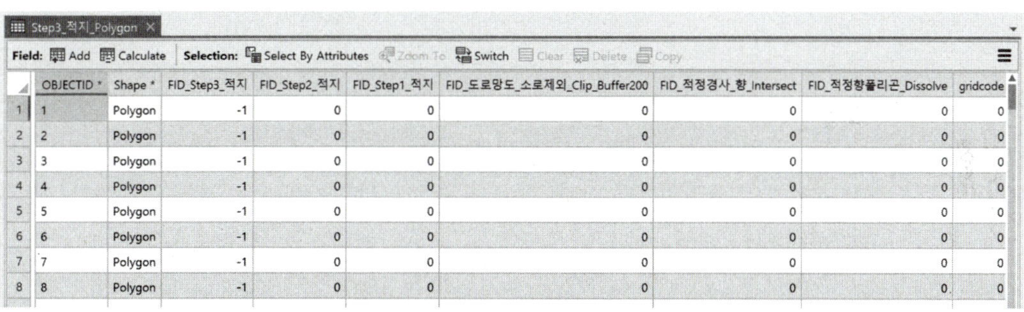

	OBJECTID *	Shape *	FID_Step3_적지	FID_Step2_적지	FID_Step1_적지	FID_도로망도_소로제외_Clip_Buffer200	FID_적정경사_향_Intersect	FID_적정향폴리곤_Dissolve	gridcode
1	1	Polygon	-1	0	0	0	0	0	0
2	2	Polygon	-1	0	0	0	0	0	0
3	3	Polygon	-1	0	0	0	0	0	0
4	4	Polygon	-1	0	0	0	0	0	0
5	5	Polygon	-1	0	0	0	0	0	0
6	6	Polygon	-1	0	0	0	0	0	0
7	7	Polygon	-1	0	0	0	0	0	0
8	8	Polygon	-1	0	0	0	0	0	0

그림 137 적지폴리곤(1 feature) → FeatureToPolygon후의 속성테이블

공용면적을 포함하여 14000m^{2}의 부지가 필요하다고 가정하고 이 이상의 면적을 가진 폴리곤을 추출해 보자.

6) “Step3_적지_Polygon”에 대한 속성테이블 → Select By Attribute Apply~!!

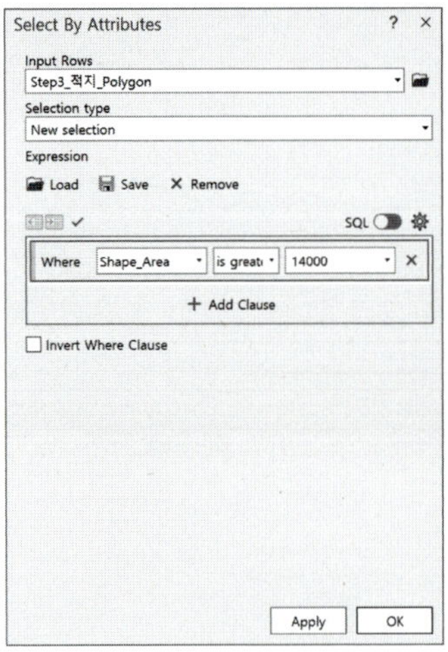

그림 138 면적으로 선택

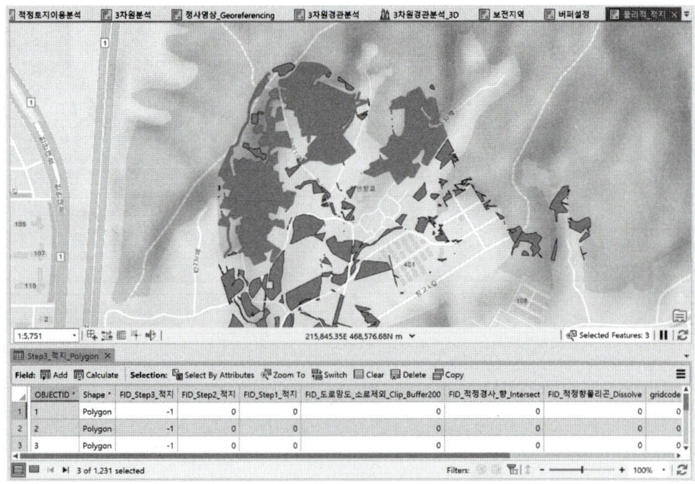

그림 139 14,000m^2 이상의 폴리곤 선택

7) 대상지역을 Export한다.

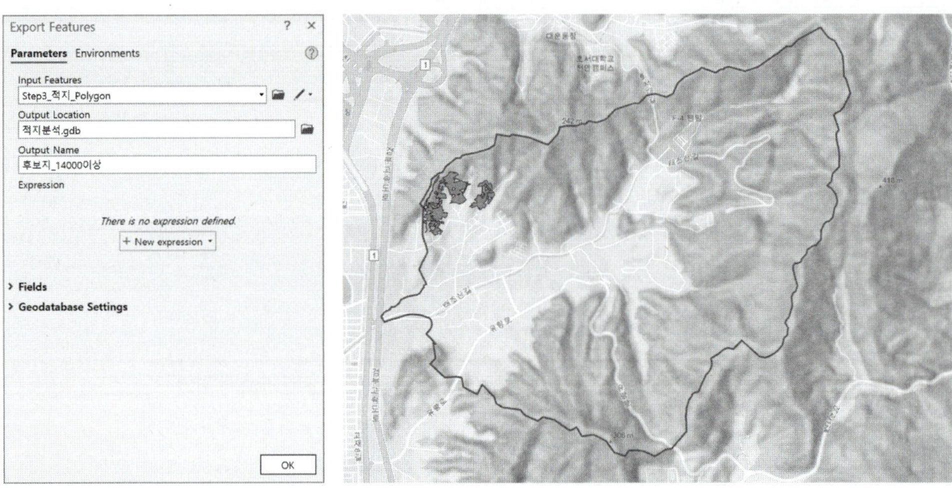

그림 140 선택된 폴리곤 내보내기

주) ArcGIS Pro에서는 Select By Attribute 실행 후에는 Export시 Selected feature를 내보내기 할 것인지를 묻지 않는다.

10. 후보지 영역결정 및 지가분석

그림 140에서 보다시피 조건에 맞는 지역은 필지단위도 아니며 매우 불규칙적으로 형성돼 있다. 법적으로 개발제한구역이 아닌 경우이기 때문에 제외된 지역을 매입하여 물리적인 조건을 만족시키면 된다. 즉, 경사가 20도 이상일 경우에는 절토 또는 옹벽구조물로 보완할 수 있다. 따라서 본 장에서는 주택단지부지 14,000m^{2}에 해당하는 영역을 결정할 필요가 있다.

10.1 후보지 영역결정

후보지 내에 해당되지 않은 부분이 있는데 이는 “대지”이기 때문이다. 외곽지역 역시 지목이 해당되지 않거나 경사나 향이 만족되지 않은 부분들인데 일반적으로 일부분이기 때문에 정지작업을 통해 해결할 수 있다. 따라서 개발이 용이한 형상으로 개발단위를 결정해야한다. 폴리곤 Feature Class를 만들어 새로운 개발단위구역을 설정해야 한다.

1) 먼저 Map을 추가하고 이름을 “영역결정-지가분석”으로 한다.

2) 물리적적지 Map에서 “지적도_2010_Clip”, “후보지_14000m^2 이상”, 그리고 “정사영상_Georeferencing“ Map에서 ”정사영상_2010_Clip“를 가져온다.
   최종적으로 결정된 물리적 적지 후보지의 면적은 속성테이블에서 다음과 같다.

후보지_14000이상

Field: Add Calculate Selection: Select By Attributes Zoom To Switch Clear Delete Copy

	FID_도로망도_소로제외_Clip_Buffer200	FID_적정경사_향_Intersect	FID_적정향폴리곤_Dissolve	gridcode	FID_적정경사_Polygon_Dissolve	gridcode	Shape_Length	Shape_Area
1	0	0	0	0	0	0	1772.415576	14095.112688
2	0	0	0	0	0	0	3760.846196	23225.967828
3	0	0	0	0	0	0	1773.053087	21363.44597
	Click to add new row.							

그림 141 물리적 조건에 대한 적지 속성테이블

3) "후보지_14,000m² 이상"의 색깔 투명도를 40%로 조절한다. 다음과 같다.

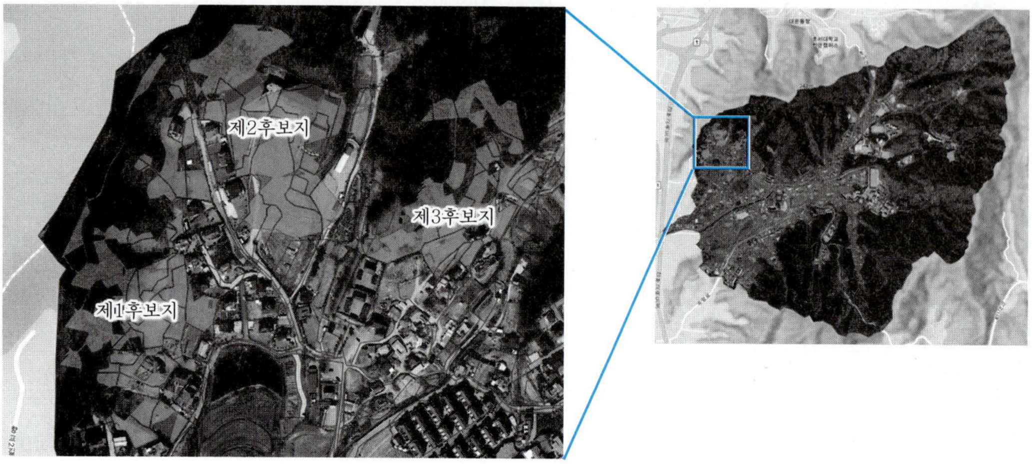

그림 142 14,000m² 이상의 후보지

4) 항공정사영상을 확인한 결과 "제2후보지"에는 사당으로 추정되는 기 건축물이 존재하고 있어 부지매입에 문제가 예상되므로 : 제1후보지"와 "제3후보지에 대해 분석하기로 한다.

5) 우선 제1개발단위 구역을 만들어 보자. "적지분석. gdb"에 → 오른버튼 → New → Feature Class

Finish~!!

> 주) Next버튼을 누르면 세팅창이 계속 나타난다. 좌표계, 해상도 등... 그러나 일반적인 사항이 Default로 되어 있으므로 Finish로 끝내도 된다.

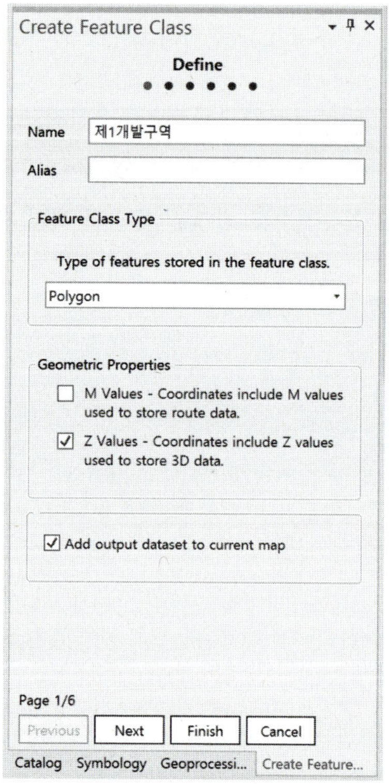

그림 143 Feature만들기

6) TOC에 “제1개발구역” feature가 추가된 것을 확인하자.

7) 메인매뉴 → Edit → Create, 오른쪽 창에 Create Features창이 뜬다.

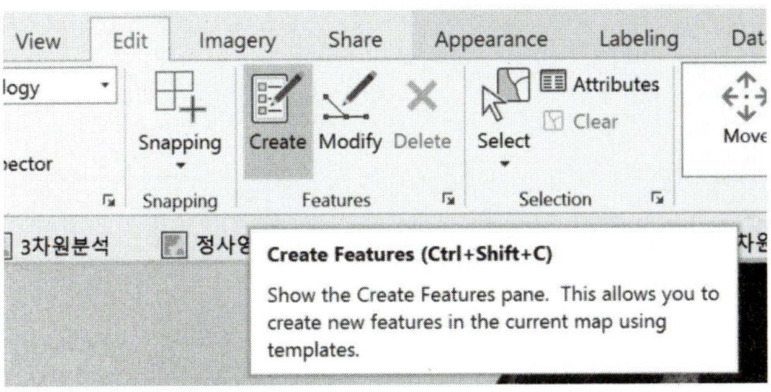

그림 144 Feature만들기 메뉴

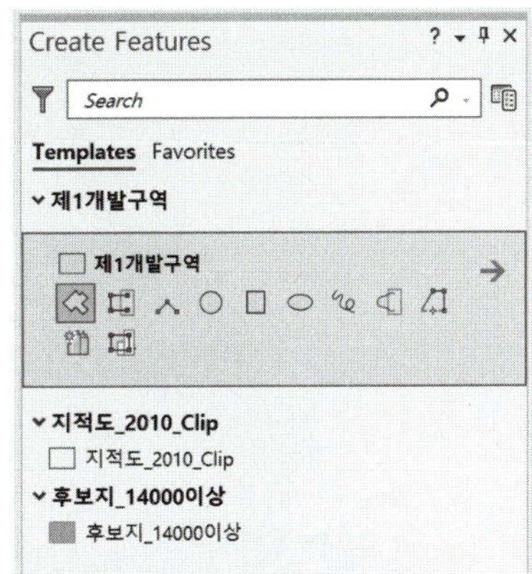

그림 145 Feature종류

8) 제1개발구역을 클릭하면 각종 도형이 보이는데 폴리곤을 선택한다.
하단부에 Snap mode가 보인다. 우선 Snap모드를 정한다.

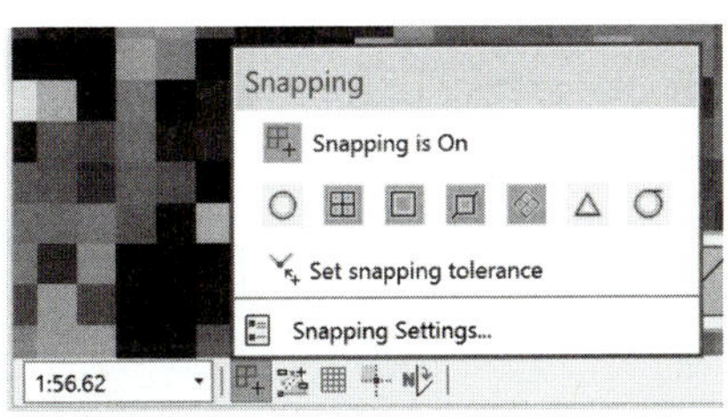

그림 145 Feature만들기 Snap mode

9) 도형그리기 옵션에서 Line을 선택하고 “제1개발구역”경계를 그린다. 마치면 Finish버튼을 누른다.

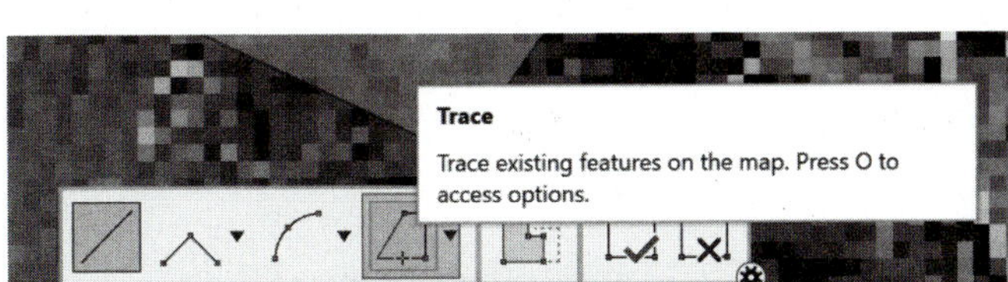

그림 146 Feature만들기 폴리곤

다음과 같이 그려졌다. Save한다. 17,453m^{2}이 얻어졌다.

주) 실습자에 따라 다를 수 있다.

그림 147 만들어진 제1개발구역 폴리곤

10) 같은 방법으로 "제2개발구역"을 그린다. 16,093m^{2}의 면적이 얻어졌다.

그림 148 제1,2개발구역 폴리곤 완성

10.2 각 개발구역 지가분석

제1,2개발구역이 결정되었다. 각각의 구역에 대한 토지매입가격을 산정하기 위해서는 공시지가 또는 실거래가격 데이터가 있어야 한다. 실거 가격의 경우 모든 필지에 대해 제공되지 않으므로 공시지가데이터를 구해 지적도의 속성테이블과 Table Join을 통해 통합하고 지가를 산정한다. 먼저 개별공시지가데이터를 확보하자.

http://openapi.nsdi.go.kr/nsdi/eios/ServiceDetail.do?svcSe=F&svcId=F012&provOrg=NIDO

1) nsdi.go.kr → "개별공시지가정보"검색 → [파일데이터]개별공시지가정보 → 충청남도 SHP파일과 .csv파일을 다운로드하여 작업 폴더의 공시지가에 압축을 푼다.

2) SHP파일을 풀면 4개의 shp file이 생기는데 이 중 AL_44_D150_20220307파일이 천안지역 파일이다.

3) 속성을 보면 "Korea 1985 Korean Modified Central Belt"로 돼 있으므로 2010으로 Project 한다.
   - Output Feature : "유량동개별공시지가"

4) "지적도_2010_Clip"레이어에는 공시지가 정보가 없으므로 "유량동개별공시지가"의 속성테이블과 Table Join한다. Join기준은 지번으로 한다.
   TOC의 "지적도_2010_Clip"레이어 클릭 마우스 오른버튼 → Join and Relate → Add Join

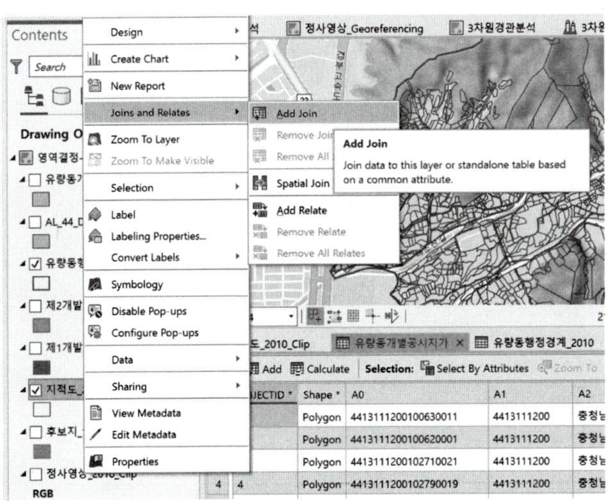

그림 149 지가정보를 위한 Join

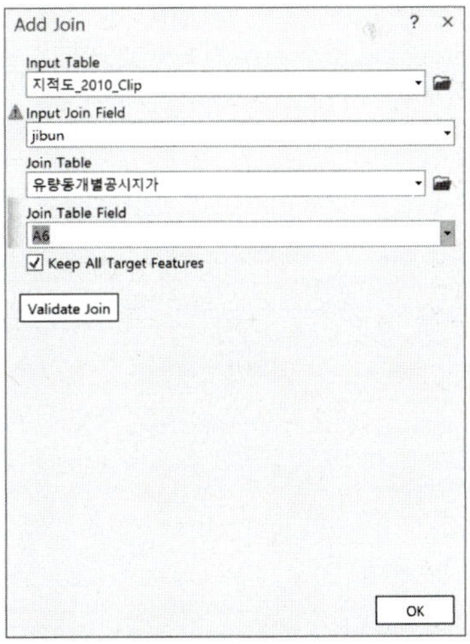

그림 150 Join을 위한 필드결정

– "지적도_2010_Clip"레이어의 jibun필드

– "유량동개별공시지가"의 A6필드

5) OK!! Data view에는 별다른 변화가 없으나 "지적도_2010_Clip"레이어의 속성테이블을 살펴보자. 공시지가필드가 Join된 것을 알 수 있다.

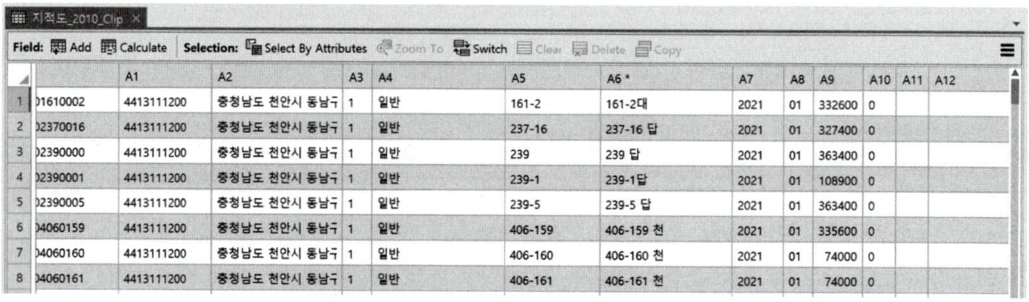

지적도_2010_Clip

Field: Add Calculate Selection: Select By Attributes Zoom To Switch Clear Delete Copy

		A1	A2	A3	A4	A5	A6 *	A7	A8	A9	A10	A11	A12
1	)1610002	4413111200	충청남도 천안시 동남구	1	일반	161-2	161-2대	2021	01	332600	0		
2	)2370016	4413111200	충청남도 천안시 동남구	1	일반	237-16	237-16 답	2021	01	327400	0		
3	)2390000	4413111200	충청남도 천안시 동남구	1	일반	239	239 답	2021	01	363400	0		
4	)2390001	4413111200	충청남도 천안시 동남구	1	일반	239-1	239-1답	2021	01	108900	0		
5	)2390005	4413111200	충청남도 천안시 동남구	1	일반	239-5	239-5 답	2021	01	363400	0		
6	)4060159	4413111200	충청남도 천안시 동남구	1	일반	406-159	406-159 천	2021	01	335600	0		
7	)4060160	4413111200	충청남도 천안시 동남구	1	일반	406-160	406-160 천	2021	01	74000	0		
8	)4060161	4413111200	충청남도 천안시 동남구	1	일반	406-161	406-161 천	2021	01	74000	0		

그림 151 Table Join후의 속성테이블(A9필드 주목)

주) Table Join관계는 ArcGIS Pro를 종료하면 해제되므로 Data → Export Feature로 꼭 저장해 두어야 한다. "지적도_2010_Clip" → "지적도_2010_Clip_공시지가"

공시지가가 포함되었으므로 "지적도_2010_Clip_공시지가"레이어를 제1,2개발구역으로 각각 Clipping한다.

6) Clipping

–Output feature : 제1개발구역_공시지가

제2개발구역_공시지가

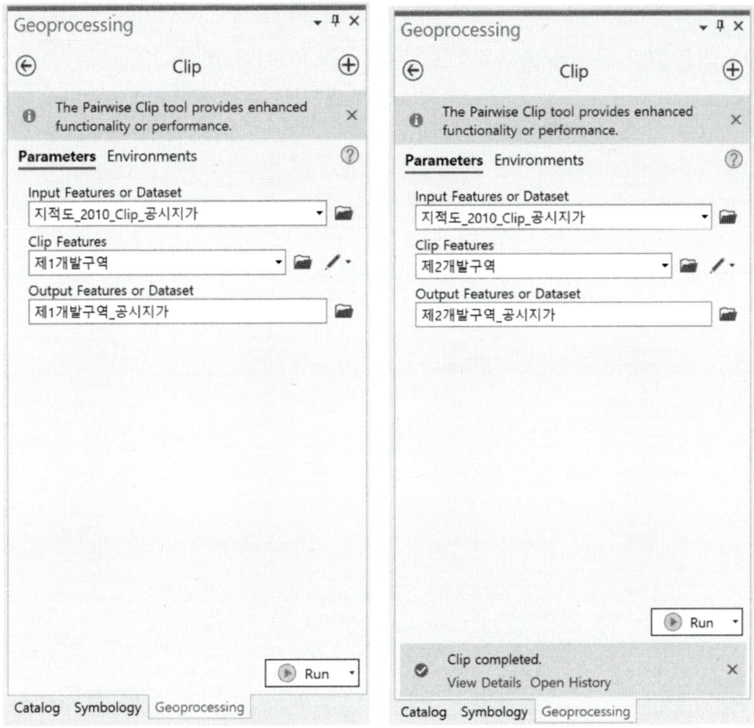

그림 152 제1,2개발구역 폴리곤으로 Clipping

7) 개발구역에 완전히 포함된 필지도 있으며 일부만 포함된 필지도 있을 것이다. 지번을 디스플레이 해보자.

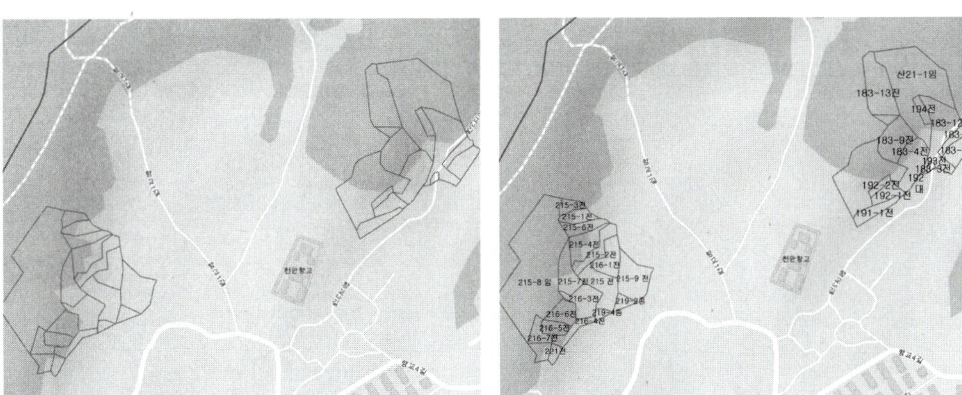

그림 153 제1,2개발구역 폴리곤에 포함된 필지

8) TOC의 "제1개발구역_공시지가" 클릭 마우스 오른버튼 → Labeling Properties → Fields를 지우고 jibun더블클릭 → Apply, "제2개발구역_공시지가"도 Labeling

> 주) 레이블이 보이지 않을 때는 TOC 해당레이어 클릭 마우스 오른버튼 Label을 한 번 클릭하여 On 시켜보자.

9) "제1개발구역_공시지가" 전체의 공시지가를 계산해 보자. 속성테이블을 열고 Add →

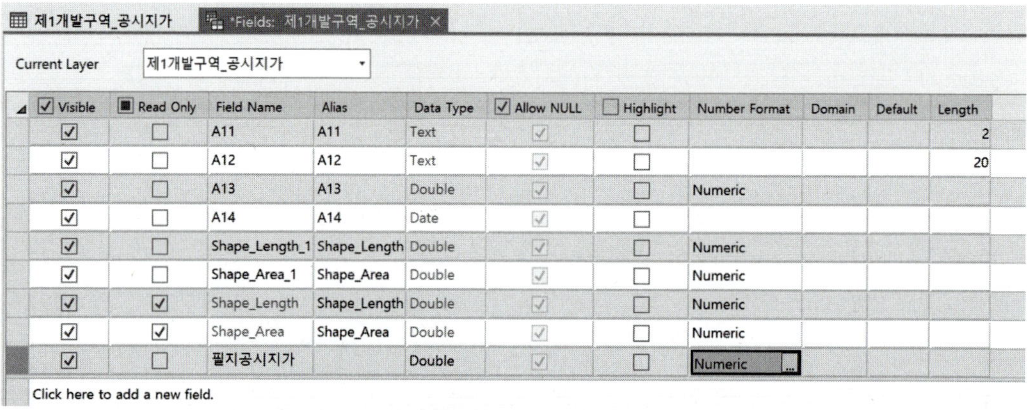

그림 154 필지공시지가 필드추가

"필지공시지가"필드를 만든다.

Save~!!

10) 속성테이블을 열고 만든 "필지공시지가"필드 클릭 → Calculate Field → Apply

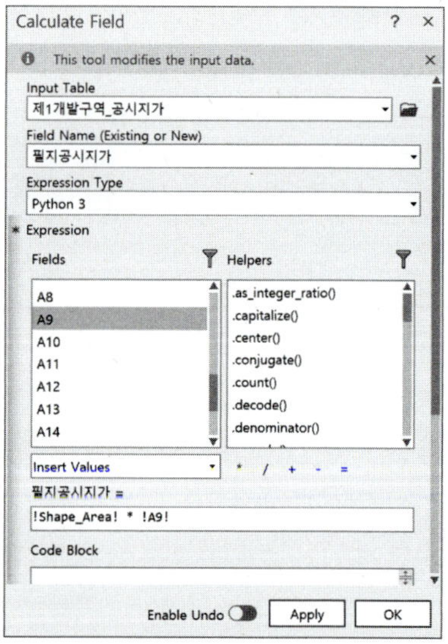

그림 155 필지별 공시지가계산

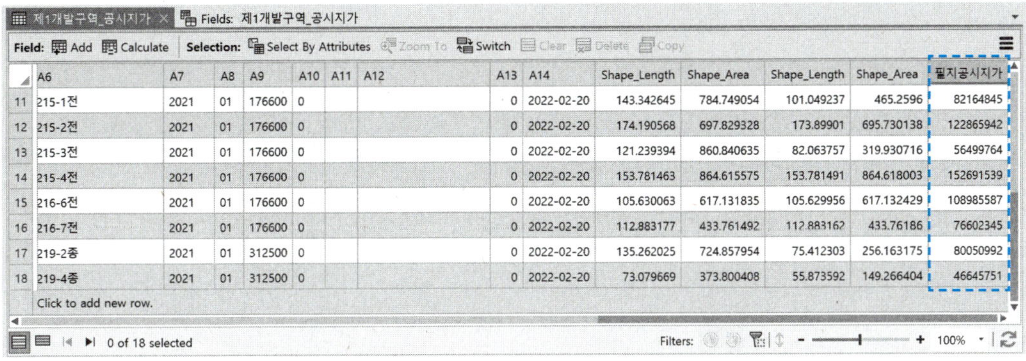

	A6	A7	A8	A9	A10	A11	A12	A13	A14	Shape_Length	Shape_Area	Shape_Length	Shape_Area	필지공시지가
11	215-1전	2021	01	176600	0			0	2022-02-20	143.342645	784.749054	101.049237	465.2596	82164845
12	215-2전	2021	01	176600	0			0	2022-02-20	174.190568	697.829328	173.89901	695.730138	122865942
13	215-3전	2021	01	176600	0			0	2022-02-20	121.239394	860.840635	82.063757	319.930716	56499764
14	215-4전	2021	01	176600	0			0	2022-02-20	153.781463	864.615575	153.781491	864.618003	152691539
15	216-6전	2021	01	176600	0			0	2022-02-20	105.630063	617.131835	105.629956	617.132429	108985587
16	216-7전	2021	01	176600	0			0	2022-02-20	112.883177	433.761492	112.883162	433.76186	76602345
17	219-2종	2021	01	312500	0			0	2022-02-20	135.262025	724.857954	75.412303	256.163175	80050992
18	219-4종	2021	01	312500	0			0	2022-02-20	73.079669	373.800408	55.873592	149.266404	46645751

그림 156 Field Calculator를 이용해 얻어진 필지별 공시지가

11) "필지공시지가"필드클릭 → 마우스 오른버튼 → Statistics

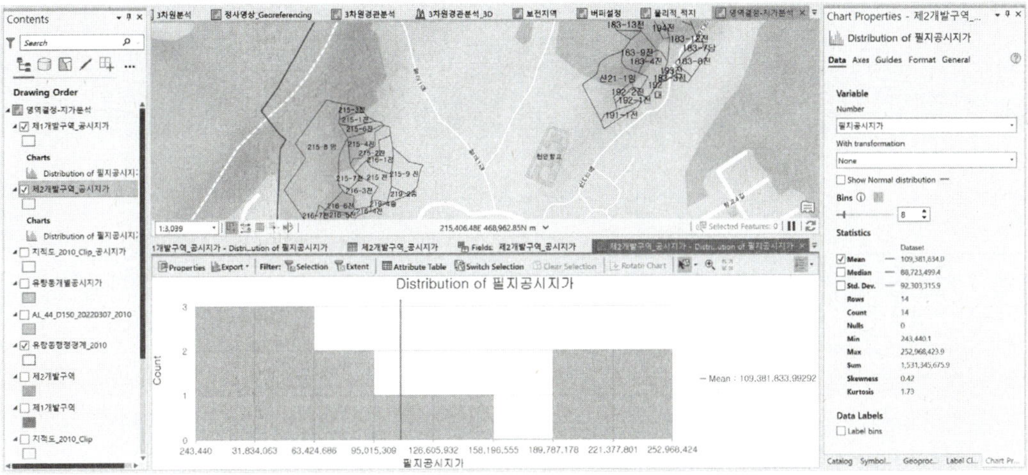

그림 157 지가분포를 보기 위한 그래프(제1개발구역)

TOC에 Chart가 추가되며 그래프와 최소, 최대, 합계가 계산된다. 따라서 제1개발구역의 총 공시지가는 2,430,380,922원임을 알 수 있다.

12) 제2개발구역에 대해서도 통계자료를 얻어보자.

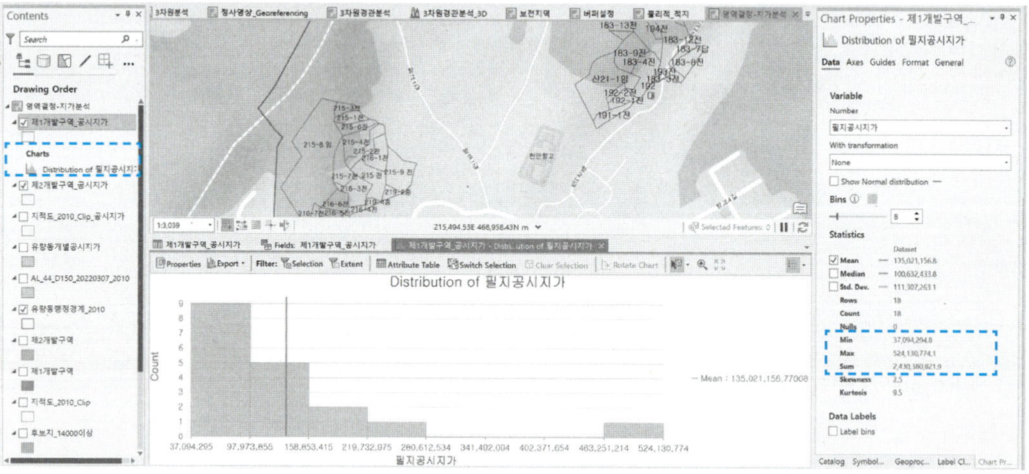

그림 158 지가분포를 보기 위한 그래프(제2개발구역)

제2개발구역의 총 공시지가는 1,531,345,676원임을 알 수 있다.

표 5 개발구역 별 총 면적 및 토지가격

후보지	면적	공시지가
제1개발구역	17,453m^2	2,430,380,922
제2개발구역	16,093m^2	1,531,345,676

11. 정사영상의 지오레퍼런싱

11.1 항공정사영상 준비

현재 항공정사영상은 25cm급으로 국토지리정보원(ngii.go.kr) 에서 제공하고 있다. Bessel타원체 또는 GRS80으로 좌표를 제공했었으나 현재는 국가 보안문제로 좌표를 제공하지 않고 있다. 따라서 대상지역의 정사영상을 다운받고 이를 각각 Geo-referencing한 후 모자익해야 한다.

1) ngii.go.kr에 접속 → 해당지역에 해당하는 정사영상을 다운 받는다. (참고로 항공정사영상의 경우 파일명이 1:5000국가기본도와 동일하다. 즉, 앞절에서 설명한 수치지도 다운로드할때와 같은 도엽명을 선택하면 된다.

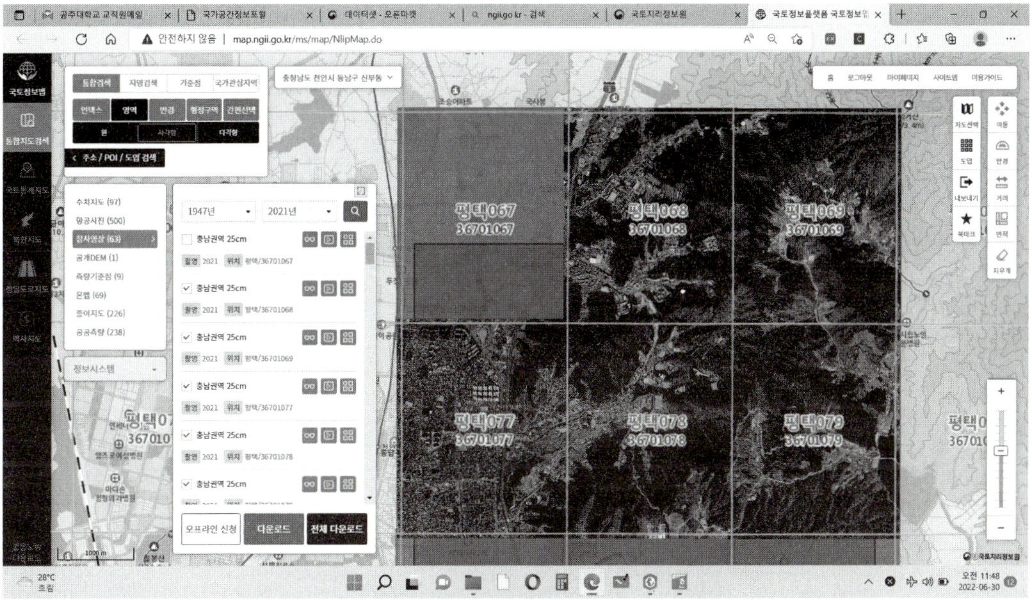

그림 159 Ngii.go.kr에서 정사영상 다운받기

2) 유량동을 검색하고 사각형으로 영역을 설정한 후 해당 정사영상을 체크하고 다운로드한다. 다운로드는 "적지분석"폴더안에 "항공정사영상" 폴더에 하며 압축을 푼다.

11.2 지오레퍼런싱

수치지도는 세계측지좌표계를 가지고 있으나 각각의 정사영상은 그림 파일좌표만을 가지고 있으므로 중첩이 되지 않는다. 따라서 수치지도를 기준으로 영상을 지오레퍼런싱하여 동일 좌표계로 변환 해야 한다. 변환다항식에 따라 기준점 수가 결정되지만 본 실습에서는 Affine변환을 사용할 것이므로 미지수가 6개(s_x, s_y, ε, θ, T_x, T_y ; X축 축척계수, Y축 축척계수, 비직교, 회전각, 평행이동량)가 된다. 즉, 초소 3개 이상의 기준점이 필요하다. 이 기준점은 전체 사진상에 고르게 분포되어야 변환정확도가 높아진다.

1) 탭메뉴 Insert → New map을 만들고 TOC에서 정사영상_Georeferencing으로 이름을 바꾼다.

2) Catalog에서 정사영상을 모두 가져온다. Zoom to Layer해보면 모두 한 위치에 오버랩된 것을 볼 수 있다. 이는 그림 파일 좌표계이므로 0,0 위치로 삽입된 것이다.

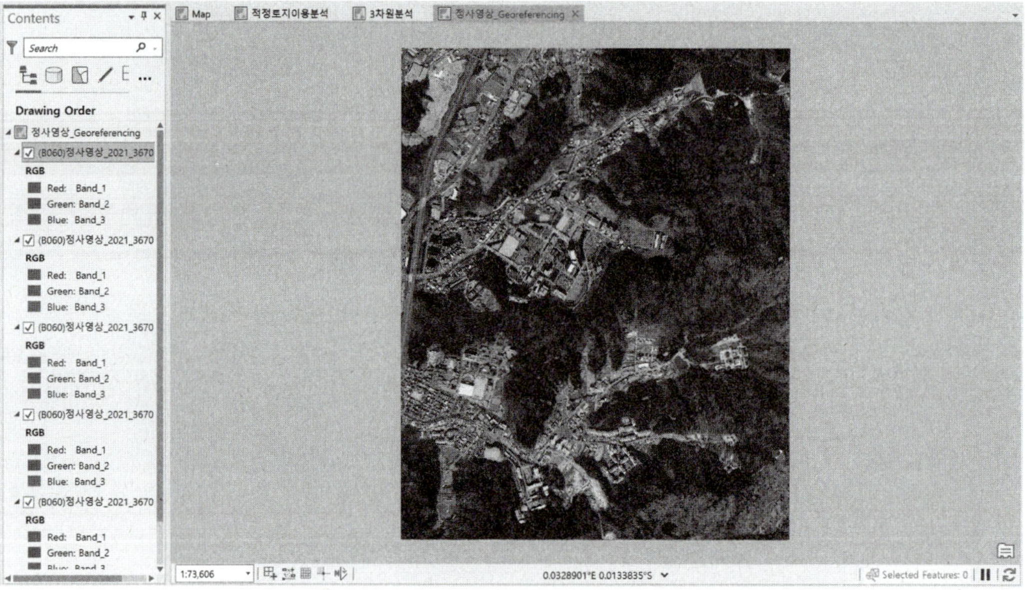

그림 160 5개의 정사영상이 동일한 위치에 삽입된 상태

3) Geo-referencing을 하기 위해서는 기준이 되는 수치지도 또는 영상이 있어야 하는데 본 장에서는 수치지도를 이미 확보한 상태이므로 수치지도를 기준으로 한다.

4) 첫 번째 영상부터 보정해보자. 30761068.tif영상만을 디스플레이 한다 → 해당 수치지도레이어 중 도로(A0010000) , 건물레이어(B0010000)를 가져온 후 “A0010000_68”, “B0010000_68”로 이름을 변경한다. → Zoom to Layer한다.

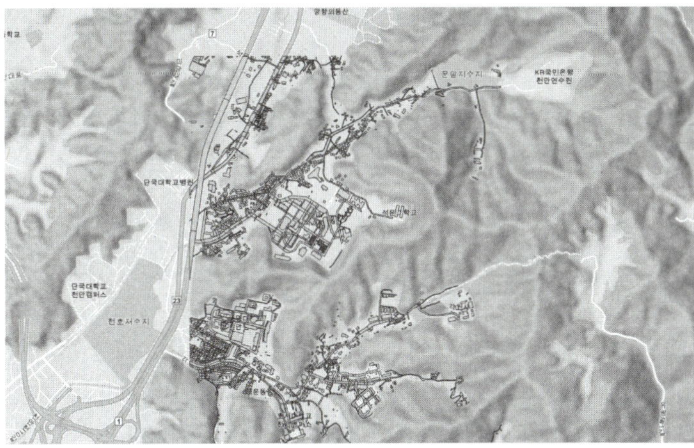

그림 161 Geo-Referencing을 위한 도로 및 건물레이어

6) TOC의 해당영상을 클릭 후 메인탭메뉴 Imagery → Georeference → Fit to Display하면 대략적인 위치로 중복되게 보여준다(약간 어긋나 있는 것을 볼 수 있다.).

그림 162 도로 및 건물레이어와 정사영상의 대략적 Fitting

7) 항공사진에 가려서 도로와 건물이 보이지 않으므로 도로와 건물레이어 각각 클릭하고 탭메뉴 Appearance → Transparency를 적절하게 조절한다. (30% 정도면 적당하다.)

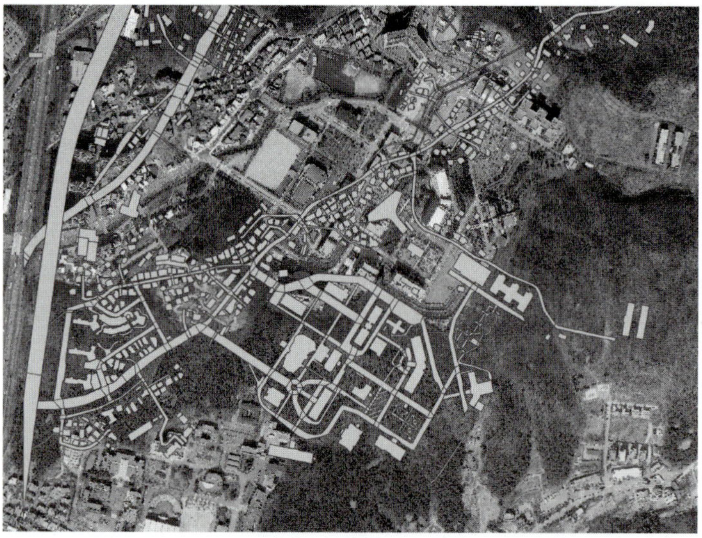

그림 163 Geo-referencing을 위한 투명도 조절

8) 적절한 기준점 마크를 선택한다. Georeference → Alignment → Georeferencing Option에서 선택할 수 있다.

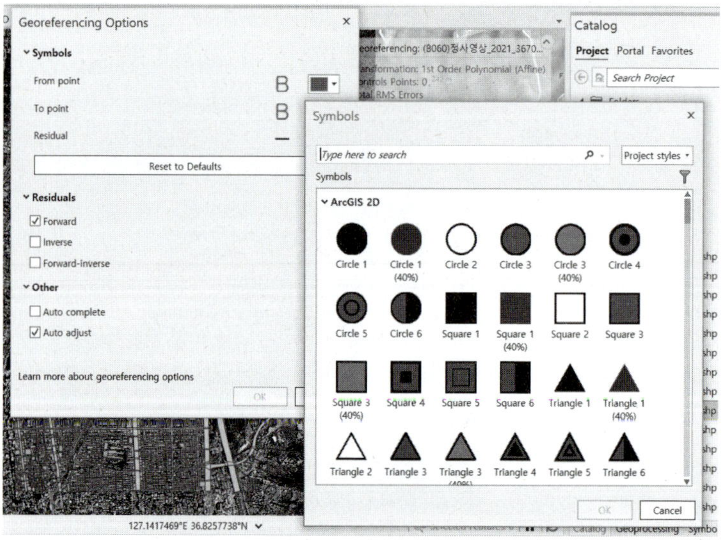

그림 164 기준점의 심볼결정

9) 우선 영상의 좌측 상단부분에서 영상과 수치지도에서 명확하게 파악되는 점을 선정한다.
Add Control Points → 영상 상에서 From point(Source) = 항공정사영상 클릭 → 수치지도의 동일점 클릭(만약 영상으로 인해 수치지도가 제대로 보이지 않는다면 TOC에서 영상을 끄고 한다.)

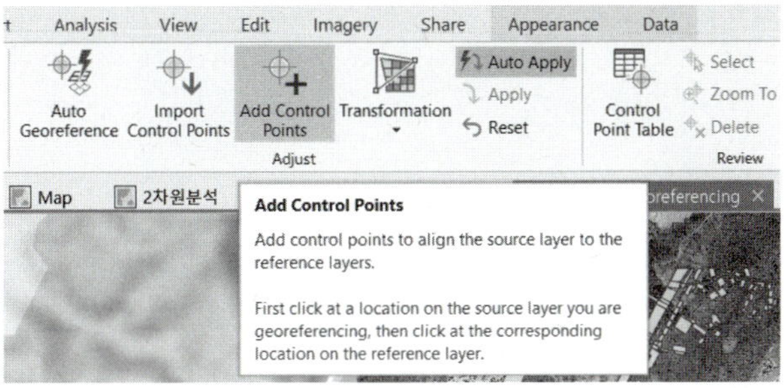

그림 165 지상기준점 추가

잘못 클릭했을 경우에는 Esc하고 다시 한다. 영상의 부분 부분을 확인하여 영상과 수치지도의 일치 정도가 만족스럽지 못하면 기준점을 추가한다. 기준점이 추가 될수록 베이스맵과 정사영상이 일치되어가는 것을 알 수 있다. 중요한 것은 영상 전반에 걸쳐 기준점이 고르게 분포되어야 한다는 것이다.

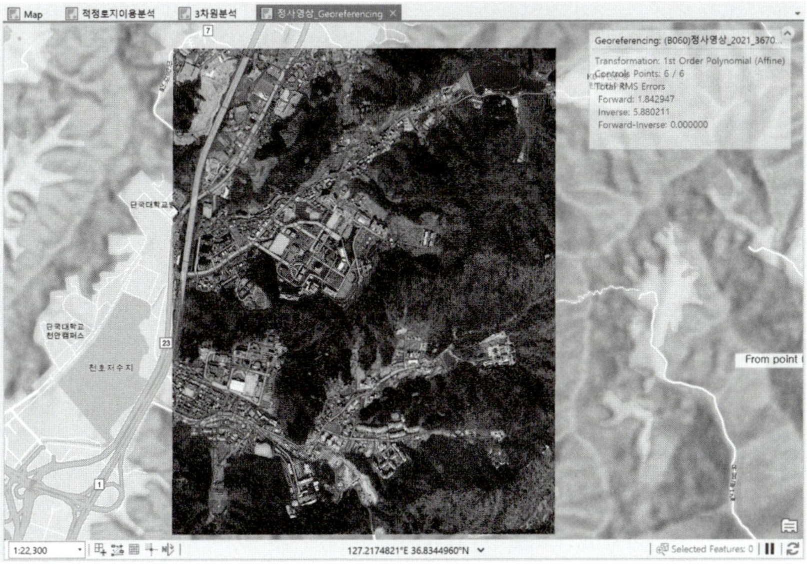

그림 165 베이스맵과 정사영상의 Geo-Referencing

9) Geo-reference 메뉴의 Control point Table을 보면 각각의 좌표와 각 기준점의 residual[1]이 나타난다. Residual(잔차)이 큰 점은 체크마크를 해제하여 프로세싱에서 제외할 수 있다.

	Link	Source X	Source Y	X Map	YMap	Residual X	Residual Y	Residual
☑	1	2,895.903404	-634.176150	14,157,900.494765	4,418,083.952743	-0.742874	-1.833832	1.978586
☑	2	1,207.385224	-4,149.128276	14,157,370.082293	4,416,985.339803	-0.255161	0.802013	0.841625
☑	3	917.794024	-9,302.676261	14,157,275.518987	4,415,370.044496	0.917534	0.736813	1.176759
☑	4	6,943.465469	-9,191.200008	14,159,155.902135	4,415,402.033272	-0.483288	-0.554197	0.735324
☑	5	6,560.199731	-1,555.054409	14,159,046.258779	4,417,798.719959	1.699090	2.580262	3.089443
☑	6	5,437.692094	-4,585.474191	14,158,689.774054	4,416,844.873946	-1.135301	-1.731059	2.070139

그림 166 Geo-referencing후의 좌표변환 결과

10) 윈도우즈 파일탐색기에서 해당 영상파일을 확인해 보자.

이름	수정한 날짜	유형	크기
(B060)정사영상_2021_36701068	2022-06-30 오전 11:58	알씨 TIF 파일	314,920KB
(B060)정사영상_2021_36701068.tif.aux	2022-06-30 오전 11:58	XML 문서	8KB
(B060)정사영상_2021_36701068.tif.ovr	2022-06-30 오전 11:58	OVR 파일	93,196KB

그림 167 Geo-referencing전의 파일구성

1) 좌표변환프로그램은 보통 Affine변환을 사용하는데 기준점3점이 최소조건이므로 3점 이상의 기준점을 설정하면 residual이 계산된다.

11) 이제 Geo-referencing이 끝났으니 저장한다. 그리고 파일탐색기를 다시 확인해 보자.

(B060)정사영상_2021_36701068.tif.ovr	2022-06-30 오전 11:58	OVR 파일	93,196KB
(B060)정사영상_2021_36701068.tif.aux	2022-06-30 오전 11:58	XML 문서	8KB
(B060)정사영상_2021_36701068	2022-07-02 오전 11:36	알씨 TIF 파일	314,989KB
(B060)성사영상_2021_36701068.tfwx	2022-07-02 오전 11:36	TFWX 파일	1KB

그림 168 Geo-referencing후의 파일구성

하나의 영상이 지오레퍼런싱이 끝나면 ☒ Close Georeferencing한다.

12) 같은 방법으로 30761069.tif를 디스플레이하고 해당 수치지도 중 도로 및 건물 레이어를 추가하고 Zoom to Layer하여 지오레퍼런싱 한다. 기하보정된 영상을 저장하고 30761068.tif를 함께 디스플레이 해보자.

그림 169 30761068.tif 정사영상의 Geo-referencing

13) 같은 방법으로 30761077.tif, 30761078.tif, 30761079.tif영상을 기하보정한다.

11.3 기하보정영상의 모자익

1) 완료 후 보정된 5개의 영상을 디스플레이 하고 경계파일을 오버레이 해보자.

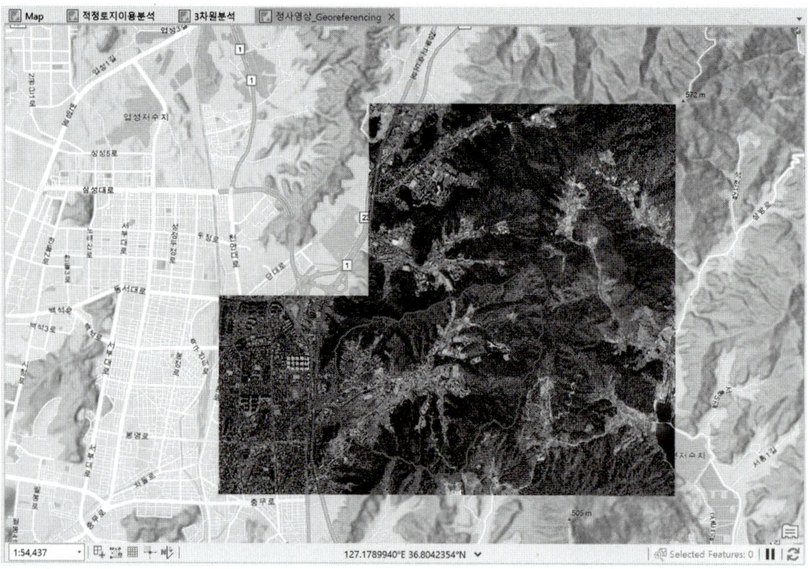

그림 170 Geo-referencing후의 5개 정사영상

프로젝트지역이 잘 포함된 5개의 정사영상이 얻어졌다. 경계부분이 약간씩 겹쳐지고 부자연스러운 것을 볼 수 있다.

2) 5개의 보정영상을 하나의 정사영상으로 Append tool을 이용하여 만든다.

3) Catalog에서 Folders → 항공정사영상 폴더의 36701068정사영상을 복사하여 붙여넣고 이름을 정사영상_total로 변경한다.

4) Toolbox → Data management → General → Append

Run!!

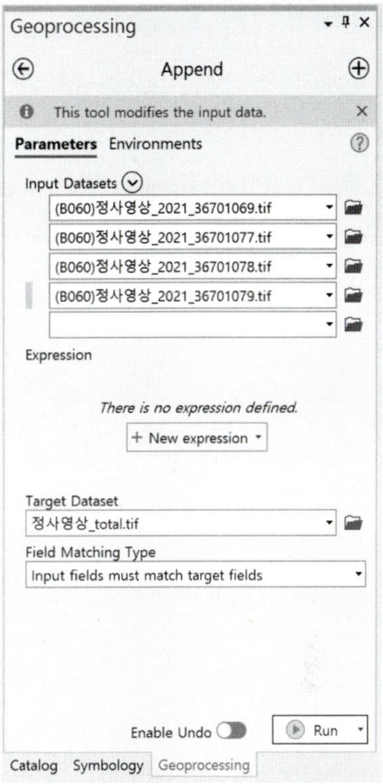

그림 171 영상조합을 위한 Append

5) Append된 정사영상_total을 보자. 각각의 영상을 보는 것과는 달리 경계부분이 자연스럽게 모자이크된 것을 알 수 있다.

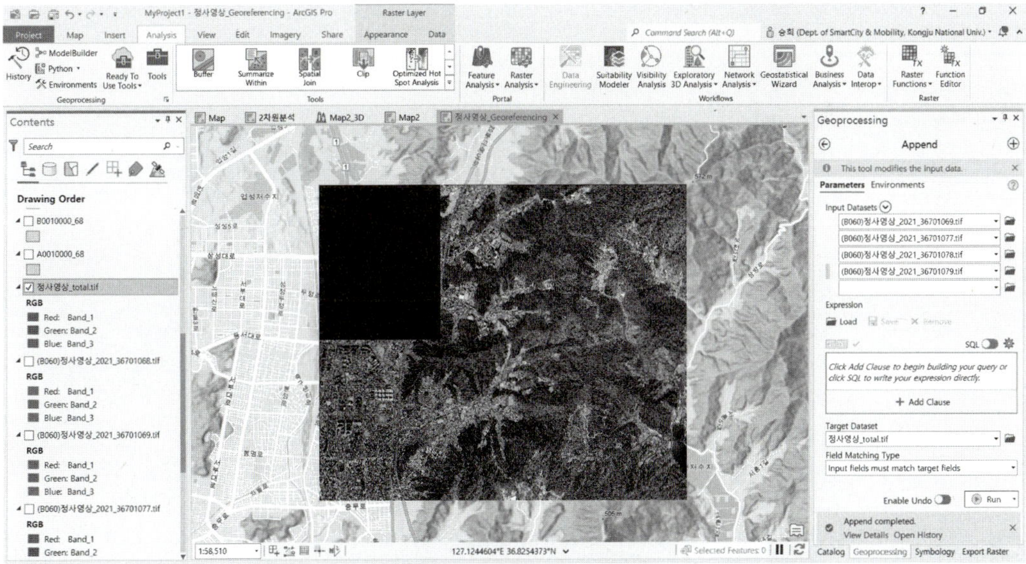

그림 172 조합된 정사영상

11.4 좌표변환 및 클리핑

1) 현재의 정사영상 좌표는 WGS 1984 Web Mercator (auxiliary sphere)이므로 세계측지좌표계로 투영변환한다. Project Raster툴로 변환한다. 이때 Output 파일이름은 9자 이하로 정해야 한다.

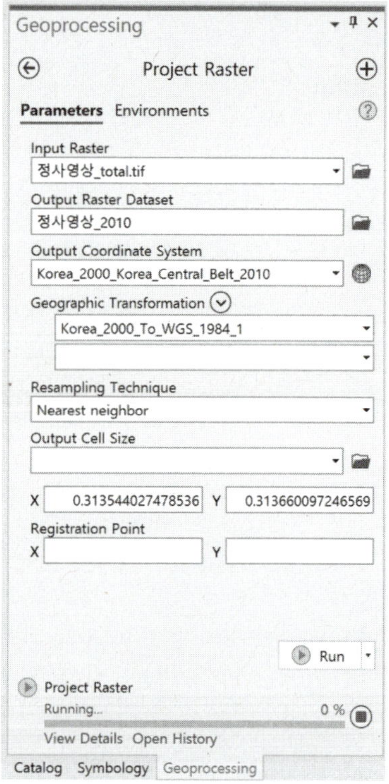

그림 173 Raster Project

2) 대상지역 만 클리핑한다. Toolbox → Data Management → Raster Processing → Clip Raster, ☑ Use input Feature for Clipping Geometry, Run~!!

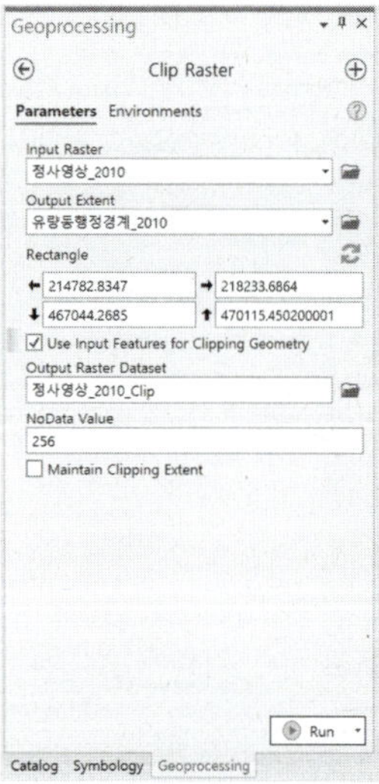

그림 174 정사영상 Clipping

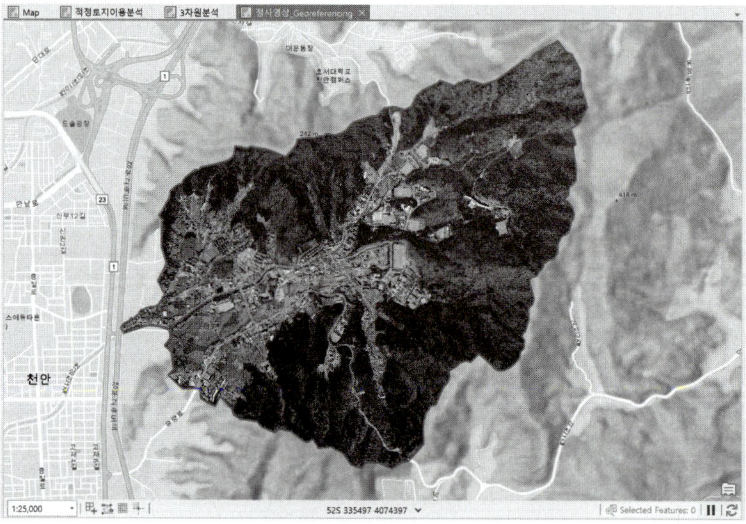

그림 175 Clipping된 정사영상

12. 3차원 경관분석

12.1 지형모델로 본 경관

1) 탭메뉴 Insert → New map을 만들고 이름을 "3차원경관분석"으로 변경한다.

2) 이전 단계에서 만든 DEM을 가져온다.

3) 탭메뉴 → View → Convert → To Local scene

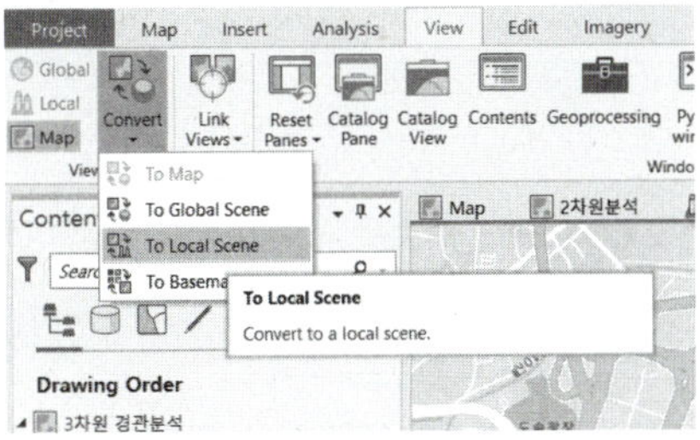

그림 176 3차원 Local Scene

"3차원경관분석_3D" Map이 추가로 만들어진다.

4) 마우스 휠을 누른 상태에서 움직여 보자. DEM raster가 3D로 보인다.

그림 177 3D Local secen에서 본 DEM

5) 클리핑한 정사영상도 가져온다. 3D 시각을 조절해 보자.

그림 178 DEM+정사영상

6) 지적도를 오버레이 해보자. 지적도 Outline의 색깔을 변경해 보자.

그림 179 DEM+정사영상에 지적도 오버레이

7) 지적도를 off시키고 "영역결정-지가분석" Map에서 "유량동행정경계_2010"과 "제1,제2개발영역" 폴리곤을 복사해 온다.

하지만 폴리곤이 보이지 않는다. Level=0면이 있기 때문이다.

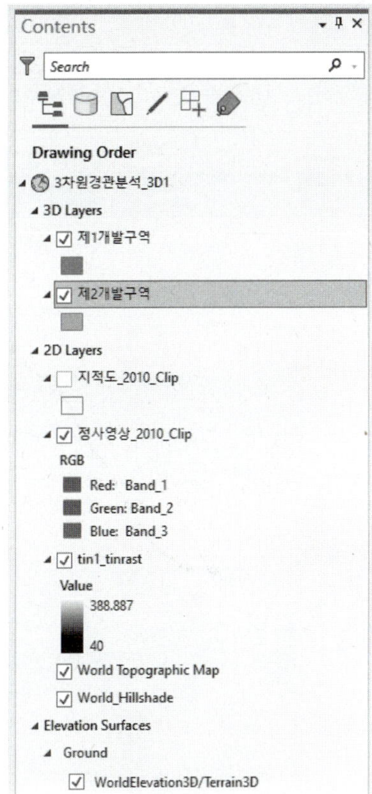

그림 180 폴리곤복사

8) TOC "제1개발구역" 클릭 → 메인매뉴 View → Convert → To Map 해보자.

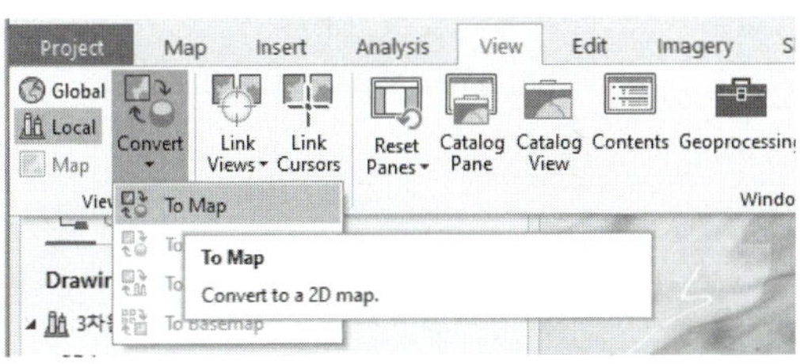

그림 181 폴리곤 맵상에 올리기

폴리곤 채우기 No Color, 외곽선의 색깔을 바꿔보자. 다음과 같이 나타난다.

그림 182 맵으로 올라온 제1,2개발구역 폴리곤

9) 시각적으로도 남향 또는 남동향의 산기슭 입지로 전원주택을 짓기에 알맞은 부지이다.

10) 시각을 변경하여 먼 거리에서 부지를 바라보는 원경, 중경을 분석해 보자.

	제1개발구역	제2개발구역
원경	  	  

그림 183 개발구역 반대편에서 원경으로 조망한 모습

	제1개발구역	제2개발구역
중경		

그림 184 개발구역 반대편에서 중경으로 조망한 모습

11) 또한 부지에서 바라보는 전경에 대해서도 다양한 각도에서 조망하여 팀원들과 의견을 나누어 보자.

	제1개발구역	제2개발구역
중경	 우측전경	 정면뷰
	 정면전경	 우측뷰
	 좌측전경	 좌측뷰

그림 185 제1,2개발구역에서 바라본 조망

12.2 건물렌더링으로 본 경관

앞서 설명한 경관분석은 DTM에 정사영상을 중첩한 3D 경관이었다. 실제와 유사한 경관을 분석하기 위해서는 1,2개발구역 주변의 건물을 3D로 구축해야 한다. 이에 대해 설명한다.

1) 1,2개발구역주변은 도엽 36701077, 36701078이므로 두 도엽의 A0010000(건물), B0010000(도로) 레이어를 각각 가져온다.

2) 도로와 건물로 각각 Merge한 후 유량동 경계폴리곤으로 Clipping한다.

그림 186 건물과 도로레이어가 추가된 3D지형모델

> 주) Clipping시 default로 결과파일이름을 정했다면 Catalog에서 복사하여 Rename한다. Rename시 첫글자는 알파벳으로 해야한다.

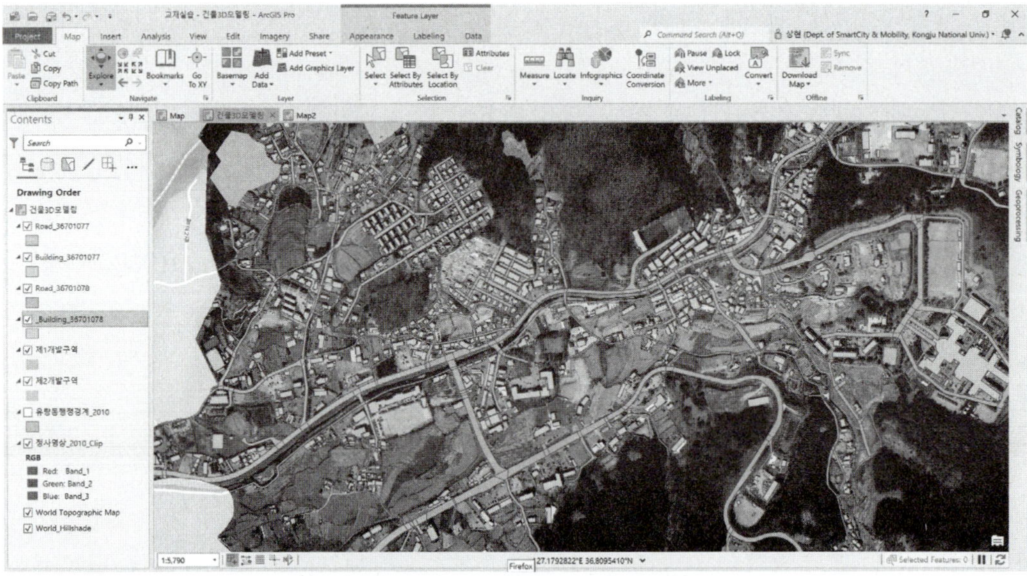

그림 187 도로와 건물의 오버레이

건물의 속성테이블에는 층수밖에 없으므로 건물의 높이계산을 위한 Height필드를 추가한다.

3) 속성테이블 → Field → Add

- Field name : Height
- Alias : Height
- Data type : Float
- Number format : Numeric
  - Decimal place : 1
  - Significant digit : 6

Current Layer: Building_36701078

Visible	Read Only	Field Name	Alias	Data Type	Allow NULL	Highlight	Number Format	Domain	Default	Length
☑	☐	Shape	Shape	Geometry	☑	☐				
☑	☐	명칭	명칭	Text	☑	☐				254
☑	☐	구분	구분	Text	☑	☐				100
☑	☐	종류	종류	Text	☑	☐				100
☑	☐	용도	용도	Text	☑	☐				100
☑	☐	주기	주기	Text	☑	☐				254
☑	☐	층수	층수	Short	☑	☐	Numeric			
☑	☑	Shape_Length	Shape_Length	Double	☑	☐	Numeric			
☑	☑	Shape_Area	Shape_Area	Double	☑	☐	Numeric			
☑	☐	Height	Height	Float	☑	☐	Numeric			

그림 188 건물 속성테이블에 Height필드 추가

■ 테이블을 빠져나가자 Save all changes? → Yes

새로 만든 필드에 건물의 높이를 계산하여 채운다.

4) Height필드 클릭 후 Calculate Field

일반적으로 한 층의 높이는 약 3.5m이므로 Height = 층수*3.5로 입력하고 Apply!!

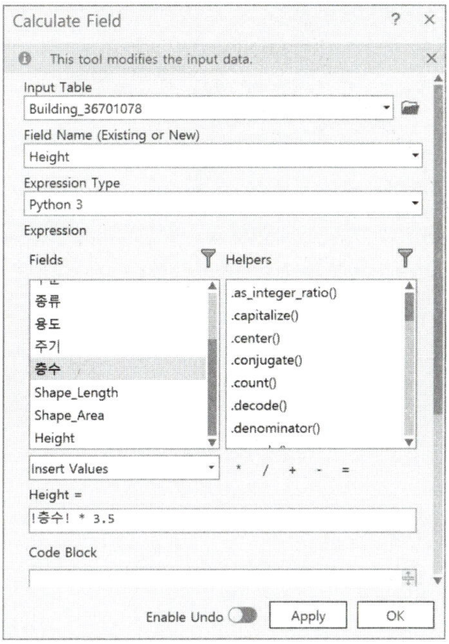

그림 189 건물높이계산

다음과 같이 건물의 높이가 채워졌다.

	OBJECTID *	Shape *	명칭	구분	종류	용도	주기	층수	Shape_Length	Shape_Area	Height
1	1	Polygon			주택외건물	근린생활시설		2	83.331433	331.85796	7
2	2	Polygon			주택외건물	근린생활시설		2	62.369476	180.153319	7
3	3	Polygon			주택외건물	자동차관련시설	르노삼성자동차부품대i	4	107.251167	435.901734	14
4	4	Polygon			주택외건물	종교시설	은혜와진리교회	3	105.615882	576.664651	10.5
5	5	Polygon			주택외건물	근린생활시설		1	35.524113	78.063285	3.5
6	6	Polygon			주택외건물	근린생활시설		1	25.02022	24.644508	3.5
7	7	Polygon			주택외건물	근린생활시설		1	28.271611	26.499487	3.5
8	8	Polygon			주택외건물	근린생활시설		1	84.146168	355.135515	3.5
9	9	Polygon			주택외건물	근린생활시설		2	41.574934	96.489175	7

그림 190 Calculate Field에 의해 채워진 Height필드

건물폴리곤을 계산한 Height로 올려보자.

5) View → Convert → to Local Scene

6) 메인매뉴 → Appearance → Type → Field → Height

> 주) 제1개발구역, 제2개발구역 폴리곤은 Properties의 Elevation을 "On the ground"로 한다.

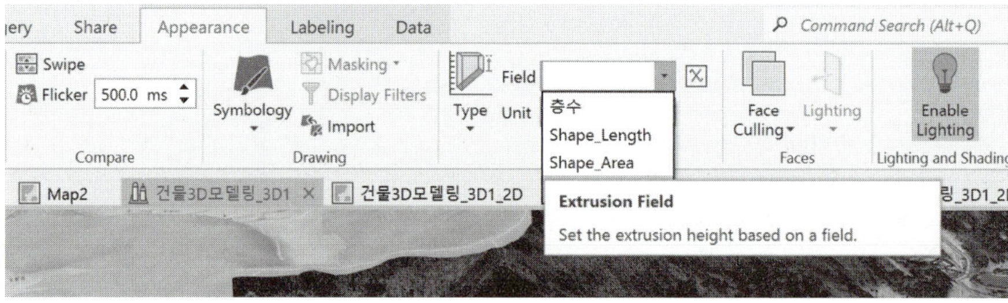

그림 191 지표면으로부터 건물 높이로 올리기

3차원 랜더링을 해야하므로 시간이 꽤 소요된다. 서둘러 다른 메뉴버튼을 누르지말고 우측하단의 프로세싱 아이콘을 주목하자. 디스플레이가 끝나면 다음과 같이 건물이 3D로 디스플레이된다.

그림 192 Height Field 높이로 올려진 3D건물

7) 개발대상지에서 조망하기

개발대상지는 남쪽을 바라보는 야산의 경사면에 위치하므로 동, 남동, 남측방향에 대한 조망을 분석하고자 한다.

- 제1개발구역 원경

그림 193 동쪽 방향 View

그림 194 남동쪽 방향 View

그림 195 남쪽방향 View

- 제2개발구역 원경

그림 195 동쪽방향 View

동쪽 방향의 View는 전반적으로 산지가 조망되어 좋은 편이다.

그림 196 남동쪽 View

그림 197 남쪽방향 View

남측방향 전망은 집단주거시설로 인해 다소 답답해 보인다. 건물을 클릭해보자. 스위트포레아파트로 확인된다.

주) 워크스페이스 좌측하단을 보면 View아이콘이 보이는데 상단에 세 가지 탭 있다.

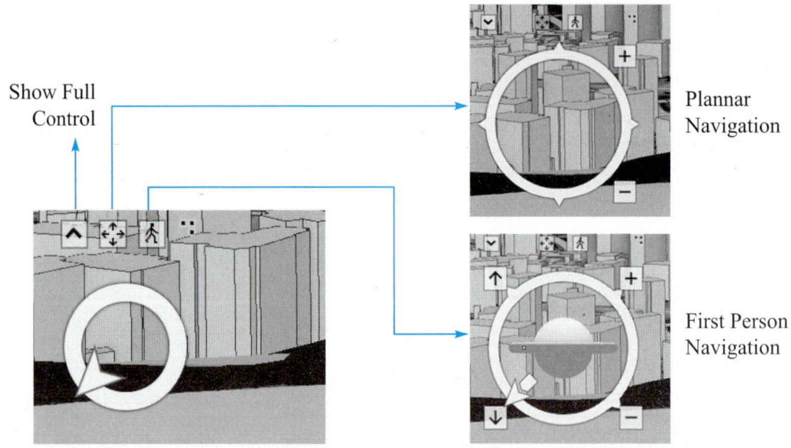

그림 198 View control

Plannar Navigation은 좌우 상하로 패닝되는 기능을 하며 Person Navigation은 자유롭게 뷰를 바꿀 수 있다. 그러므로 Person Navigation으로 방향을 결정하고 Plannar Navigation으로 축척과 위치를 조절하면 방향은 바뀌지 않은 채로 조망이 가능하다.

● 제1개발구역 근경

그림 199 동쪽방향 View

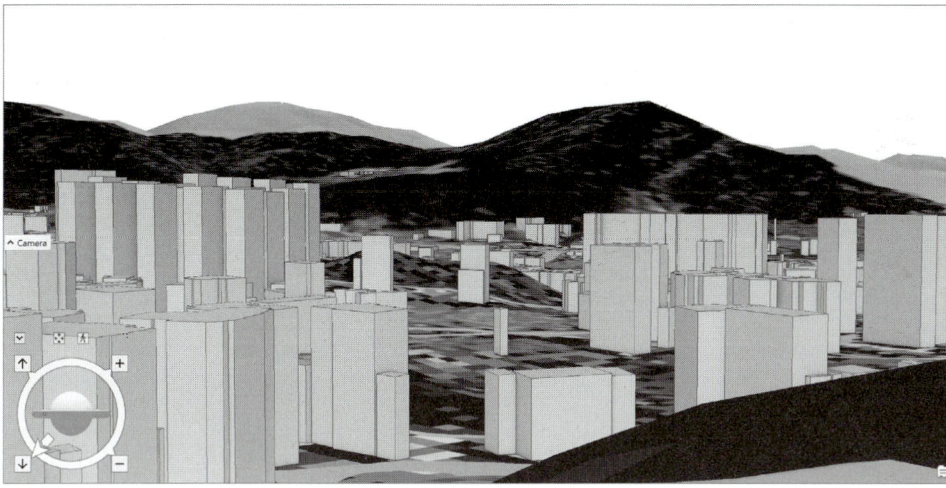

그림 200 남동쪽 View

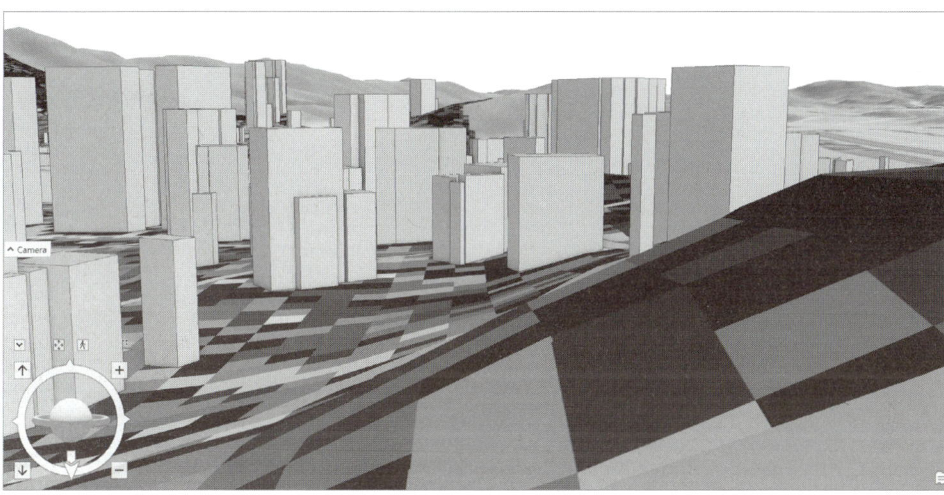

그림 201 남쪽 View

● 제2개발구역

그림 202 동쪽 View

그림 203 남동쪽 View

그림 204 남쪽 View

13. Model Builder활용

GIS공간데이터를 구축할 때 여러 과정을 거쳐 처리해야 결과를 얻을 수 있을 경우 Model Builder를 사용하면 효율적이다. 또한, 저장하여 필요할 때 사용할 수 있다.

앞 절에서 설명한 클리핑된 도로망도와 등고선도를 Model Builder로 얻는 방법에 대해 설명한다.

13.1 Model Builder로 Clipping된 도로망도 얻기

ARCGIS Model Builder를 이용하여 앞절에서 설명한 기능을 하나로 합쳐 작업 수행

주) Model Builder 란

- ArcGIS에서 지오프로세싱 작업을 수행할 수 있는 방법 중 하나
  (ModelBuilder, ArcToolbox, Command Line, Python)
- 데이터셋과 변수를 지오프로세싱 도구에 적용하여 새로운 데이터 생성
- 자주 사용하고 복잡한 공간 분석을 위한 모델을 한번에 작업

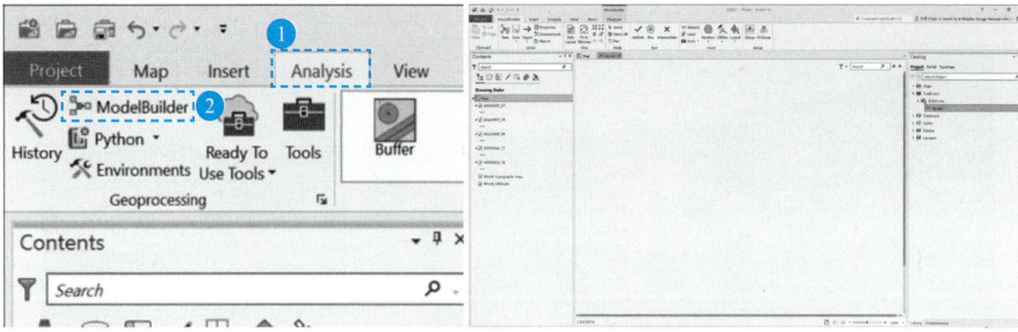

그림 205 Model Builder 실행방법 및 실행 화면

1) 메인 매뉴 → Analysis → ModelBuilder를 클릭하여 실행

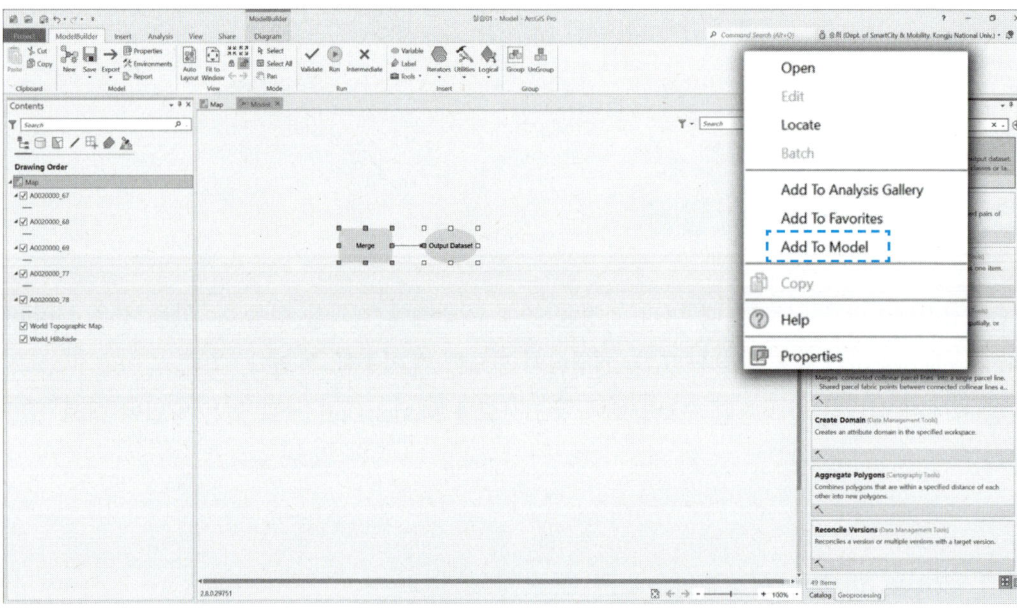

그림 206 Model Builder시작화면

2) Geoprocessing검색창에서 Merge 검색 후 마우스 오른쪽 버튼을 눌러 Add To Model 선택

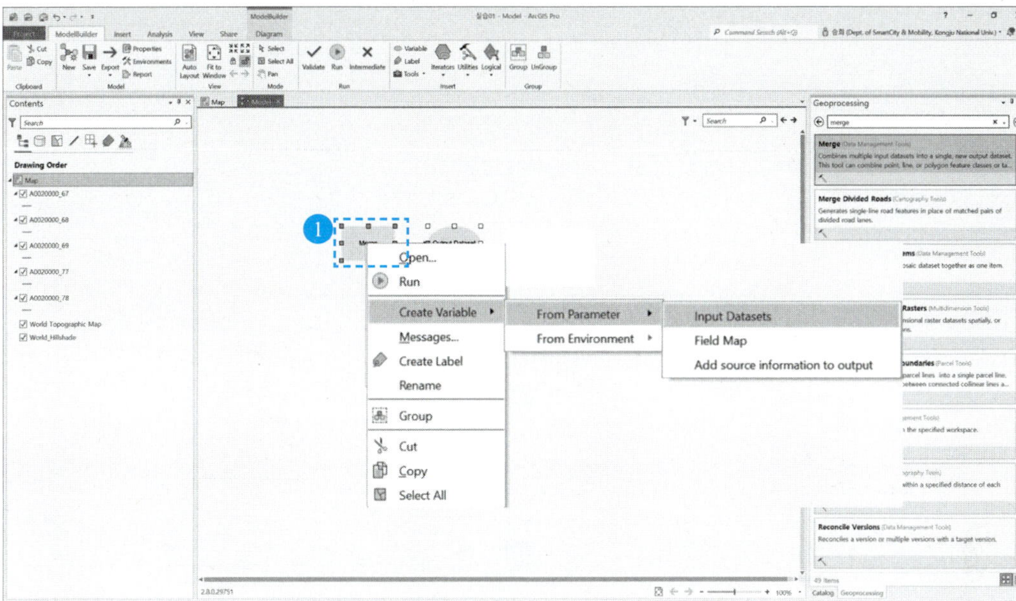

그림 207 Model Builder에서 Input Dataset삽입

3) Merge에서 마우스 오른쪽 버튼 클릭 후 “Input Datasets” 선택

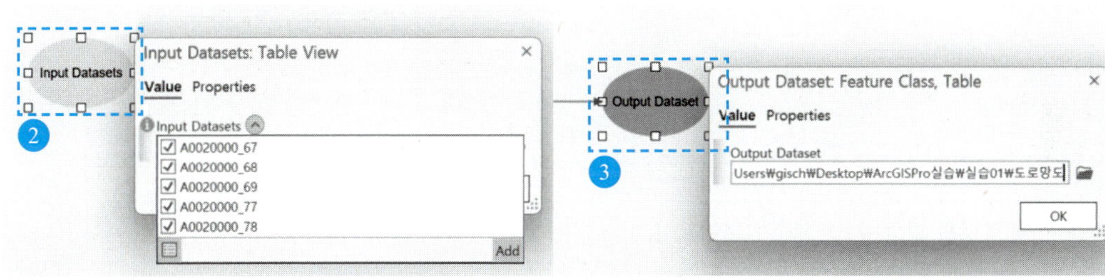

그림 208 Model Builder에서 Output Datasets 삽입

4) Input Datasets를 더블 클릭하여 레이어를 선택 후 Add 버튼

5) Output Datasets를 더블 클릭하여 저장 폴더 및 레이어명 지정

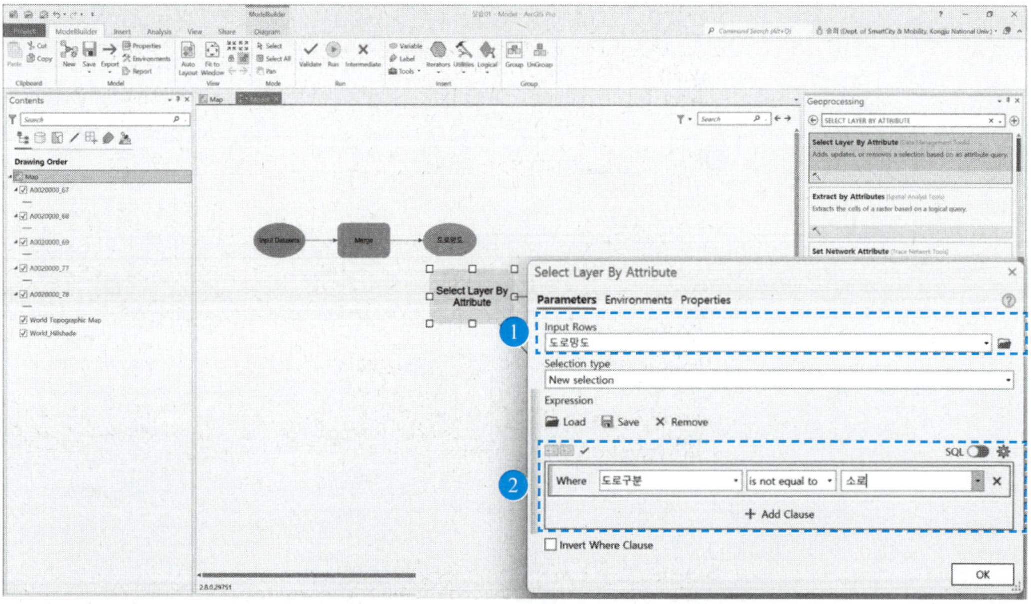

그림 209 Model Builder에서 Select Layer By Attribute삽입

Geoprocessing에서 Select Layer By Attribute를 Merge와 동일한 방법으로 실행한다.

6) Input Rows : Merge 결과 파일 "도로망도"를 선택

7) Expression : 도로구분 / is not equal to / 소로 선택

주) 도로망도 파일이 생성되기 전이므로 "소로"는 타이핑하여 입력

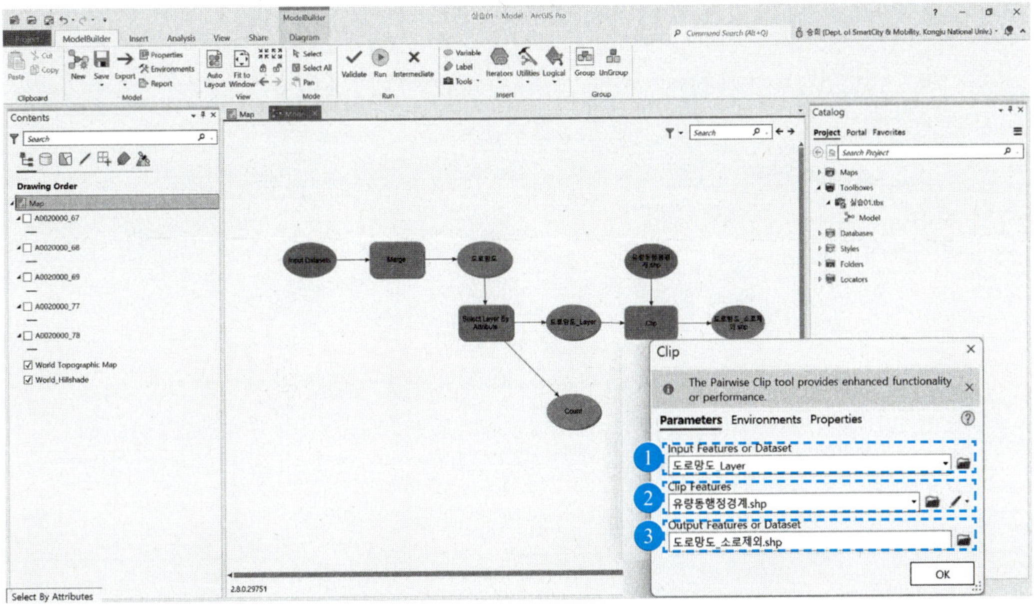

그림 210 Model Builder에서 Clip삽입

Geoprocessing에서 Clip 기능을 추가

8) Input Features or Dataset : Select Layer By Attribute 결과 파일 “도로망도_Layer”를 선택

9) Clip Features : 바운더리 파일 선택

10) Output Features or Dataset : 저장 경로 및 파일명 입력

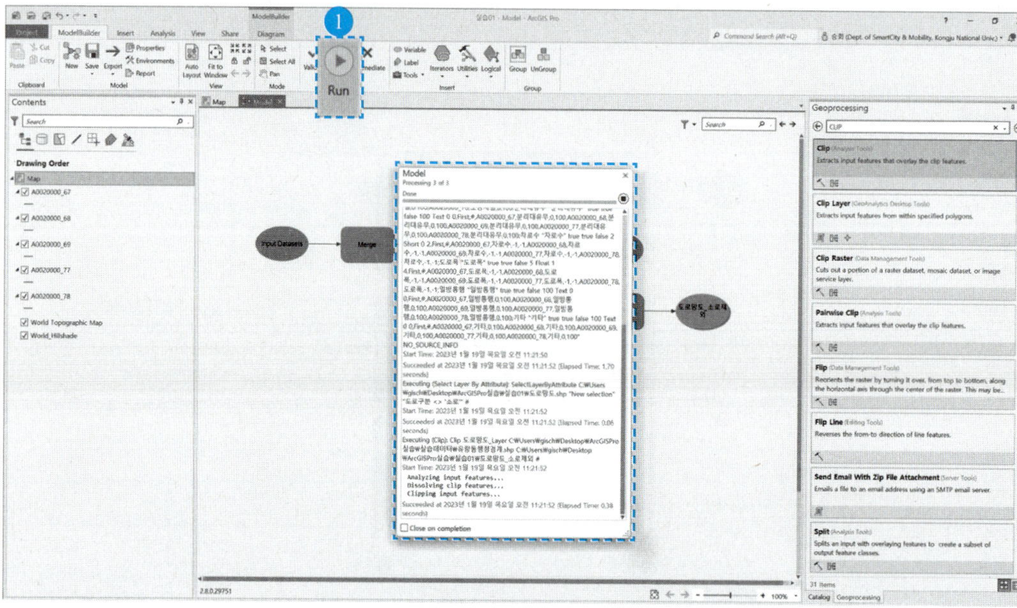

그림 211 만든 Model Builder의 실행

여지까지 만든 Model Builder를 실행해 보자.

11) Run을 클릭하여 지금까지 만든 Model Builder를 실행

그림 212 생성된 파일

12) 생성된 파일을 탐색기에서 확인 후 AcrGIS Open 한다.

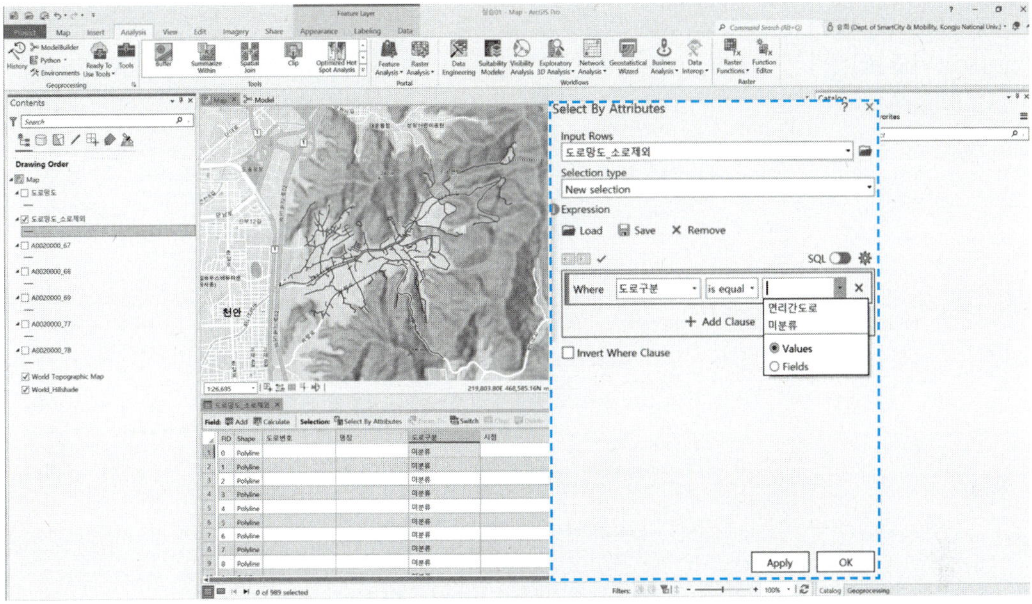

그림 213 Model Builder를 실행하여 최종적으로 얻어진 도로망도

13) 최종 성과 파일인 "도로망도_소로제외.shp"에서 Select By Attributes를 통해 도로구분 필드에서 소로가 제외된 것을 확인

13.2 Model Builder로 Clipping된 등고선도 얻기

ARCGIS Model Builder를 이용하여 위에서 설명한 기능을 하나로 합쳐 작업 수행

※ Parameter를 이용한 Model Builder

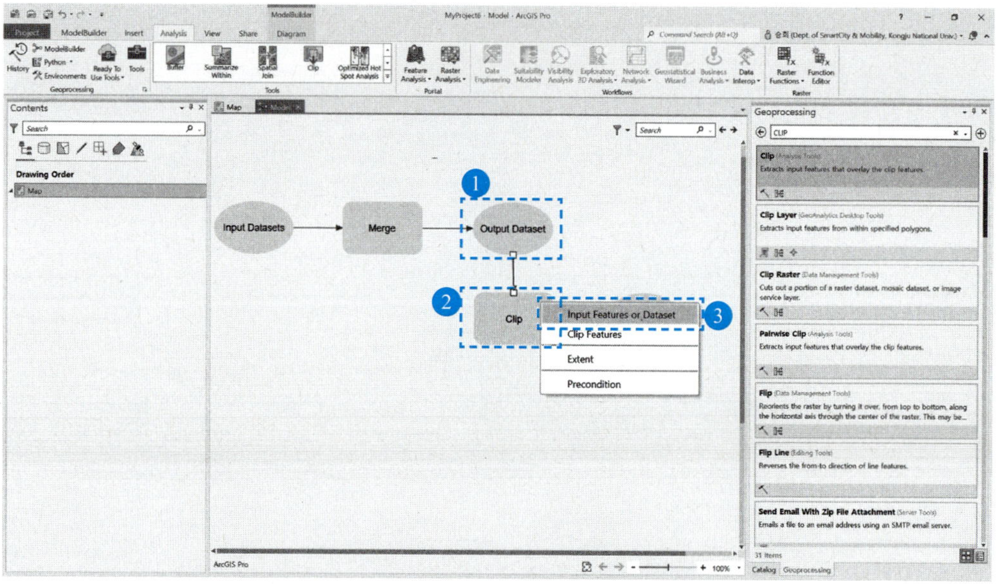

그림 214 Merge 와 Clip툴 삽입

11.1절에서 설명한 동일 방법 Merge를 추가하여 Input Datasets 생성

1) Clip 기능을 추가 후 ①번에서 ②번 도형까지 마우스 왼쪽버튼을 누른 상태에서 드래그하면 연결선이 생기면서 ③번 그림이 나온다. 이때 Input Features or Dataset을 클릭한다.

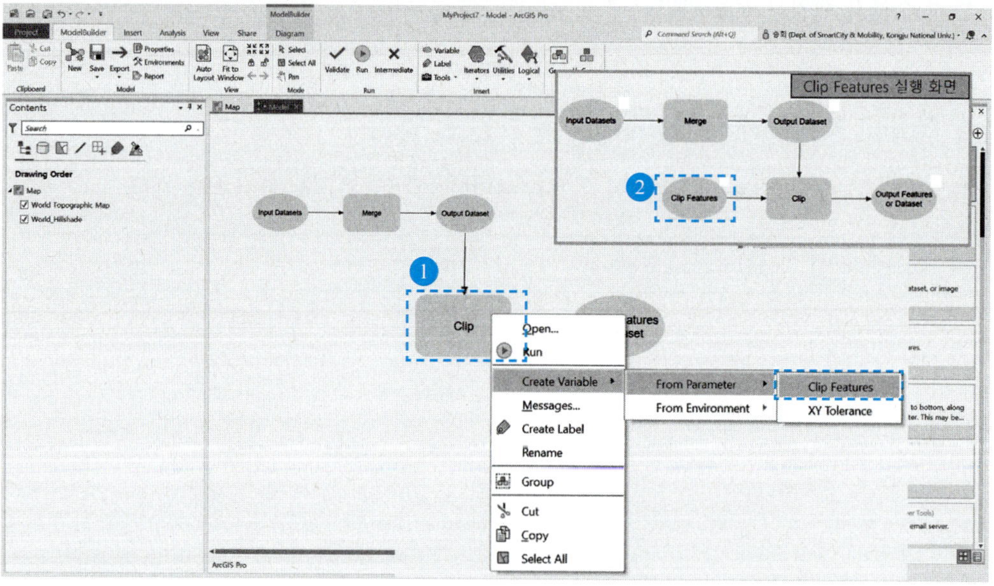

그림 215 Clip Feature삽입

2) Clip에서 마우스 오른쪽 버튼을 클릭 후 "Clip Features"를 클릭하면 ②번 도형(Clip Features) 생성

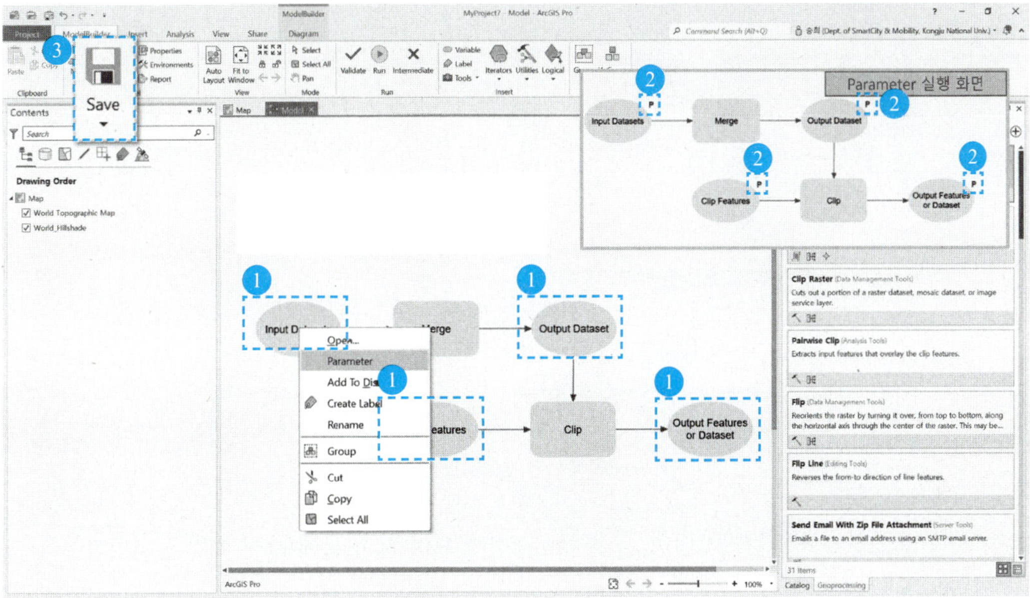

그림 216 Output Feature 툴 삽입

3) ①번 4개의 항목에 대해서 마우스 오른쪽 버튼을 클릭 후 "Parameter"를 클릭하면 ②번 그림에서처럼 "P" 생성

> ※ "Parameter" : 파일을 직접 지정

③ Save

Catalog

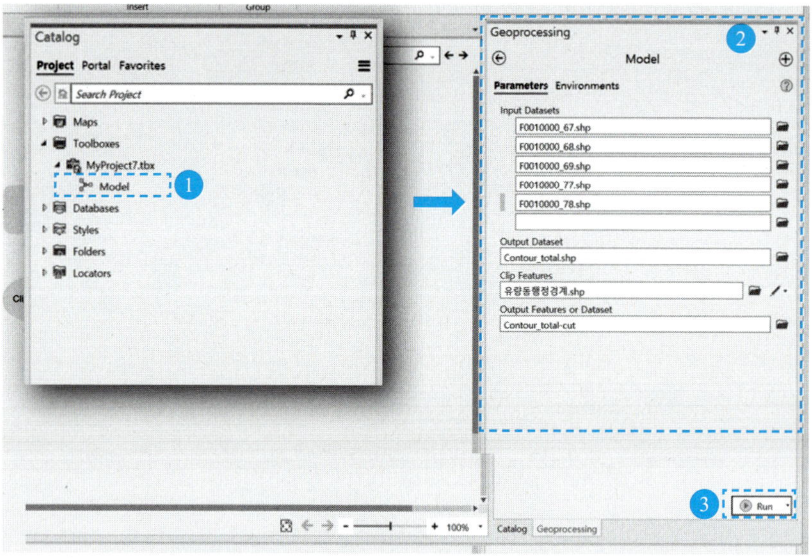

그림 217 ToolBox에 등록된 Model과 Model Builder실행

4) 저장된 Model를 더블 클릭하면 ②번 화면으로 전환되며 각 항목에 맞게 파일을 선택하여 입력 후 ③Run 버튼 클릭

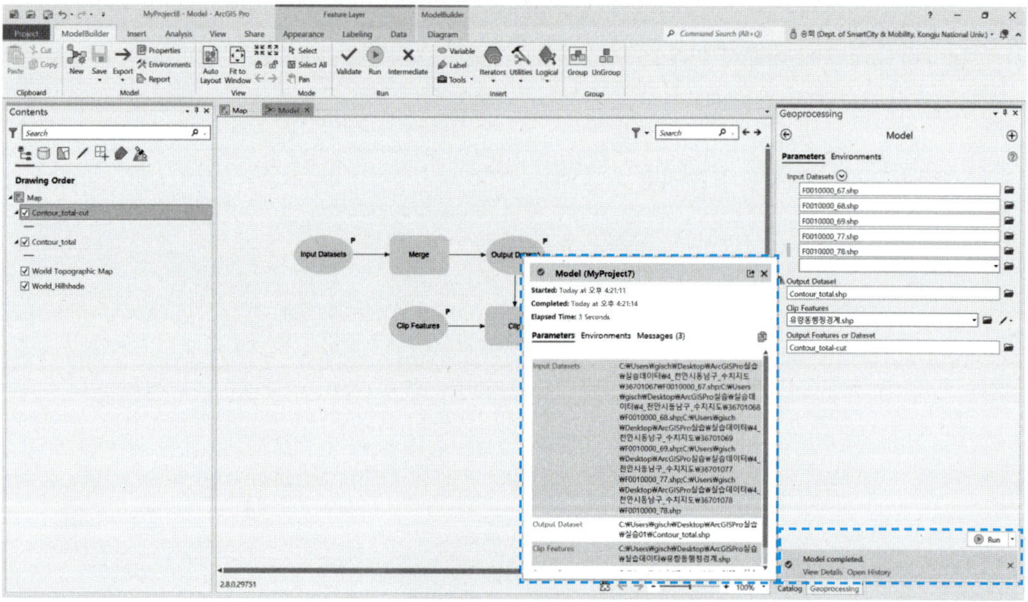

그림 218 Model Builder 실행이 완료된 화면

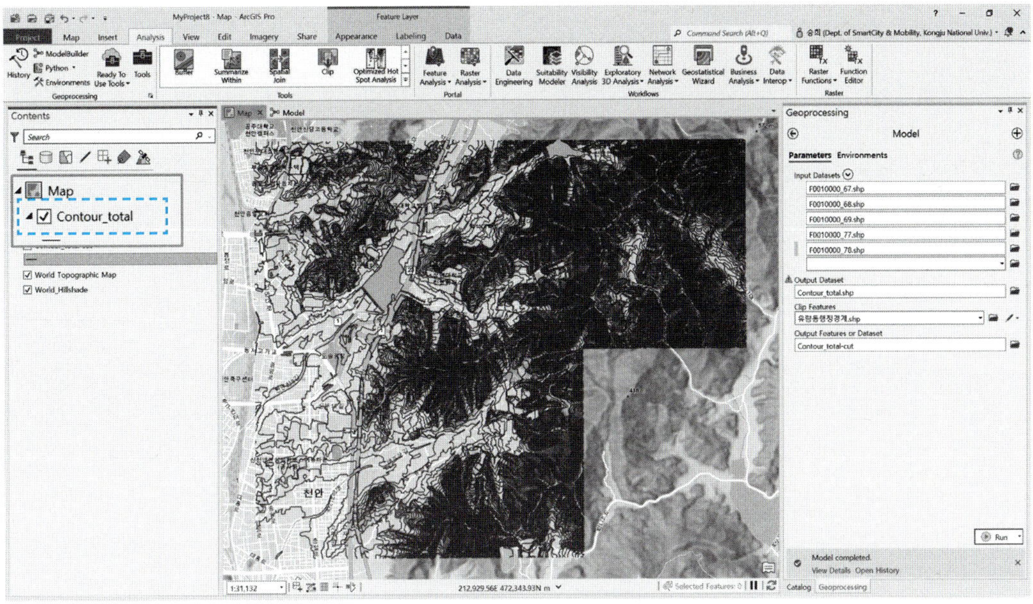

그림 219 결과로 얻어진 Contour_total.shp 화면

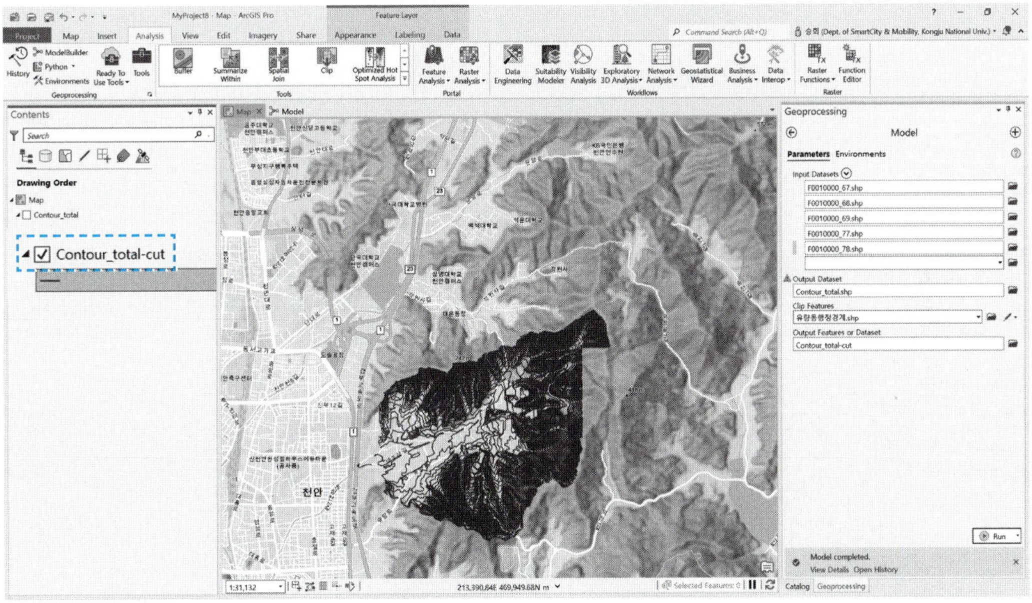

그림 220 최종결과인 Contour_total-cut.shp

GIS실습 PART 2

QGIS실습

1. QGIS 소개와 설치

1.1 QGIS란? (Quantum GIS)

QGIS는 Quantum GIS의 약자로 Gary Sherman이 2002년 초부터 개발 착수하여 2007년부터 OSGeo인큐베이터 프로젝트로 선정 2009.1월 1.0버젼을 공개했다. QGIS는 무료로 제공하는 오픈소스 플랫폼 데스크탑 GIS소프트웨어이다. FOSS (Free and Open Source Software)를 기반으로 만든 전문 GIS 애플리케이션이며 GNU General Public License하에서 제공되는 사용자 친화적 오픈 소스 Geographic Information System (GIS)이다. QGIS는 Open Source Geospatial Foundation (OSGeo)의 공식 프로젝트에서 Linux, Unix, Mac OSX, Windows, Android에서 동작하며 수많은 벡터, 래스터, 데이터베이스 포맷과 기능을 지원하고 있다.

QGIS는 다양한 플러그인에 의해 기능 확장이 가능하며 타 오픈소스 GIS인 PostGIS, GRASS, MapServer등과 용이한 통합으로 호환성이 좋다. Long Term Release 버전은 1년에 한 번씩 업버젼되는데 현재는 3.22이며 2023년 3월에 3.28로 변경 예정이다.

그림 1 QGIS로고

그림 2 Gary Sherman(wiki.osgeo.org)

1.2 QGIS 다운로드 및 설치

① QGIS 홈페이지 - http://www.qgis.org로 이동

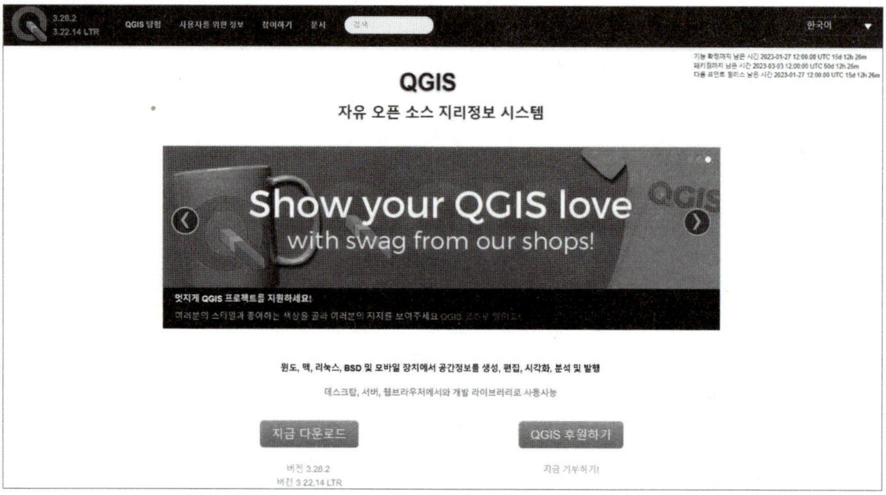

그림 3 QGIS 메인페이지

② "지금 다운로드"를 클릭한다.

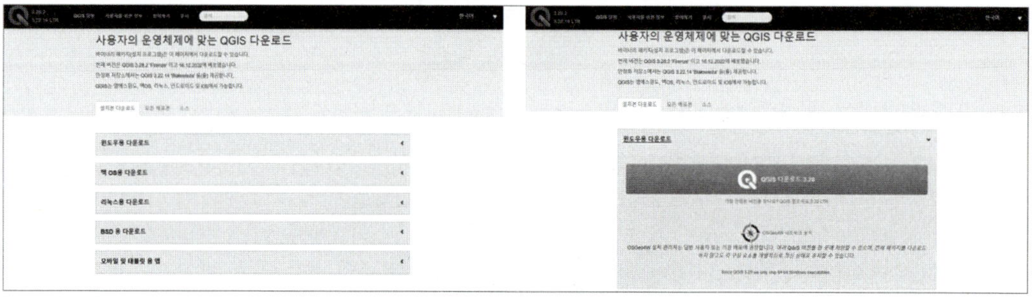

그림 4 QGIS 다운로드

③ 최신버전과 장기지원버전이 있다. 최신버전은 최근까지 개발한 풍부한 기능이 포함되어 있으나 안정적인 장기지원버전(Long Term Release) 3.22를 클릭한다.(QGIS 버전 3.20부터는 윈도우즈 64비트 실행 파일만 제공)

④ QGIS-OSGeo4W-3.22.14-1.msi 파일을 다운로드 후 설치한다.

⑤ 라이센스 동의하고 이후 설치한다.

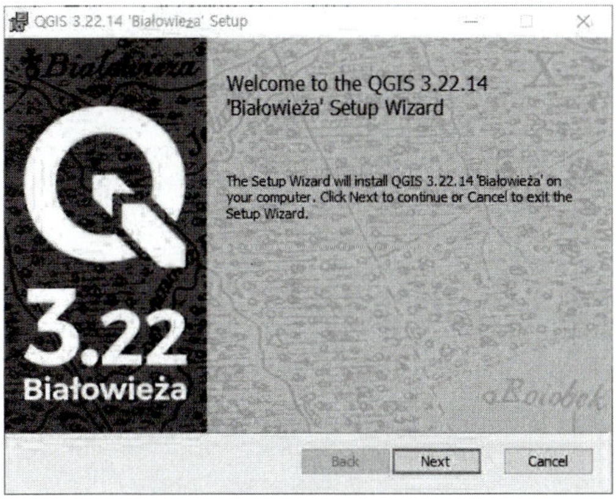

그림 5 QGIS설치 메뉴1

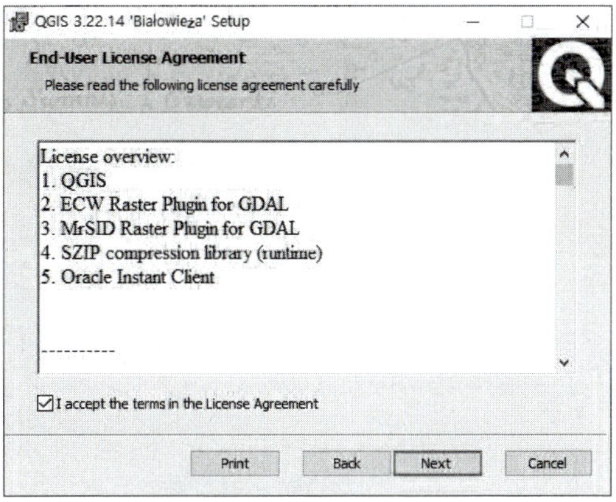

그림 6 QGIS설치 메뉴2

⑥ 설치 장소를 지정하고(그림 7) "install"한다.

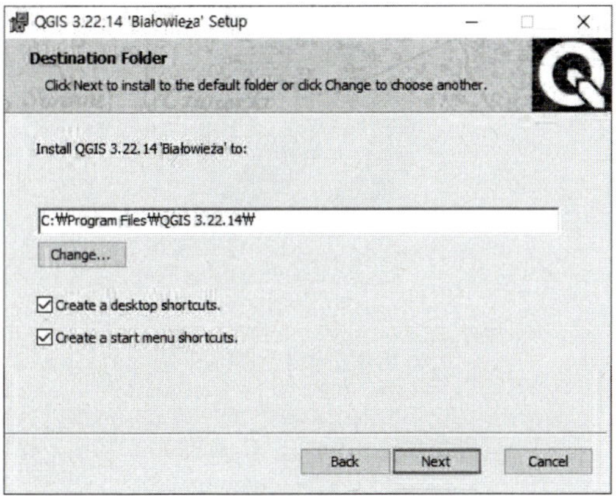

그림 7 QGIS설치 메뉴3

⑦ 설치완료창이 나오면 "Finish"한다.

그림 8 설치완료

그림 9 윈도우즈에 설치된 파일

⑧ 설치가 끝났으면 윈도우즈에서 설치된 파일을 확인하자.

⑨ 주된 사용은 QGIS Desktop 3.22이므로 바탕화면에 아이콘을 복사하자.

그림 10 QGIS의 단축아이콘

2. Shape파일 보기

이제 QGIS에서 건물레이어를 열어보자.

① QGIS를 실행하고 툴바에서 "데이터 원본 관리자"  클릭하면 탐색기 창이 열린다.

참고) shape파일만 보고 싶을 경우에는 하단의 필터를 ESRI shapefiles(*.shp *.SHP)선택

② Ngii에서 다운받은 태조산폴더에서 태조산 단일도엽_36701078내의 도로(a0020000)와 등고선(f0010000)을 선택하고 "추가"버튼을 클릭해보자.

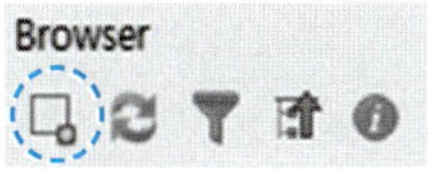

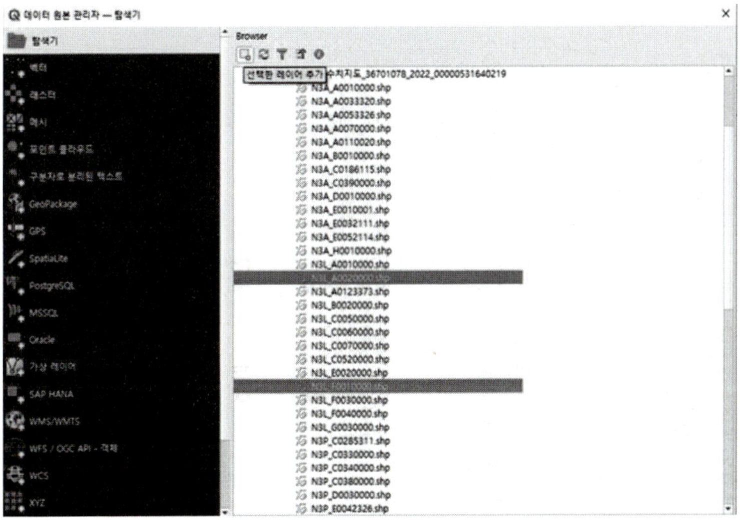

그림 11 QGIS 파일탐색기

③ 데이터뷰 화면에 도로와 등고선이 나타나지만 좌표계가 정의되어 있지 않았다는 메시지가 나온다(Ver. 3.10부터는 메시지가 나오지 않는다). 좌표계설정은 다음 장에서 얘기하자.

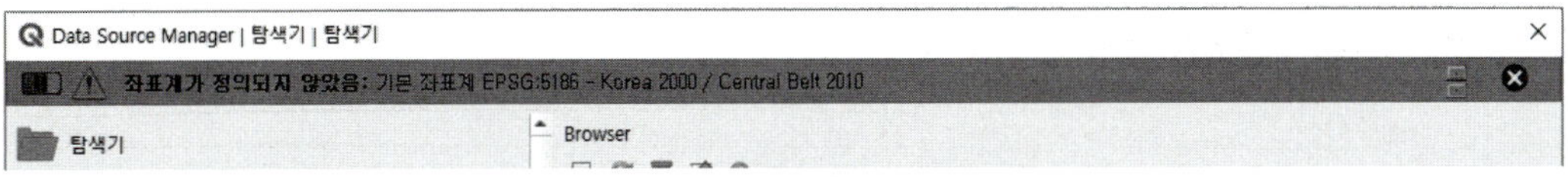

그림 12 좌표계 불일치 오류메시지

④ 도로의 색깔과 두께를 조절해서 등고선과 차별화해 보자. TOC의 레이어를 더블클릭하면 속성 창이 열린다. 여기에서 색깔과 두께 및 선의 종류를 변경할 수 있다.

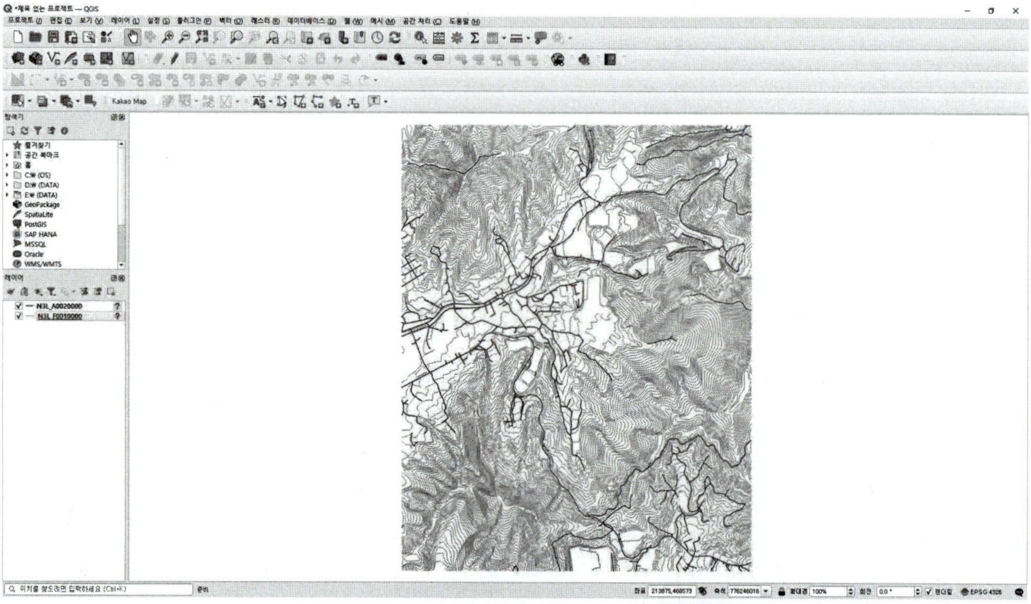

그림 13 도로망에 대한 속성 심볼 변경

⑤ 메인메뉴의 디스크버튼을 눌러 프로젝트로 저장해 보자. 해당폴더에 .qgz 파일형식으로 저장되었다.

3. 좌표계 정의(Define Projection)와 투영변환(Project)

모든 공간데이터는 좌표계를 가지고 있어야 한다. 뿐만 아니라 다른 좌표계를 각각 가지고 있는 여러 데이터를 사용할 때는 하나의 통일된 좌표계로 투영변환 해야 한다.

좌표계란 지리적 객체를 위치시키는데 사용되는 좌표기반체계로 지리좌표계(GCS;Geographic Coordinate System)와 투영좌표계(PCS;Projected Coordinate System)로 구분한다.

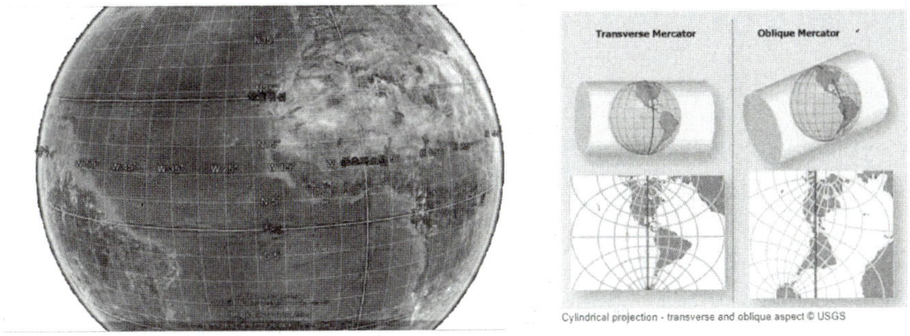

(a) 지리좌표계　　　　(b) 투영좌표계

그림 14 지리좌표계와 투영좌표계의 개념

3.1 좌표계에 대한 기본지식

GIS에서의 공간데이터의 좌표계는 매우 중요하며 집을 짓는데 기초의 위치를 정확히 앉히는 것과 마찬가지이다. 현재 GIS작업에서 사용하고 있는 좌표계는 표 1과 같으며 단일원점 (북위38°, 동경128°) Katec좌표계를 사용하는 경우도 있다.

표 1 GIS에서 사용하고 있는 다양한 좌표계

Spheroid	Division		Code	System	Name	Datum Name	Projection	Central Meridian	Latitude of Origin	False Northing	False Easting	Scale Factor	비고
Bessel1841	경위도		EPSG:4004	GCS	Bessel 1841	Bessel 1841	-	-	-	-	-	-	세계공통명칭
			EPSG:4301	GCS	Tokyo	Tokyo	-	-	-	-	-	-	일본사용명칭
			EPSG:4162	GCS	Korean Datum 1985	Korean Datum 1985	-	-	-	-	-	-	한국사용명칭
	직각좌표	구좌표	EPSG:2096	PCS	Korean 1985 Korea East Belt	Korean Datum 1985	TM	129	38	500,000	200,000	1	동부원점
			EPSG:2097	PCS	Korean 1985 Korea Central Belt	Korean Datum 1985	TM	127	38	500,000	200,000	1	중부원점
			EPSG:2098	PCS	Korean 1985 Korea West Belt	Korean Datum 1985	TM	125	38	500,000	200,000	1	서부원점
		단일원점	EPSG:102040	PCS	Korean 1985 Korea Unified Coordinate System	Korean Datum 1985	TM	127.5	38	2,000,000	1,000,000	0.9996	UTM(K)
		구좌표 (10.405' 보정)	EPSG:102085	PCS	Korean 1985 Modified Korea West Belt	Korean Datum 1985	TM	125.0028902777778	38	500,000	200,000	1	서부원점
			EPSG:102086	PCS	Korean 1985 Modified Korea Central Belt	Korean Datum 1985	TM	127.0028902777778	38	500,000	200,000	1	중부원점
			EPSG:102087	PCS	Korean 1985 Modified Korea Central Belt Jeju	Korean Datum 1985	TM	127.0028902777778	38	550,000	200,000	1	제주원점
			EPSG:102088	PCS	Korean 1985 Modified Korea East Belt	Korean Datum 1985	TM	129.0028902777778	38	500,000	200,000	1	동부원점
			EPSG:102089	PCS	Korean 1985 Modified Korea East Sea Belt	Korean Datum 1985	TM	131.0028902777778	38	500,000	200,000	1	동해원점
		네이버	NHN:128	PCS	Korean 1985 Katech(TM128)	Korean Datum 1985	TM	128	38	600,000	400,000	0.9999	비공식 기준
WGS1984	경위도		EPSG:4326	GCS	WGS 1984	WGS 1984	-	-	-	-	-	-	세계공통명칭
			EPSG:4166	GCS	Korean Datum 1995	WGS 1984	-	-	-	-	-	-	한국사용명칭
	직각좌표	세계공통	EPSG:32651	PCS	WGS 1984 UTM Zone 51N	WGS 1984	UTM	123	0	500,000	0	0.9996	
			EPSG:32652	PCS	WGS 1984 UTM Zone 52N	WGS 1984	UTM	129	0	500,000	0	0.9996	
GRS1980 (ITFR2000)	경위도		ESRI:104124	GCS	ITRF 2000	ITRF 2000	-	-	-	-	-	-	세계공통명칭
			EPSG:4737	GCS	Korea 2000	Korea 2000(KGD2002)	-	-	-	-	-	-	한국사용명칭
	직각좌표	단일원점	EPSG:102080	PCS	Korea 2000 Korea Unified Coordinate System	Korea 2000(KGD2002)	TM	127.5	38	2,000,000	1,000,000	0.9996	UTM(K)
		구좌표 (2010년 이전기준)	-	PCS	Korea 2000 Korea West Belt	Korea 2000(KGD2002)	TM	125	38	**500,000**	200,000	1	서부원점
			-	PCS	Korea 2000 Korea Central Belt	Korea 2000(KGD2002)	TM	127	38	**500,000**	200,000	1	중부원점
			-	PCS	Korea 2000 Korea East Belt	Korea 2000(KGD2002)	TM	129	38	**500,000**	200,000	1	동부원점
			-	PCS	Korea 2000 Korea East Sea Belt	Korea 2000(KGD2002)	TM	131	38	**500,000**	200,000	1	동해원점
		신좌표 (현재기준)	EPSG:102081	PCS	Korea 2000 Korea West Belt 2010	Korea 2000(KGD2002)	TM	125	38	**600,000**	200,000	1	서부원점
			EPSG:102082	PCS	Korea 2000 Korea Central Belt 2010	Korea 2000(KGD2002)	TM	127	38	**600,000**	200,000	1	중부원점
			EPSG:102083	PCS	Korea 2000 Korea East Belt 2010	Korea 2000(KGD2002)	TM	129	38	**600,000**	200,000	1	동부원점
			EPSG:102084	PCS	Korea 2000 Korea East Sea Belt 2010	Korea 2000(KGD2002)	TM	131	38	**600,000**	200,000	1	동해원점
		네이버	NHN:128	PCS	Korea 2000 Katech(TM128)	ITRF 2000	TM	128	38	600,000	400,000	0.9999	비공식 기준

각각에 대해 조금 상세하게 살펴보자. 전 세계를 하나의 좌표계로 나타내는 전지구 좌표계는 다음과 같다.

1) WGS84 경위도: GPS가 사용하는 좌표계

EPSG:4326, EPSG:4166 (Korean 1995)

+proj=longlat +ellps=WGS84 +datum=WGS84 +no_defs

2) Bessel 1841 경위도: 한국과 일본에 잘 맞는 지역타원체를 사용한 좌표계

EPSG:4004, EPSG:4162 (Korean 1985)

+proj=longlat +ellps=bessel +no_defs +towgs84=-115.80,474.99,674.11,1.16,-2.31,-1.63,6.43

3) GRS80 경위도: WGS84와 거의 유사

EPSG:4019, EPSG:4737 (Korean 2000)

+proj=longlat +ellps=GRS80 +no_defs

4) Google Mercator: 구글지도/빙맵/야후지도/OSM 등 에서 사용중인 좌표계

EPSG:3857(공식), EPSG:900913(통칭)

+proj=merc +a=6378137 +b=6378137 +lat_ts=0.0 +lon_0=0.0 +x_0=0.0 +y_0=0 +k=1.0 +units=m +nadgrids=@null +no_defs

다음은 오래된 지리원의 표준좌표계입니다. 2002년 이전 지리원의 지형도와 KLIS등 국가시스템에서 사용되었던 좌표계로 GIS작을 하다보면 이 좌표계의 오래된 공간정보를 사용해야만 할때가 있다.

1) 보정된 서부원점(Bessel) - KLIS에서 서부지역에 사용중

EPSG:5173

+proj=tmerc +lat_0=38 +lon_0=125.0028902777778 +k=1 +x_0=200000 +y_0=500000 +ellps=bessel +units=m +no_defs +towgs84=-115.80,474.99,674.11,1.16,-2.31,-1.63,6.43

2) 보정된 중부원점(Bessel): KLIS에서 중부지역에 사용중

EPSG:5174

+proj=tmerc +lat_0=38 +lon_0=127.0028902777778 +k=1 +x_0=200000 +y_0=500000 +ellps=bessel +units=m +no_defs +towgs84=-115.80,474.99,674.11,1.16,-2.31,-1.63,6.43

3) 보정된 제주원점(Bessel): KLIS에서 제주지역에 사용중

EPSG:5175

+proj=tmerc +lat_0=38 +lon_0=127.0028902777778 +k=1 +x_0=200000 +y_0=550000 +ellps=bessel +units=m +no_defs +towgs84=-115.80,474.99,674.11,1.16,-2.31,-1.63,6.43

4) 보정된 동부원점(Bessel): KLIS에서 동부지역에 사용중

EPSG:5176

+proj=tmerc +lat_0=38 +lon_0=129.0028902777778 +k=1 +x_0=200000 +y_0=500000 +ellps=bessel +units=m +no_defs +towgs84=-115.80,474.99,674.11,1.16,-2.31,-1.63,6.43

5) 보정된 동해(울릉)원점(Bessel): KLIS에서 울릉지역에 사용중

EPSG:5177

+proj=tmerc +lat_0=38 +lon_0=131.0028902777778 +k=1 +x_0=200000 +y_0=500000 +ellps=bessel +units=m +no_defs +towgs84=-115.80,474.99,674.11,1.16,-2.31,-1.63,6.43

또한 앞서 얘기한 우리나라를 하나의 도원점으로 표시하는 KATEC좌표계도 있다.

1) UTM-K (Bessel): 새주소지도에서 사용 중

EPSG:5178

+proj=tmerc +lat_0=38 +lon_0=127.5 +k=0.9996 +x_0=1000000 +y_0=2000000

2) UTM-K (GRS80): 네이버지도에서 사용 중인 좌표계

EPSG:5179

+proj=tmerc +lat_0=38 +lon_0=127.5 +k=0.9996 +x_0=1000000 +y_0=2000000 +ellps=GRS80 +units=m +no_defs

3) 네비게이션용 KATEC 좌표계(KOTI-KATEC)

EPSG 없음. 비공식 좌표계임.

+proj=tmerc +lat_0=38 +lon_0=128 +k=0.9999 +x_0=400000 +y_0=600000

마지막으로 2002년 이후에 국토지리정보원 지형도에서 사용 중인 좌표계로 국가공간정보포털 또는 국토정보플렛폼에 얼라와 있는 자료들은 거의 이 좌표계로 되어 있습니다.

1) 서부원점(GRS80)-falseY:60000

EPSG:5185

+proj=tmerc +lat_0=38 +lon_0=125 +k=1 +x_0=200000 +y_0=600000 +ellps=GRS80 +units=m +no_defs

2) 중부원점(GRS80)-falseY:60000

EPSG:5186

+proj=tmerc +lat_0=38 +lon_0=127 +k=1 +x_0=200000 +y_0=600000 +ellps=GRS80 +units=m +no_defs

3) 동부원점(GRS80)-falseY:60000

EPSG:5187

+proj=tmerc +lat_0=38 +lon_0=129 +k=1 +x_0=200000 +y_0=600000 +ellps=GRS80 +units=m +no_defs

4) 동해(울릉)원점(GRS80)-falseY:60000

EPSG:5188

+proj=tmerc +lat_0=38 +lon_0=131 +k=1 +x_0=200000 +y_0=600000 +ellps=GRS80 +units=m +no_defs

또한 연속지적도 기반의 도면은 EPSG:5174를 기반으로 제작된다.

출처: https://www.osgeo.kr/17 [OSGeo(Open Source GeoSpatial) 한국어 지부 - OSGeo Korean Chapter]

3.2 좌표계설정

QGIS에서는 좌표계설정단위를 프로젝트, 레이어 별로 정할 수 있다. 또한 프로젝트를 만들어 좌표계를 정하면 다음부터 읽어 들이는 공간정보를 자동으로 좌표계를 정할 수 있는 기능도 있다.

(1) 프로젝트좌표계 설정

앞서 추가한 도로망과 등고선레이어는 WGS84:EPSG4326좌표계로 되어 있다. 프로젝트 내의 모든 레이어가 한 가지 좌표계로 맞추어지는 기능이다. 즉 기존에 다른 좌표계로 설정이 되어 있다 하더라도 자동으로 실시간 좌표계변환이 활성화가 된다.

① 메인메뉴 → 프로젝트 → 속성 → 좌표계에서 제일 상단필터창에 “Korea”로 검색한다.

② 우리나라에 대한 좌표계가 “미리정의된 좌표계”창에 리스팅된다.

③ 실습 중인 지형도가 GRO80타원체, 중부도원점, TM투영, X+600,000m이므로 투영좌표계 중 TM투영좌표계 → “Korea 2000 / Central Belt 2010, EPSG:5186[1]”을 선택하고 적용 → 확인한다.

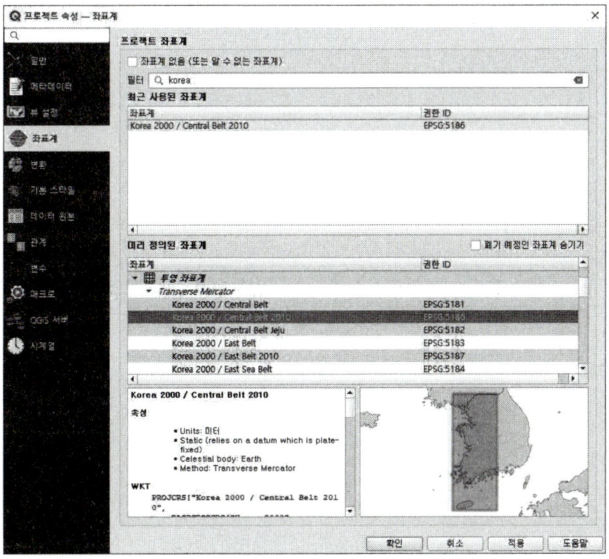

그림 15 프로젝트 좌표계설정

④ 화면의 우측 하단에 실시간으로 좌표계가 세팅된것을 확인할 수 있다.

그림 16 좌표계설정

(2) 레이어 좌표계 설정

앞서 등고선과 도로망은 EPSG:5186으로 정의되었다. 등고선레이어만 Korea2000 : 5181로 정의해 보자.

① 현재의 TOC의 레이어 중 등고선레이어인 " f0010000_line"선택하고 오른버튼 → 좌표계설정 → 레이어 좌표계설정에서 최근 사용한죄표계의 "Korea 2000 / Central Belt 2010 : EPSG5186"를 클릭 → "Korea 2000 / Central Belt : EPSG:5181"로 선택해 보자.

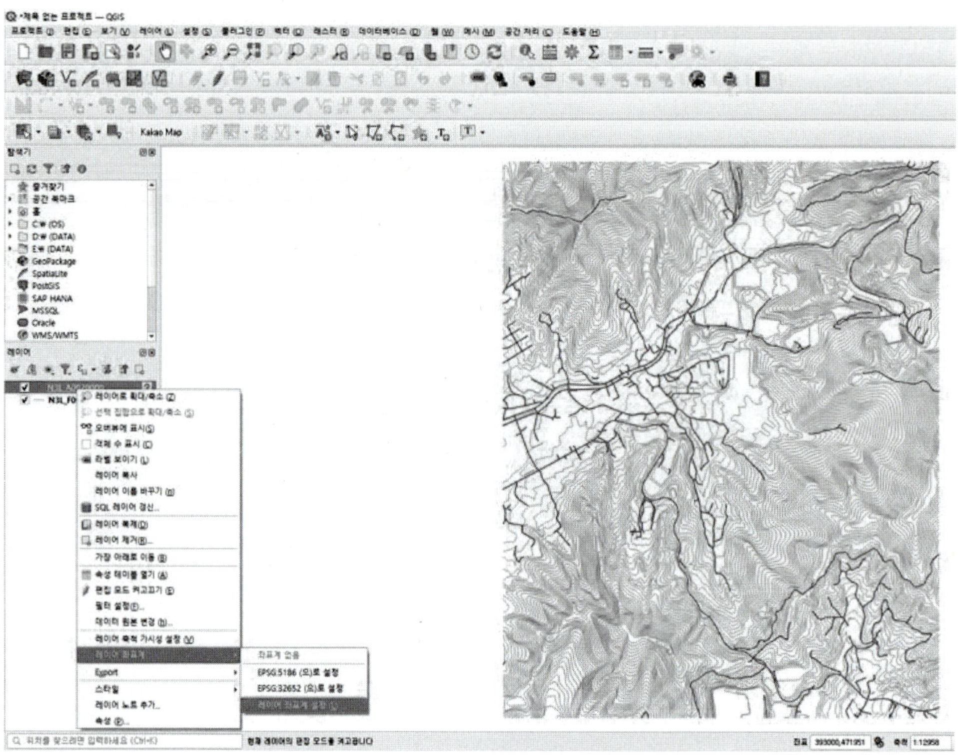

그림 17 레이어 좌표계설정

화면에서 등고선이 사라진 것을 확인하자. EPSG:5186과 EPSG:5181좌표계는 X좌표축 가수가 +100,000m차이가 나기 때문이다. 전체보기를 해보자.

3) 레이어 자동 좌표계설정

좌표계가 정의되지 않은 레이어를 불렀을 때 특별한 조치가 없는 한 default로 정해지는 좌표계를 정할 수 있다.

① 메인메뉴 → 설정 → 옵션 → 좌표계 → 새 레이어의 좌표계 ◉ 기본좌표계 사용 : EPSG:5186 – Korea 2000 / Central Belt 2010으로 정하면 기본으로 정의된다.

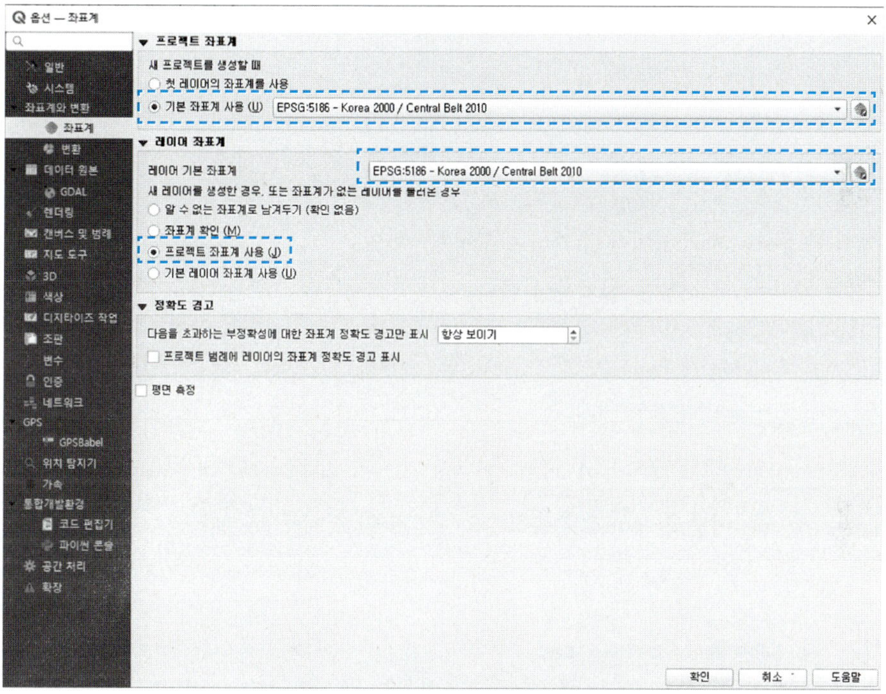

그림 18 레이어 기본좌표계설정

만약에 사용할 예정인 공간데이터의 좌표계가 모두 같다면 프로젝트를 시작할 때 프로젝트좌표계와 레이어 기본좌표계를 설정하는 것이 바람직하다. 그러나 각기 다른 좌표계를 가지고 있다면 기본 옵션을 정하지 말고 레이어 추가 후 2.3절에서 설명한 방법으로 재투영해야한다.

3.3 투영변환

각기 다른 좌표계로 공간데이터가 있을 경우 통일된 하나의 좌표계로 재투영하는 방법이다.

① 메인매뉴 → 벡터 → 데이터관리도구 → 레이어 재투영

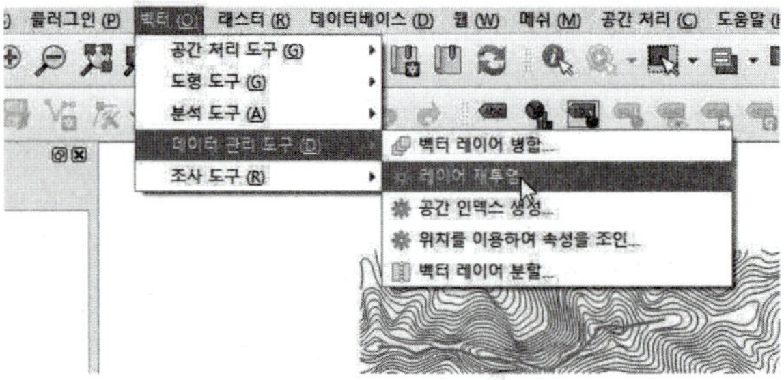

그림 19 레이어 재투영

4. 오픈레이어 활용

외부에서 제공하는 맵레이어를 추가하여 활용할 수 있음.
이를 위해서는 "플러그인"을 설치해야 한다.

4.1 Google street추가

① 메뉴 → 플러그인 → 플러그인 관리 및 설치 → OpenLayers Plugin을 검색하여 Google street view 레이어를 선택하고 우측하단의 플러그인 설치를 누른다.

② 웹 → OpenLayers → Google maps → Google street

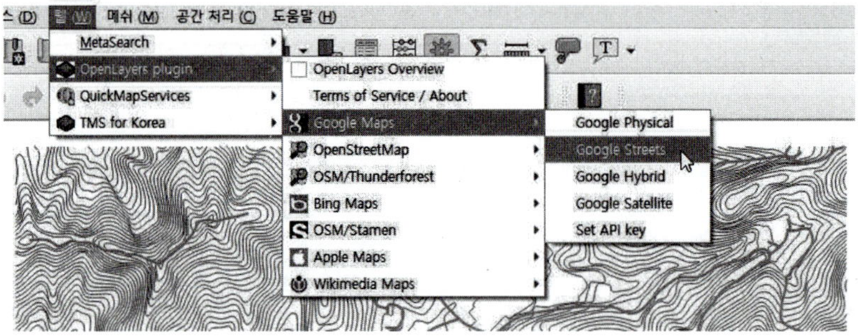

그림 20 플러그인 설치 후 디스플레이 선택

파이선 오류 메시지가 나오지만 무시하자. 배경에 Google street map이 깔리지만 기존맵의 등고선 및 도로가 보이지 않는다.

③ TOC에서 Google street레이어를 도로 및 등고선레이어 다음으로 위치를 바꿔보자.

④ 다음과 같이 배경에 구글 street map이 깔린다. 배경맵이 잘 디스플레이가 되지 않을 때는 TOC의 도로레이어선택 → 우클릭 → 레이어범위로 확대해 보자.

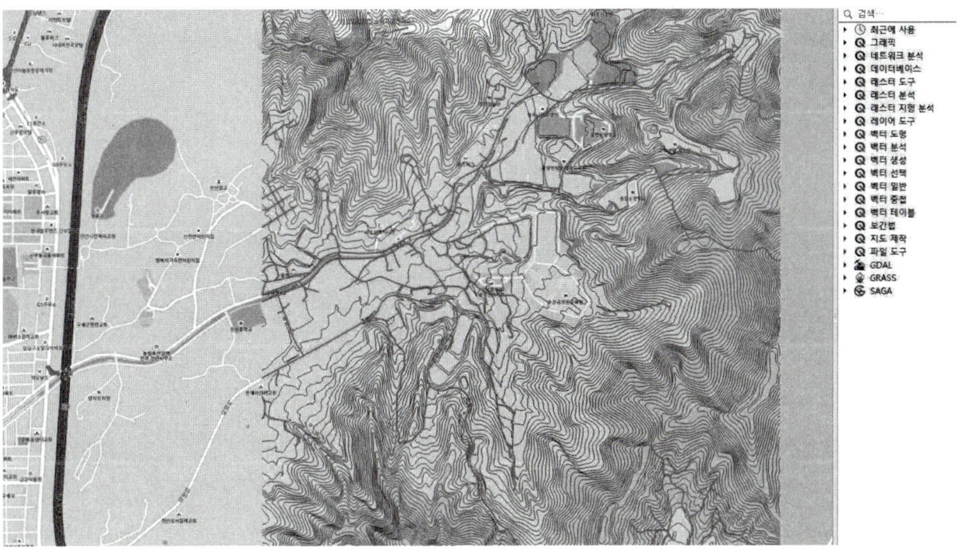

그림 21 플러그인 Google street Map이 베이스로 깔린 등고선 및 도로레이어

4.2 TMS for Korea 플러그인 설치

① 매뉴 → 플러그인 → 플러그인 관리 및 설치 → 설정

☑ 실험적인 플러그인도 표시

☑ 사용불가플러그인도 표시

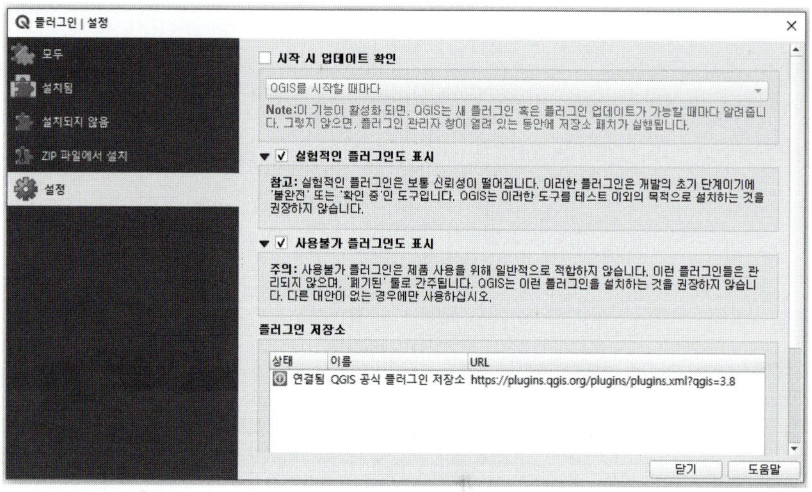

그림 22 플러그인 설치 옵션선택

② 모두 클릭 후 검색에서 TMS for Korea입력

③ 아래 창에 확인 후 TMS for Korea클릭 후 플러그인 설치

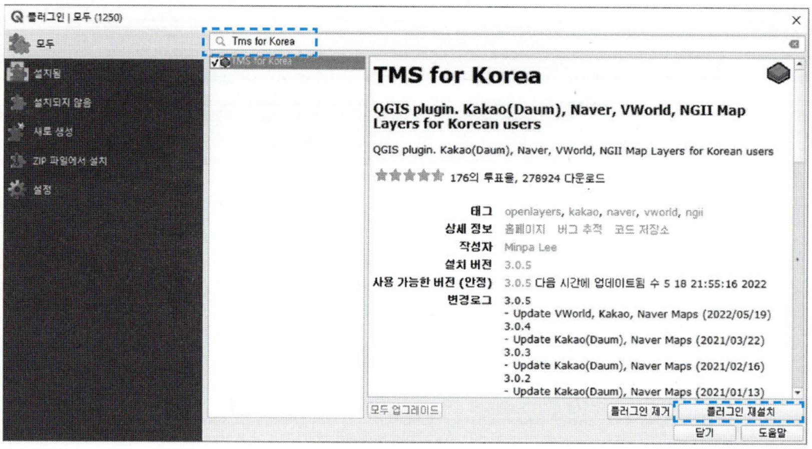

그림 23 국내의 포털사이트 맵 및 영상 플러그인

④ 매뉴 → 웹에서 설치된 플러그인 확인

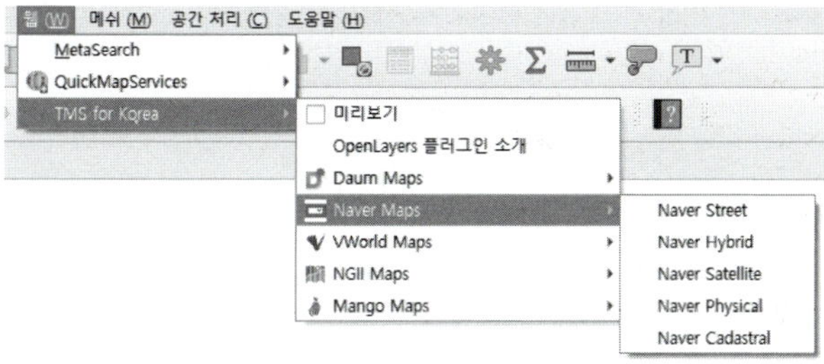

그림 24 TMS Korea에서 제공하는 플러그인

Google map. Bing map, Open street map등은 Open Layers Plugin을 설치하여 사용한다.

주의 웹지도의 좌표계와 프로젝트 좌표계가 일치해야 플러그인 맵을 사용할 수 있음

참고) 웹 → OpenLayers plugin → ☑ 미리보기 하고 TOC의 미리보기창에 ☑ 지도활성화 체크하면 TOC하단에 미리보기가 활성화된다.

지도활성화에 체크하면 편리하게 플러그인을 삽입할 수 있다. TMS Korea의 경우 미리보기에 체크가 되어 있어야 한다. 체크하면 두 개의 미리보기 창이 표시된다.

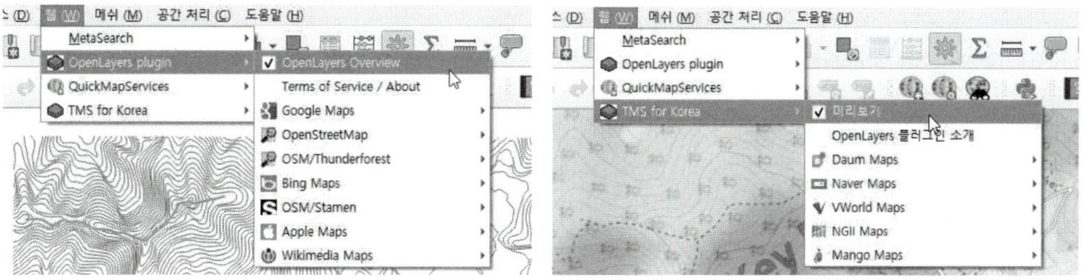

그림 25 플러그인 맵 미리보기 설정

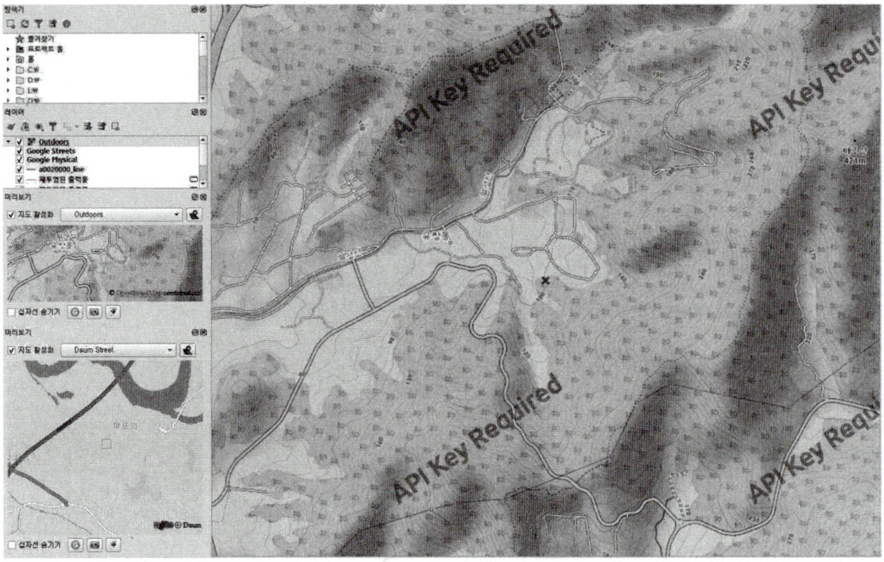

그림 26 Google street Map과 TMS Korea의 미리보기가 표시된 TOC

5. 속성테이블 알아보기

5.1 배경맵 가져오기

① Google street레이어를 제거하고 Daum Satellite을 선택하자.

② 매뉴 웹 → TMS for Korea → Daum Maps → Daum Satellite
(기존의 레이어가 보이지 않으면 TOC에서 Daum Satellite 을 제일 아래로 배치한다.)

③ 바탕 다음 항공영상과 명시도 있게 TOC에서 해당레이어를 더블클릭하여 등고선과 도로의 색깔과 두께를 조절한다.

그림 27 Kakao Maps플러그인 바탕에 디스플레이된 등고선레이어

④ 건물레이어(b0010000)도 추가해 보자. 좌표계가 일치하지 않는다는 메시지가 나오면 좌표계를 등고선과 같이 정의한다. 그래도 화면에 일치하지 않으면 TOC에서 등고선도 → 오른버튼 → 레이어범위로 확대한다. 다음과 같이 된다.

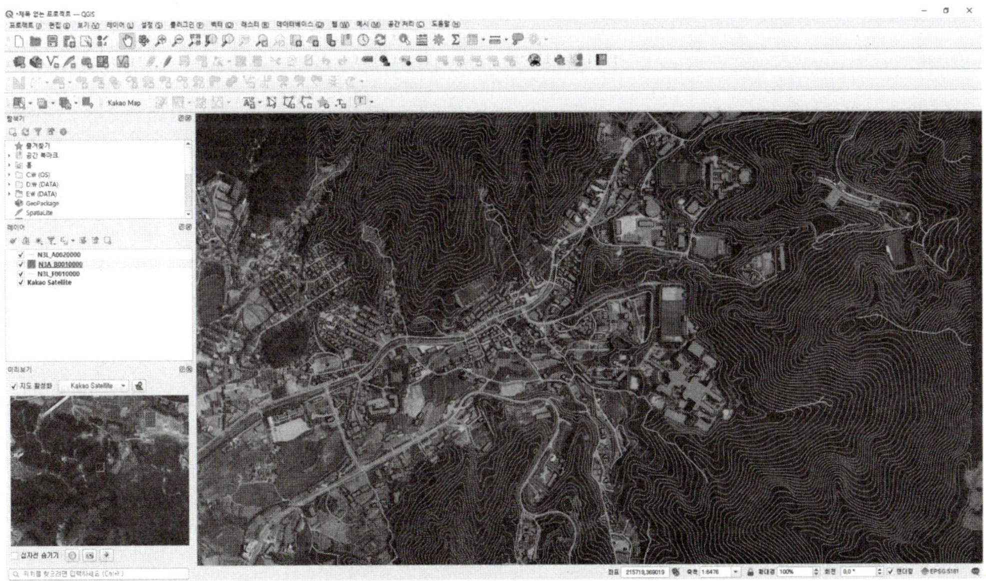

그림 28 건물레이어가 추가된 화면

⑤ 담장(b0020000)도 추가해보자. 그리고 TOC에서 line심볼을 바꿔보자.

> 참고) 레이어 이름은 레이어를 선택하고 오른버튼을 눌러 이름 바꾸기를 할 수 있다.

5.2 벡터데이터 측정

b0020000레이어의 속성창에 "담장길이"를 필드로 추가하고 값을 채워보자.

① TOC에서 b0020000_line을 선택하고 오른버튼 → 속성테이블 열기

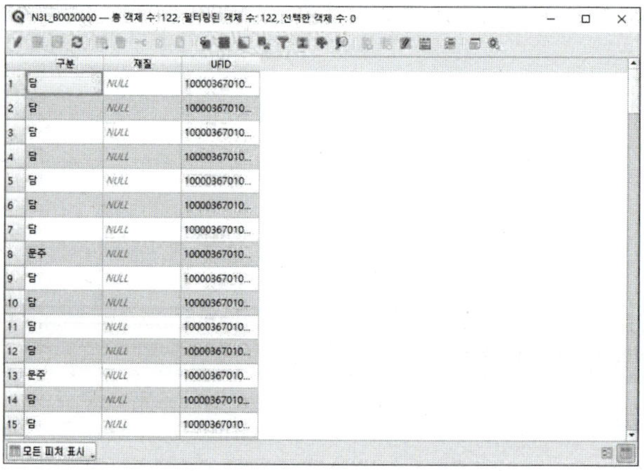

그림 29 담장레이어의 속성테이블

② 툴바에서 편집모드전환 클릭

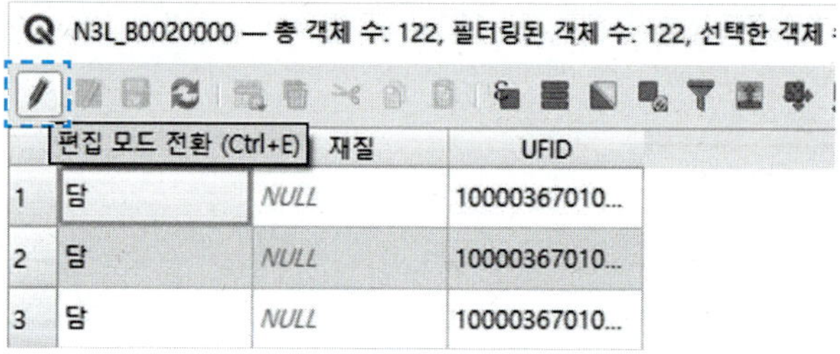

그림 30 속성편집모드 전환

③ 툴바에서 필드계산기 열기

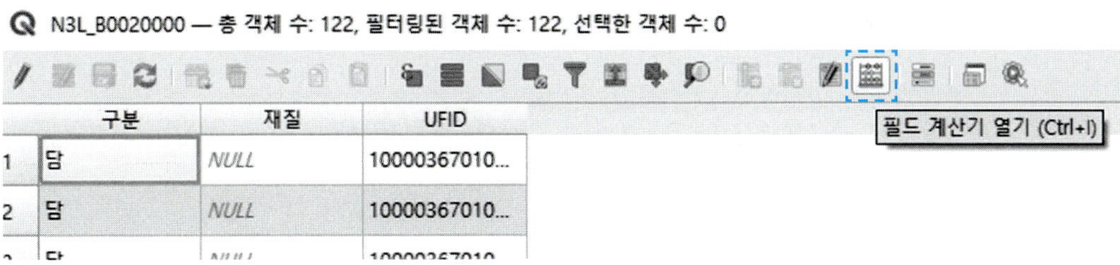

그림 31 필드계산기

④ 필드계산기 대화창에서

☑ 새필드 생성

출력필드이름 : “Length”라고 입력한다.

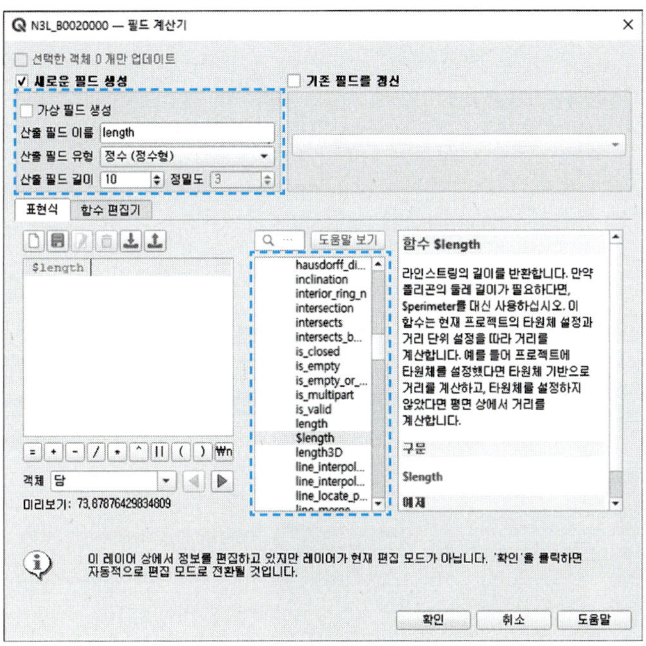

그림 32 필드계산기에서 필드생성 및 표현식

⑤ 가운데 창(row_nimber) → 도형 클릭 → $Length더블클릭 → 확인해 보자.
테이블에 새로운 필드가 만들어지고 길이가 각각 표시 되었다. (출력필드유형, 출력필드길이, 정확도를 설정 할 수 있다.)

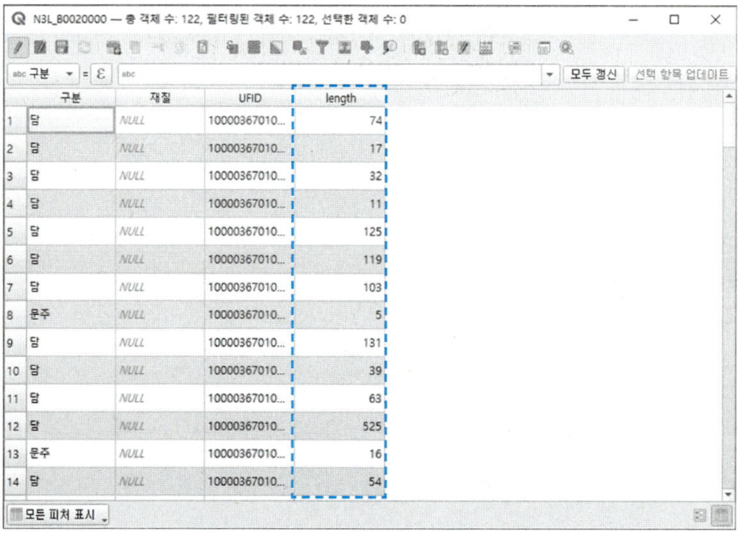

	구분	재질	UFID	length
1	담	NULL	10000367010...	74
2	담	NULL	10000367010...	17
3	담	NULL	10000367010...	32
4	담	NULL	10000367010...	11
5	담	NULL	10000367010...	125
6	담	NULL	10000367010...	119
7	담	NULL	10000367010...	103
8	문주	NULL	10000367010...	5
9	담	NULL	10000367010...	131
10	담	NULL	10000367010...	39
11	담	NULL	10000367010...	63
12	담	NULL	10000367010...	525
13	문주	NULL	10000367010...	16
14	담	NULL	10000367010...	54

그림 33 "Length" 필드의 생성과 길이속성

⑥ 저장하기 위해서는 편집모드전환 버튼을 눌러 저장하면 된다.

⑦ 속성테이블에서 UFID ID "1000036701078B002100000000000000005"에 해당하는 맨앞 번호를 더블클릭해보자. 맵영역에서 해당 담장이 표시되는 것을 확인할 수 있다.

그림 34 속성테이블에서 해당 도형요소 확인하기

UFID ID "1000036701078B00210000000000000005"를 하나의 도형요소로 새로운 레이어에 추가해 보자.

⑧ 속성테이블에서 해당 담을 선택하고 메인 매뉴 상단 메뉴에서 벡터 → 도형도구 → 도형속성 추가

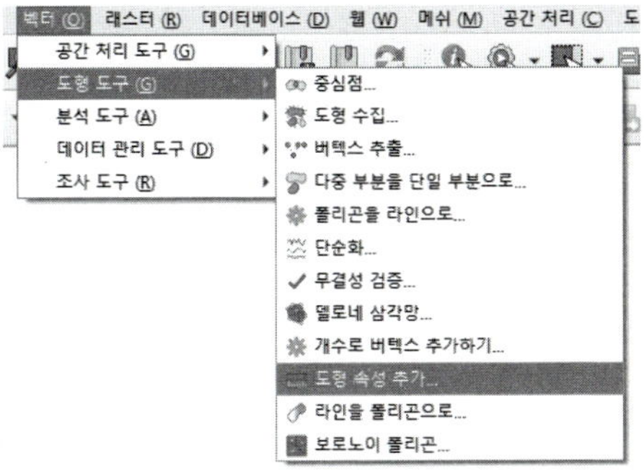

그림 35 선택한 feature를 추가

⑨ 도형속성추가 창에서 ☑ 선택한 객체만 에 체크하자.

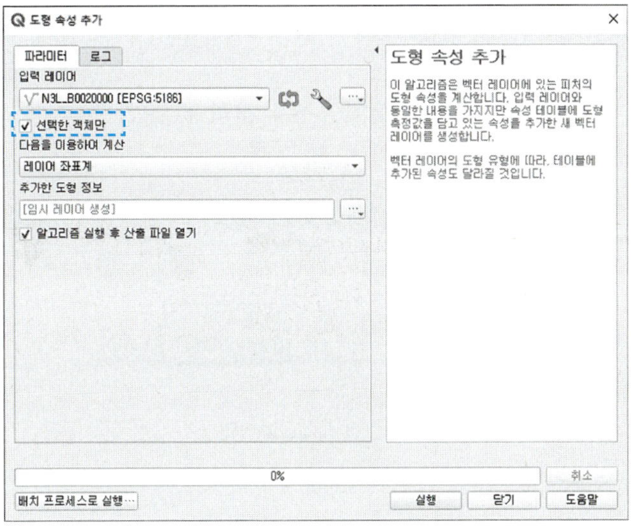

그림 36 도형속성추가 창에서 선택

⑩ 실행시켜 보자.

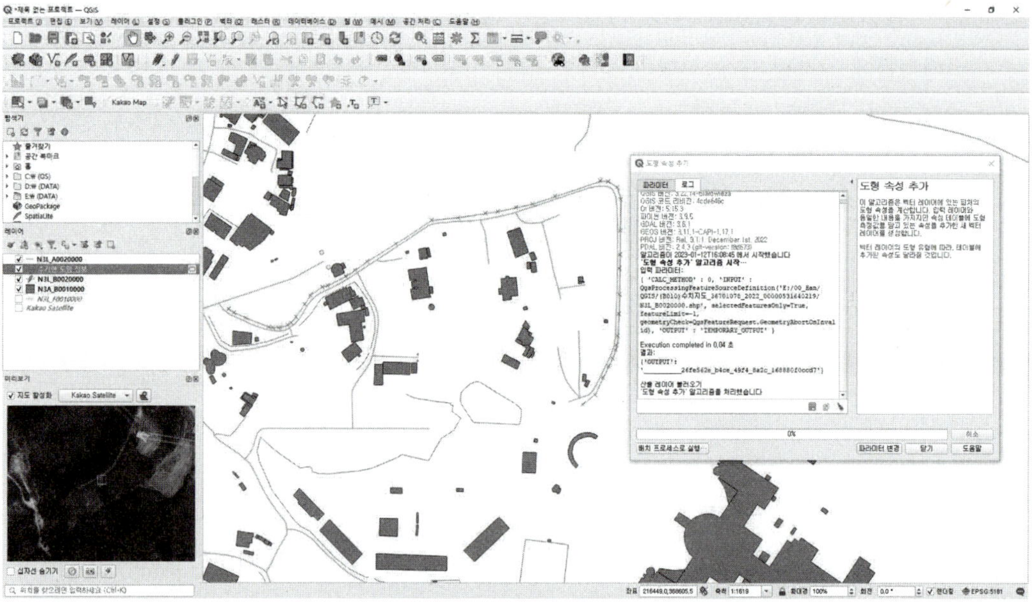

그림 37 TOC에 추가된 도형정보

TOC에 "추가된 도형정보"가 추가되었고 화면에는 도형이 표시된다. 이에 대한 정보를 보자.

⑪ 툴바의 개체식별 아이콘 클릭하고 해당담장을 클릭 해보자.

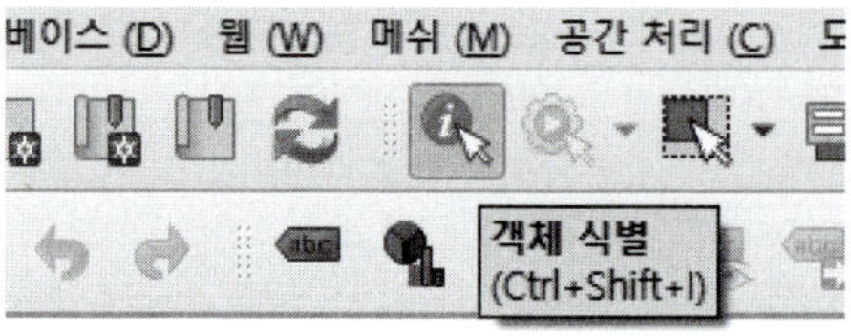

그림 38 객체정보확인

해당 요소가 굵게 표시되고 이에 대한 정보가 디스플레이 된다.

그림 39 객체식별 기능에 의한 해당 도형요소에 대한 정보

b0010000_Polygon레이어에 속성을 추가해 보자. 폴리곤이므로 넓이와 둘레를 계산할 수 있다.

① b0010000_Polygon레이어의 속성테이블을 열고 툴바에서 필드계산기 열어 다음과 같이 입력하고 확인한다.

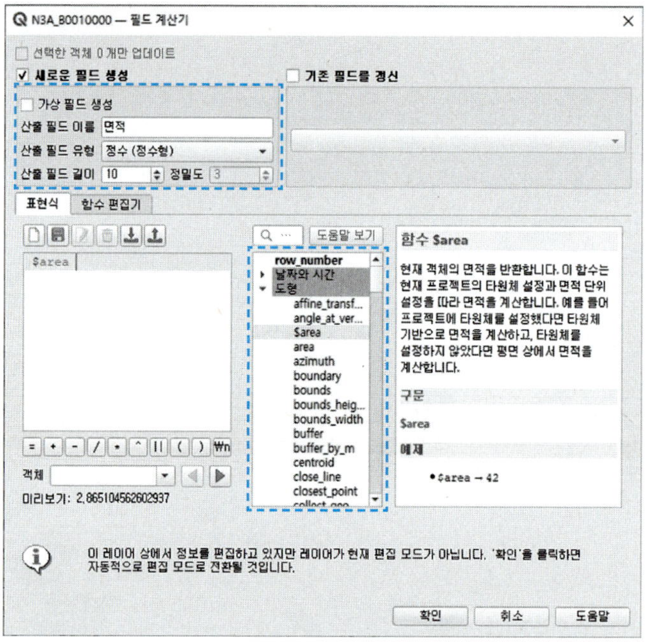

그림 40 필드계산기에서 면적필드만들기

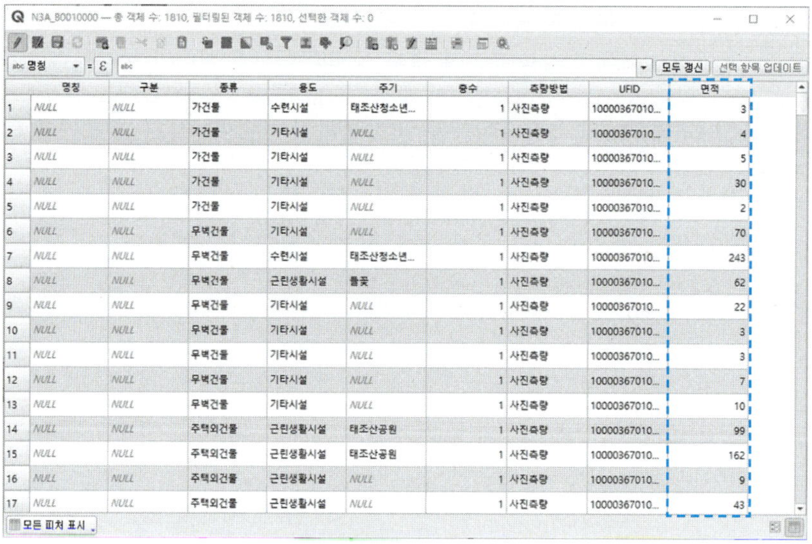

	명칭	구분	종류	용도	주기	층수	측량방법	UFID	면적
1	NULL	NULL	가건물	수련시설	태조산청소년...	1	사진측량	10000367010...	3
2	NULL	NULL	가건물	기타시설	NULL	1	사진측량	10000367010...	4
3	NULL	NULL	가건물	기타시설	NULL	1	사진측량	10000367010...	5
4	NULL	NULL	가건물	기타시설	NULL	1	사진측량	10000367010...	30
5	NULL	NULL	가건물	기타시설	NULL	1	사진측량	10000367010...	2
6	NULL	NULL	무벽건물	기타시설	NULL	1	사진측량	10000367010...	70
7	NULL	NULL	무벽건물	수련시설	태조산청소년...	1	사진측량	10000367010...	243
8	NULL	NULL	무벽건물	근린생활시설	들꽃	1	사진측량	10000367010...	62
9	NULL	NULL	무벽건물	기타시설	NULL	1	사진측량	10000367010...	22
10	NULL	NULL	무벽건물	기타시설	NULL	1	사진측량	10000367010...	3
11	NULL	NULL	무벽건물	기타시설	NULL	1	사진측량	10000367010...	3
12	NULL	NULL	무벽건물	기타시설	NULL	1	사진측량	10000367010...	7
13	NULL	NULL	무벽건물	기타시설	NULL	1	사진측량	10000367010...	10
14	NULL	NULL	주택외건물	근린생활시설	태조산공원	1	사진측량	10000367010...	99
15	NULL	NULL	주택외건물	근린생활시설	태조산공원	1	사진측량	10000367010...	162
16	NULL	NULL	주택외건물	근린생활시설	NULL	1	사진측량	10000367010...	9
17	NULL	NULL	주택외건물	근린생활시설	NULL	1	사진측량	10000367010...	43

그림 41 새로이 생성된 필드와 면적

주의 새로운 필드에 계산된 값들은 shape파일을 저장하지 않으면 없어진다.

5.3 도형속성 추가

폴리곤으로 되어 있는 지적도 또는 건물의 경우 면적과 둘레가 필요한 경우가 있다. 이 경우에는 도형속성추가 툴로 간단히 해결할 수 있다.

① 먼저 건물레이어의 속성테이블을 보자. 면적과 둘레가 없다.

	명칭	구분	종류	용도	주기	층수	측량방법	UFID
1	중앙소방학교	NULL	주택외건물	교육연구시설	NULL	1	사진측량	10000367010...
2	중앙소방학교	NULL	주택외건물	교육연구시설	NULL	1	사진측량	10000367010...
3	우정공무원교...	NULL	아파트	주택	NULL	5	사진측량	10000367010...
4	우정공무원교...	NULL	아파트	주택	NULL	5	사진측량	10000367010...
5	우정공무원교...	NULL	아파트	주택	NULL	5	사진측량	10000367010...
6	우정공무원교...	NULL	주택외건물	근린생활시설	NULL	2	사진측량	10000367010...
7	우정공무원교...	NULL	아파트	주택	NULL	5	사진측량	10000367010...
8	민성빌딩	NULL	주택외건물	근린생활시설	NULL	3	사진측량	10000367010...
9	NULL	NULL	가건물	수련시설	태조산청소년...	1	사진측량	10000367010...
10	NULL	NULL	가건물	기타시설	NULL	1	사진측량	10000367010...
11	NULL	NULL	가건물	기타시설	NULL	1	사진측량	10000367010...
12	NULL	NULL	가건물	기타시설	NULL	1	사진측량	10000367010...
13	NULL	NULL	가건물	기타시설	NULL	1	사진측량	10000367010...
14	NULL	NULL	무벽건물	기타시설	NULL	1	사진측량	10000367010...
15	NULL	NULL	무벽건물	수련시설	태조산청소년...	1	사진측량	10000367010...
16	NULL	NULL	무벽건물	근린생활시설	들꽃	1	사진측량	10000367010...
17	NULL	NULL	무벽건물	기타시설	NULL	1	사진측량	10000367010...
18	NULL	NULL	무벽건물	기타시설	NULL	1	사진측량	10000367010...

그림 42 건물레이어의 속성테이블

② 메인매뉴 공간처리 → 툴박스 → 벡터도형 → 도형 속성 추가 더블클릭

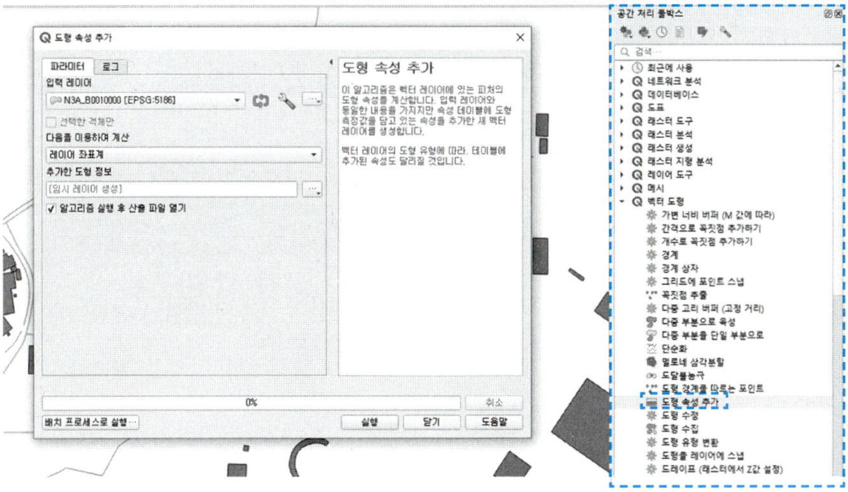

그림 43 폴리곤으로 이루어진 건물레이어 도형속성추가

실행해보자.

③ TOC에 새로 만들어진 "추가한 도형정보"의 속성테이블을 열어보자. "area"와 "perimeter" 필드가 만들어져 값이 채워진 것을 알 수 있다.

추가한 도형 정보 — 총 객체 수: 1810, 필터링된 객체 수: 1810, 선택한 객체 수: 0

	명칭	구분	종류	용도	주기	층수	측량방법	UFID	area	perimeter
1	중앙소방학교	NULL	주택외건물	교육연구시설	NULL	1	사진측량	10000367010...	1227.7460784...	194.66432138...
2	중앙소방학교	NULL	주택외건물	교육연구시설	NULL	1	사진측량	10000367010...	62.101669311...	35.753765967...
3	우정공무원교...	NULL	아파트	주택	NULL	5	사진측량	10000367010...	236.61936187...	74.358705765...
4	우정공무원교...	NULL	아파트	주택	NULL	5	사진측량	10000367010...	463.32270050...	100.45935226...
5	우정공무원교...	NULL	아파트	주택	NULL	5	사진측량	10000367010...	665.82074737...	137.09449439...
6	우정공무원교...	NULL	주택외건물	근린생활시설	NULL	2	사진측량	10000367010...	200.80599975...	56.698755590...
7	우정공무원교...	NULL	아파트	주택	NULL	5	사진측량	10000367010...	436.33271026...	98.242380011...
8	민성빌딩	NULL	주택외건물	근린생활시설	NULL	3	사진측량	10000367010...	168.21536254...	59.144046770...
9	NULL	NULL	가건물	수련시설	태조산청소년...	1	사진측량	10000367010...	2.8651428222...	6.9597074895...
10	NULL	NULL	가건물	기타시설	NULL	1	사진측량	10000367010...	3.5892257690...	7.7545239161...
11	NULL	NULL	가건물	기타시설	NULL	1	사진측량	10000367010...	4.8301162719...	8.8983462081...
12	NULL	NULL	가건물	기타시설	NULL	1	사진측량	10000367010...	30.161735534...	25.300343712...
13	NULL	NULL	가건물	기타시설	NULL	1	사진측량	10000367010...	1.8053894042...	5.7973879173...
14	NULL	NULL	무벽건물	기타시설	NULL	1	사진측량	10000367010...	69.580497741...	30.388862428...
15	NULL	NULL	무벽건물	수련시설	태조산청소년...	1	사진측량	10000367010...	242.61832427...	92.116389772...
16	NULL	NULL	무벽건물	근린생활시설	뜰꽃	1	사진측량	10000367010...	61.617134094...	57.350173240...
17	NULL	NULL	무벽건물	기타시설	NULL	1	사진측량	10000367010...	22.010795593...	18.768327439...
18	NULL	NULL	무벽건물	기타시설	NULL	1	사진측량	10000367010...	3.0401916503...	8.2759805431...

모든 피처 표시

그림 44 도형속성(area, perimeter)이 추가된 속성테이블

"연습1" 이름으로 QGIS 프로젝트파일을 저장한다.

5.4 도형속성 정보의 정밀도 조절

GIS작업의 종류에 따라 길이 또는 면적에 대한 정밀도가 각기 다르게 요구된다. 글자나 숫자로 표시되는 필드의 자리수는 전체 데이터 DB의 용량에 영향을 미치므로 적절하게 정하는 것이 좋다. QGIS에서의 기능은 Refactor fields(필드값을 계산 후 필드인자(길이나 정밀도)를 재조정 하는 기능)를 이용한다. 도로레이어를 예를 들어 설명한다.

① TOC의 도로레이어 "a0020000"의 속성 → 필드를 보자.

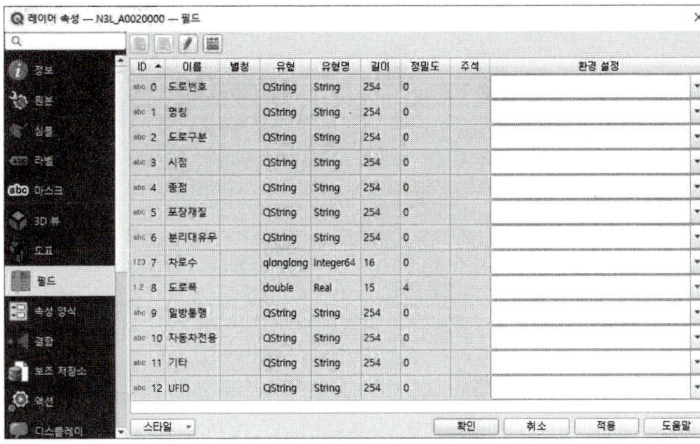

그림 45 도로레이어의 속성필드

② 공간처리 툴박스 검색창에서 Refactor fields(필드재작성)검색하여 실행한다.

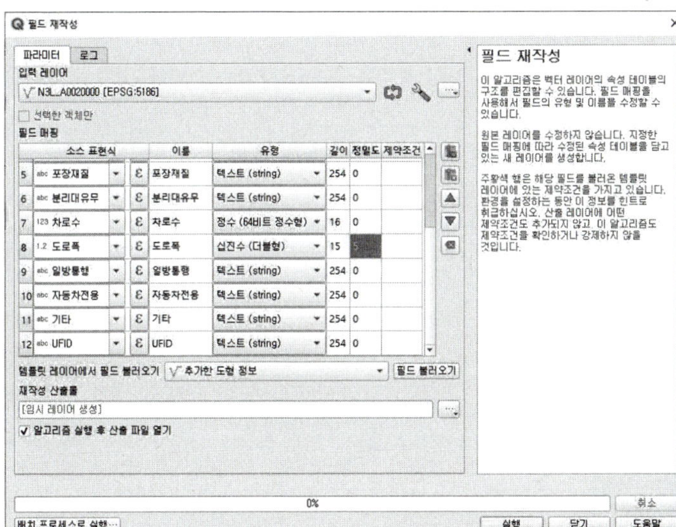

그림 46 필드재작성에서 유형, 길이, 정밀도 수정

필드의 순서, 이름, 유형, 길이, 정밀도 등을 수정할 수 있다. 정밀도를 수정하기 위해서는 값을 더블클릭하고 재입력하고 실행시킨다.

③ 차로폭이 현재는 정밀도가 2로 되어 있다. 더블클릭하여 정밀도를 5로 바꾸고 실행해보자.

④ TOC에 만들어진 재작성 출력물의 속성테이블을 열어보자. 도로폭이 3.50000으로 정밀도가 바뀌어 있는 것을 확인할 수 있다.

6. 속성분류

항공사진영상을 베이스로 하여 속성값을 디스플레이하고 분류하여 용도별 건물주제도를 만들어 보자.

6.1 베이스맵 디스플레이

항공사진에 표고점, 표고값을 디스플레이 해보자.

① 새 프로젝트를 만들고 레스터 → 평택/36701078.tif파일을 레이어로 가져온다.

② 추가적으로 (평택078)36701078 쉐이프파일에서 f0020000_point 쉐이프파일을 가져온다. 포인트레이블을 바꿔보자.

③ TOC에서 f0020000_point 선택하고 오른버튼 → 속성(또는 해당레이어 더블클릭)

- 심볼종류 : dot white
- 크기 : 2.4

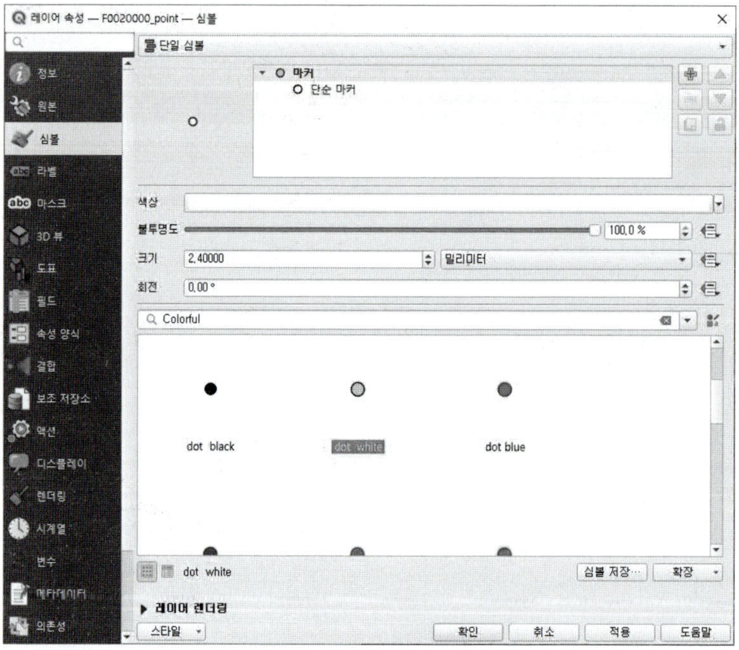

그림 47 속성 심볼바꾸기

적용하면 다음과 같이 된다.

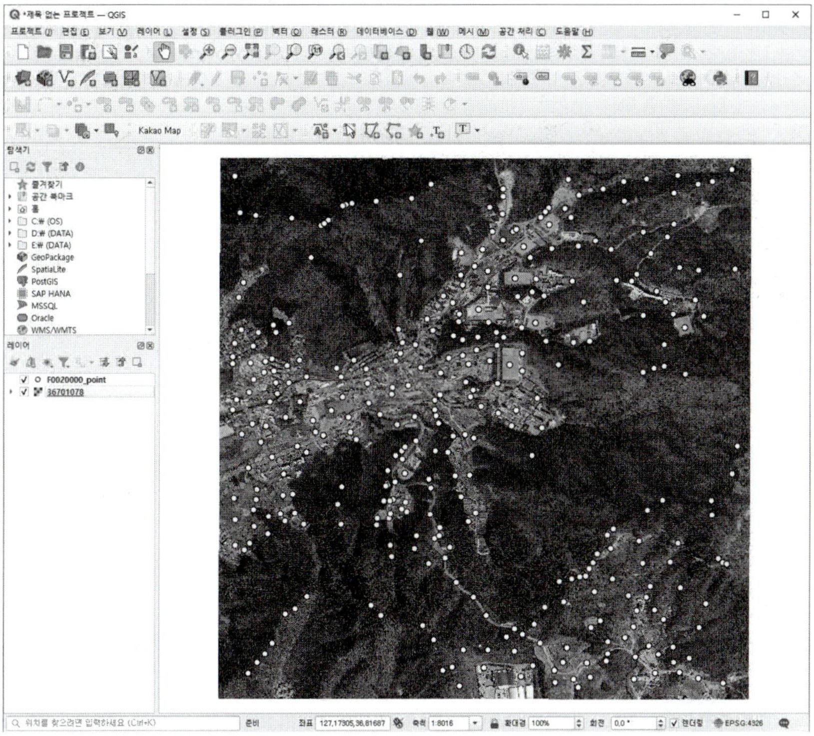

그림 48 정사영상과 표고점 오버레이

표고점에 수치를 레벨로 표기해보자

④ 속성창의 라벨탭을 클릭한다.

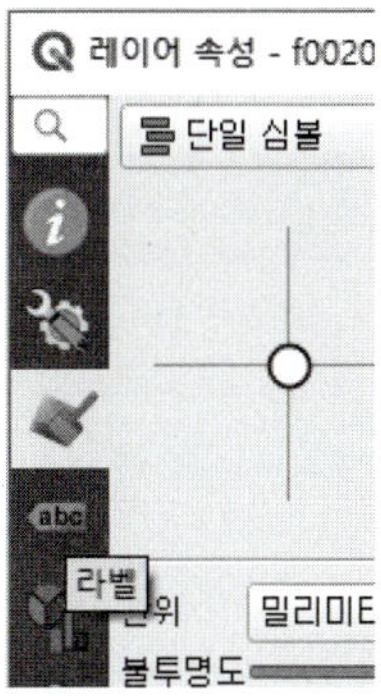

라벨필드 : 단일라벨을 선택하면 다음과 같은 대화창이 열리고

⑤ 다음과 같이 표고수치값을 표시한다.

- 자동위치설정 : 단일라벨
- 라벨필드 : 1.2수치
- 색상 : 흰색

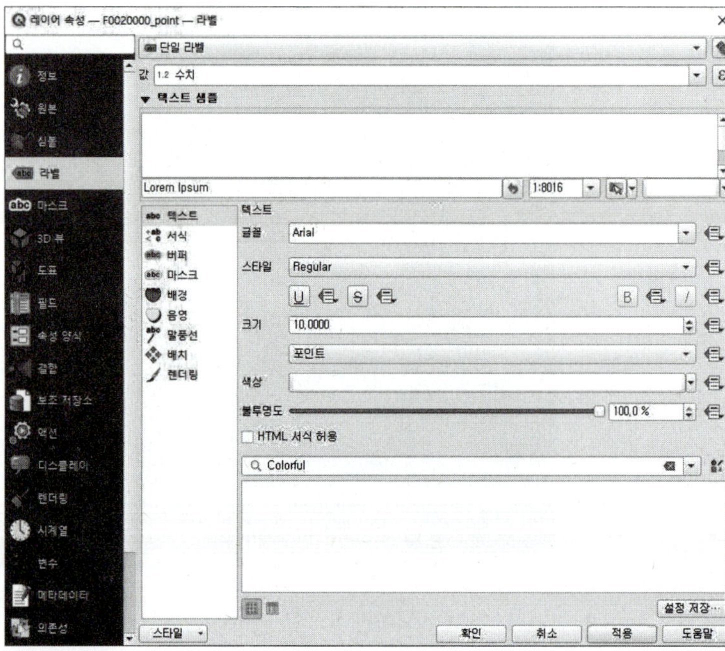

그림 49 표고점 라벨로 표고값 넣기

⑥ 적용 → 확인. 다음과 같이 디스플레이 된다.

그림 50 표고점에 표고값 레이블 표기

참고) 레이블의 텍스트, 서식, 버퍼(halo)등을 이용하여 레이블의 모양과 형식을 정할 수 있다.
배치는 포인트의 어느 위치에 레이블을 쓸 것인지 정한다.

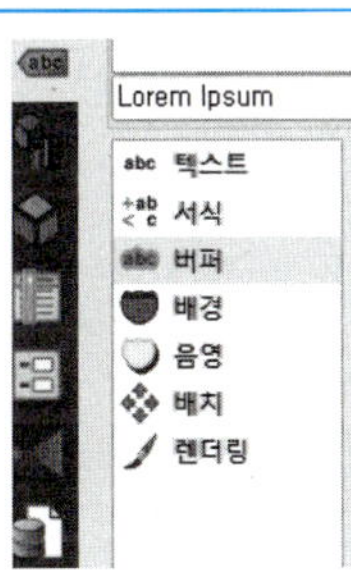

Halo

⑦ Halo기능을 이용하여 글씨가 잘 보이게 해보자. 다음과 같이 보인다.

그림 51 표고값수치에 텍스트버퍼를 이용한 halo

6.2 레이어추가 및 심볼로지

▶ 건물레이어를 추가하고 용도별 심볼로지를 색상 별로 표시해 보자.

① 건물 폴리곤(b0010000.shp)을 가져오자.

② 건물속성에서 심볼을 분류값을 사용하여 색상램프를 정하고 분류탭을 누른다. 그러면 건물의 용도별 분류가 나타난다.

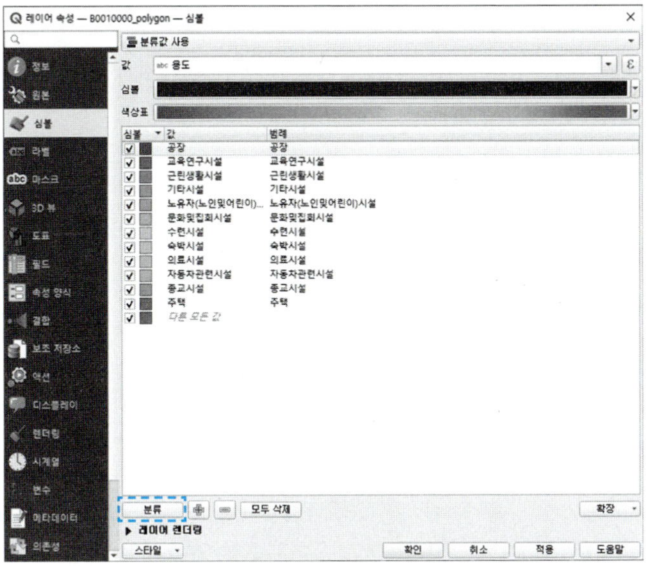

그림 52 건물레이어속성에서 분류값 설정

③ 적용 확인한 후 레이어 창의 b0010000_polygon 왼쪽의 ▶탭을 눌러보자. 분류된 심볼로지가 나타난다. 화면을 조금 확대해 보자. 다음과 같다.

그림 53 건물용도 별 분류가 디스플레이된 TOC와 바탕화면

7. Report 작성하기

7.1 조판 만들기

Layout으로 Report를 만들고 인쇄해보자.

① 메뉴 → 프로젝트 → 새 인쇄 조판

- 주제도의 이름입력 :

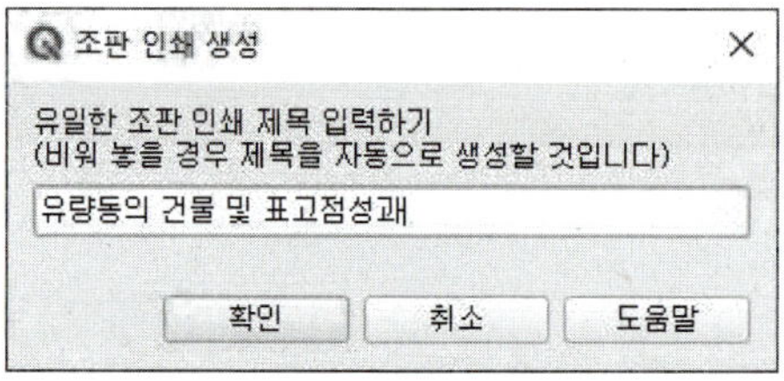

그림 54 조판 만들기

확인하면 조판 뷰 창이 나타난다.

② 화면 좌측툴바 중 조판에 지도 추가를 클릭하면 십자선 커서가 나타난다.

그림 55 조판에 맵추가

③ 마우스로 드래그하여 적당한 크기로 정하고 마우스버튼을 놓으면 작업했던 화면이 나타난다. 처음에는 작업했던 축척으로 조판에 보여지나 추후 축척으로 범위변경이 가능하다.

④ 왼쪽 메뉴에 있는 조판이동, 선택항목이동, 노드항목이동을 눌러 기능을 살펴보자.

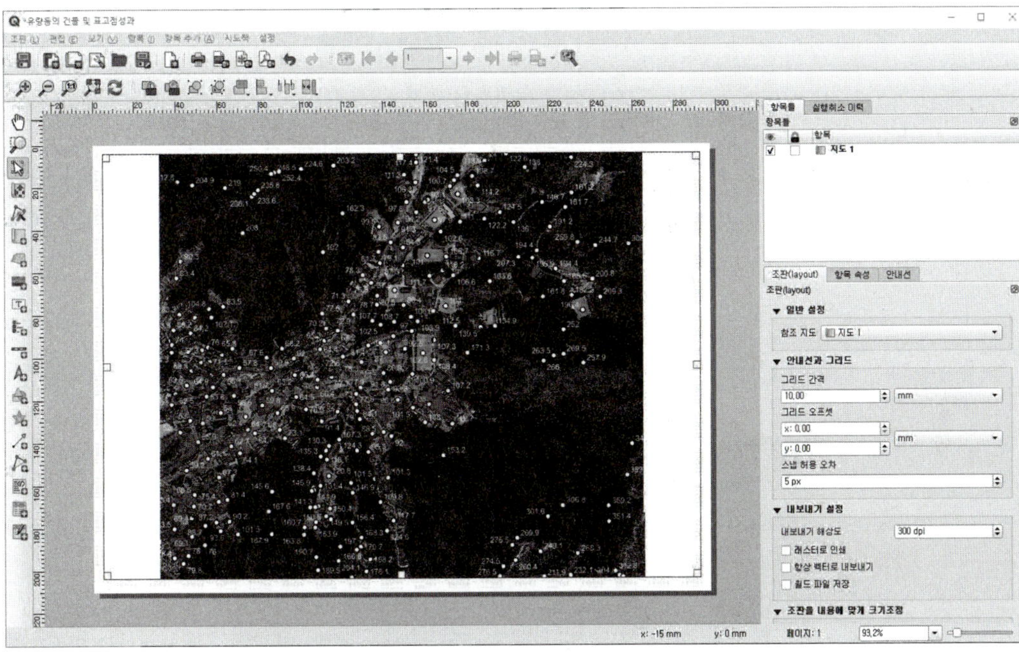

그림 56 조판에 맵이 추가된 상태

7.2 도면제목 만들기

도면에 대한 제목을 삽입해 보자.

① 우선 조판 뷰에 새 라벨추가하기 위해 맵상하 크기를 조절하여 상단에 공간을 만든다.

② 왼쪽 툴바에서 "조판에 라벨 추가"를 눌러 적당한 곳에 박스를 정하고 마우스 버튼을 놓으면 글상자가 생긴다.

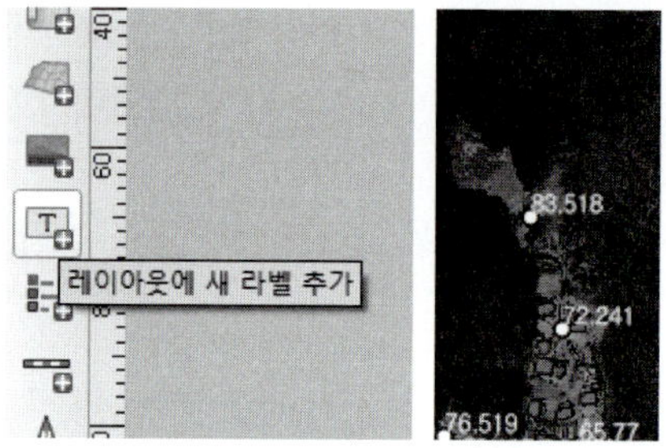

그림 57 제목텍스트 추가

③ 조판 창의 글상자를 클릭하고 오른버튼 → "항목속성" 탭을 누르면 오른편 창에 레이블에 대한 크기, 모양, 색깔 등을 정해줄 수 있다.

- 주속성 : 유량동 건물 및 표고점성과
- 모양 : 글꼴(글꼴막대바를 이용), 색상, 정렬방법 등 결정

그림 58 조판에 추가된 맵과 제목텍스트

④ 이제 조판창에서 저장하고 빠져나와 "연습2" 라는 이름으로 저장하자. 일반적으로 툴바에서 저장하면 하나의 프로젝트로 저장되며 확장명은 *.qgz로 된다.

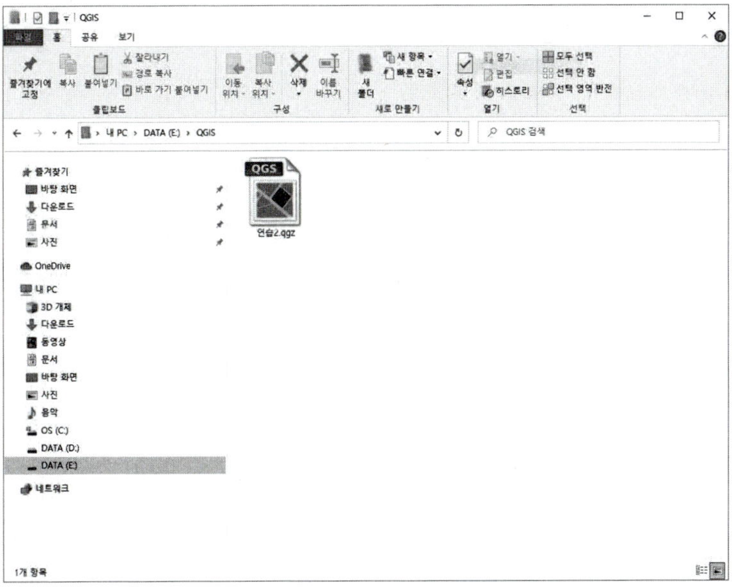

그림 59 프로젝트파일

▶ QGIS를 종료했다가 계속 작업을 원할때는 프로젝트파일을 더블클릭해도 되고 QGIS를 다시 실행시켜 불러와도 된다.

⑤ 종료해보자, 다시 QGIS를 실행시키면 썸브네일과 함께 기존의 프로젝트가 보여지므로 사용하기 편하다.

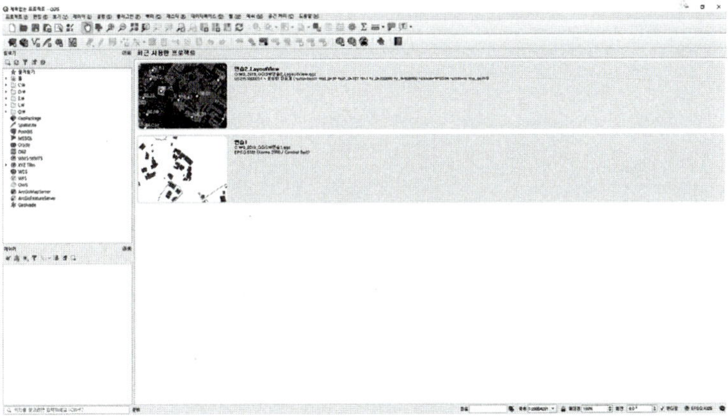

그림 60 QGIS시작화면에 디스플레이된 프로젝트 썸브네일

7.3 범례와 스케일바 만들기

프로젝트 "연습2"를 불러와 계속 작업하자. 기존에 만든 조판뷰는 프로젝트 → 조판에 목록이 있다. 새 범례와 스케일바를 추가해 보자.

① 조판 툴바에서 "조판에 축척 막대 추가" 버튼을 누르고 삽입할 위치에 창을 만들어 넣는다.

② 범례 역시 조판툴바에서 "조판에 범례 추가"버튼을 누르고 삽입할 위치에 창을 만들어 넣는다.

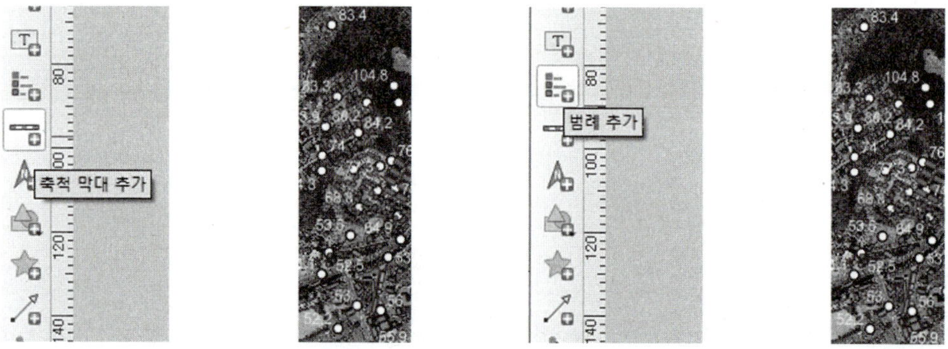

그림 61 축척막대와 범례추가 버튼

다음과 같이 된다.

그림 62 스케일바와 범례가 추가된 조판뷰

7.4 조판 저장과 내보내기

이상으로 만든 레포트를 저장하는 방법은 조판 툴바의 디스크저장을 클릭하는 것 만으로 프로젝트 내에 저장된다. 저장된 조판은 "프로젝트" → "조판"에 들어가면 다음과 같이 저장되어 있는 것을 볼 수 있으며 불러낼 수 있다.

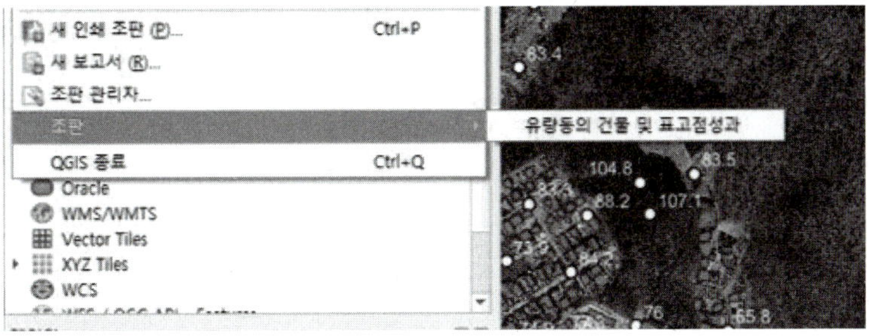

그림 63 프로젝트내에 저장된 조판

▶ 레포트를 그림파일로 저장해 보자.

① 매뉴 "조판" → "이미지로 내보내기"

파일이름을 정하여 내보내 보자. 내보낼 때의 해상도를 조절할 수 있다.

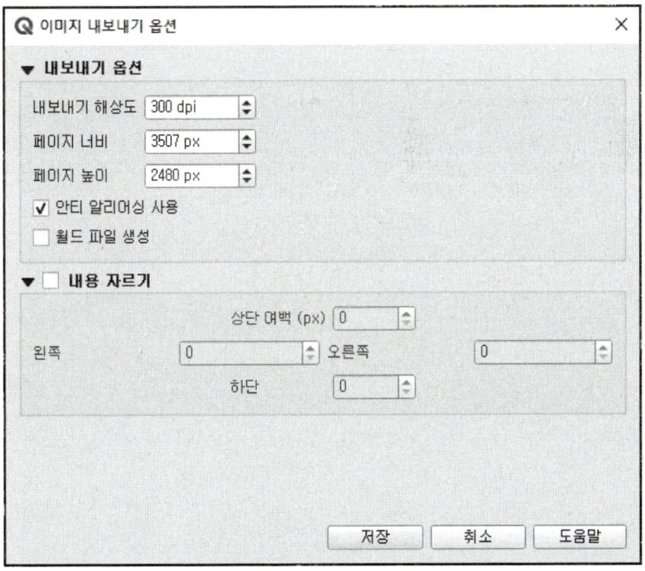

그림 64 조판 내보내기 해상도조절

8. 객체(feature)선택방법

준비 : 새로운 프로젝트를 만든다. 태조산 쉐이프파일에서 건물레이어 b0010000_polygon을 열고 국토정보포털에서 다운 받은 정사영상 "(b060)정사영상2018_3670108s.tif"를 가져오자.

8.1 속성에 의한 피쳐(feature)선택 및 내보내기

[Mission]어떤 레이어에서 내가 조회하고자 하는 속성을 표현식으로 선택하고 독립된 쉐이프 파일로 저장하기

1) 표현식을 이용하여 객체선택하기

① 건물레이어 선택 → 오른버튼 → 속성테이블 열기, 메뉴에서 표현식을 이용한 객체선택

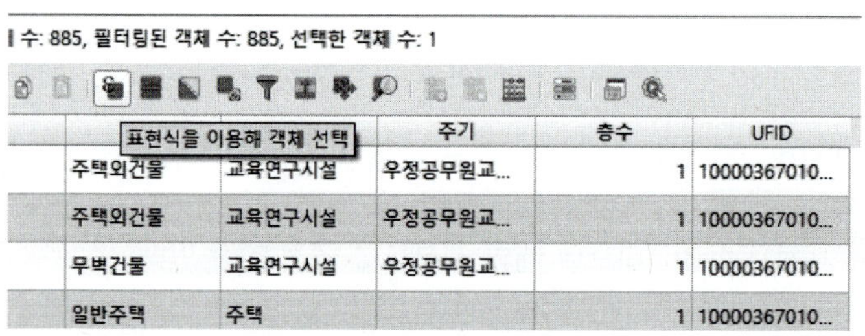

		주기	층수	UFID
주택외건물	교육연구시설	우정공무원교...	1	10000367010...
주택외건물	교육연구시설	우정공무원교...	1	10000367010...
무벽건물	교육연구시설	우정공무원교...	1	10000367010...
일반주택	주택		1	10000367010...

그림 건물레이어 속성창

② 대화창(가운대)에서 필드와 값 중 "종류" 더블클릭 → [=] → 모든 유일값 클릭 버튼을 클릭하여 "연립주택" 더블클릭

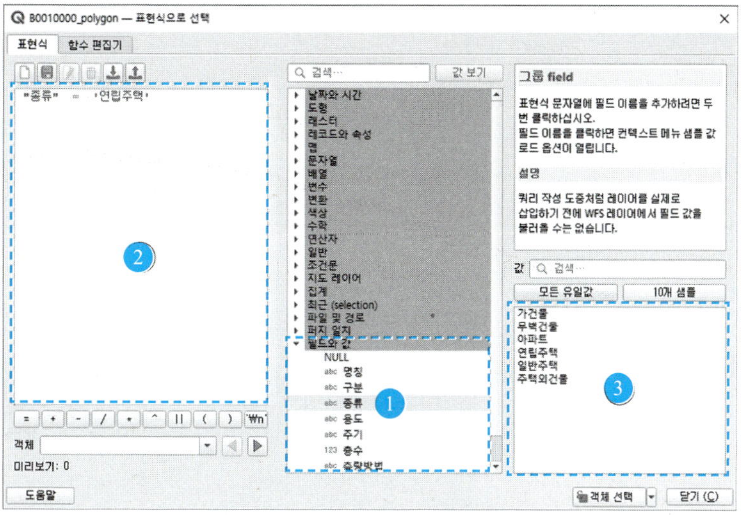

그림 65 속성으로 객체 선택하기

③ 왼쪽 표현식 란의 식을 확인한 후 객체선택 클릭하고 닫기, 속성테이블을 pull-down해보자. 그리고 선택된 요소들을 확인하자. 화면상에 역시 노란색으로 개체가 선택되었다.

> 참고) 선택된 객체를 해제하기 위해선 메인툴바 → 모든 레이어에서 선택객체해제를 누른다.

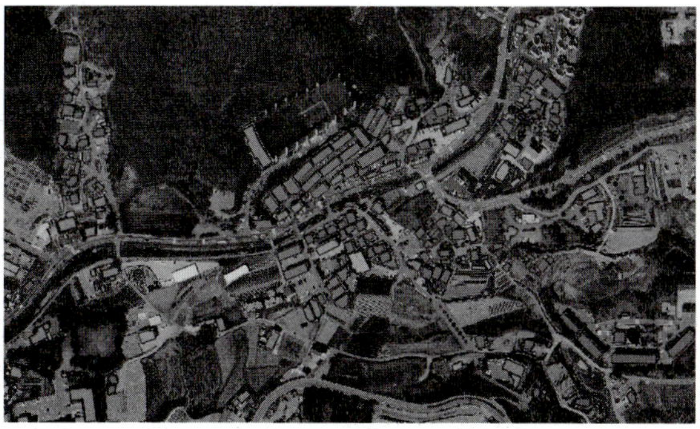

그림 66 선택된 건물객체

그림 67 개체선택해제

▶ 이번엔 선택된 객체만 하나의 쉐이프 파일로 내보내 보자.

④ TOC의 건물레이어를 선택하고 오른버튼 → Export → 선택한 레이어를 다른 이름으로 저장

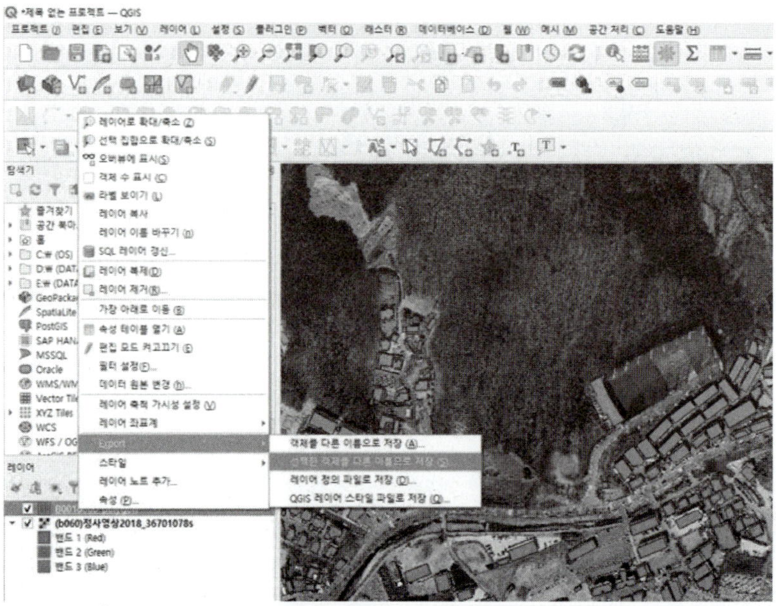

그림 68 선택된 객체 내보내기

⑤ 다음 인자들을 입력하고 "확인" 해보자

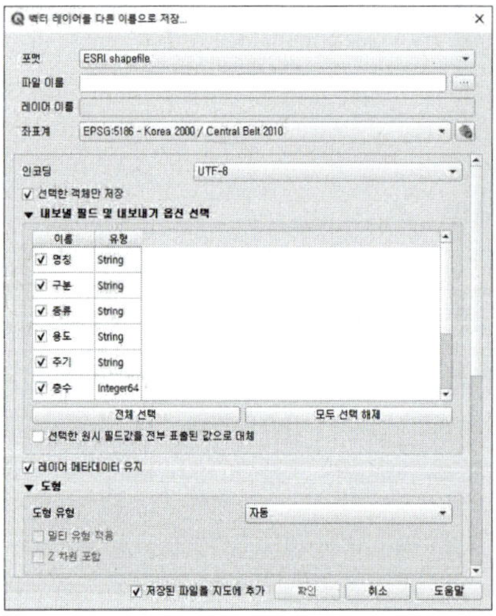

포맷 : ESRI shape file
파일이름 : 연립주택
좌표계 : Korea2000/2010
인코딩 : system
☑ 선택한 객체만 저장
☑ 저장된 파일을 지도에 추가

그림 69 선택된 객체 shape파일로 내보내기

⑥ TOC에 연립주택 레이어가 추가된 것을 확인하자.

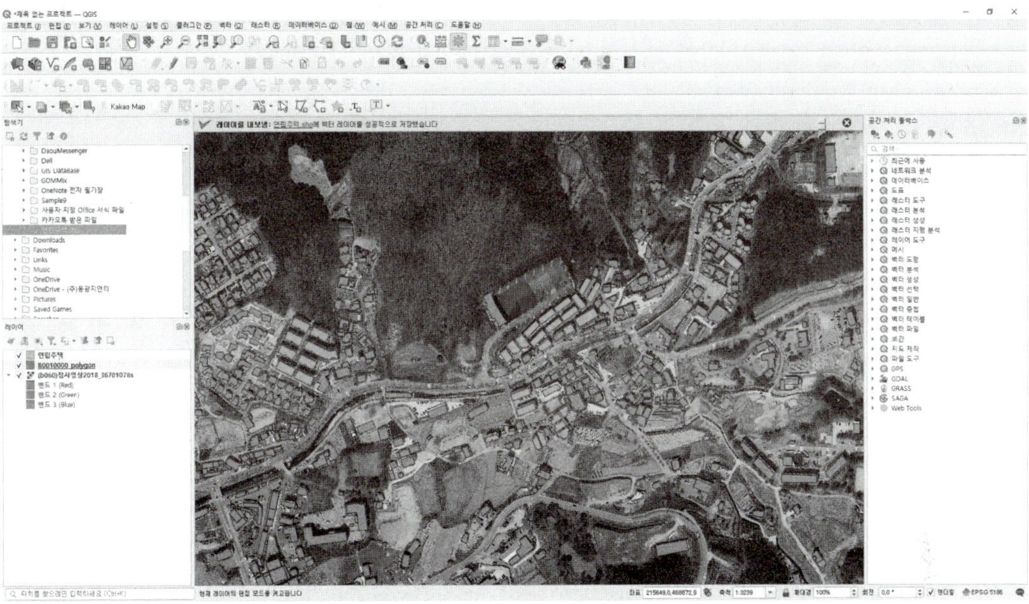

그림 70 탐색기 / TOC상에 추가된 연립주택 레이어

▶ 좌측 레이어TOC와 탐색기에 생성된 것을 확인하자. 작업디렉토리에도 생성된 것을 확인하자.

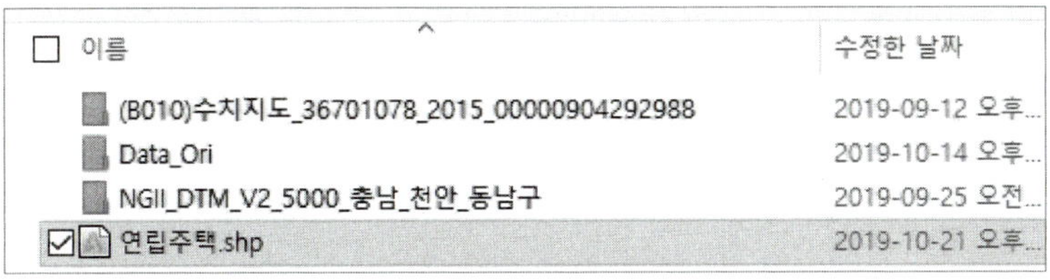

그림 71 작업폴더에 생성된 shape파일

⑦ 만약에 필드에 데이터가 없어서(Null) 속성값을 새로 입력하거나 수정할 때에는 편집모드를 활성화 시키고 입력시킨 후 다시 한 번 편집모드 아이콘을 클릭하거나 테이블을 닫을 때 나타나는 "저장버튼"을 눌러 저장하면 된다.

8.2 도형으로 객체(feature)선택 및 편집

분석하여 얻은 도형이나 직접 그린 도형으로 객체를 선택(포함, 교차 등)하는 방법이다. 여기서는 연립주택과 일정이격거리 내의 묘소를 선택하는 방법에 대해 설명한다.

① c0285311_point 레이어(묘소)를 추가한다.

연립주택 건물로부터 반경 400m거리 내에 있는 묘소를 선택해 보자.

② 메인매뉴 → 벡터 → 지리 정보 처리 도구 → 버퍼(툴)

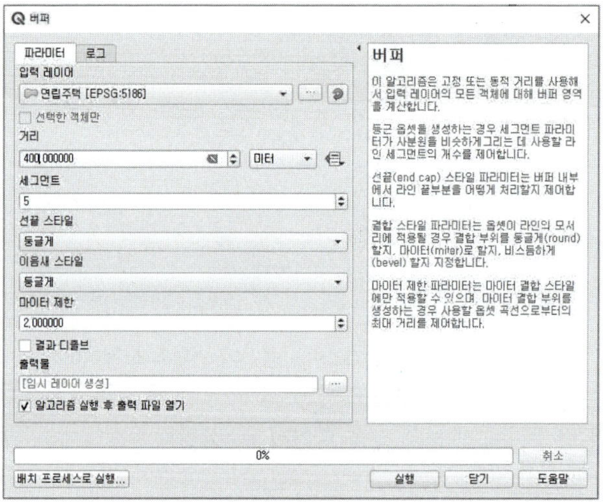

그림 72 공간처리도구 버퍼

③ 실행하면 다음과 같이 버퍼가 형성된다.

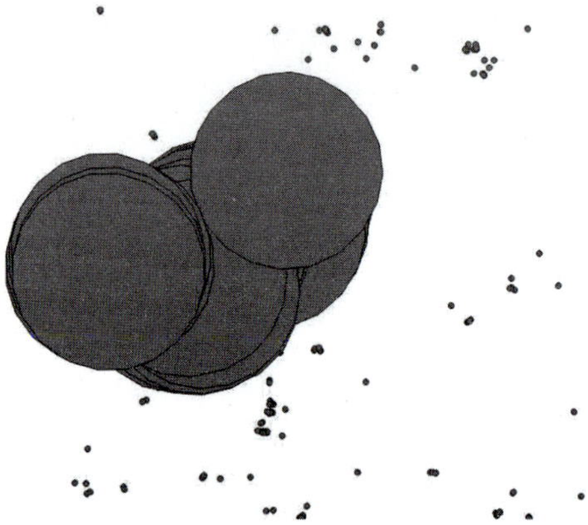

그림 73 연립주택 반경 버퍼

▶ 외곽범위 만을 공통범위를 정해야 하므로 dissolve시켜보자.

④ 메인매뉴 → 벡터 → 지리 정보 처리 도구 → 디졸브

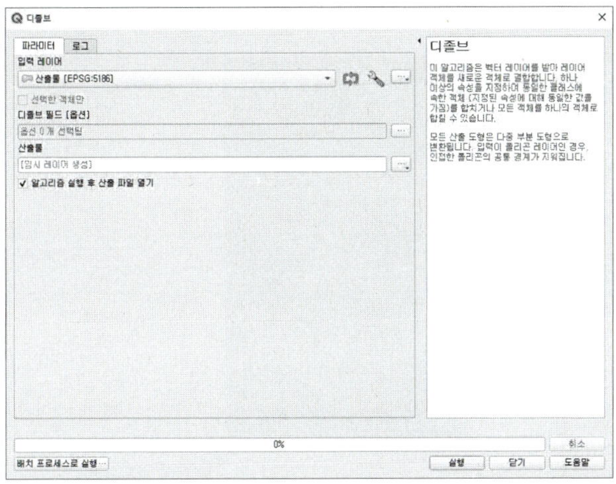

그림 74 버퍼의 외곽폴리곤을 위한 dissolve

▶ 투명도를 조절해 보자. 다음과 같이 된다.

그림 75 Dissolve된 연립주택 버퍼

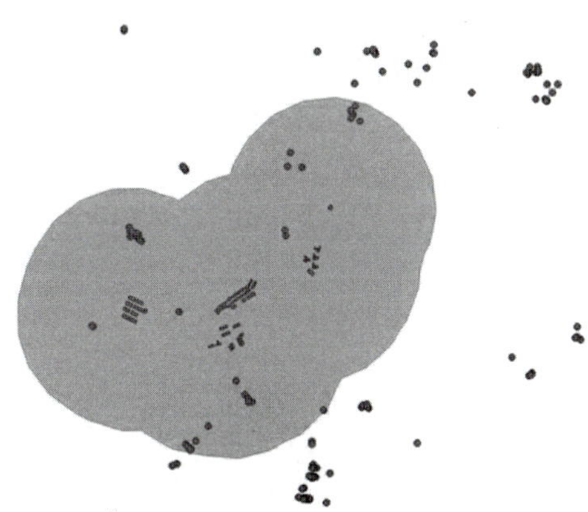

그림 76 투명도 조절된 연립주택 버퍼

▶ 이제 디졸브한 폴리곤에 포함되어 있는 묘소를 공간처리 툴박스를 이용하여 선택해보자.

툴박스는 메뉴아이콘 바탕 오른버튼 눌러 ☑ 선택하자. 작업창 오른쪽에 툴박스 창이 보인다.

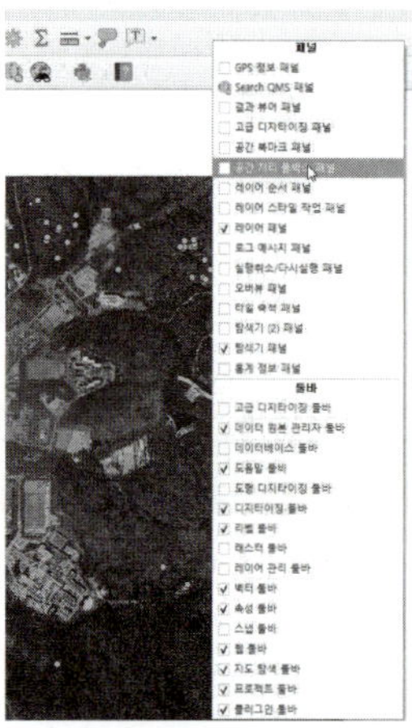

그림 77 공간처리툴박스 보이기

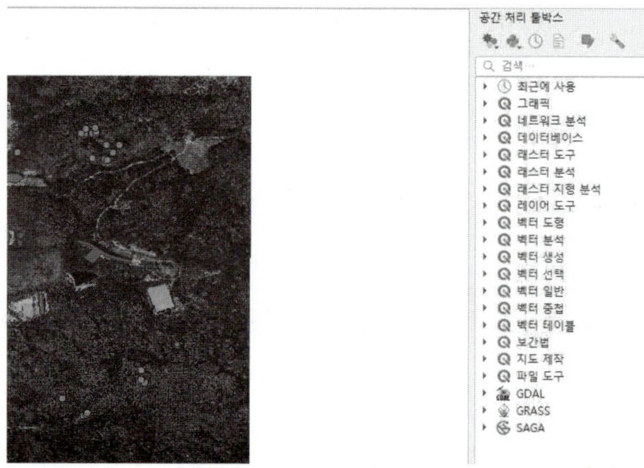

그림 78 공간처리툴박스 메뉴

⑥ 공간처리툴박스 → 벡터선택 → 위치로 추출

다음에서 객체추출 : 선택되는 대상(묘지 포인트 데이터)

객체위치 : ☑ intersect

다음과 같은 객체를 비교 : 영역(여기에선 디졸브한 반경 400m)

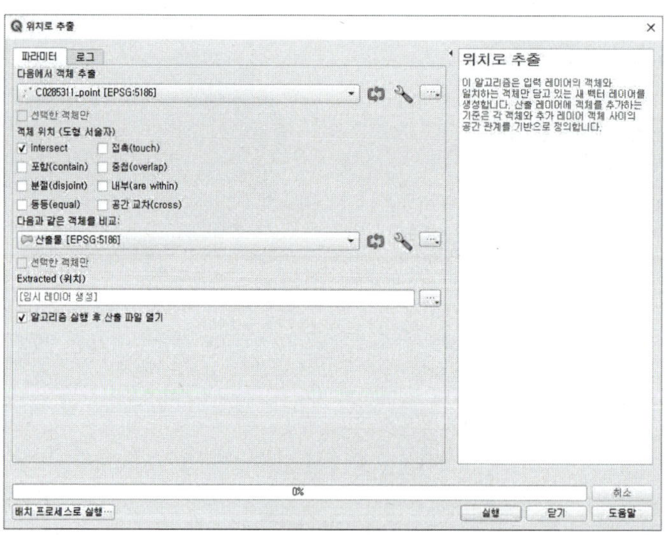

그림 79 버퍼로 선택하는 묘소

⑦ 실행해보자.

다음과 같이 선택됐다.

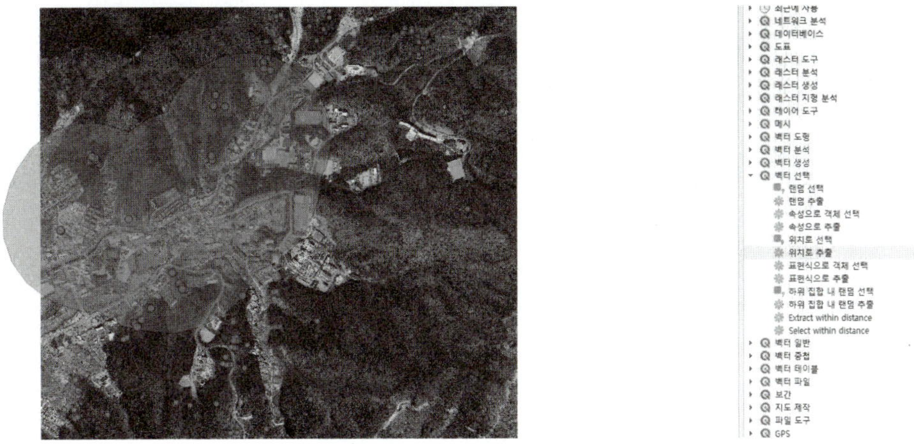

그림 80 버퍼로 선택된 묘소

선택된 객체는 독립된 하나의 쉐이프파일로 내보낼 수 있고 목록을 엑셀파일로 저장할 수 있다.

9. 레이어 속성 편집 및 생성

9.1 레이어속성으로 2.5D만들기

▶ 폴리곤 객체는 속성을 이용하여 2.5D를 디스플레이 할 수 있다. 특히, 건물의 경우 속성필드에 "층수"가 있기 때문에 층수*(1개층 높이)로 건물의 높이를 올릴 수 있다.
추출한 연립주택을 2.5D로 만들어 보자.

① 레이어 연립주택 클릭 → 속성 → 심볼 → 단일심볼 탭을 눌러 pull down메뉴에서 2.5D를 선택하자. 연립주택 주위를 확대하여보자.

그림 81 속성레이어의 층수를 아용한 2.5D 디스플레이

수식을 이용하여 층수*2.6m로 할 수도 있다.

그림 82 층수 속성을 이용한 건물의 높이계산

참고) 원래대로 복원하기 위해서는 속성에서 단일심볼 → 단순채우기를 한다.

9.2 편집한 도형레이어 생성하기

▶ 특정 건물 몇 체에 대한 폴리곤을 그리고 새 레이어를 형성해 보자.

① 모든 레이어를 끄고 위성영상만을 보이게 한다.

② 메인매뉴 → 레이어 → 레이어 생성 → 새 shape 파일 레이어...
파일이름 : 유량동_사업건물 / 파일인코딩 : system / 도형유형 : 폴리곤
/ 이름 : 건물 / 유형 : 텍스트데이터

③ 새로운 입력사항(층수 등)이 있으면 새필드에서 이름과 변수를 입력하고 "필드목록추가"버튼을 누르면 추가된다.

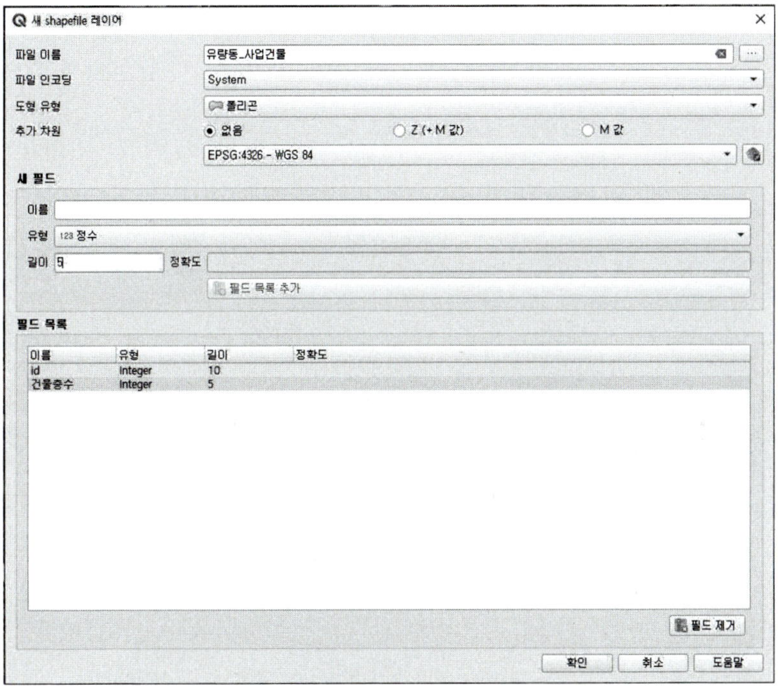

그림 84 새로운 레이어 만들기

④ 확인하면 TOC에 새로운 레이어 이름이 만들어진 것을 확인할 수 있다.

⑤ 메인메뉴에서 편집모드 전환하고 폴리곤 객체추가 아이콘을 클릭한다.

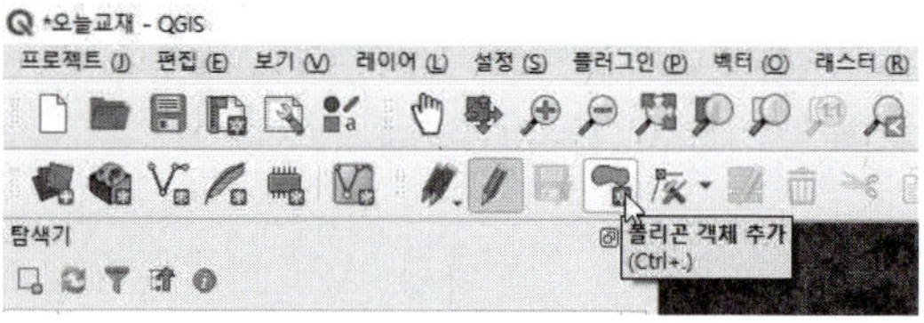

그림 85 폴리곤 객체추가

⑥ 마우스 커서모양이 바뀐다. 임의 건물의 외곽을 따라 플리곤을 완성해보자. 마지막에는 오른버튼을 누르면 ID와 이전에 만든 층수를 입력하라고 나온다. 입력하자.

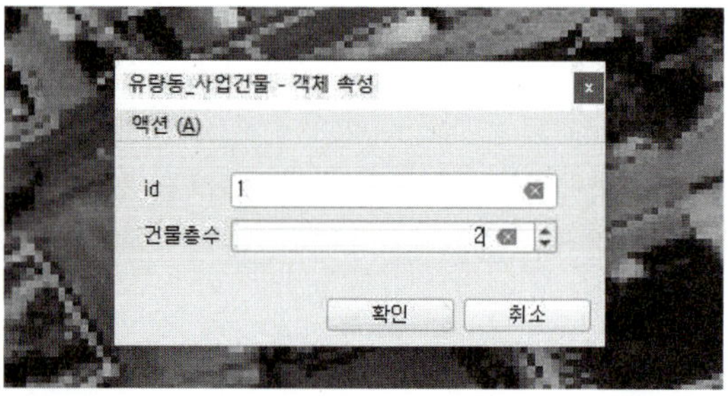

그림 86 객체의 ID와 속성입력

동일한 방법으로 2-3채의 건물을 작업해 보자.

그림 87 새로운 shape파일에 건물폴리곤 만들기

편집모드를 클릭하여 off시키면 저장 명령이 나온다, 저장하자.

이상 실습한 프로젝트를 저장하자.

10. 공간시각화

공간에 위치된 도형데이터의 근접성에 의한 밀도 분석등을 위해서는 공간시각화가 필요하다. 주로 proximity 기법을 이용하여 시각적으로 밀도를 파악하게 해준다. 서울시 도서관위치(포인트 데이터)를 다운받아 디스플레이하고 밀도를 시각화해보자.

10.1 포인트데이터 가져오기

1) Excel쉬트에서 포인트데이터로 가져오기

① 서울 열린데이터광장 http://data.seoul.go.kr 접속 → 도서관 위치정보 검색하여 다음 데이터를 다운 받자.

- 서울시 공공도서관 현황정보와 , 서울특별시 작은도서관 현황정보 sheet파일을 EXCEL파일로 다운 받아 저장

② 새로운 프로젝트를 만든다.

③ 메인매뉴 → 플러그인 → 플러그인 관리 및 설치 → spreadsheet Layers를 검색하여 설치한다.

④ 메인매뉴 → 레이어 → 레이어추가 → 풀다운 메뉴에 "Add spreadsheet추가" 가 추가된 것을 확인하자.

⑤ "Add spreadsheet추가"를 실행시킨다.

- File name : 서울시 공공도서관 현황정보.xlsx
- Layer name : default
- ☑ Geometry : X fileld17, Y field18(수학좌표계 방향과 반대)
- Reference system : EPSG:4326 – WGS84

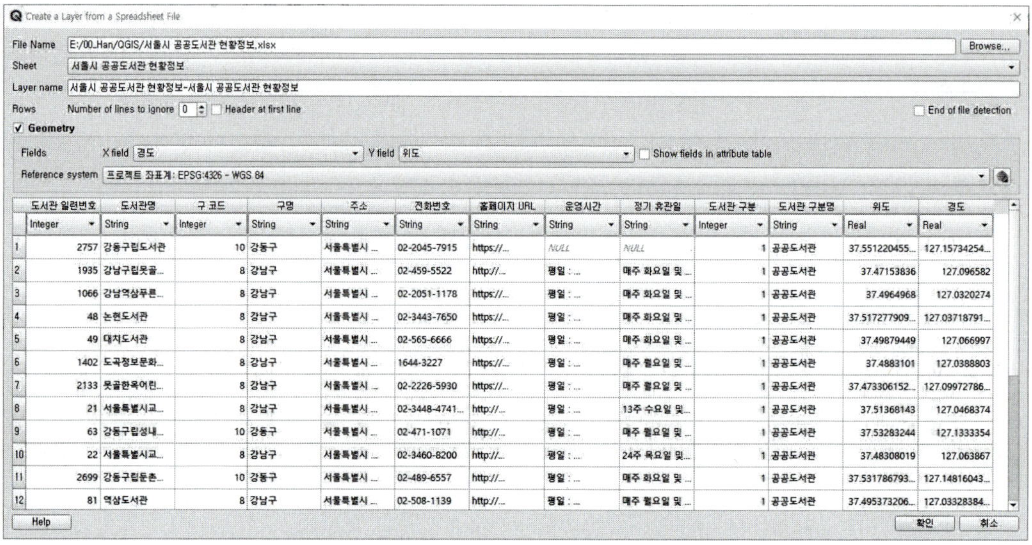

그림 88 엑셀로부터 레이어(포인트데이터) 만들기

확인해 보자.

⑥ 같은 방법으로 "서울특별시 작은도서관 현황정보.xlsx"에 대해서도 생성해 보자. 다음과 같이 된다.

그림 89 포인트데이터로 표시된 도서관과 작은도서관 위치정보

2) .csv로 변환하여 사용하는 방법

앞 절에서 다운 받은 엑셀파일을 각각 .csv로 저장한다.

① 메인매뉴 → 레이어 추가 → 구분자로 분리된 텍스트레이어 추가

- 인코딩 : system
- 파일포멧 : csv
- 도형정의 : 포인트좌표
  X필드-경도
  Y필드-위도
- 좌표계 : WGS84

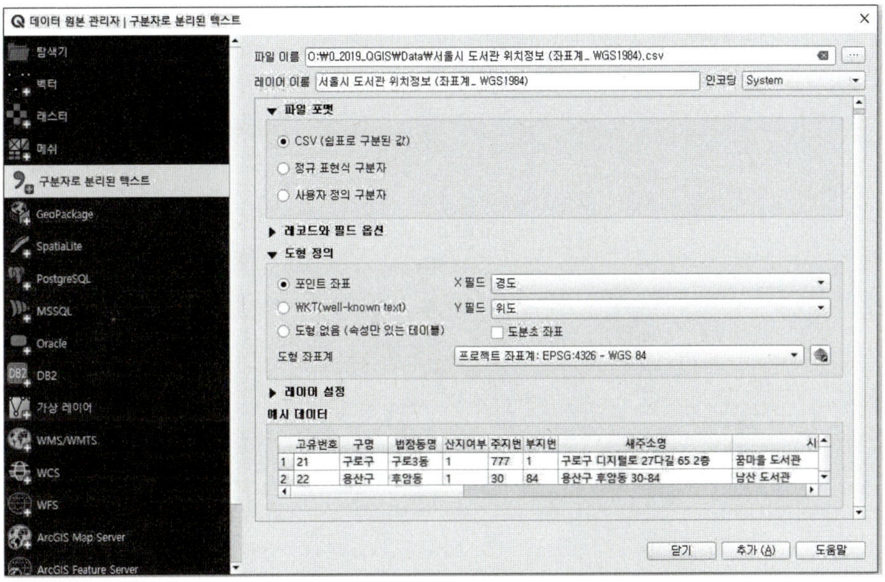

그림 90 .csv파일로부터 shape(포인트 데이터)파일 만들기

추가해보자.

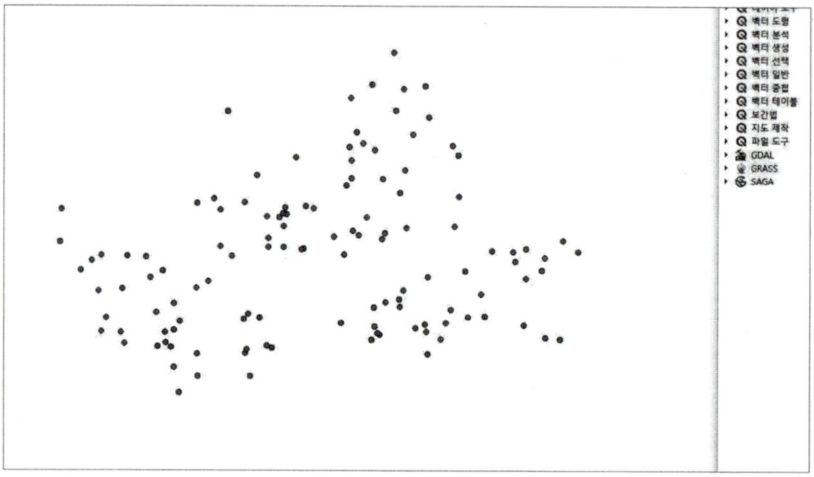

그림 91 서울시 도서관 위치정보

② 작은도서관도 레이어에 추가해 보자.

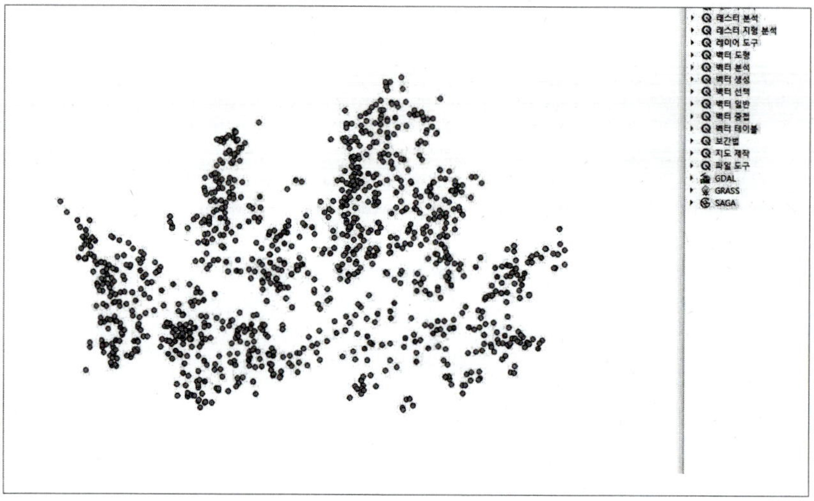

그림 92 서울시 도서관과 작은 도서관 위치정보

참고) 위의 포인트 데이터는 csv파일에서 디스플레이만 된 것이지 shape file로 저장되는 것은 아니기 때문에 별도로 저장해야 한다.

③ 각각 Library.shp, Small_Library.shp로 저장한다.
(내보내기 → 객체를 다른 이름으로 저장)

④ 저장 후 기존의 레이어는 제거한다.

10.2 밀도분석

도서관 밀도주제도에는 도서관과 작은 도서관이 모두 포함되므로 도서관과 작은 도서관을 병합해야한다.

① 메인매뉴 → 벡터 → 데이터 관리도구 → 벡터레이어 병합
별도로 쉐이프파일을 내보내기 번거로우면 병합한 출력물의 이름을 지정하여 결과를 쉐이프파일로 다음과 같이 저장할 수 있다.

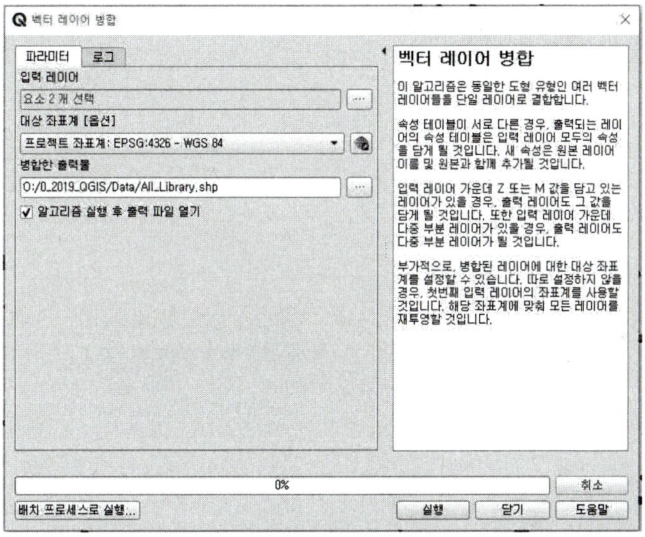

그림 93 레이어 병합

실행해보자. 탐색기로 해당 디렉토리에 쉐이프파일이 잘 만들어졌는지를 확인하자.

② TOC에서 Library와 Small_Library레이어를 꺼 보자. 하나로 통합 된 것을 볼 수 있다.
병합된출력물 임시레이어와 기존 레이어는 모두 제거하고 "All_Library"쉐이프 파일을 가져오자. 쉐이프파일을 복사하여 "All_Library_열지도"로 이름을 바꾼다.

이제 열지도(thermal map)를 이용하여 밀도를 분석해 보자.

③ “All_Library_열지도” 레이어 → 속성 → 심볼 → 단일심볼 탭을 눌러 열지도 선택

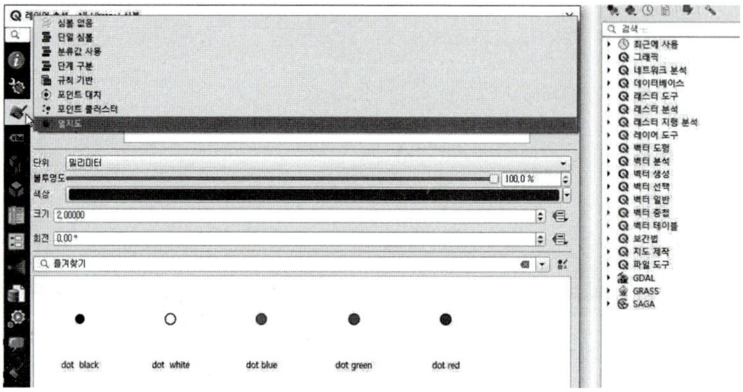

그림 94 열지도를 이용한 밀도분석

④ 색상램프를 선택, 반경 결정 후 확인

다음과 같다. 밀도의 높고 낮음을 한 눈에 볼 수 있다.

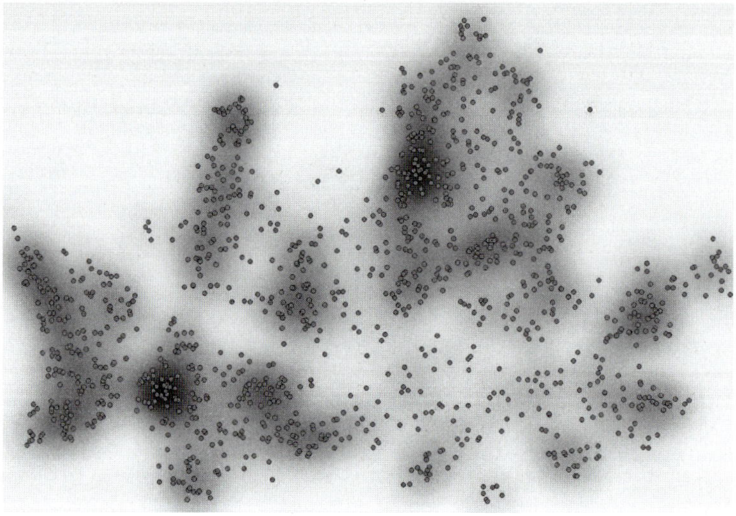

그림 95 도서관의 밀도에 따라 표시된 열지도

⑤ 웹 → TMS for Korea → VWorld → VWorld Grey을 불러오고 TOC에서 All_Library보다 위로 이동하자.

⑥ VWorld Grey 속성에서 불투명도를 40% 정도로 조절해 보자.
다음과 같이 맵위에 표시되었다. 이 주제도는 서울시 도서관의 밀도를 직관적으로 우리에게 알려준다. 이 주제도를 이용하여 도서관 낙후지역을 파악하여 향후 추가설치 등의 정책에 반영할 수 있다.

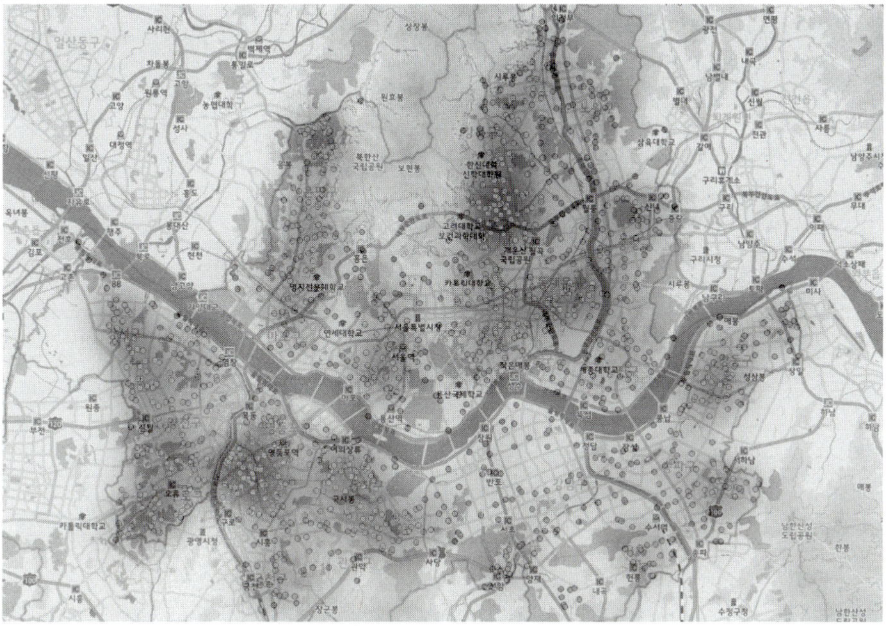

그림 96 지도위에 중첩한 열지도(투명도조절)

참고) 열지도는 원 쉐이프파일에 영향을 미치지 않는다.

11. 통계 주제도제작

9절에서 서울 지역의 도서관데이터를 구축하였다. 각각의 행정구역(동)에 몇 개의 도서관이 있는지 분석하고 이를 주제도로 제작한다.

11.1 서울시 행정구역도 가져오기

① QGIS 새 프로젝트를 열고 All_Library.shp파일을 불러오자.
(데이터 원본관리자에서 벡터를 선택하고 불러오는 것을 잊지 말자.)
서울시 행정구역을 구해보자[2]

② 국가중점데이터 http://openapi.nsdi.go.kr/nsdi/index.do에서
부동산개방데이터 → 법정구역정보 → SHP

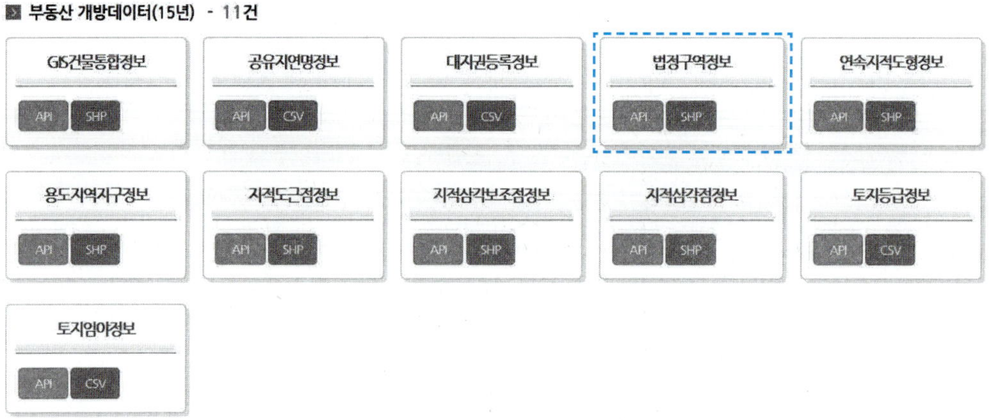

그림 97 국가 중점데이터센터의 부동산정보

③ 구분 : 전체데이터 → 조회해서 최신의 파일을 다운 받는다.

그림 98 행정구역 shape파일 다운로드

④ 다운을 받고 압축을 풀면 EMD(읍,면,동지역), LIO(리)와 SIG(시군구)형태가 있음 이 중 동에 대한 분석이므로 EMDshape file을 이용하도록 한다.

⑤ AL_00_D001_20191005(EMD)를 추가한다. 다음과 같다.

그림 99 읍면동 경계 shape파일

그런데 도서관의 위치는 WGS84좌표계로 되어 있고 행정구역은 Bessel타원체로 되어 있음을 알 수 있다.

⑥ 메인매뉴 → 웹 → TMS for Korea에서 Daum Satellite 사진을 배경으로 하자.

⑦ 행정구역의 속성에서 채우기색상 ☑ 투명채우기, 외곽선 단순라인으로 바꾸고 색상도 바꿔보자. 그리고 여의도 부근을 확대해보자. 행정구역이 맞지 않는다. Library는 WGS84인 반면 행정구역도는 Korea1985 Bessel이기 때문이다.

그림 100 여의도지역의 행정경계 오차

11.2 좌표계 투영변환

포인트데이터와 행정구역의 투영좌표계가 디르니 Bessel타원체에서 WGS84타원체로 행정경계를 투영변환해야 한다. 이를 위해서는 Bessel에서 WGS84 타원체로 투영변환해주는 투영파라미터가 있어야 한다. 다음과 같이 만들어 보자.

① 메인매뉴 → 설정 → 사용자정의 좌표계

이름 : 5174보정_toWGS84

파라미터 : 다음을 복사 붙여 넣기

+proj=tmerc +lat_0=38 +lon_0=127.0028902777778 +k=1 +x_0=200000 +y_0=500000 +ellps=bessel +units=m +no_defs +towgs84=-115.80,474.99,674.11,1.16,-2.31,-1.63,6.43

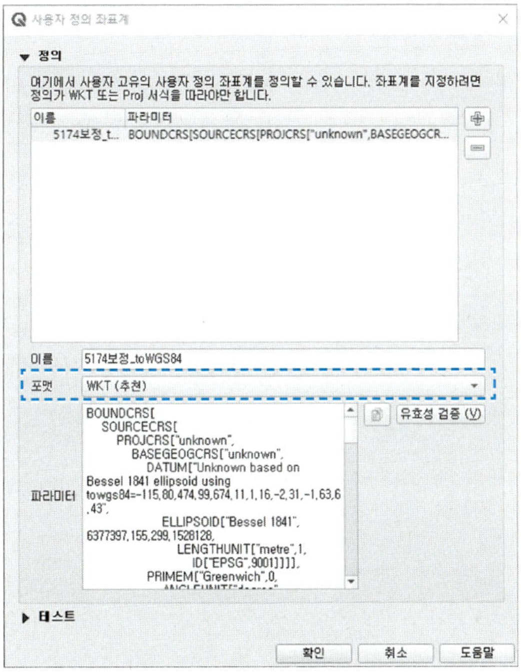

그림 101 사용자정의 좌표계

확인한다. 이제 등록이 되었으니 다시 좌표계를 설정해 보자

② TOC 레이어 → 우클릭 → 레이어 설정 → 레이어 좌표계설정

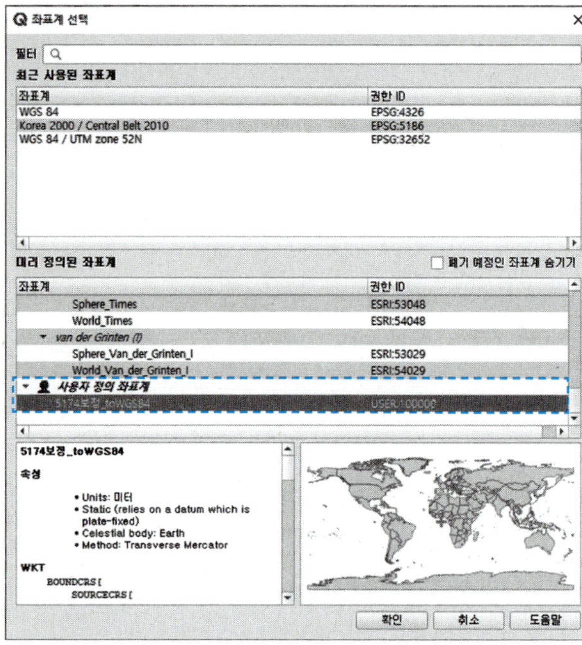

그림 102 좌표계 설정

행정구역이 약간 shift 되면서 정확히 맞는 것을 확인할 수 있다.

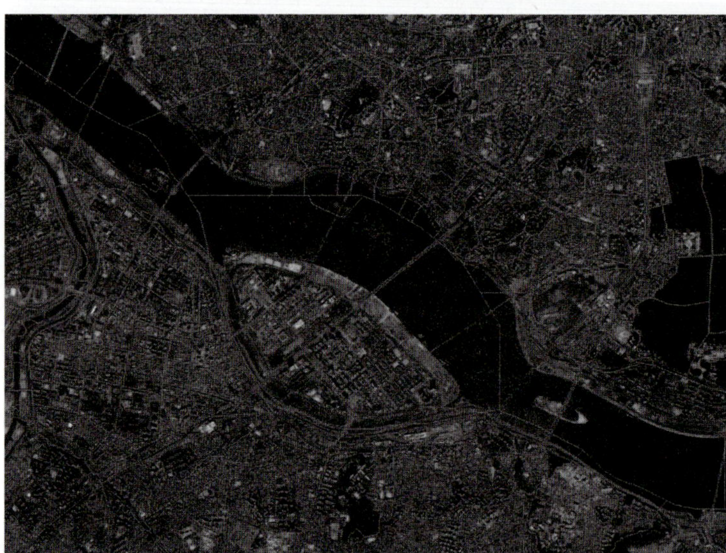

그림 103 좌표보정 후의 행정경계

이제 서울 법정구역을 추출해 보자.

11.3 해당 행정구역 추출

행정구역레이어에서 속성테이블을 열어보면 지역은 A1코드에 제공되고 있으며 이들 중 서울시 코드가 "11"이므로 속성선택으로 추출한다.

① 선택 → 속성테이블 열기 → 표현식을 이용한 객체선택

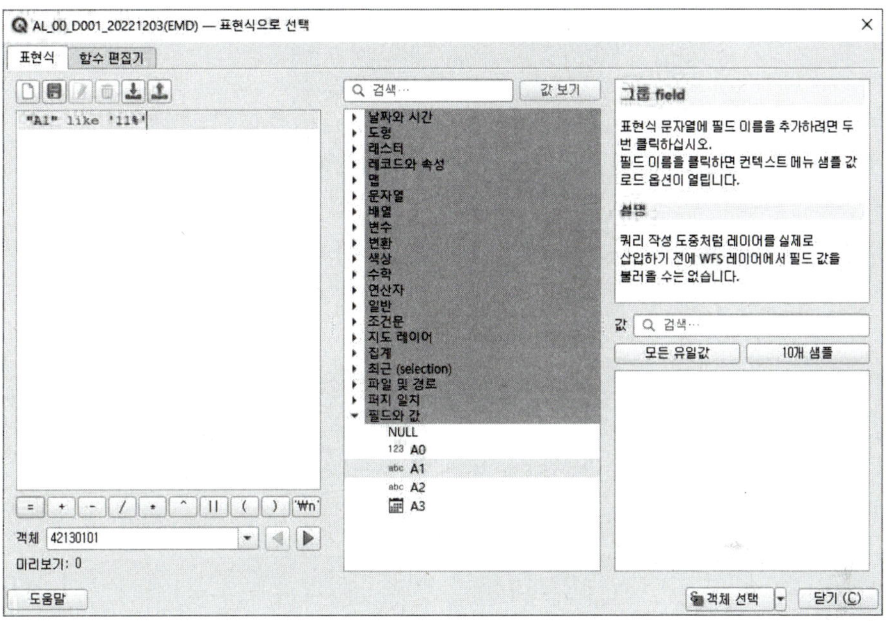

그림 104 속성정보로 특정 행정경계 추출

② 하단의 객체선택을 클릭해 보자. 속성테이블에서 다음과 같이 선택된 것을 볼 수 있다.

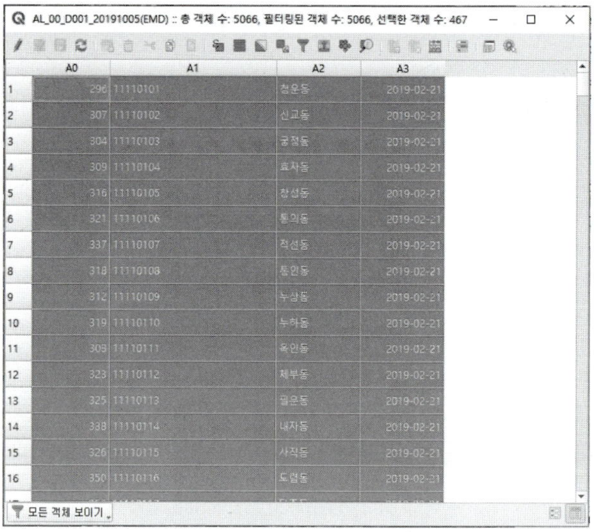

그림 105 서울시 코드 "11" 추출

③ 내보내기 → 선택된 객체를 다른 이름으로 저장 "서울시법정동지역"으로 저장하고 투명도를 조절해 보자. 다음과 같이 되었다.

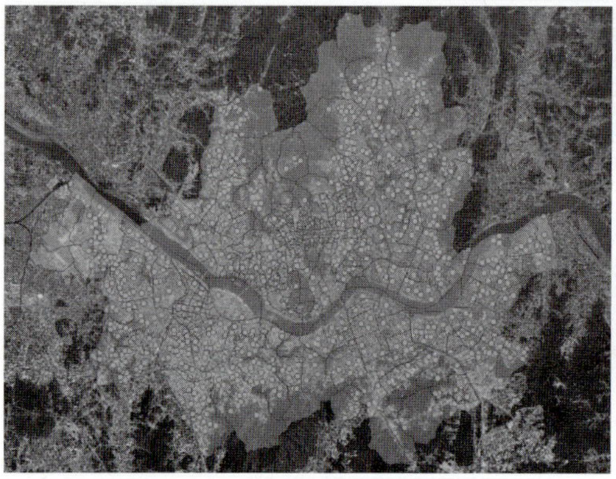

그림 106 서울시 행정구역과 도서관1

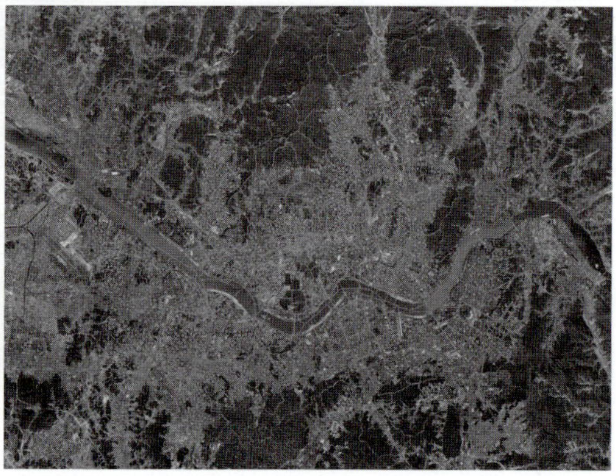

그림 107 서울시 행정구역과 도서관2

11.4 각 행정구역내의 개수필드 저장

이제 서울시의 각 행정구역 내에 포함되어 있는 도서관의 개수 필드를 만들고 거기에 개수를 저장해 보자.

① 공간처리 툴박스 → 벡터분석 → 폴리곤에 포함하는 포인트 개수 계산

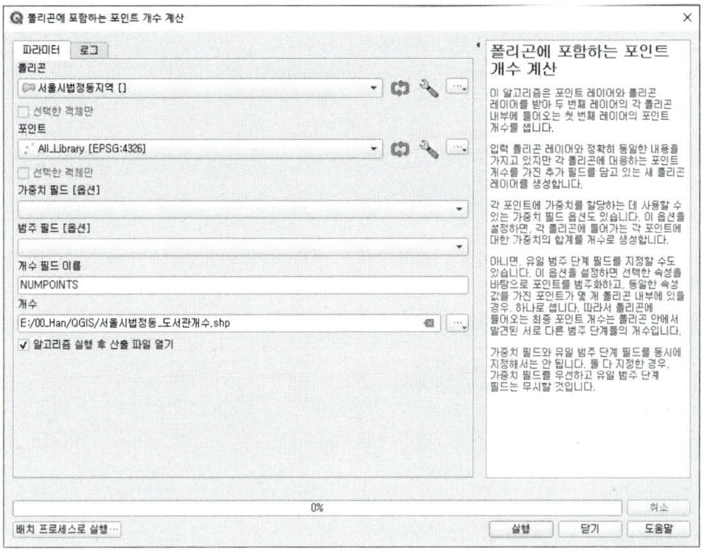

그림 108 폴리곤에 포함하는 포인트 개수 계산

참고) 다음과 같은 Error가 날 경우

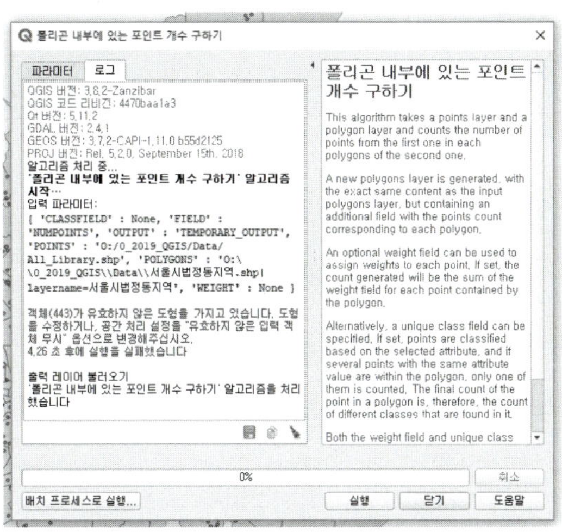

그림 109 포인트 개수구하기 오류

설정아이콘을 클릭하고

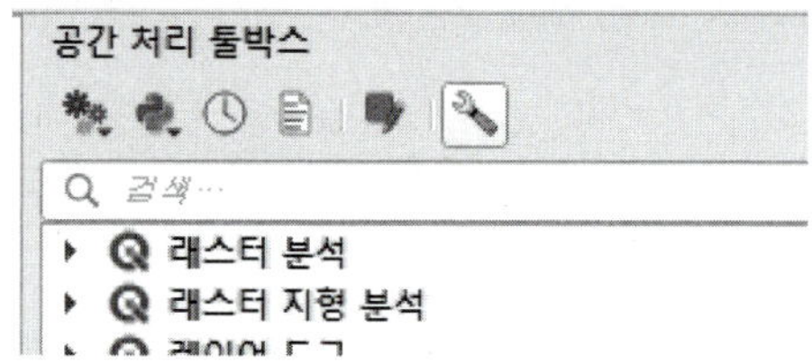

그림 110 공간처리툴박스의 설정

다음과 같이 세팅한다. 유효하지 않은 객체필터링 우측 더블클릭하여 세팅

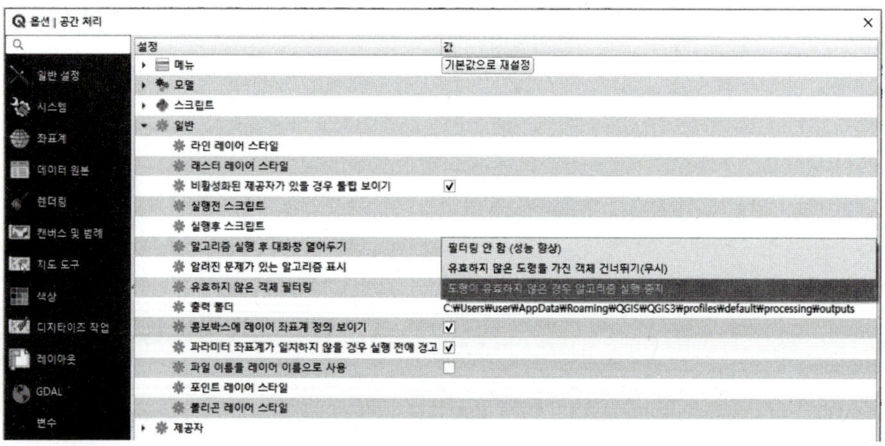

그림 111 공간처리 툴박스의 환경변수 세팅

② 확인하고 다시 실행해 보자. 이때 개수필드 이름을 Num_Library로 변경해 보자.

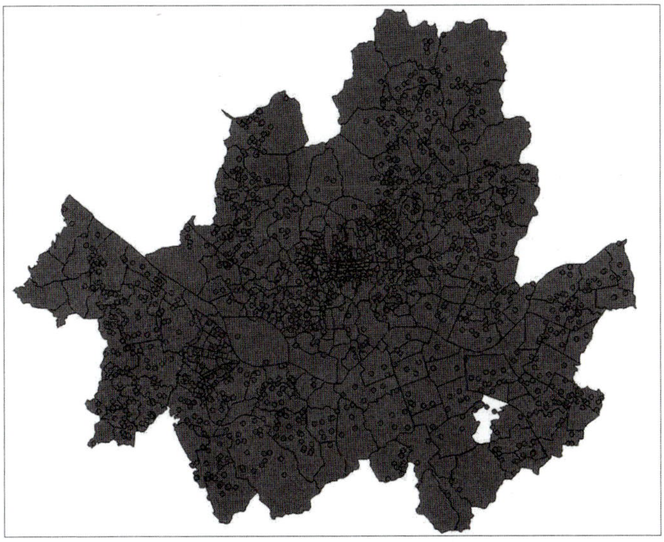

그림 112 폴리곤에 포함하는 포인트 개수 계산 수행결과

다음과 같은 결과가 얻어졌고 각 폴리곤 안에는 도서관의 개수 속성을 가지고 있다.

③ 새로 생성된 레이어 "개수"의 속성테이블을 열어보자.

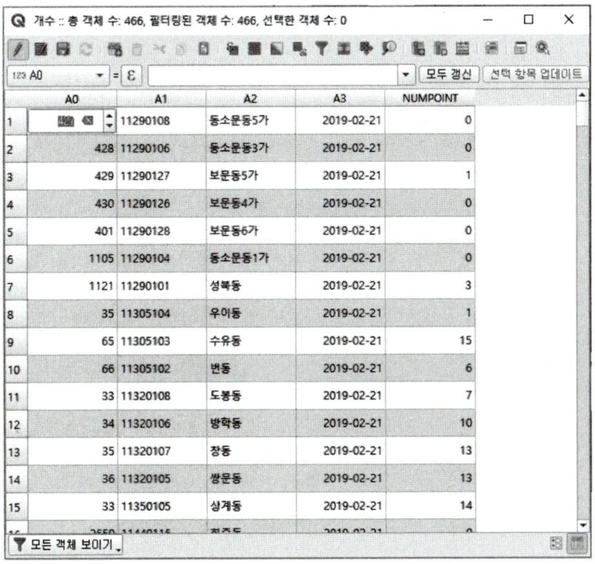

	A0	A1	A2	A3	NUMPOINT
1		11290108	동소문동5가	2019-02-21	0
2	428	11290106	동소문동3가	2019-02-21	0
3	429	11290127	보문동5가	2019-02-21	1
4	430	11290126	보문동4가	2019-02-21	0
5	401	11290128	보문동6가	2019-02-21	0
6	1105	11290104	동소문동1가	2019-02-21	0
7	1121	11290101	성북동	2019-02-21	3
8	35	11305104	우이동	2019-02-21	1
9	65	11305103	수유동	2019-02-21	15
10	66	11305102	번동	2019-02-21	6
11	33	11320108	도봉동	2019-02-21	7
12	34	11320106	방학동	2019-02-21	10
13	35	11320107	창동	2019-02-21	13
14	36	11320105	쌍문동	2019-02-21	13
15	33	11350105	상계동	2019-02-21	14

그림 112 생성된 개수필드와 속성 값

NUMPOINT 필드에 도서관의 개수가 입력되어 있는 것을 알 수 있다.

11.5 주제도 만들기

이제 도서관의 개수정도에 따라 폴리곤에 색상을 입혀 주제도를 만들 수 있다.

① 레이어속성 단일심볼을 분류값사용으로 바꾼다.

② 열 : NUMPOINT, 색상램프선택, 분류탭 클릭 → 확인

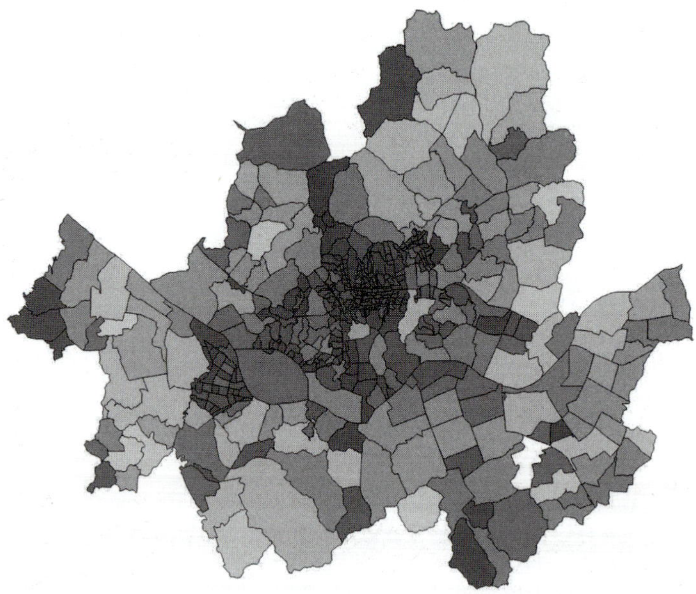

그림 113 행정구역의 도서관 개수에 따른 분류

QGIS래스터파일(*.qml)형식으로 내보내기 해보자.
그러나 위의 결과는 단계없이 분류된 것이므로 몇 단계를 정하여 분류해 보자.

③ 레이어속성에서 "단계구분" 선택
- 열 : 도서관 개수가 포함되어 있는 컬럼 선택
- 색상램프 : 칼라램프에서 적절히 믹스하여 선택
- 단계구분방법 : 등간격

④ "분류"버튼을 눌러보자. 다음과 같다.

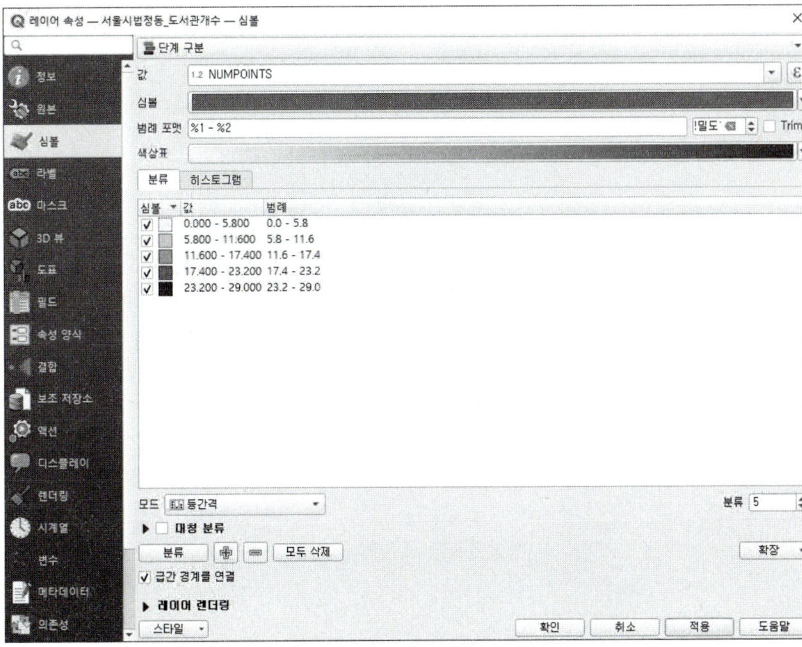

그림 114 심볼로지 분류

⑤ 여기서 각 분류값을 더블클릭하여 사용자 맞춤으로 단계를 정할 수 있다.

최소값이0, 최대값이 31개소이므로

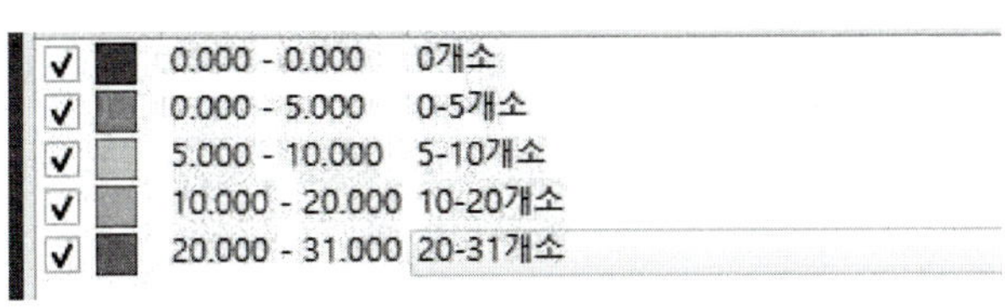

그림 115 분류범위결정

로 분류해보자. 다음과 같다.

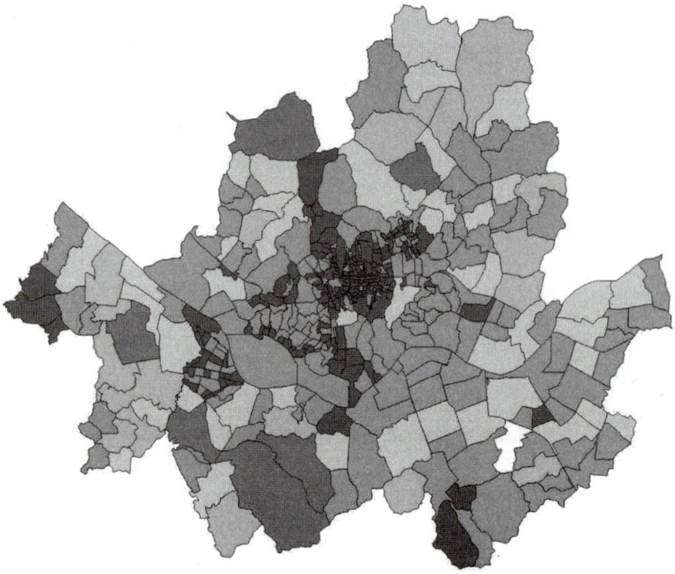

그림 116 분류범위를 조정한 도서관 개수분포

⑥ 포인트데이터를 중첩하여 확인해 보자.

이제 주제도를 만들어 보자. 앞서 6장에서 설명한 방법을 참고하여 만든다.

⑦ 메뉴 → 프로젝트 → 새 인쇄 조판
조판이름 : 서울시 동별 도서관₩개수

⑧ 화면 좌측툴바 중 조판 → 새 맵추가를 클릭
크기가 맞지 않는다면 하단의 스케일을 조절하고 다시 맵을 추가해 보자.

⑨ 왼쪽 툴바에서 "조판에 라벨 추가"를 눌러 제목입력
글상자를 클릭하고 오른버튼 → "항목속성" 탭
주속성난에 제목입력

⑩ 방위표시, 스케일바, 범례를 추가하고 이미지로 저장하자.
조판 → 이미지로 내보내기 (200dpi)

12. 주소 지오코딩

GIS작을 하다보면 도형정보 또는 이벤트의 위치가 주소로 제공되는 경우가 종종있다. 하지만 실제 작업에서는 좌표기반으로 처리해야 한다. 따라서 주소를 좌표로 변환하는 과정이 필요한데 이를 지오코딩이라고 한다. 쉽게 말하면 주소에서 지리적 위치정보를 추출하는 과정이다. 좌표계를 갖지 않는 주소를 수치좌표형태로 만드는 것을 의미한다.

ArcMap이나 QGIS에는 한글 주소를 지오코딩하는 기능이 없기 때문에(Phython이용의 경우 제외) 외부 지오코딩툴을 이용하여 변환해야 한다. 이번 장에서는 엑셀이나 워드로 만들어진 주소(새주소 포함)를 다양한 좌표(카텍좌표, TM중부;EPSG5174, 경위도(WGS84)좌표, UTMK좌표)로 변환하는 방법에 대해 설명한다.

https://blog.naver.com/pdw526/222040691123 구글에 표시하는 법

국내에 지오코딩 서비스를 하는 사이트는 많으나 GeocodingTool에 대해 설명한다. 지오코딩툴의 초기화면은 다음과 같다.

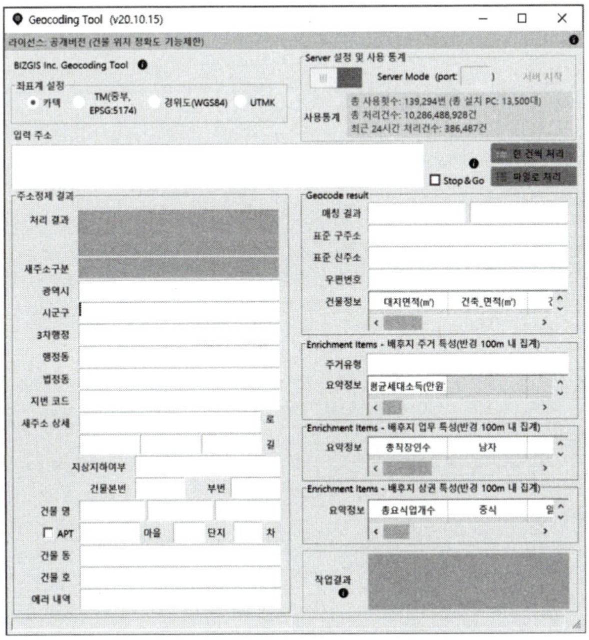

그림 117 지오코딩툴의 메인창

개별적으로 주소를 입력할 수도 있으나 대부분 대량의 주소인 경우가 많으므로 보통 엑셀파일로 정리하여 변환한다. 엑셀로 정리할때는 열과 행을 다음과 같이 정리하는 것이 좋다.

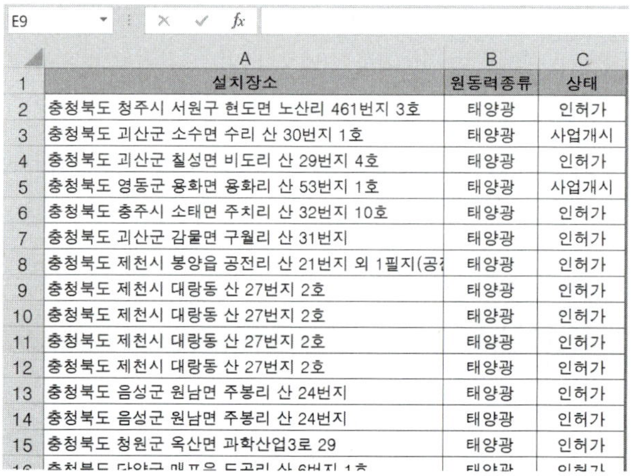

	A	B	C
1	설치장소	원동력종류	상태
2	충청북도 청주시 서원구 현도면 노산리 461번지 3호	태양광	인허가
3	충청북도 괴산군 소수면 수리 산 30번지 1호	태양광	사업개시
4	충청북도 괴산군 칠성면 비도리 산 29번지 4호	태양광	인허가
5	충청북도 영동군 용화면 용화리 산 53번지 1호	태양광	사업개시
6	충청북도 충주시 소태면 주치리 산 32번지 10호	태양광	인허가
7	충청북도 괴산군 감물면 구월리 산 31번지	태양광	인허가
8	충청북도 제천시 봉양읍 공전리 산 21번지 외 1필지(공	태양광	인허가
9	충청북도 제천시 대랑동 산 27번지 2호	태양광	인허가
10	충청북도 제천시 대랑동 산 27번지 2호	태양광	인허가
11	충청북도 제천시 대랑동 산 27번지 2호	태양광	인허가
12	충청북도 제천시 대랑동 산 27번지 2호	태양광	인허가
13	충청북도 음성군 원남면 주봉리 산 24번지	태양광	인허가
14	충청북도 음성군 원남면 주봉리 산 24번지	태양광	인허가
15	충청북도 청원군 옥산면 과학산업3로 29	태양광	인허가

그림 118 지오코딩을 위해 정리한 엑셀

초기화면에서 파일로 처리버튼을 눌러 정리한 엑셀파일을 불러온다. 다음과 같이 나타난다. → 확인

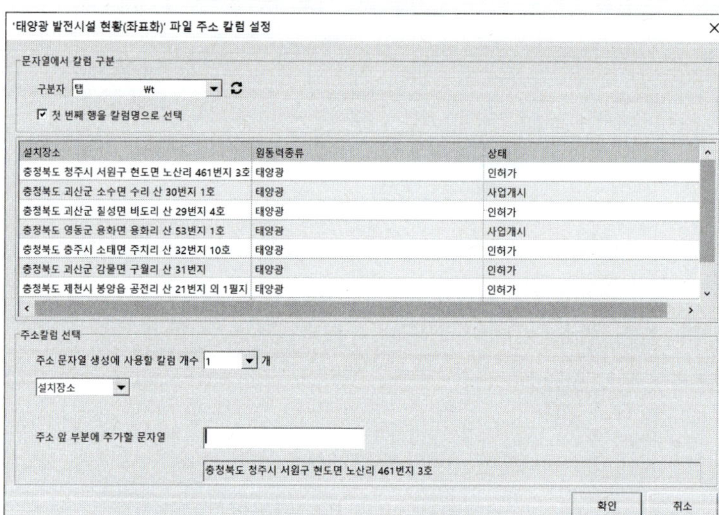

그림 119 엑셀에서 읽어들인 데이터

만약에 시도, 구, 동, 지번 등과 같이 정리되어 있을 때는 칼럼갯수를 정하여 각 컬럼명을 지정할 수도 있다. 그림과 같이 엑셀파일의 주소를 한줄씩 읽어들여 좌표로 변환한다. 최종적으로 지오코딩 완료 창이 뜬다.

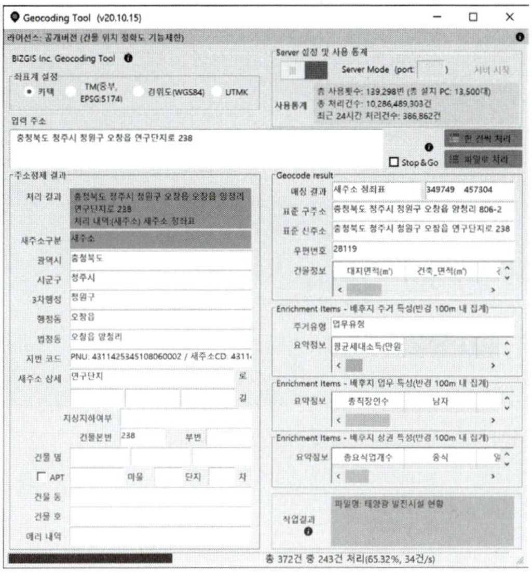

그림 120 지오코딩 실행

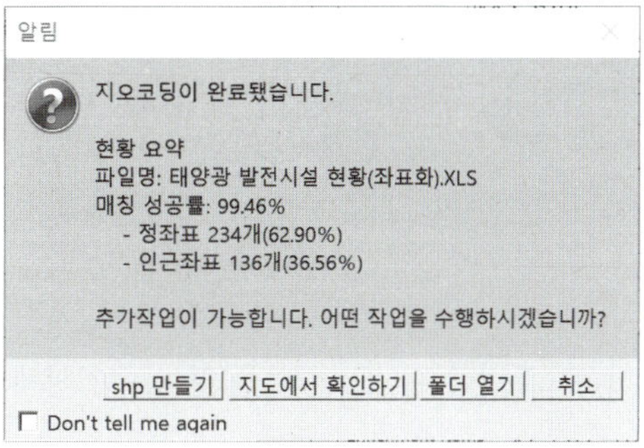

그림 121 지오코딩 완료

알림창에는 .shp파일만들기, 지도에서 확인하기의 기능이 있는데 지도에서 바로 확인할 수도 있다. 플러그인 권한 클릭 →

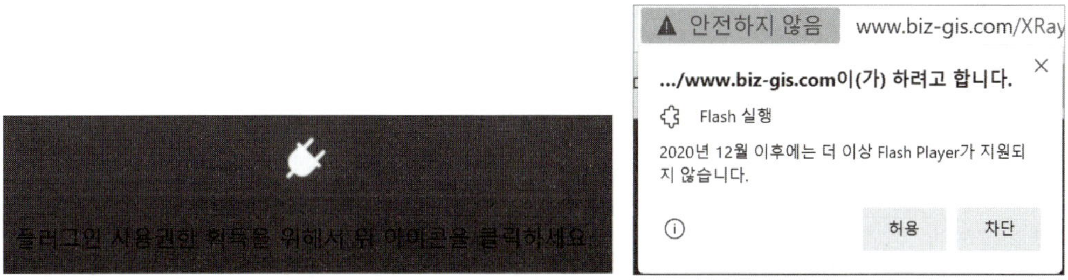

그림 122 플러그인 권한 획득

관리 → Flash실행 전 확인을 ON 으로 세팅하고 허용한다. 다시 지도확인 버튼을 누르면 허용창이 나오는데 허용한다. 다음과 같이 X-Ray Map에 지오코딩된 위치가 표시된다.

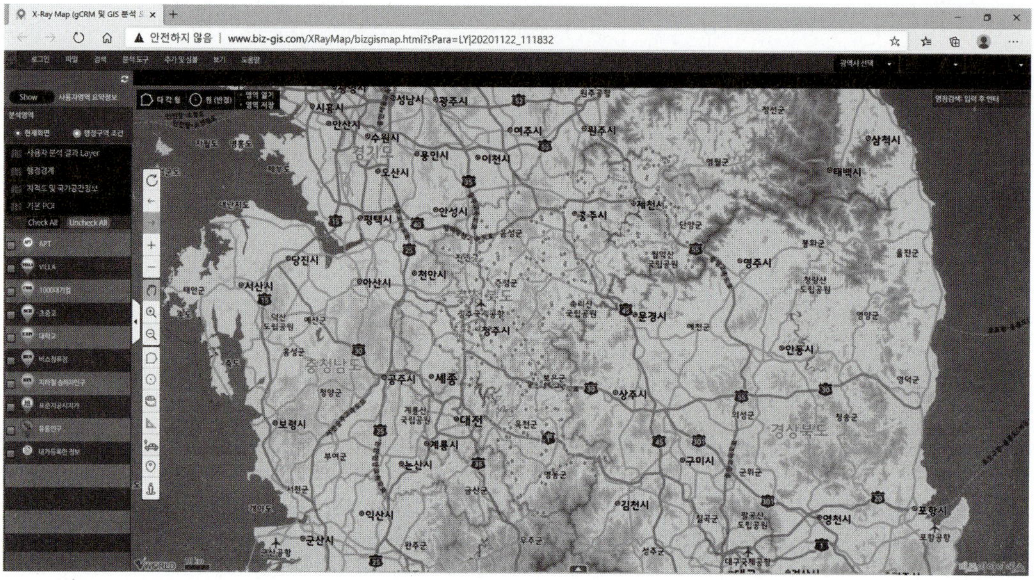

그림 123 X-Ray map에 표시된 충북도의 태양광발전시설

다음으로 변환된 .dbf파일을 열어보면 선택한 좌표계로 좌표가 변환된 것을 알 수 있다.

	B	C	D	E	F	G
1	원동력종류	상태	입력주소	X	Y	CLSS
2	태양광	인허가	충청북도 청주시 서원구 현도면 노산리 461번지 3호	995668	1828167	인근좌표
3	태양광	사업개시	충청북도 괴산군 소수면 수리 산 30번지 1호	1023212	1874282	인근좌표
4	태양광	인허가	충청북도 괴산군 칠성면 비도리 산 29번지 4호	1034995	1867372	인근좌표
5	태양광	사업개시	충청북도 영동군 용화면 용화리 산 53번지 1호	1024065	1781178	인근좌표
6	태양광	인허가	충청북도 충주시 소태면 주치리 산 32번지 10호	1032305	1906403	인근좌표
7	태양광	인허가	충청북도 괴산군 감물면 구월리 산 31번지	1036523	1873509	정좌표
8	태양광	인허가	충청북도 제천시 봉양읍 공전리 산 21번지 외 1필지(공전리 156)	1052519	1901782	정좌표
9	태양광	인허가	충청북도 제천시 대랑동 산 27번지 2호	1065929	1899320	인근좌표
10	태양광	인허가	충청북도 제천시 대랑동 산 27번지 2호	1065929	1899320	인근좌표
11	태양광	인허가	충청북도 제천시 대랑동 산 27번지 2호	1065929	1899320	인근좌표
12	태양광	인허가	충청북도 제천시 대랑동 산 27번지 2호	1065929	1899320	인근좌표
13	태양광	인허가	충청북도 음성군 원남면 주봉리 산 24번지	1016922	1875413	정좌표
14	태양광	인허가	충청북도 음성군 원남면 주봉리 산 24번지	1016922	1875413	정좌표
15	태양광	인허가	충청북도 청원군 옥산면 과학산업3로 29	992355	1855448	정좌표
16	태양광	인허가	충청북도 단양군 매포읍 도곡리 산 6번지 1호	1069654	1894512	인근좌표
17	태양광	인허가	충청북도 괴산군 장연면 광진리 산 74번지 4호	1037893	1874647	인근좌표
18	태양광	인허가	충청북도 제천시 금성면 위림리 9번지 43호	1060818	1897200	정좌표
19	태양광	인허가	충청북도 괴산군 청천면 덕평리 산 61번지 1호	1026396	1858767	인근좌표

그림 124 변환결과로 얻어진 .dbf파일의 내용(좌표)

13. 3차원 공간정보구축 및 지형분석

13.1 DEM 공공데이터 얻기

[Mission]

[준비]

http“//map.ngii.go.kr에서 태조산 1:5000, 수치지도 V2.0과 DEM을 다운로드

① (B010)수치지도_36701078(nda,ngi,xml)(1:5000) → shape file로 변환

② DEM(B080)공개DEM_36701_img.zip(1:50,000)를 다운 받는다. → Unzip 36701.img파일이 얻어진다.

> 참고) • DEM(Digital Elevation Model)은 수치표고모델로써 실세계 지형정보 중 건물, 수목, 인공구조물 등을 제외한 지형부분을 표현한 모형을 말함. 일반적으로 DEM을 이용하여 지형분석을 수행하게 됨
> • DSM(Dital Surface Model)은 실세계의 모든 정보,즉 지형,수목,건물,인공구조물 등을 표현한 모형

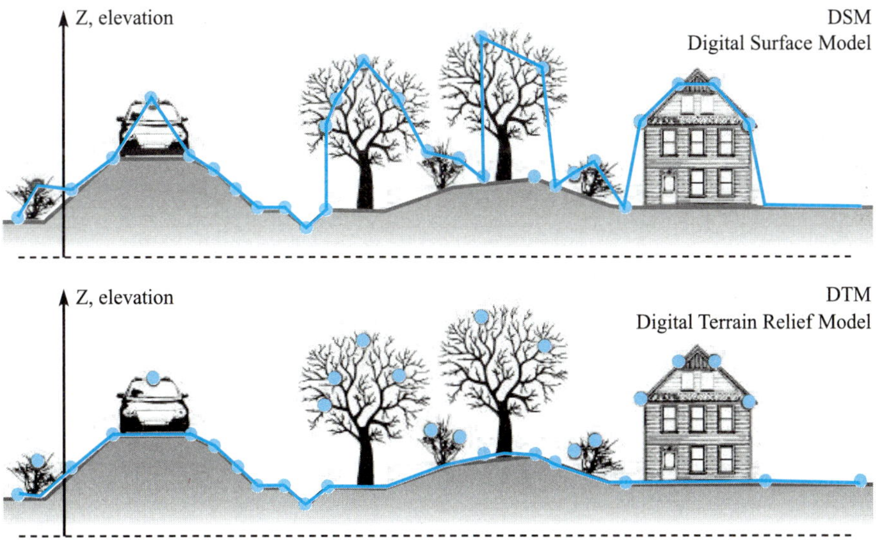

그림 125 DSM과 DTM의 차이

① DEM을 추가하고 태조산_NGI파일에서 수치지도에서 도곽선 h0010000_line을 추가하자.
-Full extent하면 각기 떨어져 있다. 좌표계가 다르기 때문이다.
수치지도 : EPSG:4326 - WGS84
DEM : USER : 100028

② 레이어 좌표계설정에서 Korea 2000/ Central Belt 2010으로 정의한다. 다음과 같이 표시된다.

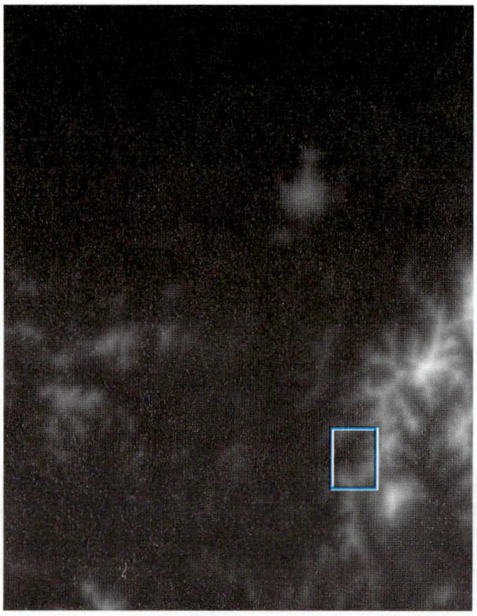

그림 126 Ngii에서 다운로드한 DEM

그림 127 DEM추출을 위한 도곽레이어

도곽선에 해당하는 래스터DEM을 추출해보자. 도곽 레이어는 라인이기 때문에 래스터 추출을 위해서는 폴리곤으로 변환해야 한다. 다음과 같이 한다.

③ 메인매뉴 → 벡터 → 도형도구 → 라인을 폴리곤으로 선택

④ 입력레이어에는 도곽레이어를 선택하고, 폴리곤으로 변환할 경로 지정 후 파일로 저장 → 실행

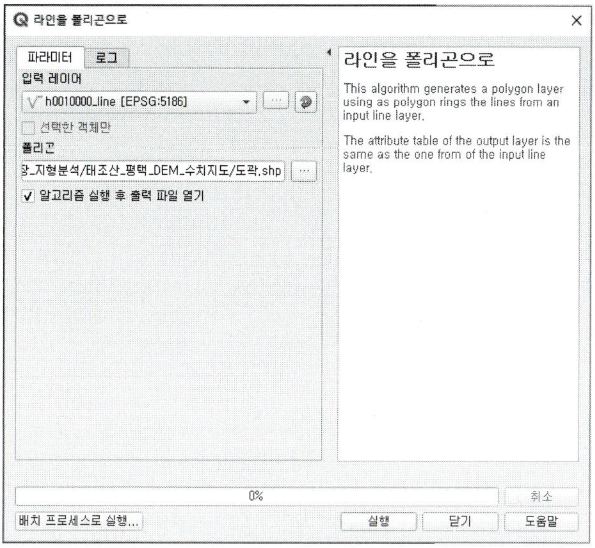

그림 128 도곽레이어의 폴리곤화

폴리곤이 만들어졌다.

⑤ 도곽에 해당하는 DEM을 추출하기 위하여 메인매뉴 → 래스터 → 추출 → 마스크 레이어로 래스터 자르기 선택

⑥ 입력레이어에는 DEM 레이어, 마스크레이어는 도곽레이어를 입력하고 좌표계를 선택하고 잘라낸 출력물을 저장할 경로를 지정하고 실행

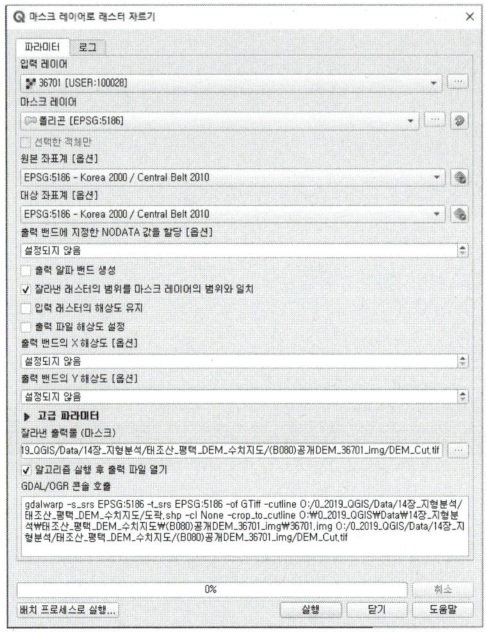

그림 129 도곽 마스크로 래스터 자르기 창

도곽선에 해당하는 DEM이 추출되었다.

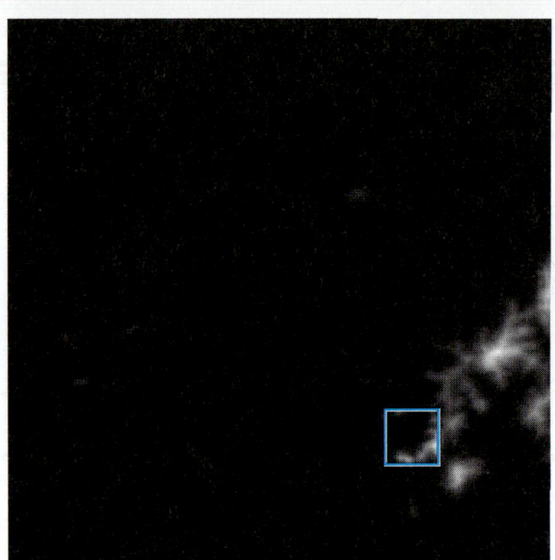

그림 130 추출된 DEM래스터

참고) 표고점이나 등고선을 이용하여 DEM을 분석할 경우 자료의 오류 등으로 인해 DEM 생성시 주변지역에 비해 급격한 높낮이 변화를 나타내는 지역이 발생
DEM에서 함몰된 지역을 Sink라고 하며, QGIS 상에서 이를 찾아 보정할 수 있음

13.2 등고선으로부터 DEM추출

전 절에서는 국토지리정보원의 국토정보플랫폼에서 만들어 놓은 DEM을 다운로드하였지만 등고선 또는 토털스테이션 측량 및 GPS측량으로 얻은 표고점으로부터 DEM을 만들 수 있다. 이번 절에서는 등고선으로부터 DEM을 만들어 보자.

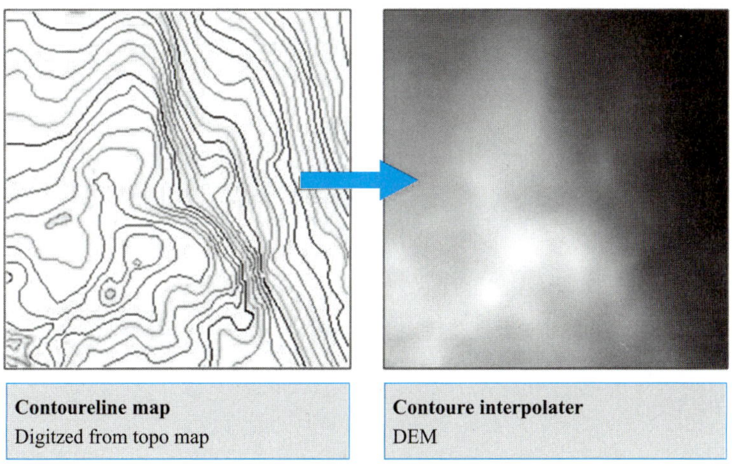

그림 131 등고선으로부터 DEM

① 새 프로젝트를 만들고 등고벡터레이어 (f0010000)와 앞에서 만든 도곽폴리곤을 추가한다.
등고레이어의 좌표계를 Korea 2000/ Central Belt 2010로 지정한다.

② 공간처리 툴박스 → 보간법 → TIN보간 알고리즘 실행

- 벡터레이어 : 등고선(f0010000)
- 보간 속성값 : 등고수치
- 보간방법 : 선형
- 범위 : 오른쪽 파일버튼을 열어 레이어 범위사용을 선택하고, 앞서 만든 도곽폴리곤 h0010000_line 선택하고 실행
- 보간출력물 : 패스와 파일명 입력
- 삼각분할[3] : 패스와 파일명

3) TIN(Triangle Irregular Network) 비정규삼각망을 의미한다. 3D mesh라고도 한다.

그림 132 대산 등고선

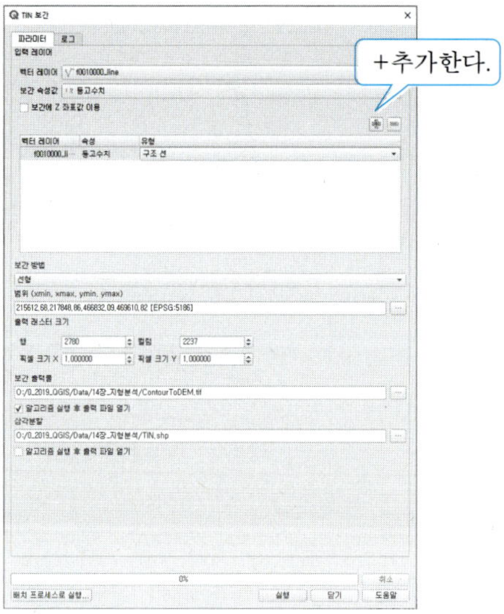

그림 133 등고선으로부터 TIN보간

다음과 같이 얻어졌다.

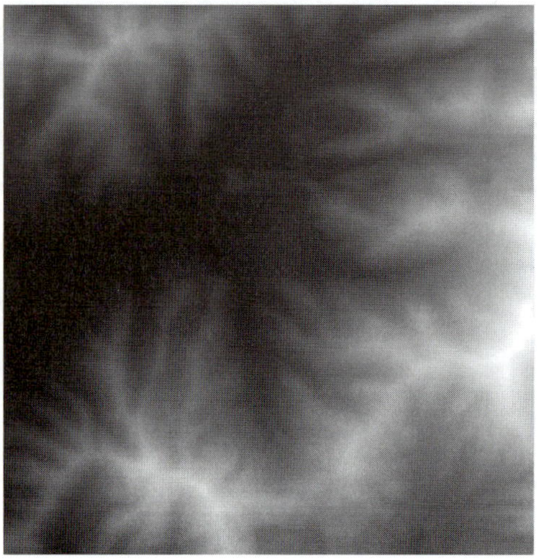

그림 134 만들어진 DEM래스터

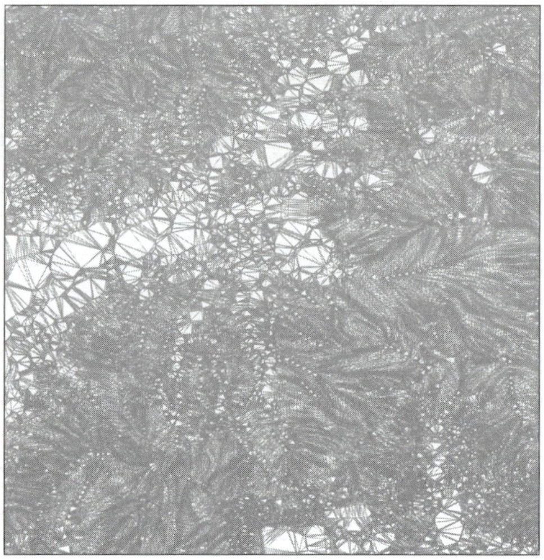

그림 135 만들어진 TIN

DEM생성 결과를 확인하기 위해 임의의 포인트를 만들고 그 점에 대한 높이값을 추출해서 표시해보도록 하자.

③ 랜덤 포인트에 대한 DEM값을 추출하기 위해 'Point Sampling Tool' 플러그인을 설치한다. 메인메뉴의 플러그인 → 설치되지 않음을 클릭하여 검색한 후 설치한다. 다음과 같이 설치결과를 확인한다.

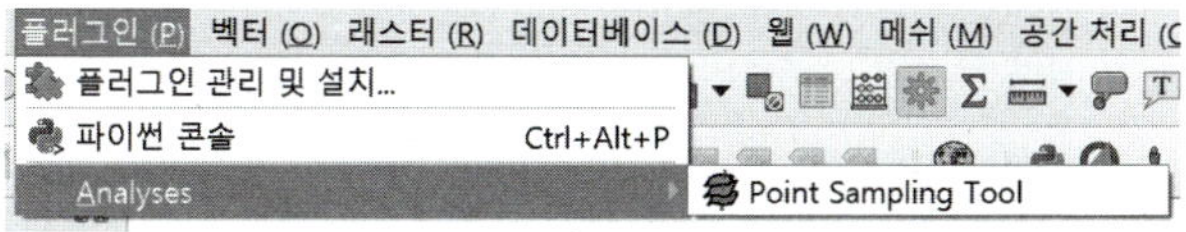

그림 136 포인트 샘플링 툴

④ 임의의 포인트를 생성하기 위해 메인매뉴 → 벡터 → 조사도구 → 레이어경계안에 랜덤포인트 생성을 선택한다.

- 입력범위 : 레이어에서 h0010000_line선택
- 포인트 수 : 20
- 포인트 최단거리 : 100m
- 대상좌표계 : EPSG:5186
- 랜덤포인트 : 패스와 파일명 입력

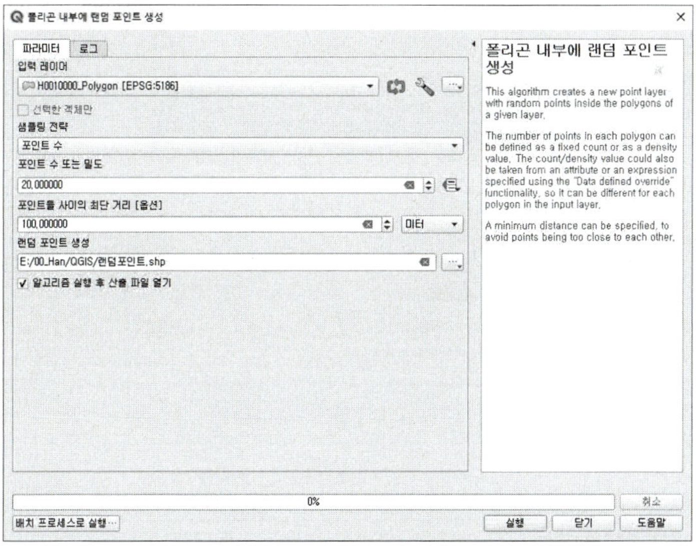

그림 137 랜덤포인트 생성 툴

실행해보자. 다음과 같이 포인트가 형성됐다.

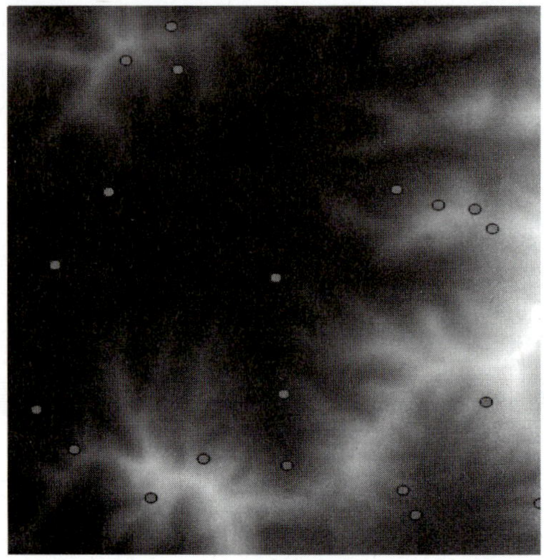

그림 138 랜덤으로 추출된 포인트

⑤ 메인매뉴 → 플러그인 → Analyses → Point Sampling Tool실행하고 패널이 나타나면 General탭에서 샘플링할 포인트 레이어를 선택(TOC에서 두 레이어를 체크하여 디스플레이된 상태에서 작업)

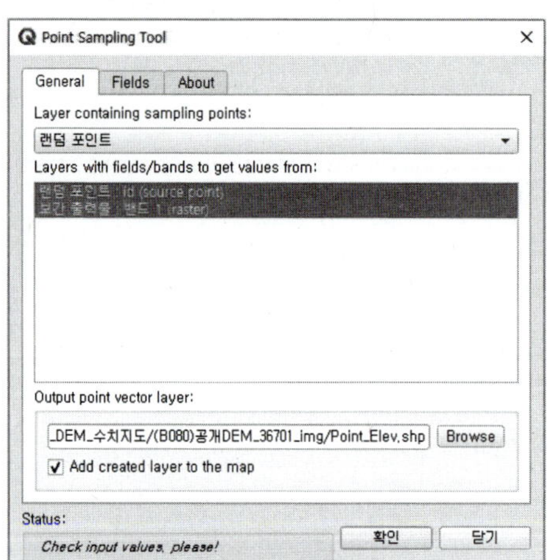

그림 139 포인트의 표고값 표시툴

주의 필히 두 레이어(Point와 DEM레이어)를 모두 선택한 후 확인

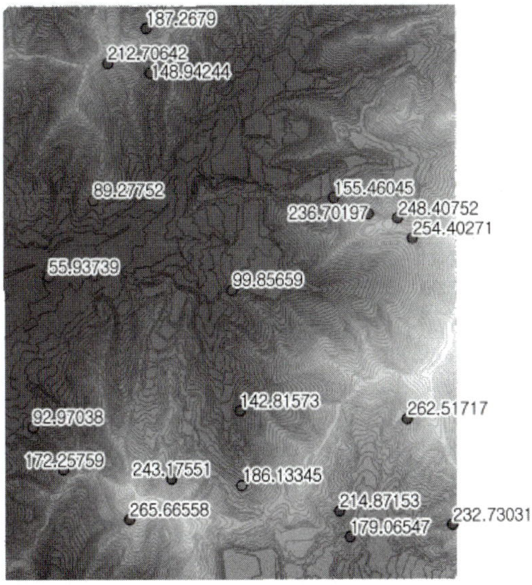

그림 140 표고값 표시

13.3 지형분석

등고선 또는 다양한 측량방법으로 획득한 점군데이터로부터 만든 EEM은 3차원 지형분석에 활용될 수 있다. 경사도분석, 향분석, 음영기복도제작, 3차원 지형모델제작 등에 활용할 수 있다.

1) 경사분석

우선 경사분석을 해보자.

① 메인매뉴 → 래스터 → 분석 → 경사
다음의 결과가 얻어졌다.

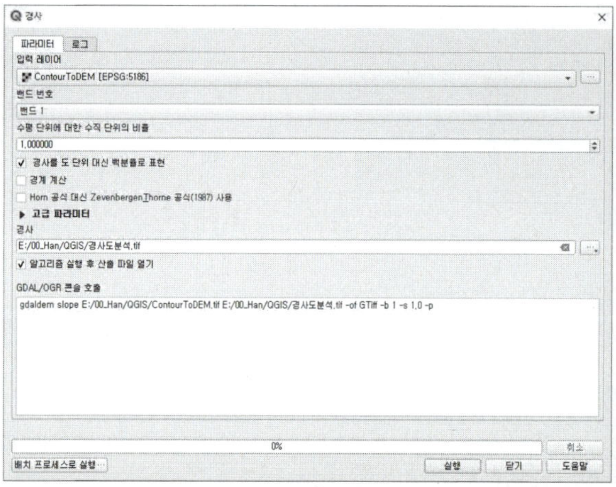

그림 141 경사도분석 툴

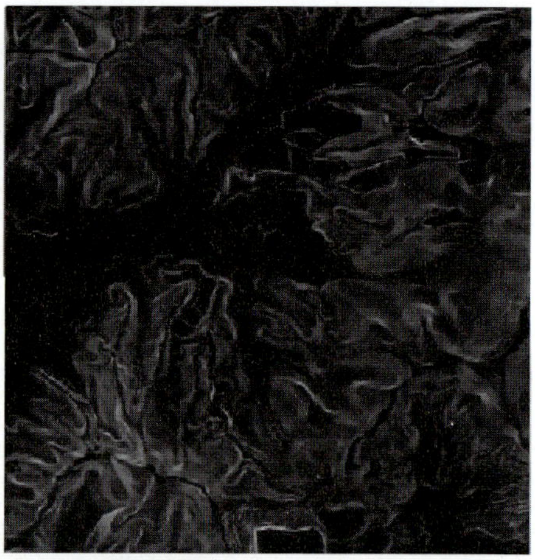

그림 142 얻어진 경사도 래스터

특정한 지역을 구체적으로 분석하기 위해 마스크로 잘라내 보자. 먼저 마스크를 만들자.

② 메인매뉴 → 레이어 → 레이어생성 → 새 shapefile 레이어에서 새 레이어이름, 폴리곤, 좌표계 등을 입력하고 확인하면 TOC에 레이어가 추가된 것을 볼 수 있다.

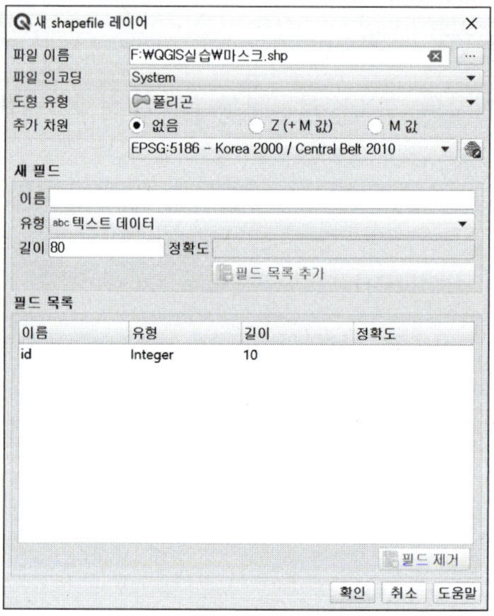

그림 143 새 폴리곤 레이어 만들기

편집모드(메인서브메뉴 중 연필모양)로 놓고 폴리곤을 그린다.

③ 편집메뉴선택 → 폴리곤 객체추가를 선택하고 영역을 그린다. 더블클릭 → 오른쪽 마우스버튼을 종료한다. 저장하고 편집상태에서 빠져 나온다.

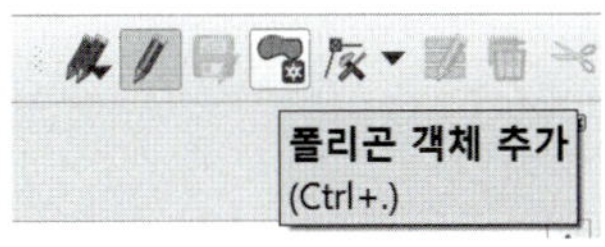

그림 144 폴리곤 추가

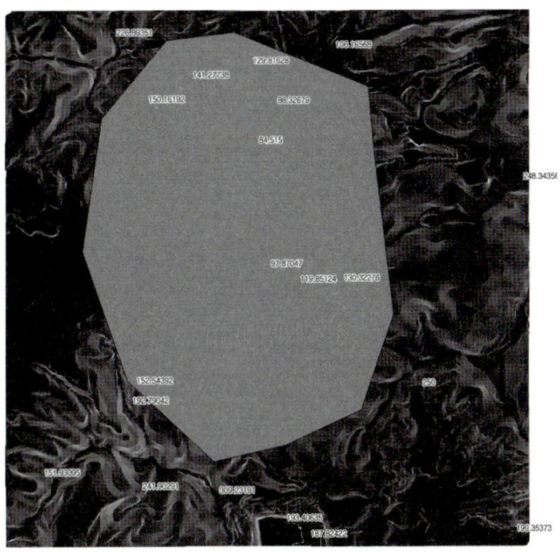

그림 145 만들어진 영역 폴리곤

경사분석한 결과를 폴리곤으로 클리핑해보자.

④ 메인매뉴 → 래스터 → 추출 → 마스크레이어로 래스터자르기

- 입력레이어 : 경사도분석
- 마스크레이어 : Site_area
- 잘라낸 출력물 : 경사도분석_Cut

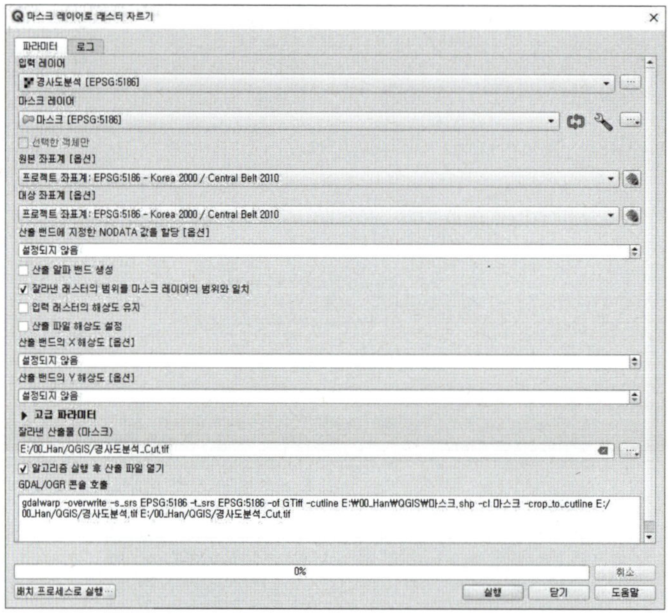

그림 146 마스크 레이어로 래스터 자르기

참고) 실제 사업경계가 데른 벡터데이터로 있다면 CAD파일을 가져와서 잘라내기를 할 수 있다.

다음과 같이 잘라졌다.

그림 147 잘라진 경사도 래스터

경사도 별 면적을 산출해 보자. 이를 위해서는 우선 경사도분석 래스터데이터를 폴리곤으로 변환해야 한다.

⑤ 메인매뉴 → 래스터 → 변환 → 폴리곤화(래스터를 벡터로)실행

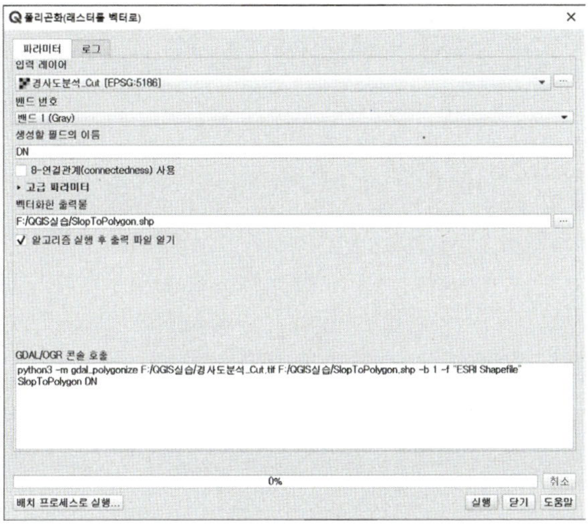

그림 148 경사래스터의 폴리곤화

그림 149 폴리곤화된 경사래스터

다음과 같이 얻어진다. 그냥 색깔로 채워진 것처럼 보이나 확대해 보면 폴리곤으로 변환된 것을 알 수 있다.

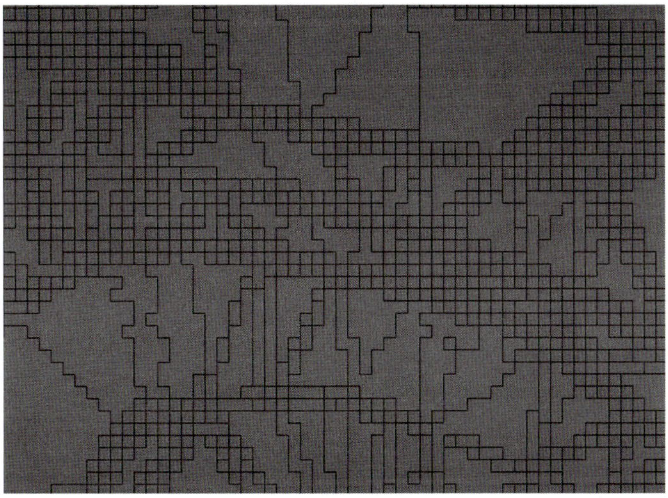

그림 150 폴리곤화 결과의 부분 확대

경사율(%)는 각 폴리곤의 속성으로 되어 있으므로 시각적으로는 보이질 않는다. 따라서 시각적으로 경사율을 표현하기 위해서는 심벌에서 단계를 구분해야 한다. 단계를 구분하여 급간을 6단계로 조절해 보자.

⑥ TOC → 속성 → 심볼 → 단계구분
- 값 : 123DN
- 색상램프 : 선택
- 단계구분방법 : 등개수(분위수)
- 급간(분류클래스수) : 6으로 하고 적용

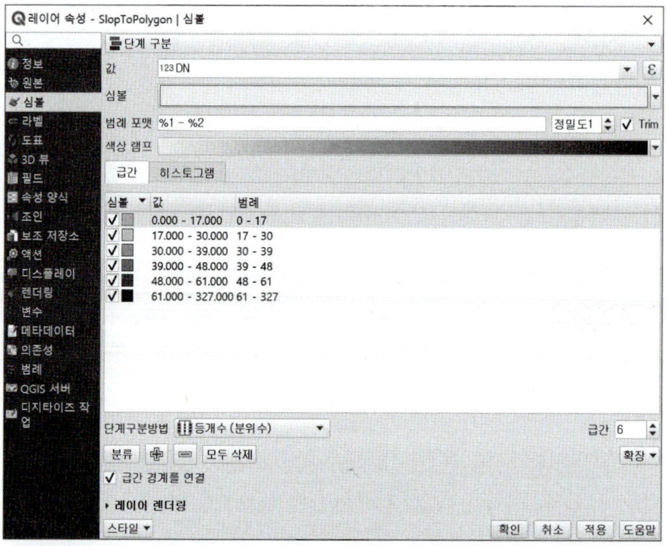

그림 151 경사도간격에 따른 심볼로지 분류

확대해 보면 다음과 같다.

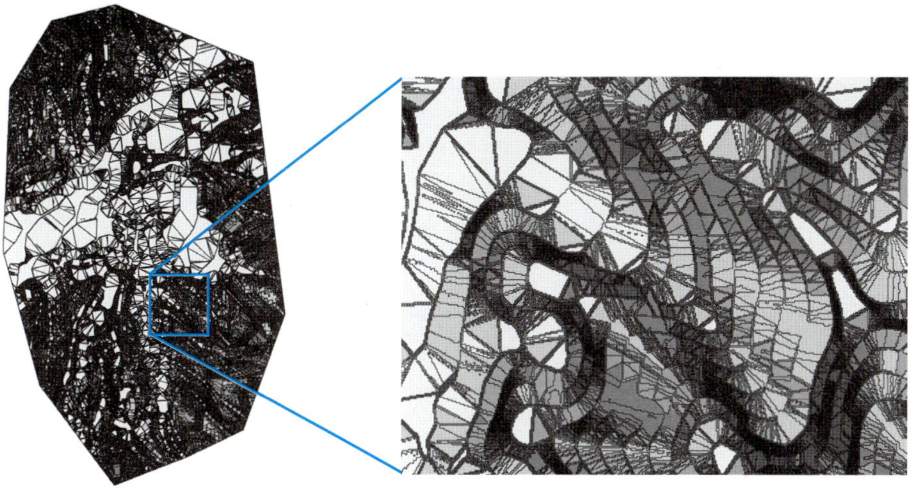

그림 152 만들어진 경사도별 폴리곤

이제 경사별 면적을 산출해 보자.

⑦ 경사폴리곤의 속성테이블을 열고 편집모드로 전환한 후 속성테이블 메뉴에서 새필드를 클릭한 후 다음과 같이 입력한다.

그림 153 속성테이블 필드만들기

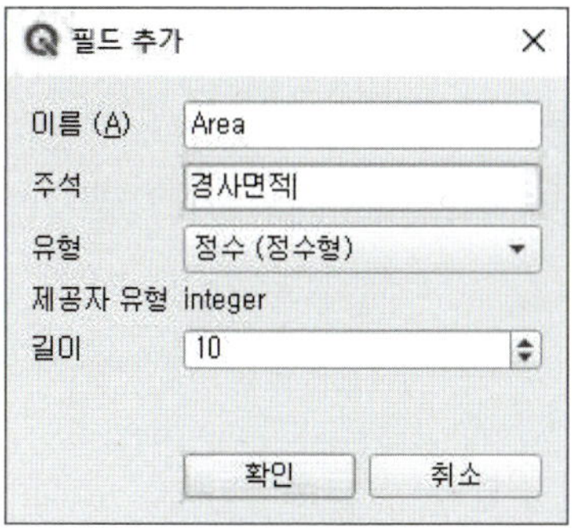

그림 154 필드추가

속성테이블에 Area필드가 추가됐는지 확인한다. (현재는 값이 없으므로 "NULL"로 표시되어 있다. 이제 필드계산기로 면적을 계산하자.

⑧ 속성테이블 메인매뉴에 필드계산기를 클릭한다.

- ☑ 기존 필드갱신
- 갱신필드 선택 : 123 Area
- row_number : 도형 → $area를 더블클릭 후 확인한다.

그림 155 필드계산기

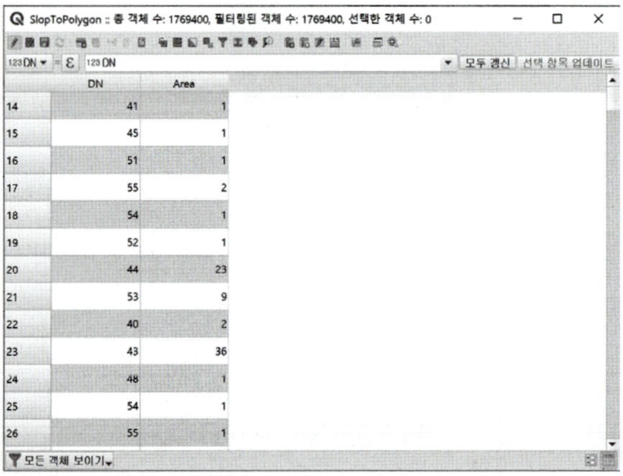

그림 156 새 필드에 채워진 면적값

기존의 Area필드에 면적을 갱신하라고 했으므로 해당필드에 면적이 표시되었다.

⑨ 저장하고 편집상태를 해제한다.

2) 사면향(Aspect)분석

지표면의 경사가 어느 방향을 향하고 있는지를 "향(aspect)"이라고 한다.
북쪽방향을 0으로 시작해서 시계방향으로 도(degree)단위로 사면향을 계산 한다.

① 메인매뉴 → 래스터 → 분석 → 사면향 분석을 실행

- 높이값레이어 : 경사도분석_Cut
- 사면향 분석 : 패스와 파일명 입력

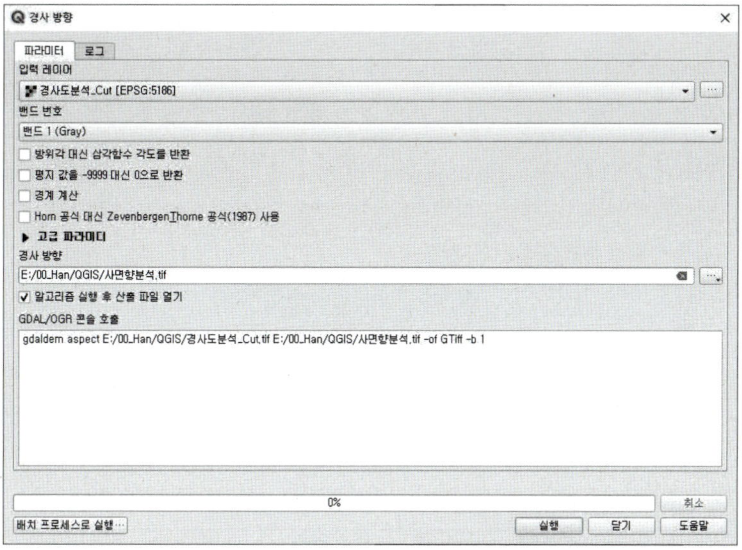

그림 157 경사 방향

다음과 같은 결과물을 얻었다. 그러나 결과로 봐서는 확인이 쉽지 않다. 재분류 해보자.

그림 158 얻어진 향분석결과

② 공간처리 툴박스 → 래스터분석 → 테이블로 재분류 실행

- 래스터레이어 : 사면향분석
- 재분류 테이블 파일버튼을 클릭하고 열을 추가하여 다음 8방향에 대한 최소~최대값을 입력한다.

표 2 향의 방위각에 따른 방향

사면방위각	향 표기	재분류 값
0 ~ 22.5	N	1
22.5 ~ 67.5	NE	2
67.5 ~ 112.5	E	3
112.5 ~ 157.5	SE	4
157.5 ~ 202.5	S	5
202.5 ~ 247.5	SW	6
247.5 ~ 292.5	W	7
292.5 ~ 337.5	NW	8
337.5 ~ 360.0	N	1

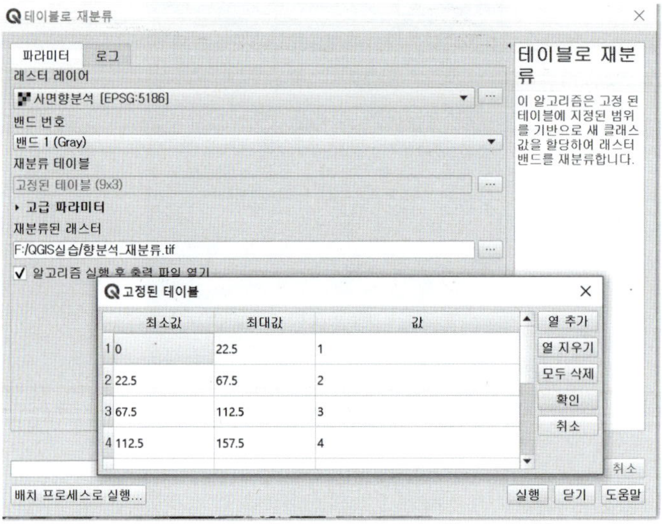

그림 159 테이블로 재분류

③ 실행해보자. 별다른 변화가 없다. 하지만 DN값은 1~8까지 재분류가 되어 있다.

그림 160 경사 재분류 후의 결과

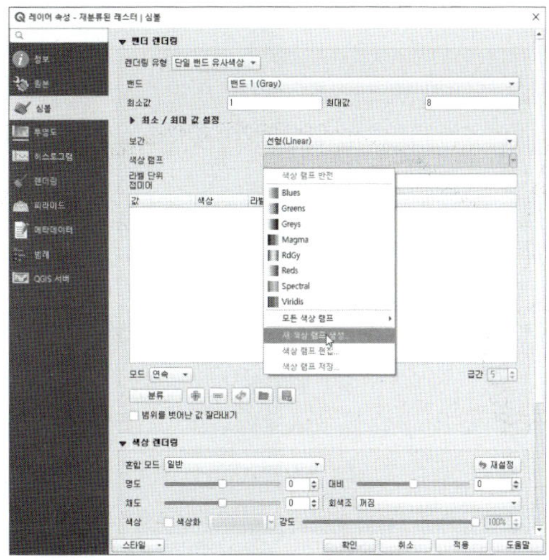

그림 161 향 별 분류하기

이제 1~8방향의 향별로 색상을 달리해 표현해 보자.

④ 레이어속성 → 심볼 →

- 랜더링유현 : 단일밴드유사색상
- 보간 : 선형
- 색상램프 : 새 색상램프설정 → 사전설정색상램프 → 확인
- +를 눌러 8개의 색상을 선택하고 확인한다.

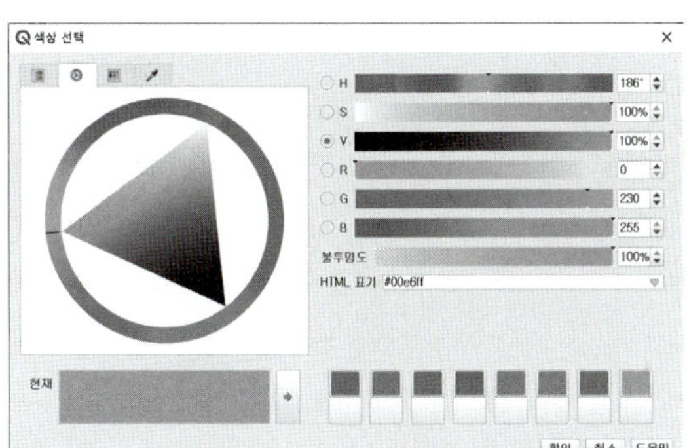

그림 162 각 방향 별 색상램프만들기

다음과 같이 얻어졌다.

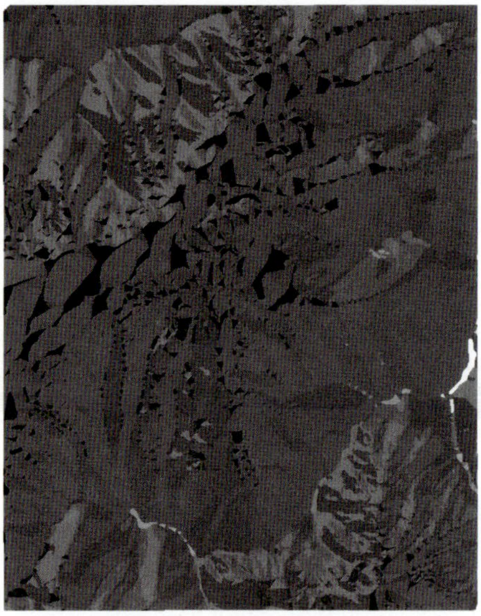

그림 163 8방향으로 분류된 향

사면향분석 조판 레포트를 작성해 보자.

3) 기복도(Relief)

경우에 따라서 지형의 기복을 가시적으로 표현해야 할 때가 있다. 이때는 음영기복도를 만들고 정사영상을 오버레이하여 3차원 지형도를 반들 수 있다.

① 공간처리 툴박스 → 래스터지형분석 → 기복도

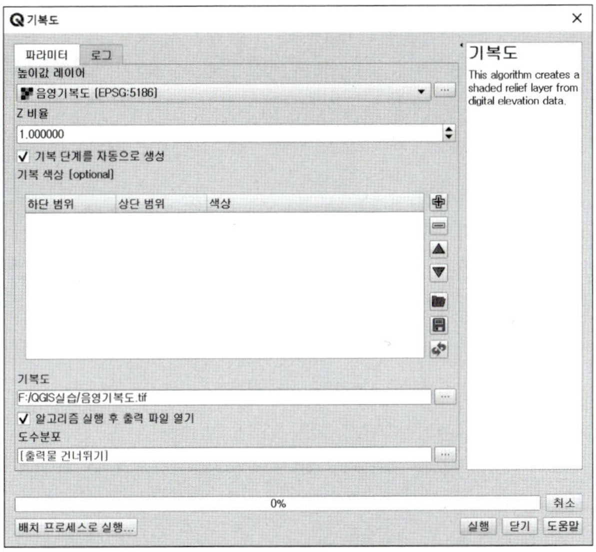

그림 164 기복도제작 툴

그림 165 만들어진 기복도

레이어속성으로 칼라램프를 변경해 보자.

4) 음영기복도(Hillshade)

음영은 태양위치에 따라 계산하며, 밝기값 0부터 255(최대일조)

① 공간처리툴박스 → 래스터지형분석 → 음영기복도

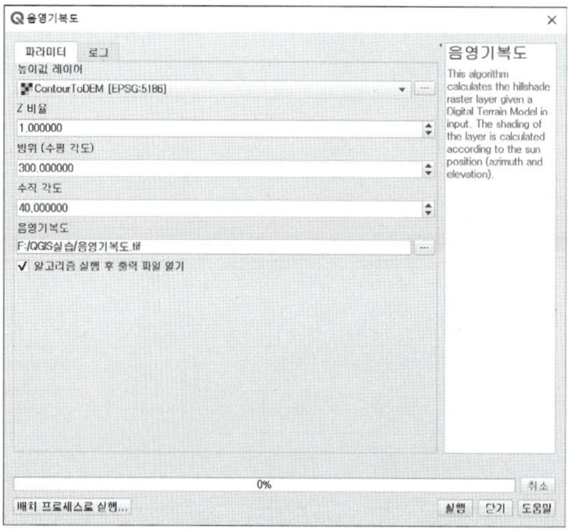

그림 166 음영기복도 툴

그림 167 만들어진 음영기복도

5) DEM을 이용한 3차원 맵생성

① 메인매뉴 → 보기 → 새 3D지도 뷰

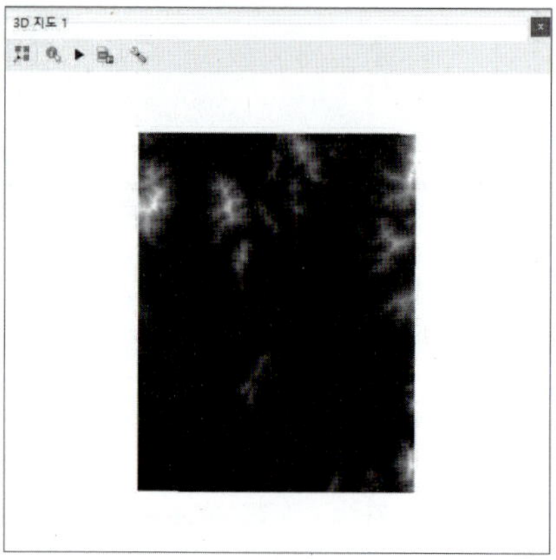

그림 168 3D뷰 창

② 마우스휠을 누른상태에서 드래그해보자. 아직 2D로 보인다. 3차원 정보를 부여해 보자.

그림 169 3D뷰의 시각변경

③ 환경설정탭을 눌러 3D구성에서 지형을 DEM으로 하고 고도를 ContourToDEM을 선택한다.

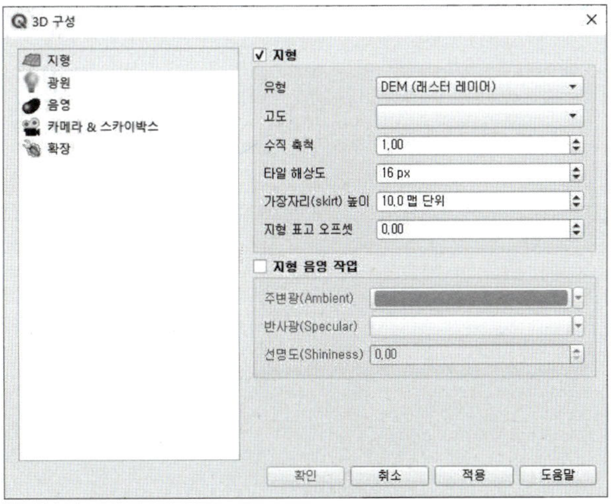

그림 170 3D뷰의 표고부여

다음과 같이 3차원으로 보인다.

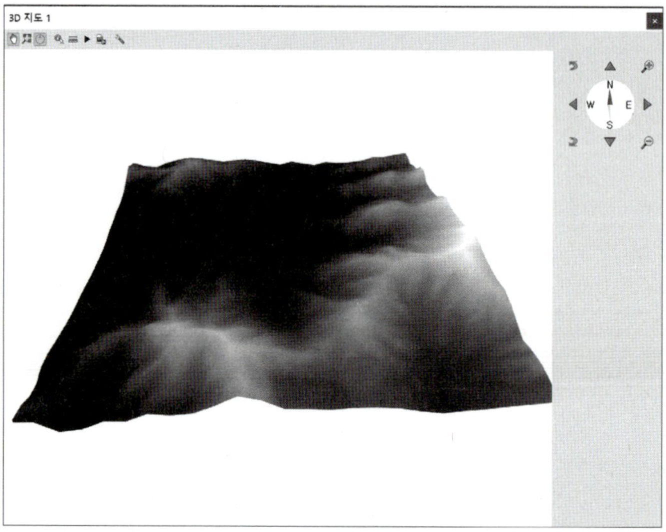

그림 171 DEM으로 표고가 부여된 3D지형

XYZ타일을 이용하여 구글영상을 불러오면 3차원 DEM에 배경이 입혀지는 것을 확인할 수 있다.

그림 172 3D DEM에 오버레이된 Google영상

참고문헌

1. 구자용외 9인, 지리정보시스템입문, 시그마프레스, 2011, ISBN 978-89-5832-924-4
2. 김남신, GIS실습, 한울아카데미, 2005. ISBN 89-460-3443-2-93980
3. 김남신, 임치홍, 이승은, 황소영, 고석열, 오픈소스 QGIS 활용 가이드북, 한울아카데미, 2018.
4. 김성준외 6인, GIS개념과 기법, 시그마프레스, 2007, 89-5832-111-3
5. 대한측량협회, 지리정보시스템의 원리 , 대한측량협회, 2005, ISBN 978-89-9532-562-9
6. 문승주, 스마트한 QGIS 활용서, 예문사, 2020.
7. 박형동외 4인, GIS원리와 응용, 시그마프레스, 2010,
8. 오규식, 정승현, GIS와 도시분석, 한울아카데미, 2011 ISBN 978-89-460-5334-2
9. 이재민, 김 용, 배철수, 권대식, "다중 추적식 태양광 발전 감성형 LED 가로등", 한국산학기술학회논문지, Vol. 12, No. 2 pp. 920-926, 2011
10. 이희연, 심재헌, GIS 지리정보학: 이론과 실습, 법문사, 2011
11. 한국정보사회진흥원, 2006, 표준/Open Source 기반의 GIS 구축지침개발 연구
12. 한승희, 공간정보공학, 구미서관, 2011, ISBN 978-89-8225-740-7
13. 이민화, 4차산업혁명으로 가는 길, 2016, 창조경제연구회
14. C. P. Lo, Yeung, Albert K. W., Concepts and Techniques of Geographic Information Systems (2nd Edition/ Paperback), Prentice Hall, 2007, ISBN 978-01-3149-502-9
15. https://tse2.mm.bing.net/th?id=OIP.TEVgh0rqCvpGL3EtBF3s2gEsB2&pid=15.1
16. https://t1.daumcdn.net/thumb/R1280x0/?fname=http://t1.daumcdn.net/brunch/service/user/4fZ/image/ a7EelPVjGZpAQ-LkXk5irT9fvbw.png
17. Keith C, Clarke, Getting started with Geographic Information Systems, 5th ed., Prentice Hall, 2011
18. Lillesand, Thomas M./ Kiefer, Ralph W., Remote Sensing and Image Interpretation, John Wiley & Sons Inc, 2007. ISBN 978-04-7005-245-7
19. Menke, Kurt / Smith, Richard, Jr. / Pirelli, Luigi, Mastering QGIS - Second Edition, : Go beyond the basics and unleash the full power of QGIS with practical, step-by-step examples, Packt Publishing, 2015.
20. Neteler, Markus / Mitasova, Helena, Open Source GIS : A Grass GIS Approach, Springer, 3rd ed. 2008.
    Paul Bolstad, GIS Fundamentals 4th Edition, Eider Press White Bear Lake, Minnesota, 2012.
21. Paul R. Wolf, Bon A. Dewitt, Benjamin E. Wilkinson, McGraw-Hill, Elements of Phorogrammetry with Application in GIS, 4th Ed., 2014.
22. Qihao weng, McGraw-Hill, Remote Sensing and GIS Interpretation, Theories, Methods, and Application, 2010.
23. Richard P. Greene & James B. Pick, Exploring the Urban Community : A GIS approach, Prentice Hall, 2011.
24. Robert A. Schowengerdt, Elsevier, Remote Sensing, Models and Methods for Image Processing, 3rd.

Ed., 2007.
25. Stan Aronoff, Geographic information systems: A management perspective, Taylor & Francis, 2008.
26. Van Der Kwast, Hans / Menke, Kurt, QGIS for Hydrological Applications : Recipes for Catchment Hydrology and Water Management, Locate Press, 2019.
27. Varaiya, Pravin, Freeway Performance Measurement System(PeMS) Version 4, UC Berkeley in its series Institute of Transportation Studies, Research Reports, Working Papers, Proceedings with number 103264, 2004.

[웹사이트]

https://www.researchgate.net/publication/228950152_DEVELOPMENT_OF_AN_INTEGRATED_SYSTEM_OF_TRUE_ORTHO-RECTIFICATION_THE_ALTAIS_LRTO_SYSTEM

https://www.data.go.kr/data/15021145/standard.do

http://www.assemblynews.co.kr

https://desktop.arcgis.com/en/arcmap/latest/extensions/3d-analyst/skyline-analysis-an-urban-environmental-physical-design-aid.htm

https://www.bloomberg.com/news/articles/2012-03-20/should-preservationists-train-their-eyes-on-skylines

https://phoenixnap.com/kb/object-oriented-database

http://www.scribd.com/doc/16916645/3-GIS-Components

https://www.mathworks.com/help/lidar/ug/lidar-coordinate-systems.html

https://colliersengineering.com/projects/nmdot-i-25-and-us-491-lidar-scanning/

https://docs.qgis.org/testing/en/docs/training_manual/forestry/basic_lidar.html

https://www.satimagingcorp.com/

https://earth.esa.int/eogateway/missions/spot-7

http://www.nsdi.go.kr/lxportal/?menuno=2679

https://kosis.kr/index/index.do

https://www.data.go.kr/

https://data.seoul.go.kr/index.do

https://www.lak.co.kr/news/boardview.php?id=8373

https://www.lak. co.kr/news/boardview.php? id=8373).

공간정보표준 http://ngis.go.kr/sgis/m01_02.jsp).

https://www.esri.com/about/newsroom/blog/3d-gis-boston-digital-twin/

https://www.bloomberg.com/

https://desktop.arcgis.com/).

http://usa.autodesk.com)

https://hexagon.com/company/divisions/safety-infrastructure-geospatial

https://www.osgeo.org/

https://grass.osgeo.org//?

http://www.geoapi.org)

http://www.bing.com/maps/

https://t1.daumcdn.net

https://pro.arcgis.com/en/pro-app/latest/get-started/migrate-to-arcgis-pro.htm

http://www.qgis.org

https://www.osgeo.kr/17 [OSGeo(Open Source GeoSpatial) 한국어 지부 - OSGeo Korean Chapter]

찾아보기

U

V

W

X

Y

저자소개

한 승 희

현재 : 국립공주대학교 공과대학 도시융합시스템공학과 교수
대한토목학회 종신회원, 편집위원
한국측량학회 종신회원
대한공간정보학회 부회장
한국지리정보학회 이사
Univ. of NewSouthWales, Research Professor, 1997
Utah State University, Visiting Professor, 2016

저서 : 「공간정보공학」 구미서관
「GIS이론 및 실습」 구미서관
「지형공간정보실습」 구미서관
「사진측량 및 원격탐측」 구미서관

(제4판) GIS 이론 및 실습 **정가 30,000원**

저 자 : 한승희

발행인 : 임해진
발행처 : 도서출판 구미서관

발행 : 2013년 1월 17일 초 판
2018년 12월 10일 제2판
2020년 12월 24일 제3판
2023년 3월 2일 제4판

등록 : 1979년 6월 29일 No.9-6호

주소 : 서울시 마포구 신촌로 2길 5-15 구미빌딩
전화 : 02-333-1101
팩스 : 02-335-2201

http://www.goomibook.com

ISBN : 979-11-6257-250-4 (93530)
